New

기문둔갑

만세력

김 동 현 지음

저자 **김 동 현**

1960년 전북 군산 출생
군산고등학교, 단국대학교 물리학과 졸업
물리학과 역학의 관계 연구
기문둔갑의 원리를 바탕으로 새로운 이론 정립

저서 : 역으로 보는 시간과 공간
이메일 : kdh-ks@hanmail.net

머리말

점을 볼 때 꼭 필요한 것이 만세력이다. 지금 시중에 나와 있는 대부분의 만세력은 명리 위주로 만들어졌다. 하지만 기문둔갑으로 점사를 보기 위해서는 명리 위주로 만들어진 만세력은 불편하다. 즉 기문둔갑으로 점사를 보는 데 있어 가장 중요한 것이 국(局)이다.

내가 보고자 하는 날짜가 어느 국(局)에 해당하는지를 올바로 정해야 하기 때문에 음양18국을 정확히 적용할 줄 알아야 한다. 기문둔갑을 공부하는 역학도들 조차 음양18국을 정확히 이해하지 못하고 국을 잘못 정하여 포국을 하는 경우가 있다. 이럴 경우 틀린 포국으로 점사를 보니 점사가 제대로 맞을 수가 없다. 설령 잘 알고 있다고 해도 실수하는 경우가 생긴다.

따라서 본 만세력은 해당 날짜의 간지가 어느 국에 해당하는지를 정확히 기록함으로서 편리를 더 하고자 했다. 초신접기에 따른 윤국을 적용함에 있어 기문둔갑을 공부하는 역학도들은 무조건 망종이나 대설에서 10일 이상이 차이가 나면 윤국을 적용하고 있다. 물론 고서뿐만 아니라 시중에 나와 있는 모든 책들이 그렇게 설명하고 있으므로 역학도들 역시 그렇게 알고 있는 경우가 많다.

하지만 필자가 연구한 결과 망종에서는 기존과 같이 10일 이상 차이가 날 때는 윤국을 적용하는 것이 맞다. 그러나 대설에서는 10일이 아닌 11일 이상이 차이가 날 때 윤국을 적용하는 것이 옳다. 그 이유는 동지에서 입춘 사이에는 지구의 공전속도가 빨라진다. 즉 케플러의 제2법칙인 타원궤도에서의 면적속도 일정의 법칙이 적용되는 것이다.

실제로 만세력을 보면 동지에서 입춘 사이에는 오히려 초신의 간격이 하루나 이틀 정도가 줄어들고 있음을 알 수가 있다. 이러한 원리를 가지고 필자가 실험을 통해 검증한 결과 대설은 11일 이상 차이가 날 때 윤국을 두어야 한다는 결론을 얻었다. 따라서 기문둔갑을 공부하는 역학도들은 필자가 제시한 대로 윤국을 두면 실증에서 정확히 맞는다는 것을 체험할 것이다.

기문둔갑으로 사주를 볼 때는 표준시간보다 보통은 50분 내지는 120분정도 앞당겨서 보아야 한다. 아주 특이한 경우에 250분까지도 시간을 앞당겨서 보아야 하는 경우도 발생한다. 물론 시간점사를 볼 때는 한반도의 시간인 동경 124°~132°를 기준으로 하는 시간을 적용하면 된다. 자세한 설명은 'New 기문둔갑' 본서를 참고하기 바란다.

본 만세력은 위와 같은 내용을 토대로 정확한 음양18국을 정하는데 중점을 두었다. 또 절입시간을 초(初), 중(中), 후(後)로 3등분 해서 표기했고, 날짜와 간지를 좌에서 우로 정렬함으로서 읽는데 편리를 더했다. 따라서 기문둔갑을 공부하는 역학도들은 본 만세력이 가장 정확한 기문둔갑 만세력임을 알고 유용하게 사용하기 바란다.

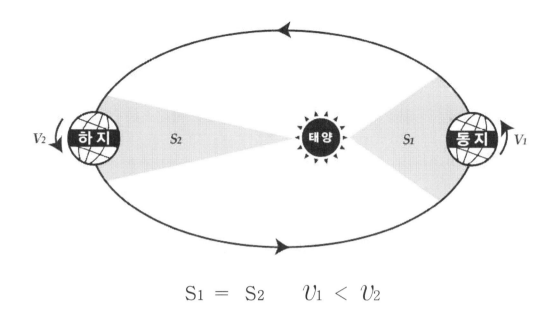

$$S_1 = S_2 \qquad v_1 < v_2$$

　케플러 제2법칙은 면적속도 일정의 법칙이다. 즉 태양을 중심으로 지구의 공전궤도가 타원을 이루고 있기 때문에 망종, 하지, 소서에 비해 대설, 동지, 소한에서는 공전 속도는 빨라진다. 따라서 망종에서는 망종상원부두 접입일과 망종절기 접입일의 차이가 10일 이상 발생할 때, 대설에서는 대설상원부두 접입일과 대설절기 접입일이 11일 이상 차이가 발생할 때 윤국을 두어야 한다.

[시간조견표]

時支	시간	甲己日	乙庚日	丙辛日	丁壬日	戊癸日
子時	23:30~01:30	甲子	丙子	戊子	庚子	壬子
丑時	01:30~03:30	乙丑	丁丑	己丑	辛丑	癸丑
寅時	03:30~05:30	丙寅	戊寅	庚寅	壬寅	甲寅
卯時	05:30~07:30	丁卯	己卯	辛卯	癸卯	乙卯
辰時	07:30~09:30	戊辰	庚辰	壬辰	甲辰	丙辰
巳時	09:30~11:30	己巳	辛巳	癸巳	乙巳	丁巳
午時	11:30~13:30	庚午	壬午	甲午	丙午	戊午
未時	13:30~15:30	辛未	癸未	乙未	丁未	己未
申時	15:30~17:30	壬申	甲申	丙申	戊申	庚申
酉時	17:30~19:30	癸酉	乙酉	丁酉	己酉	辛酉
戌時	19:30~21:30	甲戌	丙戌	戊戌	庚戌	壬戌
亥時	21:30~23:30	乙亥	丁亥	己亥	辛亥	癸亥

[음양18국 조견표]

양둔	망종	소만	입하	음둔	대서	소서	하지	음둔	백로	처서	입추
상원	六	五	四	상원	七	八	九	상원	九	一	二
중원	三	二	一	중원	一	二	三	중원	三	四	五
하원	九	八	七	하원	四	五	六	하원	六	七	八
양둔	곡우	청명	춘분					음둔	상강	한로	추분
상원	五	四	三					상원	五	六	七
중원	二	一	九					중원	八	九	一
하원	八	七	六					하원	二	三	四
양둔	경칩	우수	입춘	양둔	대한	소한	동지	음둔	대설	소설	입동
상원	一	九	八	상원	三	二	一	상원	四	五	六
중원	七	六	五	중원	九	八	七	중원	七	八	九
하원	四	三	二	하원	六	五	四	하원	一	二	三

[공망 조견표]

甲子旬	甲子	乙丑	丙寅	丁卯	戊辰	己巳	庚午	辛未	壬申	癸酉	공	망
											戌	亥
甲戌旬	甲戌	乙亥	丙子	丁丑	戊寅	己卯	庚辰	辛巳	壬午	癸未	공	망
											申	酉
甲申旬	甲申	乙酉	丙戌	丁亥	戊子	己丑	庚寅	辛卯	壬辰	癸巳	공	망
											午	未
甲午旬	甲午	乙未	丙申	丁酉	戊戌	己亥	庚子	辛丑	壬寅	癸卯	공	망
											辰	巳
甲辰旬	甲辰	乙巳	丙午	丁未	戊申	己酉	庚戌	辛亥	壬子	癸丑	공	망
											寅	卯
甲寅旬	甲寅	乙卯	丙辰	丁巳	戊午	己未	庚申	辛酉	壬戌	癸亥	공	망
											子	丑

[납음오행 조견표]

甲子 乙丑	丙寅 丁卯	戊辰 己巳	庚午 辛未	壬申 癸酉	甲戌 乙亥	丙子 丁丑	戊寅 己卯	庚辰 辛巳	壬午 癸未
金	火	木	土	金	火	水	土	金	木
甲申 乙酉	丙戌 丁亥	戊子 己丑	庚寅 辛卯	壬辰 癸巳	甲午 乙未	丙申 丁酉	戊戌 己亥	庚子 辛丑	壬寅 癸卯
水	土	火	木	水	金	火	木	土	金
甲辰 乙巳	丙午 丁未	戊申 己酉	庚戌 辛亥	壬子 癸丑	甲寅 乙卯	丙辰 丁巳	戊午 己未	庚申 辛酉	壬戌 癸亥
火	水	土	金	木	水	土	火	木	水

[생기복덕 도표]

生氣	絶體	絶命
福德	一	禍害
天宜	歸魂	遊魂

天宜	遊魂	歸魂
禍害	二	福德
生氣	絶命	絶體

絶體	生氣	禍害
歸魂	三	絶命
遊魂	福德	天宜

歸魂	福德	天宜
絶體	四, 五	遊魂
絶命	生氣	禍害

禍害	絶命	絶體
天宜	六	生氣
福德	遊魂	歸魂

遊魂	天宜	福德
絶命	七	歸魂
絶體	禍害	生氣

絶命	禍害	生氣
遊魂	八	絶體
歸魂	天宜	福德

福德	歸魂	遊魂
生氣	九	天宜
禍害	絶體	絶命

[60간지 조건표]

1	2	3	4	5	6	7	8	9	10
甲子	乙丑	丙寅	丁卯	戊辰	己巳	庚午	辛未	壬申	癸酉
11	12	13	14	15	16	17	18	19	20
甲戌	乙亥	丙子	丁丑	戊寅	己卯	庚辰	辛巳	壬午	癸未
21	22	23	24	25	26	27	28	29	30
甲申	乙酉	丙戌	丁亥	戊子	己丑	庚寅	辛卯	壬辰	癸巳
31	32	33	34	35	36	37	38	39	40
甲午	乙未	丙申	丁酉	戊戌	己亥	庚子	辛丑	壬寅	癸卯
41	42	43	44	45	46	47	48	49	50
甲辰	乙巳	丙午	丁未	戊申	己酉	庚戌	辛亥	壬子	癸丑
51	52	53	54	55	56	57	58	59	60
甲寅	乙卯	丙辰	丁巳	戊午	己未	庚申	辛酉	壬戌	癸亥

[절기 조견표]

음력	절기	양력	음력	절기	양력
십일월	동지	12월22일	五月	하지	06월21일
십이월	소한	01월06일	六月	소서	07월07일
	대한	01월21일		대서	07월23일
一月	입춘	02월04일	七月	입추	08월08일
	우수	02월19일		처서	08월23일
二月	경칩	03월06일	八月	백로	09월08일
	춘분	03월21일		추분	09월23일
三月	청명	04월05일	九月	한로	10월08일
	곡우	04월20일		상강	10월23일
四月	입하	05월06일	十月	입동	11월07일
	소만	05월21일		소설	11월22일
五月	망종	06월06일	十一月	대설	12월07일

(1~2일 정도 차이가 발생할 수 있음)

[천간 홍국수]

天干	甲	乙	丙	丁	戊	己	庚	辛	壬	癸
數	1	2	3	4	5	6	7	8	9	10

[지지 홍국수]

地支	子	丑	寅	卯	辰	巳	午	未	申	酉	戌	亥
數	1	2	3	4	5	6	7	8	9	10	11	12

[간지 선천수]

干支	甲己子午	乙庚丑未	丙辛寅申	丁壬卯酉	戊癸辰戌	巳亥
數	9	8	7	6	5	4

[간지 후천수]

五行	木		火		土		金		水	
天干	甲	乙	丙	丁	戊	己	庚	辛	壬	癸
地支	寅	卯	午	巳	辰戌	丑未	申	酉	子	亥
數	三	八	七	二	五	十	九	四	一	六
陰陽	陽	陰	陽	陰	陽	陰	陽	陰	陽	陰

[납음수에 해당된 오행]

五行	火	土	木	金	水
五音	치(徵)	궁(宮)	각(角)	상(商)	우(羽)
納音 數	1	2	3	4	5

기문둔갑

만 세 력

1930~2059

1930(庚午年)

입춘(2/4) 21:51
경칩(3/6) 16:17
청명(4/5) 21:37
입하(5/6) 15:27
망종(6/6) 19:58
소서(7/8) 06:20

입추(8/8) 15:57
백로(9/8) 18:28
한로(10/9) 09:38
입동(11/8) 12:20
대설(12/8) 04:51
소한(1/6) 15:56

1月 戊寅

절기	입춘1월 (음6) · 우수 (음21)
음력	1 2 3 4 5 **6** 7 8 9 10 11 12 13 14 15 16 17 18 19 20 **21** 22 23 24 25 26 27 28 29
양력월	1월 / 2월
양력일	30 31 1 2 3 亥 5 6 7 8 9 10 11 12 13 14 15 16 17 18 19 20 21 22 23 24 25 26 27
요일	목 금 토 일 월 初 수 목 금 토 일 월 화 수 목 금 토 일 월 화 수 목 금 토 일 월 화 수 목
일진	庚辰 辛巳 壬午 癸未 甲申 乙酉 丙戌 丁亥 戊子 己丑 庚寅 辛卯 壬辰 癸巳 甲午 乙未 丙申 丁酉 戊戌 己亥 庚子 辛丑 壬寅 癸卯 甲辰 乙巳 丙午 丁未 戊申
음양국	陽8　陽5　陽2　陽9　陽6　陽3

2月 己卯

절기	경칩2월 (음7) · 춘분 (음22)
음력	1 2 3 4 5 6 **7** 8 9 10 11 12 13 14 15 16 17 18 19 20 21 **22** 23 24 25 26 27 28 29 30
양력월	2월 / 3월
양력일	28 1 2 3 4 5 申 7 8 9 10 11 12 13 14 15 16 17 18 19 20 21 22 23 24 25 26 27 28 29
요일	금 토 일 월 화 수 中 금 토 일 월 화 수 목 금 토 일 월 화 수 목 금 토 일 월 화 수 목 금 토
일진	己酉 庚戌 辛亥 壬子 癸丑 甲寅 乙卯 丙辰 丁巳 戊午 己未 庚申 辛酉 壬戌 癸亥 甲子 乙丑 丙寅 丁卯 戊辰 己巳 庚午 辛未 壬申 癸酉 甲戌 乙亥 丙子 丁丑 戊寅
음양국	陽1　陽7　陽4　陽3　陽9　陽6

3月 庚辰

절기	청명3월 (음7) · 곡우 (음23)
음력	1 2 3 4 5 6 **7** 8 9 10 11 12 13 14 15 16 17 18 19 20 21 22 **23** 24 25 26 27 28 29 30
양력월	3월 / 4월
양력일	30 31 1 2 3 4 亥 6 7 8 9 10 11 12 13 14 15 16 17 18 19 20 21 22 23 24 25 26 27 28
요일	일 월 화 수 목 금 初 일 월 화 수 목 금 토 일 월 화 수 목 금 토 일 월 화 수 목 금 토 일 월
일진	己卯 庚辰 辛巳 壬午 癸未 甲申 乙酉 丙戌 丁亥 戊子 己丑 庚寅 辛卯 壬辰 癸巳 甲午 乙未 丙申 丁酉 戊戌 己亥 庚子 辛丑 壬寅 癸卯 甲辰 乙巳 丙午 丁未 戊申
음양국	陽4　陽1　陽7　陽5　陽2　陽8

4月 辛巳

절기	입하4월 (음8) · 소만 (음24)
음력	1 2 3 4 5 6 7 **8** 9 10 11 12 13 14 15 16 17 18 19 20 21 22 23 **24** 25 26 27 28 29
양력월	4월 / 5월
양력일	29 30 1 2 3 4 5 未 7 8 9 10 11 12 13 14 15 16 17 18 19 20 21 22 23 24 25 26 27
요일	화 수 목 금 토 일 월 後 수 목 금 토 일 월 화 수 목 금 토 일 월 화 수 목 금 토 일 월 화
일진	己酉 庚戌 辛亥 壬子 癸丑 甲寅 乙卯 丙辰 丁巳 戊午 己未 庚申 辛酉 壬戌 癸亥 甲子 乙丑 丙寅 丁卯 戊辰 己巳 庚午 辛未 壬申 癸酉 甲戌 乙亥 丙子 丁丑
음양국	陽4　陽1　陽7　陽5　陽2　陽8

5月 壬午

절기	망종5월 (음10) · 하지 (음26)
음력	1 2 3 4 5 6 7 8 9 **10** 11 12 13 14 15 16 17 18 19 20 21 22 23 24 25 **26** 27 28 29
양력월	5월 / 6월
양력일	28 29 30 31 1 2 3 4 5 戌 7 8 9 10 11 12 13 14 15 16 17 18 19 20 21 22 23 24 25
요일	수 목 금 토 일 월 화 수 목 初 토 일 월 화 수 목 금 토 일 월 화 수 목 금 토 일 월 화 수
일진	戊寅 己卯 庚辰 辛巳 壬午 癸未 甲申 乙酉 丙戌 丁亥 戊子 己丑 庚寅 辛卯 壬辰 癸巳 甲午 乙未 丙申 丁酉 戊戌 己亥 庚子 辛丑 壬寅 癸卯 甲辰 乙巳 丙午
음양국	陽6　陽3　陽9　陰9　陰3　陰6

6月 癸未

절기	소서6월 (음13) · 대서 (음28)
음력	1 2 3 4 5 6 7 8 9 10 11 12 **13** 14 15 16 17 18 19 20 21 22 23 24 25 26 27 **28** 29 30
양력월	6월 / 7월
양력일	26 27 28 29 30 1 2 3 4 5 6 7 卯 9 10 11 12 13 14 15 16 17 18 19 20 21 22 23 24 25
요일	목 금 토 일 월 화 수 목 금 토 일 월 中 수 목 금 토 일 월 화 수 목 금 토 일 월 화 수 목 금
일진	丁未 戊申 己酉 庚戌 辛亥 壬子 癸丑 甲寅 乙卯 丙辰 丁巳 戊午 己未 庚申 辛酉 壬戌 癸亥 甲子 乙丑 丙寅 丁卯 戊辰 己巳 庚午 辛未 壬申 癸酉 甲戌 乙亥 丙子
음양국	陰6　陰8　陰2　陰5　陰7　陰1　陰4

閏6月

절기														입추7월															
음력	1	2	3	4	5	6	7	8	9	10	11	12	13	14	15	16	17	18	19	20	21	22	23	24	25	26	27	28	29
양력 월	7월						8월																						
력 일	26	27	28	29	30	31	1	2	3	4	5	6	7	申	9	10	11	12	13	14	15	16	17	18	19	20	21	22	23
요일	토	일	월	화	수	목	금	토	일	월	화	수	목	初	토	일	월	화	수	목	금	토	일	월	화	수	목	금	토
일진	丁丑	戊寅	己卯	庚辰	辛巳	壬午	癸未	甲申	乙酉	丙戌	丁亥	戊子	己丑	庚寅	辛卯	壬辰	癸巳	甲午	乙未	丙申	丁酉	戊戌	己亥	庚子	辛丑	壬寅	癸卯	甲辰	乙巳
음양국	陰 4				陰 2				陰 5				陰 8				陰 1				陰 4				陰 7				

7月 甲申

절기	처서															백로8월													
음력	1	2	3	4	5	6	7	8	9	10	11	12	13	14	15	16	17	18	19	20	21	22	23	24	25	26	27	28	29
양력 월	8월								9월																				
력 일	24	25	26	27	28	29	30	31	1	2	3	4	5	6	7	酉	9	10	11	12	13	14	15	16	17	18	19	20	21
요일	일	월	화	수	목	금	토	일	월	화	수	목	금	토	일	中	화	수	목	금	토	일	월	화	수	목	금	토	일
일진	丙午	丁未	戊申	己酉	庚戌	辛亥	壬子	癸丑	甲寅	乙卯	丙辰	丁巳	戊午	己未	庚申	辛酉	壬戌	癸亥	甲子	乙丑	丙寅	丁卯	戊辰	己巳	庚午	辛未	壬申	癸酉	甲戌
음양국	陰 7				陰 9				陰 3				陰 6				陰 7				陰 1				陰 4				

8月 乙酉

절기			추분															한로9월												
음력	1	2	3	4	5	6	7	8	9	10	11	12	13	14	15	16	17	18	19	20	21	22	23	24	25	26	27	28	29	30
양력 월	9월									10월																				
력 일	22	23	24	25	26	27	28	29	30	1	2	3	4	5	6	7	8	巳	10	11	12	13	14	15	16	17	18	19	20	21
요일	월	화	수	목	금	토	일	월	화	수	목	금	토	일	월	화	수	初	금	토	일	월	화	수	목	금	토	일	월	화
일진	乙亥	丙子	丁丑	戊寅	己卯	庚辰	辛巳	壬午	癸未	甲申	乙酉	丙戌	丁亥	戊子	己丑	庚寅	辛卯	壬辰	癸巳	甲午	乙未	丙申	丁酉	戊戌	己亥	庚子	辛丑	壬寅	癸卯	甲辰
음양국	陰 4				陰 6				陰 9				陰 3				陰 5				陰 8									

9月 丙戌

절기			상강															입동10월											
음력	1	2	3	4	5	6	7	8	9	10	11	12	13	14	15	16	17	18	19	20	21	22	23	24	25	26	27	28	29
양력 월	10월										11월																		
력 일	22	23	24	25	26	27	28	29	30	31	1	2	3	4	5	6	7	午	9	10	11	12	13	14	15	16	17	18	19
요일	수	목	금	토	일	월	화	수	목	금	토	일	월	화	수	목	금	中	일	월	화	수	목	금	토	일	월	화	수
일진	乙巳	丙午	丁未	戊申	己酉	庚戌	辛亥	壬子	癸丑	甲寅	乙卯	丙辰	丁巳	戊午	己未	庚申	辛酉	壬戌	癸亥	甲子	乙丑	丙寅	丁卯	戊辰	己巳	庚午	辛未	壬申	癸酉
음양국	陰 2				陰 6				陰 9				陰 3				陰 5				陰 8								

10月 丁亥

절기				소설															대설11월											
음력	1	2	3	4	5	6	7	8	9	10	11	12	13	14	15	16	17	18	19	20	21	22	23	24	25	26	27	28	29	30
양력 월	11월											12월																		
력 일	20	21	22	23	24	25	26	27	28	29	30	1	2	3	4	5	6	7	寅	9	10	11	12	13	14	15	16	17	18	19
요일	목	금	토	일	월	화	수	목	금	토	일	월	화	수	목	금	토	일	後	화	수	목	금	토	일	월	화	수	목	금
일진	甲戌	乙亥	丙子	丁丑	戊寅	己卯	庚辰	辛巳	壬午	癸未	甲申	乙酉	丙戌	丁亥	戊子	己丑	庚寅	辛卯	壬辰	癸巳	甲午	乙未	丙申	丁酉	戊戌	己亥	庚子	辛丑	壬寅	癸卯
음양국	陰 2				陰 4				陰 7				陰 1				陰 4				陰 7									

11月 戊子

절기			동지															소한12월											
음력	1	2	3	4	5	6	7	8	9	10	11	12	13	14	15	16	17	18	19	20	21	22	23	24	25	26	27	28	29	30
양력 월	12월												1월																	
력 일	20	21	22	23	24	25	26	27	28	29	30	31	1	2	3	4	5	申	7	8	9	10	11	12	13	14	15	16	17	18
요일	토	일	월	화	수	목	금	토	일	월	화	수	목	금	토	일	월	初	수	목	금	토	일	월	화	수	목	금	토	일
일진	甲辰	乙巳	丙午	丁未	戊申	己酉	庚戌	辛亥	壬子	癸丑	甲寅	乙卯	丙辰	丁巳	戊午	己未	庚申	辛酉	壬戌	癸亥	甲子	乙丑	丙寅	丁卯	戊辰	己巳	庚午	辛未	壬申	癸酉
음양국	陰 1				陽 1				陽 7				陽 4				陽 2				陽 8									

12月 己丑

절기			대한															입춘1월											
음력	1	2	3	4	5	6	7	8	9	10	11	12	13	14	15	16	17	18	19	20	21	22	23	24	25	26	27	28	29
양력 월	1월												2월																
력 일	19	20	21	22	23	24	25	26	27	28	29	30	31	1	2	3	4	寅	6	7	8	9	10	11	12	13	14	15	16
요일	월	화	수	목	금	토	일	월	화	수	목	금	토	일	월	화	수	初	금	토	일	월	화	수	목	금	토	일	월
일진	甲戌	乙亥	丙子	丁丑	戊寅	己卯	庚辰	辛巳	壬午	癸未	甲申	乙酉	丙戌	丁亥	戊子	己丑	庚寅	辛卯	壬辰	癸巳	甲午	乙未	丙申	丁酉	戊戌	己亥	庚子	辛丑	壬寅
음양국	陽 5				陽 3				陽 9				陽 6				陽 8				陽 5								

입춘(2/5) 03:41　　　　　　　　　　　　　　　　　　　　　　　　입추(8/8) 21:45
경칩(3/6) 22:02　　　　　　　　　　　　　　　　　　　　　　　　백로(9/9) 00:17
청명(4/6) 03:20　　　　　　　　# 1931(辛未年)　　　　　　한로(10/9) 15:27
입하(5/6) 21:10　　　　　　　　　　　　　　　　　　　　　　　　입동(11/8) 18:10
망종(6/7) 01:42　　　　　　　　　　　　　　　　　　　　　　　　대설(12/8) 10:40
소서(7/8) 12:06　　　　　　　　　　　　　　　　　　　　　　　　소한(1/6) 21:45

1月 庚寅

절기	우수																경칩2월												
음력	1	2	3	4	5	6	7	8	9	10	11	12	13	14	15	16	17	18	19	20	21	22	23	24	25	26	27	28	29	30
양월/력일	2월17	18	19	20	21	22	23	24	25	26	27	28	3월1	2	3	4	5	亥	7	8	9	10	11	12	13	14	15	16	17	18
요일	화	수	목	금	토	일	월	화	수	목	금	토	일	월	화	수	목	初	토	일	월	화	수	목	금	토	일	월	화	수
일진	癸卯	甲辰	乙巳	丙午	丁未	戊申	己酉	庚戌	辛亥	壬子	癸丑	甲寅	乙卯	丙辰	丁巳	戊午	己未	庚申	辛酉	壬戌	癸亥	甲子	乙丑	丙寅	丁卯	戊辰	己巳	庚午	辛未	壬申

음양국: 陽2　陽9　陽6　陽3　陽1　陽7

2月 辛卯

절기	춘분																		청명3월											
음력	1	2	3	4	5	6	7	8	9	10	11	12	13	14	15	16	17	18	19	20	21	22	23	24	25	26	27	28	29	30
양월/력일	3월19	20	21	22	23	24	25	26	27	28	29	30	31	4월1	2	3	4	5	丑	7	8	9	10	11	12	13	14	15	16	17
요일	목	금	토	일	월	화	수	목	금	토	일	월	화	수	목	금	토	일	後	화	수	목	금	토	일	월	화	수	목	금
일진	癸酉	甲戌	乙亥	丙子	丁丑	戊寅	己卯	庚辰	辛巳	壬午	癸未	甲申	乙酉	丙戌	丁亥	戊子	己丑	庚寅	辛卯	壬辰	癸巳	甲午	乙未	丙申	丁酉	戊戌	己亥	庚子	辛丑	壬寅

음양국: 陽4　陽3　陽9　陽6　陽4　陽1

3月 壬辰

절기	곡우																		입하4월											
음력	1	2	3	4	5	6	7	8	9	10	11	12	13	14	15	16	17	18	19	20	21	22	23	24	25	26	27	28	29	30
양월/력일	4월18	19	20	21	22	23	24	25	26	27	28	29	30	5월1	2	3	4	戌	7	8	9	10	11	12	13	14	15	16	17	
요일	토	일	월	화	수	목	금	토	일	월	화	수	목	금	토	일	월	後	목	금	토	일	월	화	수	목	금	토	일	
일진	癸卯	甲辰	乙巳	丙午	丁未	戊申	己酉	庚戌	辛亥	壬子	癸丑	甲寅	乙卯	丙辰	丁巳	戊午	己未	庚申	辛酉	壬戌	癸亥	甲子	乙丑	丙寅	丁卯	戊辰	己巳	庚午	辛未	壬申

음양국: 陽7　陽5　陽2　陽8　陽4　陽1

4月 癸巳

절기	소만																				망종5월								
음력	1	2	3	4	5	6	7	8	9	10	11	12	13	14	15	16	17	18	19	20	21	22	23	24	25	26	27	28	29
양월/력일	5월18	19	20	21	22	23	24	25	26	27	28	29	30	31	6월1	2	3	4	5	6	丑	8	9	10	11	12	13	14	15
요일	월	화	수	목	금	토	일	월	화	수	목	금	토	일	월	화	수	목	금	토	初	월	화	수	목	금	토	일	월
일진	癸酉	甲戌	乙亥	丙子	丁丑	戊寅	己卯	庚辰	辛巳	壬午	癸未	甲申	乙酉	丙戌	丁亥	戊子	己丑	庚寅	辛卯	壬辰	癸巳	甲午	乙未	丙申	丁酉	戊戌	己亥	庚子	辛丑

음양국: 陽7　陽5　陽2　陽8　陽6　陽3

5月 甲午

절기	하지																						소서6월						
음력	1	2	3	4	5	6	7	8	9	10	11	12	13	14	15	16	17	18	19	20	21	22	23	24	25	26	27	28	29
양월/력일	6월16	17	18	19	20	21	22	23	24	25	26	27	28	29	30	7월1	2	3	4	5	6	7	午	9	10	11	12	13	14
요일	화	수	목	금	토	일	월	화	수	목	금	토	일	월	화	수	목	금	토	일	월	화	初	목	금	토	일	월	화
일진	壬寅	癸卯	甲辰	乙巳	丙午	丁未	戊申	己酉	庚戌	辛亥	壬子	癸丑	甲寅	乙卯	丙辰	丁巳	戊午	己未	庚申	辛酉	壬戌	癸亥	甲子	乙丑	丙寅	丁卯	戊辰	己巳	庚午

음양국: 陽3　陽9　陰9　陰3　陰6　陰8　陰2

6月 乙未

절기	대서																								입추7월					
음력	1	2	3	4	5	6	7	8	9	10	11	12	13	14	15	16	17	18	19	20	21	22	23	24	25	26	27	28	29	30
양월/력일	7월15	16	17	18	19	20	21	22	23	24	25	26	27	28	29	30	31	8월1	2	3	4	5	6	7	亥	9	10	11	12	13
요일	수	목	금	토	일	월	화	수	목	금	토	일	월	화	수	목	금	토	일	월	화	수	목	금	初	일	월	화	수	목
일진	辛未	壬申	癸酉	甲戌	乙亥	丙子	丁丑	戊寅	己卯	庚辰	辛巳	壬午	癸未	甲申	乙酉	丙戌	丁亥	戊子	己丑	庚寅	辛卯	壬辰	癸巳	甲午	乙未	丙申	丁酉	戊戌	己亥	庚子

음양국: 陰2　陰5　陰7　陰1　陰4　陰2　陰5

7月 丙申

절기	처서 (음11)	백로8월 (음27)

음력	1 2 3 4 5 6 7 8 9 10 **11** 12 13 14 15 16 17 18 19 20 21 22 23 24 25 26 **27** 28 29
양력 월	8월 … 9월
양력 일	14 15 16 17 18 19 20 21 22 23 24 25 26 27 28 29 30 31 · 1 2 3 4 5 6 7 8 子 10 11
요일	금 토 일 월 화 수 목 금 토 일 월 화 수 목 금 토 일 월 화 수 목 금 토 일 월 화 中 목 금
일진	辛丑 壬寅 癸卯 甲辰 乙巳 丙午 丁未 戊申 己酉 庚戌 辛亥 壬子 癸丑 甲寅 乙卯 丙辰 丁巳 戊午 己未 庚申 辛酉 壬戌 癸亥 甲子 乙丑 丙寅 丁卯 戊辰 己巳
음양국	陰 5　陰 8　陰 1　陰 4　陰 7　陰 9　陰 3

8月 丁酉

절기	추분 (음13)	한로9월 (음28)

음력	1 2 3 4 5 6 7 8 9 10 11 12 **13** 14 15 16 17 18 19 20 21 22 23 24 25 26 27 **28** 29
양력 월	9월 … 10월
양력 일	12 13 14 15 16 17 18 19 20 21 22 23 24 25 26 27 28 29 30 · 1 2 3 4 5 6 7 8 未 10
요일	토 일 월 화 수 목 금 토 일 월 화 수 목 금 토 일 월 화 수 목 금 토 일 월 화 수 목 後 토
일진	庚午 辛未 壬申 癸酉 甲戌 乙亥 丙子 丁丑 戊寅 己卯 庚辰 辛巳 壬午 癸未 甲申 乙酉 丙戌 丁亥 戊子 己丑 庚寅 辛卯 壬辰 癸巳 甲午 乙未 丙申 丁酉 戊戌
음양국	陰 3　陰 6　陰 7　陰 1　陰 4　陰 6

9月 戊戌

절기	상강 (음14)	입동10월 (음29)

음력	1 2 3 4 5 6 7 8 9 10 11 12 13 **14** 15 16 17 18 19 20 21 22 23 24 25 26 27 28 **29** 30
양력 월	10월 … 11월
양력 일	11 12 13 14 15 16 17 18 19 20 21 22 23 24 25 26 27 28 29 30 31 · 1 2 3 4 5 6 7 酉 9
요일	일 월 화 수 목 금 토 일 월 화 수 목 금 토 일 월 화 수 목 금 토 일 월 화 수 목 금 토 中 월
일진	己亥 庚子 辛丑 壬寅 癸卯 甲辰 乙巳 丙午 丁未 戊申 己酉 庚戌 辛亥 壬子 癸丑 甲寅 乙卯 丙辰 丁巳 戊午 己未 庚申 辛酉 壬戌 癸亥 甲子 乙丑 丙寅 丁卯 戊辰
음양국	陰 9　陰 3　陰 5　陰 8　陰 2　陰 6

10月 己亥

절기	소설 (음14)	대설11월 (음29)

음력	1 2 3 4 5 6 7 8 9 10 11 12 13 **14** 15 16 17 18 19 20 21 22 23 24 25 26 27 28 **29**
양력 월	11월 … 12월
양력 일	10 11 12 13 14 15 16 17 18 19 20 21 22 23 24 25 26 27 28 29 30 · 1 2 3 4 5 6 7 巳
요일	화 수 목 금 토 일 월 화 수 목 금 토 일 월 화 수 목 금 토 일 월 화 수 목 금 토 일 월 中
일진	己巳 庚午 辛未 壬申 癸酉 甲戌 乙亥 丙子 丁丑 戊寅 己卯 庚辰 辛巳 壬午 癸未 甲申 乙酉 丙戌 丁亥 戊子 己丑 庚寅 辛卯 壬辰 癸巳 甲午 乙未 丙申 丁酉
음양국	陰 9　陰 3　陰 5　陰 8　陰 2　陰 4

11月 庚子

절기	동지 (음15)	소한12월 (음29)

음력	1 2 3 4 5 6 7 8 9 10 11 12 13 14 **15** 16 17 18 19 20 21 22 23 24 25 26 27 28 **29** 30
양력 월	12월 … 1월
양력 일	9 10 11 12 13 14 15 16 17 18 19 20 21 22 23 24 25 26 27 28 29 30 31 · 1 2 3 4 5 亥 7
요일	수 목 금 토 일 월 화 수 목 금 토 일 월 화 수 목 금 토 일 월 화 수 목 금 토 일 월 화 初 목
일진	戊戌 己亥 庚子 辛丑 壬寅 癸卯 甲辰 乙巳 丙午 丁未 戊申 己酉 庚戌 辛亥 壬子 癸丑 甲寅 乙卯 丙辰 丁巳 戊午 己未 庚申 辛酉 壬戌 癸亥 甲子 乙丑 丙寅 丁卯
음양국	陰 7　陰 1　陽 1　陽 7　陽 4　陽 2

12月 辛丑

절기	대한 (음14)	입춘1월 (음29)

음력	1 2 3 4 5 6 7 8 9 10 11 12 13 **14** 15 16 17 18 19 20 21 22 23 24 25 26 27 28 **29**
양력 월	1월 … 2월
양력 일	8 9 10 11 12 13 14 15 16 17 18 19 20 **21** 22 23 24 25 26 27 28 29 30 31 · 1 2 3 4 辰
요일	금 토 일 월 화 수 목 금 토 일 월 화 수 목 금 토 일 월 화 수 목 금 토 일 월 화 수 목 後
일진	戊辰 己巳 庚午 辛未 壬申 癸酉 甲戌 乙亥 丙子 丁丑 戊寅 己卯 庚辰 辛巳 壬午 癸未 甲申 乙酉 丙戌 丁亥 戊子 己丑 庚寅 辛卯 壬辰 癸巳 甲午 乙未 丙申
음양국	陽 8　陽 5　陽 3　陽 9　陽 6　陽 8

1932(壬申年)

입춘(2/5) 09:29
경칩(3/6) 03:49
청명(4/5) 09:06
입하(5/6) 02:55
망종(6/6) 07:28
소서(7/7) 17:52

입추(8/8) 03:32
백로(9/8) 06:03
한로(10/8) 21:10
입동(11/7) 23:50
대설(12/7) 16:18
소한(1/6) 03:23

1月 壬寅

구분	1	2	3	4	5	6	7	8	9	10	11	12	13	14	15	16	17	18	19	20	21	22	23	24	25	26	27	28	29	30
절기															우수															경칩2월
음력	1	2	3	4	5	6	7	8	9	10	11	12	13	14	15	16	17	18	19	20	21	22	23	24	25	26	27	28	29	30
양력(2월→3월)	6	7	8	9	10	11	12	13	14	15	16	17	18	19	20	21	22	23	24	25	26	27	28	29	1	2	3	4	5	寅初
요일	토	일	월	화	수	목	금	토	일	월	화	수	목	금	토	일	월	화	수	목	금	토	일	월	화	수	목	금	토	初
일진	丁酉	戊戌	己亥	庚子	辛丑	壬寅	癸卯	甲辰	乙巳	丙午	丁未	戊申	己酉	庚戌	辛亥	壬子	癸丑	甲寅	乙卯	丙辰	丁巳	戊午	己未	庚申	辛酉	壬戌	癸亥	甲子	乙丑	丙寅

음양국: 陽8 · 陽5 · 陽2 · 陽9 · 陽6 · 陽3 · 陽1

2月 癸卯

구분	1	2	3	4	5	6	7	8	9	10	11	12	13	14	15	16	17	18	19	20	21	22	23	24	25	26	27	28	29	30
절기															춘분															청명3월
음력	1	2	3	4	5	6	7	8	9	10	11	12	13	14	15	16	17	18	19	20	21	22	23	24	25	26	27	28	29	30
양력(3월→4월)	7	8	9	10	11	12	13	14	15	16	17	18	19	20	21	22	23	24	25	26	27	28	29	30	31	1	2	3	4	辰後
요일	월	화	수	목	금	토	일	월	화	수	목	금	토	일	월	화	수	목	금	토	일	월	화	수	목	금	토	일	월	後
일진	丁卯	戊辰	己巳	庚午	辛未	壬申	癸酉	甲戌	乙亥	丙子	丁丑	戊寅	己卯	庚辰	辛巳	壬午	癸未	甲申	乙酉	丙戌	丁亥	戊子	己丑	庚寅	辛卯	壬辰	癸巳	甲午	乙未	丙申

음양국: 陽1 · 陽7 · 陽4 · 陽3 · 陽9 · 陽6 · 陽4

3月 甲辰

구분	1	2	3	4	5	6	7	8	9	10	11	12	13	14	15	16	17	18	19	20	21	22	23	24	25	26	27	28	29	30
절기															곡우															
음력	1	2	3	4	5	6	7	8	9	10	11	12	13	14	15	16	17	18	19	20	21	22	23	24	25	26	27	28	29	30
양력(4월→5월)	6	7	8	9	10	11	12	13	14	15	16	17	18	19	20	21	22	23	24	25	26	27	28	29	30	1	2	3	4	5
요일	수	목	금	토	일	월	화	수	목	금	토	일	월	화	수	목	금	토	일	월	화	수	목	금	토	일	월	화	수	목
일진	丁酉	戊戌	己亥	庚子	辛丑	壬寅	癸卯	甲辰	乙巳	丙午	丁未	戊申	己酉	庚戌	辛亥	壬子	癸丑	甲寅	乙卯	丙辰	丁巳	戊午	己未	庚申	辛酉	壬戌	癸亥	甲子	乙丑	丙寅

음양국: 陽4 · 陽1 · 陽7 · 陽5 · 陽2 · 陽8 · 陽4

4月 乙巳

구분	1	2	3	4	5	6	7	8	9	10	11	12	13	14	15	16	17	18	19	20	21	22	23	24	25	26	27	28	29
절기	입하4월															소만													
음력	1	2	3	4	5	6	7	8	9	10	11	12	13	14	15	16	17	18	19	20	21	22	23	24	25	26	27	28	29
양력(5월→6월)	丑	7	8	9	10	11	12	13	14	15	16	17	18	19	20	21	22	23	24	25	26	27	28	29	30	31	1	2	3
요일	後	토	일	월	화	수	목	금	토	일	월	화	수	목	금	토	일	월	화	수	목	금	토	일	월	화	수	목	금
일진	丁卯	戊辰	己巳	庚午	辛未	壬申	癸酉	甲戌	乙亥	丙子	丁丑	戊寅	己卯	庚辰	辛巳	壬午	癸未	甲申	乙酉	丙戌	丁亥	戊子	己丑	庚寅	辛卯	壬辰	癸巳	甲午	乙未

음양국: 陽4 · 陽1 · 陽7 · 陽5 · 陽2 · 陽8 · 陽6

5月 丙午

구분	1	2	3	4	5	6	7	8	9	10	11	12	13	14	15	16	17	18	19	20	21	22	23	24	25	26	27	28	29	30
절기			망종5월																하지											
음력	1	2	3	4	5	6	7	8	9	10	11	12	13	14	15	16	17	18	19	20	21	22	23	24	25	26	27	28	29	30
양력(6월→7월)	4	5	卯	7	8	9	10	11	12	13	14	15	16	17	18	19	20	21	22	23	24	25	26	27	28	29	30	1	2	3
요일	토	일	後	화	수	목	금	토	일	월	화	수	목	금	토	일	월	화	수	목	금	토	일	월	화	수	목	금	토	일
일진	丙申	丁酉	戊戌	己亥	庚子	辛丑	壬寅	癸卯	甲辰	乙巳	丙午	丁未	戊申	己酉	庚戌	辛亥	壬子	癸丑	甲寅	乙卯	丙辰	丁巳	戊午	己未	庚申	辛酉	壬戌	癸亥	甲子	乙丑

음양국: 陽6 · 陽3 · 陽9 · 陰9 · 陰3 · 陰6 · 陰8

6月 丁未

구분	1	2	3	4	5	6	7	8	9	10	11	12	13	14	15	16	17	18	19	20	21	22	23	24	25	26	27	28	29
절기				소서6월															대서										
음력	1	2	3	4	5	6	7	8	9	10	11	12	13	14	15	16	17	18	19	20	21	22	23	24	25	26	27	28	29
양력(7월→8월)	4	5	6	酉	8	9	10	11	12	13	14	15	16	17	18	19	20	21	22	23	24	25	26	27	28	29	30	31	1
요일	월	화	수	初	금	토	일	월	화	수	목	금	토	일	월	화	수	목	금	토	일	월	화	수	목	금	토	일	월
일진	丙寅	丁卯	戊辰	己巳	庚午	辛未	壬申	癸酉	甲戌	乙亥	丙子	丁丑	戊寅	己卯	庚辰	辛巳	壬午	癸未	甲申	乙酉	丙戌	丁亥	戊子	己丑	庚寅	辛卯	壬辰	癸巳	甲午

음양국: 陰8 · 陰2 · 陰5 · 陰7 · 陰1 · 陰4 · 陰2

7月 戊申

절기	1	2	3	4	5	6	7	8	9	10	11	12	13	14	15	16	17	18	19	20	21	22	23	24	25	26	27	28	29	30
절기							입추7월															처서								
음력	1	2	3	4	5	6	7	8	9	10	11	12	13	14	15	16	17	18	19	20	21	22	23	24	25	26	27	28	29	30
양력 월	8월																													
양력 일	2	3	4	5	6	7	寅初	9	10	11	12	13	14	15	16	17	18	19	20	21	22	23	24	25	26	27	28	29	30	31
요일	화	수	목	금	토	일	월	화	수	목	금	토	일	월	화	수	목	금	토	일	월	화	수	목	금	토	일	월	화	수
일진	乙未	丙申	丁酉	戊戌	己亥	庚子	辛丑	壬寅	癸卯	甲辰	乙巳	丙午	丁未	戊申	己酉	庚戌	辛亥	壬子	癸丑	甲寅	乙卯	丙辰	丁巳	戊午	己未	庚申	辛酉	壬戌	癸亥	甲子
음양국	陰2					陰5					陰8					陰1					陰4					陰7				

8月 己酉

절기	1	2	3	4	5	6	7	8	9	10	11	12	13	14	15	16	17	18	19	20	21	22	23	24	25	26	27	28	29
절기								백로8월															추분						
음력	1	2	3	4	5	6	7	8	9	10	11	12	13	14	15	16	17	18	19	20	21	22	23	24	25	26	27	28	29
양력 월	9월																												
양력 일	1	2	3	4	5	6	7	卯初	9	10	11	12	13	14	15	16	17	18	19	20	21	22	23	24	25	26	27	28	29
요일	목	금	토	일	월	화	수	목	금	토	일	월	화	수	목	금	토	일	월	화	수	목	금	토	일	월	화	수	목
일진	乙丑	丙寅	丁卯	戊辰	己巳	庚午	辛未	壬申	癸酉	甲戌	乙亥	丙子	丁丑	戊寅	己卯	庚辰	辛巳	壬午	癸未	甲申	乙酉	丙戌	丁亥	戊子	己丑	庚寅	辛卯	壬辰	癸巳
음양국	陰9					陰3					陰6					陰7					陰1					陰4				

9月 庚戌

절기	1	2	3	4	5	6	7	8	9	10	11	12	13	14	15	16	17	18	19	20	21	22	23	24	25	26	27	28	29
절기									한로9월																상강				
음력	1	2	3	4	5	6	7	8	9	10	11	12	13	14	15	16	17	18	19	20	21	22	23	24	25	26	27	28	29
양력 월	9월	10월																											
양력 일	30	1	2	3	4	5	6	7	戌後	9	10	11	12	13	14	15	16	17	18	19	20	21	22	23	24	25	26	27	28
요일	금	토	일	월	화	수	목	금	토	일	월	화	수	목	금	토	일	월	화	수	목	금	토	일	월	화	수	목	금
일진	甲午	乙未	丙申	丁酉	戊戌	己亥	庚子	辛丑	壬寅	癸卯	甲辰	乙巳	丙午	丁未	戊申	己酉	庚戌	辛亥	壬子	癸丑	甲寅	乙卯	丙辰	丁巳	戊午	己未	庚申	辛酉	壬戌
음양국	陰6					陰9					陰3					陰5					陰8					陰2				

10月 辛亥

절기	1	2	3	4	5	6	7	8	9	10	11	12	13	14	15	16	17	18	19	20	21	22	23	24	25	26	27	28	29	30
절기										입동10월															소설					
음력	1	2	3	4	5	6	7	8	9	10	11	12	13	14	15	16	17	18	19	20	21	22	23	24	25	26	27	28	29	30
양력 월	10월			11월																										
양력 일	29	30	31	1	2	3	4	5	6	子初	8	9	10	11	12	13	14	15	16	17	18	19	20	21	22	23	24	25	26	27
요일	토	일	월	화	수	목	금	토	일	월	화	수	목	금	토	일	월	화	수	목	금	토	일	월	화	수	목	금	토	일
일진	癸亥	甲子	乙丑	丙寅	丁卯	戊辰	己巳	庚午	辛未	壬申	癸酉	甲戌	乙亥	丙子	丁丑	戊寅	己卯	庚辰	辛巳	壬午	癸未	甲申	乙酉	丙戌	丁亥	戊子	己丑	庚寅	辛卯	壬辰
음양국	陰6					陰9					陰3					陰5					陰8					陰2				

11月 壬子

절기	1	2	3	4	5	6	7	8	9	10	11	12	13	14	15	16	17	18	19	20	21	22	23	24	25	26	27	28	29
절기										대설11월															동지				
음력	1	2	3	4	5	6	7	8	9	10	11	12	13	14	15	16	17	18	19	20	21	22	23	24	25	26	27	28	29
양력 월	11월			12월																									
양력 일	28	29	30	1	2	3	4	5	6	申中	8	9	10	11	12	13	14	15	16	17	18	19	20	21	22	23	24	25	26
요일	월	화	수	목	금	토	일	월	화	수	목	금	토	일	월	화	수	목	금	토	일	월	화	수	목	금	토	일	월
일진	癸巳	甲午	乙未	丙申	丁酉	戊戌	己亥	庚子	辛丑	壬寅	癸卯	甲辰	乙巳	丙午	丁未	戊申	己酉	庚戌	辛亥	壬子	癸丑	甲寅	乙卯	丙辰	丁巳	戊午	己未	庚申	辛酉
음양국	陰4					陰7					陰1					陽1					陽7					陽4				

12月 癸丑

절기	1	2	3	4	5	6	7	8	9	10	11	12	13	14	15	16	17	18	19	20	21	22	23	24	25	26	27	28	29	30
절기											소한12월														대한					
음력	1	2	3	4	5	6	7	8	9	10	11	12	13	14	15	16	17	18	19	20	21	22	23	24	25	26	27	28	29	30
양력 월	12월					1월																								
양력 일	27	28	29	30	31	1	2	3	4	5	丑後	7	8	9	10	11	12	13	14	15	16	17	18	19	20	21	22	23	24	25
요일	화	수	목	금	토	일	월	화	수	목	금	토	일	월	화	수	목	금	토	일	월	화	수	목	금	토	일	월	화	수
일진	壬戌	癸亥	甲子	乙丑	丙寅	丁卯	戊辰	己巳	庚午	辛未	壬申	癸酉	甲戌	乙亥	丙子	丁丑	戊寅	己卯	庚辰	辛巳	壬午	癸未	甲申	乙酉	丙戌	丁亥	戊子	己丑	庚寅	辛卯
음양국	陽4	陽2					陽8					陽5					陽3					陽9					陽6			

1933(癸酉年)

입춘(2/4) 15:09
경칩(3/6) 09:31
청명(4/5) 14:51
입하(5/6) 08:42
망종(6/6) 13:17
소서(7/7) 23:44

입추(8/8) 09:26
백로(9/8) 11:58
한로(10/9) 03:04
입동(11/8) 05:43
대설(12/7) 22:11
소한(1/6) 09:17

1月 甲寅

절기: 입춘1월(음10) / 우수(음25)

음력	1	2	3	4	5	6	7	8	9	10	11	12	13	14	15	16	17	18	19	20	21	22	23	24	25	26	27	28	29
양력월	1월						2월																						
양력일	26	27	28	29	30	31	1	2	3	未	5	6	7	8	9	10	11	12	13	14	15	16	17	18	19	20	21	22	23
요일	목	금	토	일	월	화	수	목	금	後	일	월	화	수	목	금	토	일	월	화	수	목	금	토	일	월	화	수	목
일진	壬辰	癸巳	甲午	乙未	丙申	丁酉	戊戌	己亥	庚子	辛丑	壬寅	癸卯	甲辰	乙巳	丙午	丁未	戊申	己酉	庚戌	辛亥	壬子	癸丑	甲寅	乙卯	丙辰	丁巳	戊午	己未	庚申

음양국: 陽6 · 陽8 · 陽5 · 陽2 · 陽9 · 陽6 · 陽3

2月 乙卯

절기: 경칩2월(음11) / 춘분(음26)

음력	1	2	3	4	5	6	7	8	9	10	11	12	13	14	15	16	17	18	19	20	21	22	23	24	25	26	27	28	29	30
양력월	2월					3월																								
양력일	24	25	26	27	28	1	2	3	4	5	巳	7	8	9	10	11	12	13	14	15	16	17	18	19	20	21	22	23	24	25
요일	금	토	일	월	화	수	목	금	토	일	初	화	수	목	금	토	일	월	화	수	목	금	토	일	월	화	수	목	금	토
일진	辛酉	壬戌	癸亥	甲子	乙丑	丙寅	丁卯	戊辰	己巳	庚午	辛未	壬申	癸酉	甲戌	乙亥	丙子	丁丑	戊寅	己卯	庚辰	辛巳	壬午	癸未	甲申	乙酉	丙戌	丁亥	戊子	己丑	庚寅

음양국: 陽3 · 陽1 · 陽7 · 陽4 · 陽3 · 陽9 · 陽6

3月 丙辰

절기: 청명3월(음11) / 곡우(음26)

음력	1	2	3	4	5	6	7	8	9	10	11	12	13	14	15	16	17	18	19	20	21	22	23	24	25	26	27	28	29	30
양력월	3월						4월																							
양력일	26	27	28	29	30	31	1	2	3	4	未	6	7	8	9	10	11	12	13	14	15	16	17	18	19	20	21	22	23	24
요일	일	월	화	수	목	금	토	일	월	화	後	목	금	토	일	월	화	수	목	금	토	일	월	화	수	목	금	토	일	월
일진	辛卯	壬辰	癸巳	甲午	乙未	丙申	丁酉	戊戌	己亥	庚子	辛丑	壬寅	癸卯	甲辰	乙巳	丙午	丁未	戊申	己酉	庚戌	辛亥	壬子	癸丑	甲寅	乙卯	丙辰	丁巳	戊午	己未	庚申

음양국: 陽6 · 陽4 · 陽1 · 陽7 · 陽5 · 陽2 · 陽8

4月 丁巳

절기: 입하4월(음12) / 소만(음27)

음력	1	2	3	4	5	6	7	8	9	10	11	12	13	14	15	16	17	18	19	20	21	22	23	24	25	26	27	28	29
양력월	4월						5월																						
양력일	25	26	27	28	29	30	1	2	3	4	5	辰	7	8	9	10	11	12	13	14	15	16	17	18	19	20	21	22	23
요일	화	수	목	금	토	일	월	화	수	목	금	中	일	월	화	수	목	금	토	일	월	화	수	목	금	토	일	월	화
일진	辛酉	壬戌	癸亥	甲子	乙丑	丙寅	丁卯	戊辰	己巳	庚午	辛未	壬申	癸酉	甲戌	乙亥	丙子	丁丑	戊寅	己卯	庚辰	辛巳	壬午	癸未	甲申	乙酉	丙戌	丁亥	戊子	己丑

음양국: 陽8 · 陽4 · 陽1 · 陽7 · 陽5 · 陽2 · 陽8

5月 戊午

절기: 망종5월(음14) / 하지(음30)

음력	1	2	3	4	5	6	7	8	9	10	11	12	13	14	15	16	17	18	19	20	21	22	23	24	25	26	27	28	29	30
양력월	5월								6월																					
양력일	24	25	26	27	28	29	30	31	1	2	3	4	5	午	7	8	9	10	11	12	13	14	15	16	17	18	19	20	21	22
요일	수	목	금	토	일	월	화	수	목	금	토	일	월	後	수	목	금	토	일	월	화	수	목	금	토	일	월	화	수	목
일진	庚寅	辛卯	壬辰	癸巳	甲午	乙未	丙申	丁酉	戊戌	己亥	庚子	辛丑	壬寅	癸卯	甲辰	乙巳	丙午	丁未	戊申	己酉	庚戌	辛亥	壬子	癸丑	甲寅	乙卯	丙辰	丁巳	戊午	己未

음양국: 陽8 · 陽6 · 陽3 · 陽9 · 陰9 · 陰3

閏5月

절기: 소서6월(음15)

음력	1	2	3	4	5	6	7	8	9	10	11	12	13	14	15	16	17	18	19	20	21	22	23	24	25	26	27	28	29	30
양력월	6월								7월																					
양력일	23	24	25	26	27	28	29	30	1	2	3	4	5	6	子	8	9	10	11	12	13	14	15	16	17	18	19	20	21	22
요일	금	토	일	월	화	수	목	금	토	일	월	화	수	목	初	토	일	월	화	수	목	금	토	일	월	화	수	목	금	토
일진	庚申	辛酉	壬戌	癸亥	甲子	乙丑	丙寅	丁卯	戊辰	己巳	庚午	辛未	壬申	癸酉	甲戌	乙亥	丙子	丁丑	戊寅	己卯	庚辰	辛巳	壬午	癸未	甲申	乙酉	丙戌	丁亥	戊子	己丑

음양국: 陰6 · 陰8 · 陰2 · 陰5 · 陰7 · 陰1

6月 己未

구분	1	2	3	4	5	6	7	8	9	10	11	12	13	14	15	16	17	18	19	20	21	22	23	24	25	26	27	28	29
절기	대서																입추7월												
양력월	7월									8월																			
양력일	23	24	25	26	27	28	29	30	31	1	2	3	4	5	6	7	辰	9	10	11	12	13	14	15	16	17	18	19	20
요일	일	월	화	수	목	금	토	일	월	화	수	목	금	토	일	월	後	수	목	금	토	일	월	화	수	목	금	토	일
일진	庚寅	辛卯	壬辰	癸巳	甲午	乙未	丙申	丁酉	戊戌	己亥	庚子	辛丑	壬寅	癸卯	甲辰	乙巳	丙午	丁未	戊申	己酉	庚戌	辛亥	壬子	癸丑	甲寅	乙卯	丙辰	丁巳	戊午

음양국: 陰4　陰2　陰5　陰8　陰1　陰4

7月 庚申

구분	1	2	3	4	5	6	7	8	9	10	11	12	13	14	15	16	17	18	19	20	21	22	23	24	25	26	27	28	29	30
절기			처서																백로8월											
양력월	8월											9월																		
양력일	21	22	23	24	25	26	27	28	29	30	31	1	2	3	4	5	6	7	午	9	10	11	12	13	14	15	16	17	18	19
요일	월	화	수	목	금	토	일	월	화	수	목	금	토	일	월	화	수	목	初	토	일	월	화	수	목	금	토	일	월	화
일진	己未	庚申	辛酉	壬戌	癸亥	甲子	乙丑	丙寅	丁卯	戊辰	己巳	庚午	辛未	壬申	癸酉	甲戌	乙亥	丙子	丁丑	戊寅	己卯	庚辰	辛巳	壬午	癸未	甲申	乙酉	丙戌	丁亥	戊子

음양국: 陰7　陰9　陰3　陰6　陰7　陰1

8月 辛酉

구분	1	2	3	4	5	6	7	8	9	10	11	12	13	14	15	16	17	18	19	20	21	22	23	24	25	26	27	28	29
절기				추분																한로9월									
양력월	9월											10월																	
양력일	20	21	22	23	24	25	26	27	28	29	30	1	2	3	4	5	6	7	8	丑	10	11	12	13	14	15	16	17	18
요일	수	목	금	토	일	월	화	수	목	금	토	일	월	화	수	목	금	토	일	後	화	수	목	금	토	일	월	화	수
일진	己丑	庚寅	辛卯	壬辰	癸巳	甲午	乙未	丙申	丁酉	戊戌	己亥	庚子	辛丑	壬寅	癸卯	甲辰	乙巳	丙午	丁未	戊申	己酉	庚戌	辛亥	壬子	癸丑	甲寅	乙卯	丙辰	丁巳

음양국: 陰4　陰6　陰9　陰3　陰5　陰8

9月 壬戌

구분	1	2	3	4	5	6	7	8	9	10	11	12	13	14	15	16	17	18	19	20	21	22	23	24	25	26	27	28	29	30
절기						상강															입동10월									
양력월	10월													11월																
양력일	19	20	21	22	23	24	25	26	27	28	29	30	31	1	2	3	4	5	6	7	卯	9	10	11	12	13	14	15	16	17
요일	목	금	토	일	월	화	수	목	금	토	일	월	화	수	목	금	토	일	월	화	初	목	금	토	일	월	화	수	목	금
일진	戊午	己未	庚申	辛酉	壬戌	癸亥	甲子	乙丑	丙寅	丁卯	戊辰	己巳	庚午	辛未	壬申	癸酉	甲戌	乙亥	丙子	丁丑	戊寅	己卯	庚辰	辛巳	壬午	癸未	甲申	乙酉	丙戌	丁亥

음양국: 陰2　陰6　陰9　陰3　陰5　陰8

10月 癸亥

구분	1	2	3	4	5	6	7	8	9	10	11	12	13	14	15	16	17	18	19	20	21	22	23	24	25	26	27	28	29
절기						소설														대설11월									
양력월	11월													12월															
양력일	18	19	20	21	22	23	24	25	26	27	28	29	30	1	2	3	4	5	6	亥	8	9	10	11	12	13	14	15	16
요일	토	일	월	화	수	목	금	토	일	월	화	수	목	금	토	일	월	화	수	中	금	토	일	월	화	수	목	금	토
일진	戊子	己丑	庚寅	辛卯	壬辰	癸巳	甲午	乙未	丙申	丁酉	戊戌	己亥	庚子	辛丑	壬寅	癸卯	甲辰	乙巳	丙午	丁未	戊申	己酉	庚戌	辛亥	壬子	癸丑	甲寅	乙卯	丙辰

음양국: 陰2　陰4　陰7　陰1　陰4　陰7

11月 甲子

구분	1	2	3	4	5	6	7	8	9	10	11	12	13	14	15	16	17	18	19	20	21	22	23	24	25	26	27	28	29
절기						동지															소한12월								
양력월	12월															1월													
양력일	17	18	19	20	21	22	23	24	25	26	27	28	29	30	31	1	2	3	4	5	辰	7	8	9	10	11	12	13	14
요일	일	월	화	수	목	금	토	일	월	화	수	목	금	토	일	월	화	수	목	금	後	일	월	화	수	목	금	토	일
일진	丁巳	戊午	己未	庚申	辛酉	壬戌	癸亥	甲子	乙丑	丙寅	丁卯	戊辰	己巳	庚午	辛未	壬申	癸酉	甲戌	乙亥	丙子	丁丑	戊寅	己卯	庚辰	辛巳	壬午	癸未	甲申	乙酉

음양국: 陰7　陰1　陽1　陽7　陽4　陽2　陽8

12月 乙丑

구분	1	2	3	4	5	6	7	8	9	10	11	12	13	14	15	16	17	18	19	20	21	22	23	24	25	26	27	28	29	30
절기							대한														입춘1월									
양력월	1월																	2월												
양력일	15	16	17	18	19	20	21	22	23	24	25	26	27	28	29	30	31	1	2	3	戌	5	6	7	8	9	10	11	12	13
요일	월	화	수	목	금	토	일	월	화	수	목	금	토	일	월	화	수	목	금	토	後	월	화	수	목	금	토	일	월	화
일진	丙戌	丁亥	戊子	己丑	庚寅	辛卯	壬辰	癸巳	甲午	乙未	丙申	丁酉	戊戌	己亥	庚子	辛丑	壬寅	癸卯	甲辰	乙巳	丙午	丁未	戊申	己酉	庚戌	辛亥	壬子	癸丑	甲寅	乙卯

음양국: 陽8　陽5　陽3　陽9　陽6　陽8　陽5

1934(甲戌年)

입춘(2/4) 21:04
경칩(3/6) 15:26
청명(4/5) 20:44
입하(5/6) 14:31
망종(6/6) 19:01
소서(7/8) 05:24

입추(8/8) 15:04
백로(9/8) 17:36
한로(10/9) 08:45
입동(11/8) 11:27
대설(12/8) 03:57
소한(1/6) 15:02

1月 丙寅

절기	우수																				경칩2월								
음력	1	2	3	4	5	6	7	8	9	10	11	12	13	14	15	16	17	18	19	20	21	22	23	24	25	26	27	28	29
양월 2월															3월														
력일	14	15	16	17	18	19	20	21	22	23	24	25	26	27	28	1	2	3	4	5	未	7	8	9	10	11	12	13	14
요일	수	목	금	토	일	월	화	수	목	금	토	일	월	화	수	목	금	토	일	월	後	수	목	금	토	일	월	화	수
일진	丙辰	丁巳	戊午	己未	庚申	辛酉	壬戌	癸亥	甲子	乙丑	丙寅	丁卯	戊辰	己巳	庚午	辛未	壬申	癸酉	甲戌	乙亥	丙子	丁丑	戊寅	己卯	庚辰	辛巳	壬午	癸未	甲申
음양국	陽 5			陽 2				陽 9				陽 6				陽 3				陽 1				陽 7					

2月 丁卯

절기	춘분																				청명3월									
음력	1	2	3	4	5	6	7	8	9	10	11	12	13	14	15	16	17	18	19	20	21	22	23	24	25	26	27	28	29	30
양월 3월																	4월													
력일	15	16	17	18	19	20	21	22	23	24	25	26	27	28	29	30	31	1	2	3	4	戌	6	7	8	9	10	11	12	13
요일	목	금	토	일	월	화	수	목	금	토	일	월	화	수	목	금	토	일	월	화	수	中	금	토	일	월	화	수	목	금
일진	乙酉	丙戌	丁亥	戊子	己丑	庚寅	辛卯	壬辰	癸巳	甲午	乙未	丙申	丁酉	戊戌	己亥	庚子	辛丑	壬寅	癸卯	甲辰	乙巳	丙午	丁未	戊申	己酉	庚戌	辛亥	壬子	癸丑	甲寅
음양국	陽 7			陽 4				陽 3				陽 9				陽 6				陽 4										

3月 戊辰

절기	곡우																						입하4월						
음력	1	2	3	4	5	6	7	8	9	10	11	12	13	14	15	16	17	18	19	20	21	22	23	24	25	26	27	28	29
양월 4월																		5월											
력일	14	15	16	17	18	19	20	21	22	23	24	25	26	27	28	29	30	1	2	3	4	5	未	7	8	9	10	11	12
요일	토	일	월	화	수	목	금	토	일	월	화	수	목	금	토	일	월	화	수	목	금	토	中	월	화	수	목	금	토
일진	乙卯	丙辰	丁巳	戊午	己未	庚申	辛酉	壬戌	癸亥	甲子	乙丑	丙寅	丁卯	戊辰	己巳	庚午	辛未	壬申	癸酉	甲戌	乙亥	丙子	丁丑	戊寅	己卯	庚辰	辛巳	壬午	癸未
음양국	陽 1			陽 7				陽 5				陽 2				陽 8				陽 4									

4月 己巳

절기	소만																								망종5월					
음력	1	2	3	4	5	6	7	8	9	10	11	12	13	14	15	16	17	18	19	20	21	22	23	24	25	26	27	28	29	30
양월 5월																			6월											
력일	13	14	15	16	17	18	19	20	21	22	23	24	25	26	27	28	29	30	31	1	2	3	4	5	酉	7	8	9	10	11
요일	일	월	화	수	목	금	토	일	월	화	수	목	금	토	일	월	화	수	목	금	토	일	월	화	後	목	금	토	일	월
일진	甲申	乙酉	丙戌	丁亥	戊子	己丑	庚寅	辛卯	壬辰	癸巳	甲午	乙未	丙申	丁酉	戊戌	己亥	庚子	辛丑	壬寅	癸卯	甲辰	乙巳	丙午	丁未	戊申	己酉	庚戌	辛亥	壬子	癸丑
음양국	陽 1			陽 7				陽 5				陽 2				陽 8				陽 6										

5月 庚午

절기	하지																										소서6월			
음력	1	2	3	4	5	6	7	8	9	10	11	12	13	14	15	16	17	18	19	20	21	22	23	24	25	26	27	28	29	30
양월 6월																			7월											
력일	12	13	14	15	16	17	18	19	20	21	22	23	24	25	26	27	28	29	30	1	2	3	4	5	6	7	寅	9	10	11
요일	화	수	목	금	토	일	월	화	수	목	금	토	일	월	화	수	목	금	토	일	월	화	수	목	금	토	後	월	화	수
일진	甲寅	乙卯	丙辰	丁巳	戊午	己未	庚申	辛酉	壬戌	癸亥	甲子	乙丑	丙寅	丁卯	戊辰	己巳	庚午	辛未	壬申	癸酉	甲戌	乙亥	丙子	丁丑	戊寅	己卯	庚辰	辛巳	壬午	癸未
음양국	陽 3			陽 9				陰 9				陰 3				陰 6				陰 8										

6月 辛未

절기	대서																						입추7월						
음력	1	2	3	4	5	6	7	8	9	10	11	12	13	14	15	16	17	18	19	20	21	22	23	24	25	26	27	28	29
양월 7월																				8월									
력일	12	13	14	15	16	17	18	19	20	21	22	23	24	25	26	27	28	29	30	31	1	2	3	4	5	6	7	未	9
요일	목	금	토	일	월	화	수	목	금	토	일	월	화	수	목	금	토	일	월	화	수	목	금	토	일	월	화	後	목
일진	甲申	乙酉	丙戌	丁亥	戊子	己丑	庚寅	辛卯	壬辰	癸巳	甲午	乙未	丙申	丁酉	戊戌	己亥	庚子	辛丑	壬寅	癸卯	甲辰	乙巳	丙午	丁未	戊申	己酉	庚戌	辛亥	壬子
음양국	陰 2			陰 5				陰 7				陰 1				陰 4				陰 2									

7月 壬申

음력	양력	요일	일진	음양국	절기
1	8월 10	금	癸丑	陰5	
2	11	토	甲寅	陰5	
3	12	일	乙卯	陰5	
4	13	월	丙辰	陰5	
5	14	화	丁巳	陰5	
6	15	수	戊午	陰8	
7	16	목	己未	陰8	
8	17	금	庚申	陰8	
9	18	토	辛酉	陰8	
10	19	일	壬戌	陰8	
11	20	월	癸亥	陰1	
12	21	화	甲子	陰1	
13	22	수	乙丑	陰1	
14	23	목	丙寅	陰1	
15	24	금	丁卯	陰1	처서
16	25	토	戊辰	陰4	
17	26	일	己巳	陰4	
18	27	월	庚午	陰4	
19	28	화	辛未	陰4	
20	29	수	壬申	陰4	
21	30	목	癸酉	陰7	
22	31	금	甲戌	陰7	
23	9월 1	토	乙亥	陰7	
24	2	일	丙子	陰7	
25	3	월	丁丑	陰7	
26	4	화	戊寅	陰9	
27	5	수	己卯	陰9	
28	6	목	庚辰	陰9	
29	7	금	辛巳	陰9	
30	酉	初	壬午	陰9	백로8월

8月 癸酉

음력	양력	요일	일진	음양국	절기
1	9월 9	일	癸未	陰3	
2	10	월	甲申	陰3	
3	11	화	乙酉	陰3	
4	12	수	丙戌	陰3	
5	13	목	丁亥	陰3	
6	14	금	戊子	陰6	
7	15	토	己丑	陰6	
8	16	일	庚寅	陰6	
9	17	월	辛卯	陰6	
10	18	화	壬辰	陰6	
11	19	수	癸巳	陰7	
12	20	목	甲午	陰7	
13	21	금	乙未	陰7	
14	22	토	丙申	陰7	
15	23	일	丁酉	陰7	
16	24	월	戊戌	陰1	추분
17	25	화	己亥	陰1	
18	26	수	庚子	陰1	
19	27	목	辛丑	陰1	
20	28	금	壬寅	陰1	
21	29	토	癸卯	陰4	
22	30	일	甲辰	陰4	
23	10월 1	월	乙巳	陰4	
24	2	화	丙午	陰4	
25	3	수	丁未	陰4	
26	4	목	戊申	陰6	
27	5	금	己酉	陰6	
28	6	토	庚戌	陰6	
29	7	일	辛亥	陰6	
30	8	월	壬子	陰6	

9月 甲戌

음력	양력	요일	일진	음양국	절기
1	10월 辰	中	癸丑	陰9	한로9월
2	10	수	甲寅	陰9	
3	11	목	乙卯	陰9	
4	12	금	丙辰	陰9	
5	13	토	丁巳	陰9	
6	14	일	戊午	陰3	
7	15	월	己未	陰3	
8	16	화	庚申	陰3	
9	17	수	辛酉	陰3	
10	18	목	壬戌	陰3	
11	19	금	癸亥	陰5	
12	20	토	甲子	陰5	
13	21	일	乙丑	陰5	
14	22	월	丙寅	陰5	
15	23	화	丁卯	陰5	
16	24	수	戊辰	陰8	상강
17	25	목	己巳	陰8	
18	26	금	庚午	陰8	
19	27	토	辛未	陰8	
20	28	일	壬申	陰8	
21	29	월	癸酉	陰2	
22	30	화	甲戌	陰2	
23	31	수	乙亥	陰2	
24	11월 1	목	丙子	陰2	
25	2	금	丁丑	陰2	
26	3	토	戊寅	陰6	
27	4	일	己卯	陰6	
28	5	월	庚辰	陰6	
29	6	화	辛巳	陰6	

10月 乙亥

음력	양력	요일	일진	음양국	절기
1	11월 7	수	壬午	陰6	
2	巳	後	癸未	陰6	입동10월
3	9	금	甲申	陰9	
4	10	토	乙酉	陰9	
5	11	일	丙戌	陰9	
6	12	월	丁亥	陰9	
7	13	화	戊子	陰9	
8	14	수	己丑	陰3	
9	15	목	庚寅	陰3	
10	16	금	辛卯	陰3	
11	17	토	壬辰	陰3	
12	18	일	癸巳	陰3	
13	19	월	甲午	陰5	
14	20	화	乙未	陰5	
15	21	수	丙申	陰5	
16	22	목	丁酉	陰5	
17	23	금	戊戌	陰5	소설
18	24	토	己亥	陰8	
19	25	일	庚子	陰8	
20	26	월	辛丑	陰8	
21	27	화	壬寅	陰8	
22	28	수	癸卯	陰8	
23	29	목	甲辰	陰2	
24	30	금	乙巳	陰2	
25	12월 1	토	丙午	陰2	
26	2	일	丁未	陰2	
27	3	월	戊申	陰2	
28	4	화	己酉	陰4	
29	5	수	庚戌	陰4	
30	6	목	辛亥	陰4	

11月 丙子

음력	양력	요일	일진	음양국	절기
1	12월 7	금	壬子	陰4	
2	寅	初	癸丑	陰4	대설11월
3	9	일	甲寅	陰7	
4	10	월	乙卯	陰7	
5	11	화	丙辰	陰7	
6	12	수	丁巳	陰7	
7	13	목	戊午	陰7	
8	14	금	己未	陰1	
9	15	토	庚申	陰1	
10	16	일	辛酉	陰1	
11	17	월	壬戌	陰1	
12	18	화	癸亥	陰1	
13	19	수	甲子	陽1	
14	20	목	乙丑	陽1	
15	21	금	丙寅	陽1	
16	22	토	丁卯	陽1	동지
17	23	일	戊辰	陽1	
18	24	월	己巳	陽7	
19	25	화	庚午	陽7	
20	26	수	辛未	陽7	
21	27	목	壬申	陽7	
22	28	금	癸酉	陽7	
23	29	토	甲戌	陽4	
24	30	일	乙亥	陽4	
25	31	월	丙子	陽4	
26	1월 1	화	丁丑	陽4	
27	2	수	戊寅	陽4	
28	3	목	己卯	陽2	
29	4	금	庚辰	陽2	

12月 丁丑

음력	양력	요일	일진	음양국	절기
1	1월 5	토	辛巳	陽2	
2	未	後	壬午	陽2	소한12월
3	7	월	癸未	陽2	
4	8	화	甲申	陽8	
5	9	수	乙酉	陽8	
6	10	목	丙戌	陽8	
7	11	금	丁亥	陽8	
8	12	토	戊子	陽8	
9	13	일	己丑	陽5	
10	14	월	庚寅	陽5	
11	15	화	辛卯	陽5	
12	16	수	壬辰	陽5	
13	17	목	癸巳	陽5	
14	18	금	甲午	陽3	
15	19	토	乙未	陽3	
16	20	일	丙申	陽3	
17	21	월	丁酉	陽3	대한
18	22	화	戊戌	陽3	
19	23	수	己亥	陽9	
20	24	목	庚子	陽9	
21	25	금	辛丑	陽9	
22	26	토	壬寅	陽9	
23	27	일	癸卯	陽9	
24	28	월	甲辰	陽6	
25	29	화	乙巳	陽6	
26	30	수	丙午	陽6	
27	31	목	丁未	陽6	
28	2월 1	금	戊申	陽6	
29	2	토	己酉	陽8	
30	3	일	庚戌	陽8	

입춘(2/5) 02:49
경칩(3/6) 21:10
청명(4/6) 02:26
입하(5/6) 20:12
망종(6/7) 00:42
소서(7/8) 11:06

1935(乙亥年)

입추(8/8) 20:48
백로(9/8) 23:24
한로(10/9) 14:36
입동(11/8) 17:18
대설(12/8) 09:45
소한(1/6) 20:47

1月 戊寅
절기: 입춘1월 … 우수

음력	1	2	3	4	5	6	7	8	9	10	11	12	13	14	15	16	17	18	19	20	21	22	23	24	25	26	27	28	29
양력(2월/3월)	4	丑	6	7	8	9	10	11	12	13	14	15	16	17	18	19	20	21	22	23	24	25	26	27	28	1	2	3	4
요일	월	中	수	목	금	토	일	월	화	수	목	금	토	일	월	화	수	목	금	토	일	월	화	수	목	금	토	일	월
일진	辛亥	壬子	癸丑	甲寅	乙卯	丙辰	丁巳	戊午	己未	庚申	辛酉	壬戌	癸亥	甲子	乙丑	丙寅	丁卯	戊辰	己巳	庚午	辛未	壬申	癸酉	甲戌	乙亥	丙子	丁丑	戊寅	己卯

음양국: 陽8 陽5 陽2 陽9 陽6 陽3 陽1

2月 己卯
절기: 경칩2월 … 춘분

음력	1	2	3	4	5	6	7	8	9	10	11	12	13	14	15	16	17	18	19	20	21	22	23	24	25	26	27	28	29
양력(3월/4월)	5	戊	7	8	9	10	11	12	13	14	15	16	17	18	19	20	21	22	23	24	25	26	27	28	29	30	31	1	2
요일	화	後	목	금	토	일	월	화	수	목	금	토	일	월	화	수	목	금	토	일	월	화	수	목	금	토	일	월	화
일진	庚辰	辛巳	壬午	癸未	甲申	乙酉	丙戌	丁亥	戊子	己丑	庚寅	辛卯	壬辰	癸巳	甲午	乙未	丙申	丁酉	戊戌	己亥	庚子	辛丑	壬寅	癸卯	甲辰	乙巳	丙午	丁未	戊申

음양국: 陽1 陽7 陽4 陽3 陽9 陽6

3月 庚辰
절기: 청명3월 … 곡우

음력	1	2	3	4	5	6	7	8	9	10	11	12	13	14	15	16	17	18	19	20	21	22	23	24	25	26	27	28	29	30
양력(4월/5월)	3	4	5	丑	7	8	9	10	11	12	13	14	15	16	17	18	19	20	21	22	23	24	25	26	27	28	29	30	1	2
요일	수	목	금	中	일	월	화	수	목	금	토	일	월	화	수	목	금	토	일	월	화	수	목	금	토	일	월	화	수	목
일진	己酉	庚戌	辛亥	壬子	癸丑	甲寅	乙卯	丙辰	丁巳	戊午	己未	庚申	辛酉	壬戌	癸亥	甲子	乙丑	丙寅	丁卯	戊辰	己巳	庚午	辛未	壬申	癸酉	甲戌	乙亥	丙子	丁丑	戊寅

음양국: 陽4 陽1 陽7 陽5 陽2 陽8

4月 辛巳
절기: 입하4월 … 소만

음력	1	2	3	4	5	6	7	8	9	10	11	12	13	14	15	16	17	18	19	20	21	22	23	24	25	26	27	28	29
양력(5월)	3	4	5	戊	7	8	9	10	11	12	13	14	15	16	17	18	19	20	21	22	23	24	25	26	27	28	29	30	31
요일	금	토	일	中	화	수	목	금	토	일	월	화	수	목	금	토	일	월	화	수	목	금	토	일	월	화	수	목	금
일진	己卯	庚辰	辛巳	壬午	癸未	甲申	乙酉	丙戌	丁亥	戊子	己丑	庚寅	辛卯	壬辰	癸巳	甲午	乙未	丙申	丁酉	戊戌	己亥	庚子	辛丑	壬寅	癸卯	甲辰	乙巳	丙午	丁未

음양국: 陽4 陽1 陽7 陽5 陽2 陽8

5月 壬午
절기: 망종5월 … 하지

음력	1	2	3	4	5	6	7	8	9	10	11	12	13	14	15	16	17	18	19	20	21	22	23	24	25	26	27	28	29	30
양력(6월)	1	2	3	4	5	6	子	8	9	10	11	12	13	14	15	16	17	18	19	20	21	22	23	24	25	26	27	28	29	30
요일	토	일	월	화	수	목	中	토	일	월	화	수	목	금	토	일	월	화	수	목	금	토	일	월	화	수	목	금	토	일
일진	戊申	己酉	庚戌	辛亥	壬子	癸丑	甲寅	乙卯	丙辰	丁巳	戊午	己未	庚申	辛酉	壬戌	癸亥	甲子	乙丑	丙寅	丁卯	戊辰	己巳	庚午	辛未	壬申	癸酉	甲戌	乙亥	丙子	丁丑

음양국: 陽6 陽3 陽9 陰9 陰3 陰6

6月 癸未
절기: 소서6월 … 대서

음력	1	2	3	4	5	6	7	8	9	10	11	12	13	14	15	16	17	18	19	20	21	22	23	24	25	26	27	28	29
양력(7월)	1	2	3	4	5	6	7	巳	9	10	11	12	13	14	15	16	17	18	19	20	21	22	23	24	25	26	27	28	29
요일	월	화	수	목	금	토	일	後	화	수	목	금	토	일	월	화	수	목	금	토	일	월	화	수	목	금	토	일	월
일진	戊寅	己卯	庚辰	辛巳	壬午	癸未	甲申	乙酉	丙戌	丁亥	戊子	己丑	庚寅	辛卯	壬辰	癸巳	甲午	乙未	丙申	丁酉	戊戌	己亥	庚子	辛丑	壬寅	癸卯	甲辰	乙巳	丙午

음양국: 陰8 陰2 陰5 陰7 陰1 陰4

7月 甲申 (절기: 입추7월 / 처서)

음력	양력	요일	일진
1	7월 30	화	丁未
2	31	수	戊申
3	8월 1	목	己酉
4	2	금	庚戌
5	3	토	辛亥
6	4	일	壬子
7	5	월	癸丑
8	6	화	甲寅
9	7	수	乙卯
10	戊中 (입추)	목	丙辰
11	9	금	丁巳
12	10	토	戊午
13	11	일	己未
14	12	월	庚申
15	13	화	辛酉
16	14	수	壬戌
17	15	목	癸亥
18	16	금	甲子
19	17	토	乙丑
20	18	일	丙寅
21	19	월	丁卯
22	20	화	戊辰
23	21	수	己巳
24	22	목	庚午
25	23	금	辛未
26	24 (처서)	토	壬申
27	25	일	癸酉
28	26	월	甲戌
29	27	화	乙亥
30	28	수	丙子

음양국: 陰4 · 陰2 · 陰5 · 陰8 · 陰1 · 陰4 · 陰7

8月 乙酉 (절기: 백로8월 / 추분)

음력	양력	요일	일진
1	8월 29	목	丁丑
2	30	금	戊寅
3	31	토	己卯
4	9월 1	일	庚辰
5	2	월	辛巳
6	3	화	壬午
7	4	수	癸未
8	5	목	甲申
9	6	금	乙酉
10	7	토	丙戌
11	亥 (백로)	後	丁亥
12	9	월	戊子
13	10	화	己丑
14	11	수	庚寅
15	12	목	辛卯
16	13	금	壬辰
17	14	토	癸巳
18	15	일	甲午
19	16	월	乙未
20	17	화	丙申
21	18	수	丁酉
22	19	목	戊戌
23	20	금	己亥
24	21	토	庚子
25	22	일	辛丑
26	23	월	壬寅
27	24 (추분)	화	癸卯
28	25	수	甲辰
29	26	목	乙巳
30	27	금	丙午

음양국: 陰7 · 陰9 · 陰3 · 陰6 · 陰7 · 陰1 · 陰4

9月 丙戌 (절기: 한로9월 / 상강)

음력	양력	요일	일진
1	9월 28	토	丁未
2	29	일	戊申
3	30	월	己酉
4	10월 1	화	庚戌
5	2	수	辛亥
6	3	목	壬子
7	4	금	癸丑
8	5	토	甲寅
9	6	일	乙卯
10	7	월	丙辰
11	8	화	丁巳
12	未中 (한로)	中	戊午
13	10	목	己未
14	11	금	庚申
15	12	토	辛酉
16	13	일	壬戌
17	14	월	癸亥
18	15	화	甲子
19	16	수	乙丑
20	17	목	丙寅
21	18	금	丁卯
22	19	토	戊辰
23	20	일	己巳
24	21	월	庚午
25	22	화	辛未
26	23	수	壬申
27	24 (상강)	목	癸酉
28	25	금	甲戌
29	26	토	乙亥

음양국: 陰4 · 陰6 · 陰9 · 陰3 · 陰5 · 陰8 · 陰2

10月 丁亥 (절기: 입동10월 / 소설)

음력	양력	요일	일진
1	10월 27	일	丙子
2	28	월	丁丑
3	29	화	戊寅
4	30	수	己卯
5	31	목	庚辰
6	11월 1	금	辛巳
7	2	토	壬午
8	3	일	癸未
9	4	월	甲申
10	5	화	乙酉
11	6	수	丙戌
12	7	목	丁亥
13	申後 (입동)	後	戊子
14	9	토	己丑
15	10	일	庚寅
16	11	월	辛卯
17	12	화	壬辰
18	13	수	癸巳
19	14	목	甲午
20	15	금	乙未
21	16	토	丙申
22	17	일	丁酉
23	18	월	戊戌
24	19	화	己亥
25	20	수	庚子
26	21	목	辛丑
27	22	금	壬寅
28	23 (소설)	토	癸卯
29	24	일	甲辰
30	25	월	乙巳

음양국: 陰2 · 陰6 · 陰9 · 陰3 · 陰5 · 陰8 · 陰2

11月 戊子 (절기: 대설11월 / 동지)

음력	양력	요일	일진
1	11월 26	화	丙午
2	27	수	丁未
3	28	목	戊申
4	29	금	己酉
5	30	토	庚戌
6	12월 1	일	辛亥
7	2	월	壬子
8	3	화	癸丑
9	4	수	甲寅
10	5	목	乙卯
11	6	금	丙辰
12	7	토	丁巳
13	巳初 (대설)	初	戊午
14	9	월	己未
15	10	화	庚申
16	11	수	辛酉
17	12	목	壬戌
18	13	금	癸亥
19	14	토	甲子
20	15	일	乙丑
21	16	월	丙寅
22	17	화	丁卯
23	18	수	戊辰
24	19	목	己巳
25	20	금	庚午
26	21	토	辛未
27	22	일	壬申
28	23 (동지)	월	癸酉
29	24	화	甲戌
30	25	수	乙亥

음양국: 陰2 · 陰4 · 陰7 · 陰1 · 陽1 · 陽7 · 陽4

12月 己丑 (절기: 소한12월 / 대한)

음력	양력	요일	일진
1	12월 26	목	丙子
2	27	금	丁丑
3	28	토	戊寅
4	29	일	己卯
5	30	월	庚辰
6	31	화	辛巳
7	1월 1	수	壬午
8	2	목	癸未
9	3	금	甲申
10	4	토	乙酉
11	5	일	丙戌
12	戊中 (소한)	中	丁亥
13	7	화	戊子
14	8	수	己丑
15	9	목	庚寅
16	10	금	辛卯
17	11	토	壬辰
18	12	일	癸巳
19	13	월	甲午
20	14	화	乙未
21	15	수	丙申
22	16	목	丁酉
23	17	금	戊戌
24	18	토	己亥
25	19	일	庚子
26	20	월	辛丑
27	21 (대한)	화	壬寅
28	22	수	癸卯
29	23	목	甲辰

음양국: 陽4 · 陽2 · 陽8 · 陽5 · 陽3 · 陽9 · 陽6

입춘(2/5) 08:29
경칩(3/6) 02:49
청명(4/5) 08:07
입하(5/6) 01:57
망종(6/6) 06:31
소서(7/7) 16:58

입추(8/8) 02:43
백로(9/8) 05:21
한로(10/8) 20:32
입동(11/7) 23:15
대설(12/7) 15:42
소한(1/6) 02:44

1936(丙子年)

1月 庚寅

항목	1	2	3	4	5	6	7	8	9	10	11	12	13	14	15	16	17	18	19	20	21	22	23	24	25	26	27	28	29	30
절기													입춘1월															우수		
양력월	1월								2월																					
양력일	24	25	26	27	28	29	30	31	1	2	3	4	辰	6	7	8	9	10	11	12	13	14	15	16	17	18	19	20	21	22
요일	금	토	일	월	화	수	목	금	토	일	월	화	中	목	금	토	일	월	화	수	목	금	토	일	월	화	수	목	금	토
일진	乙巳	丙午	丁未	戊申	己酉	庚戌	辛亥	壬子	癸丑	甲寅	乙卯	丙辰	丁巳	戊午	己未	庚申	辛酉	壬戌	癸亥	甲子	乙丑	丙寅	丁卯	戊辰	己巳	庚午	辛未	壬申	癸酉	甲戌

음양국: 陽6 陽8 陽5 陽2 陽9 陽6

2月 辛卯

항목	1	2	3	4	5	6	7	8	9	10	11	12	13	14	15	16	17	18	19	20	21	22	23	24	25	26	27	28	29
절기													경칩2월															춘분	
양력월	2월							3월																					
양력일	23	24	25	26	27	28	29	1	2	3	4	5	丑	7	8	9	10	11	12	13	14	15	16	17	18	19	20	21	22
요일	일	월	화	수	목	금	토	일	월	화	수	목	中	토	일	월	화	수	목	금	토	일	월	화	수	목	금	토	일
일진	乙亥	丙子	丁丑	戊寅	己卯	庚辰	辛巳	壬午	癸未	甲申	乙酉	丙戌	丁亥	戊子	己丑	庚寅	辛卯	壬辰	癸巳	甲午	乙未	丙申	丁酉	戊戌	己亥	庚子	辛丑	壬寅	癸卯

음양국: 陽3 陽1 陽7 陽4 陽3 陽9

3月 壬辰

항목	1	2	3	4	5	6	7	8	9	10	11	12	13	14	15	16	17	18	19	20	21	22	23	24	25	26	27	28	29
절기														청명3월															곡우
양력월	3월									4월																			
양력일	23	24	25	26	27	28	29	30	31	1	2	3	4	辰	6	7	8	9	10	11	12	13	14	15	16	17	18	19	20
요일	월	화	수	목	금	토	일	월	화	수	목	금	토	初	월	화	수	목	금	토	일	월	화	수	목	금	토	일	월
일진	甲辰	乙巳	丙午	丁未	戊申	己酉	庚戌	辛亥	壬子	癸丑	甲寅	乙卯	丙辰	丁巳	戊午	己未	庚申	辛酉	壬戌	癸亥	甲子	乙丑	丙寅	丁卯	戊辰	己巳	庚午	辛未	壬申

음양국: 陽6 陽4 陽1 陽7 陽5 陽2

閏3月

항목	1	2	3	4	5	6	7	8	9	10	11	12	13	14	15	16	17	18	19	20	21	22	23	24	25	26	27	28	29	30
절기																입하4월														
양력월	4월										5월																			
양력일	21	22	23	24	25	26	27	28	29	30	1	2	3	4	5	丑	7	8	9	10	11	12	13	14	15	16	17	18	19	20
요일	화	수	목	금	토	일	월	화	수	목	금	토	일	월	화	初	목	금	토	일	월	화	수	목	금	토	일	월	화	수
일진	癸酉	甲戌	乙亥	丙子	丁丑	戊寅	己卯	庚辰	辛巳	壬午	癸未	甲申	乙酉	丙戌	丁亥	戊子	己丑	庚寅	辛卯	壬辰	癸巳	甲午	乙未	丙申	丁酉	戊戌	己亥	庚子	辛丑	壬寅

음양국: 陽8 陽4 陽1 陽7 陽5 陽2

4月 癸巳

항목	1	2	3	4	5	6	7	8	9	10	11	12	13	14	15	16	17	18	19	20	21	22	23	24	25	26	27	28	29
절기	소만																망종5월												
양력월	5월											6월																	
양력일	21	22	23	24	25	26	27	28	29	30	31	1	2	3	4	5	卯	7	8	9	10	11	12	13	14	15	16	17	18
요일	목	금	토	일	월	화	수	목	금	토	일	월	화	수	목	금	中	일	월	화	수	목	금	토	일	월	화	수	목
일진	癸卯	甲辰	乙巳	丙午	丁未	戊申	己酉	庚戌	辛亥	壬子	癸丑	甲寅	乙卯	丙辰	丁巳	戊午	己未	庚申	辛酉	壬戌	癸亥	甲子	乙丑	丙寅	丁卯	戊辰	己巳	庚午	辛未

음양국: 陽8 陽6 陽3 陽9 陽6 陽3

5月 甲午

항목	1	2	3	4	5	6	7	8	9	10	11	12	13	14	15	16	17	18	19	20	21	22	23	24	25	26	27	28	29	30
절기			하지																소서6월											
양력월	6월												7월																	
양력일	19	20	21	22	23	24	25	26	27	28	29	30	1	2	3	4	5	6	申	8	9	10	11	12	13	14	15	16	17	18
요일	금	토	일	월	화	수	목	금	토	일	월	화	수	목	금	토	일	월	後	수	목	금	토	일	월	화	수	목	금	토
일진	壬申	癸酉	甲戌	乙亥	丙子	丁丑	戊寅	己卯	庚辰	辛巳	壬午	癸未	甲申	乙酉	丙戌	丁亥	戊子	己丑	庚寅	辛卯	壬辰	癸巳	甲午	乙未	丙申	丁酉	戊戌	己亥	庚子	辛丑

음양국: 陽3 陽9 陰9 陰3 陰6 陰8 陰2

6월 乙未

절기: 대서 (음력 5), 입추7월 (음력 21)

음력	1	2	3	4	5	6	7	8	9	10	11	12	13	14	15	16	17	18	19	20	21	22	23	24	25	26	27	28	29
양력(7월→8월)	19	20	21	22	23	24	25	26	27	28	29	30	31	1	2	3	4	5	6	7	丑中	9	10	11	12	13	14	15	16
요일	일	월	화	수	목	금	토	일	월	화	수	목	금	토	일	월	화	수	목	금	토	일	월	화	수	목	금	토	일
일진	壬寅	癸卯	甲辰	乙巳	丙午	丁未	戊申	己酉	庚戌	辛亥	壬子	癸丑	甲寅	乙卯	丙辰	丁巳	戊午	己未	庚申	辛酉	壬戌	癸亥	甲子	乙丑	丙寅	丁卯	戊辰	己巳	庚午

음양국: 陰2 陰5 陰7 陰1 陰4 陰2 陰5

7월 丙申

절기: 처서 (음력 7), 백로8월 (음력 23)

음력	1	2	3	4	5	6	7	8	9	10	11	12	13	14	15	16	17	18	19	20	21	22	23	24	25	26	27	28	29	30
양력(8월→9월)	17	18	19	20	21	22	23	24	25	26	27	28	29	30	31	1	2	3	4	5	6	7	寅後	9	10	11	12	13	14	15
요일	월	화	수	목	금	토	일	월	화	수	목	금	토	일	월	화	수	목	금	토	일	월	後	수	목	금	토	일	월	화
일진	辛未	壬申	癸酉	甲戌	乙亥	丙子	丁丑	戊寅	己卯	庚辰	辛巳	壬午	癸未	甲申	乙酉	丙戌	丁亥	戊子	己丑	庚寅	辛卯	壬辰	癸巳	甲午	乙未	丙申	丁酉	戊戌	己亥	庚子

음양국: 陰5 陰8 陰1 陰4 陰7 陰9 陰3

8월 丁酉

절기: 추분 (음력 8), 한로9월 (음력 23)

음력	1	2	3	4	5	6	7	8	9	10	11	12	13	14	15	16	17	18	19	20	21	22	23	24	25	26	27	28	29
양력(9월→10월)	16	17	18	19	20	21	22	23	24	25	26	27	28	29	30	1	2	3	4	5	6	7	戌中	9	10	11	12	13	14
요일	수	목	금	토	일	월	화	수	목	금	토	일	월	화	수	목	금	토	일	월	화	수	中	금	토	일	월	화	수
일진	辛丑	壬寅	癸卯	甲辰	乙巳	丙午	丁未	戊申	己酉	庚戌	辛亥	壬子	癸丑	甲寅	乙卯	丙辰	丁巳	戊午	己未	庚申	辛酉	壬戌	癸亥	甲子	乙丑	丙寅	丁卯	戊辰	己巳

음양국: 陰3 陰6 陰7 陰1 陰4 陰6 陰9

9월 戊戌

절기: 상강 (음력 9), 입동10월 (음력 24)

음력	1	2	3	4	5	6	7	8	9	10	11	12	13	14	15	16	17	18	19	20	21	22	23	24	25	26	27	28	29	30
양력(10월→11월)	15	16	17	18	19	20	21	22	23	24	25	26	27	28	29	30	31	1	2	3	4	5	6	亥後	8	9	10	11	12	13
요일	목	금	토	일	월	화	수	목	금	토	일	월	화	수	목	금	토	일	월	화	수	목	금	後	일	월	화	수	목	금
일진	庚午	辛未	壬申	癸酉	甲戌	乙亥	丙子	丁丑	戊寅	己卯	庚辰	辛巳	壬午	癸未	甲申	乙酉	丙戌	丁亥	戊子	己丑	庚寅	辛卯	壬辰	癸巳	甲午	乙未	丙申	丁酉	戊戌	己亥

음양국: 陰9 陰3 陰5 陰8 陰2 陰6

10월 己亥

절기: 소설 (음력 9), 대설11월 (음력 24)

음력	1	2	3	4	5	6	7	8	9	10	11	12	13	14	15	16	17	18	19	20	21	22	23	24	25	26	27	28	29	30
양력(11월→12월)	14	15	16	17	18	19	20	21	22	23	24	25	26	27	28	29	30	1	2	3	4	5	6	申初	8	9	10	11	12	13
요일	토	일	월	화	수	목	금	토	일	월	화	수	목	금	토	일	월	화	수	목	금	토	일	初	화	수	목	금	토	일
일진	庚子	辛丑	壬寅	癸卯	甲辰	乙巳	丙午	丁未	戊申	己酉	庚戌	辛亥	壬子	癸丑	甲寅	乙卯	丙辰	丁巳	戊午	己未	庚申	辛酉	壬戌	癸亥	甲子	乙丑	丙寅	丁卯	戊辰	己巳

음양국: 陰9 陰3 陰5 陰8 陰2 陰4

11월 庚子

절기: 동지 (음력 9), 소한12월 (음력 24)

음력	1	2	3	4	5	6	7	8	9	10	11	12	13	14	15	16	17	18	19	20	21	22	23	24	25	26	27	28	29	30
양력(12월→1월)	14	15	16	17	18	19	20	21	22	23	24	25	26	27	28	29	30	31	1	2	3	4	5	丑中	7	8	9	10	11	12
요일	월	화	수	목	금	토	일	월	화	수	목	금	토	일	월	화	수	목	금	토	일	월	화	中	목	금	토	일	월	화
일진	庚午	辛未	壬申	癸酉	甲戌	乙亥	丙子	丁丑	戊寅	己卯	庚辰	辛巳	壬午	癸未	甲申	乙酉	丙戌	丁亥	戊子	己丑	庚寅	辛卯	壬辰	癸巳	甲午	乙未	丙申	丁酉	戊戌	己亥

음양국: 陰7 陰1 陽1 陽7 陽4 陽2

12월 辛丑

절기: 대한 (음력 8), 입춘1월 (음력 23)

음력	1	2	3	4	5	6	7	8	9	10	11	12	13	14	15	16	17	18	19	20	21	22	23	24	25	26	27	28	29
양력(1월→2월)	13	14	15	16	17	18	19	20	21	22	23	24	25	26	27	28	29	30	31	1	2	3	未中	5	6	7	8	9	10
요일	수	목	금	토	일	월	화	수	목	금	토	일	월	화	수	목	금	토	일	월	화	수	中	금	토	일	월	화	수
일진	庚子	辛丑	壬寅	癸卯	甲辰	乙巳	丙午	丁未	戊申	己酉	庚戌	辛亥	壬子	癸丑	甲寅	乙卯	丙辰	丁巳	戊午	己未	庚申	辛酉	壬戌	癸亥	甲子	乙丑	丙寅	丁卯	戊辰

음양국: 陽8 陽5 陽3 陽9 陽6 陽8

1937(丁丑年)

입춘(2/4) 14:26
경칩(3/6) 08:44
청명(4/5) 14:01
입하(5/6) 07:51
망종(6/6) 12:23
소서(7/7) 22:46

입추(8/8) 08:25
백로(9/8) 10:59
한로(10/9) 02:11
입동(11/8) 04:55
대설(12/7) 21:26
소한(1/6) 08:31

1月 壬寅

절기							우수																	경칩2월					
음력	1	2	3	4	5	6	7	8	9	10	11	12	13	14	15	16	17	18	19	20	21	22	23	24	25	26	27	28	29	30
양월력일	2월 11	12	13	14	15	16	17	18	19	20	21	22	23	24	25	26	27	28	3월 1	2	3	4	5	辰 6	7	8	9	10	11	12
요일	목	금	토	일	월	화	수	목	금	토	일	월	화	수	목	금	토	일	월	화	수	목	금	中	일	월	화	수	목	금
일진	己巳	庚午	辛未	壬申	癸酉	甲戌	乙亥	丙子	丁丑	戊寅	己卯	庚辰	辛巳	壬午	癸未	甲申	乙酉	丙戌	丁亥	戊子	己丑	庚寅	辛卯	壬辰	癸巳	甲午	乙未	丙申	丁酉	戊戌
음양국	陽 5					陽 2					陽 9					陽 6					陽 3					陽 1				

2月 癸卯

절기								춘분																청명3월					
음력	1	2	3	4	5	6	7	8	9	10	11	12	13	14	15	16	17	18	19	20	21	22	23	24	25	26	27	28	29	
양월력일	3월 13	14	15	16	17	18	19	20	21	22	23	24	25	26	27	28	29	30	31	4월 1	2	3	4	未 5	6	7	8	9	10	
요일	토	일	월	화	수	목	금	토	일	월	화	수	목	금	토	일	월	화	수	목	금	토	일	初	화	수	목	금	토	
일진	己亥	庚子	辛丑	壬寅	癸卯	甲辰	乙巳	丙午	丁未	戊申	己酉	庚戌	辛亥	壬子	癸丑	甲寅	乙卯	丙辰	丁巳	戊午	己未	庚申	辛酉	壬戌	癸亥	甲子	乙丑	丙寅	丁卯	
음양국	陽 7					陽 4					陽 3					陽 9					陽 6					陽 4				

3月 甲辰

절기									곡우																	입하4월				
음력	1	2	3	4	5	6	7	8	9	10	11	12	13	14	15	16	17	18	19	20	21	22	23	24	25	26	27	28	29	
양월력일	4월 11	12	13	14	15	16	17	18	19	20	21	22	23	24	25	26	27	28	29	30	5월 1	2	3	4	5	辰 6	7	8	9	
요일	일	월	화	수	목	금	토	일	월	화	수	목	금	토	일	월	화	수	목	금	토	일	월	화	수	初	금	토	일	
일진	戊辰	己巳	庚午	辛未	壬申	癸酉	甲戌	乙亥	丙子	丁丑	戊寅	己卯	庚辰	辛巳	壬午	癸未	甲申	乙酉	丙戌	丁亥	戊子	己丑	庚寅	辛卯	壬辰	癸巳	甲午	乙未	丙申	
음양국	陽 1					陽 7					陽 5					陽 2					陽 8					陽 4				

4月 乙巳

절기												소만															망종5월			
음력	1	2	3	4	5	6	7	8	9	10	11	12	13	14	15	16	17	18	19	20	21	22	23	24	25	26	27	28	29	30
양월력일	5월 10	11	12	13	14	15	16	17	18	19	20	21	22	23	24	25	26	27	28	29	30	31	6월 1	2	3	4	5	午 6	7	8
요일	월	화	수	목	금	토	일	월	화	수	목	금	토	일	월	화	수	목	금	토	일	월	화	수	목	금	토	中	월	화
일진	丁酉	戊戌	己亥	庚子	辛丑	壬寅	癸卯	甲辰	乙巳	丙午	丁未	戊申	己酉	庚戌	辛亥	壬子	癸丑	甲寅	乙卯	丙辰	丁巳	戊午	己未	庚申	辛酉	壬戌	癸亥	甲子	乙丑	丙寅
음양국	陽 4			陽 1				陽 7				陽 5				陽 2				陽 8				陽 6						

5月 丙午

절기														하지															소서6월
음력	1	2	3	4	5	6	7	8	9	10	11	12	13	14	15	16	17	18	19	20	21	22	23	24	25	26	27	28	29
양월력일	6월 9	10	11	12	13	14	15	16	17	18	19	20	21	22	23	24	25	26	27	28	29	30	7월 1	2	3	4	5	6	亥 7
요일	수	목	금	토	일	월	화	수	목	금	토	일	월	화	수	목	금	토	일	월	화	수	목	금	토	일	월	화	中
일진	丁卯	戊辰	己巳	庚午	辛未	壬申	癸酉	甲戌	乙亥	丙子	丁丑	戊寅	己卯	庚辰	辛巳	壬午	癸未	甲申	乙酉	丙戌	丁亥	戊子	己丑	庚寅	辛卯	壬辰	癸巳	甲午	乙未
음양국	陽 6			陽 3				陽 9				陰 9				陰 3				陰 6				陰 8					

6月 丁未

절기																대서													
음력	1	2	3	4	5	6	7	8	9	10	11	12	13	14	15	16	17	18	19	20	21	22	23	24	25	26	27	28	29
양월력일	7월 8	9	10	11	12	13	14	15	16	17	18	19	20	21	22	23	24	25	26	27	28	29	30	31	8월 1	2	3	4	5
요일	목	금	토	일	월	화	수	목	금	토	일	월	화	수	목	금	토	일	월	화	수	목	금	토	일	월	화	수	목
일진	丙申	丁酉	戊戌	己亥	庚子	辛丑	壬寅	癸卯	甲辰	乙巳	丙午	丁未	戊申	己酉	庚戌	辛亥	壬子	癸丑	甲寅	乙卯	丙辰	丁巳	戊午	己未	庚申	辛酉	壬戌	癸亥	甲子
음양국	陰 8			陰 2				陰 5				陰 7				陰 1				陰 4				陰 2					

7月 戊申

절기	입추7월																	처서												
음력	1	2	3	4	5	6	7	8	9	10	11	12	13	14	15	16	17	18	19	20	21	22	23	24	25	26	27	28	29	30
양력 월	8월																										9월			
일	6	7	辰	9	10	11	12	13	14	15	16	17	18	19	20	21	22	23	24	25	26	27	28	29	30	31	1	2	3	4
요일	금	토	中	월	화	수	목	금	토	일	월	화	수	목	금	토	일	월	화	수	목	금	토	일	월	화	수	목	금	토
일진	乙丑	丙寅	丁卯	戊辰	己巳	庚午	辛未	壬申	癸酉	甲戌	乙亥	丙子	丁丑	戊寅	己卯	庚辰	辛巳	壬午	癸未	甲申	乙酉	丙戌	丁亥	戊子	己丑	庚寅	辛卯	壬辰	癸巳	甲午
음양국	陰 2					陰 5					陰 8					陰 1					陰 4					陰 7				

8月 己酉

절기	백로8월																	추분											
음력	1	2	3	4	5	6	7	8	9	10	11	12	13	14	15	16	17	18	19	20	21	22	23	24	25	26	27	28	29
양력 월	9월																								10월				
일	5	6	7	巳	9	10	11	12	13	14	15	16	17	18	19	20	21	22	23	24	25	26	27	28	29	30	1	2	3
요일	일	월	화	後	목	금	토	일	월	화	수	목	금	토	일	월	화	수	목	금	토	일	월	화	수	목	금	토	일
일진	乙未	丙申	丁酉	戊戌	己亥	庚子	辛丑	壬寅	癸卯	甲辰	乙巳	丙午	丁未	戊申	己酉	庚戌	辛亥	壬子	癸丑	甲寅	乙卯	丙辰	丁巳	戊午	己未	庚申	辛酉	壬戌	癸亥
음양국	陰 9				陰 3					陰 6					陰 7					陰 1					陰 4				

9月 庚戌

절기	한로9월																		상강											
음력	1	2	3	4	5	6	7	8	9	10	11	12	13	14	15	16	17	18	19	20	21	22	23	24	25	26	27	28	29	30
양력 월	10월																											11월		
일	4	5	6	7	8	丑	10	11	12	13	14	15	16	17	18	19	20	21	22	23	24	25	26	27	28	29	30	31	1	2
요일	월	화	수	목	금	中	일	월	화	수	목	금	토	일	월	화	수	목	금	토	일	월	화	수	목	금	토	일	월	화
일진	甲子	乙丑	丙寅	丁卯	戊辰	己巳	庚午	辛未	壬申	癸酉	甲戌	乙亥	丙子	丁丑	戊寅	己卯	庚辰	辛巳	壬午	癸未	甲申	乙酉	丙戌	丁亥	戊子	己丑	庚寅	辛卯	壬辰	癸巳
음양국	陰 6				陰 9					陰 3					陰 5					陰 8					陰 2					

10月 辛亥

절기	입동10월																		소설											
음력	1	2	3	4	5	6	7	8	9	10	11	12	13	14	15	16	17	18	19	20	21	22	23	24	25	26	27	28	29	30
양력 월	11월																												12월	
일	3	4	5	6	7	寅	9	10	11	12	13	14	15	16	17	18	19	20	21	22	23	24	25	26	27	28	29	30	1	2
요일	수	목	금	토	일	後	화	수	목	금	토	일	월	화	수	목	금	토	일	월	화	수	목	금	토	일	월	화	수	목
일진	甲午	乙未	丙申	丁酉	戊戌	己亥	庚子	辛丑	壬寅	癸卯	甲辰	乙巳	丙午	丁未	戊申	己酉	庚戌	辛亥	壬子	癸丑	甲寅	乙卯	丙辰	丁巳	戊午	己未	庚申	辛酉	壬戌	癸亥
음양국	陰 6				陰 9					陰 3					陰 5					陰 8					陰 2					

11月 壬子

절기	대설11월																		동지											
음력	1	2	3	4	5	6	7	8	9	10	11	12	13	14	15	16	17	18	19	20	21	22	23	24	25	26	27	28	29	30
양력 월	12월																													1월
일	3	4	5	6	戊	8	9	10	11	12	13	14	15	16	17	18	19	20	21	22	23	24	25	26	27	28	29	30	31	1
요일	금	토	일	월	後	수	목	금	토	일	월	화	수	목	금	토	일	월	화	수	목	금	토	일	월	화	수	목	금	토
일진	甲子	乙丑	丙寅	丁卯	戊辰	己巳	庚午	辛未	壬申	癸酉	甲戌	乙亥	丙子	丁丑	戊寅	己卯	庚辰	辛巳	壬午	癸未	甲申	乙酉	丙戌	丁亥	戊子	己丑	庚寅	辛卯	壬辰	癸巳
음양국	陰 4				陰 7					陰 1					陽 1					陽 7					陽 4					

12月 癸丑

절기	소한12월																		대한										
음력	1	2	3	4	5	6	7	8	9	10	11	12	13	14	15	16	17	18	19	20	21	22	23	24	25	26	27	28	29
양력 월	1월																												
일	2	3	4	5	辰	7	8	9	10	11	12	13	14	15	16	17	18	19	20	21	22	23	24	25	26	27	28	29	30
요일	일	월	화	수	中	금	토	일	월	화	수	목	금	토	일	월	화	수	목	금	토	일	월	화	수	목	금	토	일
일진	甲午	乙未	丙申	丁酉	戊戌	己亥	庚子	辛丑	壬寅	癸卯	甲辰	乙巳	丙午	丁未	戊申	己酉	庚戌	辛亥	壬子	癸丑	甲寅	乙卯	丙辰	丁巳	戊午	己未	庚申	辛酉	壬戌
음양국	陽 2				陽 8					陽 5					陽 3					陽 9					陽 6				

1938(戊寅年)

입춘(2/4) 20:15	입추(8/8) 14:13
경칩(3/6) 14:34	백로(9/8) 16:48
청명(4/5) 19:49	한로(10/9) 08:01
입하(5/6) 13:35	입동(11/8) 10:48
망종(6/6) 18:07	대설(12/8) 03:22
소서(7/8) 04:31	소한(1/6) 14:28

1月 甲寅

	1	2	3	4	5	6	7	8	9	10	11	12	13	14	15	16	17	18	19	20	21	22	23	24	25	26	27	28	29	30
절기					입춘1월															우수										
음력	1	2	3	4	5	6	7	8	9	10	11	12	13	14	15	16	17	18	19	20	21	22	23	24	25	26	27	28	29	30
양력월	1월 2월																													3월
양력일	31	1	2	3	戊	5	6	7	8	9	10	11	12	13	14	15	16	17	18	19	20	21	22	23	24	25	26	27	28	1
요일	월	화	수	목	中	토	일	월	화	수	목	금	토	일	월	화	수	목	금	토	일	월	화	수	목	금	토	일	월	화
일진	癸亥	甲子	乙丑	丙寅	丁卯	戊辰	己巳	庚午	辛未	壬申	癸酉	甲戌	乙亥	丙子	丁丑	戊寅	己卯	庚辰	辛巳	壬午	癸未	甲申	乙酉	丙戌	丁亥	戊子	己丑	庚寅	辛卯	壬辰

음양국: 陽 8 / 陽 5 / 陽 2 / 陽 9 / 陽 6 / 陽 3

2月 乙卯

	1	2	3	4	5	6	7	8	9	10	11	12	13	14	15	16	17	18	19	20	21	22	23	24	25	26	27	28	29	30
절기					경칩2월															춘분										
음력	1	2	3	4	5	6	7	8	9	10	11	12	13	14	15	16	17	18	19	20	21	22	23	24	25	26	27	28	29	30
양력월	3월																													
양력일	2	3	4	5	未	7	8	9	10	11	12	13	14	15	16	17	18	19	20	21	22	23	24	25	26	27	28	29	30	31
요일	수	목	금	토	中	월	화	수	목	금	토	일	월	화	수	목	금	토	일	월	화	수	목	금	토	일	월	화	수	목
일진	癸巳	甲午	乙未	丙申	丁酉	戊戌	己亥	庚子	辛丑	壬寅	癸卯	甲辰	乙巳	丙午	丁未	戊申	己酉	庚戌	辛亥	壬子	癸丑	甲寅	乙卯	丙辰	丁巳	戊午	己未	庚申	辛酉	壬戌

음양국: 陽 1 / 陽 7 / 陽 4 / 陽 3 / 陽 9 / 陽 6

3月 丙辰

	1	2	3	4	5	6	7	8	9	10	11	12	13	14	15	16	17	18	19	20	21	22	23	24	25	26	27	28	29
절기					청명3월																곡우								
음력	1	2	3	4	5	6	7	8	9	10	11	12	13	14	15	16	17	18	19	20	21	22	23	24	25	26	27	28	29
양력월	4월																												
양력일	1	2	3	4	戊	6	7	8	9	10	11	12	13	14	15	16	17	18	19	20	21	22	23	24	25	26	27	28	29
요일	금	토	일	월	初	수	목	금	토	일	월	화	수	목	금	토	일	월	화	수	목	금	토	일	월	화	수	목	금
일진	癸亥	甲子	乙丑	丙寅	丁卯	戊辰	己巳	庚午	辛未	壬申	癸酉	甲戌	乙亥	丙子	丁丑	戊寅	己卯	庚辰	辛巳	壬午	癸未	甲申	乙酉	丙戌	丁亥	戊子	己丑	庚寅	辛卯

음양국: 陽 4 / 陽 1 / 陽 7 / 陽 5 / 陽 2 / 陽 8

4月 丁巳

	1	2	3	4	5	6	7	8	9	10	11	12	13	14	15	16	17	18	19	20	21	22	23	24	25	26	27	28	29
절기							입하4월																소만						
음력	1	2	3	4	5	6	7	8	9	10	11	12	13	14	15	16	17	18	19	20	21	22	23	24	25	26	27	28	29
양력월	4월 5월																												
양력일	30	1	2	3	4	5	未	7	8	9	10	11	12	13	14	15	16	17	18	19	20	21	22	23	24	25	26	27	28
요일	토	일	월	화	수	목	初	토	일	월	화	수	목	금	토	일	월	화	수	목	금	토	일	월	화	수	목	금	토
일진	壬辰	癸巳	甲午	乙未	丙申	丁酉	戊戌	己亥	庚子	辛丑	壬寅	癸卯	甲辰	乙巳	丙午	丁未	戊申	己酉	庚戌	辛亥	壬子	癸丑	甲寅	乙卯	丙辰	丁巳	戊午	己未	庚申

음양국: 陽 8 / 陽 4 / 陽 1 / 陽 7 / 陽 5 / 陽 2 / 陽 8

5月 戊午

	1	2	3	4	5	6	7	8	9	10	11	12	13	14	15	16	17	18	19	20	21	22	23	24	25	26	27	28	29	30
절기									망종5월																하지					
음력	1	2	3	4	5	6	7	8	9	10	11	12	13	14	15	16	17	18	19	20	21	22	23	24	25	26	27	28	29	30
양력월	5월 6월																													
양력일	29	30	31	1	2	3	4	5	酉	7	8	9	10	11	12	13	14	15	16	17	18	19	20	21	22	23	24	25	26	27
요일	일	월	화	수	목	금	토	일	初	화	수	목	금	토	일	월	화	수	목	금	토	일	월	화	수	목	금	토	일	월
일진	辛酉	壬戌	癸亥	甲子	乙丑	丙寅	丁卯	戊辰	己巳	庚午	辛未	壬申	癸酉	甲戌	乙亥	丙子	丁丑	戊寅	己卯	庚辰	辛巳	壬午	癸未	甲申	乙酉	丙戌	丁亥	戊子	己丑	庚寅

음양국: 陽 8 / 陽 6 / 陽 3 / 陽 9 / 陰 9 / 陰 3 / 陰 6

6月 己未

	1	2	3	4	5	6	7	8	9	10	11	12	13	14	15	16	17	18	19	20	21	22	23	24	25	26	27	28	29
절기											소서6월															대서			
음력	1	2	3	4	5	6	7	8	9	10	11	12	13	14	15	16	17	18	19	20	21	22	23	24	25	26	27	28	29
양력월	6월 7월																												
양력일	28	29	30	1	2	3	4	5	6	7	寅	9	10	11	12	13	14	15	16	17	18	19	20	21	22	23	24	25	26
요일	화	수	목	금	토	일	월	화	수	목	中	토	일	월	화	수	목	금	토	일	월	화	수	목	금	토	일	월	화
일진	辛卯	壬辰	癸巳	甲午	乙未	丙申	丁酉	戊戌	己亥	庚子	辛丑	壬寅	癸卯	甲辰	乙巳	丙午	丁未	戊申	己酉	庚戌	辛亥	壬子	癸丑	甲寅	乙卯	丙辰	丁巳	戊午	己未

음양국: 陰 6 / 陰 8 / 陰 2 / 陰 5 / 陰 7 / 陰 1 / 陰 4

7월 庚申

절기: 입추7월 (음력 13) · 처서 (음력 29)

음력	1	2	3	4	5	6	7	8	9	10	11	12	13	14	15	16	17	18	19	20	21	22	23	24	25	26	27	28	29
양력월	7월					8월																							
양력일	27	28	29	30	31	1	2	3	4	5	6	7	未中	9	10	11	12	13	14	15	16	17	18	19	20	21	22	23	24
요일	수	목	금	토	일	월	화	수	목	금	토	일	월	화	수	목	금	토	일	월	화	수	목	금	토	일	월	화	수
일진	庚申	辛酉	壬戌	癸亥	甲子	乙丑	丙寅	丁卯	戊辰	己巳	庚午	辛未	壬申	癸酉	甲戌	乙亥	丙子	丁丑	戊寅	己卯	庚辰	辛巳	壬午	癸未	甲申	乙酉	丙戌	丁亥	戊子

음양국: 陰4 · 陰2 · 陰5 · 陰8 · 陰1 · 陰4

閏7월

절기: 백로8월 (음력 15)

음력	1	2	3	4	5	6	7	8	9	10	11	12	13	14	15	16	17	18	19	20	21	22	23	24	25	26	27	28	29	30
양력월	8월							9월																						
양력일	25	26	27	28	29	30	31	1	2	3	4	5	6	7	申中	9	10	11	12	13	14	15	16	17	18	19	20	21	22	23
요일	목	금	토	일	월	화	수	목	금	토	일	월	화	수	목	금	토	일	월	화	수	목	금	토	일	월	화	수	목	금
일진	己丑	庚寅	辛卯	壬辰	癸巳	甲午	乙未	丙申	丁酉	戊戌	己亥	庚子	辛丑	壬寅	癸卯	甲辰	乙巳	丙午	丁未	戊申	己酉	庚戌	辛亥	壬子	癸丑	甲寅	乙卯	丙辰	丁巳	戊午

음양국: 陰7 · 陰9 · 陰3 · 陰6 · 陰7 · 陰1

8월 辛酉

절기: 추분 (음력 1) · 한로9월 (음력 16)

음력	1	2	3	4	5	6	7	8	9	10	11	12	13	14	15	16	17	18	19	20	21	22	23	24	25	26	27	28	29
양력월	9월							10월																					
양력일	24	25	26	27	28	29	30	1	2	3	4	5	6	7	8	辰	10	11	12	13	14	15	16	17	18	19	20	21	22
요일	토	일	월	화	수	목	금	토	일	월	화	수	목	금	토	初	월	화	수	목	금	토	일	월	화	수	목	금	토
일진	己未	庚申	辛酉	壬戌	癸亥	甲子	乙丑	丙寅	丁卯	戊辰	己巳	庚午	辛未	壬申	癸酉	甲戌	乙亥	丙子	丁丑	戊寅	己卯	庚辰	辛巳	壬午	癸未	甲申	乙酉	丙戌	丁亥

음양국: 陰4 · 陰6 · 陰9 · 陰3 · 陰5 · 陰8

9월 壬戌

절기: 상강 (음력 2) · 입동10월 (음력 17)

음력	1	2	3	4	5	6	7	8	9	10	11	12	13	14	15	16	17	18	19	20	21	22	23	24	25	26	27	28	29	30
양력월	10월									11월																				
양력일	23	24	25	26	27	28	29	30	31	1	2	3	4	5	6	7	巳	9	10	11	12	13	14	15	16	17	18	19	20	21
요일	일	월	화	수	목	금	토	일	월	화	수	목	금	토	일	월	中	수	목	금	토	일	월	화	수	목	금	토	일	월
일진	戊子	己丑	庚寅	辛卯	壬辰	癸巳	甲午	乙未	丙申	丁酉	戊戌	己亥	庚子	辛丑	壬寅	癸卯	甲辰	乙巳	丙午	丁未	戊申	己酉	庚戌	辛亥	壬子	癸丑	甲寅	乙卯	丙辰	丁巳

음양국: 陰2 · 陰6 · 陰9 · 陰3 · 陰5 · 陰8

10월 癸亥

절기: 소설 (음력 2) · 대설11월 (음력 17)

음력	1	2	3	4	5	6	7	8	9	10	11	12	13	14	15	16	17	18	19	20	21	22	23	24	25	26	27	28	29	30
양력월	11월									12월																				
양력일	22	23	24	25	26	27	28	29	30	1	2	3	4	5	6	7	丑	9	10	11	12	13	14	15	16	17	18	19	20	21
요일	화	수	목	금	토	일	월	화	수	목	금	토	일	월	화	수	後	금	토	일	월	화	수	목	금	토	일	월	화	수
일진	戊午	己未	庚申	辛酉	壬戌	癸亥	甲子	乙丑	丙寅	丁卯	戊辰	己巳	庚午	辛未	壬申	癸酉	甲戌	乙亥	丙子	丁丑	戊寅	己卯	庚辰	辛巳	壬午	癸未	甲申	乙酉	丙戌	丁亥

음양국: 陰2 · 陰4 · 陰7 · 陰1 · [陽1] · 陽7

11월 甲子

절기: 동지 (음력 1) · 소한12월 (음력 16)

음력	1	2	3	4	5	6	7	8	9	10	11	12	13	14	15	16	17	18	19	20	21	22	23	24	25	26	27	28	29
양력월	12월										1월																		
양력일	22	23	24	25	26	27	28	29	30	31	1	2	3	4	5	未	7	8	9	10	11	12	13	14	15	16	17	18	19
요일	목	금	토	일	월	화	수	목	금	토	일	월	화	수	목	中	토	일	월	화	수	목	금	토	일	월	화	수	목
일진	戊子	己丑	庚寅	辛卯	壬辰	癸巳	甲午	乙未	丙申	丁酉	戊戌	己亥	庚子	辛丑	壬寅	癸卯	甲辰	乙巳	丙午	丁未	戊申	己酉	庚戌	辛亥	壬子	癸丑	甲寅	乙卯	丙辰

음양국: 陽4 · 陽2 · 陽8 · 陽5 · 陽3 · 陽9

12월 乙丑

절기: 대한 (음력 2) · 입춘1월 (음력 17)

음력	1	2	3	4	5	6	7	8	9	10	11	12	13	14	15	16	17	18	19	20	21	22	23	24	25	26	27	28	29	30
양력월	1월												2월																	
양력일	20	21	22	23	24	25	26	27	28	29	30	31	1	2	3	4	丑	6	7	8	9	10	11	12	13	14	15	16	17	18
요일	금	토	일	월	화	수	목	금	토	일	월	화	수	목	금	토	中	월	화	수	목	금	토	일	월	화	수	목	금	토
일진	丁巳	戊午	己未	庚申	辛酉	壬戌	癸亥	甲子	乙丑	丙寅	丁卯	戊辰	己巳	庚午	辛未	壬申	癸酉	甲戌	乙亥	丙子	丁丑	戊寅	己卯	庚辰	辛巳	壬午	癸未	甲申	乙酉	丙戌

음양국: 陽9 · 陽6 · 陽8 · 陽5 · 陽2 · 陽9 · 陽6

입춘(2/5) 02:10
경칩(3/6) 20:26
청명(4/6) 01:37
입하(5/6) 19:21
망종(6/6) 23:52
소서(7/8) 10:18

입추(8/8) 20:04
백로(9/8) 22:42
한로(10/9) 13:57
입동(11/8) 16:44
대설(12/8) 09:17
소한(1/6) 20:24

1939(己卯年)

1月 丙寅

절기	우수 (col1)	경칩2월 (col16)
음력	1 2 3 4 5 6 7 8 9 10 11 12 13 14 15 16 17 18 19 20 21 22 23 24 25 26 27 28 29 30	
양력 월	2월 (col1)	3월 (col11)
력 일	19 20 21 22 23 24 25 26 27 28 1 2 3 4 5 戌 7 8 9 10 11 12 13 14 15 16 17 18 19 20	
요일	일 월 화 수 목 금 토 일 월 화 수 목 금 토 일 中 화 수 목 금 토 일 월 화 수 목 금 토 일 월	
일진	丁亥 戊子 己丑 庚寅 辛卯 壬辰 癸巳 甲午 乙未 丙申 丁酉 戊戌 己亥 庚子 辛丑 壬寅 癸卯 甲辰 乙巳 丙午 丁未 戊申 己酉 庚戌 辛亥 壬子 癸丑 甲寅 乙卯 丙辰	
음양국	陽 6　陽 3　陽 1　陽 7　陽 4　陽 3　陽 9	

2月 丁卯

절기	춘분 (col1)	청명3월 (col17)
음력	1 2 3 4 5 6 7 8 9 10 11 12 13 14 15 16 17 18 19 20 21 22 23 24 25 26 27 28 29 30	
양력 월	3월 (col1)	4월 (col11)
력 일	21 22 23 24 25 26 27 28 29 30 31 1 2 3 4 5 丑 7 8 9 10 11 12 13 14 15 16 17 18 19	
요일	화 수 목 금 토 일 월 화 수 목 금 토 일 월 화 수 初 금 토 일 월 화 수 목 금 토 일 월 화 수	
일진	丁巳 戊午 己未 庚申 辛酉 壬戌 癸亥 甲子 乙丑 丙寅 丁卯 戊辰 己巳 庚午 辛未 壬申 癸酉 甲戌 乙亥 丙子 丁丑 戊寅 己卯 庚辰 辛巳 壬午 癸未 甲申 乙酉 丙戌	
음양국	陽 9　陽 6　陽 4　陽 1　陽 7　陽 5　陽 2	

3月 戊辰

절기	곡우 (col2)	입하4월 (col17)
음력	1 2 3 4 5 6 7 8 9 10 11 12 13 14 15 16 17 18 19 20 21 22 23 24 25 26 27 28 29	
양력 월	4월 (col1)	5월 (col11)
력 일	20 21 22 23 24 25 26 27 28 29 30 1 2 3 4 5 酉 7 8 9 10 11 12 13 14 15 16 17 18	
요일	목 금 토 일 월 화 수 목 금 토 일 월 화 수 목 금 後 일 월 화 수 목 금 토 일 월 화 수 목	
일진	丁亥 戊子 己丑 庚寅 辛卯 壬辰 癸巳 甲午 乙未 丙申 丁酉 戊戌 己亥 庚子 辛丑 壬寅 癸卯 甲辰 乙巳 丙午 丁未 戊申 己酉 庚戌 辛亥 壬子 癸丑 甲寅 乙卯	
음양국	陽 2　陽 8　陽 4　陽 1　陽 7　陽 5　陽 2	

4月 己巳

절기	소만 (col4)	망종5월 (col19)
음력	1 2 3 4 5 6 7 8 9 10 11 12 13 14 15 16 17 18 19 20 21 22 23 24 25 26 27 28 29	
양력 월	5월 (col1)	6월 (col13)
력 일	19 20 21 22 23 24 25 26 27 28 29 30 31 1 2 3 4 5 子 7 8 9 10 11 12 13 14 15 16	
요일	금 토 일 월 화 수 목 금 토 일 월 화 수 목 금 토 일 월 初 수 목 금 토 일 월 화 수 목 금	
일진	丙辰 丁巳 戊午 己未 庚申 辛酉 壬戌 癸亥 甲子 乙丑 丙寅 丁卯 戊辰 己巳 庚午 辛未 壬申 癸酉 甲戌 乙亥 丙子 丁丑 戊寅 己卯 庚辰 辛巳 壬午 癸未 甲申	
음양국	陽 2　陽 8　陽 6　陽 3　陽 9　陽 6　陽 3	

5月 庚午

절기	하지 (col6)	소서6월 (col22)
음력	1 2 3 4 5 6 7 8 9 10 11 12 13 14 15 16 17 18 19 20 21 22 23 24 25 26 27 28 29 30	
양력 월	6월 (col1)	7월 (col15)
력 일	17 18 19 20 21 22 23 24 25 26 27 28 29 30 1 2 3 4 5 6 7 巳 9 10 11 12 13 14 15 16	
요일	토 일 월 화 수 목 금 토 일 월 화 수 목 금 토 일 월 화 수 목 금 中 일 월 화 수 목 금 토 일	
일진	乙酉 丙戌 丁亥 戊子 己丑 庚寅 辛卯 壬辰 癸巳 甲午 乙未 丙申 丁酉 戊戌 己亥 庚子 辛丑 壬寅 癸卯 甲辰 乙巳 丙午 丁未 戊申 己酉 庚戌 辛亥 壬子 癸丑 甲寅	
음양국	陽 3　陽 9　[陰 9]　陰 3　陰 6　陰 8	

6月 辛未

절기	대서 (col8)	입추7월 (col23)
음력	1 2 3 4 5 6 7 8 9 10 11 12 13 14 15 16 17 18 19 20 21 22 23 24 25 26 27 28 29	
양력 월	7월 (col1)	8월 (col15)
력 일	17 18 19 20 21 22 23 24 25 26 27 28 29 30 31 1 2 3 4 5 6 7 戌 9 10 11 12 13 14	
요일	월 화 수 목 금 토 일 월 화 수 목 금 토 일 월 화 수 목 금 토 일 월 初 수 목 금 토 일 월	
일진	乙卯 丙辰 丁巳 戊午 己未 庚申 辛酉 壬戌 癸亥 甲子 乙丑 丙寅 丁卯 戊辰 己巳 庚午 辛未 壬申 癸酉 甲戌 乙亥 丙子 丁丑 戊寅 己卯 庚辰 辛巳 壬午 癸未	
음양국	陰 2　陰 5　陰 7　陰 1　陰 4　陰 2	

7월 壬申

	1	2	3	4	5	6	7	8	9	10	11	12	13	14	15	16	17	18	19	20	21	22	23	24	25	26	27	28	29
절기										처서															백로8월				
음력	1	2	3	4	5	6	7	8	9	10	11	12	13	14	15	16	17	18	19	20	21	22	23	24	25	26	27	28	29
양력 월/일	8월 15	16	17	18	19	20	21	22	23	24	25	26	27	28	29	30	31	9월 1	2	3	4	5	6	7	亥	9	10	11	12
요일	화	수	목	금	토	일	월	화	수	목	금	토	일	월	화	수	목	금	토	일	월	화	수	목	中	토	일	월	화
일진	甲申	乙酉	丙戌	丁亥	戊子	己丑	庚寅	辛卯	壬辰	癸巳	甲午	乙未	丙申	丁酉	戊戌	己亥	庚子	辛丑	壬寅	癸卯	甲辰	乙巳	丙午	丁未	戊申	己酉	庚戌	辛亥	壬子

음양국: 陰 5　陰 8　陰 1　陰 4　陰 7　陰 9

8월 癸酉

	1	2	3	4	5	6	7	8	9	10	11	12	13	14	15	16	17	18	19	20	21	22	23	24	25	26	27	28	29	30
절기												추분															한로9월			
음력	1	2	3	4	5	6	7	8	9	10	11	12	13	14	15	16	17	18	19	20	21	22	23	24	25	26	27	28	29	30
양력 월/일	9월 13	14	15	16	17	18	19	20	21	22	23	24	25	26	27	28	29	30	10월 1	2	3	4	5	6	7	8	未	10	11	12
요일	수	목	금	토	일	월	화	수	목	금	토	일	월	화	수	목	금	토	일	월	화	수	목	금	토	일	初	화	수	목
일진	癸丑	甲寅	乙卯	丙辰	丁巳	戊午	己未	庚申	辛酉	壬戌	癸亥	甲子	乙丑	丙寅	丁卯	戊辰	己巳	庚午	辛未	壬申	癸酉	甲戌	乙亥	丙子	丁丑	戊寅	己卯	庚辰	辛巳	壬午

음양국: 陰 3　陰 6　陰 7　陰 1　陰 4　陰 6

9월 甲戌

	1	2	3	4	5	6	7	8	9	10	11	12	13	14	15	16	17	18	19	20	21	22	23	24	25	26	27	28	29
절기												상강															입동10월		
음력	1	2	3	4	5	6	7	8	9	10	11	12	13	14	15	16	17	18	19	20	21	22	23	24	25	26	27	28	29
양력 월/일	10월 13	14	15	16	17	18	19	20	21	22	23	24	25	26	27	28	29	30	31	11월 1	2	3	4	5	6	7	申	9	10
요일	금	토	일	월	화	수	목	금	토	일	월	화	수	목	금	토	일	월	화	수	목	금	토	일	월	화	中	목	금
일진	癸未	甲申	乙酉	丙戌	丁亥	戊子	己丑	庚寅	辛卯	壬辰	癸巳	甲午	乙未	丙申	丁酉	戊戌	己亥	庚子	辛丑	壬寅	癸卯	甲辰	乙巳	丙午	丁未	戊申	己酉	庚戌	辛亥

음양국: 陰 9　陰 3　陰 5　陰 8　陰 2　陰 6

10월 乙亥

	1	2	3	4	5	6	7	8	9	10	11	12	13	14	15	16	17	18	19	20	21	22	23	24	25	26	27	28	29	30
절기													소설															대설11월		
음력	1	2	3	4	5	6	7	8	9	10	11	12	13	14	15	16	17	18	19	20	21	22	23	24	25	26	27	28	29	30
양력 월/일	11월 11	12	13	14	15	16	17	18	19	20	21	22	23	24	25	26	27	28	29	30	12월 1	2	3	4	5	6	7	辰	9	10
요일	토	일	월	화	수	목	금	토	일	월	화	수	목	금	토	일	월	화	수	목	금	토	일	월	화	수	목	後	토	일
일진	壬子	癸丑	甲寅	乙卯	丙辰	丁巳	戊午	己未	庚申	辛酉	壬戌	癸亥	甲子	乙丑	丙寅	丁卯	戊辰	己巳	庚午	辛未	壬申	癸酉	甲戌	乙亥	丙子	丁丑	戊寅	己卯	庚辰	辛巳

음양국: 陰 6　陰 9　陰 3　陰 5　陰 8　陰 2　陰 4

11월 丙子

	1	2	3	4	5	6	7	8	9	10	11	12	13	14	15	16	17	18	19	20	21	22	23	24	25	26	27	28	29
절기													동지														소한12월		
음력	1	2	3	4	5	6	7	8	9	10	11	12	13	14	15	16	17	18	19	20	21	22	23	24	25	26	27	28	29
양력 월/일	12월 11	12	13	14	15	16	17	18	19	20	21	22	23	24	25	26	27	28	29	30	31	1월 1	2	3	4	5	戌	7	8
요일	월	화	수	목	금	토	일	월	화	수	목	금	토	일	월	화	수	목	금	토	일	월	화	수	목	금	中	일	월
일진	壬午	癸未	甲申	乙酉	丙戌	丁亥	戊子	己丑	庚寅	辛卯	壬辰	癸巳	甲午	乙未	丙申	丁酉	戊戌	己亥	庚子	辛丑	壬寅	癸卯	甲辰	乙巳	丙午	丁未	戊申	己酉	庚戌

음양국: 陰 4　陰 7　陰 1　陽 1　陽 7　陽 4　陽 2

12월 丁丑

	1	2	3	4	5	6	7	8	9	10	11	12	13	14	15	16	17	18	19	20	21	22	23	24	25	26	27	28	29	30
절기													대한															입춘1월		
음력	1	2	3	4	5	6	7	8	9	10	11	12	13	14	15	16	17	18	19	20	21	22	23	24	25	26	27	28	29	30
양력 월/일	1월 9	10	11	12	13	14	15	16	17	18	19	20	21	22	23	24	25	26	27	28	29	30	31	2월 1	2	3	4	辰	6	7
요일	화	수	목	금	토	일	월	화	수	목	금	토	일	월	화	수	목	금	토	일	월	화	수	목	금	토	일	初	화	수
일진	辛亥	壬子	癸丑	甲寅	乙卯	丙辰	丁巳	戊午	己未	庚申	辛酉	壬戌	癸亥	甲子	乙丑	丙寅	丁卯	戊辰	己巳	庚午	辛未	壬申	癸酉	甲戌	乙亥	丙子	丁丑	戊寅	己卯	庚辰

음양국: 陽 2　陽 8　陽 5　陽 3　陽 9　陽 6　陽 8

입춘(2/5) 08:08
경칩(3/6) 02:24
청명(4/5) 07:35
입하(5/6) 01:16
망종(6/6) 05:44
소서(7/7) 16:08

1940(庚辰年)

입추(8/8) 01:52
백로(9/8) 04:29
한로(10/8) 19:42
입동(11/7) 22:27
대설(12/7) 14:58
소한(1/6) 02:04

1月 戊寅

	1	2	3	4	5	6	7	8	9	10	11	12	13	14	15	16	17	18	19	20	21	22	23	24	25	26	27	28	29	30
절기													우수															경칩2월		
음력	1	2	3	4	5	6	7	8	9	10	11	12	13	14	15	16	17	18	19	20	21	22	23	24	25	26	27	28	29	30
양력(2월/3월)	8	9	10	11	12	13	14	15	16	17	18	19	20	21	22	23	24	25	26	27	28	29	1	2	3	4	5	丑	7	8
요일	목	금	토	일	월	화	수	목	금	토	일	월	화	수	목	금	토	일	월	화	수	목	금	토	일	월	화	中	목	금
일진	辛巳	壬午	癸未	甲申	乙酉	丙戌	丁亥	戊子	己丑	庚寅	辛卯	壬辰	癸巳	甲午	乙未	丙申	丁酉	戊戌	己亥	庚子	辛丑	壬寅	癸卯	甲辰	乙巳	丙午	丁未	戊申	己酉	庚戌

음양국: 陽 8　陽 5　陽 2　陽 9　陽 6　陽 3　陽 1

2月 己卯

	1	2	3	4	5	6	7	8	9	10	11	12	13	14	15	16	17	18	19	20	21	22	23	24	25	26	27	28	29	30
절기													춘분															청명3월		
음력	1	2	3	4	5	6	7	8	9	10	11	12	13	14	15	16	17	18	19	20	21	22	23	24	25	26	27	28	29	30
양력(3월/4월)	9	10	11	12	13	14	15	16	17	18	19	20	21	22	23	24	25	26	27	28	29	30	31	1	2	3	4	辰	6	7
요일	토	일	월	화	수	목	금	토	일	월	화	수	목	금	토	일	월	화	수	목	금	토	일	월	화	수	목	初	토	일
일진	辛亥	壬子	癸丑	甲寅	乙卯	丙辰	丁巳	戊午	己未	庚申	辛酉	壬戌	癸亥	甲子	乙丑	丙寅	丁卯	戊辰	己巳	庚午	辛未	壬申	癸酉	甲戌	乙亥	丙子	丁丑	戊寅	己卯	庚辰

음양국: 陽 1　陽 7　陽 4　陽 3　陽 9　陽 6　陽 4

3月 庚辰

	1	2	3	4	5	6	7	8	9	10	11	12	13	14	15	16	17	18	19	20	21	22	23	24	25	26	27	28	29
절기													곡우																입하4월
음력	1	2	3	4	5	6	7	8	9	10	11	12	13	14	15	16	17	18	19	20	21	22	23	24	25	26	27	28	29
양력(4월/5월)	8	9	10	11	12	13	14	15	16	17	18	19	20	21	22	23	24	25	26	27	28	29	30	1	2	3	4	5	子
요일	월	화	수	목	금	토	일	월	화	수	목	금	토	일	월	화	수	목	금	토	일	월	화	수	목	금	토	일	後
일진	辛巳	壬午	癸未	甲申	乙酉	丙戌	丁亥	戊子	己丑	庚寅	辛卯	壬辰	癸巳	甲午	乙未	丙申	丁酉	戊戌	己亥	庚子	辛丑	壬寅	癸卯	甲辰	乙巳	丙午	丁未	戊申	己酉

음양국: 陽 4　陽 1　陽 7　陽 5　陽 2　陽 8　陽 4

4月 辛巳

	1	2	3	4	5	6	7	8	9	10	11	12	13	14	15	16	17	18	19	20	21	22	23	24	25	26	27	28	29	30
절기															소만															
음력	1	2	3	4	5	6	7	8	9	10	11	12	13	14	15	16	17	18	19	20	21	22	23	24	25	26	27	28	29	30
양력(5월/6월)	7	8	9	10	11	12	13	14	15	16	17	18	19	20	21	22	23	24	25	26	27	28	29	30	31	1	2	3	4	5
요일	화	수	목	금	토	일	월	화	수	목	금	토	일	월	화	수	목	금	토	일	월	화	수	목	금	토	일	월	화	수
일진	庚戌	辛亥	壬子	癸丑	甲寅	乙卯	丙辰	丁巳	戊午	己未	庚申	辛酉	壬戌	癸亥	甲子	乙丑	丙寅	丁卯	戊辰	己巳	庚午	辛未	壬申	癸酉	甲戌	乙亥	丙子	丁丑	戊寅	己卯

음양국: 陽 4　陽 1　陽 7　陽 5　陽 2　陽 8

5月 壬午

	1	2	3	4	5	6	7	8	9	10	11	12	13	14	15	16	17	18	19	20	21	22	23	24	25	26	27	28	29
절기	망종5월															하지													
음력	1	2	3	4	5	6	7	8	9	10	11	12	13	14	15	16	17	18	19	20	21	22	23	24	25	26	27	28	29
양력(6월/7월)	卯	7	8	9	10	11	12	13	14	15	16	17	18	19	20	21	22	23	24	25	26	27	28	29	30	1	2	3	4
요일	初	금	토	일	월	화	수	목	금	토	일	월	화	수	목	금	토	일	월	화	수	목	금	토	일	월	화	수	목
일진	庚辰	辛巳	壬午	癸未	甲申	乙酉	丙戌	丁亥	戊子	己丑	庚寅	辛卯	壬辰	癸巳	甲午	乙未	丙申	丁酉	戊戌	己亥	庚子	辛丑	壬寅	癸卯	甲辰	乙巳	丙午	丁未	戊申

음양국: 陽 6　陽 3　陽 9　[陰 9]　陰 3　陰 6

6月 癸未

	1	2	3	4	5	6	7	8	9	10	11	12	13	14	15	16	17	18	19	20	21	22	23	24	25	26	27	28	29	30
절기			소서6월																대서											
음력	1	2	3	4	5	6	7	8	9	10	11	12	13	14	15	16	17	18	19	20	21	22	23	24	25	26	27	28	29	30
양력(7월/8월)	5	6	申	8	9	10	11	12	13	14	15	16	17	18	19	20	21	22	23	24	25	26	27	28	29	30	31	1	2	3
요일	금	토	初	월	화	수	목	금	토	일	월	화	수	목	금	토	일	월	화	수	목	금	토	일	월	화	수	목	금	토
일진	己酉	庚戌	辛亥	壬子	癸丑	甲寅	乙卯	丙辰	丁巳	戊午	己未	庚申	辛酉	壬戌	癸亥	甲子	乙丑	丙寅	丁卯	戊辰	己巳	庚午	辛未	壬申	癸酉	甲戌	乙亥	丙子	丁丑	戊寅

음양국: 陰 8　陰 2　陰 5　陰 7　陰 1　陰 4

7月 甲申

절기					입추7월															처서									
음력	1	2	3	4	5	6	7	8	9	10	11	12	13	14	15	16	17	18	19	20	21	22	23	24	25	26	27	28	29
양력 월 8월																													9월
력 일	4	5	6	7	丑	9	10	11	12	13	14	15	16	17	18	19	20	21	22	23	24	25	26	27	28	29	30	31	1
요일	일	월	화	수	初	금	토	일	월	화	수	목	금	토	일	월	화	수	목	금	토	일	월	화	수	목	금	토	일
일진	己卯	庚辰	辛巳	壬午	癸未	甲申	乙酉	丙戌	丁亥	戊子	己丑	庚寅	辛卯	壬辰	癸巳	甲午	乙未	丙申	丁酉	戊戌	己亥	庚子	辛丑	壬寅	癸卯	甲辰	乙巳	丙午	丁未

음양국: 陰 2 / 陰 5 / 陰 8 / 陰 1 / 陰 4 / 陰 7

8月 乙酉

절기						백로8월																추분							
음력	1	2	3	4	5	6	7	8	9	10	11	12	13	14	15	16	17	18	19	20	21	22	23	24	25	26	27	28	29
양력 월 9월																													
력 일	2	3	4	5	6	7	寅	9	10	11	12	13	14	15	16	17	18	19	20	21	22	23	24	25	26	27	28	29	30
요일	월	화	수	목	금	토	中	월	화	수	목	금	토	일	월	화	수	목	금	토	일	월	화	수	목	금	토	일	월
일진	戊申	己酉	庚戌	辛亥	壬子	癸丑	甲寅	乙卯	丙辰	丁巳	戊午	己未	庚申	辛酉	壬戌	癸亥	甲子	乙丑	丙寅	丁卯	戊辰	己巳	庚午	辛未	壬申	癸酉	甲戌	乙亥	丙子

음양국: 陰 9 / 陰 3 / 陰 6 / 陰 7 / 陰 1 / 陰 4

9月 丙戌

절기							한로9월													상강										
음력	1	2	3	4	5	6	7	8	9	10	11	12	13	14	15	16	17	18	19	20	21	22	23	24	25	26	27	28	29	30
양력 월 10월																														
력 일	1	2	3	4	5	6	7	戌	9	10	11	12	13	14	15	16	17	18	19	20	21	22	23	24	25	26	27	28	29	30
요일	화	수	목	금	토	일	월	初	수	목	금	토	일	월	화	수	목	금	토	일	월	화	수	목	금	토	일	월	화	수
일진	丁丑	戊寅	己卯	庚辰	辛巳	壬午	癸未	甲申	乙酉	丙戌	丁亥	戊子	己丑	庚寅	辛卯	壬辰	癸巳	甲午	乙未	丙申	丁酉	戊戌	己亥	庚子	辛丑	壬寅	癸卯	甲辰	乙巳	丙午

음양국: 陰 4 / 陰 6 / 陰 9 / 陰 3 / 陰 5 / 陰 8 / 陰 2

10月 丁亥

절기							입동10월													소설									
음력	1	2	3	4	5	6	7	8	9	10	11	12	13	14	15	16	17	18	19	20	21	22	23	24	25	26	27	28	29
양력 월 10월 11월																													
력 일	31	1	2	3	4	5	6	亥	8	9	10	11	12	13	14	15	16	17	18	19	20	21	22	23	24	25	26	27	28
요일	목	금	토	일	월	화	수	中	금	토	일	월	화	수	목	금	토	일	월	화	수	목	금	토	일	월	화	수	목
일진	丁未	戊申	己酉	庚戌	辛亥	壬子	癸丑	甲寅	乙卯	丙辰	丁巳	戊午	己未	庚申	辛酉	壬戌	癸亥	甲子	乙丑	丙寅	丁卯	戊辰	己巳	庚午	辛未	壬申	癸酉	甲戌	乙亥

음양국: 陰 2 / 陰 6 / 陰 9 / 陰 3 / 陰 5 / 陰 8 / 陰 2

11月 戊子

절기								대설11월													동지									
음력	1	2	3	4	5	6	7	8	9	10	11	12	13	14	15	16	17	18	19	20	21	22	23	24	25	26	27	28	29	30
양력 월 11월 12월																														
력 일	29	30	1	2	3	4	5	6	未	8	9	10	11	12	13	14	15	16	17	18	19	20	21	22	23	24	25	26	27	28
요일	금	토	일	월	화	수	목	금	後	일	월	화	수	목	금	토	일	월	화	수	목	금	토	일	월	화	수	목	금	토
일진	丙子	丁丑	戊寅	己卯	庚辰	辛巳	壬午	癸未	甲申	乙酉	丙戌	丁亥	戊子	己丑	庚寅	辛卯	壬辰	癸巳	甲午	乙未	丙申	丁酉	戊戌	己亥	庚子	辛丑	壬寅	癸卯	甲辰	乙巳

음양국: 陰 2 / 陰 4 / 陰 7 / 陰 1 / [陽 1] / 陽 7 / 陽 4

12月 己丑

절기								소한12월												대한									
음력	1	2	3	4	5	6	7	8	9	10	11	12	13	14	15	16	17	18	19	20	21	22	23	24	25	26	27	28	29
양력 월 12월 1월																													
력 일	29	30	31	1	2	3	4	5	丑	7	8	9	10	11	12	13	14	15	16	17	18	19	20	21	22	23	24	25	26
요일	일	월	화	수	목	금	토	일	初	화	수	목	금	토	일	월	화	수	목	금	토	일	월	화	수	목	금	토	일
일진	丙午	丁未	戊申	己酉	庚戌	辛亥	壬子	癸丑	甲寅	乙卯	丙辰	丁巳	戊午	己未	庚申	辛酉	壬戌	癸亥	甲子	乙丑	丙寅	丁卯	戊辰	己巳	庚午	辛未	壬申	癸酉	甲戌

음양국: 陽 4 / 陽 2 / 陽 8 / 陽 5 / 陽 3 / 陽 9 / 陽 6

입춘(2/4) 13:50
경칩(3/6) 08:10
청명(4/5) 13:25
입하(5/6) 07:10
망종(6/6) 11:39
소서(7/7) 22:03

1941(辛巳年)

입추(8/8) 07:46
백로(9/8) 10:24
한로(10/9) 01:38
입동(11/8) 04:24
대설(12/7) 20:56
소한(1/6) 08:02

1月 庚寅

절기									입춘1월															우수						
음력	1	2	3	4	5	6	7	8	9	10	11	12	13	14	15	16	17	18	19	20	21	22	23	24	25	26	27	28	29	30
양력(월)	1월					2월																								
양력(일)	27	28	29	30	31	1	2	3	未	5	6	7	8	9	10	11	12	13	14	15	16	17	18	19	20	21	22	23	24	25
요일	월	화	수	목	금	토	일	월	初	수	목	금	토	일	월	화	수	목	금	토	일	월	화	수	목	금	토	일	월	화
일진	乙亥	丙子	丁丑	戊寅	己卯	庚辰	辛巳	壬午	癸未	甲申	乙酉	丙戌	丁亥	戊子	己丑	庚寅	辛卯	壬辰	癸巳	甲午	乙未	丙申	丁酉	戊戌	己亥	庚子	辛丑	壬寅	癸卯	甲辰
음양국	陽6					陽8					陽5					陽2					陽9					陽6				

2月 辛卯

절기									경칩2월															춘분						
음력	1	2	3	4	5	6	7	8	9	10	11	12	13	14	15	16	17	18	19	20	21	22	23	24	25	26	27	28	29	30
양력(월)	2월			3월																										
양력(일)	26	27	28	1	2	3	4	5	辰	7	8	9	10	11	12	13	14	15	16	17	18	19	20	21	22	23	24	25	26	27
요일	수	목	금	토	일	월	화	수	中	금	토	일	월	화	수	목	금	토	일	월	화	수	목	금	토	일	월	화	수	목
일진	乙巳	丙午	丁未	戊申	己酉	庚戌	辛亥	壬子	癸丑	甲寅	乙卯	丙辰	丁巳	戊午	己未	庚申	辛酉	壬戌	癸亥	甲子	乙丑	丙寅	丁卯	戊辰	己巳	庚午	辛未	壬申	癸酉	甲戌
음양국	陽3					陽1					陽7					陽4					陽3					陽9				

3月 壬辰

절기									청명3월															곡우					
음력	1	2	3	4	5	6	7	8	9	10	11	12	13	14	15	16	17	18	19	20	21	22	23	24	25	26	27	28	29
양력(월)	3월				4월																								
양력(일)	28	29	30	31	1	2	3	4	午	6	7	8	9	10	11	12	13	14	15	16	17	18	19	20	21	22	23	24	25
요일	금	토	일	월	화	수	목	금	後	일	월	화	수	목	금	토	일	월	화	수	목	금	토	일	월	화	수	목	금
일진	乙亥	丙子	丁丑	戊寅	己卯	庚辰	辛巳	壬午	癸未	甲申	乙酉	丙戌	丁亥	戊子	己丑	庚寅	辛卯	壬辰	癸巳	甲午	乙未	丙申	丁酉	戊戌	己亥	庚子	辛丑	壬寅	癸卯
음양국	陽6					陽4					陽1					陽7					陽5					陽2			

4月 癸巳

절기											입하4월															소만				
음력	1	2	3	4	5	6	7	8	9	10	11	12	13	14	15	16	17	18	19	20	21	22	23	24	25	26	27	28	29	30
양력(월)	4월					5월																								
양력(일)	26	27	28	29	30	1	2	3	4	5	卯	7	8	9	10	11	12	13	14	15	16	17	18	19	20	21	22	23	24	25
요일	토	일	월	화	수	목	금	토	일	월	後	수	목	금	토	일	월	화	수	목	금	토	일	월	화	수	목	금	토	일
일진	甲辰	乙巳	丙午	丁未	戊申	己酉	庚戌	辛亥	壬子	癸丑	甲寅	乙卯	丙辰	丁巳	戊午	己未	庚申	辛酉	壬戌	癸亥	甲子	乙丑	丙寅	丁卯	戊辰	己巳	庚午	辛未	壬申	癸酉
음양국	陽8					陽4					陽1					陽7					陽5					陽2				

5月 甲午

절기												망종5월																하지		
음력	1	2	3	4	5	6	7	8	9	10	11	12	13	14	15	16	17	18	19	20	21	22	23	24	25	26	27	28	29	30
양력(월)	5월						6월																							
양력(일)	26	27	28	29	30	31	1	2	3	4	5	午	7	8	9	10	11	12	13	14	15	16	17	18	19	20	21	22	23	24
요일	월	화	수	목	금	토	일	월	화	수	목	初	토	일	월	화	수	목	금	토	일	월	화	수	목	금	토	일	월	화
일진	甲戌	乙亥	丙子	丁丑	戊寅	己卯	庚辰	辛巳	壬午	癸未	甲申	乙酉	丙戌	丁亥	戊子	己丑	庚寅	辛卯	壬辰	癸巳	甲午	乙未	丙申	丁酉	戊戌	己亥	庚子	辛丑	壬寅	癸卯
음양국	陽8					陽6					陽3					陽9					陰9					陰3				

6月 乙未

절기													소서6월																대서
음력	1	2	3	4	5	6	7	8	9	10	11	12	13	14	15	16	17	18	19	20	21	22	23	24	25	26	27	28	29
양력(월)	6월						7월																						
양력(일)	25	26	27	28	29	30	1	2	3	4	5	6	亥	8	9	10	11	12	13	14	15	16	17	18	19	20	21	22	23
요일	수	목	금	토	일	월	화	수	목	금	토	일	初	화	수	목	금	토	일	월	화	수	목	금	토	일	월	화	수
일진	甲辰	乙巳	丙午	丁未	戊申	己酉	庚戌	辛亥	壬子	癸丑	甲寅	乙卯	丙辰	丁巳	戊午	己未	庚申	辛酉	壬戌	癸亥	甲子	乙丑	丙寅	丁卯	戊辰	己巳	庚午	辛未	壬申
음양국	陰6					陰8					陰2					陰5					陰7					陰1			

閏6月

절기															입추7월														
음력	1	2	3	4	5	6	7	8	9	10	11	12	13	14	15	16	17	18	19	20	21	22	23	24	25	26	27	28	29	30
양력월	7월								8월																					
양력일	24	25	26	27	28	29	30	31	1	2	3	4	5	6	7	辰	9	10	11	12	13	14	15	16	17	18	19	20	21	22
요일	목	금	토	일	월	화	수	목	금	토	일	월	화	수	목	初	토	일	월	화	수	목	금	토	일	월	화	수	목	금
일진	癸酉	甲戌	乙亥	丙子	丁丑	戊寅	己卯	庚辰	辛巳	壬午	癸未	甲申	乙酉	丙戌	丁亥	戊子	己丑	庚寅	辛卯	壬辰	癸巳	甲午	乙未	丙申	丁酉	戊戌	己亥	庚子	辛丑	壬寅
음양국	陰4				陰2					陰5					陰8					陰1					陰4					

7月 丙申

절기	처서																백로8월												
음력	1	2	3	4	5	6	7	8	9	10	11	12	13	14	15	16	17	18	19	20	21	22	23	24	25	26	27	28	29
양력월	8월									9월																			
양력일	23	24	25	26	27	28	29	30	31	1	2	3	4	5	6	7	巳	9	10	11	12	13	14	15	16	17	18	19	20
요일	토	일	월	화	수	목	금	토	일	월	화	수	목	금	토	일	中	화	수	목	금	토	일	월	화	수	목	금	토
일진	癸卯	甲辰	乙巳	丙午	丁未	戊申	己酉	庚戌	辛亥	壬子	癸丑	甲寅	乙卯	丙辰	丁巳	戊午	己未	庚申	辛酉	壬戌	癸亥	甲子	乙丑	丙寅	丁卯	戊辰	己巳	庚午	辛未
음양국		陰7				陰9					陰3					陰6					陰7					陰1			

8月 丁酉

절기			추분																한로9월										
음력	1	2	3	4	5	6	7	8	9	10	11	12	13	14	15	16	17	18	19	20	21	22	23	24	25	26	27	28	29
양력월	9월										10월																		
양력일	21	22	23	24	25	26	27	28	29	30	1	2	3	4	5	6	7	8	丑	10	11	12	13	14	15	16	17	18	19
요일	일	월	화	수	목	금	토	일	월	화	수	목	금	토	일	월	화	수	初	금	토	일	월	화	수	목	금	토	일
일진	壬申	癸酉	甲戌	乙亥	丙子	丁丑	戊寅	己卯	庚辰	辛巳	壬午	癸未	甲申	乙酉	丙戌	丁亥	戊子	己丑	庚寅	辛卯	壬辰	癸巳	甲午	乙未	丙申	丁酉	戊戌	己亥	庚子
음양국	陰1			陰4				陰6				陰9				陰3				陰5				陰8					

9月 戊戌

절기					상강															입동10월										
음력	1	2	3	4	5	6	7	8	9	10	11	12	13	14	15	16	17	18	19	20	21	22	23	24	25	26	27	28	29	30
양력월	10월												11월																	
양력일	20	21	22	23	24	25	26	27	28	29	30	31	1	2	3	4	5	6	7	寅	9	10	11	12	13	14	15	16	17	18
요일	월	화	수	목	금	토	일	월	화	수	목	금	토	일	월	화	수	목	금	中	일	월	화	수	목	금	토	일	월	화
일진	辛丑	壬寅	癸卯	甲辰	乙巳	丙午	丁未	戊申	己酉	庚戌	辛亥	壬子	癸丑	甲寅	乙卯	丙辰	丁巳	戊午	己未	庚申	辛酉	壬戌	癸亥	甲子	乙丑	丙寅	丁卯	戊辰	己巳	庚午
음양국	陰8				陰2					陰6					陰9					陰3				陰5					陰8	

10月 己亥

절기					소설														대설11월										
음력	1	2	3	4	5	6	7	8	9	10	11	12	13	14	15	16	17	18	19	20	21	22	23	24	25	26	27	28	29
양력월	11월												12월																
양력일	19	20	21	22	23	24	25	26	27	28	29	30	1	2	3	4	5	6	戌	8	9	10	11	12	13	14	15	16	17
요일	수	목	금	토	일	월	화	수	목	금	토	일	월	화	수	목	금	토	後	월	화	수	목	금	토	일	월	화	수
일진	辛未	壬申	癸酉	甲戌	乙亥	丙子	丁丑	戊寅	己卯	庚辰	辛巳	壬午	癸未	甲申	乙酉	丙戌	丁亥	戊子	己丑	庚寅	辛卯	壬辰	癸巳	甲午	乙未	丙申	丁酉	戊戌	己亥
음양국	陰8			陰2				陰4				陰7				陰1				陽1					陽7				

11月 庚子

절기					동지															소한12월										
음력	1	2	3	4	5	6	7	8	9	10	11	12	13	14	15	16	17	18	19	20	21	22	23	24	25	26	27	28	29	30
양력월	12월														1월															
양력일	18	19	20	21	22	23	24	25	26	27	28	29	30	31	1	2	3	4	5	辰	7	8	9	10	11	12	13	14	15	16
요일	목	금	토	일	월	화	수	목	금	토	일	월	화	수	목	금	토	일	월	初	수	목	금	토	일	월	화	수	목	금
일진	庚子	辛丑	壬寅	癸卯	甲辰	乙巳	丙午	丁未	戊申	己酉	庚戌	辛亥	壬子	癸丑	甲寅	乙卯	丙辰	丁巳	戊午	己未	庚申	辛酉	壬戌	癸亥	甲子	乙丑	丙寅	丁卯	戊辰	己巳
음양국	陽7				陽4					陽2					陽8					陽5					陽3					

12月 辛丑

절기					대한														입춘1월										
음력	1	2	3	4	5	6	7	8	9	10	11	12	13	14	15	16	17	18	19	20	21	22	23	24	25	26	27	28	29
양력월	1월															2월													
양력일	17	18	19	20	21	22	23	24	25	26	27	28	29	30	31	1	2	3	戌	5	6	7	8	9	10	11	12	13	14
요일	토	일	월	화	수	목	금	토	일	월	화	수	목	금	토	일	월	화	初	목	금	토	일	월	화	수	목	금	토
일진	庚午	辛未	壬申	癸酉	甲戌	乙亥	丙子	丁丑	戊寅	己卯	庚辰	辛巳	壬午	癸未	甲申	乙酉	丙戌	丁亥	戊子	己丑	庚寅	辛卯	壬辰	癸巳	甲午	乙未	丙申	丁酉	戊戌
음양국	陽9			陽6				陽8				陽5				陽2				陽9									

입춘(2/4) 19:49
경칩(3/6) 14:09
청명(4/5) 19:24
입하(5/6) 13:07
망종(6/6) 17:33
소서(7/8) 03:52

입추(8/8) 13:30
백로(9/8) 16:06
한로(10/9) 07:22
입동(11/8) 10:11
대설(12/8) 02:47
소한(1/6) 13:55

1942(壬午年)

1월 壬寅

절기					우수															경칩2월										
음력	1	2	3	4	5	6	7	8	9	10	11	12	13	14	15	16	17	18	19	20	21	22	23	24	25	26	27	28	29	30
양력 월	2월																		3월											
력일	15	16	17	18	19	20	21	22	23	24	25	26	27	28	1	2	3	4	5	未	7	8	9	10	11	12	13	14	15	16
요일	일	월	화	수	목	금	토	일	월	화	수	목	금	토	일	월	화	수	목	初	토	일	월	화	수	목	금	토	일	월
일진	己亥	庚子	辛丑	壬寅	癸卯	甲辰	乙巳	丙午	丁未	戊申	己酉	庚戌	辛亥	壬子	癸丑	甲寅	乙卯	丙辰	丁巳	戊午	己未	庚申	辛酉	壬戌	癸亥	甲子	乙丑	丙寅	丁卯	戊辰
음양국	陽 6					陽 3					陽 1					陽 7					陽 4					陽 3				

2월 癸卯

절기					춘분															청명3월									
음력	1	2	3	4	5	6	7	8	9	10	11	12	13	14	15	16	17	18	19	20	21	22	23	24	25	26	27	28	29
양력 월	3월															4월													
력일	17	18	19	20	21	22	23	24	25	26	27	28	29	30	31	1	2	3	4	酉	6	7	8	9	10	11	12	13	14
요일	화	수	목	금	토	일	월	화	수	목	금	토	일	월	화	수	목	금	토	後	월	화	수	목	금	토	일	월	화
일진	己巳	庚午	辛未	壬申	癸酉	甲戌	乙亥	丙子	丁丑	戊寅	己卯	庚辰	辛巳	壬午	癸未	甲申	乙酉	丙戌	丁亥	戊子	己丑	庚寅	辛卯	壬辰	癸巳	甲午	乙未	丙申	丁酉
음양국	陽 9				陽 6					陽 4					陽 1					陽 7					陽 5				

3월 甲辰

절기							곡우															입하4월								
음력	1	2	3	4	5	6	7	8	9	10	11	12	13	14	15	16	17	18	19	20	21	22	23	24	25	26	27	28	29	30
양력 월	4월																5월													
력일	15	16	17	18	19	20	21	22	23	24	25	26	27	28	29	30	1	2	3	4	5	午	7	8	9	10	11	12	13	14
요일	수	목	금	토	일	월	화	수	목	금	토	일	월	화	수	목	금	토	일	월	화	後	목	금	토	일	월	화	수	목
일진	戊戌	己亥	庚子	辛丑	壬寅	癸卯	甲辰	乙巳	丙午	丁未	戊申	己酉	庚戌	辛亥	壬子	癸丑	甲寅	乙卯	丙辰	丁巳	戊午	己未	庚申	辛酉	壬戌	癸亥	甲子	乙丑	丙寅	丁卯
음양국	陽 2				陽 8					陽 4					陽 1					陽 7					陽 5					

4월 乙巳

절기								소만															망종5월							
음력	1	2	3	4	5	6	7	8	9	10	11	12	13	14	15	16	17	18	19	20	21	22	23	24	25	26	27	28	29	30
양력 월	5월																6월													
력일	15	16	17	18	19	20	21	22	23	24	25	26	27	28	29	30	31	1	2	3	4	5	酉	7	8	9	10	11	12	13
요일	금	토	일	월	화	수	목	금	토	일	월	화	수	목	금	토	일	월	화	수	목	금	初	일	월	화	수	목	금	토
일진	戊辰	己巳	庚午	辛未	壬申	癸酉	甲戌	乙亥	丙子	丁丑	戊寅	己卯	庚辰	辛巳	壬午	癸未	甲申	乙酉	丙戌	丁亥	戊子	己丑	庚寅	辛卯	壬辰	癸巳	甲午	乙未	丙申	丁酉
음양국	陽 2				陽 8					陽 6					陽 3					陽 9					陽 6					

5월 丙午

절기									하지																소서6월				
음력	1	2	3	4	5	6	7	8	9	10	11	12	13	14	15	16	17	18	19	20	21	22	23	24	25	26	27	28	29
양력 월	6월																	7월											
력일	14	15	16	17	18	19	20	21	22	23	24	25	26	27	28	29	30	1	2	3	4	5	6	7	寅	9	10	11	12
요일	일	월	화	수	목	금	토	일	월	화	수	목	금	토	일	월	화	수	목	금	토	일	월	화	初	목	금	토	일
일진	戊戌	己亥	庚子	辛丑	壬寅	癸卯	甲辰	乙巳	丙午	丁未	戊申	己酉	庚戌	辛亥	壬子	癸丑	甲寅	乙卯	丙辰	丁巳	戊午	己未	庚申	辛酉	壬戌	癸亥	甲子	乙丑	丙寅
음양국	陽 3				陽 9					陰 9					陰 3					陰 6					陰 8				

6월 丁未

절기											대서															입추7월				
음력	1	2	3	4	5	6	7	8	9	10	11	12	13	14	15	16	17	18	19	20	21	22	23	24	25	26	27	28	29	30
양력 월	7월																		8월											
력일	13	14	15	16	17	18	19	20	21	22	23	24	25	26	27	28	29	30	31	1	2	3	4	5	6	7	未	9	10	11
요일	월	화	수	목	금	토	일	월	화	수	목	금	토	일	월	화	수	목	금	토	일	월	화	수	목	금	初	일	월	화
일진	丁卯	戊辰	己巳	庚午	辛未	壬申	癸酉	甲戌	乙亥	丙子	丁丑	戊寅	己卯	庚辰	辛巳	壬午	癸未	甲申	乙酉	丙戌	丁亥	戊子	己丑	庚寅	辛卯	壬辰	癸巳	甲午	乙未	丙申
음양국	陰 8			陰 2					陰 5					陰 7					陰 1					陰 4					陰 2	

7月 戊申

절기													처서															백로8월		
음력	1	2	3	4	5	6	7	8	9	10	11	12	13	14	15	16	17	18	19	20	21	22	23	24	25	26	27	28	29	30
양력월	8월																				9월1	2	3	4	5	6	7	申	9	10
양력일	12	13	14	15	16	17	18	19	20	21	22	23	24	25	26	27	28	29	30	31	1	2	3	4	5	6	7	申	9	10
요일	수	목	금	토	일	월	화	수	목	금	토	일	월	화	수	목	금	토	일	월	화	수	목	금	토	일	월	初	수	목
일진	丁酉	戊戌	己亥	庚子	辛丑	壬寅	癸卯	甲辰	乙巳	丙午	丁未	戊申	己酉	庚戌	辛亥	壬子	癸丑	甲寅	乙卯	丙辰	丁巳	戊午	己未	庚申	辛酉	壬戌	癸亥	甲子	乙丑	丙寅

음양국: 陰2　陰5　陰8　陰1　陰4　陰7　陰9

8月 己酉

절기														추분															한로9월
음력	1	2	3	4	5	6	7	8	9	10	11	12	13	14	15	16	17	18	19	20	21	22	23	24	25	26	27	28	29
양력월	9월																				10월1	2	3	4	5	6	7	8	卯
양력일	11	12	13	14	15	16	17	18	19	20	21	22	23	24	25	26	27	28	29	30	1	2	3	4	5	6	7	8	卯
요일	금	토	일	월	화	수	목	금	토	일	월	화	수	목	금	토	일	월	화	수	목	금	토	일	월	화	수	목	後
일진	丁卯	戊辰	己巳	庚午	辛未	壬申	癸酉	甲戌	乙亥	丙子	丁丑	戊寅	己卯	庚辰	辛巳	壬午	癸未	甲申	乙酉	丙戌	丁亥	戊子	己丑	庚寅	辛卯	壬辰	癸巳	甲午	乙未

음양국: 陰9　陰3　陰6　陰7　陰1　陰4　陰6

9月 庚戌

절기															상강															입동10월
음력	1	2	3	4	5	6	7	8	9	10	11	12	13	14	15	16	17	18	19	20	21	22	23	24	25	26	27	28	29	30
양력월	10월																						11월1	2	3	4	5	6	7	巳
양력일	10	11	12	13	14	15	16	17	18	19	20	21	22	23	24	25	26	27	28	29	30	31	1	2	3	4	5	6	7	巳
요일	토	일	월	화	수	목	금	토	일	월	화	수	목	금	토	일	월	화	수	목	금	토	일	월	화	수	목	금	토	中
일진	丙申	丁酉	戊戌	己亥	庚子	辛丑	壬寅	癸卯	甲辰	乙巳	丙午	丁未	戊申	己酉	庚戌	辛亥	壬子	癸丑	甲寅	乙卯	丙辰	丁巳	戊午	己未	庚申	辛酉	壬戌	癸亥	甲子	乙丑

음양국: 陰6　陰9　陰3　陰5　陰8　陰2　陰6

10月 辛亥

절기															소설														
음력	1	2	3	4	5	6	7	8	9	10	11	12	13	14	15	16	17	18	19	20	21	22	23	24	25	26	27	28	29
양력월	11월																						12월1	2	3	4	5	6	7
양력일	9	10	11	12	13	14	15	16	17	18	19	20	21	22	23	24	25	26	27	28	29	30	1	2	3	4	5	6	7
요일	월	화	수	목	금	토	일	월	화	수	목	금	토	일	월	화	수	목	금	토	일	월	화	수	목	금	토	일	월
일진	丙寅	丁卯	戊辰	己巳	庚午	辛未	壬申	癸酉	甲戌	乙亥	丙子	丁丑	戊寅	己卯	庚辰	辛巳	壬午	癸未	甲申	乙酉	丙戌	丁亥	戊子	己丑	庚寅	辛卯	壬辰	癸巳	甲午

음양국: 陰6　陰9　陰3　陰5　陰8　陰2　陰4

11月 壬子

절기	대설11월														동지														
음력	1	2	3	4	5	6	7	8	9	10	11	12	13	14	15	16	17	18	19	20	21	22	23	24	25	26	27	28	29
양력월	12월																							1월1	2	3	4	5	
양력일	丑	9	10	11	12	13	14	15	16	17	18	19	20	21	22	23	24	25	26	27	28	29	30	31	1	2	3	4	5
요일	中	수	목	금	토	일	월	화	수	목	금	토	일	월	화	수	목	금	토	일	월	화	수	목	금	토	일	월	화
일진	乙未	丙申	丁酉	戊戌	己亥	庚子	辛丑	壬寅	癸卯	甲辰	乙巳	丙午	丁未	戊申	己酉	庚戌	辛亥	壬子	癸丑	甲寅	乙卯	丙辰	丁巳	戊午	己未	庚申	辛酉	壬戌	癸亥

음양국: 陰4　陰7　陰1　陽1　陽7　陽4

12月 癸丑

절기	소한12월															대한														
음력	1	2	3	4	5	6	7	8	9	10	11	12	13	14	15	16	17	18	19	20	21	22	23	24	25	26	27	28	29	30
양력월	1월																										2월1	2	3	4
양력일	未	7	8	9	10	11	12	13	14	15	16	17	18	19	20	21	22	23	24	25	26	27	28	29	30	31	1	2	3	4
요일	初	목	금	토	일	월	화	수	목	금	토	일	월	화	수	목	금	토	일	월	화	수	목	금	토	일	월	화	수	목
일진	甲子	乙丑	丙寅	丁卯	戊辰	己巳	庚午	辛未	壬申	癸酉	甲戌	乙亥	丙子	丁丑	戊寅	己卯	庚辰	辛巳	壬午	癸未	甲申	乙酉	丙戌	丁亥	戊子	己丑	庚寅	辛卯	壬辰	癸巳

음양국: 陽2　陽8　陽5　陽3　陽9　陽6

1943(癸未年)

입춘(2/5) 01:40　경칩(3/6) 19:59　청명(4/6) 01:11　입하(5/6) 18:53　망종(6/6) 23:19　소서(7/8) 09:39

입추(8/8) 19:19　백로(9/8) 21:55　한로(10/9) 13:11　입동(11/8) 15:59　대설(12/8) 08:33　소한(1/6) 19:39

1月 甲寅

절기: 입춘1월 / 우수

음력	1	2	3	4	5	6	7	8	9	10	11	12	13	14	15	16	17	18	19	20	21	22	23	24	25	26	27	28	29
양력 월	2월																							3월					
양력 일	丑	6	7	8	9	10	11	12	13	14	15	16	17	18	19	20	21	22	23	24	25	26	27	28	1	2	3	4	5
요일	初	토	일	월	화	수	목	금	토	일	월	화	수	목	금	토	일	월	화	수	목	금	토	일	월	화	수	목	금
일진	甲午	乙未	丙申	丁酉	戊戌	己亥	庚子	辛丑	壬寅	癸卯	甲辰	乙巳	丙午	丁未	戊申	己酉	庚戌	辛亥	壬子	癸丑	甲寅	乙卯	丙辰	丁巳	戊午	己未	庚申	辛酉	壬戌

음양국: 陽8　陽5　陽2　陽9　陽6　陽3

2月 乙卯

절기: 경칩2월 / 춘분

음력	1	2	3	4	5	6	7	8	9	10	11	12	13	14	15	16	17	18	19	20	21	22	23	24	25	26	27	28	29	30
양력 월	3월																										4월			
양력 일	戌	7	8	9	10	11	12	13	14	15	16	17	18	19	20	21	22	23	24	25	26	27	28	29	30	31	1	2	3	4
요일	初	일	월	화	수	목	금	토	일	월	화	수	목	금	토	일	월	화	수	목	금	토	일	월	화	수	목	금	토	일
일진	癸亥	甲子	乙丑	丙寅	丁卯	戊辰	己巳	庚午	辛未	壬申	癸酉	甲戌	乙亥	丙子	丁丑	戊寅	己卯	庚辰	辛巳	壬午	癸未	甲申	乙酉	丙戌	丁亥	戊子	己丑	庚寅	辛卯	壬辰

음양국: 陽1　陽7　陽4　陽3　陽9　陽6

3月 丙辰

절기: 청명3월 / 곡우

음력	1	2	3	4	5	6	7	8	9	10	11	12	13	14	15	16	17	18	19	20	21	22	23	24	25	26	27	28	29
양력 월	4월																										5월		
양력 일	5	子	7	8	9	10	11	12	13	14	15	16	17	18	19	20	21	22	23	24	25	26	27	28	29	30	1	2	3
요일	월	後	수	목	금	토	일	월	화	수	목	금	토	일	월	화	수	목	금	토	일	월	화	수	목	금	토	일	월
일진	癸巳	甲午	乙未	丙申	丁酉	戊戌	己亥	庚子	辛丑	壬寅	癸卯	甲辰	乙巳	丙午	丁未	戊申	己酉	庚戌	辛亥	壬子	癸丑	甲寅	乙卯	丙辰	丁巳	戊午	己未	庚申	辛酉

음양국: 陽4　陽1　陽7　陽5　陽2　陽8

4月 丁巳

절기: 입하4월 / 소만

음력	1	2	3	4	5	6	7	8	9	10	11	12	13	14	15	16	17	18	19	20	21	22	23	24	25	26	27	28	29	30
양력 월	5월																												6월	
양력 일	4	5	酉	7	8	9	10	11	12	13	14	15	16	17	18	19	20	21	22	23	24	25	26	27	28	29	30	31	1	2
요일	화	수	後	금	토	일	월	화	수	목	금	토	일	월	화	수	목	금	토	일	월	화	수	목	금	토	일	월	화	수
일진	壬戌	癸亥	甲子	乙丑	丙寅	丁卯	戊辰	己巳	庚午	辛未	壬申	癸酉	甲戌	乙亥	丙子	丁丑	戊寅	己卯	庚辰	辛巳	壬午	癸未	甲申	乙酉	丙戌	丁亥	戊子	己丑	庚寅	辛卯

음양국: 陽8　陽4　陽1　陽7　陽5　陽2　陽8

5月 戊午

절기: 망종5월 / 하지

음력	1	2	3	4	5	6	7	8	9	10	11	12	13	14	15	16	17	18	19	20	21	22	23	24	25	26	27	28	29
양력 월	6월																												7월
양력 일	3	4	5	亥	7	8	9	10	11	12	13	14	15	16	17	18	19	20	21	22	23	24	25	26	27	28	29	30	1
요일	목	금	토	後	월	화	수	목	금	토	일	월	화	수	목	금	토	일	월	화	수	목	금	토	일	월	화	수	목
일진	壬辰	癸巳	甲午	乙未	丙申	丁酉	戊戌	己亥	庚子	辛丑	壬寅	癸卯	甲辰	乙巳	丙午	丁未	戊申	己酉	庚戌	辛亥	壬子	癸丑	甲寅	乙卯	丙辰	丁巳	戊午	己未	庚申

음양국: 陽8　陽6　陽3　陽9　陰9　陰3　陰6

6月 己未

절기: 소서6월 / 대서

음력	1	2	3	4	5	6	7	8	9	10	11	12	13	14	15	16	17	18	19	20	21	22	23	24	25	26	27	28	29	30
양력 월	7월																													
양력 일	2	3	4	5	6	7	巳	9	10	11	12	13	14	15	16	17	18	19	20	21	22	23	24	25	26	27	28	29	30	31
요일	금	토	일	월	화	수	初	금	토	일	월	화	수	목	금	토	일	월	화	수	목	금	토	일	월	화	수	목	금	토
일진	辛酉	壬戌	癸亥	甲子	乙丑	丙寅	丁卯	戊辰	己巳	庚午	辛未	壬申	癸酉	甲戌	乙亥	丙子	丁丑	戊寅	己卯	庚辰	辛巳	壬午	癸未	甲申	乙酉	丙戌	丁亥	戊子	己丑	庚寅

음양국: 陰6　陰8　陰2　陰5　陰7　陰1　陰4

7月 庚申

절기	입추7월 (8)																							처서 (24)						
음력	1	2	3	4	5	6	7	**8**	9	10	11	12	13	14	15	16	17	18	19	20	21	22	23	**24**	25	26	27	28	29	30
양력 월	8월																													
양력 일	1	2	3	4	5	6	7	酉	9	10	11	12	13	14	15	16	17	18	19	20	21	22	23	24	25	26	27	28	29	30
요일	일	월	화	수	목	금	토	後	월	화	수	목	금	토	일	월	화	수	목	금	토	일	월	화	수	목	금	토	일	월
일진	辛卯	壬辰	癸巳	甲午	乙未	丙申	丁酉	戊戌	己亥	庚子	辛丑	壬寅	癸卯	甲辰	乙巳	丙午	丁未	戊申	己酉	庚戌	辛亥	壬子	癸丑	甲寅	乙卯	丙辰	丁巳	戊午	己未	庚申

음양국: 陰4 · 陰2 · 陰5 · 陰8 · 陰1 · 陰4 · 陰7

8月 辛酉

절기	백로8월 (9)																								추분 (25)				
음력	1	2	3	4	5	6	7	8	**9**	10	11	12	13	14	15	16	17	18	19	20	21	22	23	24	**25**	26	27	28	29
양력 월	8월 9월																												
양력 일	31	1	2	3	4	5	6	7	亥	9	10	11	12	13	14	15	16	17	18	19	20	21	22	23	24	25	26	27	28
요일	화	수	목	금	토	일	월	화	初	목	금	토	일	월	화	수	목	금	토	일	월	화	수	목	금	토	일	월	화
일진	辛酉	壬戌	癸亥	甲子	乙丑	丙寅	丁卯	戊辰	己巳	庚午	辛未	壬申	癸酉	甲戌	乙亥	丙子	丁丑	戊寅	己卯	庚辰	辛巳	壬午	癸未	甲申	乙酉	丙戌	丁亥	戊子	己丑

음양국: 陰7 · 陰9 · 陰3 · 陰6 · 陰7 · 陰1 · 陰4

9月 壬戌

절기	한로9월 (11)																									상강 (26)				
음력	1	2	3	4	5	6	7	8	9	10	**11**	12	13	14	15	16	17	18	19	20	21	22	23	24	25	**26**	27	28	29	30
양력 월	9월 10월																													
양력 일	29	30	1	2	3	4	5	6	7	8	午	10	11	12	13	14	15	16	17	18	19	20	21	22	23	24	25	26	27	28
요일	수	목	금	토	일	월	화	수	목	금	後	일	월	화	수	목	금	토	일	월	화	수	목	금	토	일	월	화	수	목
일진	庚寅	辛卯	壬辰	癸巳	甲午	乙未	丙申	丁酉	戊戌	己亥	庚子	辛丑	壬寅	癸卯	甲辰	乙巳	丙午	丁未	戊申	己酉	庚戌	辛亥	壬子	癸丑	甲寅	乙卯	丙辰	丁巳	戊午	己未

음양국: 陰4 · 陰6 · 陰9 · 陰3 · 陰5 · 陰8

10月 癸亥

절기	입동10월 (11)																									소설 (26)				
음력	1	2	3	4	5	6	7	8	9	10	**11**	12	13	14	15	16	17	18	19	20	21	22	23	24	25	**26**	27	28	29	30
양력 월	10월 11월																													
양력 일	29	30	31	1	2	3	4	5	6	7	申	9	10	11	12	13	14	15	16	17	18	19	20	21	22	23	24	25	26	27
요일	금	토	일	월	화	수	목	금	토	일	初	화	수	목	금	토	일	월	화	수	목	금	토	일	월	화	수	목	금	토
일진	庚申	辛酉	壬戌	癸亥	甲子	乙丑	丙寅	丁卯	戊辰	己巳	庚午	辛未	壬申	癸酉	甲戌	乙亥	丙子	丁丑	戊寅	己卯	庚辰	辛巳	壬午	癸未	甲申	乙酉	丙戌	丁亥	戊子	己丑

음양국: 陰2 · 陰6 · 陰9 · 陰3 · 陰5 · 陰8

11月 甲子

절기	대설11월 (11)																									동지 (26)			
음력	1	2	3	4	5	6	7	8	9	10	**11**	12	13	14	15	16	17	18	19	20	21	22	23	24	25	**26**	27	28	29
양력 월	11월 12월																												
양력 일	28	29	30	1	2	3	4	5	6	7	辰	9	10	11	12	13	14	15	16	17	18	19	20	21	22	23	24	25	26
요일	일	월	화	수	목	금	토	일	월	화	中	목	금	토	일	월	화	수	목	금	토	일	월	화	수	목	금	토	일
일진	庚寅	辛卯	壬辰	癸巳	甲午	乙未	丙申	丁酉	戊戌	己亥	庚子	辛丑	壬寅	癸卯	甲辰	乙巳	丙午	丁未	戊申	己酉	庚戌	辛亥	壬子	癸丑	甲寅	乙卯	丙辰	丁巳	戊午

음양국: 陰2 · 陰4 · 陰7 · 陰1 · 陽1 · 陽7

12月 乙丑

절기	소한12월 (11)																									대한 (26)				
음력	1	2	3	4	5	6	7	8	9	10	**11**	12	13	14	15	16	17	18	19	20	21	22	23	24	25	**26**	27	28	29	30
양력 월	12월 1월																													
양력 일	27	28	29	30	31	1	2	3	4	5	戌	7	8	9	10	11	12	13	14	15	16	17	18	19	20	21	22	23	24	25
요일	월	화	수	목	금	토	일	월	화	수	初	금	토	일	월	화	수	목	금	토	일	월	화	수	목	금	토	일	월	화
일진	己未	庚申	辛酉	壬戌	癸亥	甲子	乙丑	丙寅	丁卯	戊辰	己巳	庚午	辛未	壬申	癸酉	甲戌	乙亥	丙子	丁丑	戊寅	己卯	庚辰	辛巳	壬午	癸未	甲申	乙酉	丙戌	丁亥	戊子

음양국: 陽4 · 陽2 · 陽8 · 陽5 · 陽3 · 陽9

입춘(2/5) 07:23　　입추(8/8) 01:19
경칩(3/6) 01:40　　백로(9/8) 03:56
청명(4/5) 06:54　　한로(10/8) 19:09
입하(5/6) 00:40　　입동(11/7) 21:55
망종(6/6) 05:11　　대설(12/7) 14:28
소서(7/7) 15:36　　소한(1/6) 01:34

1944(甲申年)

1月 丙寅

절기										입춘1월															우수				
음력	1	2	3	4	5	6	7	8	9	10	11	12	13	14	15	16	17	18	19	20	21	22	23	24	25	26	27	28	29
양력 월	1월						2월																						
양력 일	26	27	28	29	30	31	1	2	3	4	卯	6	7	8	9	10	11	12	13	14	15	16	17	18	19	20	21	22	23
요일	수	목	금	토	일	월	화	수	목	금	後	일	월	화	수	목	금	토	일	월	화	수	목	금	토	일	월	화	수
일진	己丑	庚寅	辛卯	壬辰	癸巳	甲午	乙未	丙申	丁酉	戊戌	己亥	庚子	辛丑	壬寅	癸卯	甲辰	乙巳	丙午	丁未	戊申	己酉	庚戌	辛亥	壬子	癸丑	甲寅	乙卯	丙辰	丁巳
음양국	陽6					陽8					陽5					陽2					陽9					陽6			

2月 丁卯

절기											경칩2월															춘분			
음력	1	2	3	4	5	6	7	8	9	10	11	12	13	14	15	16	17	18	19	20	21	22	23	24	25	26	27	28	29
양력 월	2월						3월																						
양력 일	24	25	26	27	28	29	1	2	3	4	5	丑	7	8	9	10	11	12	13	14	15	16	17	18	19	20	21	22	23
요일	목	금	토	일	월	화	수	목	금	토	일	初	화	수	목	금	토	일	월	화	수	목	금	토	일	월	화	수	목
일진	戊午	己未	庚申	辛酉	壬戌	癸亥	甲子	乙丑	丙寅	丁卯	戊辰	己巳	庚午	辛未	壬申	癸酉	甲戌	乙亥	丙子	丁丑	戊寅	己卯	庚辰	辛巳	壬午	癸未	甲申	乙酉	丙戌
음양국	陽3					陽1					陽7					陽4					陽3					陽9			

3月 戊辰

절기												청명3월															곡우			
음력	1	2	3	4	5	6	7	8	9	10	11	12	13	14	15	16	17	18	19	20	21	22	23	24	25	26	27	28	29	30
양력 월	3월								4월																					
양력 일	24	25	26	27	28	29	30	31	1	2	3	4	卯	6	7	8	9	10	11	12	13	14	15	16	17	18	19	20	21	22
요일	금	토	일	월	화	수	목	금	토	일	월	화	後	목	금	토	일	월	화	수	목	금	토	일	월	화	수	목	금	토
일진	丁亥	戊子	己丑	庚寅	辛卯	壬辰	癸巳	甲午	乙未	丙申	丁酉	戊戌	己亥	庚子	辛丑	壬寅	癸卯	甲辰	乙巳	丙午	丁未	戊申	己酉	庚戌	辛亥	壬子	癸丑	甲寅	乙卯	丙辰
음양국	陽9				陽6				陽4				陽1				陽7				陽5				陽2					

4月 己巳

절기														입하4월															소만
음력	1	2	3	4	5	6	7	8	9	10	11	12	13	14	15	16	17	18	19	20	21	22	23	24	25	26	27	28	29
양력 월	4월								5월																				
양력 일	23	24	25	26	27	28	29	30	1	2	3	4	5	子	7	8	9	10	11	12	13	14	15	16	17	18	19	20	21
요일	일	월	화	수	목	금	토	일	월	화	수	목	금	中	일	월	화	수	목	금	토	일	월	화	수	목	금	토	일
일진	丁巳	戊午	己未	庚申	辛酉	壬戌	癸亥	甲子	乙丑	丙寅	丁卯	戊辰	己巳	庚午	辛未	壬申	癸酉	甲戌	乙亥	丙子	丁丑	戊寅	己卯	庚辰	辛巳	壬午	癸未	甲申	乙酉
음양국	陽2				陽8				陽4				陽1				陽7				陽5				陽2				

閏4月

절기																망종5월														
음력	1	2	3	4	5	6	7	8	9	10	11	12	13	14	15	16	17	18	19	20	21	22	23	24	25	26	27	28	29	30
양력 월	5월										6월																			
양력 일	22	23	24	25	26	27	28	29	30	31	1	2	3	4	5	寅	7	8	9	10	11	12	13	14	15	16	17	18	19	20
요일	월	화	수	목	금	토	일	월	화	수	목	금	토	일	월	後	수	목	금	토	일	월	화	수	목	금	토	일	월	화
일진	丙戌	丁亥	戊子	己丑	庚寅	辛卯	壬辰	癸巳	甲午	乙未	丙申	丁酉	戊戌	己亥	庚子	辛丑	壬寅	癸卯	甲辰	乙巳	丙午	丁未	戊申	己酉	庚戌	辛亥	壬子	癸丑	甲寅	乙卯
음양국	陽2				陽8				陽6				陽3				陽9				陰9						陰3			

5月 庚午

절기	하지																소서6월												
음력	1	2	3	4	5	6	7	8	9	10	11	12	13	14	15	16	17	18	19	20	21	22	23	24	25	26	27	28	29
양력 월	6월										7월																		
양력 일	21	22	23	24	25	26	27	28	29	30	1	2	3	4	5	6	申	8	9	10	11	12	13	14	15	16	17	18	19
요일	수	목	금	토	일	월	화	수	목	금	토	일	월	화	수	목	初	토	일	월	화	수	목	금	토	일	월	화	수
일진	丙辰	丁巳	戊午	己未	庚申	辛酉	壬戌	癸亥	甲子	乙丑	丙寅	丁卯	戊辰	己巳	庚午	辛未	壬申	癸酉	甲戌	乙亥	丙子	丁丑	戊寅	己卯	庚辰	辛巳	壬午	癸未	甲申
음양국	陰3				陰6				陰8				陰2				陰5				陰7				陰1				

6月 辛未

절기	1	2	3	4 대서	5	6	7	8	9	10	11	12	13	14	15	16	17	18	19	20 입추7월	21	22	23	24	25	26	27	28	29	30
음력	1	2	3	4	5	6	7	8	9	10	11	12	13	14	15	16	17	18	19	20	21	22	23	24	25	26	27	28	29	30
양력 월	7월												8월																	
력 일	20	21	22	23	24	25	26	27	28	29	30	31	1	2	3	4	5	6	7	子	9	10	11	12	13	14	15	16	17	18
요일	목	금	토	일	월	화	수	목	금	토	일	월	화	수	목	금	토	일	월	後	수	목	금	토	일	월	화	수	목	금
일진	乙酉	丙戌	丁亥	戊子	己丑	庚寅	辛卯	壬辰	癸巳	甲午	乙未	丙申	丁酉	戊戌	己亥	庚子	辛丑	壬寅	癸卯	甲辰	乙巳	丙午	丁未	戊申	己酉	庚戌	辛亥	壬子	癸丑	甲寅
음양국	陰 1					陰 4					陰 2					陰 5					陰 8					陰 1				

7月 壬申

절기	1	2	3	4	5 처서	6	7	8	9	10	11	12	13	14	15	16	17	18	19	20	21 백로8월	22	23	24	25	26	27	28	29
음력	1	2	3	4	5	6	7	8	9	10	11	12	13	14	15	16	17	18	19	20	21	22	23	24	25	26	27	28	29
양력 월	8월													9월															
력 일	19	20	21	22	23	24	25	26	27	28	29	30	31	1	2	3	4	5	6	7	寅	9	10	11	12	13	14	15	16
요일	토	일	월	화	수	목	금	토	일	월	화	수	목	금	토	일	월	화	수	목	初	토	일	월	화	수	목	금	토
일진	乙卯	丙辰	丁巳	戊午	己未	庚申	辛酉	壬戌	癸亥	甲子	乙丑	丙寅	丁卯	戊辰	己巳	庚午	辛未	壬申	癸酉	甲戌	乙亥	丙子	丁丑	戊寅	己卯	庚辰	辛巳	壬午	癸未
음양국	陰 4				陰 7				陰 9				陰 3				陰 6				陰 7								

8月 癸酉

절기	1	2	3	4	5	6	7 추분	8	9	10	11	12	13	14	15	16	17	18	19	20	21	22 한로9월	23	24	25	26	27	28	29	30
음력	1	2	3	4	5	6	7	8	9	10	11	12	13	14	15	16	17	18	19	20	21	22	23	24	25	26	27	28	29	30
양력 월	9월														10월															
력 일	17	18	19	20	21	22	23	24	25	26	27	28	29	30	1	2	3	4	5	6	7	酉	9	10	11	12	13	14	15	16
요일	일	월	화	수	목	금	토	일	월	화	수	목	금	토	일	월	화	수	목	금	토	後	월	화	수	목	금	토	일	월
일진	甲申	乙酉	丙戌	丁亥	戊子	己丑	庚寅	辛卯	壬辰	癸巳	甲午	乙未	丙申	丁酉	戊戌	己亥	庚子	辛丑	壬寅	癸卯	甲辰	乙巳	丙午	丁未	戊申	己酉	庚戌	辛亥	壬子	癸丑
음양국	陰 1					陰 4					陰 6					陰 9					陰 3					陰 5				

9月 甲戌

절기	1	2	3	4	5	6	7 상강	8	9	10	11	12	13	14	15	16	17	18	19	20	21	22 입동10월	23	24	25	26	27	28	29	30
음력	1	2	3	4	5	6	7	8	9	10	11	12	13	14	15	16	17	18	19	20	21	22	23	24	25	26	27	28	29	30
양력 월	10월															11월														
력 일	17	18	19	20	21	22	23	24	25	26	27	28	29	30	31	1	2	3	4	5	6	亥	8	9	10	11	12	13	14	15
요일	화	수	목	금	토	일	월	화	수	목	금	토	일	월	화	수	목	금	토	일	월	初	수	목	금	토	일	월	화	수
일진	甲寅	乙卯	丙辰	丁巳	戊午	己未	庚申	辛酉	壬戌	癸亥	甲子	乙丑	丙寅	丁卯	戊辰	己巳	庚午	辛未	壬申	癸酉	甲戌	乙亥	丙子	丁丑	戊寅	己卯	庚辰	辛巳	壬午	癸未
음양국	陰 8					陰 2					陰 6					陰 9					陰 3					陰 5				

10月 乙亥

절기	1	2	3	4	5	6	7 소설	8	9	10	11	12	13	14	15	16	17	18	19	20	21	22 대설11월	23	24	25	26	27	28	29
음력	1	2	3	4	5	6	7	8	9	10	11	12	13	14	15	16	17	18	19	20	21	22	23	24	25	26	27	28	29
양력 월	11월															12월													
력 일	16	17	18	19	20	21	22	23	24	25	26	27	28	29	30	1	2	3	4	5	6	未	8	9	10	11	12	13	14
요일	목	금	토	일	월	화	수	목	금	토	일	월	화	수	목	금	토	일	월	화	수	中	금	토	일	월	화	수	목
일진	甲申	乙酉	丙戌	丁亥	戊子	己丑	庚寅	辛卯	壬辰	癸巳	甲午	乙未	丙申	丁酉	戊戌	己亥	庚子	辛丑	壬寅	癸卯	甲辰	乙巳	丙午	丁未	戊申	己酉	庚戌	辛亥	壬子
음양국	陰 8				陰 2				陰 4				陰 7				陰 1				陰 4								

11月 丙子

절기	1	2	3	4	5	6	7	8 동지	9	10	11	12	13	14	15	16	17	18	19	20	21	22	23 소한12월	24	25	26	27	28	29	30
음력	1	2	3	4	5	6	7	8	9	10	11	12	13	14	15	16	17	18	19	20	21	22	23	24	25	26	27	28	29	30
양력 월	12월																	1월												
력 일	15	16	17	18	19	20	21	22	23	24	25	26	27	28	29	30	31	1	2	3	4	5	丑	7	8	9	10	11	12	13
요일	금	토	일	월	화	수	목	금	토	일	월	화	수	목	금	토	일	월	화	수	목	금	初	일	월	화	수	목	금	토
일진	癸丑	甲寅	乙卯	丙辰	丁巳	戊午	己未	庚申	辛酉	壬戌	癸亥	甲子	乙丑	丙寅	丁卯	戊辰	己巳	庚午	辛未	壬申	癸酉	甲戌	乙亥	丙子	丁丑	戊寅	己卯	庚辰	辛巳	壬午
음양국	陰 7					陰 1					陽 1					陽 7					陽 4					陽 2				

12月 丁丑

절기	1	2	3	4	5	6	7 대한	8	9	10	11	12	13	14	15	16	17	18	19	20	21	22 입춘1월	23	24	25	26	27	28	29	30
음력	1	2	3	4	5	6	7	8	9	10	11	12	13	14	15	16	17	18	19	20	21	22	23	24	25	26	27	28	29	30
양력 월	1월																		2월											
력 일	14	15	16	17	18	19	20	21	22	23	24	25	26	27	28	29	30	31	1	2	3	午	5	6	7	8	9	10	11	12
요일	일	월	화	수	목	금	토	일	월	화	수	목	금	토	일	월	화	수	목	금	토	後	월	화	수	목	금	토	일	월
일진	癸未	甲申	乙酉	丙戌	丁亥	戊子	己丑	庚寅	辛卯	壬辰	癸巳	甲午	乙未	丙申	丁酉	戊戌	己亥	庚子	辛丑	壬寅	癸卯	甲辰	乙巳	丙午	丁未	戊申	己酉	庚戌	辛亥	壬子
음양국	陽 8					陽 5					陽 3					陽 9					陽 6					陽 8				

1945(乙酉年)

입춘(2/4) 13:19
경칩(3/6) 07:38
청명(4/5) 12:52
입하(5/6) 06:37
망종(6/6) 11:05
소서(7/7) 21:27

입추(8/8) 07:05
백로(9/8) 09:38
한로(10/9) 00:49
입동(11/8) 03:34
대설(12/7) 20:08
소한(1/6) 07:16

1月 戊寅

절기							우수															경칩2월						
음력	1	2	3	4	5	6	7	8	9	10	11	12	13	14	15	16	17	18	19	20	21	22	23	24	25	26	27	28	29
양력 월	2월																		3월										
양력 일	13	14	15	16	17	18	19	20	21	22	23	24	25	26	27	28	1	2	3	4	5	辰	7	8	9	10	11	12	13
요일	화	수	목	금	토	일	월	화	수	목	금	토	일	월	화	수	목	금	토	일	월	初	수	목	금	토	일	월	화
일진	癸丑	甲寅	乙卯	丙辰	丁巳	戊午	己未	庚申	辛酉	壬戌	癸亥	甲子	乙丑	丙寅	丁卯	戊辰	己巳	庚午	辛未	壬申	癸酉	甲戌	乙亥	丙子	丁丑	戊寅	己卯	庚辰	辛巳

음양국: 陽 5 / 陽 2 / 陽 9 / 陽 6 / 陽 3 / 陽 1

2月 己卯

절기								춘분															청명3월						
음력	1	2	3	4	5	6	7	8	9	10	11	12	13	14	15	16	17	18	19	20	21	22	23	24	25	26	27	28	29
양력 월	3월																		4월										
양력 일	14	15	16	17	18	19	20	21	22	23	24	25	26	27	28	29	30	31	1	2	3	4	午	6	7	8	9	10	11
요일	수	목	금	토	일	월	화	수	목	금	토	일	월	화	수	목	금	토	일	월	화	수	後	금	토	일	월	화	수
일진	壬午	癸未	甲申	乙酉	丙戌	丁亥	戊子	己丑	庚寅	辛卯	壬辰	癸巳	甲午	乙未	丙申	丁酉	戊戌	己亥	庚子	辛丑	壬寅	癸卯	甲辰	乙巳	丙午	丁未	戊申	己酉	庚戌

음양국: 陽 1 / 陽 7 / 陽 4 / 陽 3 / 陽 9 / 陽 6 / 陽 4

3月 庚辰

절기									곡우																입하4월					
음력	1	2	3	4	5	6	7	8	9	10	11	12	13	14	15	16	17	18	19	20	21	22	23	24	25	26	27	28	29	30
양력 월	4월																			5월										
양력 일	12	13	14	15	16	17	18	19	20	21	22	23	24	25	26	27	28	29	30	1	2	3	4	5	卯	7	8	9	10	11
요일	목	금	토	일	월	화	수	목	금	토	일	월	화	수	목	금	토	일	월	화	수	목	금	토	中	월	화	수	목	금
일진	辛亥	壬子	癸丑	甲寅	乙卯	丙辰	丁巳	戊午	己未	庚申	辛酉	壬戌	癸亥	甲子	乙丑	丙寅	丁卯	戊辰	己巳	庚午	辛未	壬申	癸酉	甲戌	乙亥	丙子	丁丑	戊寅	己卯	庚辰

음양국: 陽 4 / 陽 1 / 陽 7 / 陽 5 / 陽 2 / 陽 8 / 陽 4

4月 辛巳

절기										소만																망종5월			
음력	1	2	3	4	5	6	7	8	9	10	11	12	13	14	15	16	17	18	19	20	21	22	23	24	25	26	27	28	29
양력 월	5월																			6월									
양력 일	12	13	14	15	16	17	18	19	20	21	22	23	24	25	26	27	28	29	30	31	1	2	3	4	5	巳	7	8	9
요일	토	일	월	화	수	목	금	토	일	월	화	수	목	금	토	일	월	화	수	목	금	토	일	월	화	後	목	금	토
일진	辛巳	壬午	癸未	甲申	乙酉	丙戌	丁亥	戊子	己丑	庚寅	辛卯	壬辰	癸巳	甲午	乙未	丙申	丁酉	戊戌	己亥	庚子	辛丑	壬寅	癸卯	甲辰	乙巳	丙午	丁未	戊申	己酉

음양국: 陽 4 / 陽 1 / 陽 7 / 陽 5 / 陽 2 / 陽 8 / 陽 6

5月 壬午

절기													하지															소서6월	
음력	1	2	3	4	5	6	7	8	9	10	11	12	13	14	15	16	17	18	19	20	21	22	23	24	25	26	27	28	29
양력 월	6월																					7월							
양력 일	10	11	12	13	14	15	16	17	18	19	20	21	22	23	24	25	26	27	28	29	30	1	2	3	4	5	6	戌	8
요일	일	월	화	수	목	금	토	일	월	화	수	목	금	토	일	월	화	수	목	금	토	일	월	화	수	목	금	後	일
일진	庚戌	辛亥	壬子	癸丑	甲寅	乙卯	丙辰	丁巳	戊午	己未	庚申	辛酉	壬戌	癸亥	甲子	乙丑	丙寅	丁卯	戊辰	己巳	庚午	辛未	壬申	癸酉	甲戌	乙亥	丙子	丁丑	戊寅

음양국: 陽 6 / 陽 3 / 陽 9 / 陰 9 / 陰 3 / 陰 6

6月 癸未

절기															대서															
음력	1	2	3	4	5	6	7	8	9	10	11	12	13	14	15	16	17	18	19	20	21	22	23	24	25	26	27	28	29	30
양력 월	7월																						8월							
양력 일	9	10	11	12	13	14	15	16	17	18	19	20	21	22	23	24	25	26	27	28	29	30	31	1	2	3	4	5	6	7
요일	월	화	수	목	금	토	일	월	화	수	목	금	토	일	월	화	수	목	금	토	일	월	화	수	목	금	토	일	월	화
일진	己卯	庚辰	辛巳	壬午	癸未	甲申	乙酉	丙戌	丁亥	戊子	己丑	庚寅	辛卯	壬辰	癸巳	甲午	乙未	丙申	丁酉	戊戌	己亥	庚子	辛丑	壬寅	癸卯	甲辰	乙巳	丙午	丁未	戊申

음양국: 陰 8 / 陰 2 / 陰 5 / 陰 7 / 陰 1 / 陰 4

7月 甲申

절기	음력	양력	요일	일진	음양국
입추7월 (1) … 처서 (16)	1 2 3 4 5 6 7 8 9 10 11 12 13 14 15 16 17 18 19 20 21 22 23 24 25 26 27 28 29	8월: 卯 9 10 11 12 13 14 15 16 17 18 19 20 21 22 23 24 25 26 27 28 29 30 31 / 9월: 1 2 3 4 5	後 목 금 토 일 월 화 수 목 금 토 일 월 화 수 목 금 토 일 월 화 수 목 금 토 일 월 화 수	己酉 庚戌 辛亥 壬子 癸丑 甲寅 乙卯 丙辰 丁巳 戊午 己未 庚申 辛酉 壬戌 癸亥 甲子 乙丑 丙寅 丁卯 戊辰 己巳 庚午 辛未 壬申 癸酉 甲戌 乙亥 丙子 丁丑	陰2 陰5 陰8 陰1 陰4 陰7

8月 乙酉

절기	음력	양력	요일	일진	음양국
백로8월 (3) … 추분 (18)	1 2 3 4 5 6 7 8 9 10 11 12 13 14 15 16 17 18 19 20 21 22 23 24 25 26 27 28 29 30	9월: 6 7 巳 9 10 11 12 13 14 15 16 17 18 19 20 21 22 23 24 25 26 27 28 29 30 / 10월: 1 2 3 4 5	목 금 初 일 월 화 수 목 금 토 일 월 화 수 목 금 토 일 월 화 수 목 금 토 일 월 화 수 목 금	戊寅 己卯 庚辰 辛巳 壬午 癸未 甲申 乙酉 丙戌 丁亥 戊子 己丑 庚寅 辛卯 壬辰 癸巳 甲午 乙未 丙申 丁酉 戊戌 己亥 庚子 辛丑 壬寅 癸卯 甲辰 乙巳 丙午 丁未	陰9 陰3 陰6 陰7 陰1 陰4

9月 丙戌

절기	음력	양력	요일	일진	음양국
한로9월 (4) … 상강 (19)	1 2 3 4 5 6 7 8 9 10 11 12 13 14 15 16 17 18 19 20 21 22 23 24 25 26 27 28 29 30	10월: 6 7 8 子 10 11 12 13 14 15 16 17 18 19 20 21 22 23 24 25 26 27 28 29 30 31 / 11월: 1 2 3 4	토 일 월 中 수 목 금 토 일 월 화 수 목 금 토 일 월 화 수 목 금 토 일 월 화 수 목 금 토 일	戊申 己酉 庚戌 辛亥 壬子 癸丑 甲寅 乙卯 丙辰 丁巳 戊午 己未 庚申 辛酉 壬戌 癸亥 甲子 乙丑 丙寅 丁卯 戊辰 己巳 庚午 辛未 壬申 癸酉 甲戌 乙亥 丙子 丁丑	陰6 陰9 陰3 陰5 陰8 陰2

10月 丁亥

절기	음력	양력	요일	일진	음양국
입동10월 (4) … 소설 (19)	1 2 3 4 5 6 7 8 9 10 11 12 13 14 15 16 17 18 19 20 21 22 23 24 25 26 27 28 29 30	11월: 5 6 寅 9 10 11 12 13 14 15 16 17 18 19 20 21 22 23 24 25 26 27 28 29 30 / 12월: 1 2 3 4	월 화 수 初 금 토 일 월 화 수 목 금 토 일 월 화 수 목 금 토 일 월 화 수 목 금 토 일 월 화	戊寅 己卯 庚辰 辛巳 壬午 癸未 甲申 乙酉 丙戌 丁亥 戊子 己丑 庚寅 辛卯 壬辰 癸巳 甲午 乙未 丙申 丁酉 戊戌 己亥 庚子 辛丑 壬寅 癸卯 甲辰 乙巳 丙午 丁未	陰6 陰9 陰3 陰5 陰8 陰2

11月 戊子

절기	음력	양력	요일	일진	음양국
대설11월 (3) … 동지 (18)	1 2 3 4 5 6 7 8 9 10 11 12 13 14 15 16 17 18 19 20 21 22 23 24 25 26 27 28 29	12월: 5 6 戌 8 9 10 11 12 13 14 15 16 17 18 19 20 21 22 23 24 25 26 27 28 29 30 31 / 1월: 1 2	수 목 初 토 일 월 화 수 목 금 토 일 월 화 수 목 금 토 일 월 화 수 목 금 토 일 월 화 수	戊申 己酉 庚戌 辛亥 壬子 癸丑 甲寅 乙卯 丙辰 丁巳 戊午 己未 庚申 辛酉 壬戌 癸亥 甲子 乙丑 丙寅 丁卯 戊辰 己巳 庚午 辛未 壬申 癸酉 甲戌 乙亥 丙子	陰4 陰7 陰1 陽1 陽7 陽4

12月 己丑

절기	음력	양력	요일	일진	음양국
소한12월 (4) … 대한 (19)	1 2 3 4 5 6 7 8 9 10 11 12 13 14 15 16 17 18 19 20 21 22 23 24 25 26 27 28 29 30	1월: 3 4 5 卯 7 8 9 10 11 12 13 14 15 16 17 18 19 20 21 22 23 24 25 26 27 28 29 30 31 / 2월: 1	목 금 토 後 월 화 수 목 금 토 일 월 화 수 목 금 토 일 월 화 수 목 금 토 일 월 화 수 목 금	丁丑 戊寅 己卯 庚辰 辛巳 壬午 癸未 甲申 乙酉 丙戌 丁亥 戊子 己丑 庚寅 辛卯 壬辰 癸巳 甲午 乙未 丙申 丁酉 戊戌 己亥 庚子 辛丑 壬寅 癸卯 甲辰 乙巳 丙午	陽4 陽2 陽8 陽5 陽3 陽9 陽6

1946(丙戌年)

입춘(2/4) 19:04
경칩(3/6) 13:25
청명(4/5) 18:39
입하(5/6) 12:22
망종(6/6) 16:49
소서(7/8) 03:11

입추(8/8) 12:52
백로(9/8) 15:27
한로(10/9) 06:41
입동(11/8) 09:27
대설(12/8) 02:00
소한(1/6) 13:06

1月 庚寅

절기	입춘1월																우수													
음력	1	2	3	4	5	6	7	8	9	10	11	12	13	14	15	16	17	18	19	20	21	22	23	24	25	26	27	28	29	30
양력 월	2월																										3월			
양력 일	2	3	酉	5	6	7	8	9	10	11	12	13	14	15	16	17	18	19	20	21	22	23	24	25	26	27	28	1	2	3
요일	토	일	後	화	수	목	금	토	일	월	화	수	목	금	토	일	월	화	수	목	금	토	일	월	화	수	목	금	토	일
일진	丁未	戊申	己酉	庚戌	辛亥	壬子	癸丑	甲寅	乙卯	丙辰	丁巳	戊午	己未	庚申	辛酉	壬戌	癸亥	甲子	乙丑	丙寅	丁卯	戊辰	己巳	庚午	辛未	壬申	癸酉	甲戌	乙亥	丙子
음양국	陽 6			陽 8				陽 5				陽 2				陽 9				陽 6				陽 3						

2月 辛卯

절기	경칩2월																춘분												
음력	1	2	3	4	5	6	7	8	9	10	11	12	13	14	15	16	17	18	19	20	21	22	23	24	25	26	27	28	29
양력 월	3월																											4월	
양력 일	4	5	午	7	8	9	10	11	12	13	14	15	16	17	18	19	20	21	22	23	24	25	26	27	28	29	30	31	1
요일	월	화	後	목	금	토	일	월	화	수	목	금	토	일	월	화	수	목	금	토	일	월	화	수	목	금	토	일	월
일진	丁丑	戊寅	己卯	庚辰	辛巳	壬午	癸未	甲申	乙酉	丙戌	丁亥	戊子	己丑	庚寅	辛卯	壬辰	癸巳	甲午	乙未	丙申	丁酉	戊戌	己亥	庚子	辛丑	壬寅	癸卯	甲辰	乙巳
음양국	陽 3			陽 1				陽 7				陽 4				陽 3				陽 9				陽 6					

3月 壬辰

절기	청명3월																	곡우											
음력	1	2	3	4	5	6	7	8	9	10	11	12	13	14	15	16	17	18	19	20	21	22	23	24	25	26	27	28	29
양력 월	4월																												
양력 일	2	3	4	酉	6	7	8	9	10	11	12	13	14	15	16	17	18	19	20	21	22	23	24	25	26	27	28	29	30
요일	화	수	목	中	토	일	월	화	수	목	금	토	일	월	화	수	목	금	토	일	월	화	수	목	금	토	일	월	화
일진	丙午	丁未	戊申	己酉	庚戌	辛亥	壬子	癸丑	甲寅	乙卯	丙辰	丁巳	戊午	己未	庚申	辛酉	壬戌	癸亥	甲子	乙丑	丙寅	丁卯	戊辰	己巳	庚午	辛未	壬申	癸酉	甲戌
음양국	陽 6			陽 4				陽 1				陽 7				陽 5				陽 2				陽 8					

4月 癸巳

절기	입하4월																				소만									
음력	1	2	3	4	5	6	7	8	9	10	11	12	13	14	15	16	17	18	19	20	21	22	23	24	25	26	27	28	29	30
양력 월	5월																													
양력 일	1	2	3	4	5	午	7	8	9	10	11	12	13	14	15	16	17	18	19	20	21	22	23	24	25	26	27	28	29	30
요일	수	목	금	토	일	中	화	수	목	금	토	일	월	화	수	목	금	토	일	월	화	수	목	금	토	일	월	화	수	목
일진	乙亥	丙子	丁丑	戊寅	己卯	庚辰	辛巳	壬午	癸未	甲申	乙酉	丙戌	丁亥	戊子	己丑	庚寅	辛卯	壬辰	癸巳	甲午	乙未	丙申	丁酉	戊戌	己亥	庚子	辛丑	壬寅	癸卯	甲辰
음양국	陽 8			陽 4				陽 1				陽 7				陽 5				陽 2										

5月 甲午

절기	망종5월																						하지					
음력	1	2	3	4	5	6	7	8	9	10	11	12	13	14	15	16	17	18	19	20	21	22	23	24	25	26	27	28	29
양력 월	5월	6월																											
양력 일	31	1	2	3	4	5	申	7	8	9	10	11	12	13	14	15	16	17	18	19	20	21	22	23	24	25	26	27	28
요일	금	토	일	월	화	수	中	금	토	일	월	화	수	목	금	토	일	월	화	수	목	금	토	일	월	화	수	목	금
일진	乙巳	丙午	丁未	戊申	己酉	庚戌	辛亥	壬子	癸丑	甲寅	乙卯	丙辰	丁巳	戊午	己未	庚申	辛酉	壬戌	癸亥	甲子	乙丑	丙寅	丁卯	戊辰	己巳	庚午	辛未	壬申	癸酉
음양국	陽 8			陽 6				陽 3				陽 9				陰 9				陰 3									

6月 乙未

절기	소서6월																							대서					
음력	1	2	3	4	5	6	7	8	9	10	11	12	13	14	15	16	17	18	19	20	21	22	23	24	25	26	27	28	29
양력 월	6월		7월																										
양력 일	29	30	1	2	3	4	5	6	7	丑	9	10	11	12	13	14	15	16	17	18	19	20	21	22	23	24	25	26	27
요일	토	일	월	화	수	목	금	토	일	後	화	수	목	금	토	일	월	화	수	목	금	토	일	월	화	수	목	금	토
일진	甲戌	乙亥	丙子	丁丑	戊寅	己卯	庚辰	辛巳	壬午	癸未	甲申	乙酉	丙戌	丁亥	戊子	己丑	庚寅	辛卯	壬辰	癸巳	甲午	乙未	丙申	丁酉	戊戌	己亥	庚子	辛丑	壬寅
음양국	陰 6			陰 8				陰 2				陰 5				陰 7				陰 1									

7月 丙申

절기												입추7월															처서		
음력	1	2	3	4	5	6	7	8	9	10	11	12	13	14	15	16	17	18	19	20	21	22	23	24	25	26	27	28	29	30
양력월	7월				8월																									
양력일	28	29	30	31	1	2	3	4	5	6	7	午	9	10	11	12	13	14	15	16	17	18	19	20	21	22	23	24	25	26
요일	일	월	화	수	목	금	토	일	월	화	수	後	금	토	일	월	화	수	목	금	토	일	월	화	수	목	금	토	일	월
일진	癸卯	甲辰	乙巳	丙午	丁未	戊申	己酉	庚戌	辛亥	壬子	癸丑	甲寅	乙卯	丙辰	丁巳	戊午	己未	庚申	辛酉	壬戌	癸亥	甲子	乙丑	丙寅	丁卯	戊辰	己巳	庚午	辛未	壬申
음양국	陰4					陰2					陰5					陰8					陰1					陰4				

8月 丁酉

절기													백로8월															추분
음력	1	2	3	4	5	6	7	8	9	10	11	12	13	14	15	16	17	18	19	20	21	22	23	24	25	26	27	28	29
양력월	8월					9월																							
양력일	27	28	29	30	31	1	2	3	4	5	6	7	未	9	10	11	12	13	14	15	16	17	18	19	20	21	22	23	24
요일	화	수	목	금	토	일	월	화	수	목	금	토	後	월	화	수	목	금	토	일	월	화	수	목	금	토	일	월	화
일진	癸酉	甲戌	乙亥	丙子	丁丑	戊寅	己卯	庚辰	辛巳	壬午	癸未	甲申	乙酉	丙戌	丁亥	戊子	己丑	庚寅	辛卯	壬辰	癸巳	甲午	乙未	丙申	丁酉	戊戌	己亥	庚子	辛丑
음양국	陰7					陰9					陰3					陰6					陰7					陰1			

9月 戊戌

절기															한로9월															상강
음력	1	2	3	4	5	6	7	8	9	10	11	12	13	14	15	16	17	18	19	20	21	22	23	24	25	26	27	28	29	30
양력월	9월						10월																							
양력일	25	26	27	28	29	30	1	2	3	4	5	6	7	8	卯	10	11	12	13	14	15	16	17	18	19	20	21	22	23	24
요일	수	목	금	토	일	월	화	수	목	금	토	일	월	화	中	목	금	토	일	월	화	수	목	금	토	일	월	화	수	목
일진	壬寅	癸卯	甲辰	乙巳	丙午	丁未	戊申	己酉	庚戌	辛亥	壬子	癸丑	甲寅	乙卯	丙辰	丁巳	戊午	己未	庚申	辛酉	壬戌	癸亥	甲子	乙丑	丙寅	丁卯	戊辰	己巳	庚午	辛未
음양국	陰1		陰4					陰6					陰9					陰3					陰5					陰8		

10月 己亥

절기															입동10월															소설
음력	1	2	3	4	5	6	7	8	9	10	11	12	13	14	15	16	17	18	19	20	21	22	23	24	25	26	27	28	29	30
양력월	10월							11월																						
양력일	25	26	27	28	29	30	31	1	2	3	4	5	6	7	辰	9	10	11	12	13	14	15	16	17	18	19	20	21	22	23
요일	금	토	일	월	화	수	목	금	토	일	월	화	수	목	後	토	일	월	화	수	목	금	토	일	월	화	수	목	금	토
일진	壬申	癸酉	甲戌	乙亥	丙子	丁丑	戊寅	己卯	庚辰	辛巳	壬午	癸未	甲申	乙酉	丙戌	丁亥	戊子	己丑	庚寅	辛卯	壬辰	癸巳	甲午	乙未	丙申	丁酉	戊戌	己亥	庚子	辛丑
음양국	陰8		陰2					陰6					陰9					陰3					陰5					陰8		

11月 庚子

절기															대설11월														동지
음력	1	2	3	4	5	6	7	8	9	10	11	12	13	14	15	16	17	18	19	20	21	22	23	24	25	26	27	28	29
양력월	11월							12월																					
양력일	24	25	26	27	28	29	30	1	2	3	4	5	6	7	丑	9	10	11	12	13	14	15	16	17	18	19	20	21	22
요일	일	월	화	수	목	금	토	일	월	화	수	목	금	토	初	월	화	수	목	금	토	일	월	화	수	목	금	토	일
일진	壬寅	癸卯	甲辰	乙巳	丙午	丁未	戊申	己酉	庚戌	辛亥	壬子	癸丑	甲寅	乙卯	丙辰	丁巳	戊午	己未	庚申	辛酉	壬戌	癸亥	甲子	乙丑	丙寅	丁卯	戊辰	己巳	庚午
음양국	陰8		陰2					陰4					陰7					陰1					陽1					陽7	

(음양국 "陽1" 칸은 테두리로 표시됨)

12月 辛丑

절기															소한12월															대한
음력	1	2	3	4	5	6	7	8	9	10	11	12	13	14	15	16	17	18	19	20	21	22	23	24	25	26	27	28	29	30
양력월	12월								1월																					
양력일	23	24	25	26	27	28	29	30	31	1	2	3	4	5	午	7	8	9	10	11	12	13	14	15	16	17	18	19	20	21
요일	월	화	수	목	금	토	일	월	화	수	목	금	토	일	後	화	수	목	금	토	일	월	화	수	목	금	토	일	월	화
일진	辛未	壬申	癸酉	甲戌	乙亥	丙子	丁丑	戊寅	己卯	庚辰	辛巳	壬午	癸未	甲申	乙酉	丙戌	丁亥	戊子	己丑	庚寅	辛卯	壬辰	癸巳	甲午	乙未	丙申	丁酉	戊戌	己亥	庚子
음양국	陽7			陽4					陽2					陽8					陽5					陽3					陽9	

1947(丁亥年)

입춘(2/5) 00:50　　입추(8/8) 18:41
경칩(3/6) 19:08　　백로(9/8) 21:21
청명(4/6) 00:20　　한로(10/9) 12:37
입하(5/6) 18:03　　입동(11/8) 15:24
망종(6/6) 22:31　　대설(12/8) 07:56
소서(7/8) 08:56　　소한(1/6) 19:00

1月 壬寅

절기										입춘1월																			우수	
음력	1	2	3	4	5	6	7	8	9	10	11	12	13	14	15	16	17	18	19	20	21	22	23	24	25	26	27	28	29	30
양월력일	1월 22	23	24	25	26	27	28	29	30	31	2월 1	2	3	4	子	6	7	8	9	10	11	12	13	14	15	16	17	18	19	20
요일	수	목	금	토	일	월	화	수	목	금	토	일	월	화	後	목	금	토	일	월	화	수	목	금	토	일	월	화	수	목
일진	辛丑	壬寅	癸卯	甲辰	乙巳	丙午	丁未	戊申	己酉	庚戌	辛亥	壬子	癸丑	甲寅	乙卯	丙辰	丁巳	戊午	己未	庚申	辛酉	壬戌	癸亥	甲子	乙丑	丙寅	丁卯	戊辰	己巳	庚午

음양국: 陽9　陽6　陽8　陽5　陽2　陽9　陽6

2月 癸卯

절기													경칩2월															춘분	
음력	1	2	3	4	5	6	7	8	9	10	11	12	13	14	15	16	17	18	19	20	21	22	23	24	25	26	27	28	29	30
양월력일	2월 21	22	23	24	25	26	27	28	3월 1	2	3	4	5	酉	7	8	9	10	11	12	13	14	15	16	17	18	19	20	21	22
요일	금	토	일	월	화	수	목	금	토	일	월	화	수	後	금	토	일	월	화	수	목	금	토	일	월	화	수	목	금	토
일진	辛未	壬申	癸酉	甲戌	乙亥	丙子	丁丑	戊寅	己卯	庚辰	辛巳	壬午	癸未	甲申	乙酉	丙戌	丁亥	戊子	己丑	庚寅	辛卯	壬辰	癸巳	甲午	乙未	丙申	丁酉	戊戌	己亥	庚子

음양국: 陽6　陽3　陽1　陽7　陽4　陽3　陽9

閏2月

절기															청명3월														
음력	1	2	3	4	5	6	7	8	9	10	11	12	13	14	15	16	17	18	19	20	21	22	23	24	25	26	27	28	29
양월력일	3월 23	24	25	26	27	28	29	30	31	4월 1	2	3	4	5	子	7	8	9	10	11	12	13	14	15	16	17	18	19	20
요일	일	월	화	수	목	금	토	일	월	화	수	목	금	토	中	월	화	수	목	금	토	일	월	화	수	목	금	토	일
일진	辛丑	壬寅	癸卯	甲辰	乙巳	丙午	丁未	戊申	己酉	庚戌	辛亥	壬子	癸丑	甲寅	乙卯	丙辰	丁巳	戊午	己未	庚申	辛酉	壬戌	癸亥	甲子	乙丑	丙寅	丁卯	戊辰	己巳

음양국: 陽9　陽6　陽4　陽1　陽7　陽5　陽2

3月 甲辰

절기	곡우															입하4월													
음력	1	2	3	4	5	6	7	8	9	10	11	12	13	14	15	16	17	18	19	20	21	22	23	24	25	26	27	28	29
양월력일	4월 21	22	23	24	25	26	27	28	29	30	5월 1	2	3	4	5	酉	7	8	9	10	11	12	13	14	15	16	17	18	19
요일	월	화	수	목	금	토	일	월	화	수	목	금	토	일	월	初	수	목	금	토	일	월	화	수	목	금	토	일	월
일진	庚午	辛未	壬申	癸酉	甲戌	乙亥	丙子	丁丑	戊寅	己卯	庚辰	辛巳	壬午	癸未	甲申	乙酉	丙戌	丁亥	戊子	己丑	庚寅	辛卯	壬辰	癸巳	甲午	乙未	丙申	丁酉	戊戌

음양국: 陽2　陽8　陽4　陽1　陽7　陽5

4月 乙巳

절기			소만															망종5월												
음력	1	2	3	4	5	6	7	8	9	10	11	12	13	14	15	16	17	18	19	20	21	22	23	24	25	26	27	28	29	30
양월력일	5월 20	21	22	23	24	25	26	27	28	29	30	31	6월 1	2	3	4	5	亥	7	8	9	10	11	12	13	14	15	16	17	18
요일	화	수	목	금	토	일	월	화	수	목	금	토	일	월	화	수	목	中	토	일	월	화	수	목	금	토	일	월	화	수
일진	己亥	庚子	辛丑	壬寅	癸卯	甲辰	乙巳	丙午	丁未	戊申	己酉	庚戌	辛亥	壬子	癸丑	甲寅	乙卯	丙辰	丁巳	戊午	己未	庚申	辛酉	壬戌	癸亥	甲子	乙丑	丙寅	丁卯	戊辰

음양국: 陽2　陽8　陽6　陽3　陽9　陰9

5月 丙午

절기				하지																소서6월									
음력	1	2	3	4	5	6	7	8	9	10	11	12	13	14	15	16	17	18	19	20	21	22	23	24	25	26	27	28	29
양월력일	6월 19	20	21	22	23	24	25	26	27	28	29	30	7월 1	2	3	4	5	6	7	辰	9	10	11	12	13	14	15	16	17
요일	목	금	토	일	월	화	수	목	금	토	일	월	화	수	목	금	토	일	월	後	수	목	금	토	일	월	화	수	목
일진	己巳	庚午	辛未	壬申	癸酉	甲戌	乙亥	丙子	丁丑	戊寅	己卯	庚辰	辛巳	壬午	癸未	甲申	乙酉	丙戌	丁亥	戊子	己丑	庚寅	辛卯	壬辰	癸巳	甲午	乙未	丙申	丁酉

음양국: 陰3　陰6　陰8　陰2　陰5　陰7

6月 丁未

절기						대서(7)															입추7월(22)								
음력	1	2	3	4	5	6	7	8	9	10	11	12	13	14	15	16	17	18	19	20	21	22	23	24	25	26	27	28	29
양력월	7월														8월														
양력일	18	19	20	21	22	23	24	25	26	27	28	29	30	31	1	2	3	4	5	6	酉	9	10	11	12	13	14	15	
요일	금	토	일	월	화	수	목	금	토	일	월	화	수	목	금	토	일	월	화	수	목	中	토	일	월	화	수	목	금
일진	戊戌	己亥	庚子	辛丑	壬寅	癸卯	甲辰	乙巳	丙午	丁未	戊申	己酉	庚戌	辛亥	壬子	癸丑	甲寅	乙卯	丙辰	丁巳	戊午	己未	庚申	辛酉	壬戌	癸亥	甲子	乙丑	丙寅

음양국: 陰1 　陰4 　陰2 　陰5 　陰8 　陰1

7月 戊申

절기									처서(9)															백로8월(24)						
음력	1	2	3	4	5	6	7	8	9	10	11	12	13	14	15	16	17	18	19	20	21	22	23	24	25	26	27	28	29	30
양력월	8월																9월													
양력일	16	17	18	19	20	21	22	23	24	25	26	27	28	29	30	31	1	2	3	4	5	6	7	戊	9	10	11	12	13	14
요일	토	일	월	화	수	목	금	토	일	월	화	수	목	금	토	일	월	화	수	목	금	토	일	後	화	수	목	금	토	일
일진	丁卯	戊辰	己巳	庚午	辛未	壬申	癸酉	甲戌	乙亥	丙子	丁丑	戊寅	己卯	庚辰	辛巳	壬午	癸未	甲申	乙酉	丙戌	丁亥	戊子	己丑	庚寅	辛卯	壬辰	癸巳	甲午	乙未	丙申

음양국: 陰1 　陰4 　陰7 　陰9 　陰3 　陰6 　陰7

8月 己酉

절기										추분(10)															한로9월(25)				
음력	1	2	3	4	5	6	7	8	9	10	11	12	13	14	15	16	17	18	19	20	21	22	23	24	25	26	27	28	29
양력월	9월															10월													
양력일	15	16	17	18	19	20	21	22	23	24	25	26	27	28	29	30	1	2	3	4	5	6	7	8	午	10	11	12	13
요일	월	화	수	목	금	토	일	월	화	수	목	금	토	일	월	화	수	목	금	토	일	월	화	수	中	금	토	일	월
일진	丁酉	戊戌	己亥	庚子	辛丑	壬寅	癸卯	甲辰	乙巳	丙午	丁未	戊申	己酉	庚戌	辛亥	壬子	癸丑	甲寅	乙卯	丙辰	丁巳	戊午	己未	庚申	辛酉	壬戌	癸亥	甲子	乙丑

음양국: 陰7 　陰1 　陰4 　陰6 　陰9 　陰3 　陰5

9月 庚戌

절기											상강(11)															입동10월(26)				
음력	1	2	3	4	5	6	7	8	9	10	11	12	13	14	15	16	17	18	19	20	21	22	23	24	25	26	27	28	29	30
양력월	10월																	11월												
양력일	14	15	16	17	18	19	20	21	22	23	24	25	26	27	28	29	30	31	1	2	3	4	5	6	7	未	9	10	11	12
요일	화	수	목	금	토	일	월	화	수	목	금	토	일	월	화	수	목	금	토	일	월	화	수	목	금	後	일	월	화	수
일진	丙寅	丁卯	戊辰	己巳	庚午	辛未	壬申	癸酉	甲戌	乙亥	丙子	丁丑	戊寅	己卯	庚辰	辛巳	壬午	癸未	甲申	乙酉	丙戌	丁亥	戊子	己丑	庚寅	辛卯	壬辰	癸巳	甲午	乙未

음양국: 陰5 　陰8 　陰2 　陰6 　陰9 　陰3 　陰5

10月 辛亥

절기											소설(11)															대설11월(26)			
음력	1	2	3	4	5	6	7	8	9	10	11	12	13	14	15	16	17	18	19	20	21	22	23	24	25	26	27	28	29
양력월	11월																	12월											
양력일	13	14	15	16	17	18	19	20	21	22	23	24	25	26	27	28	29	30	1	2	3	4	5	6	7	辰	9	10	11
요일	목	금	토	일	월	화	수	목	금	토	일	월	화	수	목	금	토	일	월	화	수	목	금	토	일	初	화	수	목
일진	丙申	丁酉	戊戌	己亥	庚子	辛丑	壬寅	癸卯	甲辰	乙巳	丙午	丁未	戊申	己酉	庚戌	辛亥	壬子	癸丑	甲寅	乙卯	丙辰	丁巳	戊午	己未	庚申	辛酉	壬戌	癸亥	甲子

음양국: 陰5 　陰8 　陰2 　陰4 　陰7 　陰1 　陰4

11月 壬子

절기												동지(12)														소한12월(26)				
음력	1	2	3	4	5	6	7	8	9	10	11	12	13	14	15	16	17	18	19	20	21	22	23	24	25	26	27	28	29	30
양력월	12월																	1월												
양력일	12	13	14	15	16	17	18	19	20	21	22	23	24	25	26	27	28	29	30	31	1	2	3	4	5	酉	7	8	9	10
요일	금	토	일	월	화	수	목	금	토	일	월	화	수	목	금	토	일	월	화	수	목	금	토	일	월	後	수	목	금	토
일진	乙丑	丙寅	丁卯	戊辰	己巳	庚午	辛未	壬申	癸酉	甲戌	乙亥	丙子	丁丑	戊寅	己卯	庚辰	辛巳	壬午	癸未	甲申	乙酉	丙戌	丁亥	戊子	己丑	庚寅	辛卯	壬辰	癸巳	甲午

음양국: 陰4 　陰7 　陰1 　陽1 　陽7 　陽4

12月 癸丑

절기											대한(11)															입춘1월(26)				
음력	1	2	3	4	5	6	7	8	9	10	11	12	13	14	15	16	17	18	19	20	21	22	23	24	25	26	27	28	29	30
양력월	1월																	2월												
양력일	11	12	13	14	15	16	17	18	19	20	21	22	23	24	25	26	27	28	29	30	31	1	2	3	4	卯	6	7	8	9
요일	일	월	화	수	목	금	토	일	월	화	수	목	금	토	일	월	화	수	목	금	토	일	월	화	수	中	금	토	일	월
일진	乙未	丙申	丁酉	戊戌	己亥	庚子	辛丑	壬寅	癸卯	甲辰	乙巳	丙午	丁未	戊申	己酉	庚戌	辛亥	壬子	癸丑	甲寅	乙卯	丙辰	丁巳	戊午	己未	庚申	辛酉	壬戌	癸亥	甲子

음양국: 陽2 　陽8 　陽5 　陽3 　陽9 　陽6

입춘(2/5) 06:42
경칩(3/6) 00:58
청명(4/5) 06:09
입하(5/5) 23:52
망종(6/6) 04:20
소서(7/7) 14:44

입추(8/8) 00:26
백로(9/8) 03:05
한로(10/8) 18:20
입동(11/7) 21:07
대설(12/7) 13:38
소한(1/6) 00:41

1948(戊子年)

1月 甲寅

절기											우수															경칩2월				
음력	1	2	3	4	5	6	7	8	9	10	11	12	13	14	15	16	17	18	19	20	21	22	23	24	25	26	27	28	29	30
양월력	2월																			3월										
일	10	11	12	13	14	15	16	17	18	19	20	21	22	23	24	25	26	27	28	29	1	2	3	4	5	子	7	8	9	10
요일	화	수	목	금	토	일	월	화	수	목	금	토	일	월	화	수	목	금	토	일	월	화	수	목	금	後	일	월	화	수
일진	乙丑	丙寅	丁卯	戊辰	己巳	庚午	辛未	壬申	癸酉	甲戌	乙亥	丙子	丁丑	戊寅	己卯	庚辰	辛巳	壬午	癸未	甲申	乙酉	丙戌	丁亥	戊子	己丑	庚寅	辛卯	壬辰	癸巳	甲午
음양국	陽 8			陽 5			陽 2			陽 9				陽 6			陽 3		

2月 乙卯

절기											춘분															청명3월			
음력	1	2	3	4	5	6	7	8	9	10	11	12	13	14	15	16	17	18	19	20	21	22	23	24	25	26	27	28	29
양월력	3월																				4월								
일	11	12	13	14	15	16	17	18	19	20	21	22	23	24	25	26	27	28	29	30	31	1	2	3	4	卯	6	7	8
요일	목	금	토	일	월	화	수	목	금	토	일	월	화	수	목	금	토	일	월	화	수	목	금	토	일	初	화	수	목
일진	乙未	丙申	丁酉	戊戌	己亥	庚子	辛丑	壬寅	癸卯	甲辰	乙巳	丙午	丁未	戊申	己酉	庚戌	辛亥	壬子	癸丑	甲寅	乙卯	丙辰	丁巳	戊午	己未	庚申	辛酉	壬戌	癸亥
음양국	陽 1			陽 7			陽 4			陽 3			陽 9			陽 6		

3月 丙辰

절기												곡우															입하4월			
음력	1	2	3	4	5	6	7	8	9	10	11	12	13	14	15	16	17	18	19	20	21	22	23	24	25	26	27	28	29	30
양월력	4월																										5월			
일	9	10	11	12	13	14	15	16	17	18	19	20	21	22	23	24	25	26	27	28	29	30	1	2	3	4	子	6	7	8
요일	금	토	일	월	화	수	목	금	토	일	월	화	수	목	금	토	일	월	화	수	목	금	토	일	월	화	初	목	금	토
일진	甲子	乙丑	丙寅	丁卯	戊辰	己巳	庚午	辛未	壬申	癸酉	甲戌	乙亥	丙子	丁丑	戊寅	己卯	庚辰	辛巳	壬午	癸未	甲申	乙酉	丙戌	丁亥	戊子	己丑	庚寅	辛卯	壬辰	癸巳
음양국	陽 4			陽 1			陽 7			陽 5			陽 2			陽 8		

4月 丁巳

절기													소만																망종5월
음력	1	2	3	4	5	6	7	8	9	10	11	12	13	14	15	16	17	18	19	20	21	22	23	24	25	26	27	28	29
양월력	5월																							6월					
일	9	10	11	12	13	14	15	16	17	18	19	20	21	22	23	24	25	26	27	28	29	30	31	1	2	3	4	5	寅中
요일	일	월	화	수	목	금	토	일	월	화	수	목	금	토	일	월	화	수	목	금	토	일	월	화	수	목	금	토	寅中
일진	甲午	乙未	丙申	丁酉	戊戌	己亥	庚子	辛丑	壬寅	癸卯	甲辰	乙巳	丙午	丁未	戊申	己酉	庚戌	辛亥	壬子	癸丑	甲寅	乙卯	丙辰	丁巳	戊午	己未	庚申	辛酉	壬戌
음양국	陽 4			陽 1			陽 7			陽 5			陽 2			陽 8		

5月 戊午

절기															하지															
음력	1	2	3	4	5	6	7	8	9	10	11	12	13	14	15	16	17	18	19	20	21	22	23	24	25	26	27	28	29	30
양월력	6월																									7월				
일	7	8	9	10	11	12	13	14	15	16	17	18	19	20	21	22	23	24	25	26	27	28	29	30	1	2	3	4	5	6
요일	월	화	수	목	금	토	일	월	화	수	목	금	토	일	월	화	수	목	금	토	일	월	화	수	목	금	토	일	월	화
일진	癸亥	甲子	乙丑	丙寅	丁卯	戊辰	己巳	庚午	辛未	壬申	癸酉	甲戌	乙亥	丙子	丁丑	戊寅	己卯	庚辰	辛巳	壬午	癸未	甲申	乙酉	丙戌	丁亥	戊子	己丑	庚寅	辛卯	壬辰
음양국	陽 6			陽 3			陽 9			陰 9			陰 3			陰 6		

6月 己未

절기	소서6월																대서												
음력	1	2	3	4	5	6	7	8	9	10	11	12	13	14	15	16	17	18	19	20	21	22	23	24	25	26	27	28	29
양월력	7월																											8월	
일	未中	8	9	10	11	12	13	14	15	16	17	18	19	20	21	22	23	24	25	26	27	28	29	30	31	1	2	3	4
요일	未中	목	금	토	일	월	화	수	목	금	토	일	월	화	수	목	금	토	일	월	화	수	목	금	토	일	월	화	수
일진	癸巳	甲午	乙未	丙申	丁酉	戊戌	己亥	庚子	辛丑	壬寅	癸卯	甲辰	乙巳	丙午	丁未	戊申	己酉	庚戌	辛亥	壬子	癸丑	甲寅	乙卯	丙辰	丁巳	戊午	己未	庚申	辛酉
음양국	陰 8			陰 2			陰 5			陰 7			陰 1			陰 4		

7月 庚申

절기: 입추7월 (음력 4), 처서 (음력 19)

음력	1	2	3	4	5	6	7	8	9	10	11	12	13	14	15	16	17	18	19	20	21	22	23	24	25	26	27	28	29
양력월	8월																											9월	
양력일	5	6	7	子	9	10	11	12	13	14	15	16	17	18	19	20	21	22	23	24	25	26	27	28	29	30	31	1	2
요일	목	금	토	中	월	화	수	목	금	토	일	월	화	수	목	금	토	일	월	화	수	목	금	토	일	월	화	수	목
일진	壬戌	癸亥	甲子	乙丑	丙寅	丁卯	戊辰	己巳	庚午	辛未	壬申	癸酉	甲戌	乙亥	丙子	丁丑	戊寅	己卯	庚辰	辛巳	壬午	癸未	甲申	乙酉	丙戌	丁亥	戊子	己丑	庚寅

음양국: 陰4 / 陰2 / 陰5 / 陰8 / 陰1 / 陰4 / 陰7

8月 辛酉

절기: 백로8월 (음력 6), 추분 (음력 21)

음력	1	2	3	4	5	6	7	8	9	10	11	12	13	14	15	16	17	18	19	20	21	22	23	24	25	26	27	28	29	30
양력월	9월																												10월	
양력일	3	4	5	6	7	丑	9	10	11	12	13	14	15	16	17	18	19	20	21	22	23	24	25	26	27	28	29	30	1	2
요일	금	토	일	월	화	後	목	금	토	일	월	화	수	목	금	토	일	월	화	수	목	금	토	일	월	화	수	목	금	토
일진	辛卯	壬辰	癸巳	甲午	乙未	丙申	丁酉	戊戌	己亥	庚子	辛丑	壬寅	癸卯	甲辰	乙巳	丙午	丁未	戊申	己酉	庚戌	辛亥	壬子	癸丑	甲寅	乙卯	丙辰	丁巳	戊午	己未	庚申

음양국: 陰7 / 陰9 / 陰3 / 陰6 / 陰7 / 陰1 / 陰4

9月 壬戌

절기: 한로9월 (음력 6), 상강 (음력 21)

음력	1	2	3	4	5	6	7	8	9	10	11	12	13	14	15	16	17	18	19	20	21	22	23	24	25	26	27	28	29
양력월	10월																												
양력일	3	4	5	6	7	酉	9	10	11	12	13	14	15	16	17	18	19	20	21	22	23	24	25	26	27	28	29	30	31
요일	일	월	화	수	목	中	토	일	월	화	수	목	금	토	일	월	화	수	목	금	토	일	월	화	수	목	금	토	일
일진	辛酉	壬戌	癸亥	甲子	乙丑	丙寅	丁卯	戊辰	己巳	庚午	辛未	壬申	癸酉	甲戌	乙亥	丙子	丁丑	戊寅	己卯	庚辰	辛巳	壬午	癸未	甲申	乙酉	丙戌	丁亥	戊子	己丑

음양국: 陰4 / 陰6 / 陰9 / 陰3 / 陰5 / 陰8 / 陰2

10月 癸亥

절기: 입동10월 (음력 7), 소설 (음력 22)

음력	1	2	3	4	5	6	7	8	9	10	11	12	13	14	15	16	17	18	19	20	21	22	23	24	25	26	27	28	29	30
양력월	11월																													
양력일	1	2	3	4	5	6	戌	8	9	10	11	12	13	14	15	16	17	18	19	20	21	22	23	24	25	26	27	28	29	30
요일	월	화	수	목	금	토	後	월	화	수	목	금	토	일	월	화	수	목	금	토	일	월	화	수	목	금	토	일	월	화
일진	庚寅	辛卯	壬辰	癸巳	甲午	乙未	丙申	丁酉	戊戌	己亥	庚子	辛丑	壬寅	癸卯	甲辰	乙巳	丙午	丁未	戊申	己酉	庚戌	辛亥	壬子	癸丑	甲寅	乙卯	丙辰	丁巳	戊午	己未

음양국: 陰2 / 陰6 / 陰9 / 陰3 / 陰5 / 陰8

11月 甲子

절기: 대설11월 (음력 7), 동지 (음력 22)

음력	1	2	3	4	5	6	7	8	9	10	11	12	13	14	15	16	17	18	19	20	21	22	23	24	25	26	27	28	29
양력월	12월																												
양력일	1	2	3	4	5	6	未	8	9	10	11	12	13	14	15	16	17	18	19	20	21	22	23	24	25	26	27	28	29
요일	수	목	금	토	일	월	初	수	목	금	토	일	월	화	수	목	금	토	일	월	화	수	목	금	토	일	월	화	수
일진	庚申	辛酉	壬戌	癸亥	甲子	乙丑	丙寅	丁卯	戊辰	己巳	庚午	辛未	壬申	癸酉	甲戌	乙亥	丙子	丁丑	戊寅	己卯	庚辰	辛巳	壬午	癸未	甲申	乙酉	丙戌	丁亥	戊子

음양국: 陰2 / 陰4 / 陰7 / 陰1 / 陽1 / 陽7

12月 乙丑

절기: 소한12월 (음력 8), 대한 (음력 22)

음력	1	2	3	4	5	6	7	8	9	10	11	12	13	14	15	16	17	18	19	20	21	22	23	24	25	26	27	28	29	30
양력월	12월		1월																											
양력일	30	31	1	2	3	4	5	子	8	9	10	11	12	13	14	15	16	17	18	19	20	21	22	23	24	25	26	27	28	
요일	목	금	토	일	월	화	수	中	금	토	일	월	화	수	목	금	토	일	월	화	수	목	금	토	일	월	화	수	목	금
일진	己丑	庚寅	辛卯	壬辰	癸巳	甲午	乙未	丙申	丁酉	戊戌	己亥	庚子	辛丑	壬寅	癸卯	甲辰	乙巳	丙午	丁未	戊申	己酉	庚戌	辛亥	壬子	癸丑	甲寅	乙卯	丙辰	丁巳	戊午

음양국: 陽4 / 陽2 / 陽8 / 陽5 / 陽3 / 陽9

입춘(2/4) 12:23　　경칩(3/6) 06:39　　청명(4/5) 11:52　　입하(5/6) 05:37　　망종(6/6) 10:07　　소서(7/7) 20:32

입추(8/8) 06:15　　백로(9/8) 08:54　　한로(10/9) 00:11　　입동(11/8) 03:00　　대설(12/7) 19:33　　소한(1/6) 06:39

1949(己丑年)

1月 丙寅

절기	입춘1월(음력7) · 우수(음력22)

음력	1	2	3	4	5	6	7	8	9	10	11	12	13	14	15	16	17	18	19	20	21	22	23	24	25	26	27	28	29	30
양력월	1월			2월																										
력일	29	30	31	1	2	3	午	5	6	7	8	9	10	11	12	13	14	15	16	17	18	19	20	21	22	23	24	25	26	27
요일	토	일	월	화	수	목	中	토	일	월	화	수	목	금	토	일	월	화	수	목	금	토	일	월	화	수	목	금	토	일
일진	己未	庚申	辛酉	壬戌	癸亥	甲子	乙丑	丙寅	丁卯	戊辰	己巳	庚午	辛未	壬申	癸酉	甲戌	乙亥	丙子	丁丑	戊寅	己卯	庚辰	辛巳	壬午	癸未	甲申	乙酉	丙戌	丁亥	戊子

음양국: 陽6　陽8　陽5　陽2　陽9　陽6

2月 丁卯

절기	경칩2월(음력7) · 춘분(음력22)

음력	1	2	3	4	5	6	7	8	9	10	11	12	13	14	15	16	17	18	19	20	21	22	23	24	25	26	27	28	29	30
양력월		3월																												
력일	28	1	2	3	4	5	卯	7	8	9	10	11	12	13	14	15	16	17	18	19	20	21	22	23	24	25	26	27	28	29
요일	월	화	수	목	금	토	中	월	화	수	목	금	토	일	월	화	수	목	금	토	일	월	화	수	목	금	토	일	월	화
일진	己丑	庚寅	辛卯	壬辰	癸巳	甲午	乙未	丙申	丁酉	戊戌	己亥	庚子	辛丑	壬寅	癸卯	甲辰	乙巳	丙午	丁未	戊申	己酉	庚戌	辛亥	壬子	癸丑	甲寅	乙卯	丙辰	丁巳	戊午

음양국: 陽3　陽1　陽7　陽4　陽3　陽9

3月 戊辰

절기	청명3월(음력7) · 곡우(음력22)

음력	1	2	3	4	5	6	7	8	9	10	11	12	13	14	15	16	17	18	19	20	21	22	23	24	25	26	27	28	29
양력월	3월		4월																										
력일	30	31	1	2	3	4	午	6	7	8	9	10	11	12	13	14	15	16	17	18	19	20	21	22	23	24	25	26	27
요일	수	목	금	토	일	월	初	수	목	금	토	일	월	화	수	목	금	토	일	월	화	수	목	금	토	일	월	화	수
일진	己未	庚申	辛酉	壬戌	癸亥	甲子	乙丑	丙寅	丁卯	戊辰	己巳	庚午	辛未	壬申	癸酉	甲戌	乙亥	丙子	丁丑	戊寅	己卯	庚辰	辛巳	壬午	癸未	甲申	乙酉	丙戌	丁亥

음양국: 陽6　陽4　陽1　陽7　陽5　陽2

4月 己巳

절기	입하4월(음력9) · 소만(음력24)

음력	1	2	3	4	5	6	7	8	9	10	11	12	13	14	15	16	17	18	19	20	21	22	23	24	25	26	27	28	29	30
양력월	4월			5월																										
력일	28	29	30	1	2	3	4	5	卯	7	8	9	10	11	12	13	14	15	16	17	18	19	20	21	22	23	24	25	26	27
요일	목	금	토	일	월	화	수	목	初	토	일	월	화	수	목	금	토	일	월	화	수	목	금	토	일	월	화	수	목	금
일진	戊子	己丑	庚寅	辛卯	壬辰	癸巳	甲午	乙未	丙申	丁酉	戊戌	己亥	庚子	辛丑	壬寅	癸卯	甲辰	乙巳	丙午	丁未	戊申	己酉	庚戌	辛亥	壬子	癸丑	甲寅	乙卯	丙辰	丁巳

음양국: 陽8　陽4　陽1　陽7　陽5　陽2

5月 庚午

절기	망종5월(음력10) · 하지(음력26)

음력	1	2	3	4	5	6	7	8	9	10	11	12	13	14	15	16	17	18	19	20	21	22	23	24	25	26	27	28	29
양력월	5월				6월																								
력일	28	29	30	31	1	2	3	4	5	巳	7	8	9	10	11	12	13	14	15	16	17	18	19	20	21	22	23	24	25
요일	토	일	월	화	수	목	금	토	일	初	화	수	목	금	토	일	월	화	수	목	금	토	일	월	화	수	목	금	토
일진	戊午	己未	庚申	辛酉	壬戌	癸亥	甲子	乙丑	丙寅	丁卯	戊辰	己巳	庚午	辛未	壬申	癸酉	甲戌	乙亥	丙子	丁丑	戊寅	己卯	庚辰	辛巳	壬午	癸未	甲申	乙酉	丙戌

음양국: 陽8　陽6　陽3　陽9　陰9　陰3

6月 辛未

절기	소서6월(음력12) · 대서(음력28)

음력	1	2	3	4	5	6	7	8	9	10	11	12	13	14	15	16	17	18	19	20	21	22	23	24	25	26	27	28	29	30
양력월	6월					7월																								
력일	26	27	28	29	30	1	2	3	4	5	6	戌	8	9	10	11	12	13	14	15	16	17	18	19	20	21	22	23	24	25
요일	일	월	화	수	목	금	토	일	월	화	수	中	금	토	일	월	화	수	목	금	토	일	월	화	수	목	금	토	일	월
일진	丁亥	戊子	己丑	庚寅	辛卯	壬辰	癸巳	甲午	乙未	丙申	丁酉	戊戌	己亥	庚子	辛丑	壬寅	癸卯	甲辰	乙巳	丙午	丁未	戊申	己酉	庚戌	辛亥	壬子	癸丑	甲寅	乙卯	丙辰

음양국: 陰3　陰6　陰8　陰2　陰5　陰7　陰1

7月 壬申

구분	1	2	3	4	5	6	7	8	9	10	11	12	13	14	15	16	17	18	19	20	21	22	23	24	25	26	27	28	29
절기							입추7월																						처서
양력 월	7월						8월																						
양력 일	26	27	28	29	30	31	1	2	3	4	5	6	7	卯	9	10	11	12	13	14	15	16	17	18	19	20	21	22	23
요일	화	수	목	금	토	일	월	화	수	목	금	토	일	中	화	수	목	금	토	일	월	화	수	목	금	토	일	월	화
일진	丁巳	戊午	己未	庚申	辛酉	壬戌	癸亥	甲子	乙丑	丙寅	丁卯	戊辰	己巳	庚午	辛未	壬申	癸酉	甲戌	乙亥	丙子	丁丑	戊寅	己卯	庚辰	辛巳	壬午	癸未	甲申	乙酉

음양국: 陰1 · 陰4 · 陰2 · 陰5 · 陰8 · 陰1 · 陰4

閏7月

구분	1	2	3	4	5	6	7	8	9	10	11	12	13	14	15	16	17	18	19	20	21	22	23	24	25	26	27	28	29
절기																백로8월													
양력 월	8월								9월																				
양력 일	24	25	26	27	28	29	30	31	1	2	3	4	5	6	7	辰	9	10	11	12	13	14	15	16	17	18	19	20	21
요일	수	목	금	토	일	월	화	수	목	금	토	일	월	화	수	後	금	토	일	월	화	수	목	금	토	일	월	화	수
일진	丙戌	丁亥	戊子	己丑	庚寅	辛卯	壬辰	癸巳	甲午	乙未	丙申	丁酉	戊戌	己亥	庚子	辛丑	壬寅	癸卯	甲辰	乙巳	丙午	丁未	戊申	己酉	庚戌	辛亥	壬子	癸丑	甲寅

음양국: 陰4 · 陰7 · 陰9 · 陰3 · 陰6 · 陰7 · 陰1

8月 癸酉

구분	1	2	3	4	5	6	7	8	9	10	11	12	13	14	15	16	17	18	19	20	21	22	23	24	25	26	27	28	29	30
절기		추분																한로9월												
양력 월	9월									10월																				
양력 일	22	23	24	25	26	27	28	29	30	1	2	3	4	5	6	7	8	子	10	11	12	13	14	15	16	17	18	19	20	21
요일	목	금	토	일	월	화	수	목	금	토	일	월	화	수	목	금	토	中	월	화	수	목	금	토	일	월	화	수	목	금
일진	乙卯	丙辰	丁巳	戊午	己未	庚申	辛酉	壬戌	癸亥	甲子	乙丑	丙寅	丁卯	戊辰	己巳	庚午	辛未	壬申	癸酉	甲戌	乙亥	丙子	丁丑	戊寅	己卯	庚辰	辛巳	壬午	癸未	甲申

음양국: 陰1 · 陰4 · 陰6 · 陰9 · 陰3 · 陰5

9月 甲戌

구분	1	2	3	4	5	6	7	8	9	10	11	12	13	14	15	16	17	18	19	20	21	22	23	24	25	26	27	28	29
절기			상강															입동10월											
양력 월	10월										11월																		
양력 일	22	23	24	25	26	27	28	29	30	31	1	2	3	4	5	6	7	丑	9	10	11	12	13	14	15	16	17	18	19
요일	토	일	월	화	수	목	금	토	일	월	화	수	목	금	토	일	월	後	수	목	금	토	일	월	화	수	목	금	토
일진	乙酉	丙戌	丁亥	戊子	己丑	庚寅	辛卯	壬辰	癸巳	甲午	乙未	丙申	丁酉	戊戌	己亥	庚子	辛丑	壬寅	癸卯	甲辰	乙巳	丙午	丁未	戊申	己酉	庚戌	辛亥	壬子	癸丑

음양국: 陰8 · 陰2 · 陰6 · 陰9 · 陰3 · 陰5

10月 乙亥

구분	1	2	3	4	5	6	7	8	9	10	11	12	13	14	15	16	17	18	19	20	21	22	23	24	25	26	27	28	29	30
절기				소설														대설11월												
양력 월	11월											12월																		
양력 일	20	21	22	23	24	25	26	27	28	29	30	1	2	3	4	5	6	戌	8	9	10	11	12	13	14	15	16	17	18	19
요일	일	월	화	수	목	금	토	일	월	화	수	목	금	토	일	월	화	初	목	금	토	일	월	화	수	목	금	토	일	월
일진	甲寅	乙卯	丙辰	丁巳	戊午	己未	庚申	辛酉	壬戌	癸亥	甲子	乙丑	丙寅	丁卯	戊辰	己巳	庚午	辛未	壬申	癸酉	甲戌	乙亥	丙子	丁丑	戊寅	己卯	庚辰	辛巳	壬午	癸未

음양국: 陰8 · 陰2 · 陰4 · 陰7 · 陰1 · 陽1

11月 丙子

구분	1	2	3	4	5	6	7	8	9	10	11	12	13	14	15	16	17	18	19	20	21	22	23	24	25	26	27	28	29
절기			동지															소한12월											
양력 월	12월												1월																
양력 일	20	21	22	23	24	25	26	27	28	29	30	31	1	2	3	4	5	卯	7	8	9	10	11	12	13	14	15	16	17
요일	화	수	목	금	토	일	월	화	수	목	금	토	일	월	화	수	목	中	토	일	월	화	수	목	금	토	일	월	화
일진	甲申	乙酉	丙戌	丁亥	戊子	己丑	庚寅	辛卯	壬辰	癸巳	甲午	乙未	丙申	丁酉	戊戌	己亥	庚子	辛丑	壬寅	癸卯	甲辰	乙巳	丙午	丁未	戊申	己酉	庚戌	辛亥	壬子

음양국: 陽7 · 陽4 · 陽2 · 陽8 · 陽5 · 陽3

12月 丁丑

구분	1	2	3	4	5	6	7	8	9	10	11	12	13	14	15	16	17	18	19	20	21	22	23	24	25	26	27	28	29	30
절기			대한															입춘1월												
양력 월	1월														2월															
양력 일	18	19	20	21	22	23	24	25	26	27	28	29	30	31	1	2	3	酉	5	6	7	8	9	10	11	12	13	14	15	16
요일	수	목	금	토	일	월	화	수	목	금	토	일	월	화	수	목	금	中	일	월	화	수	목	금	토	일	월	화	수	목
일진	癸丑	甲寅	乙卯	丙辰	丁巳	戊午	己未	庚申	辛酉	壬戌	癸亥	甲子	乙丑	丙寅	丁卯	戊辰	己巳	庚午	辛未	壬申	癸酉	甲戌	乙亥	丙子	丁丑	戊寅	己卯	庚辰	辛巳	壬午

음양국: 陽9 · 陽6 · 陽8 · 陽5 · 陽2 · 陽9

입춘(2/4) 18:21
경칩(3/6) 12:35
청명(4/5) 17:44
입하(5/6) 11:25
망종(6/6) 15:51
소서(7/8) 02:13

1950(庚寅年)

입추(8/8) 11:55
백로(9/8) 14:34
한로(10/9) 05:52
입동(11/8) 08:44
대설(12/8) 01:22
소한(1/6) 12:30

1月 戊寅

절기			우수															경칩2월											
음력	1	2	3	4	5	6	7	8	9	10	11	12	13	14	15	16	17	18	19	20	21	22	23	24	25	26	27	28	29	30
양월	2월												3월																	
력일	17	18	19	20	21	22	23	24	25	26	27	28	1	2	3	4	5	午	7	8	9	10	11	12	13	14	15	16	17	18
요일	금	토	일	월	화	수	목	금	토	일	월	화	수	목	금	토	일	中	화	수	목	금	토	일	월	화	수	목	금	토
일진	癸未	甲申	乙酉	丙戌	丁亥	戊子	己丑	庚寅	辛卯	壬辰	癸巳	甲午	乙未	丙申	丁酉	戊戌	己亥	庚子	辛丑	壬寅	癸卯	甲辰	乙巳	丙午	丁未	戊申	己酉	庚戌	辛亥	壬子
음양국	陽 6					陽 3					陽 1					陽 7					陽 4					陽 3				

2月 己卯

절기			춘분															청명3월											
음력	1	2	3	4	5	6	7	8	9	10	11	12	13	14	15	16	17	18	19	20	21	22	23	24	25	26	27	28	29
양월	3월													4월															
력일	19	20	21	22	23	24	25	26	27	28	29	30	31	1	2	3	4	酉	6	7	8	9	10	11	12	13	14	15	16
요일	일	월	화	수	목	금	토	일	월	화	수	목	금	토	일	월	화	初	목	금	토	일	월	화	수	목	금	토	일
일진	癸丑	甲寅	乙卯	丙辰	丁巳	戊午	己未	庚申	辛酉	壬戌	癸亥	甲子	乙丑	丙寅	丁卯	戊辰	己巳	庚午	辛未	壬申	癸酉	甲戌	乙亥	丙子	丁丑	戊寅	己卯	庚辰	辛巳
음양국	陽 9				陽 6					陽 4					陽 1					陽 7					陽 5				

3月 庚辰

절기					곡우															입하4월										
음력	1	2	3	4	5	6	7	8	9	10	11	12	13	14	15	16	17	18	19	20	21	22	23	24	25	26	27	28	29	30
양월	4월														5월															
력일	17	18	19	20	21	22	23	24	25	26	27	28	29	30	1	2	3	4	5	巳	7	8	9	10	11	12	13	14	15	16
요일	월	화	수	목	금	토	일	월	화	수	목	금	토	일	월	화	수	목	금	後	일	월	화	수	목	금	토	일	월	화
일진	壬午	癸未	甲申	乙酉	丙戌	丁亥	戊子	己丑	庚寅	辛卯	壬辰	癸巳	甲午	乙未	丙申	丁酉	戊戌	己亥	庚子	辛丑	壬寅	癸卯	甲辰	乙巳	丙午	丁未	戊申	己酉	庚戌	辛亥
음양국	陽 5				陽 2					陽 8					陽 4					陽 1					陽 7					陽 5

4月 辛巳

절기						소만															망종5월									
음력	1	2	3	4	5	6	7	8	9	10	11	12	13	14	15	16	17	18	19	20	21	22	23	24	25	26	27	28	29	30
양월	5월														6월															
력일	17	18	19	20	21	22	23	24	25	26	27	28	29	30	31	1	2	3	4	5	申	7	8	9	10	11	12	13	14	15
요일	수	목	금	토	일	월	화	수	목	금	토	일	월	화	수	목	금	토	일	월	初	수	목	금	토	일	월	화	수	목
일진	壬子	癸丑	甲寅	乙卯	丙辰	丁巳	戊午	己未	庚申	辛酉	壬戌	癸亥	甲子	乙丑	丙寅	丁卯	戊辰	己巳	庚午	辛未	壬申	癸酉	甲戌	乙亥	丙子	丁丑	戊寅	己卯	庚辰	辛巳
음양국	陽 5				陽 2					陽 8					陽 6					陽 3					陽 9					陰 9

5月 壬午

절기							하지																소서6월						
음력	1	2	3	4	5	6	7	8	9	10	11	12	13	14	15	16	17	18	19	20	21	22	23	24	25	26	27	28	29
양월	6월															7월													
력일	16	17	18	19	20	21	22	23	24	25	26	27	28	29	30	1	2	3	4	5	6	7	丑	9	10	11	12	13	14
요일	금	토	일	월	화	수	목	금	토	일	월	화	수	목	금	토	일	월	화	수	목	금	中	일	월	화	수	목	금
일진	壬午	癸未	甲申	乙酉	丙戌	丁亥	戊子	己丑	庚寅	辛卯	壬辰	癸巳	甲午	乙未	丙申	丁酉	戊戌	己亥	庚子	辛丑	壬寅	癸卯	甲辰	乙巳	丙午	丁未	戊申	己酉	庚戌
음양국	陰 9				陰 3					陰 6					陰 8					陰 2					陰 5				陰 7

6月 癸未

절기									대서																입추7월					
음력	1	2	3	4	5	6	7	8	9	10	11	12	13	14	15	16	17	18	19	20	21	22	23	24	25	26	27	28	29	30
양월	7월																8월													
력일	15	16	17	18	19	20	21	22	23	24	25	26	27	28	29	30	31	1	2	3	4	5	6	7	午	9	10	11	12	13
요일	토	일	월	화	수	목	금	토	일	월	화	수	목	금	토	일	월	화	수	목	금	토	일	월	初	수	목	금	토	일
일진	辛亥	壬子	癸丑	甲寅	乙卯	丙辰	丁巳	戊午	己未	庚申	辛酉	壬戌	癸亥	甲子	乙丑	丙寅	丁卯	戊辰	己巳	庚午	辛未	壬申	癸酉	甲戌	乙亥	丙子	丁丑	戊寅	己卯	庚辰
음양국	陰 7				陰 1					陰 4					陰 2					陰 5					陰 8					陰 1

7月 甲申

절기	처서(음11) / 백로8월(음26)
음력	1 2 3 4 5 6 7 8 9 10 **11** 12 13 14 15 16 17 18 19 20 21 22 23 24 25 **26** 27 28 29
양력(월)	8월 … 9월
양력(일)	14 15 16 17 18 19 20 21 22 23 **24** 25 26 27 28 29 30 31 1 2 3 4 5 6 7 **未** 9 10 11
요일	월 화 수 목 금 토 일 월 화 수 목 금 토 일 월 화 수 목 금 토 일 월 화 수 목 **中** 토 일 월
일진	辛巳 壬午 癸未 甲申 乙酉 丙戌 丁亥 戊子 己丑 庚寅 辛卯 壬辰 癸巳 甲午 乙未 丙申 丁酉 戊戌 己亥 庚子 辛丑 壬寅 癸卯 甲辰 乙巳 丙午 丁未 戊申 己酉
음양국	陰1 陰4 陰7 陰9 陰3 陰6 陰7

8月 乙酉

절기	추분(음12) / 한로9월(음28)
음력	1 2 3 4 5 6 7 8 9 10 11 **12** 13 14 15 16 17 18 19 20 21 22 **23** 24 25 26 27 **28** 29
양력(월)	9월 … 10월
양력(일)	12 13 14 15 16 17 18 19 20 21 22 **23** 24 25 26 27 28 29 30 1 2 3 4 5 6 7 8 **卯** 10
요일	화 수 목 금 토 일 월 화 수 목 금 **토** 일 월 화 수 목 금 토 일 월 화 수 목 금 토 일 **初** 화
일진	庚戌 辛亥 壬子 癸丑 甲寅 乙卯 丙辰 丁巳 戊午 己未 庚申 辛酉 壬戌 癸亥 甲子 乙丑 丙寅 丁卯 戊辰 己巳 庚午 辛未 壬申 癸酉 甲戌 乙亥 丙子 丁丑 戊寅
음양국	陰7 陰1 陰4 陰6 陰9 陰3

9月 丙戌

절기	상강(음14) / 입동10월(음29)
음력	1 2 3 4 5 6 7 8 9 10 11 12 13 **14** 15 16 17 18 19 20 21 22 23 **24** 25 26 27 28 **29** 30
양력(월)	10월 … 11월
양력(일)	11 12 13 14 15 16 17 18 19 20 21 22 23 **24** 25 26 27 28 29 30 31 1 2 3 4 5 6 7 **辰** 9
요일	수 목 금 토 일 월 화 수 목 금 토 일 월 **화** 수 목 금 토 일 월 화 수 목 금 토 일 월 화 **中** 목
일진	己卯 庚辰 辛巳 壬午 癸未 甲申 乙酉 丙戌 丁亥 戊子 己丑 庚寅 辛卯 壬辰 癸巳 甲午 乙未 丙申 丁酉 戊戌 己亥 庚子 辛丑 壬寅 癸卯 甲辰 乙巳 丙午 丁未 戊申
음양국	陰5 陰8 陰2 陰6 陰9 陰3

10月 丁亥

절기	소설(음14) / 대설11월(음29)
음력	1 2 3 4 5 6 7 8 9 10 11 12 13 **14** 15 16 17 18 19 20 21 22 **23** 24 25 26 27 28 **29**
양력(월)	11월 … 12월
양력(일)	10 11 12 13 14 15 16 17 18 19 20 21 22 **23** 24 25 26 27 28 29 30 1 2 3 4 5 6 7 **子**
요일	금 토 일 월 화 수 목 금 토 일 월 화 수 **목** 금 토 일 월 화 수 목 금 토 일 월 화 수 목 **後**
일진	己酉 庚戌 辛亥 壬子 癸丑 甲寅 乙卯 丙辰 丁巳 戊午 己未 庚申 辛酉 壬戌 癸亥 甲子 乙丑 丙寅 丁卯 戊辰 己巳 庚午 辛未 壬申 癸酉 甲戌 乙亥 丙子 丁丑
음양국	陰5 陰8 陰2 陰4 陰7 陰1

11月 戊子

절기	동지(음14) / 소한12월(음29)
음력	1 2 3 4 5 6 7 8 9 10 11 12 13 **14** 15 16 17 18 19 20 21 **22** 23 24 25 26 27 28 **29** 30
양력(월)	12월 … 1월
양력(일)	9 10 11 12 13 14 15 16 17 18 19 20 21 **22** 23 24 25 26 27 28 29 30 31 1 2 3 4 5 **午** 7
요일	토 일 월 화 수 목 금 토 일 월 화 수 목 **금** 토 일 월 화 수 목 금 토 일 월 화 수 목 금 **中** 일
일진	戊寅 己卯 庚辰 辛巳 壬午 癸未 甲申 乙酉 丙戌 丁亥 戊子 己丑 庚寅 辛卯 壬辰 癸巳 甲午 乙未 丙申 丁酉 戊戌 己亥 庚子 辛丑 壬寅 癸卯 甲辰 乙巳 丙午 丁未
음양국	陰4 陰7 陰1 **陽1** 陽7 陽4

12月 己丑

절기	대한(음14) / 입춘1월(음29)
음력	1 2 3 4 5 6 7 8 9 10 11 12 13 **14** 15 16 17 18 19 20 21 22 23 24 25 26 27 28 **29**
양력(월)	1월 … 2월
양력(일)	8 9 10 11 12 13 14 15 16 17 18 19 20 **21** 22 23 24 25 26 27 28 29 30 31 1 2 3 4 **子**
요일	월 화 수 목 금 토 일 월 화 수 목 금 토 **일** 월 화 수 목 금 토 일 월 화 수 목 금 토 일 **中**
일진	戊申 己酉 庚戌 辛亥 壬子 癸丑 甲寅 乙卯 丙辰 丁巳 戊午 己未 庚申 辛酉 壬戌 癸亥 甲子 乙丑 丙寅 丁卯 戊辰 己巳 庚午 辛未 壬申 癸酉 甲戌 乙亥 丙子
음양국	陽2 陽8 陽5 陽3 陽9 陽6

입춘(2/5) 00:13
경칩(3/6) 18:27
청명(4/5) 23:33
입하(5/6) 17:09
망종(6/6) 21:33
소서(7/8) 07:54

입추(8/8) 17:37
백로(9/8) 20:18
한로(10/9) 11:36
입동(11/8) 14:27
대설(12/8) 07:02
소한(1/6) 18:10

1951(辛卯年)

1月 庚寅

절기														우수															경칩2월	
음력	1	2	3	4	5	6	7	8	9	10	11	12	13	14	15	16	17	18	19	20	21	22	23	24	25	26	27	28	29	30
양력월	2월																							3월						
양력일	6	7	8	9	10	11	12	13	14	15	16	17	18	19	20	21	22	23	24	25	26	27	28	1	2	3	4	5	酉中	7
요일	화	수	목	금	토	일	월	화	수	목	금	토	일	월	화	수	목	금	토	일	월	화	수	목	금	토	일	월		수
일진	丁丑	戊寅	己卯	庚辰	辛巳	壬午	癸未	甲申	乙酉	丙戌	丁亥	戊子	己丑	庚寅	辛卯	壬辰	癸巳	甲午	乙未	丙申	丁酉	戊戌	己亥	庚子	辛丑	壬寅	癸卯	甲辰	乙巳	丙午
음양국	陽6				陽8				陽5				陽2				陽9				陽6				陽3					

2月 辛卯

절기														춘분															청명3월
음력	1	2	3	4	5	6	7	8	9	10	11	12	13	14	15	16	17	18	19	20	21	22	23	24	25	26	27	28	29
양력월	3월																								4월				
양력일	8	9	10	11	12	13	14	15	16	17	18	19	20	21	22	23	24	25	26	27	28	29	30	31	1	2	3	4	子初
요일	목	금	토	일	월	화	수	목	금	토	일	월	화	수	목	금	토	일	월	화	수	목	금	토	일	월	화	수	
일진	丁未	戊申	己酉	庚戌	辛亥	壬子	癸丑	甲寅	乙卯	丙辰	丁巳	戊午	己未	庚申	辛酉	壬戌	癸亥	甲子	乙丑	丙寅	丁卯	戊辰	己巳	庚午	辛未	壬申	癸酉	甲戌	乙亥
음양국	陽3			陽1				陽7				陽4				陽3				陽9				陽6					

3月 壬辰

절기																곡우														
음력	1	2	3	4	5	6	7	8	9	10	11	12	13	14	15	16	17	18	19	20	21	22	23	24	25	26	27	28	29	30
양력월	4월																									5월				
양력일	6	7	8	9	10	11	12	13	14	15	16	17	18	19	20	21	22	23	24	25	26	27	28	29	30	1	2	3	4	5
요일	금	토	일	월	화	수	목	금	토	일	월	화	수	목	금	토	일	월	화	수	목	금	토	일	월	화	수	목	금	토
일진	丙子	丁丑	戊寅	己卯	庚辰	辛巳	壬午	癸未	甲申	乙酉	丙戌	丁亥	戊子	己丑	庚寅	辛卯	壬辰	癸巳	甲午	乙未	丙申	丁酉	戊戌	己亥	庚子	辛丑	壬寅	癸卯	甲辰	乙巳
음양국	陽6			陽4				陽1				陽7				陽5				陽2				陽8						

4月 癸巳

절기	입하4월																소만													
음력	1	2	3	4	5	6	7	8	9	10	11	12	13	14	15	16	17	18	19	20	21	22	23	24	25	26	27	28	29	30
양력월	5월																										6월			
양력일	申後	7	8	9	10	11	12	13	14	15	16	17	18	19	20	21	22	23	24	25	26	27	28	29	30	31	1	2	3	4
요일		월	화	수	목	금	토	일	월	화	수	목	금	토	일	월	화	수	목	금	토	일	월	화	수	목	금	토	일	월
일진	丙午	丁未	戊申	己酉	庚戌	辛亥	壬子	癸丑	甲寅	乙卯	丙辰	丁巳	戊午	己未	庚申	辛酉	壬戌	癸亥	甲子	乙丑	丙寅	丁卯	戊辰	己巳	庚午	辛未	壬申	癸酉	甲戌	乙亥
음양국	陽8			陽4				陽1				陽7				陽5				陽2				陽8						

5月 甲午

절기	망종5월																	하지											
음력	1	2	3	4	5	6	7	8	9	10	11	12	13	14	15	16	17	18	19	20	21	22	23	24	25	26	27	28	29
양력월	6월																										7월		
양력일	5	亥初	7	8	9	10	11	12	13	14	15	16	17	18	19	20	21	22	23	24	25	26	27	28	29	30	1	2	3
요일	화		목	금	토	일	월	화	수	목	금	토	일	월	화	수	목	금	토	일	월	화	수	목	금	토	일	월	화
일진	丙子	丁丑	戊寅	己卯	庚辰	辛巳	壬午	癸未	甲申	乙酉	丙戌	丁亥	戊子	己丑	庚寅	辛卯	壬辰	癸巳	甲午	乙未	丙申	丁酉	戊戌	己亥	庚子	辛丑	壬寅	癸卯	甲辰
음양국	陽8			陽6				陽3				陽9				陰9				陰3				陰6					

6月 乙未

절기				소서6월																	대서									
음력	1	2	3	4	5	6	7	8	9	10	11	12	13	14	15	16	17	18	19	20	21	22	23	24	25	26	27	28	29	30
양력월	7월																													8월
양력일	4	5	6	7	辰初	9	10	11	12	13	14	15	16	17	18	19	20	21	22	23	24	25	26	27	28	29	30	31	1	2
요일	수	목	금	토		월	화	수	목	금	토	일	월	화	수	목	금	토	일	월	화	수	목	금	토	일	월	화	수	목
일진	乙巳	丙午	丁未	戊申	己酉	庚戌	辛亥	壬子	癸丑	甲寅	乙卯	丙辰	丁巳	戊午	己未	庚申	辛酉	壬戌	癸亥	甲子	乙丑	丙寅	丁卯	戊辰	己巳	庚午	辛未	壬申	癸酉	甲戌
음양국	陰6			陰8				陰2				陰5				陰7				陰1										

7월 丙申

	1	2	3	4	5	6	7	8	9	10	11	12	13	14	15	16	17	18	19	20	21	22	23	24	25	26	27	28	29
절기						입추7월																처서							
음력	1	2	3	4	5	6	7	8	9	10	11	12	13	14	15	16	17	18	19	20	21	22	23	24	25	26	27	28	29
양력(8월)	3	4	5	6	7	酉	9	10	11	12	13	14	15	16	17	18	19	20	21	22	23	24	25	26	27	28	29	30	31
요일	금	토	일	월	화	初	목	금	토	일	월	화	수	목	금	토	일	월	화	수	목	금	토	일	월	화	수	목	금
일진	乙亥	丙子	丁丑	戊寅	己卯	庚辰	辛巳	壬午	癸未	甲申	乙酉	丙戌	丁亥	戊子	己丑	庚寅	辛卯	壬辰	癸巳	甲午	乙未	丙申	丁酉	戊戌	己亥	庚子	辛丑	壬寅	癸卯

음양국: 陰4　陰2　陰5　陰8　陰1　陰4

8월 丁酉

	1	2	3	4	5	6	7	8	9	10	11	12	13	14	15	16	17	18	19	20	21	22	23	24	25	26	27	28	29	30
절기								백로8월																추분						
음력	1	2	3	4	5	6	7	8	9	10	11	12	13	14	15	16	17	18	19	20	21	22	23	24	25	26	27	28	29	30
양력(9월)	1	2	3	4	5	6	7	戌	9	10	11	12	13	14	15	16	17	18	19	20	21	22	23	24	25	26	27	28	29	30
요일	토	일	월	화	수	목	금	中	일	월	화	수	목	금	토	일	월	화	수	목	금	토	일	월	화	수	목	금	토	일
일진	甲辰	乙巳	丙午	丁未	戊申	己酉	庚戌	辛亥	壬子	癸丑	甲寅	乙卯	丙辰	丁巳	戊午	己未	庚申	辛酉	壬戌	癸亥	甲子	乙丑	丙寅	丁卯	戊辰	己巳	庚午	辛未	壬申	癸酉

음양국: 陰7　陰9　陰3　陰6　陰7　陰1

9월 戊戌

	1	2	3	4	5	6	7	8	9	10	11	12	13	14	15	16	17	18	19	20	21	22	23	24	25	26	27	28	29
절기									한로9월															상강					
음력	1	2	3	4	5	6	7	8	9	10	11	12	13	14	15	16	17	18	19	20	21	22	23	24	25	26	27	28	29
양력(10월)	1	2	3	4	5	6	7	8	午	10	11	12	13	14	15	16	17	18	19	20	21	22	23	24	25	26	27	28	29
요일	월	화	수	목	금	토	일	월	初	수	목	금	토	일	월	화	수	목	금	토	일	월	화	수	목	금	토	일	월
일진	甲戌	乙亥	丙子	丁丑	戊寅	己卯	庚辰	辛巳	壬午	癸未	甲申	乙酉	丙戌	丁亥	戊子	己丑	庚寅	辛卯	壬辰	癸巳	甲午	乙未	丙申	丁酉	戊戌	己亥	庚子	辛丑	壬寅

음양국: 陰4　陰6　陰9　陰3　陰5　陰8

10월 己亥

	1	2	3	4	5	6	7	8	9	10	11	12	13	14	15	16	17	18	19	20	21	22	23	24	25	26	27	28	29	30
절기										입동10월															소설					
음력	1	2	3	4	5	6	7	8	9	10	11	12	13	14	15	16	17	18	19	20	21	22	23	24	25	26	27	28	29	30
양력(10·11월)	30	31	1	2	3	4	5	6	7	未	9	10	11	12	13	14	15	16	17	18	19	20	21	22	23	24	25	26	27	28
요일	화	수	목	금	토	일	월	화	수	中	금	토	일	월	화	수	목	금	토	일	월	화	수	목	금	토	일	월	화	수
일진	癸卯	甲辰	乙巳	丙午	丁未	戊申	己酉	庚戌	辛亥	壬子	癸丑	甲寅	乙卯	丙辰	丁巳	戊午	己未	庚申	辛酉	壬戌	癸亥	甲子	乙丑	丙寅	丁卯	戊辰	己巳	庚午	辛未	壬申

음양국: （ ）　陰2　陰6　陰9　陰3　陰5　陰8

11월 庚子

	1	2	3	4	5	6	7	8	9	10	11	12	13	14	15	16	17	18	19	20	21	22	23	24	25	26	27	28	29
절기										대설11월															동지				
음력	1	2	3	4	5	6	7	8	9	10	11	12	13	14	15	16	17	18	19	20	21	22	23	24	25	26	27	28	29
양력(11·12월)	29	30	1	2	3	4	5	6	7	卯	9	10	11	12	13	14	15	16	17	18	19	20	21	22	23	24	25	26	27
요일	목	금	토	일	월	화	수	목	금	後	일	월	화	수	목	금	토	일	월	화	수	목	금	토	일	월	화	수	목
일진	癸酉	甲戌	乙亥	丙子	丁丑	戊寅	己卯	庚辰	辛巳	壬午	癸未	甲申	乙酉	丙戌	丁亥	戊子	己丑	庚寅	辛卯	壬辰	癸巳	甲午	乙未	丙申	丁酉	戊戌	己亥	庚子	辛丑

음양국: （ ）　陰2　陰4　陰7　陰1　陽1（상자표시）　陽7

12월 辛丑

	1	2	3	4	5	6	7	8	9	10	11	12	13	14	15	16	17	18	19	20	21	22	23	24	25	26	27	28	29	30
절기										소한12월															대한					
음력	1	2	3	4	5	6	7	8	9	10	11	12	13	14	15	16	17	18	19	20	21	22	23	24	25	26	27	28	29	30
양력(12·1월)	28	29	30	31	1	2	3	4	5	酉	7	8	9	10	11	12	13	14	15	16	17	18	19	20	21	22	23	24	25	26
요일	금	토	일	월	화	수	목	금	토	中	월	화	수	목	금	토	일	월	화	수	목	금	토	일	월	화	수	목	금	토
일진	壬寅	癸卯	甲辰	乙巳	丙午	丁未	戊申	己酉	庚戌	辛亥	壬子	癸丑	甲寅	乙卯	丙辰	丁巳	戊午	己未	庚申	辛酉	壬戌	癸亥	甲子	乙丑	丙寅	丁卯	戊辰	己巳	庚午	辛未

음양국: 陽7　陽4　陽2　陽8　陽5　陽3　陽9

1952(壬辰年)

입춘(2/5) 05:53　　　　　　입추(8/7) 23:31
경칩(3/6) 00:07　　　　　　백로(9/8) 02:14
청명(4/5) 05:15　　　　　　한로(10/8) 17:32
입하(5/5) 22:54　　　　　　입동(11/7) 20:22
망종(6/6) 03:20　　　　　　대설(12/7) 12:56
소서(7/7) 13:45　　　　　　소한(1/6) 00:02

1月 壬寅

절기: 입춘1월(음력 10일), 우수(음력 25일)

음력	1	2	3	4	5	6	7	8	9	10	11	12	13	14	15	16	17	18	19	20	21	22	23	24	25	26	27	28	29
양력월	1월					2월																							
양력일	27	28	29	30	31	1	2	3	4	卯	6	7	8	9	10	11	12	13	14	15	16	17	18	19	20	21	22	23	24
요일	일	월	화	수	목	금	토	일	월	初	수	목	금	토	일	월	화	수	목	금	토	일	월	화	수	목	금	토	일
일진	壬申	癸酉	甲戌	乙亥	丙子	丁丑	戊寅	己卯	庚辰	辛巳	壬午	癸未	甲申	乙酉	丙戌	丁亥	戊子	己丑	庚寅	辛卯	壬辰	癸巳	甲午	乙未	丙申	丁酉	戊戌	己亥	庚子

음양국: 陽9　陽6　陽8　陽5　陽2　陽9　陽6

2月 癸卯

절기: 경칩2월(음력 11일), 춘분(음력 26일)

음력	1	2	3	4	5	6	7	8	9	10	11	12	13	14	15	16	17	18	19	20	21	22	23	24	25	26	27	28	29	30
양력월	2월					3월																								
양력일	25	26	27	28	29	1	2	3	4	5	子	7	8	9	10	11	12	13	14	15	16	17	18	19	20	21	22	23	24	25
요일	월	화	수	목	금	토	일	월	화	수	初	금	토	일	월	화	수	목	금	토	일	월	화	수	목	금	토	일	월	화
일진	辛丑	壬寅	癸卯	甲辰	乙巳	丙午	丁未	戊申	己酉	庚戌	辛亥	壬子	癸丑	甲寅	乙卯	丙辰	丁巳	戊午	己未	庚申	辛酉	壬戌	癸亥	甲子	乙丑	丙寅	丁卯	戊辰	己巳	庚午

음양국: 陽6　陽3　陽1　陽7　陽4　陽3　陽9

3月 甲辰

절기: 청명3월(음력 11일), 곡우(음력 26일)

음력	1	2	3	4	5	6	7	8	9	10	11	12	13	14	15	16	17	18	19	20	21	22	23	24	25	26	27	28	29
양력월	3월						4월																						
양력일	26	27	28	29	30	31	1	2	3	4	寅	6	7	8	9	10	11	12	13	14	15	16	17	18	19	20	21	22	23
요일	수	목	금	토	일	월	화	수	목	금	後	일	월	화	수	목	금	토	일	월	화	수	목	금	토	일	월	화	수
일진	辛未	壬申	癸酉	甲戌	乙亥	丙子	丁丑	戊寅	己卯	庚辰	辛巳	壬午	癸未	甲申	乙酉	丙戌	丁亥	戊子	己丑	庚寅	辛卯	壬辰	癸巳	甲午	乙未	丙申	丁酉	戊戌	己亥

음양국: 陽9　陽6　陽4　陽1　陽7　陽5　陽2

4月 乙巳

절기: 입하4월(음력 12일), 소만(음력 28일)

음력	1	2	3	4	5	6	7	8	9	10	11	12	13	14	15	16	17	18	19	20	21	22	23	24	25	26	27	28	29	30
양력월	4월							5월																						
양력일	24	25	26	27	28	29	30	1	2	3	4	亥	6	7	8	9	10	11	12	13	14	15	16	17	18	19	20	21	22	23
요일	목	금	토	일	월	화	수	목	금	토	일	後	화	수	목	금	토	일	월	화	수	목	금	토	일	월	화	수	목	금
일진	庚子	辛丑	壬寅	癸卯	甲辰	乙巳	丙午	丁未	戊申	己酉	庚戌	辛亥	壬子	癸丑	甲寅	乙卯	丙辰	丁巳	戊午	己未	庚申	辛酉	壬戌	癸亥	甲子	乙丑	丙寅	丁卯	戊辰	己巳

음양국: 陽2　陽8　陽4　陽1　陽7　陽5

5月 丙午

절기: 망종5월(음력 14일), 하지(음력 29일)

음력	1	2	3	4	5	6	7	8	9	10	11	12	13	14	15	16	17	18	19	20	21	22	23	24	25	26	27	28	29
양력월	5월								6월																				
양력일	24	25	26	27	28	29	30	31	1	2	3	4	5	丑	7	8	9	10	11	12	13	14	15	16	17	18	19	20	21
요일	토	일	월	화	수	목	금	토	일	월	화	수	목	後	토	일	월	화	수	목	금	토	일	월	화	수	목	금	토
일진	庚午	辛未	壬申	癸酉	甲戌	乙亥	丙子	丁丑	戊寅	己卯	庚辰	辛巳	壬午	癸未	甲申	乙酉	丙戌	丁亥	戊子	己丑	庚寅	辛卯	壬辰	癸巳	甲午	乙未	丙申	丁酉	戊戌

음양국: 陽2　陽8　陽6　陽3　陽9　陰9

閏5月

절기: 소서6월(음력 16일)

음력	1	2	3	4	5	6	7	8	9	10	11	12	13	14	15	16	17	18	19	20	21	22	23	24	25	26	27	28	29	30
양력월	6월									7월																				
양력일	22	23	24	25	26	27	28	29	30	1	2	3	4	5	6	未	8	9	10	11	12	13	14	15	16	17	18	19	20	21
요일	일	월	화	수	목	금	토	일	월	화	수	목	금	토	일	初	화	수	목	금	토	일	월	화	수	목	금	토	일	월
일진	己亥	庚子	辛丑	壬寅	癸卯	甲辰	乙巳	丙午	丁未	戊申	己酉	庚戌	辛亥	壬子	癸丑	甲寅	乙卯	丙辰	丁巳	戊午	己未	庚申	辛酉	壬戌	癸亥	甲子	乙丑	丙寅	丁卯	戊辰

음양국: 陰3　陰6　陰8　陰2　陰5　陰7

6月 丁未

절기	대서																입추7월													
음력	1	2	3	4	5	6	7	8	9	10	11	12	13	14	15	16	17	18	19	20	21	22	23	24	25	26	27	28	29	30
양력 월	7월										8월																			
양력 일	22	23	24	25	26	27	28	29	30	31	1	2	3	4	5	6	子	8	9	10	11	12	13	14	15	16	17	18	19	20
요일	화	수	목	금	토	일	월	화	수	목	금	토	일	월	화	수	初	금	토	일	월	화	수	목	금	토	일	월	화	수
일진	己巳	庚午	辛未	壬申	癸酉	甲戌	乙亥	丙子	丁丑	戊寅	己卯	庚辰	辛巳	壬午	癸未	甲申	乙酉	丙戌	丁亥	戊子	己丑	庚寅	辛卯	壬辰	癸巳	甲午	乙未	丙申	丁酉	戊戌
음양국	陰 1					陰 4					陰 2					陰 5					陰 8					陰 1				

7月 戊申

절기			처서																백로8월										
음력	1	2	3	4	5	6	7	8	9	10	11	12	13	14	15	16	17	18	19	20	21	22	23	24	25	26	27	28	29
양력 월	8월											9월																	
양력 일	21	22	23	24	25	26	27	28	29	30	31	1	2	3	4	5	6	7	丑	9	10	11	12	13	14	15	16	17	18
요일	목	금	토	일	월	화	수	목	금	토	일	월	화	수	목	금	토	일	中	화	수	목	금	토	일	월	화	수	목
일진	己亥	庚子	辛丑	壬寅	癸卯	甲辰	乙巳	丙午	丁未	戊申	己酉	庚戌	辛亥	壬子	癸丑	甲寅	乙卯	丙辰	丁巳	戊午	己未	庚申	辛酉	壬戌	癸亥	甲子	乙丑	丙寅	丁卯
음양국	陰 4					陰 7					陰 9					陰 3					陰 6					陰 7			

8月 己酉

절기					추분															한로9월										
음력	1	2	3	4	5	6	7	8	9	10	11	12	13	14	15	16	17	18	19	20	21	22	23	24	25	26	27	28	29	30
양력 월	9월												10월																	
양력 일	19	20	21	22	23	24	25	26	27	28	29	30	1	2	3	4	5	6	7	酉	9	10	11	12	13	14	15	16	17	18
요일	금	토	일	월	화	수	목	금	토	일	월	화	수	목	금	토	일	월	화	初	목	금	토	일	월	화	수	목	금	토
일진	戊辰	己巳	庚午	辛未	壬申	癸酉	甲戌	乙亥	丙子	丁丑	戊寅	己卯	庚辰	辛巳	壬午	癸未	甲申	乙酉	丙戌	丁亥	戊子	己丑	庚寅	辛卯	壬辰	癸巳	甲午	乙未	丙申	丁酉
음양국	陰 1					陰 4					陰 6					陰 9					陰 3					陰 5				

9月 庚戌

절기					상강															입동10월									
음력	1	2	3	4	5	6	7	8	9	10	11	12	13	14	15	16	17	18	19	20	21	22	23	24	25	26	27	28	29
양력 월	10월													11월															
양력 일	19	20	21	22	23	24	25	26	27	28	29	30	31	1	2	3	4	5	6	戌	8	9	10	11	12	13	14	15	16
요일	일	월	화	수	목	금	토	일	월	화	수	목	금	토	일	월	화	수	목	中	토	일	월	화	수	목	금	토	일
일진	戊戌	己亥	庚子	辛丑	壬寅	癸卯	甲辰	乙巳	丙午	丁未	戊申	己酉	庚戌	辛亥	壬子	癸丑	甲寅	乙卯	丙辰	丁巳	戊午	己未	庚申	辛酉	壬戌	癸亥	甲子	乙丑	丙寅
음양국	陰 8					陰 2					陰 6					陰 9					陰 3					陰 5			

10月 辛亥

절기					소설															대설11월										
음력	1	2	3	4	5	6	7	8	9	10	11	12	13	14	15	16	17	18	19	20	21	22	23	24	25	26	27	28	29	30
양력 월	11월														12월															
양력 일	17	18	19	20	21	22	23	24	25	26	27	28	29	30	1	2	3	4	5	6	午	8	9	10	11	12	13	14	15	16
요일	월	화	수	목	금	토	일	월	화	수	목	금	토	일	월	화	수	목	금	토	後	월	화	수	목	금	토	일	월	화
일진	丁卯	戊辰	己巳	庚午	辛未	壬申	癸酉	甲戌	乙亥	丙子	丁丑	戊寅	己卯	庚辰	辛巳	壬午	癸未	甲申	乙酉	丙戌	丁亥	戊子	己丑	庚寅	辛卯	壬辰	癸巳	甲午	乙未	丙申
음양국	陰 5					陰 8					陰 2					陰 4					陰 7					陰 1				陽 1

11月 壬子

절기						동지															소한12월								
음력	1	2	3	4	5	6	7	8	9	10	11	12	13	14	15	16	17	18	19	20	21	22	23	24	25	26	27	28	29
양력 월	12월															1월													
양력 일	17	18	19	20	21	22	23	24	25	26	27	28	29	30	31	1	2	3	4	5	子	7	8	9	10	11	12	13	14
요일	수	목	금	토	일	월	화	수	목	금	토	일	월	화	수	목	금	토	일	월	初	수	목	금	토	일	월	화	수
일진	丁酉	戊戌	己亥	庚子	辛丑	壬寅	癸卯	甲辰	乙巳	丙午	丁未	戊申	己酉	庚戌	辛亥	壬子	癸丑	甲寅	乙卯	丙辰	丁巳	戊午	己未	庚申	辛酉	壬戌	癸亥	甲子	乙丑
음양국	陽 1	陽 7					陽 4					陽 2					陽 8					陽 5					陽 3		

12月 癸丑

절기						대한															입춘1월									
음력	1	2	3	4	5	6	7	8	9	10	11	12	13	14	15	16	17	18	19	20	21	22	23	24	25	26	27	28	29	30
양력 월	1월																2월													
양력 일	15	16	17	18	19	20	21	22	23	24	25	26	27	28	29	30	31	1	2	3	午	5	6	7	8	9	10	11	12	13
요일	목	금	토	일	월	화	수	목	금	토	일	월	화	수	목	금	토	일	월	화	初	목	금	토	일	월	화	수	목	금
일진	丙寅	丁卯	戊辰	己巳	庚午	辛未	壬申	癸酉	甲戌	乙亥	丙子	丁丑	戊寅	己卯	庚辰	辛巳	壬午	癸未	甲申	乙酉	丙戌	丁亥	戊子	己丑	庚寅	辛卯	壬辰	癸巳	甲午	乙未
음양국	陽 3					陽 9					陽 6					陽 8					陽 5					陽 2				陽 9

입춘(2/4) 11:46
경칩(3/6) 06:02
청명(4/5) 11:13
입하(5/6) 04:52
망종(6/6) 09:16
소서(7/7) 19:35

1953(癸巳年)

입추(8/8) 05:15
백로(9/8) 07:53
한로(10/8) 23:10
입동(11/8) 02:01
대설(12/7) 18:37
소한(1/6) 05:45

1月 甲寅

절기						우수															경칩2월								
음력	1	2	3	4	5	6	7	8	9	10	11	12	13	14	15	16	17	18	19	20	21	22	23	24	25	26	27	28	29
양력 월	2월															3월													
양력 일	14	15	16	17	18	19	20	21	22	23	24	25	26	27	28	1	2	3	4	5	卯	7	8	9	10	11	12	13	14
요일	토	일	월	화	수	목	금	토	일	월	화	수	목	금	토	일	월	화	수	목	初	토	일	월	화	수	목	금	토
일진	丙申	丁酉	戊戌	己亥	庚子	辛丑	壬寅	癸卯	甲辰	乙巳	丙午	丁未	戊申	己酉	庚戌	辛亥	壬子	癸丑	甲寅	乙卯	丙辰	丁巳	戊午	己未	庚申	辛酉	壬戌	癸亥	甲子
음양국	陽 9					陽 6					陽 3					陽 1					陽 7					陽 4			陽 3

2月 乙卯

절기						춘분															청명3월									
음력	1	2	3	4	5	6	7	8	9	10	11	12	13	14	15	16	17	18	19	20	21	22	23	24	25	26	27	28	29	30
양력 월	3월																	4월												
양력 일	15	16	17	18	19	20	21	22	23	24	25	26	27	28	29	30	31	1	2	3	4	巳	6	7	8	9	10	11	12	13
요일	일	월	화	수	목	금	토	일	월	화	수	목	금	토	일	월	화	수	목	금	토	後	월	화	수	목	금	토	일	월
일진	乙丑	丙寅	丁卯	戊辰	己巳	庚午	辛未	壬申	癸酉	甲戌	乙亥	丙子	丁丑	戊寅	己卯	庚辰	辛巳	壬午	癸未	甲申	乙酉	丙戌	丁亥	戊子	己丑	庚寅	辛卯	壬辰	癸巳	甲午
음양국	陽 3					陽 9					陽 6					陽 4					陽 1					陽 7				

3月 丙辰

절기						곡우																입하4월							
음력	1	2	3	4	5	6	7	8	9	10	11	12	13	14	15	16	17	18	19	20	21	22	23	24	25	26	27	28	29
양력 월	4월																	5월											
양력 일	14	15	16	17	18	19	20	21	22	23	24	25	26	27	28	29	30	1	2	3	4	5	寅	7	8	9	10	11	12
요일	화	수	목	금	토	일	월	화	수	목	금	토	일	월	화	수	목	금	토	일	월	화	後	목	금	토	일	월	화
일진	乙未	丙申	丁酉	戊戌	己亥	庚子	辛丑	壬寅	癸卯	甲辰	乙巳	丙午	丁未	戊申	己酉	庚戌	辛亥	壬子	癸丑	甲寅	乙卯	丙辰	丁巳	戊午	己未	庚申	辛酉	壬戌	癸亥
음양국	陽 5					陽 2					陽 8					陽 4					陽 1					陽 7			

4月 丁巳

절기									소만																망종5월				
음력	1	2	3	4	5	6	7	8	9	10	11	12	13	14	15	16	17	18	19	20	21	22	23	24	25	26	27	28	29
양력 월	5월																			6월									
양력 일	13	14	15	16	17	18	19	20	21	22	23	24	25	26	27	28	29	30	31	1	2	3	4	5	辰	7	8	9	10
요일	수	목	금	토	일	월	화	수	목	금	토	일	월	화	수	목	금	토	일	월	화	수	목	금	後	일	월	화	수
일진	甲子	乙丑	丙寅	丁卯	戊辰	己巳	庚午	辛未	壬申	癸酉	甲戌	乙亥	丙子	丁丑	戊寅	己卯	庚辰	辛巳	壬午	癸未	甲申	乙酉	丙戌	丁亥	戊子	己丑	庚寅	辛卯	壬辰
음양국	陽 5					陽 2					陽 8					陽 6					陽 3					陽 9			

5月 戊午

절기												하지															소서6월			
음력	1	2	3	4	5	6	7	8	9	10	11	12	13	14	15	16	17	18	19	20	21	22	23	24	25	26	27	28	29	30
양력 월	6월																			7월										
양력 일	11	12	13	14	15	16	17	18	19	20	21	22	23	24	25	26	27	28	29	30	1	2	3	4	5	6	戌	8	9	10
요일	목	금	토	일	월	화	수	목	금	토	일	월	화	수	목	금	토	일	월	화	수	목	금	토	일	월	初	수	목	금
일진	癸巳	甲午	乙未	丙申	丁酉	戊戌	己亥	庚子	辛丑	壬寅	癸卯	甲辰	乙巳	丙午	丁未	戊申	己酉	庚戌	辛亥	壬子	癸丑	甲寅	乙卯	丙辰	丁巳	戊午	己未	庚申	辛酉	壬戌
음양국	陰 9					陰 3					陰 6					陰 8					陰 2					陰 5				

6月 己未

절기													대서																입추7월	
음력	1	2	3	4	5	6	7	8	9	10	11	12	13	14	15	16	17	18	19	20	21	22	23	24	25	26	27	28	29	30
양력 월	7월																				8월									
양력 일	11	12	13	14	15	16	17	18	19	20	21	22	23	24	25	26	27	28	29	30	31	1	2	3	4	5	6	7	寅	9
요일	토	일	월	화	수	목	금	토	일	월	화	수	목	금	토	일	월	화	수	목	금	토	일	월	화	수	목	금	後	일
일진	癸亥	甲子	乙丑	丙寅	丁卯	戊辰	己巳	庚午	辛未	壬申	癸酉	甲戌	乙亥	丙子	丁丑	戊寅	己卯	庚辰	辛巳	壬午	癸未	甲申	乙酉	丙戌	丁亥	戊子	己丑	庚寅	辛卯	壬辰
음양국	陰 7					陰 1					陰 4					陰 2					陰 5					陰 8				

7月 庚申

	1	2	3	4	5	6	7	8	9	10	11	12	13	14	15	16	17	18	19	20	21	22	23	24	25	26	27	28	29
절기														처서															
음력	1	2	3	4	5	6	7	8	9	10	11	12	13	14	15	16	17	18	19	20	21	22	23	24	25	26	27	28	29
양력(8월→9월)	10	11	12	13	14	15	16	17	18	19	20	21	22	23	24	25	26	27	28	29	30	31	1	2	3	4	5	6	7
요일	월	화	수	목	금	토	일	월	화	수	목	금	토	일	월	화	수	목	금	토	일	월	화	수	목	금	토	일	월
일진	癸巳	甲午	乙未	丙申	丁酉	戊戌	己亥	庚子	辛丑	壬寅	癸卯	甲辰	乙巳	丙午	丁未	戊申	己酉	庚戌	辛亥	壬子	癸丑	甲寅	乙卯	丙辰	丁巳	戊午	己未	庚申	辛酉

음양국: 陰 1 / 陰 4 / 陰 7 / 陰 9 / 陰 3 / 陰 6

8月 辛酉

	1	2	3	4	5	6	7	8	9	10	11	12	13	14	15	16	17	18	19	20	21	22	23	24	25	26	27	28	29	30
절기	백로8월															추분														
음력	1	2	3	4	5	6	7	8	9	10	11	12	13	14	15	16	17	18	19	20	21	22	23	24	25	26	27	28	29	30
양력(9월→10월)	辰	9	10	11	12	13	14	15	16	17	18	19	20	21	22	23	24	25	26	27	28	29	30	1	2	3	4	5	6	7
요일	初	수	목	금	토	일	월	화	수	목	금	토	일	월	화	수	목	금	토	일	월	화	수	목	금	토	일	월	화	수
일진	壬戌	癸亥	甲子	乙丑	丙寅	丁卯	戊辰	己巳	庚午	辛未	壬申	癸酉	甲戌	乙亥	丙子	丁丑	戊寅	己卯	庚辰	辛巳	壬午	癸未	甲申	乙酉	丙戌	丁亥	戊子	己丑	庚寅	辛卯

음양국: 陰 6 / 陰 7 / 陰 1 / 陰 4 / 陰 6 / 陰 9 / 陰 3

9月 壬戌

	1	2	3	4	5	6	7	8	9	10	11	12	13	14	15	16	17	18	19	20	21	22	23	24	25	26	27	28	29	30
절기	한로9월																상강													
음력	1	2	3	4	5	6	7	8	9	10	11	12	13	14	15	16	17	18	19	20	21	22	23	24	25	26	27	28	29	30
양력(10월→11월)	亥	9	10	11	12	13	14	15	16	17	18	19	20	21	22	23	24	25	26	27	28	29	30	31	1	2	3	4	5	6
요일	後	금	토	일	월	화	수	목	금	토	일	월	화	수	목	금	토	일	월	화	수	목	금	토	일	월	화	수	목	금
일진	壬辰	癸巳	甲午	乙未	丙申	丁酉	戊戌	己亥	庚子	辛丑	壬寅	癸卯	甲辰	乙巳	丙午	丁未	戊申	己酉	庚戌	辛亥	壬子	癸丑	甲寅	乙卯	丙辰	丁巳	戊午	己未	庚申	辛酉

음양국: 陰 3 / 陰 5 / 陰 8 / 陰 2 / 陰 6 / 陰 9 / 陰 3

10月 癸亥

	1	2	3	4	5	6	7	8	9	10	11	12	13	14	15	16	17	18	19	20	21	22	23	24	25	26	27	28	29
절기		입동10월														소설													
음력	1	2	3	4	5	6	7	8	9	10	11	12	13	14	15	16	17	18	19	20	21	22	23	24	25	26	27	28	29
양력(11월→12월)	7	丑	9	10	11	12	13	14	15	16	17	18	19	20	21	22	23	24	25	26	27	28	29	30	1	2	3	4	5
요일	토	初	월	화	수	목	금	토	일	월	화	수	목	금	토	일	월	화	수	목	금	토	일	월	화	수	목	금	토
일진	壬戌	癸亥	甲子	乙丑	丙寅	丁卯	戊辰	己巳	庚午	辛未	壬申	癸酉	甲戌	乙亥	丙子	丁丑	戊寅	己卯	庚辰	辛巳	壬午	癸未	甲申	乙酉	丙戌	丁亥	戊子	己丑	庚寅

음양국: 陰 3 / 陰 5 / 陰 8 / 陰 2 / 陰 4 / 陰 7 / 陰 1

11月 甲子

	1	2	3	4	5	6	7	8	9	10	11	12	13	14	15	16	17	18	19	20	21	22	23	24	25	26	27	28	29	30
절기		대설11월															동지													
음력	1	2	3	4	5	6	7	8	9	10	11	12	13	14	15	16	17	18	19	20	21	22	23	24	25	26	27	28	29	30
양력(12월→1월)	6	酉	8	9	10	11	12	13	14	15	16	17	18	19	20	21	22	23	24	25	26	27	28	29	30	31	1	2	3	4
요일	일	中	화	수	목	금	토	일	월	화	수	목	금	토	일	월	화	수	목	금	토	일	월	화	수	목	금	토	일	월
일진	辛卯	壬辰	癸巳	甲午	乙未	丙申	丁酉	戊戌	己亥	庚子	辛丑	壬寅	癸卯	甲辰	乙巳	丙午	丁未	戊申	己酉	庚戌	辛亥	壬子	癸丑	甲寅	乙卯	丙辰	丁巳	戊午	己未	庚申

음양국: 陰 1 / 陰 4 / 陰 7 / 陰 1 / [陽 1] / 陽 7 / 陽 4

12月 乙丑

	1	2	3	4	5	6	7	8	9	10	11	12	13	14	15	16	17	18	19	20	21	22	23	24	25	26	27	28	29	30
절기		소한12월														대한														
음력	1	2	3	4	5	6	7	8	9	10	11	12	13	14	15	16	17	18	19	20	21	22	23	24	25	26	27	28	29	30
양력(1월→2월)	5	卯	7	8	9	10	11	12	13	14	15	16	17	18	19	20	21	22	23	24	25	26	27	28	29	30	31	1	2	3
요일	화	初	목	금	토	일	월	화	수	목	금	토	일	월	화	수	목	금	토	일	월	화	수	목	금	토	일	월	화	수
일진	辛酉	壬戌	癸亥	甲子	乙丑	丙寅	丁卯	戊辰	己巳	庚午	辛未	壬申	癸酉	甲戌	乙亥	丙子	丁丑	戊寅	己卯	庚辰	辛巳	壬午	癸未	甲申	乙酉	丙戌	丁亥	戊子	己丑	庚寅

음양국: 陽 4 / 陽 2 / 陽 8 / 陽 5 / 陽 3 / 陽 9 / 陽 6

입춘(2/4) 17:31
경칩(3/6) 11:49
청명(4/5) 16:59
입하(5/6) 10:38
망종(6/6) 15:01
소서(7/8) 01:19

1954(甲午年)

입추(8/8) 10:59
백로(9/8) 13:38
한로(10/9) 04:57
입동(11/8) 07:51
대설(12/8) 00:29
소한(1/6) 11:36

1月 丙寅

절기	입춘1월															우수													
음력	1	2	3	4	5	6	7	8	9	10	11	12	13	14	15	16	17	18	19	20	21	22	23	24	25	26	27	28	29
양월	2월																									3월			
력일	酉	5	6	7	8	9	10	11	12	13	14	15	16	17	18	19	20	21	22	23	24	25	26	27	28	1	2	3	4
요일	初	금	토	일	월	화	수	목	금	토	일	월	화	수	목	금	토	일	월	화	수	목	금	토	일	월	화	수	목
일진	辛卯	壬辰	癸巳	甲午	乙未	丙申	丁酉	戊戌	己亥	庚子	辛丑	壬寅	癸卯	甲辰	乙巳	丙午	丁未	戊申	己酉	庚戌	辛亥	壬子	癸丑	甲寅	乙卯	丙辰	丁巳	戊午	己未
음양국	陽6			陽8			陽5			陽2			陽9			陽6			陽3										

2月 丁卯

절기	경칩2월															춘분													
음력	1	2	3	4	5	6	7	8	9	10	11	12	13	14	15	16	17	18	19	20	21	22	23	24	25	26	27	28	29
양월	3월																										4월		
력일	5	午	7	8	9	10	11	12	13	14	15	16	17	18	19	20	21	22	23	24	25	26	27	28	29	30	31	1	2
요일	금	初	일	월	화	수	목	금	토	일	월	화	수	목	금	토	일	월	화	수	목	금	토	일	월	화	수	목	금
일진	庚申	辛酉	壬戌	癸亥	甲子	乙丑	丙寅	丁卯	戊辰	己巳	庚午	辛未	壬申	癸酉	甲戌	乙亥	丙子	丁丑	戊寅	己卯	庚辰	辛巳	壬午	癸未	甲申	乙酉	丙戌	丁亥	戊子
음양국	陽3			陽1			陽7			陽4			陽3			陽9													

3月 戊辰

절기	청명3월																	곡우												
음력	1	2	3	4	5	6	7	8	9	10	11	12	13	14	15	16	17	18	19	20	21	22	23	24	25	26	27	28	29	30
양월	4월																												5월	
력일	3	4	申	6	7	8	9	10	11	12	13	14	15	16	17	18	19	20	21	22	23	24	25	26	27	28	29	30	1	2
요일	토	일	後	화	수	목	금	토	일	월	화	수	목	금	토	일	월	화	수	목	금	토	일	월	화	수	목	금	토	일
일진	己丑	庚寅	辛卯	壬辰	癸巳	甲午	乙未	丙申	丁酉	戊戌	己亥	庚子	辛丑	壬寅	癸卯	甲辰	乙巳	丙午	丁未	戊申	己酉	庚戌	辛亥	壬子	癸丑	甲寅	乙卯	丙辰	丁巳	戊午
음양국	陽6			陽4			陽1			陽7			陽5			陽2														

4月 己巳

절기	입하4월																		소만									
음력	1	2	3	4	5	6	7	8	9	10	11	12	13	14	15	16	17	18	19	20	21	22	23	24	25	26	27	28	
양월	5월																												
력일	3	4	5	巳	7	8	9	10	11	12	13	14	15	16	17	18	19	20	21	22	23	24	25	26	27	28	29	30	31
요일	월	화	수	中	금	토	일	월	화	수	목	금	토	일	월	화	수	목	금	토	일	월	화	수	목	금	토	일	월
일진	己未	庚申	辛酉	壬戌	癸亥	甲子	乙丑	丙寅	丁卯	戊辰	己巳	庚午	辛未	壬申	癸酉	甲戌	乙亥	丙子	丁丑	戊寅	己卯	庚辰	辛巳	壬午	癸未	甲申	乙酉	丙戌	丁亥
음양국	陽8			陽4			陽1			陽7			陽5			陽2													

5月 庚午

절기					망종5월																	하지							
음력	1	2	3	4	5	6	7	8	9	10	11	12	13	14	15	16	17	18	19	20	21	22	23	24	25	26	27	28	29
양월	6월																												
력일	1	2	3	4	5	未	7	8	9	10	11	12	13	14	15	16	17	18	19	20	21	22	23	24	25	26	27	28	29
요일	화	수	목	금	토	後	월	화	수	목	금	토	일	월	화	수	목	금	토	일	월	화	수	목	금	토	일	월	화
일진	戊子	己丑	庚寅	辛卯	壬辰	癸巳	甲午	乙未	丙申	丁酉	戊戌	己亥	庚子	辛丑	壬寅	癸卯	甲辰	乙巳	丙午	丁未	戊申	己酉	庚戌	辛亥	壬子	癸丑	甲寅	乙卯	丙辰
음양국	陽8			陽6			陽3			陽9			陰9			陰3													

6月 辛未

절기					소서6월																			대서						
음력	1	2	3	4	5	6	7	8	9	10	11	12	13	14	15	16	17	18	19	20	21	22	23	24	25	26	27	28	29	30
양월	6월	7월																												
력일	30	1	2	3	4	5	6	7	子	9	10	11	12	13	14	15	16	17	18	19	20	21	22	23	24	25	26	27	28	29
요일	수	목	금	토	일	월	화	後	금	토	일	월	화	수	목	금	토	일	월	화	수	목	금	토	일	월	화	수	목	
일진	丁巳	戊午	己未	庚申	辛酉	壬戌	癸亥	甲子	乙丑	丙寅	丁卯	戊辰	己巳	庚午	辛未	壬申	癸酉	甲戌	乙亥	丙子	丁丑	戊寅	己卯	庚辰	辛巳	壬午	癸未	甲申	乙酉	丙戌
음양국	陰3			陰6			陰8			陰2			陰5			陰7			陰1											

7月 壬申

절기	입추7월 (음력 10) ... 처서 (음력 26)
음력	1 2 3 4 5 6 7 8 9 10 11 12 13 14 15 16 17 18 19 20 21 22 23 24 25 26 27 28 29
양력 월	7월 / 8월
양력 일	30 31 1 2 3 4 5 6 7 巳 9 10 11 12 13 14 15 16 17 18 19 20 21 22 23 24 25 26 27
요일	금 토 일 월 화 수 목 금 토 後 월 화 수 목 금 토 일 월 화 수 목 금 토 일 월 화 수 목 금
일진	丁亥 戊子 己丑 庚寅 辛卯 壬辰 癸巳 甲午 乙未 丙申 丁酉 戊戌 己亥 庚子 辛丑 壬寅 癸卯 甲辰 乙巳 丙午 丁未 戊申 己酉 庚戌 辛亥 壬子 癸丑 甲寅 乙卯
음양국	陰 1　　陰 4　　陰 2　　陰 5　　陰 8　　陰 1　　陰 4

8月 癸酉

절기	백로8월 (음력 12) ... 추분 (음력 27)
음력	1 2 3 4 5 6 7 8 9 10 11 12 13 14 15 16 17 18 19 20 21 22 23 24 25 26 27 28 29 30
양력 월	8월 / 9월
양력 일	28 29 30 31 1 2 3 4 5 6 7 未 9 10 11 12 13 14 15 16 17 18 19 20 21 22 23 24 25 26
요일	토 일 월 화 수 목 금 토 일 월 화 初 목 금 토 일 월 화 수 목 금 토 일 월 화 수 목 금 토 일
일진	丙辰 丁巳 戊午 己未 庚申 辛酉 壬戌 癸亥 甲子 乙丑 丙寅 丁卯 戊辰 己巳 庚午 辛未 壬申 癸酉 甲戌 乙亥 丙子 丁丑 戊寅 己卯 庚辰 辛巳 壬午 癸未 甲申 乙酉
음양국	陰 4　　陰 7　　陰 9　　陰 3　　陰 6　　陰 7　　陰 1

9月 甲戌

절기	한로9월 (음력 13) ... 상강 (음력 28)
음력	1 2 3 4 5 6 7 8 9 10 11 12 13 14 15 16 17 18 19 20 21 22 23 24 25 26 27 28 29 30
양력 월	9월 / 10월
양력 일	27 28 29 30 1 2 3 4 5 6 7 8 寅 10 11 12 13 14 15 16 17 18 19 20 21 22 23 24 25 26
요일	월 화 수 목 금 토 일 월 화 수 목 금 後 일 월 화 수 목 금 토 일 월 화 수 목 금 토 일 월 화
일진	丙戌 丁亥 戊子 己丑 庚寅 辛卯 壬辰 癸巳 甲午 乙未 丙申 丁酉 戊戌 己亥 庚子 辛丑 壬寅 癸卯 甲辰 乙巳 丙午 丁未 戊申 己酉 庚戌 辛亥 壬子 癸丑 甲寅 乙卯
음양국	陰 1　　陰 4　　陰 6　　陰 9　　陰 3　　陰 5　　陰 8

10月 乙亥

절기	입동10월 (음력 10) ... 소설 (음력 28)
음력	1 2 3 4 5 6 7 8 9 10 11 12 13 14 15 16 17 18 19 20 21 22 23 24 25 26 27 28 29
양력 월	10월 / 11월
양력 일	27 28 29 30 31 1 2 3 4 5 6 7 辰 9 10 11 12 13 14 15 16 17 18 19 20 21 22 23 24
요일	수 목 금 토 일 월 화 수 목 금 토 일 初 화 수 목 금 토 일 월 화 수 목 금 토 일 월 화 수
일진	丙辰 丁巳 戊午 己未 庚申 辛酉 壬戌 癸亥 甲子 乙丑 丙寅 丁卯 戊辰 己巳 庚午 辛未 壬申 癸酉 甲戌 乙亥 丙子 丁丑 戊寅 己卯 庚辰 辛巳 壬午 癸未 甲申
음양국	陰 8　　陰 2　　陰 6　　陰 9　　陰 3　　陰 5　　陰 8

11月 丙子

절기	대설11월 (음력 14) ... 동지 (음력 28)
음력	1 2 3 4 5 6 7 8 9 10 11 12 13 14 15 16 17 18 19 20 21 22 23 24 25 26 27 28 29 30
양력 월	11월 / 12월
양력 일	25 26 27 28 29 30 1 2 3 4 5 6 7 子 9 10 11 12 13 14 15 16 17 18 19 20 21 22 23 24
요일	목 금 토 일 월 화 수 목 금 토 일 월 화 中 목 금 토 일 월 화 수 목 금 토 일 월 화 수 목 금
일진	乙酉 丙戌 丁亥 戊子 己丑 庚寅 辛卯 壬辰 癸巳 甲午 乙未 丙申 丁酉 戊戌 己亥 庚子 辛丑 壬寅 癸卯 甲辰 乙巳 丙午 丁未 戊申 己酉 庚戌 辛亥 壬子 癸丑 甲寅
음양국	陰 8　　陰 2　　陰 4　　陰 7　　陰 1　　[陽 1]

12月 丁丑

절기	소한12월 (음력 13) ... 대한 (음력 28)
음력	1 2 3 4 5 6 7 8 9 10 11 12 13 14 15 16 17 18 19 20 21 22 23 24 25 26 27 28 29 30
양력 월	12월 / 1월
양력 일	25 26 27 28 29 30 31 1 2 3 4 5 午 7 8 9 10 11 12 13 14 15 16 17 18 19 20 21 22 23
요일	토 일 월 화 수 목 금 토 일 월 화 수 初 금 토 일 월 화 수 목 금 토 일 월 화 수 목 금 토 일
일진	乙卯 丙辰 丁巳 戊午 己未 庚申 辛酉 壬戌 癸亥 甲子 乙丑 丙寅 丁卯 戊辰 己巳 庚午 辛未 壬申 癸酉 甲戌 乙亥 丙子 丁丑 戊寅 己卯 庚辰 辛巳 壬午 癸未 甲申
음양국	陽 7　　陽 4　　陽 2　　陽 8　　陽 5　　陽 3

입춘(2/4) 23:18
경칩(3/6) 17:31
청명(4/5) 22:39
입하(5/6) 16:18
망종(6/6) 20:43
소서(7/8) 07:06

입추(8/8) 16:50
백로(9/8) 19:32
한로(10/9) 10:52
입동(11/8) 13:45
대설(12/8) 06:23
소한(1/6) 17:30

1955(乙未年)

1月 戊寅

절기												입춘1월															우수			
음력	1	2	3	4	5	6	7	8	9	10	11	12	13	14	15	16	17	18	19	20	21	22	23	24	25	26	27	28	29	30
양력 월	1월								2월																					
양력 일	24	25	26	27	28	29	30	31	1	2	3	亥	5	6	7	8	9	10	11	12	13	14	15	16	17	18	19	20	21	22
요일	월	화	수	목	금	토	일	월	화	수	목	後	토	일	월	화	수	목	금	토	일	월	화	수	목	금	토	일	월	화
일진	乙酉	丙戌	丁亥	戊子	己丑	庚寅	辛卯	壬辰	癸巳	甲午	乙未	丙申	丁酉	戊戌	己亥	庚子	辛丑	壬寅	癸卯	甲辰	乙巳	丙午	丁未	戊申	己酉	庚戌	辛亥	壬子	癸丑	甲寅

음양국: 陽 9　陽 6　陽 8　陽 5　陽 2　陽 9

2月 己卯

절기												경칩2월															춘분		
음력	1	2	3	4	5	6	7	8	9	10	11	12	13	14	15	16	17	18	19	20	21	22	23	24	25	26	27	28	29
양력 월	2월						3월																						
양력 일	23	24	25	26	27	28	1	2	3	4	5	酉	7	8	9	10	11	12	13	14	15	16	17	18	19	20	21	22	23
요일	수	목	금	토	일	월	화	수	목	금	토	初	월	화	수	목	금	토	일	월	화	수	목	금	토	일	월	화	수
일진	乙卯	丙辰	丁巳	戊午	己未	庚申	辛酉	壬戌	癸亥	甲子	乙丑	丙寅	丁卯	戊辰	己巳	庚午	辛未	壬申	癸酉	甲戌	乙亥	丙子	丁丑	戊寅	己卯	庚辰	辛巳	壬午	癸未

음양국: 陽 6　陽 3　陽 1　陽 7　陽 4　陽 3

3月 庚辰

절기													청명3월															곡우
음력	1	2	3	4	5	6	7	8	9	10	11	12	13	14	15	16	17	18	19	20	21	22	23	24	25	26	27	28	29
양력 월	3월								4월																				
양력 일	24	25	26	27	28	29	30	31	1	2	3	4	亥	6	7	8	9	10	11	12	13	14	15	16	17	18	19	20	21
요일	목	금	토	일	월	화	수	목	금	토	일	월	中	수	목	금	토	일	월	화	수	목	금	토	일	월	화	수	목
일진	甲申	乙酉	丙戌	丁亥	戊子	己丑	庚寅	辛卯	壬辰	癸巳	甲午	乙未	丙申	丁酉	戊戌	己亥	庚子	辛丑	壬寅	癸卯	甲辰	乙巳	丙午	丁未	戊申	己酉	庚戌	辛亥	壬子

음양국: 陽 9　陽 6　陽 4　陽 1　陽 7　陽 5

閏3月

절기														입하4월															
음력	1	2	3	4	5	6	7	8	9	10	11	12	13	14	15	16	17	18	19	20	21	22	23	24	25	26	27	28	29	30
양력 월	4월									5월																				
양력 일	22	23	24	25	26	27	28	29	30	1	2	3	4	5	申	7	8	9	10	11	12	13	14	15	16	17	18	19	20	21
요일	금	토	일	월	화	수	목	금	토	일	월	화	수	목	中	토	일	월	화	수	목	금	토	일	월	화	수	목	금	토
일진	癸丑	甲寅	乙卯	丙辰	丁巳	戊午	己未	庚申	辛酉	壬戌	癸亥	甲子	乙丑	丙寅	丁卯	戊辰	己巳	庚午	辛未	壬申	癸酉	甲戌	乙亥	丙子	丁丑	戊寅	己卯	庚辰	辛巳	壬午

음양국: 陽 2　陽 8　陽 4　陽 1　陽 7　陽 5

4月 辛巳

절기	소만															망종5월													
음력	1	2	3	4	5	6	7	8	9	10	11	12	13	14	15	16	17	18	19	20	21	22	23	24	25	26	27	28	29
양력 월	5월										6월																		
양력 일	22	23	24	25	26	27	28	29	30	31	1	2	3	4	5	戌	7	8	9	10	11	12	13	14	15	16	17	18	19
요일	일	월	화	수	목	금	토	일	월	화	수	목	금	토	일	中	화	수	목	금	토	일	월	화	수	목	금	토	일
일진	癸未	甲申	乙酉	丙戌	丁亥	戊子	己丑	庚寅	辛卯	壬辰	癸巳	甲午	乙未	丙申	丁酉	戊戌	己亥	庚子	辛丑	壬寅	癸卯	甲辰	乙巳	丙午	丁未	戊申	己酉	庚戌	辛亥

음양국: 陽 2　陽 8　陽 6　陽 3　陽 9　陰 9

5月 壬午

절기			하지																		소서6월								
음력	1	2	3	4	5	6	7	8	9	10	11	12	13	14	15	16	17	18	19	20	21	22	23	24	25	26	27	28	29
양력 월	6월											7월																	
양력 일	20	21	22	23	24	25	26	27	28	29	30	1	2	3	4	5	6	卯	9	10	11	12	13	14	15	16	17	18	
요일	월	화	수	목	금	토	일	월	화	수	목	금	토	일	월	화	수	後	토	일	월	화	수	목	금	토	일	월	
일진	壬子	癸丑	甲寅	乙卯	丙辰	丁巳	戊午	己未	庚申	辛酉	壬戌	癸亥	甲子	乙丑	丙寅	丁卯	戊辰	己巳	庚午	辛未	壬申	癸酉	甲戌	乙亥	丙子	丁丑	戊寅	己卯	庚辰

음양국: 陰 9　陰 3　陰 6　陰 8　陰 2　陰 5　陰 7

6월 癸未

절기					대서															입추7월									
음력	1	2	3	4	5	6	7	8	9	10	11	12	13	14	15	16	17	18	19	20	21	22	23	24	25	26	27	28	29	30
양력 월	7월													8월																
양력 일	19	20	21	22	23	24	25	26	27	28	29	30	31	1	2	3	4	5	6	7	申	9	10	11	12	13	14	15	16	17
요일	화	수	목	금	토	일	월	화	수	목	금	토	일	월	화	수	목	금	토	일	後	화	수	목	금	토	일	월	화	수
일진	辛巳	壬午	癸未	甲申	乙酉	丙戌	丁亥	戊子	己丑	庚寅	辛卯	壬辰	癸巳	甲午	乙未	丙申	丁酉	戊戌	己亥	庚子	辛丑	壬寅	癸卯	甲辰	乙巳	丙午	丁未	戊申	己酉	庚戌

음양국: 陰 7　陰 1　陰 4　陰 2　陰 5　陰 8　陰 1

7월 甲申

절기						처서															백로8월								
음력	1	2	3	4	5	6	7	8	9	10	11	12	13	14	15	16	17	18	19	20	21	22	23	24	25	26	27	28	29
양력 월	8월													9월															
양력 일	18	19	20	21	22	23	24	25	26	27	28	29	30	31	1	2	3	4	5	6	7	戌	9	10	11	12	13	14	15
요일	목	금	토	일	월	화	수	목	금	토	일	월	화	수	목	금	토	일	월	화	수	初	금	토	일	월	화	수	목
일진	辛亥	壬子	癸丑	甲寅	乙卯	丙辰	丁巳	戊午	己未	庚申	辛酉	壬戌	癸亥	甲子	乙丑	丙寅	丁卯	戊辰	己巳	庚午	辛未	壬申	癸酉	甲戌	乙亥	丙子	丁丑	戊寅	己卯

음양국: 陰 1　陰 4　陰 7　陰 9　陰 3　陰 6　陰 7

8월 乙酉

절기									추분															한로9월						
음력	1	2	3	4	5	6	7	8	9	10	11	12	13	14	15	16	17	18	19	20	21	22	23	24	25	26	27	28	29	30
양력 월	9월															10월														
양력 일	16	17	18	19	20	21	22	23	24	25	26	27	28	29	30	1	2	3	4	5	6	7	8	巳	10	11	12	13	14	15
요일	금	토	일	월	화	수	목	금	토	일	월	화	수	목	금	토	일	월	화	수	목	금	토	後	월	화	수	목	금	토
일진	庚辰	辛巳	壬午	癸未	甲申	乙酉	丙戌	丁亥	戊子	己丑	庚寅	辛卯	壬辰	癸巳	甲午	乙未	丙申	丁酉	戊戌	己亥	庚子	辛丑	壬寅	癸卯	甲辰	乙巳	丙午	丁未	戊申	己酉

음양국: 陰 7　陰 1　陰 4　陰 6　陰 9　陰 3

9월 丙戌

절기									상강															입동10월					
음력	1	2	3	4	5	6	7	8	9	10	11	12	13	14	15	16	17	18	19	20	21	22	23	24	25	26	27	28	29
양력 월	10월																11월												
양력 일	16	17	18	19	20	21	22	23	24	25	26	27	28	29	30	31	1	2	3	4	5	6	7	未	9	10	11	12	13
요일	일	월	화	수	목	금	토	일	월	화	수	목	금	토	일	월	화	수	목	금	토	일	월	初	수	목	금	토	일
일진	庚戌	辛亥	壬子	癸丑	甲寅	乙卯	丙辰	丁巳	戊午	己未	庚申	辛酉	壬戌	癸亥	甲子	乙丑	丙寅	丁卯	戊辰	己巳	庚午	辛未	壬申	癸酉	甲戌	乙亥	丙子	丁丑	戊寅

음양국: 陰 5　陰 8　陰 2　陰 6　陰 9　陰 3

10월 丁亥

절기										소설															대설11월					
음력	1	2	3	4	5	6	7	8	9	10	11	12	13	14	15	16	17	18	19	20	21	22	23	24	25	26	27	28	29	30
양력 월	11월																	12월												
양력 일	14	15	16	17	18	19	20	21	22	23	24	25	26	27	28	29	30	1	2	3	4	5	6	7	卯	9	10	11	12	13
요일	월	화	수	목	금	토	일	월	화	수	목	금	토	일	월	화	수	목	금	토	일	월	화	수	中	금	토	일	월	화
일진	己卯	庚辰	辛巳	壬午	癸未	甲申	乙酉	丙戌	丁亥	戊子	己丑	庚寅	辛卯	壬辰	癸巳	甲午	乙未	丙申	丁酉	戊戌	己亥	庚子	辛丑	壬寅	癸卯	甲辰	乙巳	丙午	丁未	戊申

음양국: 陰 5　陰 8　陰 2　陰 4　陰 7　陰 1

11월 戊子

절기										동지														소한12월						
음력	1	2	3	4	5	6	7	8	9	10	11	12	13	14	15	16	17	18	19	20	21	22	23	24	25	26	27	28	29	30
양력 월	12월																		1월											
양력 일	14	15	16	17	18	19	20	21	22	23	24	25	26	27	28	29	30	31	1	2	3	4	5	酉	7	8	9	10	11	12
요일	수	목	금	토	일	월	화	수	목	금	토	일	월	화	수	목	금	토	일	월	화	수	목	初	토	일	월	화	수	목
일진	己酉	庚戌	辛亥	壬子	癸丑	甲寅	乙卯	丙辰	丁巳	戊午	己未	庚申	辛酉	壬戌	癸亥	甲子	乙丑	丙寅	丁卯	戊辰	己巳	庚午	辛未	壬申	癸酉	甲戌	乙亥	丙子	丁丑	戊寅

음양국: 陽 1　陽 7　陽 4　陽 2　陽 8　陽 5

12월 己丑

절기									대한															입춘1월						
음력	1	2	3	4	5	6	7	8	9	10	11	12	13	14	15	16	17	18	19	20	21	22	23	24	25	26	27	28	29	30
양력 월	1월																		2월											
양력 일	13	14	15	16	17	18	19	20	21	22	23	24	25	26	27	28	29	30	31	1	2	3	4	寅	6	7	8	9	10	11
요일	금	토	일	월	화	수	목	금	토	일	월	화	수	목	금	토	일	월	화	수	목	금	토	後	월	화	수	목	금	토
일진	己卯	庚辰	辛巳	壬午	癸未	甲申	乙酉	丙戌	丁亥	戊子	己丑	庚寅	辛卯	壬辰	癸巳	甲午	乙未	丙申	丁酉	戊戌	己亥	庚子	辛丑	壬寅	癸卯	甲辰	乙巳	丙午	丁未	戊申

음양국: 陽 3　陽 9　陽 6　陽 8　陽 5　陽 2

1956(丙申年)

입춘(2/5) 05:12
경칩(3/5) 23:24
청명(4/5) 04:31
입하(5/5) 22:10
망종(6/6) 02:36
소서(7/7) 12:58

입추(8/7) 22:40
백로(9/8) 01:19
한로(10/8) 16:36
입동(11/7) 19:26
대설(12/7) 12:02
소한(1/5) 23:10

1月 庚寅

절기								우수														경칩2월						
음력	1	2	3	4	5	6	7	8	9	10	11	12	13	14	15	16	17	18	19	20	21	22	23	24	25	26	27	28	29
양력 월	2월																		3월										
양력 일	12	13	14	15	16	17	18	19	20	21	22	23	24	25	26	27	28	29	1	2	3	4	亥	6	7	8	9	10	11
요일	일	월	화	수	목	금	토	일	월	화	수	목	금	토	일	월	화	수	목	금	토	일	後	화	수	목	금	토	일
일진	己酉	庚戌	辛亥	壬子	癸丑	甲寅	乙卯	丙辰	丁巳	戊午	己未	庚申	辛酉	壬戌	癸亥	甲子	乙丑	丙寅	丁卯	戊辰	己巳	庚午	辛未	壬申	癸酉	甲戌	乙亥	丙子	丁丑

음양국: 陽9 陽6 陽3 陽1 陽7 陽4

2月 辛卯

절기									춘분															청명3월						
음력	1	2	3	4	5	6	7	8	9	10	11	12	13	14	15	16	17	18	19	20	21	22	23	24	25	26	27	28	29	30
양력 월	3월																				4월									
양력 일	12	13	14	15	16	17	18	19	20	21	22	23	24	25	26	27	28	29	30	31	1	2	3	4	寅	6	7	8	9	10
요일	월	화	수	목	금	토	일	월	화	수	목	금	토	일	월	화	수	목	금	토	일	월	화	수	中	금	토	일	월	화
일진	戊寅	己卯	庚辰	辛巳	壬午	癸未	甲申	乙酉	丙戌	丁亥	戊子	己丑	庚寅	辛卯	壬辰	癸巳	甲午	乙未	丙申	丁酉	戊戌	己亥	庚子	辛丑	壬寅	癸卯	甲辰	乙巳	丙午	丁未

음양국: 陽3 陽9 陽6 陽4 陽1 陽7

3月 壬辰

절기									곡우															입하4월					
음력	1	2	3	4	5	6	7	8	9	10	11	12	13	14	15	16	17	18	19	20	21	22	23	24	25	26	27	28	29
양력 월	4월																				5월								
양력 일	11	12	13	14	15	16	17	18	19	20	21	22	23	24	25	26	27	28	29	30	1	2	3	4	亥	6	7	8	9
요일	수	목	금	토	일	월	화	수	목	금	토	일	월	화	수	목	금	토	일	월	화	수	목	금	中	일	월	화	수
일진	戊申	己酉	庚戌	辛亥	壬子	癸丑	甲寅	乙卯	丙辰	丁巳	戊午	己未	庚申	辛酉	壬戌	癸亥	甲子	乙丑	丙寅	丁卯	戊辰	己巳	庚午	辛未	壬申	癸酉	甲戌	乙亥	丙子

음양국: 陽5 陽2 陽8 陽4 陽1 陽7

4月 癸巳

절기											소만																	망종5월		
음력	1	2	3	4	5	6	7	8	9	10	11	12	13	14	15	16	17	18	19	20	21	22	23	24	25	26	27	28	29	30
양력 월	5월																						6월							
양력 일	10	11	12	13	14	15	16	17	18	19	20	21	22	23	24	25	26	27	28	29	30	31	1	2	3	4	5	丑	7	8
요일	목	금	토	일	월	화	수	목	금	토	일	월	화	수	목	금	토	일	월	화	수	목	금	토	일	월	화	中	목	금
일진	丁丑	戊寅	己卯	庚辰	辛巳	壬午	癸未	甲申	乙酉	丙戌	丁亥	戊子	己丑	庚寅	辛卯	壬辰	癸巳	甲午	乙未	丙申	丁酉	戊戌	己亥	庚子	辛丑	壬寅	癸卯	甲辰	乙巳	丙午

음양국: 陽7 陽5 陽2 陽8 陽6 陽3 陽9

5月 甲午

절기												하지																소서6월	
음력	1	2	3	4	5	6	7	8	9	10	11	12	13	14	15	16	17	18	19	20	21	22	23	24	25	26	27	28	29
양력 월	6월																						7월						
양력 일	9	10	11	12	13	14	15	16	17	18	19	20	21	22	23	24	25	26	27	28	29	30	1	2	3	4	5	6	午
요일	토	일	월	화	수	목	금	토	일	월	화	수	목	금	토	일	월	화	수	목	금	토	일	월	화	수	목	금	後
일진	丁未	戊申	己酉	庚戌	辛亥	壬子	癸丑	甲寅	乙卯	丙辰	丁巳	戊午	己未	庚申	辛酉	壬戌	癸亥	甲子	乙丑	丙寅	丁卯	戊辰	己巳	庚午	辛未	壬申	癸酉	甲戌	乙亥

음양국: 陽9 陽6 陽3 陽9 陰9 陰3 陰6

6月 乙未

절기																대서													
음력	1	2	3	4	5	6	7	8	9	10	11	12	13	14	15	16	17	18	19	20	21	22	23	24	25	26	27	28	29
양력 월	7월																								8월				
양력 일	8	9	10	11	12	13	14	15	16	17	18	19	20	21	22	23	24	25	26	27	28	29	30	31	1	2	3	4	5
요일	일	월	화	수	목	금	토	일	월	화	수	목	금	토	일	월	화	수	목	금	토	일	월	화	수	목	금	토	일
일진	丙子	丁丑	戊寅	己卯	庚辰	辛巳	壬午	癸未	甲申	乙酉	丙戌	丁亥	戊子	己丑	庚寅	辛卯	壬辰	癸巳	甲午	乙未	丙申	丁酉	戊戌	己亥	庚子	辛丑	壬寅	癸卯	甲辰

음양국: 陰6 陰8 陰2 陰5 陰7 陰1 陰4

7月 丙申

구분	1	2	3	4	5	6	7	8	9	10	11	12	13	14	15	16	17	18	19	20	21	22	23	24	25	26	27	28	29	30
절기		입추7월																처서												
음력	1	2	3	4	5	6	7	8	9	10	11	12	13	14	15	16	17	18	19	20	21	22	23	24	25	26	27	28	29	30
양력(월)	8월																										9월			
양력(일)	6	亥	8	9	10	11	12	13	14	15	16	17	18	19	20	21	22	23	24	25	26	27	28	29	30	31	1	2	3	4
요일	월	中	수	목	금	토	일	월	화	수	목	금	토	일	월	화	수	목	금	토	일	월	화	수	목	금	토	일	월	화
일진	乙巳	丙午	丁未	戊申	己酉	庚戌	辛亥	壬子	癸丑	甲寅	乙卯	丙辰	丁巳	戊午	己未	庚申	辛酉	壬戌	癸亥	甲子	乙丑	丙寅	丁卯	戊辰	己巳	庚午	辛未	壬申	癸酉	甲戌

음양국: 陰 4 / 陰 2 / 陰 5 / 陰 8 / 陰 1 / 陰 4

8月 丁酉

구분	1	2	3	4	5	6	7	8	9	10	11	12	13	14	15	16	17	18	19	20	21	22	23	24	25	26	27	28	29
절기				백로8월															추분										
음력	1	2	3	4	5	6	7	8	9	10	11	12	13	14	15	16	17	18	19	20	21	22	23	24	25	26	27	28	29
양력(월)	9월																										10월		
양력(일)	5	6	7	子	9	10	11	12	13	14	15	16	17	18	19	20	21	22	23	24	25	26	27	28	29	30	1	2	3
요일	수	목	금	後	일	월	화	수	목	금	토	일	월	화	수	목	금	토	일	월	화	수	목	금	토	일	월	화	수
일진	乙亥	丙子	丁丑	戊寅	己卯	庚辰	辛巳	壬午	癸未	甲申	乙酉	丙戌	丁亥	戊子	己丑	庚寅	辛卯	壬辰	癸巳	甲午	乙未	丙申	丁酉	戊戌	己亥	庚子	辛丑	壬寅	癸卯

음양국: 陰 7 / 陰 9 / 陰 3 / 陰 6 / 陰 7 / 陰 1

9月 戊戌

구분	1	2	3	4	5	6	7	8	9	10	11	12	13	14	15	16	17	18	19	20	21	22	23	24	25	26	27	28	29	30
절기					한로9월															상강										
음력	1	2	3	4	5	6	7	8	9	10	11	12	13	14	15	16	17	18	19	20	21	22	23	24	25	26	27	28	29	30
양력(월)	10월																												11월	
양력(일)	4	5	6	7	申	9	10	11	12	13	14	15	16	17	18	19	20	21	22	23	24	25	26	27	28	29	30	31	1	2
요일	목	금	토	일	中	화	수	목	금	토	일	월	화	수	목	금	토	일	월	화	수	목	금	토	일	월	화	수	목	금
일진	甲辰	乙巳	丙午	丁未	戊申	己酉	庚戌	辛亥	壬子	癸丑	甲寅	乙卯	丙辰	丁巳	戊午	己未	庚申	辛酉	壬戌	癸亥	甲子	乙丑	丙寅	丁卯	戊辰	己巳	庚午	辛未	壬申	癸酉

음양국: 陰 4 / 陰 6 / 陰 9 / 陰 3 / 陰 5 / 陰 8

10月 己亥

구분	1	2	3	4	5	6	7	8	9	10	11	12	13	14	15	16	17	18	19	20	21	22	23	24	25	26	27	28	29
절기					입동10월															소설									
음력	1	2	3	4	5	6	7	8	9	10	11	12	13	14	15	16	17	18	19	20	21	22	23	24	25	26	27	28	29
양력(월)	11월																												12월
양력(일)	3	4	5	6	酉	8	9	10	11	12	13	14	15	16	17	18	19	20	21	22	23	24	25	26	27	28	29	30	1
요일	토	일	월	화	後	목	금	토	일	월	화	수	목	금	토	일	월	화	수	목	금	토	일	월	화	수	목	금	토
일진	甲戌	乙亥	丙子	丁丑	戊寅	己卯	庚辰	辛巳	壬午	癸未	甲申	乙酉	丙戌	丁亥	戊子	己丑	庚寅	辛卯	壬辰	癸巳	甲午	乙未	丙申	丁酉	戊戌	己亥	庚子	辛丑	壬寅

음양국: 陰 2 / 陰 6 / 陰 9 / 陰 3 / 陰 5 / 陰 8

11月 庚子

구분	1	2	3	4	5	6	7	8	9	10	11	12	13	14	15	16	17	18	19	20	21	22	23	24	25	26	27	28	29	30
절기						대설11월															동지									
음력	1	2	3	4	5	6	7	8	9	10	11	12	13	14	15	16	17	18	19	20	21	22	23	24	25	26	27	28	29	30
양력(월)	12월																													
양력(일)	2	3	4	5	6	午	8	9	10	11	12	13	14	15	16	17	18	19	20	21	22	23	24	25	26	27	28	29	30	31
요일	일	월	화	수	목	初	토	일	월	화	수	목	금	토	일	월	화	수	목	금	토	일	월	화	수	목	금	토	일	월
일진	癸卯	甲辰	乙巳	丙午	丁未	戊申	己酉	庚戌	辛亥	壬子	癸丑	甲寅	乙卯	丙辰	丁巳	戊午	己未	庚申	辛酉	壬戌	癸亥	甲子	乙丑	丙寅	丁卯	戊辰	己巳	庚午	辛未	壬申

음양국: 陰 2 / 陰 4 / 陰 7 / 陰 1 / 陽 1 / 陽 7

12月 辛丑

구분	1	2	3	4	5	6	7	8	9	10	11	12	13	14	15	16	17	18	19	20	21	22	23	24	25	26	27	28	29	30
절기					소한12월															대한										
음력	1	2	3	4	5	6	7	8	9	10	11	12	13	14	15	16	17	18	19	20	21	22	23	24	25	26	27	28	29	30
양력(월)	1월																													
양력(일)	1	2	3	4	亥	6	7	8	9	10	11	12	13	14	15	16	17	18	19	20	21	22	23	24	25	26	27	28	29	30
요일	화	수	목	금	後	일	월	화	수	목	금	토	일	월	화	수	목	금	토	일	월	화	수	목	금	토	일	월	화	수
일진	癸酉	甲戌	乙亥	丙子	丁丑	戊寅	己卯	庚辰	辛巳	壬午	癸未	甲申	乙酉	丙戌	丁亥	戊子	己丑	庚寅	辛卯	壬辰	癸巳	甲午	乙未	丙申	丁酉	戊戌	己亥	庚子	辛丑	壬寅

음양국: 陽 4 / 陽 2 / 陽 8 / 陽 5 / 陽 3 / 陽 9

입춘(2/4) 10:55　　　　　　　　　　　　　　　　　　　　입추(8/8) 04:32
경칩(3/6) 05:10　　　　　　　　　　　　　　　　　　　　백로(9/8) 07:12
청명(4/5) 10:19　　　　　　　　　　　　　　　　　　　　한로(10/8) 22:30
입하(5/6) 03:58　　　　　　　　　　　　　　　　　　　　입동(11/8) 01:20
망종(6/6) 08:25　　　　　　　　　　　　　　　　　　　　대설(12/7) 17:56
소서(7/7) 18:48　　　　　　　　　　　　　　　　　　　　소한(1/6) 05:04

1957(丁酉年)

1月 壬寅

절기					입춘1월															우수										
음력	1	2	3	4	5	6	7	8	9	10	11	12	13	14	15	16	17	18	19	20	21	22	23	24	25	26	27	28	29	30
양력월	1월	2월																												3월
양력일	31	1	2	3	巳	5	6	7	8	9	10	11	12	13	14	15	16	17	18	19	20	21	22	23	24	25	26	27	28	1
요일	목	금	토	일	後	화	수	목	금	토	일	월	화	수	목	금	토	일	월	화	수	목	금	토	일	월	화	수	목	금
일진	癸卯	甲辰	乙巳	丙午	丁未	戊申	己酉	庚戌	辛亥	壬子	癸丑	甲寅	乙卯	丙辰	丁巳	戊午	己未	庚申	辛酉	壬戌	癸亥	甲子	乙丑	丙寅	丁卯	戊辰	己巳	庚午	辛未	壬申

음양국: 陽6　陽8　陽5　陽2　陽9　陽6

2月 癸卯

절기					경칩2월															춘분									
음력	1	2	3	4	5	6	7	8	9	10	11	12	13	14	15	16	17	18	19	20	21	22	23	24	25	26	27	28	29
양력월	3월																												
양력일	2	3	4	5	寅	7	8	9	10	11	12	13	14	15	16	17	18	19	20	21	22	23	24	25	26	27	28	29	30
요일	토	일	월	화	後	목	금	토	일	월	화	수	목	금	토	일	월	화	수	목	금	토	일	월	화	수	목	금	토
일진	癸酉	甲戌	乙亥	丙子	丁丑	戊寅	己卯	庚辰	辛巳	壬午	癸未	甲申	乙酉	丙戌	丁亥	戊子	己丑	庚寅	辛卯	壬辰	癸巳	甲午	乙未	丙申	丁酉	戊戌	己亥	庚子	辛丑

음양국: 陽3　陽1　陽7　陽4　陽3　陽9

3月 甲辰

절기						청명3월															곡우									
음력	1	2	3	4	5	6	7	8	9	10	11	12	13	14	15	16	17	18	19	20	21	22	23	24	25	26	27	28	29	30
양력월	3월	4월																												
양력일	31	1	2	3	4	巳	6	7	8	9	10	11	12	13	14	15	16	17	18	19	20	21	22	23	24	25	26	27	28	29
요일	일	월	화	수	목	中	토	일	월	화	수	목	금	토	일	월	화	수	목	금	토	일	월	화	수	목	금	토	일	월
일진	壬寅	癸卯	甲辰	乙巳	丙午	丁未	戊申	己酉	庚戌	辛亥	壬子	癸丑	甲寅	乙卯	丙辰	丁巳	戊午	己未	庚申	辛酉	壬戌	癸亥	甲子	乙丑	丙寅	丁卯	戊辰	己巳	庚午	辛未

음양국: 陽9　陽6　陽4　陽1　陽7　陽5　陽2

4月 乙巳

절기							입하4월															소만							
음력	1	2	3	4	5	6	7	8	9	10	11	12	13	14	15	16	17	18	19	20	21	22	23	24	25	26	27	28	29
양력월	4월	5월																											
양력일	30	1	2	3	4	5	寅	7	8	9	10	11	12	13	14	15	16	17	18	19	20	21	22	23	24	25	26	27	28
요일	화	수	목	금	토	일	初	화	수	목	금	토	일	월	화	수	목	금	토	일	월	화	수	목	금	토	일	월	화
일진	壬申	癸酉	甲戌	乙亥	丙子	丁丑	戊寅	己卯	庚辰	辛巳	壬午	癸未	甲申	乙酉	丙戌	丁亥	戊子	己丑	庚寅	辛卯	壬辰	癸巳	甲午	乙未	丙申	丁酉	戊戌	己亥	庚子

음양국: 陽2　陽8　陽4　陽1　陽7　陽5　陽2

5月 丙午

절기									망종5월																하지					
음력	1	2	3	4	5	6	7	8	9	10	11	12	13	14	15	16	17	18	19	20	21	22	23	24	25	26	27	28	29	30
양력월	5월			6월																										
양력일	29	30	31	1	2	3	4	5	辰	7	8	9	10	11	12	13	14	15	16	17	18	19	20	21	22	23	24	25	26	27
요일	수	목	금	토	일	월	화	수	中	금	토	일	월	화	수	목	금	토	일	월	화	수	목	금	토	일	월	화	수	목
일진	辛丑	壬寅	癸卯	甲辰	乙巳	丙午	丁未	戊申	己酉	庚戌	辛亥	壬子	癸丑	甲寅	乙卯	丙辰	丁巳	戊午	己未	庚申	辛酉	壬戌	癸亥	甲子	乙丑	丙寅	丁卯	戊辰	己巳	庚午

음양국: 陽2　陽8　陽6　陽3　陽9　陰9　陰3

6月 丁未

절기										소서6월																대서			
음력	1	2	3	4	5	6	7	8	9	10	11	12	13	14	15	16	17	18	19	20	21	22	23	24	25	26	27	28	29
양력월	6월			7월																									
양력일	28	29	30	1	2	3	4	5	6	酉	8	9	10	11	12	13	14	15	16	17	18	19	20	21	22	23	24	25	26
요일	금	토	일	월	화	수	목	금	토	中	월	화	수	목	금	토	일	월	화	수	목	금	토	일	월	화	수	목	금
일진	辛未	壬申	癸酉	甲戌	乙亥	丙子	丁丑	戊寅	己卯	庚辰	辛巳	壬午	癸未	甲申	乙酉	丙戌	丁亥	戊子	己丑	庚寅	辛卯	壬辰	癸巳	甲午	乙未	丙申	丁酉	戊戌	己亥

음양국: 陰3　陰6　陰8　陰2　陰5　陰7　陰1

7月 戊申

절기													입추7월															처서	
음력	1	2	3	4	5	6	7	8	9	10	11	12	13	14	15	16	17	18	19	20	21	22	23	24	25	26	27	28	29
양력(7월/8월)	27	28	29	30	31	1	2	3	4	5	6	7	寅	9	10	11	12	13	14	15	16	17	18	19	20	21	22	23	24
요일	토	일	월	화	수	목	금	토	일	월	화	수	中	금	토	일	월	화	수	목	금	토	일	월	화	수	목	금	토
일진	庚子	辛丑	壬寅	癸卯	甲辰	乙巳	丙午	丁未	戊申	己酉	庚戌	辛亥	壬子	癸丑	甲寅	乙卯	丙辰	丁巳	戊午	己未	庚申	辛酉	壬戌	癸亥	甲子	乙丑	丙寅	丁卯	戊辰
음양국	陰1					陰4					陰2					陰5					陰8					陰1			

8月 己酉

절기															백로8월															추분
음력	1	2	3	4	5	6	7	8	9	10	11	12	13	14	15	16	17	18	19	20	21	22	23	24	25	26	27	28	29	30
양력(8월/9월)	25	26	27	28	29	30	31	1	2	3	4	5	6	7	卯	9	10	11	12	13	14	15	16	17	18	19	20	21	22	23
요일	일	월	화	수	목	금	토	일	월	화	수	목	금	토	後	월	화	수	목	금	토	일	월	화	수	목	금	토	일	월
일진	己巳	庚午	辛未	壬申	癸酉	甲戌	乙亥	丙子	丁丑	戊寅	己卯	庚辰	辛巳	壬午	癸未	甲申	乙酉	丙戌	丁亥	戊子	己丑	庚寅	辛卯	壬辰	癸巳	甲午	乙未	丙申	丁酉	戊戌
음양국	陰4					陰7					陰9					陰3					陰6					陰7				

閏8月

절기															한로9월														
음력	1	2	3	4	5	6	7	8	9	10	11	12	13	14	15	16	17	18	19	20	21	22	23	24	25	26	27	28	29
양력(9월/10월)	24	25	26	27	28	29	30	1	2	3	4	5	6	7	亥	9	10	11	12	13	14	15	16	17	18	19	20	21	22
요일	화	수	목	금	토	일	월	화	수	목	금	토	일	월	中	수	목	금	토	일	월	화	수	목	금	토	일	월	화
일진	己亥	庚子	辛丑	壬寅	癸卯	甲辰	乙巳	丙午	丁未	戊申	己酉	庚戌	辛亥	壬子	癸丑	甲寅	乙卯	丙辰	丁巳	戊午	己未	庚申	辛酉	壬戌	癸亥	甲子	乙丑	丙寅	丁卯
음양국	陰1					陰4					陰6					陰9					陰3					陰5			

9月 庚戌

절기		상강															입동10월													
음력	1	2	3	4	5	6	7	8	9	10	11	12	13	14	15	16	17	18	19	20	21	22	23	24	25	26	27	28	29	30
양력(10월/11월)	23	24	25	26	27	28	29	30	31	1	2	3	4	5	6	7	子	9	10	11	12	13	14	15	16	17	18	19	20	21
요일	수	목	금	토	일	월	화	수	목	금	토	일	월	화	수	목	後	토	일	월	화	수	목	금	토	일	월	화	수	목
일진	戊辰	己巳	庚午	辛未	壬申	癸酉	甲戌	乙亥	丙子	丁丑	戊寅	己卯	庚辰	辛巳	壬午	癸未	甲申	乙酉	丙戌	丁亥	戊子	己丑	庚寅	辛卯	壬辰	癸巳	甲午	乙未	丙申	丁酉
음양국	陰8					陰2					陰6					陰9					陰3					陰5				

10月 辛亥

절기	소설															대설11월													
음력	1	2	3	4	5	6	7	8	9	10	11	12	13	14	15	16	17	18	19	20	21	22	23	24	25	26	27	28	29
양력(11월/12월)	22	23	24	25	26	27	28	29	30	1	2	3	4	5	6	酉	8	9	10	11	12	13	14	15	16	17	18	19	20
요일	금	토	일	월	화	수	목	금	토	일	월	화	수	목	금	初	일	월	화	수	목	금	토	일	월	화	수	목	금
일진	戊戌	己亥	庚子	辛丑	壬寅	癸卯	甲辰	乙巳	丙午	丁未	戊申	己酉	庚戌	辛亥	壬子	癸丑	甲寅	乙卯	丙辰	丁巳	戊午	己未	庚申	辛酉	壬戌	癸亥	甲子	乙丑	丙寅
음양국	陰8					陰2					陰4					陰7					陰1					陽1			

11月 壬子

절기		동지															소한12월													
음력	1	2	3	4	5	6	7	8	9	10	11	12	13	14	15	16	17	18	19	20	21	22	23	24	25	26	27	28	29	30
양력(12월/1월)	21	22	23	24	25	26	27	28	29	30	31	1	2	3	4	5	寅	7	8	9	10	11	12	13	14	15	16	17	18	19
요일	토	일	월	화	수	목	금	토	일	월	화	수	목	금	토	일	後	화	수	목	금	토	일	월	화	수	목	금	토	일
일진	丁卯	戊辰	己巳	庚午	辛未	壬申	癸酉	甲戌	乙亥	丙子	丁丑	戊寅	己卯	庚辰	辛巳	壬午	癸未	甲申	乙酉	丙戌	丁亥	戊子	己丑	庚寅	辛卯	壬辰	癸巳	甲午	乙未	丙申
음양국	陽1					陽7					陽4					陽2					陽8					陽5				陽3

12月 癸丑

절기	대한															입춘1월													
음력	1	2	3	4	5	6	7	8	9	10	11	12	13	14	15	16	17	18	19	20	21	22	23	24	25	26	27	28	29	30
양력(1월/2월)	20	21	22	23	24	25	26	27	28	29	30	31	1	2	3	申	5	6	7	8	9	10	11	12	13	14	15	16	17	18
요일	월	화	수	목	금	토	일	월	화	수	목	금	토	일	월	中	수	목	금	토	일	월	화	수	목	금	토	일	월	화
일진	丁酉	戊戌	己亥	庚子	辛丑	壬寅	癸卯	甲辰	乙巳	丙午	丁未	戊申	己酉	庚戌	辛亥	壬子	癸丑	甲寅	乙卯	丙辰	丁巳	戊午	己未	庚申	辛酉	壬戌	癸亥	甲子	乙丑	丙寅
음양국	陽3					陽9					陽6					陽8					陽5					陽2				陽9

입춘(2/4) 16:49
경칩(3/6) 11:05
청명(4/5) 16:12
입하(5/6) 09:49
망종(6/6) 14:12
소서(7/8) 00:33

1958(戊戌年)

입추(8/8) 10:17
백로(9/8) 12:59
한로(10/9) 04:19
입동(11/8) 07:12
대설(12/7) 23:50
소한(1/6) 10:58

1月 甲寅

절기	우수															경칩2월													
음력	1	2	3	4	5	6	7	8	9	10	11	12	13	14	15	16	17	18	19	20	21	22	23	24	25	26	27	28	29
양력 월	2월										3월																		
양력 일	19	20	21	22	23	24	25	26	27	28	1	2	3	4	5	巳	7	8	9	10	11	12	13	14	15	16	17	18	19
요일	수	목	금	토	일	월	화	수	목	금	토	일	월	화	수	後	금	토	일	월	화	수	목	금	토	일	월	화	수
일진	丁卯	戊辰	己巳	庚午	辛未	壬申	癸酉	甲戌	乙亥	丙子	丁丑	戊寅	己卯	庚辰	辛巳	壬午	癸未	甲申	乙酉	丙戌	丁亥	戊子	己丑	庚寅	辛卯	壬辰	癸巳	甲午	乙未

음양국: 陽 9　陽 6　陽 3　陽 1　陽 7　陽 4　陽 3

2月 乙卯

절기	춘분																청명3월													
음력	1	2	3	4	5	6	7	8	9	10	11	12	13	14	15	16	17	18	19	20	21	22	23	24	25	26	27	28	29	30
양력 월	3월												4월																	
양력 일	20	21	22	23	24	25	26	27	28	29	30	31	1	2	3	4	申	6	7	8	9	10	11	12	13	14	15	16	17	18
요일	목	금	토	일	월	화	수	목	금	토	일	월	화	수	목	금	中	일	월	화	수	목	금	토	일	월	화	수	목	금
일진	丙申	丁酉	戊戌	己亥	庚子	辛丑	壬寅	癸卯	甲辰	乙巳	丙午	丁未	戊申	己酉	庚戌	辛亥	壬子	癸丑	甲寅	乙卯	丙辰	丁巳	戊午	己未	庚申	辛酉	壬戌	癸亥	甲子	乙丑

음양국: 陽 3　陽 9　陽 6　陽 4　陽 1　陽 7　陽 5

3月 丙辰

절기	곡우																	입하4월												
음력	1	2	3	4	5	6	7	8	9	10	11	12	13	14	15	16	17	18	19	20	21	22	23	24	25	26	27	28	29	30
양력 월	4월												5월																	
양력 일	19	20	21	22	23	24	25	26	27	28	29	30	1	2	3	4	5	巳	7	8	9	10	11	12	13	14	15	16	17	18
요일	토	일	월	화	수	목	금	토	일	월	화	수	목	금	토	일	월	初	수	목	금	토	일	월	화	수	목	금	토	일
일진	丙寅	丁卯	戊辰	己巳	庚午	辛未	壬申	癸酉	甲戌	乙亥	丙子	丁丑	戊寅	己卯	庚辰	辛巳	壬午	癸未	甲申	乙酉	丙戌	丁亥	戊子	己丑	庚寅	辛卯	壬辰	癸巳	甲午	乙未

음양국: 陽 5　陽 2　陽 8　陽 4　陽 1　陽 7　陽 5

4月 丁巳

절기	소만																		망종5월										
음력	1	2	3	4	5	6	7	8	9	10	11	12	13	14	15	16	17	18	19	20	21	22	23	24	25	26	27	28	29
양력 월	5월													6월															
양력 일	19	20	21	22	23	24	25	26	27	28	29	30	31	1	2	3	4	5	未	7	8	9	10	11	12	13	14	15	16
요일	월	화	수	목	금	토	일	월	화	수	목	금	토	일	월	화	수	목	中	토	일	월	화	수	목	금	토	일	월
일진	丙申	丁酉	戊戌	己亥	庚子	辛丑	壬寅	癸卯	甲辰	乙巳	丙午	丁未	戊申	己酉	庚戌	辛亥	壬子	癸丑	甲寅	乙卯	丙辰	丁巳	戊午	己未	庚申	辛酉	壬戌	癸亥	甲子

음양국: 陽 5　陽 2　陽 8　陽 6　陽 3　陽 9　陰 9

5月 戊午

절기	하지																					소서6월								
음력	1	2	3	4	5	6	7	8	9	10	11	12	13	14	15	16	17	18	19	20	21	22	23	24	25	26	27	28	29	30
양력 월	6월														7월															
양력 일	17	18	19	20	21	22	23	24	25	26	27	28	29	30	1	2	3	4	5	6	7	子	9	10	11	12	13	14	15	16
요일	화	수	목	금	토	일	월	화	수	목	금	토	일	월	화	수	목	금	토	일	월	中	수	목	금	토	일	월	화	수
일진	乙丑	丙寅	丁卯	戊辰	己巳	庚午	辛未	壬申	癸酉	甲戌	乙亥	丙子	丁丑	戊寅	己卯	庚辰	辛巳	壬午	癸未	甲申	乙酉	丙戌	丁亥	戊子	己丑	庚寅	辛卯	壬辰	癸巳	甲午

음양국: 陰 9　陰 3　陰 6　陰 8　陰 2　陰 5

6月 己未

절기		대서																					입추7월						
음력	1	2	3	4	5	6	7	8	9	10	11	12	13	14	15	16	17	18	19	20	21	22	23	24	25	26	27	28	29
양력 월	7월															8월													
양력 일	17	18	19	20	21	22	23	24	25	26	27	28	29	30	31	1	2	3	4	5	6	7	巳	9	10	11	12	13	14
요일	목	금	토	일	월	화	수	목	금	토	일	월	화	수	목	금	토	일	월	화	수	목	中	토	일	월	화	수	목
일진	乙未	丙申	丁酉	戊戌	己亥	庚子	辛丑	壬寅	癸卯	甲辰	乙巳	丙午	丁未	戊申	己酉	庚戌	辛亥	壬子	癸丑	甲寅	乙卯	丙辰	丁巳	戊午	己未	庚申	辛酉	壬戌	癸亥

음양국: 陰 7　陰 1　陰 4　陰 2　陰 5　陰 8

7月 庚申

절기	1	2	3	4	5	6	7	8	9	10 처서	11	12	13	14	15	16	17	18	19	20	21	22	23	24	25 백로8월	26	27	28	29
음력	1	2	3	4	5	6	7	8	9	10	11	12	13	14	15	16	17	18	19	20	21	22	23	24	25	26	27	28	29
양력월	8월																	9월											
일	15	16	17	18	19	20	21	22	23	24	25	26	27	28	29	30	31	1	2	3	4	5	6	7	午	9	10	11	12
요일	금	토	일	월	화	수	목	금	토	일	월	화	수	목	금	토	일	월	화	수	목	금	토	일	後	화	수	목	금
일진	甲子	乙丑	丙寅	丁卯	戊辰	己巳	庚午	辛未	壬申	癸酉	甲戌	乙亥	丙子	丁丑	戊寅	己卯	庚辰	辛巳	壬午	癸未	甲申	乙酉	丙戌	丁亥	戊子	己丑	庚寅	辛卯	壬辰
음양국	陰 1					陰 4					陰 7					陰 9					陰 3					陰 6			

8月 辛酉

절기	1	2	3	4	5	6	7	8	9	10	11 추분	12	13	14	15	16	17	18	19	20	21	22	23	24	25	26	27 한로9월	28	29	30
음력	1	2	3	4	5	6	7	8	9	10	11	12	13	14	15	16	17	18	19	20	21	22	23	24	25	26	27	28	29	30
양력월	9월																		10월											
일	13	14	15	16	17	18	19	20	21	22	23	24	25	26	27	28	29	30	1	2	3	4	5	6	7	8	寅	10	11	12
요일	토	일	월	화	수	목	금	토	일	월	화	수	목	금	토	일	월	화	수	목	금	토	일	월	화	수	中	금	토	일
일진	癸巳	甲午	乙未	丙申	丁酉	戊戌	己亥	庚子	辛丑	壬寅	癸卯	甲辰	乙巳	丙午	丁未	戊申	己酉	庚戌	辛亥	壬子	癸丑	甲寅	乙卯	丙辰	丁巳	戊午	己未	庚申	辛酉	壬戌
음양국	陰 7					陰 1					陰 4					陰 6					陰 9					陰 3				

9月 壬戌

절기	1	2	3	4	5	6	7	8	9	10	11	12 상강	13	14	15	16	17	18	19	20	21	22	23	24	25	26	27 입동10월	28	29
음력	1	2	3	4	5	6	7	8	9	10	11	12	13	14	15	16	17	18	19	20	21	22	23	24	25	26	27	28	29
양력월	10월																		11월										
일	13	14	15	16	17	18	19	20	21	22	23	24	25	26	27	28	29	30	31	1	2	3	4	5	6	7	卯	9	10
요일	월	화	수	목	금	토	일	월	화	수	목	금	토	일	월	화	수	목	금	토	일	월	화	수	목	금	後	일	월
일진	癸亥	甲子	乙丑	丙寅	丁卯	戊辰	己巳	庚午	辛未	壬申	癸酉	甲戌	乙亥	丙子	丁丑	戊寅	己卯	庚辰	辛巳	壬午	癸未	甲申	乙酉	丙戌	丁亥	戊子	己丑	庚寅	辛卯
음양국	陰 5					陰 8					陰 2					陰 6					陰 9					陰 3			

10月 癸亥

절기	1	2	3	4	5	6	7	8	9	10	11	12	13 소설	14	15	16	17	18	19	20	21	22	23	24	25	26	27 대설11월	28	29	30
음력	1	2	3	4	5	6	7	8	9	10	11	12	13	14	15	16	17	18	19	20	21	22	23	24	25	26	27	28	29	30
양력월	11월																			12월										
일	11	12	13	14	15	16	17	18	19	20	21	22	23	24	25	26	27	28	29	30	1	2	3	4	5	6	子	8	9	10
요일	화	수	목	금	토	일	월	화	수	목	금	토	일	월	화	수	목	금	토	일	월	화	수	목	금	토	初	월	화	수
일진	壬辰	癸巳	甲午	乙未	丙申	丁酉	戊戌	己亥	庚子	辛丑	壬寅	癸卯	甲辰	乙巳	丙午	丁未	戊申	己酉	庚戌	辛亥	壬子	癸丑	甲寅	乙卯	丙辰	丁巳	戊午	己未	庚申	辛酉
음양국	陰 3		陰 5				陰 8					陰 2					陰 4					陰 7					陰 1			

11月 甲子

절기	1	2	3	4	5	6	7	8	9	10	11	12 동지	13	14	15	16	17	18	19	20	21	22	23	24	25	26	27 소한12월	28	29
음력	1	2	3	4	5	6	7	8	9	10	11	12	13	14	15	16	17	18	19	20	21	22	23	24	25	26	27	28	29
양력월	12월																				1월								
일	11	12	13	14	15	16	17	18	19	20	21	22	23	24	25	26	27	28	29	30	31	1	2	3	4	5	巳	7	8
요일	목	금	토	일	월	화	수	목	금	토	일	월	화	수	목	금	토	일	월	화	수	목	금	토	일	월	後	수	목
일진	壬戌	癸亥	甲子	乙丑	丙寅	丁卯	戊辰	己巳	庚午	辛未	壬申	癸酉	甲戌	乙亥	丙子	丁丑	戊寅	己卯	庚辰	辛巳	壬午	癸未	甲申	乙酉	丙戌	丁亥	戊子	己丑	庚寅
음양국	陰 1		陽 1				陽 7					陽 4					陽 2					陽 8					陽 5		

12月 乙丑

절기	1	2	3	4	5	6	7	8	9	10	11	12	13 대한	14	15	16	17	18	19	20	21	22	23	24	25	26	27 입춘1월	28	29	30
음력	1	2	3	4	5	6	7	8	9	10	11	12	13	14	15	16	17	18	19	20	21	22	23	24	25	26	27	28	29	30
양력월	1월																							2월						
일	9	10	11	12	13	14	15	16	17	18	19	20	21	22	23	24	25	26	27	28	29	30	31	1	2	3	亥	5	6	7
요일	금	토	일	월	화	수	목	금	토	일	월	화	수	목	금	토	일	월	화	수	목	금	토	일	월	화	中	목	금	토
일진	辛卯	壬辰	癸巳	甲午	乙未	丙申	丁酉	戊戌	己亥	庚子	辛丑	壬寅	癸卯	甲辰	乙巳	丙午	丁未	戊申	己酉	庚戌	辛亥	壬子	癸丑	甲寅	乙卯	丙辰	丁巳	戊午	己未	庚申
음양국	陽 5		陽 3				陽 9					陽 6					陽 8					陽 5					陽 2			

1959(己亥年)

입춘(2/4) 22:42　　입추(8/8) 16:04
경칩(3/6) 16:57　　백로(9/8) 18:48
청명(4/5) 22:03　　한로(10/9) 10:10
입하(5/6) 15:39　　입동(11/8) 13:02
망종(6/6) 20:00　　대설(12/8) 05:37
소서(7/8) 06:20　　소한(1/6) 16:42

1月 丙寅

- 절기: 우수(음12), 경칩2월(음27)
- 음력: 1 2 3 4 5 6 7 8 9 10 11 **12** 13 14 15 16 17 18 19 20 21 22 23 24 25 26 **27** 28 29
- 양력(2월): 8 9 10 11 12 13 14 15 16 17 18 **19** 20 21 22 23 24 25 26 27 28 / (3월) 1 2 3 4 5 申 7 8
- 요일: 일 월 화 수 목 금 토 일 월 화 수 목 금 토 일 월 화 수 목 금 토 일 월 화 수 목 後 토 일
- 일진: 辛酉 壬戌 癸亥 甲子 乙丑 丙寅 丁卯 戊辰 己巳 庚午 辛未 壬申 癸酉 甲戌 乙亥 丙子 丁丑 戊寅 己卯 庚辰 辛巳 壬午 癸未 甲申 乙酉 丙戌 丁亥 戊子 己丑
- 음양국: 陽2 陽9 陽6 陽3 陽1 陽7 陽4

2月 丁卯

- 절기: 춘분(음13), 청명3월(음28)
- 음력: 1 2 3 4 5 6 7 8 9 10 11 12 **13** 14 15 16 17 18 19 20 21 22 23 24 25 26 27 **28** 29 30
- 양력(3월): 9 10 11 12 13 14 15 16 17 18 19 20 **21** 22 23 24 25 26 27 28 29 30 31 / (4월) 1 2 3 4 亥 6 7
- 요일: 월 화 수 목 금 토 일 월 화 수 목 금 토 일 월 화 수 목 금 토 일 월 화 수 목 금 토 初 월 화
- 일진: 庚寅 辛卯 壬辰 癸巳 甲午 乙未 丙申 丁酉 戊戌 己亥 庚子 辛丑 壬寅 癸卯 甲辰 乙巳 丙午 丁未 戊申 己酉 庚戌 辛亥 壬子 癸丑 甲寅 乙卯 丙辰 丁巳 戊午 己未
- 음양국: 陽4 陽3 陽9 陽6 陽4 陽1

3月 戊辰

- 절기: 곡우(음14), 입하4월(음29)
- 음력: 1 2 3 4 5 6 7 8 9 10 11 12 13 **14** 15 16 17 18 19 20 21 22 23 24 25 26 27 28 **29** 30
- 양력(4월): 8 9 10 11 12 13 14 15 16 17 18 19 20 **21** 22 23 24 25 26 27 28 29 30 / (5월) 1 2 3 4 5 申 7
- 요일: 수 목 금 토 일 월 화 수 목 금 토 일 월 화 수 목 금 토 일 월 화 수 목 금 토 일 월 화 初 목
- 일진: 庚申 辛酉 壬戌 癸亥 甲子 乙丑 丙寅 丁卯 戊辰 己巳 庚午 辛未 壬申 癸酉 甲戌 乙亥 丙子 丁丑 戊寅 己卯 庚辰 辛巳 壬午 癸未 甲申 乙酉 丙戌 丁亥 戊子 己丑
- 음양국: 陽7 陽5 陽2 陽8 陽4 陽1

4月 己巳

- 절기: 소만(음15)
- 음력: 1 2 3 4 5 6 7 8 9 10 11 12 13 14 **15** 16 17 18 19 20 21 22 23 24 25 26 27 28 29
- 양력(5월): 8 9 10 11 12 13 14 15 16 17 18 19 20 21 **22** 23 24 25 26 27 28 29 30 31 / (6월) 1 2 3 4 5
- 요일: 금 토 일 월 화 수 목 금 토 일 월 화 수 목 금 토 일 월 화 수 목 금 토 일 월 화 수 목 금
- 일진: 庚寅 辛卯 壬辰 癸巳 甲午 乙未 丙申 丁酉 戊戌 己亥 庚子 辛丑 壬寅 癸卯 甲辰 乙巳 丙午 丁未 戊申 己酉 庚戌 辛亥 壬子 癸丑 甲寅 乙卯 丙辰 丁巳 戊午
- 음양국: 陽7 陽5 陽2 陽8 陽6 陽3

5月 庚午

- 절기: 망종5월(음1), 하지(음17)
- 음력: **1** 2 3 4 5 6 7 8 9 10 11 12 13 14 15 16 **17** 18 19 20 21 22 23 24 25 26 27 28 29 30
- 양력(6월): 戌 7 8 9 10 11 12 13 14 15 16 17 18 19 20 21 **22** 23 24 25 26 27 28 29 30 / (7월) 1 2 3 4 5
- 요일: 初 일 월 화 수 목 금 토 일 월 화 수 목 금 토 일 월 화 수 목 금 토 일 월 화 수 목 금 토 일
- 일진: 己未 庚申 辛酉 壬戌 癸亥 甲子 乙丑 丙寅 丁卯 戊辰 己巳 庚午 辛未 壬申 癸酉 甲戌 乙亥 丙子 丁丑 戊寅 己卯 庚辰 辛巳 壬午 癸未 甲申 乙酉 丙戌 丁亥 戊子
- 음양국: 陽9 陽6 陽3 陽9 [陰9] 陰3

6月 辛未

- 절기: 소서6월(음3), 대서(음18)
- 음력: 1 2 **3** 4 5 6 7 8 9 10 11 12 13 14 15 16 17 **18** 19 20 21 22 23 24 25 26 27 28 29
- 양력(7월): 6 7 卯 9 10 11 12 13 14 15 16 17 18 19 20 21 22 **23** 24 25 26 27 28 29 30 31 / (8월) 1 2 3
- 요일: 월 화 中 목 금 토 일 월 화 수 목 금 토 일 월 화 수 목 금 토 일 월 화 수 목 금 토 일 월
- 일진: 己丑 庚寅 辛卯 壬辰 癸巳 甲午 乙未 丙申 丁酉 戊戌 己亥 庚子 辛丑 壬寅 癸卯 甲辰 乙巳 丙午 丁未 戊申 己酉 庚戌 辛亥 壬子 癸丑 甲寅 乙卯 丙辰 丁巳
- 음양국: 陰6 陰8 陰2 陰5 陰7 陰1

7月 壬申

절기	입추7월 ... 처서
음력	1 2 3 4 **5** 6 7 8 9 10 11 12 13 14 15 16 17 18 19 20 **21** 22 23 24 25 26 27 28 29 30
양력 월	8월 ... 9월
일	4 5 6 7 申 9 10 11 12 13 14 15 16 17 18 19 20 21 22 23 24 25 26 27 28 29 30 31 1 2
요일	화 수 목 금 初 일 월 화 수 목 금 토 일 월 화 수 목 금 토 일 월 화 수 목 금 토 일 월 화 수
일진	戊午 己未 庚申 辛酉 壬戌 癸亥 甲子 乙丑 丙寅 丁卯 戊辰 己巳 庚午 辛未 壬申 癸酉 甲戌 乙亥 丙子 丁丑 戊寅 己卯 庚辰 辛巳 壬午 癸未 甲申 乙酉 丙戌 丁亥
음양국	陰 4　陰 2　陰 5　陰 8　陰 1　陰 4

8月 癸酉

절기	백로8월 ... 추분
음력	1 2 3 4 5 **6** 7 8 9 10 11 12 13 14 15 16 17 18 19 20 21 **22** 23 24 25 26 27 28 29
양력 월	9월 ... 10월
일	3 4 5 6 7 酉 9 10 11 12 13 14 15 16 17 18 19 20 21 22 23 24 25 26 27 28 29 30 1
요일	목 금 토 일 월 中 수 목 금 토 일 월 화 수 목 금 토 일 월 화 수 목 금 토 일 월 화 수 목
일진	戊子 己丑 庚寅 辛卯 壬辰 癸巳 甲午 乙未 丙申 丁酉 戊戌 己亥 庚子 辛丑 壬寅 癸卯 甲辰 乙巳 丙午 丁未 戊申 己酉 庚戌 辛亥 壬子 癸丑 甲寅 乙卯 丙辰
음양국	陰 7　陰 9　陰 3　陰 6　陰 7　陰 1

9月 甲戌

절기	한로9월 ... 상강
음력	1 2 3 4 5 6 7 **8** 9 10 11 12 13 14 15 16 17 18 19 20 21 22 **23** 24 25 26 27 28 29 30
양력 월	10월
일	2 3 4 5 6 7 8 巳 10 11 12 13 14 15 16 17 18 19 20 21 22 23 24 25 26 27 28 29 30 31
요일	금 토 일 월 화 수 목 中 토 일 월 화 수 목 금 토 일 월 화 수 목 금 토 일 월 화 수 목 금 토
일진	丁巳 戊午 己未 庚申 辛酉 壬戌 癸亥 甲子 乙丑 丙寅 丁卯 戊辰 己巳 庚午 辛未 壬申 癸酉 甲戌 乙亥 丙子 丁丑 戊寅 己卯 庚辰 辛巳 壬午 癸未 甲申 乙酉 丙戌
음양국	陰 1　陰 4　陰 6　陰 9　陰 3　陰 5　陰 8

10月 乙亥

절기	입동10월 ... 소설
음력	1 2 3 4 5 6 7 **8** 9 10 11 12 13 14 15 16 17 18 19 20 21 22 **23** 24 25 26 27 28 29
양력 월	11월
일	**1** 2 3 4 5 6 7 午 9 10 11 12 13 14 15 16 17 18 19 20 21 22 **23** 24 25 26 27 28 29
요일	일 월 화 수 목 금 토 後 월 화 수 목 금 토 일 월 화 수 목 금 토 일 월 화 수 목 금 토 일
일진	丁亥 戊子 己丑 庚寅 辛卯 壬辰 癸巳 甲午 乙未 丙申 丁酉 戊戌 己亥 庚子 辛丑 壬寅 癸卯 甲辰 乙巳 丙午 丁未 戊申 己酉 庚戌 辛亥 壬子 癸丑 甲寅 乙卯
음양국	陰 8　陰 2　陰 6　陰 9　陰 3　陰 5　陰 8

11月 丙子

절기	대설11월 ... 동지
음력	1 2 3 4 5 6 7 8 **9** 10 11 12 13 14 15 16 17 18 19 20 21 22 **23** 24 25 26 27 28 29 30
양력 월	11월 12월
일	30 **1** 2 3 4 5 6 7 卯 9 10 11 12 13 14 15 16 17 18 19 20 21 **22** 23 24 25 26 27 28 29
요일	월 화 수 목 금 토 일 월 初 수 목 금 토 일 월 화 수 목 금 토 일 월 화 수 목 금 토 일 월 화
일진	丙辰 丁巳 戊午 己未 庚申 辛酉 壬戌 癸亥 甲子 乙丑 丙寅 丁卯 戊辰 己巳 庚午 辛未 壬申 癸酉 甲戌 乙亥 丙子 丁丑 戊寅 己卯 庚辰 辛巳 壬午 癸未 甲申 乙酉
음양국	陰 8　陰 2　陰 4　陰 7　陰 1　陽 1　陽 7

12月 丁丑

절기	소한12월 ... 대한
음력	1 2 3 4 5 6 7 **8** 9 10 11 12 13 14 15 16 17 18 19 20 21 22 **23** 24 25 26 27 28 29
양력 월	12월 1월
일	30 31 **1** 2 3 4 5 申 7 8 9 10 11 12 13 14 15 16 17 18 19 20 **21** 22 23 24 25 26 27
요일	수 목 금 토 일 월 화 中 목 금 토 일 월 화 수 목 금 토 일 월 화 수 목 금 토 일 월 화 수
일진	丙戌 丁亥 戊子 己丑 庚寅 辛卯 壬辰 癸巳 甲午 乙未 丙申 丁酉 戊戌 己亥 庚子 辛丑 壬寅 癸卯 甲辰 乙巳 丙午 丁未 戊申 己酉 庚戌 辛亥 壬子 癸丑 甲寅
음양국	陽 7　陽 4　陽 2　陽 8　陽 5　陽 3　陽 9

1960(庚子年)

입춘(2/5) 04:23　　입추(8/7) 22:00
경칩(3/5) 22:36　　백로(9/8) 00:45
청명(4/5) 03:44　　한로(10/8) 16:09
입하(5/5) 21:23　　입동(11/7) 19:02
망종(6/6) 01:49　　대설(12/7) 11:38
소서(7/7) 12:13　　소한(1/5) 22:43

1月 戊寅

절기									입춘1월															우수						
음력	1	2	3	4	5	6	7	8	9	10	11	12	13	14	15	16	17	18	19	20	21	22	23	24	25	26	27	28	29	30
양력 월	1월				2월																									
양력 일	28	29	30	31	1	2	3	4	寅中	6	7	8	9	10	11	12	13	14	15	16	17	18	19	20	21	22	23	24	25	26
요일	목	금	토	일	월	화	수	목	中	토	일	월	화	수	목	금	토	일	월	화	수	목	금	토	일	월	화	수	목	금
일진	乙卯	丙辰	丁巳	戊午	己未	庚申	辛酉	壬戌	癸亥	甲子	乙丑	丙寅	丁卯	戊辰	己巳	庚午	辛未	壬申	癸酉	甲戌	乙亥	丙子	丁丑	戊寅	己卯	庚辰	辛巳	壬午	癸未	甲申
음양국	陽9				陽6				陽8				陽5				陽2				陽9									

2月 己卯

절기								경칩2월															춘분						
음력	1	2	3	4	5	6	7	8	9	10	11	12	13	14	15	16	17	18	19	20	21	22	23	24	25	26	27	28	29
양력 월	2월			3월																									
양력 일	27	28	29	1	2	3	4	亥中	6	7	8	9	10	11	12	13	14	15	16	17	18	19	20	21	22	23	24	25	26
요일	토	일	월	화	수	목	금	中	일	월	화	수	목	금	토	일	월	화	수	목	금	토	일	월	화	수	목	금	토
일진	乙酉	丙戌	丁亥	戊子	己丑	庚寅	辛卯	壬辰	癸巳	甲午	乙未	丙申	丁酉	戊戌	己亥	庚子	辛丑	壬寅	癸卯	甲辰	乙巳	丙午	丁未	戊申	己酉	庚戌	辛亥	壬子	癸丑
음양국	陽6			陽3				陽1				陽7				陽4				陽3									

3月 庚辰

절기									청명3월															곡우						
음력	1	2	3	4	5	6	7	8	9	10	11	12	13	14	15	16	17	18	19	20	21	22	23	24	25	26	27	28	29	30
양력 월	3월					4월																								
양력 일	27	28	29	30	31	1	2	3	4	寅初	6	7	8	9	10	11	12	13	14	15	16	17	18	19	20	21	22	23	24	25
요일	일	월	화	수	목	금	토	일	월	初	수	목	금	토	일	월	화	수	목	금	토	일	월	화	수	목	금	토	일	월
일진	甲寅	乙卯	丙辰	丁巳	戊午	己未	庚申	辛酉	壬戌	癸亥	甲子	乙丑	丙寅	丁卯	戊辰	己巳	庚午	辛未	壬申	癸酉	甲戌	乙亥	丙子	丁丑	戊寅	己卯	庚辰	辛巳	壬午	癸未
음양국	陽9				陽6				陽4				陽1				陽7				陽5									

4月 辛巳

절기									입하4월																	소만			
음력	1	2	3	4	5	6	7	8	9	10	11	12	13	14	15	16	17	18	19	20	21	22	23	24	25	26	27	28	29
양력 월	4월					5월																							
양력 일	26	27	28	29	30	1	2	3	4	戌後	6	7	8	9	10	11	12	13	14	15	16	17	18	19	20	21	22	23	24
요일	화	수	목	금	토	일	월	화	수	後	금	토	일	월	화	수	목	금	토	일	월	화	수	목	금	토	일	월	화
일진	甲申	乙酉	丙戌	丁亥	戊子	己丑	庚寅	辛卯	壬辰	癸巳	甲午	乙未	丙申	丁酉	戊戌	己亥	庚子	辛丑	壬寅	癸卯	甲辰	乙巳	丙午	丁未	戊申	己酉	庚戌	辛亥	壬子
음양국	陽2				陽8				陽4				陽1				陽7				陽5								

5月 壬午

절기													망종5월															하지		
음력	1	2	3	4	5	6	7	8	9	10	11	12	13	14	15	16	17	18	19	20	21	22	23	24	25	26	27	28	29	30
양력 월	5월							6월																						
양력 일	25	26	27	28	29	30	31	1	2	3	4	5	丑初	7	8	9	10	11	12	13	14	15	16	17	18	19	20	21	22	23
요일	수	목	금	토	일	월	화	수	목	금	토	일	初	화	수	목	금	토	일	월	화	수	목	금	토	일	월	화	수	목
일진	癸丑	甲寅	乙卯	丙辰	丁巳	戊午	己未	庚申	辛酉	壬戌	癸亥	甲子	乙丑	丙寅	丁卯	戊辰	己巳	庚午	辛未	壬申	癸酉	甲戌	乙亥	丙子	丁丑	戊寅	己卯	庚辰	辛巳	壬午
음양국	陽2				陽8				陽6				陽3				陽9				陰9									

6月 癸未

절기														소서6월																대서
음력	1	2	3	4	5	6	7	8	9	10	11	12	13	14	15	16	17	18	19	20	21	22	23	24	25	26	27	28	29	30
양력 월	6월							7월																						
양력 일	24	25	26	27	28	29	30	1	2	3	4	5	6	午中	8	9	10	11	12	13	14	15	16	17	18	19	20	21	22	23
요일	금	토	일	월	화	수	목	금	토	일	월	화	수	中	금	토	일	월	화	수	목	금	토	일	월	화	수	목	금	토
일진	癸未	甲申	乙酉	丙戌	丁亥	戊子	己丑	庚寅	辛卯	壬辰	癸巳	甲午	乙未	丙申	丁酉	戊戌	己亥	庚子	辛丑	壬寅	癸卯	甲辰	乙巳	丙午	丁未	戊申	己酉	庚戌	辛亥	壬子
음양국		陰3				陰6				陰8				陰2				陰5				陰7								

閏6月

음력	1	2	3	4	5	6	7	8	9	10	11	12	13	14	15	16	17	18	19	20	21	22	23	24	25	26	27	28	29
절기															입추7월														
양력 월	7월								8월																				
양력 일	24	25	26	27	28	29	30	31	1	2	3	4	5	6	亥	8	9	10	11	12	13	14	15	16	17	18	19	20	21
요일	일	월	화	수	목	금	토	일	월	화	수	목	금	토	初	월	화	수	목	금	토	일	월	화	수	목	금	토	일
일진	癸丑	甲寅	乙卯	丙辰	丁巳	戊午	己未	庚申	辛酉	壬戌	癸亥	甲子	乙丑	丙寅	丁卯	戊辰	己巳	庚午	辛未	壬申	癸酉	甲戌	乙亥	丙子	丁丑	戊寅	己卯	庚辰	辛巳
음양국	陰1					陰4					陰2					陰5					陰8					陰1			

7月 甲申

음력	1	2	3	4	5	6	7	8	9	10	11	12	13	14	15	16	17	18	19	20	21	22	23	24	25	26	27	28	29	30
절기		처서																백로8월												
양력 월	8월										9월																			
양력 일	22	23	24	25	26	27	28	29	30	31	1	2	3	4	5	6	7	子	9	10	11	12	13	14	15	16	17	18	19	20
요일	월	화	수	목	금	토	일	월	화	수	목	금	토	일	월	화	수	中	금	토	일	월	화	수	목	금	토	일	월	화
일진	壬午	癸未	甲申	乙酉	丙戌	丁亥	戊子	己丑	庚寅	辛卯	壬辰	癸巳	甲午	乙未	丙申	丁酉	戊戌	己亥	庚子	辛丑	壬寅	癸卯	甲辰	乙巳	丙午	丁未	戊申	己酉	庚戌	辛亥
음양국	陰1		陰4			陰7			陰9			陰3			陰6			陰7												

8月 乙酉

음력	1	2	3	4	5	6	7	8	9	10	11	12	13	14	15	16	17	18	19	20	21	22	23	24	25	26	27	28	29
절기			추분															한로9월											
양력 월	9월										10월																		
양력 일	21	22	23	24	25	26	27	28	29	30	1	2	3	4	5	6	7	申	9	10	11	12	13	14	15	16	17	18	19
요일	수	목	금	토	일	월	화	수	목	금	토	일	월	화	수	목	금	初	일	월	화	수	목	금	토	일	월	화	수
일진	壬子	癸丑	甲寅	乙卯	丙辰	丁巳	戊午	己未	庚申	辛酉	壬戌	癸亥	甲子	乙丑	丙寅	丁卯	戊辰	己巳	庚午	辛未	壬申	癸酉	甲戌	乙亥	丙子	丁丑	戊寅	己卯	庚辰
음양국	陰7		陰1			陰4			陰6			陰9			陰3			陰5											

9月 丙戌

음력	1	2	3	4	5	6	7	8	9	10	11	12	13	14	15	16	17	18	19	20	21	22	23	24	25	26	27	28	29	30
절기				상강															입동10월											
양력 월	10월												11월																	
양력 일	20	21	22	23	24	25	26	27	28	29	30	31	1	2	3	4	5	6	酉	8	9	10	11	12	13	14	15	16	17	18
요일	목	금	토	일	월	화	수	목	금	토	일	월	화	수	목	금	토	일	後	화	수	목	금	토	일	월	화	수	목	금
일진	辛巳	壬午	癸未	甲申	乙酉	丙戌	丁亥	戊子	己丑	庚寅	辛卯	壬辰	癸巳	甲午	乙未	丙申	丁酉	戊戌	己亥	庚子	辛丑	壬寅	癸卯	甲辰	乙巳	丙午	丁未	戊申	己酉	庚戌
음양국	陰5			陰8			陰2			陰6			陰9			陰3			陰5											

10月 丁亥

음력	1	2	3	4	5	6	7	8	9	10	11	12	13	14	15	16	17	18	19	20	21	22	23	24	25	26	27	28	29
절기				소설															대설11월										
양력 월	11월												12월																
양력 일	19	20	21	22	23	24	25	26	27	28	29	30	1	2	3	4	5	6	午	8	9	10	11	12	13	14	15	16	17
요일	토	일	월	화	수	목	금	토	일	월	화	수	목	금	토	일	월	화	初	목	금	토	일	월	화	수	목	금	토
일진	辛亥	壬子	癸丑	甲寅	乙卯	丙辰	丁巳	戊午	己未	庚申	辛酉	壬戌	癸亥	甲子	乙丑	丙寅	丁卯	戊辰	己巳	庚午	辛未	壬申	癸酉	甲戌	乙亥	丙子	丁丑	戊寅	己卯
음양국	陰5			陰8			陰2			陰4			陰7			陰1			陽1										

11月 戊子

음력	1	2	3	4	5	6	7	8	9	10	11	12	13	14	15	16	17	18	19	20	21	22	23	24	25	26	27	28	29	30
절기					동지														소한12월											
양력 월	12월														1월															
양력 일	18	19	20	21	22	23	24	25	26	27	28	29	30	31	1	2	3	4	亥	6	7	8	9	10	11	12	13	14	15	16
요일	일	월	화	수	목	금	토	일	월	화	수	목	금	토	일	월	화	수	中	금	토	일	월	화	수	목	금	토	일	월
일진	庚辰	辛巳	壬午	癸未	甲申	乙酉	丙戌	丁亥	戊子	己丑	庚寅	辛卯	壬辰	癸巳	甲午	乙未	丙申	丁酉	戊戌	己亥	庚子	辛丑	壬寅	癸卯	甲辰	乙巳	丙午	丁未	戊申	己酉
음양국	陽1			陽7			陽4			陽2			陽8			陽5														

12月 己丑

음력	1	2	3	4	5	6	7	8	9	10	11	12	13	14	15	16	17	18	19	20	21	22	23	24	25	26	27	28	29
절기				대한															입춘1월										
양력 월	1월															2월													
양력 일	17	18	19	20	21	22	23	24	25	26	27	28	29	30	31	1	2	3	巳	5	6	7	8	9	10	11	12	13	14
요일	화	수	목	금	토	일	월	화	수	목	금	토	일	월	화	수	목	금	中	일	월	화	수	목	금	토	일	월	화
일진	庚戌	辛亥	壬子	癸丑	甲寅	乙卯	丙辰	丁巳	戊午	己未	庚申	辛酉	壬戌	癸亥	甲子	乙丑	丙寅	丁卯	戊辰	己巳	庚午	辛未	壬申	癸酉	甲戌	乙亥	丙子	丁丑	戊寅
음양국	陽3			陽9			陽6			陽8			陽5			陽2													

입춘(2/4) 10:22
경칩(3/6) 04:35
청명(4/5) 09:42
입하(5/6) 03:21
망종(6/6) 07:46
소서(7/7) 18:07

입추(8/8) 03:48
백로(9/8) 06:29
한로(10/8) 21:51
입동(11/8) 00:46
대설(12/7) 17:26
소한(1/6) 04:35

1961(辛丑年)

1月 庚寅

	1	2	3	4	5	6	7	8	9	10	11	12	13	14	15	16	17	18	19	20	21	22	23	24	25	26	27	28	29	30
절기					우수															경칩2월										
음력	1	2	3	4	5	6	7	8	9	10	11	12	13	14	15	16	17	18	19	20	21	22	23	24	25	26	27	28	29	30
양력 (2월/3월)	15	16	17	18	19	20	21	22	23	24	25	26	27	28	1	2	3	4	5	寅	7	8	9	10	11	12	13	14	15	16
요일	수	목	금	토	일	월	화	수	목	금	토	일	월	화	수	목	금	토	일	中	화	수	목	금	토	일	월	화	수	목
일진	己卯	庚辰	辛巳	壬午	癸未	甲申	乙酉	丙戌	丁亥	戊子	己丑	庚寅	辛卯	壬辰	癸巳	甲午	乙未	丙申	丁酉	戊戌	己亥	庚子	辛丑	壬寅	癸卯	甲辰	乙巳	丙午	丁未	戊申
음양국	陽9					陽6					陽3					陽1					陽7					陽4				

2月 辛卯

	1	2	3	4	5	6	7	8	9	10	11	12	13	14	15	16	17	18	19	20	21	22	23	24	25	26	27	28	29
절기					춘분															청명3월									
음력	1	2	3	4	5	6	7	8	9	10	11	12	13	14	15	16	17	18	19	20	21	22	23	24	25	26	27	28	29
양력 (3월/4월)	17	18	19	20	21	22	23	24	25	26	27	28	29	30	31	1	2	3	4	巳	6	7	8	9	10	11	12	13	14
요일	금	토	일	월	화	수	목	금	토	일	월	화	수	목	금	토	일	월	화	初	목	금	토	일	월	화	수	목	금
일진	己酉	庚戌	辛亥	壬子	癸丑	甲寅	乙卯	丙辰	丁巳	戊午	己未	庚申	辛酉	壬戌	癸亥	甲子	乙丑	丙寅	丁卯	戊辰	己巳	庚午	辛未	壬申	癸酉	甲戌	乙亥	丙子	丁丑
음양국	陽3					陽9					陽6					陽4					陽1					陽7				

3月 壬辰

	1	2	3	4	5	6	7	8	9	10	11	12	13	14	15	16	17	18	19	20	21	22	23	24	25	26	27	28	29	30
절기						곡우																입하4월								
음력	1	2	3	4	5	6	7	8	9	10	11	12	13	14	15	16	17	18	19	20	21	22	23	24	25	26	27	28	29	30
양력 (4월/5월)	15	16	17	18	19	20	21	22	23	24	25	26	27	28	29	30	1	2	3	4	5	丑	7	8	9	10	11	12	13	14
요일	토	일	월	화	수	목	금	토	일	월	화	수	목	금	토	일	월	화	수	목	금	後	일	월	화	수	목	금	토	일
일진	戊寅	己卯	庚辰	辛巳	壬午	癸未	甲申	乙酉	丙戌	丁亥	戊子	己丑	庚寅	辛卯	壬辰	癸巳	甲午	乙未	丙申	丁酉	戊戌	己亥	庚子	辛丑	壬寅	癸卯	甲辰	乙巳	丙午	丁未
음양국	陽5					陽2					陽8					陽4					陽1					陽7				

4月 癸巳

	1	2	3	4	5	6	7	8	9	10	11	12	13	14	15	16	17	18	19	20	21	22	23	24	25	26	27	28	29
절기							소만																망종5월						
음력	1	2	3	4	5	6	7	8	9	10	11	12	13	14	15	16	17	18	19	20	21	22	23	24	25	26	27	28	29
양력 (5월/6월)	15	16	17	18	19	20	21	22	23	24	25	26	27	28	29	30	31	1	2	3	4	5	辰	7	8	9	10	11	12
요일	월	화	수	목	금	토	일	월	화	수	목	금	토	일	월	화	수	목	금	토	일	월	初	수	목	금	토	일	월
일진	戊申	己酉	庚戌	辛亥	壬子	癸丑	甲寅	乙卯	丙辰	丁巳	戊午	己未	庚申	辛酉	壬戌	癸亥	甲子	乙丑	丙寅	丁卯	戊辰	己巳	庚午	辛未	壬申	癸酉	甲戌	乙亥	丙子
음양국	陽5					陽2					陽8					陽6					陽3					陽9				

5月 甲午

	1	2	3	4	5	6	7	8	9	10	11	12	13	14	15	16	17	18	19	20	21	22	23	24	25	26	27	28	29	30
절기										하지															소서6월					
음력	1	2	3	4	5	6	7	8	9	10	11	12	13	14	15	16	17	18	19	20	21	22	23	24	25	26	27	28	29	30
양력 (6월/7월)	13	14	15	16	17	18	19	20	21	22	23	24	25	26	27	28	29	30	1	2	3	4	5	6	酉	8	9	10	11	12
요일	화	수	목	금	토	일	월	화	수	목	금	토	일	월	화	수	목	금	토	일	월	화	수	목	初	토	일	월	화	수
일진	丁丑	戊寅	己卯	庚辰	辛巳	壬午	癸未	甲申	乙酉	丙戌	丁亥	戊子	己丑	庚寅	辛卯	壬辰	癸巳	甲午	乙未	丙申	丁酉	戊戌	己亥	庚子	辛丑	壬寅	癸卯	甲辰	乙巳	丙午
음양국	陽9			陰9			陰3			陰6			陰8			陰2			陰5											

6月 乙未

	1	2	3	4	5	6	7	8	9	10	11	12	13	14	15	16	17	18	19	20	21	22	23	24	25	26	27	28	29
절기											대서																입추7월		
음력	1	2	3	4	5	6	7	8	9	10	11	12	13	14	15	16	17	18	19	20	21	22	23	24	25	26	27	28	29
양력 (7월/8월)	13	14	15	16	17	18	19	20	21	22	23	24	25	26	27	28	29	30	31	1	2	3	4	5	6	7	寅	9	10
요일	목	금	토	일	월	화	수	목	금	토	일	월	화	수	목	금	토	일	월	화	수	목	금	토	일	월	初	수	목
일진	丁未	戊申	己酉	庚戌	辛亥	壬子	癸丑	甲寅	乙卯	丙辰	丁巳	戊午	己未	庚申	辛酉	壬戌	癸亥	甲子	乙丑	丙寅	丁卯	戊辰	己巳	庚午	辛未	壬申	癸酉	甲戌	乙亥
음양국	陰5			陰7			陰1			陰4			陰2			陰5			陰8										

7月 丙申

구분	1	2	3	4	5	6	7	8	9	10	11	12	13	14	15	16	17	18	19	20	21	22	23	24	25	26	27	28	29	30
절기													처서																백로8월	
음력	1	2	3	4	5	6	7	8	9	10	11	12	13	14	15	16	17	18	19	20	21	22	23	24	25	26	27	28	29	30
양월	8월																					9월								
양일	11	12	13	14	15	16	17	18	19	20	21	22	23	24	25	26	27	28	29	30	31	1	2	3	4	5	6	7	卯	9
요일	금	토	일	월	화	수	목	금	토	일	월	화	수	목	금	토	일	월	화	수	목	금	토	일	월	화	수	목	中	토
일진	丙子	丁丑	戊寅	己卯	庚辰	辛巳	壬午	癸未	甲申	乙酉	丙戌	丁亥	戊子	己丑	庚寅	辛卯	壬辰	癸巳	甲午	乙未	丙申	丁酉	戊戌	己亥	庚子	辛丑	壬寅	癸卯	甲辰	乙巳

음양국: 陰8 / 陰1 / 陰4 / 陰7 / 陰9 / 陰3 / 陰6

8月 丁酉

구분	1	2	3	4	5	6	7	8	9	10	11	12	13	14	15	16	17	18	19	20	21	22	23	24	25	26	27	28	29	30
절기														추분															한로9월	
음력	1	2	3	4	5	6	7	8	9	10	11	12	13	14	15	16	17	18	19	20	21	22	23	24	25	26	27	28	29	30
양월	9월																					10월								
양일	10	11	12	13	14	15	16	17	18	19	20	21	22	23	24	25	26	27	28	29	30	1	2	3	4	5	6	7	亥	9
요일	일	월	화	수	목	금	토	일	월	화	수	목	금	토	일	월	화	수	목	금	토	일	월	화	수	목	금	토	初	월
일진	丙午	丁未	戊申	己酉	庚戌	辛亥	壬子	癸丑	甲寅	乙卯	丙辰	丁巳	戊午	己未	庚申	辛酉	壬戌	癸亥	甲子	乙丑	丙寅	丁卯	戊辰	己巳	庚午	辛未	壬申	癸酉	甲戌	乙亥

음양국: 陰6 / 陰7 / 陰1 / 陰4 / 陰6 / 陰9 / 陰3

9月 戊戌

구분	1	2	3	4	5	6	7	8	9	10	11	12	13	14	15	16	17	18	19	20	21	22	23	24	25	26	27	28	29
절기															상강														
음력	1	2	3	4	5	6	7	8	9	10	11	12	13	14	15	16	17	18	19	20	21	22	23	24	25	26	27	28	29
양월	10월																							11월					
양일	10	11	12	13	14	15	16	17	18	19	20	21	22	23	24	25	26	27	28	29	30	31	1	2	3	4	5	6	7
요일	화	수	목	금	토	일	월	화	수	목	금	토	일	월	화	수	목	금	토	일	월	화	수	목	금	토	일	월	화
일진	丙子	丁丑	戊寅	己卯	庚辰	辛巳	壬午	癸未	甲申	乙酉	丙戌	丁亥	戊子	己丑	庚寅	辛卯	壬辰	癸巳	甲午	乙未	丙申	丁酉	戊戌	己亥	庚子	辛丑	壬寅	癸卯	甲辰

음양국: 陰3 / 陰5 / 陰8 / 陰2 / 陰6 / 陰9 / 陰3

10月 己亥

구분	1	2	3	4	5	6	7	8	9	10	11	12	13	14	15	16	17	18	19	20	21	22	23	24	25	26	27	28	29	30
절기	입동10월														소설															대설11월
음력	1	2	3	4	5	6	7	8	9	10	11	12	13	14	15	16	17	18	19	20	21	22	23	24	25	26	27	28	29	30
양월	11월																							12월						
양일	子	9	10	11	12	13	14	15	16	17	18	19	20	21	22	23	24	25	26	27	28	29	30	1	2	3	4	5	6	申
요일	中	목	금	토	일	월	화	수	목	금	토	일	월	화	수	목	금	토	일	월	화	수	목	금	토	일	월	화	수	後
일진	乙巳	丙午	丁未	戊申	己酉	庚戌	辛亥	壬子	癸丑	甲寅	乙卯	丙辰	丁巳	戊午	己未	庚申	辛酉	壬戌	癸亥	甲子	乙丑	丙寅	丁卯	戊辰	己巳	庚午	辛未	壬申	癸酉	甲戌

음양국: 陰3 / 陰5 / 陰8 / 陰2 / 陰4 / 陰7

11月 庚子

구분	1	2	3	4	5	6	7	8	9	10	11	12	13	14	15	16	17	18	19	20	21	22	23	24	25	26	27	28	29
절기															동지														
음력	1	2	3	4	5	6	7	8	9	10	11	12	13	14	15	16	17	18	19	20	21	22	23	24	25	26	27	28	29
양월	12월																									1월			
양일	8	9	10	11	12	13	14	15	16	17	18	19	20	21	22	23	24	25	26	27	28	29	30	31	1	2	3	4	5
요일	금	토	일	월	화	수	목	금	토	일	월	화	수	목	금	토	일	월	화	수	목	금	토	일	월	화	수	목	금
일진	乙亥	丙子	丁丑	戊寅	己卯	庚辰	辛巳	壬午	癸未	甲申	乙酉	丙戌	丁亥	戊子	己丑	庚寅	辛卯	壬辰	癸巳	甲午	乙未	丙申	丁酉	戊戌	己亥	庚子	辛丑	壬寅	癸卯

음양국: 陰1 / 陽1 / 陽7 / 陽4 / 陽2 / 陽8

12月 辛丑

구분	1	2	3	4	5	6	7	8	9	10	11	12	13	14	15	16	17	18	19	20	21	22	23	24	25	26	27	28	29	30
절기	소한12월														대한															입춘1월
음력	1	2	3	4	5	6	7	8	9	10	11	12	13	14	15	16	17	18	19	20	21	22	23	24	25	26	27	28	29	30
양월	1월																									2월				
양일	寅	7	8	9	10	11	12	13	14	15	16	17	18	19	20	21	22	23	24	25	26	27	28	29	30	31	1	2	3	申
요일	中	일	월	화	수	목	금	토	일	월	화	수	목	금	토	일	월	화	수	목	금	토	일	월	화	수	목	금	토	中
일진	甲辰	乙巳	丙午	丁未	戊申	己酉	庚戌	辛亥	壬子	癸丑	甲寅	乙卯	丙辰	丁巳	戊午	己未	庚申	辛酉	壬戌	癸亥	甲子	乙丑	丙寅	丁卯	戊辰	己巳	庚午	辛未	壬申	癸酉

음양국: 陽5 / 陽3 / 陽9 / 陽6 / 陽8 / 陽5

1962(壬寅年)

입춘(2/4) 16:17
경칩(3/6) 10:30
청명(4/5) 15:34
입하(5/6) 09:10
망종(6/6) 13:31
소서(7/7) 23:51

입추(8/8) 09:34
백로(9/8) 12:15
한로(10/9) 03:38
입동(11/8) 06:35
대설(12/7) 23:17
소한(1/6) 10:26

1月 壬寅

절기															우수														
음력	1	2	3	4	5	6	7	8	9	10	11	12	13	14	15	16	17	18	19	20	21	22	23	24	25	26	27	28	29
양력(2월/3월)	5	6	7	8	9	10	11	12	13	14	15	16	17	18	19	20	21	22	23	24	25	26	27	28	1	2	3	4	5
요일	월	화	수	목	금	토	일	월	화	수	목	금	토	일	월	화	수	목	금	토	일	월	화	수	목	금	토	일	월
일진	甲戌	乙亥	丙子	丁丑	戊寅	己卯	庚辰	辛巳	壬午	癸未	甲申	乙酉	丙戌	丁亥	戊子	己丑	庚寅	辛卯	壬辰	癸巳	甲午	乙未	丙申	丁酉	戊戌	己亥	庚子	辛丑	壬寅

음양국: 陽 2　陽 9　陽 6　陽 3　陽 1　陽 7

2月 癸卯

절기	경칩2월															춘분														
음력	1	2	3	4	5	6	7	8	9	10	11	12	13	14	15	16	17	18	19	20	21	22	23	24	25	26	27	28	29	30
양력(3월/4월)	巳	7	8	9	10	11	12	13	14	15	16	17	18	19	20	21	22	23	24	25	26	27	28	29	30	31	1	2	3	4
요일	中	수	목	금	토	일	월	화	수	목	금	토	일	월	화	수	목	금	토	일	월	화	수	목	금	토	일	월	화	수
일진	癸卯	甲辰	乙巳	丙午	丁未	戊申	己酉	庚戌	辛亥	壬子	癸丑	甲寅	乙卯	丙辰	丁巳	戊午	己未	庚申	辛酉	壬戌	癸亥	甲子	乙丑	丙寅	丁卯	戊辰	己巳	庚午	辛未	壬申

음양국: 陽 4　陽 3　陽 9　陽 6　陽 4　陽 1

3月 甲辰

절기	청명3월															곡우														
음력	1	2	3	4	5	6	7	8	9	10	11	12	13	14	15	16	17	18	19	20	21	22	23	24	25	26	27	28	29
양력(4월/5월)	申	6	7	8	9	10	11	12	13	14	15	16	17	18	19	20	21	22	23	24	25	26	27	28	29	30	1	2	3
요일	初	금	토	일	월	화	수	목	금	토	일	월	화	수	목	금	토	일	월	화	수	목	금	토	일	월	화	수	목
일진	癸酉	甲戌	乙亥	丙子	丁丑	戊寅	己卯	庚辰	辛巳	壬午	癸未	甲申	乙酉	丙戌	丁亥	戊子	己丑	庚寅	辛卯	壬辰	癸巳	甲午	乙未	丙申	丁酉	戊戌	己亥	庚子	辛丑

음양국: 陽 7　陽 5　陽 2　陽 8　陽 4　陽 1

4月 乙巳

절기			입하4월															소만											
음력	1	2	3	4	5	6	7	8	9	10	11	12	13	14	15	16	17	18	19	20	21	22	23	24	25	26	27	28	29
양력(5월/6월)	4	5	辰	7	8	9	10	11	12	13	14	15	16	17	18	19	20	21	22	23	24	25	26	27	28	29	30	31	1
요일	금	토	後	월	화	수	목	금	토	일	월	화	수	목	금	토	일	월	화	수	목	금	토	일	월	화	수	목	금
일진	壬寅	癸卯	甲辰	乙巳	丙午	丁未	戊申	己酉	庚戌	辛亥	壬子	癸丑	甲寅	乙卯	丙辰	丁巳	戊午	己未	庚申	辛酉	壬戌	癸亥	甲子	乙丑	丙寅	丁卯	戊辰	己巳	庚午

음양국: 陽 1　陽 7　陽 5　陽 2　陽 8　陽 6　陽 3

5月 丙午

절기					망종5월																하지									
음력	1	2	3	4	5	6	7	8	9	10	11	12	13	14	15	16	17	18	19	20	21	22	23	24	25	26	27	28	29	30
양력(6월/7월)	2	3	4	5	未	7	8	9	10	11	12	13	14	15	16	17	18	19	20	21	22	23	24	25	26	27	28	29	30	1
요일	토	일	월	화	初	목	금	토	일	월	화	수	목	금	토	일	월	화	수	목	금	토	일	월	화	수	목	금	토	일
일진	辛未	壬申	癸酉	甲戌	乙亥	丙子	丁丑	戊寅	己卯	庚辰	辛巳	壬午	癸未	甲申	乙酉	丙戌	丁亥	戊子	己丑	庚寅	辛卯	壬辰	癸巳	甲午	乙未	丙申	丁酉	戊戌	己亥	庚子

음양국: 陽 3　陽 9　陽 6　陽 3　陽 9　陰 9　陰 3

6月 丁未

절기						소서6월																대서							
음력	1	2	3	4	5	6	7	8	9	10	11	12	13	14	15	16	17	18	19	20	21	22	23	24	25	26	27	28	29
양력(7월)	2	3	4	5	6	子	8	9	10	11	12	13	14	15	16	17	18	19	20	21	22	23	24	25	26	27	28	29	30
요일	월	화	수	목	금	初	일	월	화	수	목	금	토	일	월	화	수	목	금	토	일	월	화	수	목	금	토	일	월
일진	辛丑	壬寅	癸卯	甲辰	乙巳	丙午	丁未	戊申	己酉	庚戌	辛亥	壬子	癸丑	甲寅	乙卯	丙辰	丁巳	戊午	己未	庚申	辛酉	壬戌	癸亥	甲子	乙丑	丙寅	丁卯	戊辰	己巳

음양국: 陰 3　陰 6　陰 8　陰 2　陰 5　陰 7　陰 1

7月 戊申

	1	2	3	4	5	6	7	8	9	10	11	12	13	14	15	16	17	18	19	20	21	22	23	24	25	26	27	28	29	30
절기									입추7월																처서					
음력	1	2	3	4	5	6	7	8	9	10	11	12	13	14	15	16	17	18	19	20	21	22	23	24	25	26	27	28	29	30
양력(7월/8월)	31	1	2	3	4	5	6	7	巳	9	10	11	12	13	14	15	16	17	18	19	20	21	22	23	24	25	26	27	28	29
요일	화	수	목	금	토	일	월	화	初	목	금	토	일	월	화	수	목	금	토	일	월	화	수	목	금	토	일	월	화	수
일진	庚午	辛未	壬申	癸酉	甲戌	乙亥	丙子	丁丑	戊寅	己卯	庚辰	辛巳	壬午	癸未	甲申	乙酉	丙戌	丁亥	戊子	己丑	庚寅	辛卯	壬辰	癸巳	甲午	乙未	丙申	丁酉	戊戌	己亥
음양국	陰1					陰4					陰2					陰5					陰8					陰1				

8月 己酉

	1	2	3	4	5	6	7	8	9	10	11	12	13	14	15	16	17	18	19	20	21	22	23	24	25	26	27	28	29	30
절기										백로8월															추분					
음력	1	2	3	4	5	6	7	8	9	10	11	12	13	14	15	16	17	18	19	20	21	22	23	24	25	26	27	28	29	30
양력(8월/9월)	30	31	1	2	3	4	5	6	7	午	9	10	11	12	13	14	15	16	17	18	19	20	21	22	23	24	25	26	27	28
요일	목	금	토	일	월	화	수	목	금	中	일	월	화	수	목	금	토	일	월	화	수	목	금	토	일	월	화	수	목	금
일진	庚子	辛丑	壬寅	癸卯	甲辰	乙巳	丙午	丁未	戊申	己酉	庚戌	辛亥	壬子	癸丑	甲寅	乙卯	丙辰	丁巳	戊午	己未	庚申	辛酉	壬戌	癸亥	甲子	乙丑	丙寅	丁卯	戊辰	己巳
음양국	陰4					陰7					陰9					陰3					陰6					陰7				

9月 庚戌

	1	2	3	4	5	6	7	8	9	10	11	12	13	14	15	16	17	18	19	20	21	22	23	24	25	26	27	28	29
절기											한로9월															상강			
음력	1	2	3	4	5	6	7	8	9	10	11	12	13	14	15	16	17	18	19	20	21	22	23	24	25	26	27	28	29
양력(9월/10월)	29	30	1	2	3	4	5	6	7	8	寅	10	11	12	13	14	15	16	17	18	19	20	21	22	23	24	25	26	27
요일	토	일	월	화	수	목	금	토	일	월	初	수	목	금	토	일	월	화	수	목	금	토	일	월	화	수	목	금	토
일진	庚午	辛未	壬申	癸酉	甲戌	乙亥	丙子	丁丑	戊寅	己卯	庚辰	辛巳	壬午	癸未	甲申	乙酉	丙戌	丁亥	戊子	己丑	庚寅	辛卯	壬辰	癸巳	甲午	乙未	丙申	丁酉	戊戌
음양국	陰1					陰4					陰6					陰9					陰3					陰5			

10月 辛亥

	1	2	3	4	5	6	7	8	9	10	11	12	13	14	15	16	17	18	19	20	21	22	23	24	25	26	27	28	29	30
절기												입동10월															소설			
음력	1	2	3	4	5	6	7	8	9	10	11	12	13	14	15	16	17	18	19	20	21	22	23	24	25	26	27	28	29	30
양력(10월/11월)	28	29	30	31	1	2	3	4	5	6	7	卯	9	10	11	12	13	14	15	16	17	18	19	20	21	22	23	24	25	26
요일	일	월	화	수	목	금	토	일	월	화	수	中	금	토	일	월	화	수	목	금	토	일	월	화	수	목	금	토	일	월
일진	己亥	庚子	辛丑	壬寅	癸卯	甲辰	乙巳	丙午	丁未	戊申	己酉	庚戌	辛亥	壬子	癸丑	甲寅	乙卯	丙辰	丁巳	戊午	己未	庚申	辛酉	壬戌	癸亥	甲子	乙丑	丙寅	丁卯	戊辰
음양국	陰8					陰2					陰6					陰9					陰3					陰5				

11月 壬子

	1	2	3	4	5	6	7	8	9	10	11	12	13	14	15	16	17	18	19	20	21	22	23	24	25	26	27	28	29	30
절기											대설11월															동지				
음력	1	2	3	4	5	6	7	8	9	10	11	12	13	14	15	16	17	18	19	20	21	22	23	24	25	26	27	28	29	30
양력(11월/12월)	27	28	29	30	1	2	3	4	5	6	亥	8	9	10	11	12	13	14	15	16	17	18	19	20	21	22	23	24	25	26
요일	화	수	목	금	토	일	월	화	수	목	後	토	일	월	화	수	목	금	토	일	월	화	수	목	금	토	일	월	화	수
일진	己巳	庚午	辛未	壬申	癸酉	甲戌	乙亥	丙子	丁丑	戊寅	己卯	庚辰	辛巳	壬午	癸未	甲申	乙酉	丙戌	丁亥	戊子	己丑	庚寅	辛卯	壬辰	癸巳	甲午	乙未	丙申	丁酉	戊戌
음양국	陰8					陰2					陰4					陰7					陰1					陽1				

12月 癸丑

	1	2	3	4	5	6	7	8	9	10	11	12	13	14	15	16	17	18	19	20	21	22	23	24	25	26	27	28	29
절기											소한12월															대한			
음력	1	2	3	4	5	6	7	8	9	10	11	12	13	14	15	16	17	18	19	20	21	22	23	24	25	26	27	28	29
양력(12월/1월)	27	28	29	30	31	1	2	3	4	5	巳	7	8	9	10	11	12	13	14	15	16	17	18	19	20	21	22	23	24
요일	목	금	토	일	월	화	수	목	금	토	中	월	화	수	목	금	토	일	월	화	수	목	금	토	일	월	화	수	목
일진	己亥	庚子	辛丑	壬寅	癸卯	甲辰	乙巳	丙午	丁未	戊申	己酉	庚戌	辛亥	壬子	癸丑	甲寅	乙卯	丙辰	丁巳	戊午	己未	庚申	辛酉	壬戌	癸亥	甲子	乙丑	丙寅	丁卯
음양국	陽7					陽4					陽2					陽8					陽5					陽3			

1963(癸卯年)

입춘(2/4) 22:08
경칩(3/6) 16:17
청명(4/5) 21:19
입하(5/6) 14:52
망종(6/6) 19:14
소서(7/8) 05:38

입추(8/8) 15:25
백로(9/8) 18:12
한로(10/9) 09:36
입동(11/8) 12:32
대설(12/8) 05:13
소한(1/6) 16:22

1月 甲寅

절기	입춘1월																								우수					
음력	1	2	3	4	5	6	7	8	9	10	11	12	13	14	15	16	17	18	19	20	21	22	23	24	25	26	27	28	29	30
양월력일	1월 25	26	27	28	29	30	31	2월 1	2	3	亥初	5	6	7	8	9	10	11	12	13	14	15	16	17	18	19	20	21	22	23
요일	금	토	일	월	화	수	목	금	토	일	화	수	목	금	토	일	월	화	수	목	금	토	일	월	화	수	목	금	토
일진	戊辰	己巳	庚午	辛未	壬申	癸酉	甲戌	乙亥	丙子	丁丑	戊寅	己卯	庚辰	辛巳	壬午	癸未	甲申	乙酉	丙戌	丁亥	戊子	己丑	庚寅	辛卯	壬辰	癸巳	甲午	乙未	丙申	丁酉
음양국	陽 9					陽 6					陽 8					陽 5					陽 2					陽 9				

2月 乙卯

절기	경칩2월																								춘분				
음력	1	2	3	4	5	6	7	8	9	10	11	12	13	14	15	16	17	18	19	20	21	22	23	24	25	26	27	28	29
양월력일	2월 24	25	26	27	28	3월 1	2	3	4	5	申中	7	8	9	10	11	12	13	14	15	16	17	18	19	20	21	22	23	24
요일	일	월	화	수	목	금	토	일	월	화	목	금	토	일	월	화	수	목	금	토	일	월	화	수	목	금	토	일	
일진	戊戌	己亥	庚子	辛丑	壬寅	癸卯	甲辰	乙巳	丙午	丁未	戊申	己酉	庚戌	辛亥	壬子	癸丑	甲寅	乙卯	丙辰	丁巳	戊午	己未	庚申	辛酉	壬戌	癸亥	甲子	乙丑	丙寅
음양국	陽 6				陽 3				陽 1				陽 7				陽 4				陽 3								

3月 丙辰

절기	청명3월																									곡우				
음력	1	2	3	4	5	6	7	8	9	10	11	12	13	14	15	16	17	18	19	20	21	22	23	24	25	26	27	28	29	30
양월력일	3월 25	26	27	28	29	30	31	4월 1	2	3	4	戌後	6	7	8	9	10	11	12	13	14	15	16	17	18	19	20	21	22	23
요일	월	화	수	목	금	토	일	월	화	수	목	後	토	일	월	화	수	목	금	토	일	월	화	수	목	금	토	일	월	화
일진	丁卯	戊辰	己巳	庚午	辛未	壬申	癸酉	甲戌	乙亥	丙子	丁丑	戊寅	己卯	庚辰	辛巳	壬午	癸未	甲申	乙酉	丙戌	丁亥	戊子	己丑	庚寅	辛卯	壬辰	癸巳	甲午	乙未	丙申
음양국	陽 3		陽 9				陽 6				陽 4				陽 1				陽 7				陽 5							

4月 丁巳

절기	입하4월																												소만
음력	1	2	3	4	5	6	7	8	9	10	11	12	13	14	15	16	17	18	19	20	21	22	23	24	25	26	27	28	29
양월력일	4월 24	25	26	27	28	29	30	5월 1	2	3	4	5	未後	7	8	9	10	11	12	13	14	15	16	17	18	19	20	21	22
요일	수	목	금	토	일	월	화	수	목	금	토	일	後	화	수	목	금	토	일	월	화	수	목	금	토	일	월	화	수
일진	丁酉	戊戌	己亥	庚子	辛丑	壬寅	癸卯	甲辰	乙巳	丙午	丁未	戊申	己酉	庚戌	辛亥	壬子	癸丑	甲寅	乙卯	丙辰	丁巳	戊午	己未	庚申	辛酉	壬戌	癸亥	甲子	乙丑
음양국	陽 5			陽 2				陽 8				陽 4				陽 1				陽 7				陽 5					

閏4月

절기	망종5월																												
음력	1	2	3	4	5	6	7	8	9	10	11	12	13	14	15	16	17	18	19	20	21	22	23	24	25	26	27	28	29
양월력일	5월 23	24	25	26	27	28	29	30	31	6월 1	2	3	4	5	酉後	7	8	9	10	11	12	13	14	15	16	17	18	19	20
요일	목	금	토	일	월	화	수	목	금	토	일	월	화	수	後	금	토	일	월	화	수	목	금	토	일	월	화	수	목
일진	丙寅	丁卯	戊辰	己巳	庚午	辛未	壬申	癸酉	甲戌	乙亥	丙子	丁丑	戊寅	己卯	庚辰	辛巳	壬午	癸未	甲申	乙酉	丙戌	丁亥	戊子	己丑	庚寅	辛卯	壬辰	癸巳	甲午
음양국	陽 5			陽 2				陽 8				陽 6				陽 3				陽 9				陰 9					

5月 戊午

절기	하지																	소서6월												
음력	1	2	3	4	5	6	7	8	9	10	11	12	13	14	15	16	17	18	19	20	21	22	23	24	25	26	27	28	29	30
양월력일	6월 21	22	23	24	25	26	27	28	29	30	7월 1	2	3	4	5	6	7	卯初	9	10	11	12	13	14	15	16	17	18	19	20
요일	금	토	일	월	화	수	목	금	토	일	월	화	수	목	금	토	일	初	화	수	목	금	토	일	월	화	수	목	금	토
일진	乙未	丙申	丁酉	戊戌	己亥	庚子	辛丑	壬寅	癸卯	甲辰	乙巳	丙午	丁未	戊申	己酉	庚戌	辛亥	壬子	癸丑	甲寅	乙卯	丙辰	丁巳	戊午	己未	庚申	辛酉	壬戌	癸亥	甲子
음양국	陰 9			陰 3				陰 6				陰 8				陰 2				陰 5										

6月 己未

절기	대서(3)																		입추7월(19)										
음력	1	2	3	4	5	6	7	8	9	10	11	12	13	14	15	16	17	18	19	20	21	22	23	24	25	26	27	28	29
양력월	7월											8월																	
양력일	21	22	23	24	25	26	27	28	29	30	31	1	2	3	4	5	6	7	未	9	10	11	12	13	14	15	16	17	18
요일	일	월	화	수	목	금	토	일	월	화	수	목	금	토	일	월	화	수	後	금	토	일	월	화	수	목	금	토	일
일진	乙丑	丙寅	丁卯	戊辰	己巳	庚午	辛未	壬申	癸酉	甲戌	乙亥	丙子	丁丑	戊寅	己卯	庚辰	辛巳	壬午	癸未	甲申	乙酉	丙戌	丁亥	戊子	己丑	庚寅	辛卯	壬辰	癸巳

음양국: 陰 7 · 陰 1 · 陰 4 · 陰 2 · 陰 5 · 陰 8

7月 庚申

절기	처서(6)																				백로8월(21)									
음력	1	2	3	4	5	6	7	8	9	10	11	12	13	14	15	16	17	18	19	20	21	22	23	24	25	26	27	28	29	30
양력월	8월													9월																
양력일	19	20	21	22	23	24	25	26	27	28	29	30	31	1	2	3	4	5	6	7	酉	9	10	11	12	13	14	15	16	17
요일	월	화	수	목	금	토	일	월	화	수	목	금	토	일	월	화	수	목	금	토	申後	월	화	수	목	금	토	일	월	화
일진	甲午	乙未	丙申	丁酉	戊戌	己亥	庚子	辛丑	壬寅	癸卯	甲辰	乙巳	丙午	丁未	戊申	己酉	庚戌	辛亥	壬子	癸丑	甲寅	乙卯	丙辰	丁巳	戊午	己未	庚申	辛酉	壬戌	癸亥

음양국: 陰 1 · 陰 4 · 陰 7 · 陰 9 · 陰 3 · 陰 6

8月 辛酉

절기	추분(7)																				한로9월(22)								
음력	1	2	3	4	5	6	7	8	9	10	11	12	13	14	15	16	17	18	19	20	21	22	23	24	25	26	27	28	29
양력월	9월													10월															
양력일	18	19	20	21	22	23	24	25	26	27	28	29	30	1	2	3	4	5	6	7	8	巳	10	11	12	13	14	15	16
요일	수	목	금	토	일	월	화	수	목	금	토	일	월	화	수	목	금	토	일	월	화	初	목	금	토	일	월	화	수
일진	甲子	乙丑	丙寅	丁卯	戊辰	己巳	庚午	辛未	壬申	癸酉	甲戌	乙亥	丙子	丁丑	戊寅	己卯	庚辰	辛巳	壬午	癸未	甲申	乙酉	丙戌	丁亥	戊子	己丑	庚寅	辛卯	壬辰

음양국: 陰 7 · 陰 1 · 陰 4 · 陰 6 · 陰 9 · 陰 3

9月 壬戌

절기	상강(8)																						입동10월(23)							
음력	1	2	3	4	5	6	7	8	9	10	11	12	13	14	15	16	17	18	19	20	21	22	23	24	25	26	27	28	29	30
양력월	10월															11월														
양력일	17	18	19	20	21	22	23	24	25	26	27	28	29	30	31	1	2	3	4	5	6	7	午	9	10	11	12	13	14	15
요일	목	금	토	일	월	화	수	목	금	토	일	월	화	수	목	금	토	일	월	화	수	목	中	토	일	월	화	수	목	금
일진	癸巳	甲午	乙未	丙申	丁酉	戊戌	己亥	庚子	辛丑	壬寅	癸卯	甲辰	乙巳	丙午	丁未	戊申	己酉	庚戌	辛亥	壬子	癸丑	甲寅	乙卯	丙辰	丁巳	戊午	己未	庚申	辛酉	壬戌

음양국: 陰 5 · 陰 8 · 陰 2 · 陰 6 · 陰 9 · 陰 3

10月 癸亥

절기	소설(8)																						대설11월(23)							
음력	1	2	3	4	5	6	7	8	9	10	11	12	13	14	15	16	17	18	19	20	21	22	23	24	25	26	27	28	29	30
양력월	11월															12월														
양력일	16	17	18	19	20	21	22	23	24	25	26	27	28	29	30	1	2	3	4	5	6	7	寅	9	10	11	12	13	14	15
요일	토	일	월	화	수	목	금	토	일	월	화	수	목	금	토	일	월	화	수	목	금	토	後	월	화	수	목	금	토	일
일진	癸亥	甲子	乙丑	丙寅	丁卯	戊辰	己巳	庚午	辛未	壬申	癸酉	甲戌	乙亥	丙子	丁丑	戊寅	己卯	庚辰	辛巳	壬午	癸未	甲申	乙酉	丙戌	丁亥	戊子	己丑	庚寅	辛卯	壬辰

음양국: 陰 5 · 陰 8 · 陰 2 · 陰 4 · 陰 7 · 陰 1

11月 甲子

절기	동지(7)																					소한12월(22)								
음력	1	2	3	4	5	6	7	8	9	10	11	12	13	14	15	16	17	18	19	20	21	22	23	24	25	26	27	28	29	30
양력월	12월																1월													
양력일	16	17	18	19	20	21	22	23	24	25	26	27	28	29	30	31	1	2	3	4	5	申	7	8	9	10	11	12	13	14
요일	월	화	수	목	금	토	일	월	화	수	목	금	토	일	월	화	수	목	금	토	일	中	화	수	목	금	토	일	월	화
일진	癸巳	甲午	乙未	丙申	丁酉	戊戌	己亥	庚子	辛丑	壬寅	癸卯	甲辰	乙巳	丙午	丁未	戊申	己酉	庚戌	辛亥	壬子	癸丑	甲寅	乙卯	丙辰	丁巳	戊午	己未	庚申	辛酉	壬戌

음양국: 陽 1 · 陽 7 · 陽 4 · 陽 2 · 陽 8 · 陽 5

12月 乙丑

절기	대한(7)																					입춘1월(22)							
음력	1	2	3	4	5	6	7	8	9	10	11	12	13	14	15	16	17	18	19	20	21	22	23	24	25	26	27	28	29
양력월	1월																2월												
양력일	15	16	17	18	19	20	21	22	23	24	25	26	27	28	29	30	31	1	2	3	4	寅	6	7	8	9	10	11	12
요일	수	목	금	토	일	월	화	수	목	금	토	일	월	화	수	목	금	토	일	월	화	初	목	금	토	일	월	화	수
일진	癸亥	甲子	乙丑	丙寅	丁卯	戊辰	己巳	庚午	辛未	壬申	癸酉	甲戌	乙亥	丙子	丁丑	戊寅	己卯	庚辰	辛巳	壬午	癸未	甲申	乙酉	丙戌	丁亥	戊子	己丑	庚寅	辛卯

음양국: 陽 3 · 陽 9 · 陽 6 · 陽 8 · 陽 5 · 陽 2

입춘(2/5) 04:05
경칩(3/5) 22:16
청명(4/5) 03:18
입하(5/5) 20:51
망종(6/6) 01:12
소서(7/7) 11:32

입추(8/7) 21:16
백로(9/7) 23:59
한로(10/8) 15:22
입동(11/7) 18:15
대설(12/7) 10:53
소한(1/5) 22:02

1964(甲辰年)

1月 丙寅

절기: 우수 ……… 경칩2월

음력	1	2	3	4	5	6	7	8	9	10	11	12	13	14	15	16	17	18	19	20	21	22	23	24	25	26	27	28	29	30
양력(2월→3월)	13	14	15	16	17	18	19	20	21	22	23	24	25	26	27	28	29	1	2	3	4	亥	6	7	8	9	10	11	12	13
요일	목	금	토	일	월	화	수	목	금	토	일	월	화	수	목	금	토	일	월	화	수	中	금	토	일	월	화	수	목	금
일진	壬辰	癸巳	甲午	乙未	丙申	丁酉	戊戌	己亥	庚子	辛丑	壬寅	癸卯	甲辰	乙巳	丙午	丁未	戊申	己酉	庚戌	辛亥	壬子	癸丑	甲寅	乙卯	丙辰	丁巳	戊午	己未	庚申	辛酉

음양국: 陽2　陽9　陽6　陽3　陽1　陽7　陽4

2月 丁卯

절기: 춘분 ……… 청명3월

음력	1	2	3	4	5	6	7	8	9	10	11	12	13	14	15	16	17	18	19	20	21	22	23	24	25	26	27	28	29
양력(3월→4월)	14	15	16	17	18	19	20	21	22	23	24	25	26	27	28	29	30	31	1	2	3	4	丑	6	7	8	9	10	11
요일	토	일	월	화	수	목	금	토	일	월	화	수	목	금	토	일	월	화	수	목	금	토	後	월	화	수	목	금	토
일진	壬戌	癸亥	甲子	乙丑	丙寅	丁卯	戊辰	己巳	庚午	辛未	壬申	癸酉	甲戌	乙亥	丙子	丁丑	戊寅	己卯	庚辰	辛巳	壬午	癸未	甲申	乙酉	丙戌	丁亥	戊子	己丑	庚寅

음양국: 陽4　陽3　陽9　陽6　陽4　陽1　陽7

3月 戊辰

절기: 곡우 ……… 입하4월

음력	1	2	3	4	5	6	7	8	9	10	11	12	13	14	15	16	17	18	19	20	21	22	23	24	25	26	27	28	29	30
양력(4월→5월)	12	13	14	15	16	17	18	19	20	21	22	23	24	25	26	27	28	29	30	1	2	3	4	戊	6	7	8	9	10	11
요일	일	월	화	수	목	금	토	일	월	화	수	목	금	토	일	월	화	수	목	금	토	일	월	後	수	목	금	토	일	월
일진	辛卯	壬辰	癸巳	甲午	乙未	丙申	丁酉	戊戌	己亥	庚子	辛丑	壬寅	癸卯	甲辰	乙巳	丙午	丁未	戊申	己酉	庚戌	辛亥	壬子	癸丑	甲寅	乙卯	丙辰	丁巳	戊午	己未	庚申

음양국: 陽7　陽5　陽2　陽8　陽4　陽1　陽7

4月 己巳

절기: 소만 ……… 망종5월

음력	1	2	3	4	5	6	7	8	9	10	11	12	13	14	15	16	17	18	19	20	21	22	23	24	25	26	27	28	29
양력(5월→6월)	12	13	14	15	16	17	18	19	20	21	22	23	24	25	26	27	28	29	30	31	1	2	3	4	5	子	7	8	9
요일	화	수	목	금	토	일	월	화	수	목	금	토	일	월	화	수	목	금	토	일	월	화	수	목	금	後	일	월	화
일진	辛酉	壬戌	癸亥	甲子	乙丑	丙寅	丁卯	戊辰	己巳	庚午	辛未	壬申	癸酉	甲戌	乙亥	丙子	丁丑	戊寅	己卯	庚辰	辛巳	壬午	癸未	甲申	乙酉	丙戌	丁亥	戊子	己丑

음양국: 陽7　陽5　陽2　陽8　陽6　陽3　陽9

5月 庚午

절기: 하지 ……… 소서6월

음력	1	2	3	4	5	6	7	8	9	10	11	12	13	14	15	16	17	18	19	20	21	22	23	24	25	26	27	28	29
양력(6월→7월)	10	11	12	13	14	15	16	17	18	19	20	21	22	23	24	25	26	27	28	29	30	1	2	3	4	5	6	午	8
요일	수	목	금	토	일	월	화	수	목	금	토	일	월	화	수	목	금	토	일	월	화	수	목	금	토	일	월	初	수
일진	庚寅	辛卯	壬辰	癸巳	甲午	乙未	丙申	丁酉	戊戌	己亥	庚子	辛丑	壬寅	癸卯	甲辰	乙巳	丙午	丁未	戊申	己酉	庚戌	辛亥	壬子	癸丑	甲寅	乙卯	丙辰	丁巳	戊午

음양국: 陽9　陰9　陰3　陰6　陰8　陰2

6月 辛未

절기: 대서 ……… 입추7월

음력	1	2	3	4	5	6	7	8	9	10	11	12	13	14	15	16	17	18	19	20	21	22	23	24	25	26	27	28	29	30
양력(7월→8월)	9	10	11	12	13	14	15	16	17	18	19	20	21	22	23	24	25	26	27	28	29	30	31	1	2	3	4	5	6	戌
요일	목	금	토	일	월	화	수	목	금	토	일	월	화	수	목	금	토	일	월	화	수	목	금	토	일	월	화	수	목	後
일진	己未	庚申	辛酉	壬戌	癸亥	甲子	乙丑	丙寅	丁卯	戊辰	己巳	庚午	辛未	壬申	癸酉	甲戌	乙亥	丙子	丁丑	戊寅	己卯	庚辰	辛巳	壬午	癸未	甲申	乙酉	丙戌	丁亥	戊子

음양국: 陰5　陰7　陰1　陰4　陰2　陰5

7月 壬申

절기															처서														
음력	1	2	3	4	5	6	7	8	9	10	11	12	13	14	15	16	17	18	19	20	21	22	23	24	25	26	27	28	29
양력월	8월																								9월				
양력일	8	9	10	11	12	13	14	15	16	17	18	19	20	21	22	23	24	25	26	27	28	29	30	31	1	2	3	4	5
요일	토	일	월	화	수	목	금	토	일	월	화	수	목	금	토	일	월	화	수	목	금	토	일	월	화	수	목	금	토
일진	己丑	庚寅	辛卯	壬辰	癸巳	甲午	乙未	丙申	丁酉	戊戌	己亥	庚子	辛丑	壬寅	癸卯	甲辰	乙巳	丙午	丁未	戊申	己酉	庚戌	辛亥	壬子	癸丑	甲寅	乙卯	丙辰	丁巳

음양국: 陰8　陰1　陰4　陰7　陰9　陰3

8月 癸酉

절기	백로8월																	추분												
음력	1	2	3	4	5	6	7	8	9	10	11	12	13	14	15	16	17	18	19	20	21	22	23	24	25	26	27	28	29	30
양력월	9월																								10월					
양력일	6	子	8	9	10	11	12	13	14	15	16	17	18	19	20	21	22	23	24	25	26	27	28	29	30	1	2	3	4	5
요일	일	初	화	수	목	금	토	일	월	화	수	목	금	토	일	월	화	수	목	금	토	일	월	화	수	목	금	토	일	월
일진	戊午	己未	庚申	辛酉	壬戌	癸亥	甲子	乙丑	丙寅	丁卯	戊辰	己巳	庚午	辛未	壬申	癸酉	甲戌	乙亥	丙子	丁丑	戊寅	己卯	庚辰	辛巳	壬午	癸未	甲申	乙酉	丙戌	丁亥

음양국: 陰6　陰7　陰1　陰4　陰6　陰9

9月 甲戌

절기	한로9월																	상강											
음력	1	2	3	4	5	6	7	8	9	10	11	12	13	14	15	16	17	18	19	20	21	22	23	24	25	26	27	28	29
양력월	10월																									11월			
양력일	6	7	未	9	10	11	12	13	14	15	16	17	18	19	20	21	22	23	24	25	26	27	28	29	30	31	1	2	3
요일	화	수	後	금	토	일	월	화	수	목	금	토	일	월	화	수	목	금	토	일	월	화	수	목	금	토	일	월	화
일진	戊子	己丑	庚寅	辛卯	壬辰	癸巳	甲午	乙未	丙申	丁酉	戊戌	己亥	庚子	辛丑	壬寅	癸卯	甲辰	乙巳	丙午	丁未	戊申	己酉	庚戌	辛亥	壬子	癸丑	甲寅	乙卯	丙辰

음양국: 陰3　陰5　陰8　陰2　陰6　陰9

10月 乙亥

절기	입동10월																		소설											
음력	1	2	3	4	5	6	7	8	9	10	11	12	13	14	15	16	17	18	19	20	21	22	23	24	25	26	27	28	29	30
양력월	11월																											12월		
양력일	4	5	6	酉	8	9	10	11	12	13	14	15	16	17	18	19	20	21	22	23	24	25	26	27	28	29	30	1	2	3
요일	수	목	금	中	일	월	화	수	목	금	토	일	월	화	수	목	금	토	일	월	화	수	목	금	토	일	월	화	수	목
일진	丁巳	戊午	己未	庚申	辛酉	壬戌	癸亥	甲子	乙丑	丙寅	丁卯	戊辰	己巳	庚午	辛未	壬申	癸酉	甲戌	乙亥	丙子	丁丑	戊寅	己卯	庚辰	辛巳	壬午	癸未	甲申	乙酉	丙戌

음양국: 陰9　陰3　陰5　陰8　陰2　陰4　陰7

11月 丙子

절기	대설11월																		동지											
음력	1	2	3	4	5	6	7	8	9	10	11	12	13	14	15	16	17	18	19	20	21	22	23	24	25	26	27	28	29	30
양력월	12월																												1월	
양력일	4	5	巳	8	9	10	11	12	13	14	15	16	17	18	19	20	21	22	23	24	25	26	27	28	29	30	31	1	2
요일	금	토	일	後	화	수	목	금	토	일	월	화	수	목	금	토	일	월	화	수	목	금	토	일	월	화	수	목	금	토
일진	丁亥	戊子	己丑	庚寅	辛卯	壬辰	癸巳	甲午	乙未	丙申	丁酉	戊戌	己亥	庚子	辛丑	壬寅	癸卯	甲辰	乙巳	丙午	丁未	戊申	己酉	庚戌	辛亥	壬子	癸丑	甲寅	乙卯	丙辰

음양국: 陰7　陰1　陰4　陰7　陰1　陽1　陽7

12月 丁丑

절기	소한12월																	대한											
음력	1	2	3	4	5	6	7	8	9	10	11	12	13	14	15	16	17	18	19	20	21	22	23	24	25	26	27	28	29	30
양력월	1월																													2월
양력일	3	4	亥	6	7	8	9	10	11	12	13	14	15	16	17	18	19	20	21	22	23	24	25	26	27	28	29	30	31	1
요일	일	월	初	수	목	금	토	일	월	화	수	목	금	토	일	월	화	수	목	금	토	일	월	화	수	목	금	토	일	월
일진	丁巳	戊午	己未	庚申	辛酉	壬戌	癸亥	甲子	乙丑	丙寅	丁卯	戊辰	己巳	庚午	辛未	壬申	癸酉	甲戌	乙亥	丙子	丁丑	戊寅	己卯	庚辰	辛巳	壬午	癸未	甲申	乙酉	丙戌

음양국: 陽7　陽4　陽2　陽8　陽5　陽3　陽9

입춘(2/4) 09:46
경칩(3/6) 04:01
청명(4/5) 09:07
입하(5/6) 02:42
망종(6/6) 07:02
소서(7/7) 17:21

입추(8/8) 03:05
백로(9/8) 05:48
한로(10/8) 21:11
입동(11/8) 00:07
대설(12/7) 16:46
소한(1/6) 03:54

1965(乙巳年)

1月 戊寅

절기	입춘1월																	우수											
음력	1	2	3	4	5	6	7	8	9	10	11	12	13	14	15	16	17	18	19	20	21	22	23	24	25	26	27	28	29
양력 월	2월																											3월	
양력 일	2	3	巳	5	6	7	8	9	10	11	12	13	14	15	16	17	18	19	20	21	22	23	24	25	26	27	28	1	2
요일	화	수	初	금	토	일	월	화	수	목	금	토	일	월	화	수	목	금	토	일	월	화	수	목	금	토	일	월	화
일진	丁亥	戊子	己丑	庚寅	辛卯	壬辰	癸巳	甲午	乙未	丙申	丁酉	戊戌	己亥	庚子	辛丑	壬寅	癸卯	甲辰	乙巳	丙午	丁未	戊申	己酉	庚戌	辛亥	壬子	癸丑	甲寅	乙卯
음양국	陽 9				陽 6				陽 8				陽 5				陽 2				陽 9				陽 6				

2月 己卯

절기	경칩2월																		춘분											
음력	1	2	3	4	5	6	7	8	9	10	11	12	13	14	15	16	17	18	19	20	21	22	23	24	25	26	27	28	29	30
양력 월	3월																													4월
양력 일	3	4	5	寅	7	8	9	10	11	12	13	14	15	16	17	18	19	20	21	22	23	24	25	26	27	28	29	30	31	1
요일	수	목	금	初	일	월	화	수	목	금	토	일	월	화	수	목	금	토	일	월	화	수	목	금	토	일	월	화	수	목
일진	丙辰	丁巳	戊午	己未	庚申	辛酉	壬戌	癸亥	甲子	乙丑	丙寅	丁卯	戊辰	己巳	庚午	辛未	壬申	癸酉	甲戌	乙亥	丙子	丁丑	戊寅	己卯	庚辰	辛巳	壬午	癸未	甲申	乙酉
음양국	陽 6				陽 3				陽 1				陽 7				陽 4				陽 3					陽 9				

3月 庚辰

절기	청명3월																	곡우											
음력	1	2	3	4	5	6	7	8	9	10	11	12	13	14	15	16	17	18	19	20	21	22	23	24	25	26	27	28	29
양력 월	4월																												
양력 일	2	3	4	辰	6	7	8	9	10	11	12	13	14	15	16	17	18	19	20	21	22	23	24	25	26	27	28	29	30
요일	금	토	일	後	화	수	목	금	토	일	월	화	수	목	금	토	일	월	화	수	목	금	토	일	월	화	수	목	금
일진	丙戌	丁亥	戊子	己丑	庚寅	辛卯	壬辰	癸巳	甲午	乙未	丙申	丁酉	戊戌	己亥	庚子	辛丑	壬寅	癸卯	甲辰	乙巳	丙午	丁未	戊申	己酉	庚戌	辛亥	壬子	癸丑	甲寅
음양국	陽 9				陽 6				陽 4				陽 1				陽 7				陽 5				陽 2				

4月 辛巳

절기					입하4월															소만										
음력	1	2	3	4	5	6	7	8	9	10	11	12	13	14	15	16	17	18	19	20	21	22	23	24	25	26	27	28	29	30
양력 월	5월																													
양력 일	1	2	3	4	5	丑	7	8	9	10	11	12	13	14	15	16	17	18	19	20	21	22	23	24	25	26	27	28	29	30
요일	토	일	월	화	수	中	금	토	일	월	화	수	목	금	토	일	월	화	수	목	금	토	일	월	화	수	목	금	토	일
일진	乙卯	丙辰	丁巳	戊午	己未	庚申	辛酉	壬戌	癸亥	甲子	乙丑	丙寅	丁卯	戊辰	己巳	庚午	辛未	壬申	癸酉	甲戌	乙亥	丙子	丁丑	戊寅	己卯	庚辰	辛巳	壬午	癸未	甲申
음양국	陽 2				陽 8				陽 4				陽 1				陽 7				陽 5									

5月 壬午

절기						망종5월															하지								
음력	1	2	3	4	5	6	7	8	9	10	11	12	13	14	15	16	17	18	19	20	21	22	23	24	25	26	27	28	29
양력 월	5월	6월																											
양력 일	31	1	2	3	4	5	卯	7	8	9	10	11	12	13	14	15	16	17	18	19	20	21	22	23	24	25	26	27	28
요일	월	화	수	목	금	토	後	월	화	수	목	금	토	일	월	화	수	목	금	토	일	월	화	수	목	금	토	일	월
일진	乙酉	丙戌	丁亥	戊子	己丑	庚寅	辛卯	壬辰	癸巳	甲午	乙未	丙申	丁酉	戊戌	己亥	庚子	辛丑	壬寅	癸卯	甲辰	乙巳	丙午	丁未	戊申	己酉	庚戌	辛亥	壬子	癸丑
음양국	陽 2				陽 8				陽 6				陽 3				陽 9					陰 9							

6月 癸未

절기									소서6월																대서				
음력	1	2	3	4	5	6	7	8	9	10	11	12	13	14	15	16	17	18	19	20	21	22	23	24	25	26	27	28	29
양력 월	6월		7월																										
양력 일	29	30	1	2	3	4	5	6	申	8	9	10	11	12	13	14	15	16	17	18	19	20	21	22	23	24	25	26	27
요일	화	수	목	금	토	일	월	화	後	목	금	토	일	월	화	수	목	금	토	일	월	화	수	목	금	토	일	월	화
일진	甲寅	乙卯	丙辰	丁巳	戊午	己未	庚申	辛酉	壬戌	癸亥	甲子	乙丑	丙寅	丁卯	戊辰	己巳	庚午	辛未	壬申	癸酉	甲戌	乙亥	丙子	丁丑	戊寅	己卯	庚辰	辛巳	壬午
음양국	陰 3				陰 6				陰 8				陰 2				陰 5				陰 7								

7月 甲申

절기	입추7월 (음12) · 처서 (음27)		

음력	1	2	3	4	5	6	7	8	9	10	11	12	13	14	15	16	17	18	19	20	21	22	23	24	25	26	27	28	29	30
양력월	7월				8월																									
양력일	28	29	30	31	1	2	3	4	5	6	7	丑	9	10	11	12	13	14	15	16	17	18	19	20	21	22	23	24	25	26
요일	수	목	금	토	일	월	화	수	목	금	토	後	월	화	수	목	금	토	일	월	화	수	목	금	토	일	월	화	수	목
일진	癸未	甲申	乙酉	丙戌	丁亥	戊子	己丑	庚寅	辛卯	壬辰	癸巳	甲午	乙未	丙申	丁酉	戊戌	己亥	庚子	辛丑	壬寅	癸卯	甲辰	乙巳	丙午	丁未	戊申	己酉	庚戌	辛亥	壬子
음양국	陰1					陰4					陰2					陰5					陰8					陰1				

8月 乙酉

절기	백로8월 (음13) · 추분 (음28)		

음력	1	2	3	4	5	6	7	8	9	10	11	12	13	14	15	16	17	18	19	20	21	22	23	24	25	26	27	28	29
양력월	8월					9월																							
양력일	27	28	29	30	31	1	2	3	4	5	6	7	卯	9	10	11	12	13	14	15	16	17	18	19	20	21	22	23	24
요일	금	토	일	월	화	수	목	금	토	일	월	화	初	목	금	토	일	월	화	수	목	금	토	일	월	화	수	목	금
일진	癸丑	甲寅	乙卯	丙辰	丁巳	戊午	己未	庚申	辛酉	壬戌	癸亥	甲子	乙丑	丙寅	丁卯	戊辰	己巳	庚午	辛未	壬申	癸酉	甲戌	乙亥	丙子	丁丑	戊寅	己卯	庚辰	辛巳
음양국	陰4					陰7					陰9					陰3					陰6					陰7			

9月 丙戌

절기	한로9월 (음14)		

음력	1	2	3	4	5	6	7	8	9	10	11	12	13	14	15	16	17	18	19	20	21	22	23	24	25	26	27	28	29
양력월	9월						10월																						
양력일	25	26	27	28	29	30	1	2	3	4	5	6	7	戌	9	10	11	12	13	14	15	16	17	18	19	20	21	22	23
요일	토	일	월	화	수	목	금	토	일	월	화	수	목	後	토	일	월	화	수	목	금	토	일	월	화	수	목	금	토
일진	壬午	癸未	甲申	乙酉	丙戌	丁亥	戊子	己丑	庚寅	辛卯	壬辰	癸巳	甲午	乙未	丙申	丁酉	戊戌	己亥	庚子	辛丑	壬寅	癸卯	甲辰	乙巳	丙午	丁未	戊申	己酉	庚戌
음양국	陰7		陰1				陰4					陰6					陰9					陰3					陰5		

10月 丁亥

절기	상강 (음1) · 입동10월 (음16) · 소설 (음30)		

음력	1	2	3	4	5	6	7	8	9	10	11	12	13	14	15	16	17	18	19	20	21	22	23	24	25	26	27	28	29	30
양력월	10월								11월																					
양력일	24	25	26	27	28	29	30	31	1	2	3	4	5	6	7	子	9	10	11	12	13	14	15	16	17	18	19	20	21	22
요일	일	월	화	수	목	금	토	일	월	화	수	목	금	토	일	初	화	수	목	금	토	일	월	화	수	목	금	토	일	월
일진	辛亥	壬子	癸丑	甲寅	乙卯	丙辰	丁巳	戊午	己未	庚申	辛酉	壬戌	癸亥	甲子	乙丑	丙寅	丁卯	戊辰	己巳	庚午	辛未	壬申	癸酉	甲戌	乙亥	丙子	丁丑	戊寅	己卯	庚辰
음양국	陰5			陰8				陰2				陰6				陰9				陰3				陰5						

11月 戊子

절기	대설11월 (음15) · 동지 (음30)		

음력	1	2	3	4	5	6	7	8	9	10	11	12	13	14	15	16	17	18	19	20	21	22	23	24	25	26	27	28	29	30
양력월	11월								12월																					
양력일	23	24	25	26	27	28	29	30	1	2	3	4	5	6	申	8	9	10	11	12	13	14	15	16	17	18	19	20	21	22
요일	화	수	목	금	토	일	월	화	수	목	금	토	일	월	中	수	목	금	토	일	월	화	수	목	금	토	일	월	화	수
일진	辛巳	壬午	癸未	甲申	乙酉	丙戌	丁亥	戊子	己丑	庚寅	辛卯	壬辰	癸巳	甲午	乙未	丙申	丁酉	戊戌	己亥	庚子	辛丑	壬寅	癸卯	甲辰	乙巳	丙午	丁未	戊申	己酉	庚戌
음양국	陰5			陰8				陰2				陰4				陰7				陰1				陽1						

12月 己丑

절기	소한12월 (음15) · 대한 (음29)		

음력	1	2	3	4	5	6	7	8	9	10	11	12	13	14	15	16	17	18	19	20	21	22	23	24	25	26	27	28	29	30
양력월	12월									1월																				
양력일	23	24	25	26	27	28	29	30	31	1	2	3	4	5	寅	7	8	9	10	11	12	13	14	15	16	17	18	19	20	21
요일	목	금	토	일	월	화	수	목	금	토	일	월	화	수	初	금	토	일	월	화	수	목	금	토	일	월	화	수	목	금
일진	辛亥	壬子	癸丑	甲寅	乙卯	丙辰	丁巳	戊午	己未	庚申	辛酉	壬戌	癸亥	甲子	乙丑	丙寅	丁卯	戊辰	己巳	庚午	辛未	壬申	癸酉	甲戌	乙亥	丙子	丁丑	戊寅	己卯	庚辰
음양국	陽1			陽7				陽4				陽2				陽8				陽5				陽3						

입춘(2/4) 15:38　　경칩(3/6) 09:51　　청명(4/5) 14:57　　입하(5/6) 08:30　　망종(6/6) 12:50　　소서(7/7) 23:07

입추(8/8) 08:49　　백로(9/8) 11:32　　한로(10/9) 02:57　　입동(11/8) 05:55　　대설(12/7) 22:38　　소한(1/6) 09:48

1966(丙午年)

1月 庚寅

절기	입춘1월 (14) … 우수 (29)
음력	1 2 3 4 5 6 7 8 9 10 11 12 13 **14** 15 16 17 18 19 20 21 22 23 24 25 26 27 28 **29**
양력 월	1월 … 2월
양력 일	22 23 24 25 26 27 28 29 30 31 / 1 2 申 5 6 7 8 9 10 11 12 13 14 15 16 17 18 **19**
요일	토 일 월 화 수 목 금 토 일 월 화 수 목 初 토 일 월 화 수 목 금 토 일 월 화 수 목 금 토
일진	辛巳 壬午 癸未 甲申 乙酉 丙戌 丁亥 戊子 己丑 庚寅 辛卯 壬辰 癸巳 甲午 乙未 丙申 丁酉 戊戌 己亥 庚子 辛丑 壬寅 癸卯 甲辰 乙巳 丙午 丁未 戊申 己酉
음양국	陽 3　陽 9　陽 6　陽 8　陽 5　陽 2　陽 9

2月 辛卯

절기	경칩2월 (15) … 춘분 (30)
음력	1 2 3 4 5 6 7 8 9 10 11 12 13 14 **15** 16 17 18 19 20 21 22 23 24 25 26 27 28 29 **30**
양력 월	2월 … 3월
양력 일	20 21 22 23 24 25 26 27 28 / 1 2 3 4 5 巳 7 8 9 10 11 12 13 14 15 16 17 18 19 20 **21**
요일	일 월 화 수 목 금 토 일 월 화 수 목 금 토 初 월 화 수 목 금 토 일 월 화 수 목 금 토 일 월
일진	庚戌 辛亥 壬子 癸丑 甲寅 乙卯 丙辰 丁巳 戊午 己未 庚申 辛酉 壬戌 癸亥 甲子 乙丑 丙寅 丁卯 戊辰 己巳 庚午 辛未 壬申 癸酉 甲戌 乙亥 丙子 丁丑 戊寅 己卯
음양국	陽 9　陽 6　陽 3　陽 1　陽 7　陽 4

3月 壬辰

절기	청명3월 (15) … 곡우 (30)
음력	1 2 3 4 5 6 7 8 9 10 11 12 13 14 **15** 16 17 18 19 20 21 22 23 24 25 26 27 28 29 **30**
양력 월	3월 … 4월
양력 일	22 23 24 25 26 27 28 29 30 31 / 1 2 3 4 未 6 7 8 9 10 11 12 13 14 15 16 17 18 19 **20**
요일	화 수 목 금 토 일 월 화 수 목 금 토 일 월 後 수 목 금 토 일 월 화 수 목 금 토 일 월 화 수
일진	庚辰 辛巳 壬午 癸未 甲申 乙酉 丙戌 丁亥 戊子 己丑 庚寅 辛卯 壬辰 癸巳 甲午 乙未 丙申 丁酉 戊戌 己亥 庚子 辛丑 壬寅 癸卯 甲辰 乙巳 丙午 丁未 戊申 己酉
음양국	陽 3　陽 9　陽 6　陽 4　陽 1　陽 7

閏3月

절기	입하4월 (16)
음력	1 2 3 4 5 6 7 8 9 10 11 12 13 14 15 **16** 17 18 19 20 21 22 23 24 25 26 27 28 29
양력 월	4월 … 5월
양력 일	21 22 23 24 25 26 27 28 29 30 / 1 2 3 4 5 辰 7 8 9 10 11 12 13 14 15 16 17 18 19
요일	목 금 토 일 월 화 수 목 금 토 일 월 화 수 목 中 토 일 월 화 수 목 금 토 일 월 화 수 목
일진	庚戌 辛亥 壬子 癸丑 甲寅 乙卯 丙辰 丁巳 戊午 己未 庚申 辛酉 壬戌 癸亥 甲子 乙丑 丙寅 丁卯 戊辰 己巳 庚午 辛未 壬申 癸酉 甲戌 乙亥 丙子 丁丑 戊寅
음양국	陽 5　陽 2　陽 8　陽 4　陽 1　陽 7

4月 癸巳

절기	소만 (2) … 망종5월 (18)
음력	1 **2** 3 4 5 6 7 8 9 10 11 12 13 14 15 16 17 **18** 19 20 21 22 23 24 25 26 27 28 29 30
양력 월	5월 … 6월
양력 일	20 **21** 22 23 24 25 26 27 28 29 30 31 / 1 2 3 4 5 午 7 8 9 10 11 12 13 14 15 16 17 18
요일	금 **토** 일 월 화 수 목 금 토 일 월 화 수 목 금 토 일 後 화 수 목 금 토 일 월 화 수 목 금 토
일진	己卯 庚辰 辛巳 壬午 癸未 甲申 乙酉 丙戌 丁亥 戊子 己丑 庚寅 辛卯 壬辰 癸巳 甲午 乙未 丙申 丁酉 戊戌 己亥 庚子 辛丑 壬寅 癸卯 甲辰 乙巳 丙午 丁未 戊申
음양국	陽 5　陽 2　陽 8　陽 6　陽 3　陽 9

5月 甲午

절기	하지 (4) … 소서6월 (19)
음력	1 2 3 **4** 5 6 7 8 9 10 11 12 13 14 15 16 17 18 **19** 20 21 22 23 24 25 26 27 28 29
양력 월	6월 … 7월
양력 일	19 20 21 **22** 23 24 25 26 27 28 29 30 / 1 2 3 4 5 6 亥 8 9 10 11 12 13 14 15 16 17
요일	일 월 화 **수** 목 금 토 일 월 화 수 목 금 토 일 월 화 수 後 금 토 일 월 화 수 목 금 토 일
일진	己酉 庚戌 辛亥 壬子 癸丑 甲寅 乙卯 丙辰 丁巳 戊午 己未 庚申 辛酉 壬戌 癸亥 甲子 乙丑 丙寅 丁卯 戊辰 己巳 庚午 辛未 壬申 癸酉 甲戌 乙亥 丙子 丁丑
음양국	陰 9　陰 3　陰 6　陰 8　陰 2　陰 5

6월 乙未

절기: 대서 (음력 6), 입추7월 (음력 22)

음력	1	2	3	4	5	6	7	8	9	10	11	12	13	14	15	16	17	18	19	20	21	22	23	24	25	26	27	28	29
양력월	7월														8월														
양력일	18	19	20	21	22	23	24	25	26	27	28	29	30	31	1	2	3	4	5	6	7	辰	9	10	11	12	13	14	15
요일	월	화	수	목	금	토	일	월	화	수	목	금	토	일	월	화	수	목	금	토	일	中	화	수	목	금	토	일	월
일진	戊寅	己卯	庚辰	辛巳	壬午	癸未	甲申	乙酉	丙戌	丁亥	戊子	己丑	庚寅	辛卯	壬辰	癸巳	甲午	乙未	丙申	丁酉	戊戌	己亥	庚子	辛丑	壬寅	癸卯	甲辰	乙巳	丙午

음양국: 陰7 陰1 陰4 陰2 陰5 陰8

7월 丙申

절기: 처서 (음력 8), 백로8월 (음력 24)

음력	1	2	3	4	5	6	7	8	9	10	11	12	13	14	15	16	17	18	19	20	21	22	23	24	25	26	27	28	29	30
양력월	8월																9월													
양력일	16	17	18	19	20	21	22	23	24	25	26	27	28	29	30	31	1	2	3	4	5	6	7	午	9	10	11	12	13	14
요일	화	수	목	금	토	일	월	화	수	목	금	토	일	월	화	수	목	금	토	일	월	화	수	初	금	토	일	월	화	수
일진	丁未	戊申	己酉	庚戌	辛亥	壬子	癸丑	甲寅	乙卯	丙辰	丁巳	戊午	己未	庚申	辛酉	壬戌	癸亥	甲子	乙丑	丙寅	丁卯	戊辰	己巳	庚午	辛未	壬申	癸酉	甲戌	乙亥	丙子

음양국: 陰8 陰1 陰4 陰7 陰9 陰3 陰6

8월 丁酉

절기: 추분 (음력 9), 한로9월 (음력 25)

음력	1	2	3	4	5	6	7	8	9	10	11	12	13	14	15	16	17	18	19	20	21	22	23	24	25	26	27	28	29
양력월	9월																10월												
양력일	15	16	17	18	19	20	21	22	23	24	25	26	27	28	29	30	1	2	3	4	5	6	7	8	丑	10	11	12	13
요일	목	금	토	일	월	화	수	목	금	토	일	월	화	수	목	금	토	일	월	화	수	목	금	토	後	월	화	수	목
일진	丁丑	戊寅	己卯	庚辰	辛巳	壬午	癸未	甲申	乙酉	丙戌	丁亥	戊子	己丑	庚寅	辛卯	壬辰	癸巳	甲午	乙未	丙申	丁酉	戊戌	己亥	庚子	辛丑	壬寅	癸卯	甲辰	乙巳

음양국: 陰6 陰7 陰1 陰4 陰6 陰9 陰3

9월 戊戌

절기: 상강 (음력 11), 입동10월 (음력 26)

음력	1	2	3	4	5	6	7	8	9	10	11	12	13	14	15	16	17	18	19	20	21	22	23	24	25	26	27	28	29
양력월	10월																		11월										
양력일	14	15	16	17	18	19	20	21	22	23	24	25	26	27	28	29	30	31	1	2	3	4	5	6	7	卯	9	10	11
요일	금	토	일	월	화	수	목	금	토	일	월	화	수	목	금	토	일	월	화	수	목	금	토	일	월	初	수	목	금
일진	丙午	丁未	戊申	己酉	庚戌	辛亥	壬子	癸丑	甲寅	乙卯	丙辰	丁巳	戊午	己未	庚申	辛酉	壬戌	癸亥	甲子	乙丑	丙寅	丁卯	戊辰	己巳	庚午	辛未	壬申	癸酉	甲戌

음양국: 陰3 陰5 陰8 陰2 陰6 陰9 陰3

10월 己亥

절기: 소설 (음력 11), 대설11월 (음력 26)

음력	1	2	3	4	5	6	7	8	9	10	11	12	13	14	15	16	17	18	19	20	21	22	23	24	25	26	27	28	29	30
양력월	11월																			12월										
양력일	12	13	14	15	16	17	18	19	20	21	22	23	24	25	26	27	28	29	30	1	2	3	4	5	6	亥	8	9	10	11
요일	토	일	월	화	수	목	금	토	일	월	화	수	목	금	토	일	월	화	수	목	금	토	일	월	화	中	목	금	토	일
일진	乙亥	丙子	丁丑	戊寅	己卯	庚辰	辛巳	壬午	癸未	甲申	乙酉	丙戌	丁亥	戊子	己丑	庚寅	辛卯	壬辰	癸巳	甲午	乙未	丙申	丁酉	戊戌	己亥	庚子	辛丑	壬寅	癸卯	甲辰

음양국: 陰3 陰5 陰8 陰2 陰4 陰7

11월 庚子

절기: 동지 (음력 11), 소한12월 (음력 26)

음력	1	2	3	4	5	6	7	8	9	10	11	12	13	14	15	16	17	18	19	20	21	22	23	24	25	26	27	28	29	30
양력월	12월																				1월									
양력일	12	13	14	15	16	17	18	19	20	21	22	23	24	25	26	27	28	29	30	31	1	2	3	4	5	巳	7	8	9	10
요일	월	화	수	목	금	토	일	월	화	수	목	금	토	일	월	화	수	목	금	토	일	월	화	수	목	初	토	일	월	화
일진	乙巳	丙午	丁未	戊申	己酉	庚戌	辛亥	壬子	癸丑	甲寅	乙卯	丙辰	丁巳	戊午	己未	庚申	辛酉	壬戌	癸亥	甲子	乙丑	丙寅	丁卯	戊辰	己巳	庚午	辛未	壬申	癸酉	甲戌

음양국: 陰1 陽1 陽7 陽4 陽2 陽8

12월 辛丑

절기: 대한 (음력 11), 입춘1월 (음력 25)

음력	1	2	3	4	5	6	7	8	9	10	11	12	13	14	15	16	17	18	19	20	21	22	23	24	25	26	27	28	29
양력월	1월																					2월							
양력일	11	12	13	14	15	16	17	18	19	20	21	22	23	24	25	26	27	28	29	30	31	1	2	3	亥	5	6	7	8
요일	수	목	금	토	일	월	화	수	목	금	토	일	월	화	수	목	금	토	일	월	화	수	목	금	初	일	월	화	수
일진	乙亥	丙子	丁丑	戊寅	己卯	庚辰	辛巳	壬午	癸未	甲申	乙酉	丙戌	丁亥	戊子	己丑	庚寅	辛卯	壬辰	癸巳	甲午	乙未	丙申	丁酉	戊戌	己亥	庚子	辛丑	壬寅	癸卯

음양국: 陽5 陽3 陽9 陽6 陽8 陽5

입춘(2/4) 21:31
경칩(3/6) 15:42
청명(4/5) 20:45
입하(5/6) 14:17
망종(6/6) 18:36
소서(7/8) 04:53

1967(丁未年)

입추(8/8) 14:35
백로(9/8) 17:18
한로(10/9) 08:41
입동(11/8) 11:37
대설(12/8) 04:18
소한(1/6) 15:26

1月 壬寅

음양국: 陽2 · 陽9 · 陽6 · 陽3 · 陽1 · 陽7

음력	절기	양력	요일	일진
1		2월 9	목	甲辰
2		10	금	乙巳
3		11	토	丙午
4		12	일	丁未
5		13	월	戊申
6		14	화	己酉
7		15	수	庚戌
8		16	목	辛亥
9		17	금	壬子
10		18	토	癸丑
11	우수	19	일	甲寅
12		20	월	乙卯
13		21	화	丙辰
14		22	수	丁巳
15		23	목	戊午
16		24	금	己未
17		25	토	庚申
18		26	일	辛酉
19		27	월	壬戌
20		28	화	癸亥
21		3월 1	수	甲子
22		2	목	乙丑
23		3	금	丙寅
24		4	토	丁卯
25		5	일	戊辰
26	경칩2월	申	初	己巳
27		7	화	庚午
28		8	수	辛未
29		9	목	壬申
30		10	금	癸酉

2月 癸卯

음양국: 陽4 · 陽3 · 陽9 · 陽6 · 陽4 · 陽1

음력	절기	양력	요일	일진
1		3월 11	토	甲戌
2		12	일	乙亥
3		13	월	丙子
4		14	화	丁丑
5		15	수	戊寅
6		16	목	己卯
7		17	금	庚辰
8		18	토	辛巳
9		19	일	壬午
10		20	월	癸未
11	춘분	21	화	甲申
12		22	수	乙酉
13		23	목	丙戌
14		24	금	丁亥
15		25	토	戊子
16		26	일	己丑
17		27	월	庚寅
18		28	화	辛卯
19		29	수	壬辰
20		30	목	癸巳
21		31	금	甲午
22		4월 1	토	乙未
23		2	일	丙申
24		3	월	丁酉
25		4	화	戊戌
26	청명3월	戌	中	己亥
27		6	목	庚子
28		7	금	辛丑
29		8	토	壬寅
30		9	일	癸卯

3月 甲辰

음양국: 陽7 · 陽5 · 陽2 · 陽8 · 陽4 · 陽1

음력	절기	양력	요일	일진
1		4월 10	월	甲辰
2		11	화	乙巳
3		12	수	丙午
4		13	목	丁未
5		14	금	戊申
6		15	토	己酉
7		16	일	庚戌
8		17	월	辛亥
9		18	화	壬子
10		19	수	癸丑
11		20	목	甲寅
12	곡우	21	금	乙卯
13		22	토	丙辰
14		23	일	丁巳
15		24	월	戊午
16		25	화	己未
17		26	수	庚申
18		27	목	辛酉
19		28	금	壬戌
20		29	토	癸亥
21		30	일	甲子
22		5월 1	월	乙丑
23		2	화	丙寅
24		3	수	丁卯
25		4	목	戊辰
26		5	금	己巳
27	입하4월	未	中	庚午
28		7	일	辛未
29		8	월	壬申

4月 乙巳

음양국: 陽7 · 陽5 · 陽2 · 陽8 · 陽6 · 陽3

음력	절기	양력	요일	일진
1		5월 9	화	癸酉
2		10	수	甲戌
3		11	목	乙亥
4		12	금	丙子
5		13	토	丁丑
6		14	일	戊寅
7		15	월	己卯
8		16	화	庚辰
9		17	수	辛巳
10		18	목	壬午
11		19	금	癸未
12		20	토	甲申
13		21	일	乙酉
14	소만	22	월	丙戌
15		23	화	丁亥
16		24	수	戊子
17		25	목	己丑
18		26	금	庚寅
19		27	토	辛卯
20		28	일	壬辰
21		29	월	癸巳
22		30	화	甲午
23		31	수	乙未
24		6월 1	목	丙申
25		2	금	丁酉
26		3	토	戊戌
27		4	일	己亥
28		5	월	庚子
29	망종5월	酉	中	辛丑
30		7	수	壬寅

5月 丙午

음양국: 陽9 · 陰9 · 陰3 · 陰6 · 陰8 · 陰2

음력	절기	양력	요일	일진
1		6월 8	목	癸卯
2		9	금	甲辰
3		10	토	乙巳
4		11	일	丙午
5		12	월	丁未
6		13	화	戊申
7		14	수	己酉
8		15	목	庚戌
9		16	금	辛亥
10		17	토	壬子
11		18	일	癸丑
12		19	월	甲寅
13		20	화	乙卯
14		21	수	丙辰
15	하지	22	목	丁巳
16		23	금	戊午
17		24	토	己未
18		25	일	庚申
19		26	월	辛酉
20		27	화	壬戌
21		28	수	癸亥
22		29	목	甲子
23		30	금	乙丑
24		7월 1	토	丙寅
25		2	일	丁卯
26		3	월	戊辰
27		4	화	己巳
28		5	수	庚午
29		6	목	辛未
30		7	금	壬申

6月 丁未

음양국: 陰5 · 陰7 · 陰1 · 陰4 · 陰2 · 陰5

음력	절기	양력	요일	일진
1	소서6월	寅	後	癸酉
2		9	일	甲戌
3		10	월	乙亥
4		11	화	丙子
5		12	수	丁丑
6		13	목	戊寅
7		14	금	己卯
8		15	토	庚辰
9		16	일	辛巳
10		17	월	壬午
11		18	화	癸未
12		19	수	甲申
13		20	목	乙酉
14		21	금	丙戌
15		22	토	丁亥
16	대서	23	일	戊子
17		24	월	己丑
18		25	화	庚寅
19		26	수	辛卯
20		27	목	壬辰
21		28	금	癸巳
22		29	토	甲午
23		30	일	乙未
24		31	월	丙申
25		8월 1	화	丁酉
26		2	수	戊戌
27		3	목	己亥
28		4	금	庚子
29		5	토	辛丑

7月 戊申

구분	1	2	3	4	5	6	7	8	9	10	11	12	13	14	15	16	17	18	19	20	21	22	23	24	25	26	27	28	29
절기			입추7월																처서										
음력	1	2	3	4	5	6	7	8	9	10	11	12	13	14	15	16	17	18	19	20	21	22	23	24	25	26	27	28	29
양력(8월→9월)	6	7	未中	9	10	11	12	13	14	15	16	17	18	19	20	21	22	23	24	25	26	27	28	29	30	31	1	2	3
요일	일	월	화	수	목	금	토	일	월	화	수	목	금	토	일	월	화	수	목	금	토	일	월	화	수	목	금	토	일
일진	壬寅	癸卯	甲辰	乙巳	丙午	丁未	戊申	己酉	庚戌	辛亥	壬子	癸丑	甲寅	乙卯	丙辰	丁巳	戊午	己未	庚申	辛酉	壬戌	癸亥	甲子	乙丑	丙寅	丁卯	戊辰	己巳	庚午

음양국: 陰5　陰8　陰1　陰4　陰7　陰9　陰3

8月 己酉

구분	1	2	3	4	5	6	7	8	9	10	11	12	13	14	15	16	17	18	19	20	21	22	23	24	25	26	27	28	29	30
절기					백로8월																추분									
음력	1	2	3	4	5	6	7	8	9	10	11	12	13	14	15	16	17	18	19	20	21	22	23	24	25	26	27	28	29	30
양력(9월→10월)	4	5	6	7	申後	9	10	11	12	13	14	15	16	17	18	19	20	21	22	23	24	25	26	27	28	29	30	1	2	3
요일	월	화	수	목	금	토	일	월	화	수	목	금	토	일	월	화	수	목	금	토	일	월	화	수	목	금	토	일	월	화
일진	辛未	壬申	癸酉	甲戌	乙亥	丙子	丁丑	戊寅	己卯	庚辰	辛巳	壬午	癸未	甲申	乙酉	丙戌	丁亥	戊子	己丑	庚寅	辛卯	壬辰	癸巳	甲午	乙未	丙申	丁酉	戊戌	己亥	庚子

음양국: 陰3　陰6　陰7　陰1　陰4　陰6　陰9

9月 庚戌

구분	1	2	3	4	5	6	7	8	9	10	11	12	13	14	15	16	17	18	19	20	21	22	23	24	25	26	27	28	29
절기						한로9월															상강								
음력	1	2	3	4	5	6	7	8	9	10	11	12	13	14	15	16	17	18	19	20	21	22	23	24	25	26	27	28	29
양력(10월→11월)	4	5	6	7	8	辰中	10	11	12	13	14	15	16	17	18	19	20	21	22	23	24	25	26	27	28	29	30	31	1
요일	수	목	금	토	일	월	화	수	목	금	토	일	월	화	수	목	금	토	일	월	화	수	목	금	토	일	월	화	수
일진	辛丑	壬寅	癸卯	甲辰	乙巳	丙午	丁未	戊申	己酉	庚戌	辛亥	壬子	癸丑	甲寅	乙卯	丙辰	丁巳	戊午	己未	庚申	辛酉	壬戌	癸亥	甲子	乙丑	丙寅	丁卯	戊辰	己巳

음양국: 陰9　陰3　陰5　陰8　陰2　陰6　陰9

10月 辛亥

구분	1	2	3	4	5	6	7	8	9	10	11	12	13	14	15	16	17	18	19	20	21	22	23	24	25	26	27	28	29	30
절기							입동10월															소설								
음력	1	2	3	4	5	6	7	8	9	10	11	12	13	14	15	16	17	18	19	20	21	22	23	24	25	26	27	28	29	30
양력(11월→12월)	2	3	4	5	6	7	午初	9	10	11	12	13	14	15	16	17	18	19	20	21	22	23	24	25	26	27	28	29	30	1
요일	목	금	토	일	월	화	수	목	금	토	일	월	화	수	목	금	토	일	월	화	수	목	금	토	일	월	화	수	목	금
일진	庚午	辛未	壬申	癸酉	甲戌	乙亥	丙子	丁丑	戊寅	己卯	庚辰	辛巳	壬午	癸未	甲申	乙酉	丙戌	丁亥	戊子	己丑	庚寅	辛卯	壬辰	癸巳	甲午	乙未	丙申	丁酉	戊戌	己亥

음양국: 陰9　陰3　陰5　陰8　陰2　陰4

11月 壬子

구분	1	2	3	4	5	6	7	8	9	10	11	12	13	14	15	16	17	18	19	20	21	22	23	24	25	26	27	28	29
절기							대설11월														동지								
음력	1	2	3	4	5	6	7	8	9	10	11	12	13	14	15	16	17	18	19	20	21	22	23	24	25	26	27	28	29
양력(12월)	2	3	4	5	6	7	寅中	9	10	11	12	13	14	15	16	17	18	19	20	21	22	23	24	25	26	27	28	29	30
요일	토	일	월	화	수	목	금	토	일	월	화	수	목	금	토	일	월	화	수	목	금	토	일	월	화	수	목	금	토
일진	庚子	辛丑	壬寅	癸卯	甲辰	乙巳	丙午	丁未	戊申	己酉	庚戌	辛亥	壬子	癸丑	甲寅	乙卯	丙辰	丁巳	戊午	己未	庚申	辛酉	壬戌	癸亥	甲子	乙丑	丙寅	丁卯	戊辰

음양국: 陰7　陰1　陰4　陰7　陰1　陽1

12月 癸丑

구분	1	2	3	4	5	6	7	8	9	10	11	12	13	14	15	16	17	18	19	20	21	22	23	24	25	26	27	28	29	30
절기							소한12월															대한								
음력	1	2	3	4	5	6	7	8	9	10	11	12	13	14	15	16	17	18	19	20	21	22	23	24	25	26	27	28	29	30
양력(12월→1월)	31	1	2	3	4	5	未後	7	8	9	10	11	12	13	14	15	16	17	18	19	20	21	22	23	24	25	26	27	28	29
요일	일	월	화	수	목	금	토	일	월	화	수	목	금	토	일	월	화	수	목	금	토	일	월	화	수	목	금	토	일	월
일진	己巳	庚午	辛未	壬申	癸酉	甲戌	乙亥	丙子	丁丑	戊寅	己卯	庚辰	辛巳	壬午	癸未	甲申	乙酉	丙戌	丁亥	戊子	己丑	庚寅	辛卯	壬辰	癸巳	甲午	乙未	丙申	丁酉	戊戌

음양국: 陽7　陽4　陽2　陽8　陽5　陽3

입춘(2/5) 03:07
경칩(3/5) 21:18
청명(4/5) 02:21
입하(5/5) 19:56
망종(6/6) 00:19
소서(7/7) 10:42

1968(戊申年)

입추(8/7) 20:27
백로(9/7) 23:11
한로(10/8) 14:34
입동(11/7) 17:29
대설(12/7) 10:08
소한(1/5) 21:17

1月 甲寅

절기: 입춘1월 / 우수

음력	1	2	3	4	5	6	7	8	9	10	11	12	13	14	15	16	17	18	19	20	21	22	23	24	25	26	27	28	29
양력(월)	1월		2월																										
양력(일)	30	31	1	2	3	4	丑	6	7	8	9	10	11	12	13	14	15	16	17	18	19	20	21	22	23	24	25	26	27
요일	화	수	목	금	토	일	後	화	수	목	금	토	일	월	화	수	목	금	토	일	월	화	수	목	금	토	일	월	화
일진	己亥	庚子	辛丑	壬寅	癸卯	甲辰	乙巳	丙午	丁未	戊申	己酉	庚戌	辛亥	壬子	癸丑	甲寅	乙卯	丙辰	丁巳	戊午	己未	庚申	辛酉	壬戌	癸亥	甲子	乙丑	丙寅	丁卯

음양국: 陽 9　陽 6　陽 8　陽 5　陽 2　陽 9

2月 乙卯

절기: 경칩2월 / 춘분

음력	1	2	3	4	5	6	7	8	9	10	11	12	13	14	15	16	17	18	19	20	21	22	23	24	25	26	27	28	29	30
양력(월)	2월		3월																											
양력(일)	28	29	1	2	3	4	戌	6	7	8	9	10	11	12	13	14	15	16	17	18	19	20	21	22	23	24	25	26	27	28
요일	수	목	금	토	일	월	後	수	목	금	토	일	월	화	수	목	금	토	일	월	화	수	목	금	토	일	월	화	수	목
일진	戊辰	己巳	庚午	辛未	壬申	癸酉	甲戌	乙亥	丙子	丁丑	戊寅	己卯	庚辰	辛巳	壬午	癸未	甲申	乙酉	丙戌	丁亥	戊子	己丑	庚寅	辛卯	壬辰	癸巳	甲午	乙未	丙申	丁酉

음양국: 陽 6　陽 3　陽 1　陽 7　陽 4　陽 3

3月 丙辰

절기: 청명3월 / 곡우

음력	1	2	3	4	5	6	7	8	9	10	11	12	13	14	15	16	17	18	19	20	21	22	23	24	25	26	27	28	29	30
양력(월)	3월			4월																										
양력(일)	29	30	31	1	2	3	4	丑	6	7	8	9	10	11	12	13	14	15	16	17	18	19	20	21	22	23	24	25	26	27
요일	금	토	일	월	화	수	목	中	토	일	월	화	수	목	금	토	일	월	화	수	목	금	토	일	월	화	수	목	금	토
일진	戊戌	己亥	庚子	辛丑	壬寅	癸卯	甲辰	乙巳	丙午	丁未	戊申	己酉	庚戌	辛亥	壬子	癸丑	甲寅	乙卯	丙辰	丁巳	戊午	己未	庚申	辛酉	壬戌	癸亥	甲子	乙丑	丙寅	丁卯

음양국: 陽 9　陽 6　陽 4　陽 1　陽 7　陽 5

4月 丁巳

절기: 입하4월 / 소만

음력	1	2	3	4	5	6	7	8	9	10	11	12	13	14	15	16	17	18	19	20	21	22	23	24	25	26	27	28	29
양력(월)	4월			5월																									
양력(일)	28	29	30	1	2	3	4	戌	6	7	8	9	10	11	12	13	14	15	16	17	18	19	20	21	22	23	24	25	26
요일	일	월	화	수	목	금	토	初	월	화	수	목	금	토	일	월	화	수	목	금	토	일	월	화	수	목	금	토	일
일진	戊辰	己巳	庚午	辛未	壬申	癸酉	甲戌	乙亥	丙子	丁丑	戊寅	己卯	庚辰	辛巳	壬午	癸未	甲申	乙酉	丙戌	丁亥	戊子	己丑	庚寅	辛卯	壬辰	癸巳	甲午	乙未	丙申

음양국: 陽 2　陽 8　陽 4　陽 1　陽 7　陽 5

5月 戊午

절기: 망종5월 / 하지

음력	1	2	3	4	5	6	7	8	9	10	11	12	13	14	15	16	17	18	19	20	21	22	23	24	25	26	27	28	29	30
양력(월)	5월					6월																								
양력(일)	27	28	29	30	31	1	2	3	4	5	子	7	8	9	10	11	12	13	14	15	16	17	18	19	20	21	22	23	24	25
요일	월	화	수	목	금	토	일	월	화	수	中	금	토	일	월	화	수	목	금	토	일	월	화	수	목	금	토	일	월	화
일진	丁酉	戊戌	己亥	庚子	辛丑	壬寅	癸卯	甲辰	乙巳	丙午	丁未	戊申	己酉	庚戌	辛亥	壬子	癸丑	甲寅	乙卯	丙辰	丁巳	戊午	己未	庚申	辛酉	壬戌	癸亥	甲子	乙丑	丙寅

음양국: 陽 5　陽 2　陽 8　陽 6　陽 3　陽 9　陰 9

6月 己未

절기: 소서6월 / 대서

음력	1	2	3	4	5	6	7	8	9	10	11	12	13	14	15	16	17	18	19	20	21	22	23	24	25	26	27	28	29
양력(월)	6월					7월																							
양력(일)	26	27	28	29	30	1	2	3	4	5	6	巳	8	9	10	11	12	13	14	15	16	17	18	19	20	21	22	23	24
요일	수	목	금	토	일	월	화	수	목	금	토	中	월	화	수	목	금	토	일	월	화	수	목	금	토	일	월	화	수
일진	丁卯	戊辰	己巳	庚午	辛未	壬申	癸酉	甲戌	乙亥	丙子	丁丑	戊寅	己卯	庚辰	辛巳	壬午	癸未	甲申	乙酉	丙戌	丁亥	戊子	己丑	庚寅	辛卯	壬辰	癸巳	甲午	乙未

음양국: 陰 9　陰 3　陰 6　陰 8　陰 2　陰 5　陰 7

7月 庚申

절기: 입추7월 · 처서

음력	1	2	3	4	5	6	7	8	9	10	11	12	13	14	15	16	17	18	19	20	21	22	23	24	25	26	27	28	29	30
양력월	7월							8월																						
양력일	25	26	27	28	29	30	31	1	2	3	4	5	6	戌中	8	9	10	11	12	13	14	15	16	17	18	19	20	21	22	23
요일	목	금	토	일	월	화	수	목	금	토	일	월	화	中	목	금	토	일	월	화	수	목	금	토	일	월	화	수	목	금
일진	丙申	丁酉	戊戌	己亥	庚子	辛丑	壬寅	癸卯	甲辰	乙巳	丙午	丁未	戊申	己酉	庚戌	辛亥	壬子	癸丑	甲寅	乙卯	丙辰	丁巳	戊午	己未	庚申	辛酉	壬戌	癸亥	甲子	乙丑

음양국: 陰7 陰1 陰4 陰2 陰5 陰8 陰1

閏7月

절기: 백로8월

음력	1	2	3	4	5	6	7	8	9	10	11	12	13	14	15	16	17	18	19	20	21	22	23	24	25	26	27	28	29
양력월	8월								9월																				
양력일	24	25	26	27	28	29	30	31	1	2	3	4	5	6	亥後	8	9	10	11	12	13	14	15	16	17	18	19	20	21
요일	토	일	월	화	수	목	금	토	일	월	화	수	목	금	後	일	월	화	수	목	금	토	일	월	화	수	목	금	토
일진	丙寅	丁卯	戊辰	己巳	庚午	辛未	壬申	癸酉	甲戌	乙亥	丙子	丁丑	戊寅	己卯	庚辰	辛巳	壬午	癸未	甲申	乙酉	丙戌	丁亥	戊子	己丑	庚寅	辛卯	壬辰	癸巳	甲午

음양국: 陰1 陰4 陰7 陰9 陰3 陰6 陰7

8月 辛酉

절기: 추분 · 한로9월

음력	1	2	3	4	5	6	7	8	9	10	11	12	13	14	15	16	17	18	19	20	21	22	23	24	25	26	27	28	29	30
양력월	9월									10월																				
양력일	22	23	24	25	26	27	28	29	30	1	2	3	4	5	6	7	未申	9	10	11	12	13	14	15	16	17	18	19	20	21
요일	일	월	화	수	목	금	토	일	월	화	수	목	금	토	일	월	中	수	목	금	토	일	월	화	수	목	금	토	일	월
일진	乙未	丙申	丁酉	戊戌	己亥	庚子	辛丑	壬寅	癸卯	甲辰	乙巳	丙午	丁未	戊申	己酉	庚戌	辛亥	壬子	癸丑	甲寅	乙卯	丙辰	丁巳	戊午	己未	庚申	辛酉	壬戌	癸亥	甲子

음양국: 陰7 陰1 陰4 陰6 陰9 陰3

9月 壬戌

절기: 상강 · 입동10월

음력	1	2	3	4	5	6	7	8	9	10	11	12	13	14	15	16	17	18	19	20	21	22	23	24	25	26	27	28	29
양력월	10월										11월																		
양력일	22	23	24	25	26	27	28	29	30	31	1	2	3	4	5	6	申後	8	9	10	11	12	13	14	15	16	17	18	19
요일	화	수	목	금	토	일	월	화	수	목	금	토	일	월	화	수	後	금	토	일	월	화	수	목	금	토	일	월	화
일진	乙丑	丙寅	丁卯	戊辰	己巳	庚午	辛未	壬申	癸酉	甲戌	乙亥	丙子	丁丑	戊寅	己卯	庚辰	辛巳	壬午	癸未	甲申	乙酉	丙戌	丁亥	戊子	己丑	庚寅	辛卯	壬辰	癸巳

음양국: 陰5 陰8 陰2 陰6 陰9 陰3

10月 癸亥

절기: 소설 · 대설11월

음력	1	2	3	4	5	6	7	8	9	10	11	12	13	14	15	16	17	18	19	20	21	22	23	24	25	26	27	28	29	30
양력월	11월											12월																		
양력일	20	21	22	23	24	25	26	27	28	29	30	1	2	3	4	5	6	巳初	8	9	10	11	12	13	14	15	16	17	18	19
요일	수	목	금	토	일	월	화	수	목	금	토	일	월	화	수	목	금	初	일	월	화	수	목	금	토	일	월	화	수	목
일진	甲午	乙未	丙申	丁酉	戊戌	己亥	庚子	辛丑	壬寅	癸卯	甲辰	乙巳	丙午	丁未	戊申	己酉	庚戌	辛亥	壬子	癸丑	甲寅	乙卯	丙辰	丁巳	戊午	己未	庚申	辛酉	壬戌	癸亥

음양국: 陰5 陰8 陰2 陰4 陰7 陰1

11月 甲子

절기: 동지 · 소한12월

음력	1	2	3	4	5	6	7	8	9	10	11	12	13	14	15	16	17	18	19	20	21	22	23	24	25	26	27	28	29
양력월	12월												1월																
양력일	20	21	22	23	24	25	26	27	28	29	30	31	1	2	3	4	戌後	6	7	8	9	10	11	12	13	14	15	16	17
요일	금	토	일	월	화	수	목	금	토	일	월	화	수	목	금	토	後	월	화	수	목	금	토	일	월	화	수	목	금
일진	甲子	乙丑	丙寅	丁卯	戊辰	己巳	庚午	辛未	壬申	癸酉	甲戌	乙亥	丙子	丁丑	戊寅	己卯	庚辰	辛巳	壬午	癸未	甲申	乙酉	丙戌	丁亥	戊子	己丑	庚寅	辛卯	壬辰

음양국: 陽1 陽7 陽4 陽2 陽8 陽5

12月 乙丑

절기: 대한 · 입춘1월

음력	1	2	3	4	5	6	7	8	9	10	11	12	13	14	15	16	17	18	19	20	21	22	23	24	25	26	27	28	29	30
양력월	1월													2월																
양력일	18	19	20	21	22	23	24	25	26	27	28	29	30	31	1	2	3	辰後	5	6	7	8	9	10	11	12	13	14	15	16
요일	토	일	월	화	수	목	금	토	일	월	화	수	목	금	토	일	월	後	수	목	금	토	일	월	화	수	목	금	토	일
일진	癸巳	甲午	乙未	丙申	丁酉	戊戌	己亥	庚子	辛丑	壬寅	癸卯	甲辰	乙巳	丙午	丁未	戊申	己酉	庚戌	辛亥	壬子	癸丑	甲寅	乙卯	丙辰	丁巳	戊午	己未	庚申	辛酉	壬戌

음양국: 陽3 陽9 陽6 陽8 陽5 陽2

1969(己酉年)

입춘(2/4) 08:59　　경칩(3/6) 03:11　　청명(4/5) 08:15
입하(5/6) 01:50　　망종(6/6) 06:12　　소서(7/7) 16:32

입추(8/8) 02:14　　백로(9/8) 04:55　　한로(10/8) 20:17
입동(11/7) 23:11　　대설(12/7) 15:51　　소한(1/6) 03:02

1月 丙寅

절기			우수															경칩2월											
음력	1	2	3	4	5	6	7	8	9	10	11	12	13	14	15	16	17	18	19	20	21	22	23	24	25	26	27	28	29
양력 월	2월												3월																
양력 일	17	18	19	20	21	22	23	24	25	26	27	28	1	2	3	4	5	丑後	7	8	9	10	11	12	13	14	15	16	17
요일	월	화	수	목	금	토	일	월	화	수	목	금	토	일	월	화	수	後	금	토	일	월	화	수	목	금	토	일	월
일진	癸亥	甲子	乙丑	丙寅	丁卯	戊辰	己巳	庚午	辛未	壬申	癸酉	甲戌	乙亥	丙子	丁丑	戊寅	己卯	庚辰	辛巳	壬午	癸未	甲申	乙酉	丙戌	丁亥	戊子	己丑	庚寅	辛卯
음양국	陽 9					陽 6					陽 3					陽 1					陽 7					陽 4			

2月 丁卯

절기				춘분															청명3월											
음력	1	2	3	4	5	6	7	8	9	10	11	12	13	14	15	16	17	18	19	20	21	22	23	24	25	26	27	28	29	30
양력 월	3월														4월															
양력 일	18	19	20	21	22	23	24	25	26	27	28	29	30	31	1	2	3	4	辰中	6	7	8	9	10	11	12	13	14	15	16
요일	화	수	목	금	토	일	월	화	수	목	금	토	일	월	화	수	목	금	中	일	월	화	수	목	금	토	일	월	화	수
일진	壬辰	癸巳	甲午	乙未	丙申	丁酉	戊戌	己亥	庚子	辛丑	壬寅	癸卯	甲辰	乙巳	丙午	丁未	戊申	己酉	庚戌	辛亥	壬子	癸丑	甲寅	乙卯	丙辰	丁巳	戊午	己未	庚申	辛酉
음양국	陽 4			陽 3					陽 9					陽 6					陽 4					陽 1					陽 7	

3月 戊辰

절기				곡우																입하4월									
음력	1	2	3	4	5	6	7	8	9	10	11	12	13	14	15	16	17	18	19	20	21	22	23	24	25	26	27	28	29
양력 월	4월														5월														
양력 일	17	18	19	20	21	22	23	24	25	26	27	28	29	30	1	2	3	4	5	丑初	7	8	9	10	11	12	13	14	15
요일	목	금	토	일	월	화	수	목	금	토	일	월	화	수	목	금	토	일	월	初	수	목	금	토	일	월	화	수	목
일진	壬戌	癸亥	甲子	乙丑	丙寅	丁卯	戊辰	己巳	庚午	辛未	壬申	癸酉	甲戌	乙亥	丙子	丁丑	戊寅	己卯	庚辰	辛巳	壬午	癸未	甲申	乙酉	丙戌	丁亥	戊子	己丑	庚寅
음양국	陽 7			陽 5					陽 2					陽 8					陽 4					陽 1					陽 7

4月 己巳

절기						소만																망종5월								
음력	1	2	3	4	5	6	7	8	9	10	11	12	13	14	15	16	17	18	19	20	21	22	23	24	25	26	27	28	29	30
양력 월	5월																6월													
양력 일	16	17	18	19	20	21	22	23	24	25	26	27	28	29	30	31	1	2	3	4	5	卯中	7	8	9	10	11	12	13	14
요일	금	토	일	월	화	수	목	금	토	일	월	화	수	목	금	토	일	월	화	수	목	中	토	일	월	화	수	목	금	토
일진	辛卯	壬辰	癸巳	甲午	乙未	丙申	丁酉	戊戌	己亥	庚子	辛丑	壬寅	癸卯	甲辰	乙巳	丙午	丁未	戊申	己酉	庚戌	辛亥	壬子	癸丑	甲寅	乙卯	丙辰	丁巳	戊午	己未	庚申
음양국	陽 7			陽 5					陽 2					陽 8					陽 6					陽 3					陽 9	

5月 庚午

절기						하지																소서6월							
음력	1	2	3	4	5	6	7	8	9	10	11	12	13	14	15	16	17	18	19	20	21	22	23	24	25	26	27	28	29
양력 월	6월																7월												
양력 일	15	16	17	18	19	20	21	22	23	24	25	26	27	28	29	30	1	2	3	4	5	6	申中	8	9	10	11	12	13
요일	일	월	화	수	목	금	토	일	월	화	수	목	금	토	일	월	화	수	목	금	토	일	中	화	수	목	금	토	일
일진	辛酉	壬戌	癸亥	甲子	乙丑	丙寅	丁卯	戊辰	己巳	庚午	辛未	壬申	癸酉	甲戌	乙亥	丙子	丁丑	戊寅	己卯	庚辰	辛巳	壬午	癸未	甲申	乙酉	丙戌	丁亥	戊子	己丑
음양국	陽 9			陰 9					陰 3					陰 6					陰 8					陰 2					陰 5

6月 辛未

절기										대서																입추7월				
음력	1	2	3	4	5	6	7	8	9	10	11	12	13	14	15	16	17	18	19	20	21	22	23	24	25	26	27	28	29	30
양력 월	7월																		8월											
양력 일	14	15	16	17	18	19	20	21	22	23	24	25	26	27	28	29	30	31	1	2	3	4	5	6	7	丑中	9	10	11	12
요일	월	화	수	목	금	토	일	월	화	수	목	금	토	일	월	화	수	목	금	토	일	월	화	수	목	中	토	일	월	화
일진	庚寅	辛卯	壬辰	癸巳	甲午	乙未	丙申	丁酉	戊戌	己亥	庚子	辛丑	壬寅	癸卯	甲辰	乙巳	丙午	丁未	戊申	己酉	庚戌	辛亥	壬子	癸丑	甲寅	乙卯	丙辰	丁巳	戊午	己未
음양국	陰 5					陰 7					陰 1					陰 4					陰 2					陰 5				

7월 壬申

절기											처서																백로8월			
음력	1	2	3	4	5	6	7	8	9	10	11	12	13	14	15	16	17	18	19	20	21	22	23	24	25	26	27	28	29	30
양력 월	8월																			9월										
력 일	13	14	15	16	17	18	19	20	21	22	23	24	25	26	27	28	29	30	31	1	2	3	4	5	6	7	寅	9	10	11
요일	수	목	금	토	일	월	화	수	목	금	토	일	월	화	수	목	금	토	일	월	화	수	목	금	토	일	後	화	수	목
일진	庚申	辛酉	壬戌	癸亥	甲子	乙丑	丙寅	丁卯	戊辰	己巳	庚午	辛未	壬申	癸酉	甲戌	乙亥	丙子	丁丑	戊寅	己卯	庚辰	辛巳	壬午	癸未	甲申	乙酉	丙戌	丁亥	戊子	己丑
음양국	陰 8					陰 1					陰 4					陰 7					陰 9					陰 3				

8월 癸酉

절기												추분															한로9월		
음력	1	2	3	4	5	6	7	8	9	10	11	12	13	14	15	16	17	18	19	20	21	22	23	24	25	26	27	28	29
양력 월	9월																		10월										
력 일	12	13	14	15	16	17	18	19	20	21	22	23	24	25	26	27	28	29	30	1	2	3	4	5	6	7	戌	9	10
요일	금	토	일	월	화	수	목	금	토	일	월	화	수	목	금	토	일	월	화	수	목	금	토	일	월	화	中	목	금
일진	庚寅	辛卯	壬辰	癸巳	甲午	乙未	丙申	丁酉	戊戌	己亥	庚子	辛丑	壬寅	癸卯	甲辰	乙巳	丙午	丁未	戊申	己酉	庚戌	辛亥	壬子	癸丑	甲寅	乙卯	丙辰	丁巳	戊午
음양국	陰 6				陰 7					陰 1					陰 4					陰 6					陰 9				

9월 甲戌

절기													상강															입동10월		
음력	1	2	3	4	5	6	7	8	9	10	11	12	13	14	15	16	17	18	19	20	21	22	23	24	25	26	27	28	29	30
양력 월	10월																					11월								
력 일	11	12	13	14	15	16	17	18	19	20	21	22	23	24	25	26	27	28	29	30	31	1	2	3	4	5	6	亥	8	9
요일	토	일	월	화	수	목	금	토	일	월	화	수	목	금	토	일	월	화	수	목	금	토	일	월	화	수	목	後	토	일
일진	己未	庚申	辛酉	壬戌	癸亥	甲子	乙丑	丙寅	丁卯	戊辰	己巳	庚午	辛未	壬申	癸酉	甲戌	乙亥	丙子	丁丑	戊寅	己卯	庚辰	辛巳	壬午	癸未	甲申	乙酉	丙戌	丁亥	戊子
음양국	陰 3				陰 5					陰 8					陰 2					陰 6					陰 9				

10월 乙亥

절기													소설															대설11월	
음력	1	2	3	4	5	6	7	8	9	10	11	12	13	14	15	16	17	18	19	20	21	22	23	24	25	26	27	28	29
양력 월	11월																				12월								
력 일	10	11	12	13	14	15	16	17	18	19	20	21	22	23	24	25	26	27	28	29	30	1	2	3	4	5	6	申	8
요일	월	화	수	목	금	토	일	월	화	수	목	금	토	일	월	화	수	목	금	토	일	월	화	수	목	금	토	初	월
일진	己丑	庚寅	辛卯	壬辰	癸巳	甲午	乙未	丙申	丁酉	戊戌	己亥	庚子	辛丑	壬寅	癸卯	甲辰	乙巳	丙午	丁未	戊申	己酉	庚戌	辛亥	壬子	癸丑	甲寅	乙卯	丙辰	丁巳
음양국	陰 3				陰 5					陰 8					陰 2					陰 4					陰 7				

11월 丙子

절기														동지															소한12월	
음력	1	2	3	4	5	6	7	8	9	10	11	12	13	14	15	16	17	18	19	20	21	22	23	24	25	26	27	28	29	30
양력 월	12월																						1월							
력 일	9	10	11	12	13	14	15	16	17	18	19	20	21	22	23	24	25	26	27	28	29	30	31	1	2	3	4	5	丑	7
요일	화	수	목	금	토	일	월	화	수	목	금	토	일	월	화	수	목	금	토	일	월	화	수	목	금	토	일	월	後	수
일진	戊午	己未	庚申	辛酉	壬戌	癸亥	甲子	乙丑	丙寅	丁卯	戊辰	己巳	庚午	辛未	壬申	癸酉	甲戌	乙亥	丙子	丁丑	戊寅	己卯	庚辰	辛巳	壬午	癸未	甲申	乙酉	丙戌	丁亥
음양국		陰 1				陽 1					陽 7					陽 4					陽 2					陽 8				

12월 丁丑

절기													대한															입춘1월	
음력	1	2	3	4	5	6	7	8	9	10	11	12	13	14	15	16	17	18	19	20	21	22	23	24	25	26	27	28	29
양력 월	1월																							2월					
력 일	8	9	10	11	12	13	14	15	16	17	18	19	20	21	22	23	24	25	26	27	28	29	30	31	1	2	3	未	5
요일	목	금	토	일	월	화	수	목	금	토	일	월	화	수	목	금	토	일	월	화	수	목	금	토	일	월	화	中	목
일진	戊子	己丑	庚寅	辛卯	壬辰	癸巳	甲午	乙未	丙申	丁酉	戊戌	己亥	庚子	辛丑	壬寅	癸卯	甲辰	乙巳	丙午	丁未	戊申	己酉	庚戌	辛亥	壬子	癸丑	甲寅	乙卯	丙辰
음양국	陽 5				陽 3					陽 9					陽 6					陽 8					陽 5				

입춘(2/4) 14:46
경칩(3/6) 08:58
청명(4/5) 14:02
입하(5/6) 07:34
망종(6/6) 11:52
소서(7/7) 22:11

입추(8/8) 07:54
백로(9/8) 10:38
한로(10/9) 02:02
입동(11/8) 04:58
대설(12/7) 21:37
소한(1/6) 08:45

1970(庚戌年)

1月 戊寅

절기: 우수(음력14), 경칩2월(음력29)

음력	1	2	3	4	5	6	7	8	9	10	11	12	13	14	15	16	17	18	19	20	21	22	23	24	25	26	27	28	29	30
양력(2월/3월)	6	7	8	9	10	11	12	13	14	15	16	17	18	19	20	21	22	23	24	25	26	27	28	1	2	3	4	5	辰	7
요일	금	토	일	월	화	수	목	금	토	일	월	화	수	목	금	토	일	월	화	수	목	금	토	일	월	화	수	목	後	토
일진	丁巳	戊午	己未	庚申	辛酉	壬戌	癸亥	甲子	乙丑	丙寅	丁卯	戊辰	己巳	庚午	辛未	壬申	癸酉	甲戌	乙亥	丙子	丁丑	戊寅	己卯	庚辰	辛巳	壬午	癸未	甲申	乙酉	丙戌

음양국: 陽5　陽2　陽9　陽6　陽3　陽1　陽7

2月 己卯

절기: 춘분(음력14), 청명3월(음력29)

음력	1	2	3	4	5	6	7	8	9	10	11	12	13	14	15	16	17	18	19	20	21	22	23	24	25	26	27	28	29
양력(3월/4월)	8	9	10	11	12	13	14	15	16	17	18	19	20	21	22	23	24	25	26	27	28	29	30	31	1	2	3	4	未
요일	일	월	화	수	목	금	토	일	월	화	수	목	금	토	일	월	화	수	목	금	토	일	월	화	수	목	금	토	初
일진	丁亥	戊子	己丑	庚寅	辛卯	壬辰	癸巳	甲午	乙未	丙申	丁酉	戊戌	己亥	庚子	辛丑	壬寅	癸卯	甲辰	乙巳	丙午	丁未	戊申	己酉	庚戌	辛亥	壬子	癸丑	甲寅	乙卯

음양국: 陽7　陽4　陽3　陽9　陽6　陽4　陽1

3月 庚辰

절기: 곡우(음력15)

음력	1	2	3	4	5	6	7	8	9	10	11	12	13	14	15	16	17	18	19	20	21	22	23	24	25	26	27	28	29
양력(4월/5월)	6	7	8	9	10	11	12	13	14	15	16	17	18	19	20	21	22	23	24	25	26	27	28	29	30	1	2	3	4
요일	월	화	수	목	금	토	일	월	화	수	목	금	토	일	월	화	수	목	금	토	일	월	화	수	목	금	토	일	월
일진	丙辰	丁巳	戊午	己未	庚申	辛酉	壬戌	癸亥	甲子	乙丑	丙寅	丁卯	戊辰	己巳	庚午	辛未	壬申	癸酉	甲戌	乙亥	丙子	丁丑	戊寅	己卯	庚辰	辛巳	壬午	癸未	甲申

음양국: 陽1　陽7　陽5　陽2　陽8　陽4　陽1

4月 辛巳

절기: 입하4월(음력2), 소만(음력17)

음력	1	2	3	4	5	6	7	8	9	10	11	12	13	14	15	16	17	18	19	20	21	22	23	24	25	26	27	28	29	30
양력(5월/6월)	5	辰	7	8	9	10	11	12	13	14	15	16	17	18	19	20	21	22	23	24	25	26	27	28	29	30	31	1	2	3
요일	화	初	목	금	토	일	월	화	수	목	금	토	일	월	화	수	목	금	토	일	월	화	수	목	금	토	일	월	화	수
일진	乙酉	丙戌	丁亥	戊子	己丑	庚寅	辛卯	壬辰	癸巳	甲午	乙未	丙申	丁酉	戊戌	己亥	庚子	辛丑	壬寅	癸卯	甲辰	乙巳	丙午	丁未	戊申	己酉	庚戌	辛亥	壬子	癸丑	甲寅

음양국: 陽1　陽7　陽5　陽2　陽8　陽6

5月 壬午

절기: 망종5월(음력3), 하지(음력19)

음력	1	2	3	4	5	6	7	8	9	10	11	12	13	14	15	16	17	18	19	20	21	22	23	24	25	26	27	28	29	30
양력(6월/7월)	4	5	午	7	8	9	10	11	12	13	14	15	16	17	18	19	20	21	22	23	24	25	26	27	28	29	30	1	2	3
요일	목	금	初	일	월	화	수	목	금	토	일	월	화	수	목	금	토	일	월	화	수	목	금	토	일	월	화	수	목	금
일진	乙卯	丙辰	丁巳	戊午	己未	庚申	辛酉	壬戌	癸亥	甲子	乙丑	丙寅	丁卯	戊辰	己巳	庚午	辛未	壬申	癸酉	甲戌	乙亥	丙子	丁丑	戊寅	己卯	庚辰	辛巳	壬午	癸未	甲申

음양국: 陽3　陽9　陰9　陰3　陰6　陰8

6月 癸未

절기: 소서6월(음력4), 대서(음력20)

음력	1	2	3	4	5	6	7	8	9	10	11	12	13	14	15	16	17	18	19	20	21	22	23	24	25	26	27	28	29
양력(7월/8월)	4	5	6	亥	8	9	10	11	12	13	14	15	16	17	18	19	20	21	22	23	24	25	26	27	28	29	30	31	1
요일	토	일	월	中	수	목	금	토	일	월	화	수	목	금	토	일	월	화	수	목	금	토	일	월	화	수	목	금	토
일진	乙酉	丙戌	丁亥	戊子	己丑	庚寅	辛卯	壬辰	癸巳	甲午	乙未	丙申	丁酉	戊戌	己亥	庚子	辛丑	壬寅	癸卯	甲辰	乙巳	丙午	丁未	戊申	己酉	庚戌	辛亥	壬子	癸丑

음양국: 陰2　陰5　陰7　陰1　陰4　陰2

7月 甲申

음력	1	2	3	4	5	6	7	8	9	10	11	12	13	14	15	16	17	18	19	20	21	22	23	24	25	26	27	28	29	30
절기							입추7월															처서								
양력 월 8월 / 력일	2	3	4	5	6	7	辰	9	10	11	12	13	14	15	16	17	18	19	20	21	22	23	24	25	26	27	28	29	30	31
요일	일	월	화	수	목	금	初	일	월	화	수	목	금	토	일	월	화	수	목	금	토	일	월	화	수	목	금	토	일	월
일진	甲寅	乙卯	丙辰	丁巳	戊午	己未	庚申	辛酉	壬戌	癸亥	甲子	乙丑	丙寅	丁卯	戊辰	己巳	庚午	辛未	壬申	癸酉	甲戌	乙亥	丙子	丁丑	戊寅	己卯	庚辰	辛巳	壬午	癸未

음양국: 陰5　陰8　陰1　陰4　陰7　陰9

8月 乙酉

음력	1	2	3	4	5	6	7	8	9	10	11	12	13	14	15	16	17	18	19	20	21	22	23	24	25	26	27	28	29
절기								백로8월															추분						
양력 월 9월 / 력일	1	2	3	4	5	6	7	巳	9	10	11	12	13	14	15	16	17	18	19	20	21	22	23	24	25	26	27	28	29
요일	화	수	목	금	토	일	월	中	수	목	금	토	일	월	화	수	목	금	토	일	월	화	수	목	금	토	일	월	화
일진	甲申	乙酉	丙戌	丁亥	戊子	己丑	庚寅	辛卯	壬辰	癸巳	甲午	乙未	丙申	丁酉	戊戌	己亥	庚子	辛丑	壬寅	癸卯	甲辰	乙巳	丙午	丁未	戊申	己酉	庚戌	辛亥	壬子

음양국: 陰3　陰6　陰7　陰1　陰4　陰6

9月 丙戌

음력	1	2	3	4	5	6	7	8	9	10	11	12	13	14	15	16	17	18	19	20	21	22	23	24	25	26	27	28	29	30
절기										한로9월															상강					
양력 월 9월/10월 / 력일	30	1	2	3	4	5	6	7	8	丑	10	11	12	13	14	15	16	17	18	19	20	21	22	23	24	25	26	27	28	29
요일	수	목	금	토	일	월	화	수	목	初	토	일	월	화	수	목	금	토	일	월	화	수	목	금	토	일	월	화	수	목
일진	癸丑	甲寅	乙卯	丙辰	丁巳	戊午	己未	庚申	辛酉	壬戌	癸亥	甲子	乙丑	丙寅	丁卯	戊辰	己巳	庚午	辛未	壬申	癸酉	甲戌	乙亥	丙子	丁丑	戊寅	己卯	庚辰	辛巳	壬午

음양국: 陰9　陰3　陰5　陰8　陰2　陰6

10月 丁亥

음력	1	2	3	4	5	6	7	8	9	10	11	12	13	14	15	16	17	18	19	20	21	22	23	24	25	26	27	28	29	30
절기										입동10월															소설					
양력 월 10월/11월 / 력일	30	31	1	2	3	4	5	6	7	寅	9	10	11	12	13	14	15	16	17	18	19	20	21	22	23	24	25	26	27	28
요일	금	토	일	월	화	수	목	금	토	後	월	화	수	목	금	토	일	월	화	수	목	금	토	일	월	화	수	목	금	토
일진	癸未	甲申	乙酉	丙戌	丁亥	戊子	己丑	庚寅	辛卯	壬辰	癸巳	甲午	乙未	丙申	丁酉	戊戌	己亥	庚子	辛丑	壬寅	癸卯	甲辰	乙巳	丙午	丁未	戊申	己酉	庚戌	辛亥	壬子

음양국: 陰9　陰3　陰5　陰8　陰2　陰4

11月 戊子

음력	1	2	3	4	5	6	7	8	9	10	11	12	13	14	15	16	17	18	19	20	21	22	23	24	25	26	27	28	29
절기									대설11월															동지					
양력 월 11월/12월 / 력일	29	30	1	2	3	4	5	6	亥	8	9	10	11	12	13	14	15	16	17	18	19	20	21	22	23	24	25	26	27
요일	일	월	화	수	목	금	토	일	初	화	수	목	금	토	일	월	화	수	목	금	토	일	월	화	수	목	금	토	일
일진	癸丑	甲寅	乙卯	丙辰	丁巳	戊午	己未	庚申	辛酉	壬戌	癸亥	甲子	乙丑	丙寅	丁卯	戊辰	己巳	庚午	辛未	壬申	癸酉	甲戌	乙亥	丙子	丁丑	戊寅	己卯	庚辰	辛巳

음양국: 陰7　陰1　陰4　陰7　陰1　[陽1]

12月 己丑

음력	1	2	3	4	5	6	7	8	9	10	11	12	13	14	15	16	17	18	19	20	21	22	23	24	25	26	27	28	29	30
절기										소한12월															대한					
양력 월 12월/1월 / 력일	28	29	30	31	1	2	3	4	5	辰	7	8	9	10	11	12	13	14	15	16	17	18	19	20	21	22	23	24	25	26
요일	월	화	수	목	금	토	일	월	화	中	목	금	토	일	월	화	수	목	금	토	일	월	화	수	목	금	토	일	월	화
일진	壬午	癸未	甲申	乙酉	丙戌	丁亥	戊子	己丑	庚寅	辛卯	壬辰	癸巳	甲午	乙未	丙申	丁酉	戊戌	己亥	庚子	辛丑	壬寅	癸卯	甲辰	乙巳	丙午	丁未	戊申	己酉	庚戌	辛亥

음양국: [陽1]　陽7　陽4　陽2　陽8　陽5　陽3

입춘(2/4) 20:25
경칩(3/6) 14:35
청명(4/5) 19:36
입하(5/6) 13:08
망종(6/6) 17:29
소서(7/8) 03:51

1971(辛亥年)

입추(8/8) 13:40
백로(9/8) 16:30
한로(10/9) 07:59
입동(11/8) 10:57
대설(12/8) 03:36
소한(1/6) 14:42

1月 庚寅

	1	2	3	4	5	6	7	8	9	10	11	12	13	14	15	16	17	18	19	20	21	22	23	24	25	26	27	28	29
절기	입춘1월																							우수					
음력	1	2	3	4	5	6	7	8	9	10	11	12	13	14	15	16	17	18	19	20	21	22	23	24	25	26	27	28	29
양월	1월					2월																							
력일	27	28	29	30	31	1	2	3	戌	5	6	7	8	9	10	11	12	13	14	15	16	17	18	19	20	21	22	23	24
요일	수	목	금	토	일	월	화	수	中	금	토	일	월	화	수	목	금	토	일	월	화	수	목	금	토	일	월	화	수
일진	壬子	癸丑	甲寅	乙卯	丙辰	丁巳	戊午	己未	庚申	辛酉	壬戌	癸亥	甲子	乙丑	丙寅	丁卯	戊辰	己巳	庚午	辛未	壬申	癸酉	甲戌	乙亥	丙子	丁丑	戊寅	己卯	庚辰
음양국	陽 3				陽 9				陽 6				陽 8					陽 5				陽 2				陽 9			

2月 辛卯

	1	2	3	4	5	6	7	8	9	10	11	12	13	14	15	16	17	18	19	20	21	22	23	24	25	26	27	28	29	30
절기	경칩2월																								춘분					
음력	1	2	3	4	5	6	7	8	9	10	11	12	13	14	15	16	17	18	19	20	21	22	23	24	25	26	27	28	29	30
양월	2월				3월																									
력일	25	26	27	28	1	2	3	4	5	未	7	8	9	10	11	12	13	14	15	16	17	18	19	20	21	22	23	24	25	26
요일	목	금	토	일	월	화	수	목	금	申	일	월	화	수	목	금	토	일	월	화	수	목	금	토	일	월	화	수	목	금
일진	辛巳	壬午	癸未	甲申	乙酉	丙戌	丁亥	戊子	己丑	庚寅	辛卯	壬辰	癸巳	甲午	乙未	丙申	丁酉	戊戌	己亥	庚子	辛丑	壬寅	癸卯	甲辰	乙巳	丙午	丁未	戊申	己酉	庚戌
음양국	陽 9				陽 6				陽 3				陽 1					陽 7				陽 4					陽 3			

3月 壬辰

	1	2	3	4	5	6	7	8	9	10	11	12	13	14	15	16	17	18	19	20	21	22	23	24	25	26	27	28	29
절기	청명3월																									곡우			
음력	1	2	3	4	5	6	7	8	9	10	11	12	13	14	15	16	17	18	19	20	21	22	23	24	25	26	27	28	29
양월	3월					4월																							
력일	27	28	29	30	31	1	2	3	4	戌	6	7	8	9	10	11	12	13	14	15	16	17	18	19	20	21	22	23	24
요일	토	일	월	화	수	목	금	토	일	初	화	수	목	금	토	일	월	화	수	목	금	토	일	월	화	수	목	금	토
일진	辛亥	壬子	癸丑	甲寅	乙卯	丙辰	丁巳	戊午	己未	庚申	辛酉	壬戌	癸亥	甲子	乙丑	丙寅	丁卯	戊辰	己巳	庚午	辛未	壬申	癸酉	甲戌	乙亥	丙子	丁丑	戊寅	己卯
음양국	陽 3				陽 9				陽 6				陽 4					陽 1				陽 7				陽 5			

4月 癸巳

	1	2	3	4	5	6	7	8	9	10	11	12	13	14	15	16	17	18	19	20	21	22	23	24	25	26	27	28	29
절기	입하4월																											소만	
음력	1	2	3	4	5	6	7	8	9	10	11	12	13	14	15	16	17	18	19	20	21	22	23	24	25	26	27	28	29
양월	4월						5월																						
력일	25	26	27	28	29	30	1	2	3	4	5	午	7	8	9	10	11	12	13	14	15	16	17	18	19	20	21	22	23
요일	일	월	화	수	목	금	토	일	월	화	수	後	금	토	일	월	화	수	목	금	토	일	월	화	수	목	금	토	일
일진	庚辰	辛巳	壬午	癸未	甲申	乙酉	丙戌	丁亥	戊子	己丑	庚寅	辛卯	壬辰	癸巳	甲午	乙未	丙申	丁酉	戊戌	己亥	庚子	辛丑	壬寅	癸卯	甲辰	乙巳	丙午	丁未	戊申
음양국	陽 5				陽 2				陽 8				陽 4					陽 1				陽 7							

5月 甲午

	1	2	3	4	5	6	7	8	9	10	11	12	13	14	15	16	17	18	19	20	21	22	23	24	25	26	27	28	29	30
절기	망종5월																													하지
음력	1	2	3	4	5	6	7	8	9	10	11	12	13	14	15	16	17	18	19	20	21	22	23	24	25	26	27	28	29	30
양월	5월								6월																					
력일	24	25	26	27	28	29	30	31	1	2	3	4	5	申	7	8	9	10	11	12	13	14	15	16	17	18	19	20	21	22
요일	월	화	수	목	금	토	일	월	화	수	목	금	토	後	월	화	수	목	금	토	일	월	화	수	목	금	토	일	월	화
일진	己酉	庚戌	辛亥	壬子	癸丑	甲寅	乙卯	丙辰	丁巳	戊午	己未	庚申	辛酉	壬戌	癸亥	甲子	乙丑	丙寅	丁卯	戊辰	己巳	庚午	辛未	壬申	癸酉	甲戌	乙亥	丙子	丁丑	戊寅
음양국	陽 5					陽 2					陽 8					陽 6					陽 3					陽 9				

閏5月

	1	2	3	4	5	6	7	8	9	10	11	12	13	14	15	16	17	18	19	20	21	22	23	24	25	26	27	28	29
절기																소서6월													
음력	1	2	3	4	5	6	7	8	9	10	11	12	13	14	15	16	17	18	19	20	21	22	23	24	25	26	27	28	29
양월	6월								7월																				
력일	23	24	25	26	27	28	29	30	1	2	3	4	5	6	7	寅	9	10	11	12	13	14	15	16	17	18	19	20	21
요일	수	목	금	토	일	월	화	수	목	금	토	일	월	화	수	初	금	토	일	월	화	수	목	금	토	일	월	화	수
일진	己卯	庚辰	辛巳	壬午	癸未	甲申	乙酉	丙戌	丁亥	戊子	己丑	庚寅	辛卯	壬辰	癸巳	甲午	乙未	丙申	丁酉	戊戌	己亥	庚子	辛丑	壬寅	癸卯	甲辰	乙巳	丙午	丁未
음양국	陰 9					陰 3					陰 6					陰 8					陰 2					陰 5			

6月 乙未

구분	1	2	3	4	5	6	7	8	9	10	11	12	13	14	15	16	17	18	19	20	21	22	23	24	25	26	27	28	29	30
절기		대서																입추7월												
음력	1	2	3	4	5	6	7	8	9	10	11	12	13	14	15	16	17	18	19	20	21	22	23	24	25	26	27	28	29	30
양력 일	22	23	24	25	26	27	28	29	30	31	1	2	3	4	5	6	7	未	9	10	11	12	13	14	15	16	17	18	19	20
요일	목	금	토	일	월	화	수	목	금	토	일	월	화	수	목	금	토	初	월	화	수	목	금	토	일	월	화	수	목	금
일진	戊申	己酉	庚戌	辛亥	壬子	癸丑	甲寅	乙卯	丙辰	丁巳	戊午	己未	庚申	辛酉	壬戌	癸亥	甲子	乙丑	丙寅	丁卯	戊辰	己巳	庚午	辛未	壬申	癸酉	甲戌	乙亥	丙子	丁丑

양력 월: 7월 (시작) / 8월 (음력 11부터)
음양국: 陰 7, 陰 1, 陰 4, 陰 2, 陰 5, 陰 8

7月 丙申

구분	1	2	3	4	5	6	7	8	9	10	11	12	13	14	15	16	17	18	19	20	21	22	23	24	25	26	27	28	29
절기				처서															백로8월										
음력	1	2	3	4	5	6	7	8	9	10	11	12	13	14	15	16	17	18	19	20	21	22	23	24	25	26	27	28	29
양력 일	21	22	23	24	25	26	27	28	29	30	31	1	2	3	4	5	6	7	申	9	10	11	12	13	14	15	16	17	18
요일	토	일	월	화	수	목	금	토	일	월	화	수	목	금	토	일	월	화	中	목	금	토	일	월	화	수	목	금	토
일진	戊寅	己卯	庚辰	辛巳	壬午	癸未	甲申	乙酉	丙戌	丁亥	戊子	己丑	庚寅	辛卯	壬辰	癸巳	甲午	乙未	丙申	丁酉	戊戌	己亥	庚子	辛丑	壬寅	癸卯	甲辰	乙巳	丙午

양력 월: 8월 (시작) / 9월 (음력 12부터)
음양국: 陰 1, 陰 4, 陰 7, 陰 9, 陰 3, 陰 6

8月 丁酉

구분	1	2	3	4	5	6	7	8	9	10	11	12	13	14	15	16	17	18	19	20	21	22	23	24	25	26	27	28	29	30
절기						추분															한로9월									
음력	1	2	3	4	5	6	7	8	9	10	11	12	13	14	15	16	17	18	19	20	21	22	23	24	25	26	27	28	29	30
양력 일	19	20	21	22	23	24	25	26	27	28	29	30	1	2	3	4	5	6	7	8	辰	10	11	12	13	14	15	16	17	18
요일	일	월	화	수	목	금	토	일	월	화	수	목	금	토	일	월	화	수	목	금	初	일	월	화	수	목	금	토	일	월
일진	丁未	戊申	己酉	庚戌	辛亥	壬子	癸丑	甲寅	乙卯	丙辰	丁巳	戊午	己未	庚申	辛酉	壬戌	癸亥	甲子	乙丑	丙寅	丁卯	戊辰	己巳	庚午	辛未	壬申	癸酉	甲戌	乙亥	丙子

양력 월: 9월 (시작) / 10월 (음력 13부터)
음양국: 陰 6, 陰 7, 陰 1, 陰 4, 陰 6, 陰 9, 陰 3

9月 戊戌

구분	1	2	3	4	5	6	7	8	9	10	11	12	13	14	15	16	17	18	19	20	21	22	23	24	25	26	27	28	29	30
절기						상강															입동10월									
음력	1	2	3	4	5	6	7	8	9	10	11	12	13	14	15	16	17	18	19	20	21	22	23	24	25	26	27	28	29	30
양력 일	19	20	21	22	23	24	25	26	27	28	29	30	31	1	2	3	4	5	6	7	巳	9	10	11	12	13	14	15	16	17
요일	화	수	목	금	토	일	월	화	수	목	금	토	일	월	화	수	목	금	토	일	後	화	수	목	금	토	일	월	화	수
일진	丁丑	戊寅	己卯	庚辰	辛巳	壬午	癸未	甲申	乙酉	丙戌	丁亥	戊子	己丑	庚寅	辛卯	壬辰	癸巳	甲午	乙未	丙申	丁酉	戊戌	己亥	庚子	辛丑	壬寅	癸卯	甲辰	乙巳	丙午

양력 월: 10월 (시작) / 11월 (음력 14부터)
음양국: 陰 3, 陰 5, 陰 8, 陰 2, 陰 6, 陰 9, 陰 3

10月 己亥

구분	1	2	3	4	5	6	7	8	9	10	11	12	13	14	15	16	17	18	19	20	21	22	23	24	25	26	27	28	29	30
절기						소설															대설11월									
음력	1	2	3	4	5	6	7	8	9	10	11	12	13	14	15	16	17	18	19	20	21	22	23	24	25	26	27	28	29	30
양력 일	18	19	20	21	22	23	24	25	26	27	28	29	30	1	2	3	4	5	6	7	寅	9	10	11	12	13	14	15	16	17
요일	목	금	토	일	월	화	수	목	금	토	일	월	화	수	목	금	토	일	월	화	初	목	금	토	일	월	화	수	목	금
일진	丁未	戊申	己酉	庚戌	辛亥	壬子	癸丑	甲寅	乙卯	丙辰	丁巳	戊午	己未	庚申	辛酉	壬戌	癸亥	甲子	乙丑	丙寅	丁卯	戊辰	己巳	庚午	辛未	壬申	癸酉	甲戌	乙亥	丙子

양력 월: 11월 (시작) / 12월 (음력 14부터)
음양국: 陰 3, 陰 5, 陰 8, 陰 2, 陰 4, 陰 7, 陰 1

11月 庚子

구분	1	2	3	4	5	6	7	8	9	10	11	12	13	14	15	16	17	18	19	20	21	22	23	24	25	26	27	28	29
절기					동지															소한12월									
음력	1	2	3	4	5	6	7	8	9	10	11	12	13	14	15	16	17	18	19	20	21	22	23	24	25	26	27	28	29
양력 일	18	19	20	21	22	23	24	25	26	27	28	29	30	31	1	2	3	4	5	未	7	8	9	10	11	12	13	14	15
요일	토	일	월	화	수	목	금	토	일	월	화	수	목	금	토	일	월	화	수	中	금	토	일	월	화	수	목	금	토
일진	丁丑	戊寅	己卯	庚辰	辛巳	壬午	癸未	甲申	乙酉	丙戌	丁亥	戊子	己丑	庚寅	辛卯	壬辰	癸巳	甲午	乙未	丙申	丁酉	戊戌	己亥	庚子	辛丑	壬寅	癸卯	甲辰	乙巳

양력 월: 12월 (시작) / 1월 (음력 15부터)
음양국: 陰 1, [陽 1], 陽 7, 陽 4, 陽 2, 陽 8, 陽 5

12月 辛丑

구분	1	2	3	4	5	6	7	8	9	10	11	12	13	14	15	16	17	18	19	20	21	22	23	24	25	26	27	28	29	30
절기						대한															입춘1월									
음력	1	2	3	4	5	6	7	8	9	10	11	12	13	14	15	16	17	18	19	20	21	22	23	24	25	26	27	28	29	30
양력 일	16	17	18	19	20	21	22	23	24	25	26	27	28	29	30	31	1	2	3	4	丑	6	7	8	9	10	11	12	13	14
요일	일	월	화	수	목	금	토	일	월	화	수	목	금	토	일	월	화	수	목	금	中	일	월	화	수	목	금	토	일	월
일진	丙午	丁未	戊申	己酉	庚戌	辛亥	壬子	癸丑	甲寅	乙卯	丙辰	丁巳	戊午	己未	庚申	辛酉	壬戌	癸亥	甲子	乙丑	丙寅	丁卯	戊辰	己巳	庚午	辛未	壬申	癸酉	甲戌	乙亥

양력 월: 1월 (시작) / 2월 (음력 17부터)
음양국: 陽 5, 陽 3, 陽 9, 陽 6, 陽 8, 陽 5, 陽 2

입춘(2/5) 02:20
경칩(3/5) 20:28
청명(4/5) 01:29
입하(5/5) 19:01
망종(6/5) 23:22
소서(7/7) 09:43

입추(8/7) 19:29
백로(9/7) 22:15
한로(10/8) 13:42
입동(11/7) 16:39
대설(12/7) 09:19
소한(1/5) 20:25

1972(壬子年)

1月 壬寅

절기	우수 (음력5) · 경칩2월 (음력20)
음력	1 2 3 4 5 6 7 8 9 10 11 12 13 14 15 16 17 18 19 20 21 22 23 24 25 26 27 28 29
양력 월	2월 … 3월
양력 일	15 16 17 18 19 20 21 22 23 24 25 26 27 28 29 1 2 3 4 戊 6 7 8 9 10 11 12 13 14
요일	화 수 목 금 토 일 월 화 수 목 금 토 일 월 화 수 목 금 토 中 월 화 수 목 금 토 일 월 화
일진	丙子 丁丑 戊寅 己卯 庚辰 辛巳 壬午 癸未 甲申 乙酉 丙戌 丁亥 戊子 己丑 庚寅 辛卯 壬辰 癸巳 甲午 乙未 丙申 丁酉 戊戌 己亥 庚子 辛丑 壬寅 癸卯 甲辰
음양국	陽2 陽9 陽6 陽3 陽1 陽7 陽4

2月 癸卯

절기	춘분 (음력6) · 청명3월 (음력22)
음력	1 2 3 4 5 6 7 8 9 10 11 12 13 14 15 16 17 18 19 20 21 22 23 24 25 26 27 28 29 30
양력 월	3월 … 4월
양력 일	15 16 17 18 19 20 21 22 23 24 25 26 27 28 29 30 31 1 2 3 4 子 6 7 8 9 10 11 12 13
요일	수 목 금 토 일 월 화 수 목 금 토 일 월 화 수 목 금 토 일 월 화 後 목 금 토 일 월 화 수 목
일진	乙巳 丙午 丁未 戊申 己酉 庚戌 辛亥 壬子 癸丑 甲寅 乙卯 丙辰 丁巳 戊午 己未 庚申 辛酉 壬戌 癸亥 甲子 乙丑 丙寅 丁卯 戊辰 己巳 庚午 辛未 壬申 癸酉 甲戌
음양국	陽4 陽3 陽9 陽6 陽4 陽1

3月 甲辰

절기	곡우 (음력7) · 입하4월 (음력22)
음력	1 2 3 4 5 6 7 8 9 10 11 12 13 14 15 16 17 18 19 20 21 22 23 24 25 26 27 28 29
양력 월	4월 … 5월
양력 일	14 15 16 17 18 19 20 21 22 23 24 25 26 27 28 29 30 1 2 3 4 酉 6 7 8 9 10 11 12
요일	금 토 일 월 화 수 목 금 토 일 월 화 수 목 금 토 일 월 화 수 목 後 토 일 월 화 수 목 금
일진	乙亥 丙子 丁丑 戊寅 己卯 庚辰 辛巳 壬午 癸未 甲申 乙酉 丙戌 丁亥 戊子 己丑 庚寅 辛卯 壬辰 癸巳 甲午 乙未 丙申 丁酉 戊戌 己亥 庚子 辛丑 壬寅 癸卯
음양국	陽7 陽5 陽2 陽8 陽4 陽1

4月 乙巳

절기	소만 (음력9) · 망종5월 (음력24)
음력	1 2 3 4 5 6 7 8 9 10 11 12 13 14 15 16 17 18 19 20 21 22 23 24 25 26 27 28 29
양력 월	5월 … 6월
양력 일	13 14 15 16 17 18 19 20 21 22 23 24 25 26 27 28 29 30 31 1 2 3 4 亥 6 7 8 9 10
요일	토 일 월 화 수 목 금 토 일 월 화 수 목 금 토 일 월 화 수 목 금 토 일 後 화 수 목 금 토
일진	甲辰 乙巳 丙午 丁未 戊申 己酉 庚戌 辛亥 壬子 癸丑 甲寅 乙卯 丙辰 丁巳 戊午 己未 庚申 辛酉 壬戌 癸亥 甲子 乙丑 丙寅 丁卯 戊辰 己巳 庚午 辛未 壬申
음양국	陽7 陽5 陽2 陽8 陽6 陽3

5月 丙午

절기	하지 (음력11) · 소서6월 (음력27)
음력	1 2 3 4 5 6 7 8 9 10 11 12 13 14 15 16 17 18 19 20 21 22 23 24 25 26 27 28 29 30
양력 월	6월 … 7월
양력 일	11 12 13 14 15 16 17 18 19 20 21 22 23 24 25 26 27 28 29 30 1 2 3 4 5 巳 7 8 9 10
요일	일 월 화 수 목 금 토 일 월 화 수 목 금 토 일 월 화 수 목 금 토 일 월 화 수 初 토 일 월 화
일진	癸酉 甲戌 乙亥 丙子 丁丑 戊寅 己卯 庚辰 辛巳 壬午 癸未 甲申 乙酉 丙戌 丁亥 戊子 己丑 庚寅 辛卯 壬辰 癸巳 甲午 乙未 丙申 丁酉 戊戌 己亥 庚子 辛丑 壬寅
음양국	陽9 陰9 陰3 陰6 陰8 陰2

6月 丁未

절기	대서 (음력13) · 입추7월 (음력28)
음력	1 2 3 4 5 6 7 8 9 10 11 12 13 14 15 16 17 18 19 20 21 22 23 24 25 26 27 28 29
양력 월	7월 … 8월
양력 일	11 12 13 14 15 16 17 18 19 20 21 22 23 24 25 26 27 28 29 30 31 1 2 3 4 5 6 酉 8
요일	화 수 목 금 토 일 월 화 수 목 금 토 일 월 화 수 목 금 토 일 월 화 수 목 금 토 일 後 화
일진	癸卯 甲辰 乙巳 丙午 丁未 戊申 己酉 庚戌 辛亥 壬子 癸丑 甲寅 乙卯 丙辰 丁巳 戊午 己未 庚申 辛酉 壬戌 癸亥 甲子 乙丑 丙寅 丁卯 戊辰 己巳 庚午 辛未
음양국	陰5 陰7 陰1 陰4 陰2 陰5

7月 戊申

	1	2	3	4	5	6	7	8	9	10	11	12	13	14	15	16	17	18	19	20	21	22	23	24	25	26	27	28	29	30
절기															처서															백로8월
음력	1	2	3	4	5	6	7	8	9	10	11	12	13	14	15	16	17	18	19	20	21	22	23	24	25	26	27	28	29	30
양력 월	8월																						9월							
양력 일	9	10	11	12	13	14	15	16	17	18	19	20	21	22	23	24	25	26	27	28	29	30	31	1	2	3	4	5	6	亥中
요일	수	목	금	토	일	월	화	수	목	금	토	일	월	화	수	목	금	토	일	월	화	수	목	금	토	일	월	화	수	
일진	壬申	癸酉	甲戌	乙亥	丙子	丁丑	戊寅	己卯	庚辰	辛巳	壬午	癸未	甲申	乙酉	丙戌	丁亥	戊子	己丑	庚寅	辛卯	壬辰	癸巳	甲午	乙未	丙申	丁酉	戊戌	己亥	庚子	辛丑

음양국: 陰 5 / 陰 8 / 陰 1 / 陰 4 / 陰 7 / 陰 9 / 陰 3

8月 己酉

	1	2	3	4	5	6	7	8	9	10	11	12	13	14	15	16	17	18	19	20	21	22	23	24	25	26	27	28	29
절기																추분													
음력	1	2	3	4	5	6	7	8	9	10	11	12	13	14	15	16	17	18	19	20	21	22	23	24	25	26	27	28	29
양력 월	9월																							10월					
양력 일	8	9	10	11	12	13	14	15	16	17	18	19	20	21	22	23	24	25	26	27	28	29	30	1	2	3	4	5	6
요일	금	토	일	월	화	수	목	금	토	일	월	화	수	목	금	토	일	월	화	수	목	금	토	일	월	화	수	목	금
일진	壬寅	癸卯	甲辰	乙巳	丙午	丁未	戊申	己酉	庚戌	辛亥	壬子	癸丑	甲寅	乙卯	丙辰	丁巳	戊午	己未	庚申	辛酉	壬戌	癸亥	甲子	乙丑	丙寅	丁卯	戊辰	己巳	庚午

음양국: 陰 3 / 陰 6 / 陰 7 / 陰 1 / 陰 4 / 陰 6 / 陰 9

9月 庚戌

	1	2	3	4	5	6	7	8	9	10	11	12	13	14	15	16	17	18	19	20	21	22	23	24	25	26	27	28	29	30
절기	한로9월																상강													
음력	1	2	3	4	5	6	7	8	9	10	11	12	13	14	15	16	17	18	19	20	21	22	23	24	25	26	27	28	29	30
양력 월	10월																									11월				
양력 일	7	未初	9	10	11	12	13	14	15	16	17	18	19	20	21	22	23	24	25	26	27	28	29	30	31	1	2	3	4	5
요일	토	初	월	화	수	목	금	토	일	월	화	수	목	금	토	일	월	화	수	목	금	토	일	월	화	수	목	금	토	일
일진	辛未	壬申	癸酉	甲戌	乙亥	丙子	丁丑	戊寅	己卯	庚辰	辛巳	壬午	癸未	甲申	乙酉	丙戌	丁亥	戊子	己丑	庚寅	辛卯	壬辰	癸巳	甲午	乙未	丙申	丁酉	戊戌	己亥	庚子

음양국: 陰 9 / 陰 3 / 陰 5 / 陰 8 / 陰 2 / 陰 6 / 陰 9

10月 辛亥

	1	2	3	4	5	6	7	8	9	10	11	12	13	14	15	16	17	18	19	20	21	22	23	24	25	26	27	28	29	30
절기	입동10월																소설													
음력	1	2	3	4	5	6	7	8	9	10	11	12	13	14	15	16	17	18	19	20	21	22	23	24	25	26	27	28	29	30
양력 월	11월																											12월		
양력 일	6	申中	8	9	10	11	12	13	14	15	16	17	18	19	20	21	22	23	24	25	26	27	28	29	30	1	2	3	4	5
요일	월	中	수	목	금	토	일	월	화	수	목	금	토	일	월	화	수	목	금	토	일	월	화	수	목	금	토	일	월	화
일진	辛丑	壬寅	癸卯	甲辰	乙巳	丙午	丁未	戊申	己酉	庚戌	辛亥	壬子	癸丑	甲寅	乙卯	丙辰	丁巳	戊午	己未	庚申	辛酉	壬戌	癸亥	甲子	乙丑	丙寅	丁卯	戊辰	己巳	庚午

음양국: 陰 9 / 陰 3 / 陰 5 / 陰 8 / 陰 2 / 陰 4 / 陰 7

11月 壬子

	1	2	3	4	5	6	7	8	9	10	11	12	13	14	15	16	17	18	19	20	21	22	23	24	25	26	27	28	29	30
절기	대설11월																동지													
음력	1	2	3	4	5	6	7	8	9	10	11	12	13	14	15	16	17	18	19	20	21	22	23	24	25	26	27	28	29	30
양력 월	12월																										1월			
양력 일	6	辰後	8	9	10	11	12	13	14	15	16	17	18	19	20	21	22	23	24	25	26	27	28	29	30	31	1	2	3	4
요일	수	後	금	토	일	월	화	수	목	금	토	일	월	화	수	목	금	토	일	월	화	수	목	금	토	일	월	화	수	목
일진	辛未	壬申	癸酉	甲戌	乙亥	丙子	丁丑	戊寅	己卯	庚辰	辛巳	壬午	癸未	甲申	乙酉	丙戌	丁亥	戊子	己丑	庚寅	辛卯	壬辰	癸巳	甲午	乙未	丙申	丁酉	戊戌	己亥	庚子

음양국: 陰 7 / 陰 1 / 陽 1 / 陽 7 / 陽 4 / 陽 2 / 陽 8

12月 癸丑

	1	2	3	4	5	6	7	8	9	10	11	12	13	14	15	16	17	18	19	20	21	22	23	24	25	26	27	28	29
절기	소한12월															대한													
음력	1	2	3	4	5	6	7	8	9	10	11	12	13	14	15	16	17	18	19	20	21	22	23	24	25	26	27	28	29
양력 월	1월																										2월		
양력 일	戌中	6	7	8	9	10	11	12	13	14	15	16	17	18	19	20	21	22	23	24	25	26	27	28	29	30	31	1	2
요일	中	토	일	월	화	수	목	금	토	일	월	화	수	목	금	토	일	월	화	수	목	금	토	일	월	화	수	목	금
일진	辛丑	壬寅	癸卯	甲辰	乙巳	丙午	丁未	戊申	己酉	庚戌	辛亥	壬子	癸丑	甲寅	乙卯	丙辰	丁巳	戊午	己未	庚申	辛酉	壬戌	癸亥	甲子	乙丑	丙寅	丁卯	戊辰	己巳

음양국: 陽 8 / 陽 5 / 陽 3 / 陽 9 / 陽 6 / 陽 8 / 陽 5

입춘(2/4) 08:04
경칩(3/6) 02:13
청명(4/5) 07:14
입하(5/6) 00:46
망종(6/6) 05:07
소서(7/7) 15:27

입추(8/8) 01:13
백로(9/8) 03:59
한로(10/8) 19:27
입동(11/7) 22:28
대설(12/7) 15:10
소한(1/6) 02:20

1973(癸丑年)

1月 甲寅

절기: 입춘1월 / 우수

음력	1	2	3	4	5	6	7	8	9	10	11	12	13	14	15	16	17	18	19	20	21	22	23	24	25	26	27	28	29	30
양력(2월→3월)	3	辰	5	6	7	8	9	10	11	12	13	14	15	16	17	18	19	20	21	22	23	24	25	26	27	28	1	2	3	4
요일	토	初	월	화	수	목	금	토	일	월	화	수	목	금	토	일	월	화	수	목	금	토	일	월	화	수	목	금	토	일
일진	庚午	辛未	壬申	癸酉	甲戌	乙亥	丙子	丁丑	戊寅	己卯	庚辰	辛巳	壬午	癸未	甲申	乙酉	丙戌	丁亥	戊子	己丑	庚寅	辛卯	壬辰	癸巳	甲午	乙未	丙申	丁酉	戊戌	己亥

음양국: 陽5 陽2 陽9 陽6 陽3 陽1

2月 乙卯

절기: 경칩2월 / 춘분

음력	1	2	3	4	5	6	7	8	9	10	11	12	13	14	15	16	17	18	19	20	21	22	23	24	25	26	27	28	29
양력(3월→4월)	5	丑	7	8	9	10	11	12	13	14	15	16	17	18	19	20	21	22	23	24	25	26	27	28	29	30	31	1	2
요일	월	中	수	목	금	토	일	월	화	수	목	금	토	일	월	화	수	목	금	토	일	월	화	수	목	금	토	일	월
일진	庚子	辛丑	壬寅	癸卯	甲辰	乙巳	丙午	丁未	戊申	己酉	庚戌	辛亥	壬子	癸丑	甲寅	乙卯	丙辰	丁巳	戊午	己未	庚申	辛酉	壬戌	癸亥	甲子	乙丑	丙寅	丁卯	戊辰

음양국: 陽7 陽4 陽3 陽9 陽6 陽4

3月 丙辰

절기: 청명3월 / 곡우

음력	1	2	3	4	5	6	7	8	9	10	11	12	13	14	15	16	17	18	19	20	21	22	23	24	25	26	27	28	29	30
양력(4월→5월)	3	4	卯	6	7	8	9	10	11	12	13	14	15	16	17	18	19	20	21	22	23	24	25	26	27	28	29	30	1	2
요일	화	수	後	금	토	일	월	화	수	목	금	토	일	월	화	수	목	금	토	일	월	화	수	목	금	토	일	월	화	수
일진	己巳	庚午	辛未	壬申	癸酉	甲戌	乙亥	丙子	丁丑	戊寅	己卯	庚辰	辛巳	壬午	癸未	甲申	乙酉	丙戌	丁亥	戊子	己丑	庚寅	辛卯	壬辰	癸巳	甲午	乙未	丙申	丁酉	戊戌

음양국: 陽1 陽7 陽5 陽2 陽8 陽4

4月 丁巳

절기: 입하4월 / 소만

음력	1	2	3	4	5	6	7	8	9	10	11	12	13	14	15	16	17	18	19	20	21	22	23	24	25	26	27	28	29
양력(5월)	3	4	5	子	7	8	9	10	11	12	13	14	15	16	17	18	19	20	21	22	23	24	25	26	27	28	29	30	31
요일	목	금	토	中	월	화	수	목	금	토	일	월	화	수	목	금	토	일	월	화	수	목	금	토	일	월	화	수	목
일진	己亥	庚子	辛丑	壬寅	癸卯	甲辰	乙巳	丙午	丁未	戊申	己酉	庚戌	辛亥	壬子	癸丑	甲寅	乙卯	丙辰	丁巳	戊午	己未	庚申	辛酉	壬戌	癸亥	甲子	乙丑	丙寅	丁卯

음양국: 陽1 陽7 陽5 陽2 陽8 陽6

5月 戊午

절기: 망종5월 / 하지

음력	1	2	3	4	5	6	7	8	9	10	11	12	13	14	15	16	17	18	19	20	21	22	23	24	25	26	27	28	29
양력(6월)	1	2	3	4	5	寅	7	8	9	10	11	12	13	14	15	16	17	18	19	20	21	22	23	24	25	26	27	28	29
요일	금	토	일	월	화	後	목	금	토	일	월	화	수	목	금	토	일	월	화	수	목	금	토	일	월	화	수	목	금
일진	戊辰	己巳	庚午	辛未	壬申	癸酉	甲戌	乙亥	丙子	丁丑	戊寅	己卯	庚辰	辛巳	壬午	癸未	甲申	乙酉	丙戌	丁亥	戊子	己丑	庚寅	辛卯	壬辰	癸巳	甲午	乙未	丙申

음양국: 陽3 陽9 陰9 陰3 陰6 陰8

6月 己未

절기: 소서6월 / 대서

음력	1	2	3	4	5	6	7	8	9	10	11	12	13	14	15	16	17	18	19	20	21	22	23	24	25	26	27	28	29	30
양력(6월→7월)	30	1	2	3	4	5	6	未	8	9	10	11	12	13	14	15	16	17	18	19	20	21	22	23	24	25	26	27	28	29
요일	토	일	월	화	수	목	금	後	일	월	화	수	목	금	토	일	월	화	수	목	금	토	일	월	화	수	목	금	토	일
일진	丁酉	戊戌	己亥	庚子	辛丑	壬寅	癸卯	甲辰	乙巳	丙午	丁未	戊申	己酉	庚戌	辛亥	壬子	癸丑	甲寅	乙卯	丙辰	丁巳	戊午	己未	庚申	辛酉	壬戌	癸亥	甲子	乙丑	丙寅

음양국: 陰8 陰2 陰5 陰7 陰1 陰4 陰2

7月 庚申

절기										입추7월															처서				
음력	1	2	3	4	5	6	7	8	9	10	11	12	13	14	15	16	17	18	19	20	21	22	23	24	25	26	27	28	29
양력 월	7월		8월																										
양력 일	30	31	1	2	3	4	5	6	7	子	9	10	11	12	13	14	15	16	17	18	19	20	21	22	23	24	25	26	27
요일	월	화	수	목	금	토	일	월	화	後	목	금	토	일	월	화	수	목	금	토	일	월	화	수	목	금	토	일	월
일진	丁卯	戊辰	己巳	庚午	辛未	壬申	癸酉	甲戌	乙亥	丙子	丁丑	戊寅	己卯	庚辰	辛巳	壬午	癸未	甲申	乙酉	丙戌	丁亥	戊子	己丑	庚寅	辛卯	壬辰	癸巳	甲午	乙未

음양국: 陰2　陰5　陰8　陰1　陰4　陰7　陰9

8月 辛酉

절기												백로8월														추분			
음력	1	2	3	4	5	6	7	8	9	10	11	12	13	14	15	16	17	18	19	20	21	22	23	24	25	26	27	28	29
양력 월	8월				9월																								
양력 일	28	29	30	31	1	2	3	4	5	6	7	寅	9	10	11	12	13	14	15	16	17	18	19	20	21	22	23	24	25
요일	화	수	목	금	토	일	월	화	수	목	금	初	일	월	화	수	목	금	토	일	월	화	수	목	금	토	일	월	화
일진	丙申	丁酉	戊戌	己亥	庚子	辛丑	壬寅	癸卯	甲辰	乙巳	丙午	丁未	戊申	己酉	庚戌	辛亥	壬子	癸丑	甲寅	乙卯	丙辰	丁巳	戊午	己未	庚申	辛酉	壬戌	癸亥	甲子

음양국: 陰9　陰3　陰6　陰7　陰1　陰4　陰6

9月 壬戌

절기													한로9월															상강		
음력	1	2	3	4	5	6	7	8	9	10	11	12	13	14	15	16	17	18	19	20	21	22	23	24	25	26	27	28	29	30
양력 월	9월					10월																								
양력 일	26	27	28	29	30	1	2	3	4	5	6	7	酉	9	10	11	12	13	14	15	16	17	18	19	20	21	22	23	24	25
요일	수	목	금	토	일	월	화	수	목	금	토	일	後	화	수	목	금	토	일	월	화	수	목	금	토	일	월	화	수	목
일진	乙丑	丙寅	丁卯	戊辰	己巳	庚午	辛未	壬申	癸酉	甲戌	乙亥	丙子	丁丑	戊寅	己卯	庚辰	辛巳	壬午	癸未	甲申	乙酉	丙戌	丁亥	戊子	己丑	庚寅	辛卯	壬辰	癸巳	甲午

음양국: 陰6　陰9　陰3　陰5　陰8　陰2

10月 癸亥

절기													입동10월															소설		
음력	1	2	3	4	5	6	7	8	9	10	11	12	13	14	15	16	17	18	19	20	21	22	23	24	25	26	27	28	29	30
양력 월	10월						11월																							
양력 일	26	27	28	29	30	31	1	2	3	4	5	6	亥	8	9	10	11	12	13	14	15	16	17	18	19	20	21	22	23	24
요일	금	토	일	월	화	수	목	금	토	일	월	화	中	목	금	토	일	월	화	수	목	금	토	일	월	화	수	목	금	토
일진	乙未	丙申	丁酉	戊戌	己亥	庚子	辛丑	壬寅	癸卯	甲辰	乙巳	丙午	丁未	戊申	己酉	庚戌	辛亥	壬子	癸丑	甲寅	乙卯	丙辰	丁巳	戊午	己未	庚申	辛酉	壬戌	癸亥	甲子

음양국: 陰6　陰9　陰3　陰5　陰8　陰2

11月 甲子

절기													대설11월															동지		
음력	1	2	3	4	5	6	7	8	9	10	11	12	13	14	15	16	17	18	19	20	21	22	23	24	25	26	27	28	29	30
양력 월	11월						12월																							
양력 일	25	26	27	28	29	30	1	2	3	4	5	6	未	8	9	10	11	12	13	14	15	16	17	18	19	20	21	22	23	24
요일	일	월	화	수	목	금	토	일	월	화	수	後	토	일	월	화	수	목	금	토	일	월	화	수	목	금	토	일	월	
일진	乙丑	丙寅	丁卯	戊辰	己巳	庚午	辛未	壬申	癸酉	甲戌	乙亥	丙子	丁丑	戊寅	己卯	庚辰	辛巳	壬午	癸未	甲申	乙酉	丙戌	丁亥	戊子	己丑	庚寅	辛卯	壬辰	癸巳	甲午

음양국: 陰4　陰7　陰1　陰4　陰7　陰1

12月 乙丑

절기													소한12월														대한		
음력	1	2	3	4	5	6	7	8	9	10	11	12	13	14	15	16	17	18	19	20	21	22	23	24	25	26	27	28	29
양력 월	12월						1월																						
양력 일	25	26	27	28	29	30	31	1	2	3	4	5	丑	7	8	9	10	11	12	13	14	15	16	17	18	19	20	21	22
요일	화	수	목	금	토	일	월	화	수	목	금	토	中	월	화	수	목	금	토	일	월	화	수	목	금	토	일	월	화
일진	乙未	丙申	丁酉	戊戌	己亥	庚子	辛丑	壬寅	癸卯	甲辰	乙巳	丙午	丁未	戊申	己酉	庚戌	辛亥	壬子	癸丑	甲寅	乙卯	丙辰	丁巳	戊午	己未	庚申	辛酉	壬戌	癸亥

음양국: 陽1　陽7　陽4　陽2　陽8　陽5

1974(甲寅年)

입춘(2/4) 14:00
경칩(3/6) 08:07
청명(4/5) 13:05
입하(5/6) 06:34
망종(6/6) 10:52
소서(7/7) 21:11

입추(8/8) 06:57
백로(9/8) 09:45
한로(10/9) 01:15
입동(11/8) 04:18
대설(12/7) 21:05
소한(1/6) 08:18

1月 丙寅

절기													입춘1월																우수	
음력	1	2	3	4	5	6	7	8	9	10	11	12	13	14	15	16	17	18	19	20	21	22	23	24	25	26	27	28	29	30
양력 월	1월									2월																				
양력 일	23	24	25	26	27	28	29	30	31	1	2	3	未初	5	6	7	8	9	10	11	12	13	14	15	16	17	18	19	20	21
요일	수	목	금	토	일	월	화	수	목	금	토	일	화	화	수	목	금	토	일	월	화	수	목	금	토	일	월	화	수	목
일진	甲子	乙丑	丙寅	丁卯	戊辰	己巳	庚午	辛未	壬申	癸酉	甲戌	乙亥	丙子	丁丑	戊寅	己卯	庚辰	辛巳	壬午	癸未	甲申	乙酉	丙戌	丁亥	戊子	己丑	庚寅	辛卯	壬辰	癸巳

음양국: 陽 3　陽 9　陽 6　陽 8　陽 5　陽 2

2月 丁卯

절기													경칩2월															춘분		
음력	1	2	3	4	5	6	7	8	9	10	11	12	13	14	15	16	17	18	19	20	21	22	23	24	25	26	27	28	29	30
양력 월	2월							3월																						
양력 일	22	23	24	25	26	27	28	1	2	3	4	5	辰初	7	8	9	10	11	12	13	14	15	16	17	18	19	20	21	22	23
요일	금	토	일	월	화	수	목	금	토	일	월	화	초	목	금	토	일	월	화	수	목	금	토	일	월	화	수	목	금	토
일진	甲午	乙未	丙申	丁酉	戊戌	己亥	庚子	辛丑	壬寅	癸卯	甲辰	乙巳	丙午	丁未	戊申	己酉	庚戌	辛亥	壬子	癸丑	甲寅	乙卯	丙辰	丁巳	戊午	己未	庚申	辛酉	壬戌	癸亥

음양국: 陽 9　陽 6　陽 3　陽 1　陽 7　陽 4

3月 戊辰

절기													청명3월															곡우	
음력	1	2	3	4	5	6	7	8	9	10	11	12	13	14	15	16	17	18	19	20	21	22	23	24	25	26	27	28	29
양력 월	3월								4월																				
양력 일	24	25	26	27	28	29	30	31	1	2	3	4	午後	6	7	8	9	10	11	12	13	14	15	16	17	18	19	20	21
요일	일	월	화	수	목	금	토	일	월	화	수	목	후	토	일	월	화	수	목	금	토	일	월	화	수	목	금	토	일
일진	甲子	乙丑	丙寅	丁卯	戊辰	己巳	庚午	辛未	壬申	癸酉	甲戌	乙亥	丙子	丁丑	戊寅	己卯	庚辰	辛巳	壬午	癸未	甲申	乙酉	丙戌	丁亥	戊子	己丑	庚寅	辛卯	壬辰

음양국: 陽 3　陽 9　陽 6　陽 4　陽 1　陽 7

4月 己巳

절기															입하4월															소만
음력	1	2	3	4	5	6	7	8	9	10	11	12	13	14	15	16	17	18	19	20	21	22	23	24	25	26	27	28	29	30
양력 월	4월									5월																				
양력 일	22	23	24	25	26	27	28	29	30	1	2	3	4	5	卯中	7	8	9	10	11	12	13	14	15	16	17	18	19	20	21
요일	월	화	수	목	금	토	일	월	화	수	목	금	토	일	중	화	수	목	금	토	일	월	화	수	목	금	토	일	월	화
일진	癸巳	甲午	乙未	丙申	丁酉	戊戌	己亥	庚子	辛丑	壬寅	癸卯	甲辰	乙巳	丙午	丁未	戊申	己酉	庚戌	辛亥	壬子	癸丑	甲寅	乙卯	丙辰	丁巳	戊午	己未	庚申	辛酉	壬戌

음양국: 陽 5　陽 2　陽 8　陽 4　陽 1　陽 7

閏4月

절기															망종5월														
음력	1	2	3	4	5	6	7	8	9	10	11	12	13	14	15	16	17	18	19	20	21	22	23	24	25	26	27	28	29
양력 월	5월										6월																		
양력 일	22	23	24	25	26	27	28	29	30	31	1	2	3	4	5	巳後	7	8	9	10	11	12	13	14	15	16	17	18	19
요일	수	목	금	토	일	월	화	수	목	금	토	일	월	화	수	후	금	토	일	월	화	수	목	금	토	일	월	화	수
일진	癸亥	甲子	乙丑	丙寅	丁卯	戊辰	己巳	庚午	辛未	壬申	癸酉	甲戌	乙亥	丙子	丁丑	戊寅	己卯	庚辰	辛巳	壬午	癸未	甲申	乙酉	丙戌	丁亥	戊子	己丑	庚寅	辛卯

음양국: 陽 5　陽 2　陽 8　陽 6　陽 3　陽 9

5月 庚午

절기			하지															소서6월											
음력	1	2	3	4	5	6	7	8	9	10	11	12	13	14	15	16	17	18	19	20	21	22	23	24	25	26	27	28	29
양력 월	6월											7월																	
양력 일	20	21	22	23	24	25	26	27	28	29	30	1	2	3	4	5	6	戌後	8	9	10	11	12	13	14	15	16	17	18
요일	목	금	토	일	월	화	수	목	금	토	일	월	화	수	목	금	토	후	월	화	수	목	금	토	일	월	화	수	목
일진	壬辰	癸巳	甲午	乙未	丙申	丁酉	戊戌	己亥	庚子	辛丑	壬寅	癸卯	甲辰	乙巳	丙午	丁未	戊申	己酉	庚戌	辛亥	壬子	癸丑	甲寅	乙卯	丙辰	丁巳	戊午	己未	庚申

음양국: 陽 9　陰 9　陰 3　陰 6　陰 8　陰 2　陰 5

6月 辛未

절기	대서																				입추7월									
음력	1	2	3	4	5	6	7	8	9	10	11	12	13	14	15	16	17	18	19	20	21	22	23	24	25	26	27	28	29	30
양월력	7월													8월																
력일	19	20	21	22	23	24	25	26	27	28	29	30	31	1	2	3	4	5	6	7	卯	9	10	11	12	13	14	15	16	17
요일	금	토	일	월	화	수	목	금	토	일	월	화	수	목	금	토	일	월	화	수	後	금	토	일	월	화	수	목	금	토
일진	辛酉	壬戌	癸亥	甲子	乙丑	丙寅	丁卯	戊辰	己巳	庚午	辛未	壬申	癸酉	甲戌	乙亥	丙子	丁丑	戊寅	己卯	庚辰	辛巳	壬午	癸未	甲申	乙酉	丙戌	丁亥	戊子	己丑	庚寅
음양국	陰 5					陰 7					陰 1					陰 4					陰 2					陰 5				陰 8

7月 壬申

절기	처서																					백로8월							
음력	1	2	3	4	5	6	7	8	9	10	11	12	13	14	15	16	17	18	19	20	21	22	23	24	25	26	27	28	29
양월력	8월														9월														
력일	18	19	20	21	22	23	24	25	26	27	28	29	30	31	1	2	3	4	5	6	7	巳	9	10	11	12	13	14	15
요일	일	월	화	수	목	금	토	일	월	화	수	목	금	토	일	월	화	수	목	금	토	初	월	화	수	목	금	토	일
일진	辛卯	壬辰	癸巳	甲午	乙未	丙申	丁酉	戊戌	己亥	庚子	辛丑	壬寅	癸卯	甲辰	乙巳	丙午	丁未	戊申	己酉	庚戌	辛亥	壬子	癸丑	甲寅	乙卯	丙辰	丁巳	戊午	己未
음양국	陰 8				陰 1					陰 4					陰 7					陰 9					陰 3				陰 6

8月 癸酉

절기	추분																						한로9월						
음력	1	2	3	4	5	6	7	8	9	10	11	12	13	14	15	16	17	18	19	20	21	22	23	24	25	26	27	28	29
양월력	9월															10월													
력일	16	17	18	19	20	21	22	23	24	25	26	27	28	29	30	1	2	3	4	5	6	7	8	子	10	11	12	13	14
요일	월	화	수	목	금	토	일	월	화	수	목	금	토	일	월	화	수	목	금	토	일	월	화	後	목	금	토	일	월
일진	庚申	辛酉	壬戌	癸亥	甲子	乙丑	丙寅	丁卯	戊辰	己巳	庚午	辛未	壬申	癸酉	甲戌	乙亥	丙子	丁丑	戊寅	己卯	庚辰	辛巳	壬午	癸未	甲申	乙酉	丙戌	丁亥	戊子
음양국	陰 6				陰 7					陰 1					陰 4					陰 6					陰 9				

9月 甲戌

절기	상강																								입동10월					
음력	1	2	3	4	5	6	7	8	9	10	11	12	13	14	15	16	17	18	19	20	21	22	23	24	25	26	27	28	29	30
양월력	10월																11월													
력일	15	16	17	18	19	20	21	22	23	24	25	26	27	28	29	30	31	1	2	3	4	5	6	7	寅	9	10	11	12	13
요일	화	수	목	금	토	일	월	화	수	목	금	토	일	월	화	수	목	금	토	일	월	화	수	목	申	토	일	월	화	수
일진	己丑	庚寅	辛卯	壬辰	癸巳	甲午	乙未	丙申	丁酉	戊戌	己亥	庚子	辛丑	壬寅	癸卯	甲辰	乙巳	丙午	丁未	戊申	己酉	庚戌	辛亥	壬子	癸丑	甲寅	乙卯	丙辰	丁巳	戊午
음양국	陰 3				陰 5					陰 8					陰 2					陰 6					陰 9					

10月 乙亥

절기	소설																							대설11월						
음력	1	2	3	4	5	6	7	8	9	10	11	12	13	14	15	16	17	18	19	20	21	22	23	24	25	26	27	28	29	30
양월력	11월																	12월												
력일	14	15	16	17	18	19	20	21	22	23	24	25	26	27	28	29	30	1	2	3	4	5	6	戌	8	9	10	11	12	13
요일	목	금	토	일	월	화	수	목	금	토	일	월	화	수	목	금	토	일	월	화	수	목	금	後	일	월	화	수	목	금
일진	己未	庚申	辛酉	壬戌	癸亥	甲子	乙丑	丙寅	丁卯	戊辰	己巳	庚午	辛未	壬申	癸酉	甲戌	乙亥	丙子	丁丑	戊寅	己卯	庚辰	辛巳	壬午	癸未	甲申	乙酉	丙戌	丁亥	戊子
음양국	陰 3				陰 5					陰 8					陰 2					陰 4					陰 7					

11月 丙子

절기	동지																							소한12월					
음력	1	2	3	4	5	6	7	8	9	10	11	12	13	14	15	16	17	18	19	20	21	22	23	24	25	26	27	28	29
양월력	12월																	1월											
력일	14	15	16	17	18	19	20	21	22	23	24	25	26	27	28	29	30	31	1	2	3	4	5	辰	7	8	9	10	11
요일	토	일	월	화	수	목	금	토	일	월	화	수	목	금	토	일	월	화	수	목	금	토	일	中	화	수	목	금	토
일진	己丑	庚寅	辛卯	壬辰	癸巳	甲午	乙未	丙申	丁酉	戊戌	己亥	庚子	辛丑	壬寅	癸卯	甲辰	乙巳	丙午	丁未	戊申	己酉	庚戌	辛亥	壬子	癸丑	甲寅	乙卯	丙辰	丁巳
음양국	陰 1				陽 1					陽 7					陽 4					陽 2					陽 8				

12月 丁丑

절기	대한																							입춘1월						
음력	1	2	3	4	5	6	7	8	9	10	11	12	13	14	15	16	17	18	19	20	21	22	23	24	25	26	27	28	29	30
양월력	1월																			2월										
력일	12	13	14	15	16	17	18	19	20	21	22	23	24	25	26	27	28	29	30	31	1	2	3	戌	5	6	7	8	9	10
요일	일	월	화	수	목	금	토	일	월	화	수	목	금	토	일	월	화	수	목	금	토	일	월	初	수	목	금	토	일	월
일진	戊午	己未	庚申	辛酉	壬戌	癸亥	甲子	乙丑	丙寅	丁卯	戊辰	己巳	庚午	辛未	壬申	癸酉	甲戌	乙亥	丙子	丁丑	戊寅	己卯	庚辰	辛巳	壬午	癸未	甲申	乙酉	丙戌	丁亥
음양국	陽 5				陽 3					陽 9					陽 6					陽 8					陽 5					

입춘(2/4) 19:59　　입추(8/8) 12:45
경칩(3/6) 14:06　　백로(9/8) 15:33
청명(4/5) 19:02　　한로(10/9) 07:02
입하(5/6) 12:27　　입동(11/8) 10:03
망종(6/6) 16:42　　대설(12/8) 02:46
소서(7/8) 02:59　　소한(1/6) 13:57

1975(乙卯年)

1月 戊寅

절기	음력	양력 월/일	요일	일진
	1	2월 11	화	戊子
	2	12	수	己丑
	3	13	목	庚寅
	4	14	금	辛卯
	5	15	토	壬辰
	6	16	일	癸巳
	7	17	월	甲午
	8	18	화	乙未
우수	9	19	수	丙申
	10	20	목	丁酉
	11	21	금	戊戌
	12	22	토	己亥
	13	23	일	庚子
	14	24	월	辛丑
	15	25	화	壬寅
	16	26	수	癸卯
	17	27	목	甲辰
	18	28	금	乙巳
	19	3월 1	토	丙午
	20	2	일	丁未
	21	3	월	戊申
	22	4	화	己酉
	23	5	수	庚戌
경칩2월	24	未(初)	목	辛亥
	25	7	금	壬子
	26	8	토	癸丑
	27	9	일	甲寅
	28	10	월	乙卯
	29	11	화	丙辰
	30	12	수	丁巳

음양국: 陽2 / 陽9 / 陽6 / 陽3 / 陽1 / 陽7

2月 己卯

절기	음력	양력 월/일	요일	일진
	1	3월 13	목	戊午
	2	14	금	己未
	3	15	토	庚申
	4	16	일	辛酉
	5	17	월	壬戌
	6	18	화	癸亥
	7	19	수	甲子
	8	20	목	乙丑
춘분	9	21	금	丙寅
	10	22	토	丁卯
	11	23	일	戊辰
	12	24	월	己巳
	13	25	화	庚午
	14	26	수	辛未
	15	27	목	壬申
	16	28	금	癸酉
	17	29	토	甲戌
	18	30	일	乙亥
	19	31	월	丙子
	20	4월 1	화	丁丑
	21	2	수	戊寅
	22	3	목	己卯
	23	4	금	庚辰
청명3월	24	酉(後)	토	辛巳
	25	6	일	壬午
	26	7	월	癸未
	27	8	화	甲申
	28	9	수	乙酉
	29	10	목	丙戌
	30	11	금	丁亥

음양국: 陽4 / 陽3 / 陽9 / 陽6 / 陽4 / 陽1

3月 庚辰

절기	음력	양력 월/일	요일	일진
	1	4월 12	토	戊子
	2	13	일	己丑
	3	14	월	庚寅
	4	15	화	辛卯
	5	16	수	壬辰
	6	17	목	癸巳
	7	18	금	甲午
	8	19	토	乙未
	9	20	일	丙申
곡우	10	21	월	丁酉
	11	22	화	戊戌
	12	23	수	己亥
	13	24	목	庚子
	14	25	금	辛丑
	15	26	토	壬寅
	16	27	일	癸卯
	17	28	월	甲辰
	18	29	화	乙巳
	19	30	수	丙午
	20	5월 1	목	丁未
	21	2	금	戊申
	22	3	토	己酉
	23	4	일	庚戌
	24	5	월	辛亥
입하4월	25	午(中)	화	壬子
	26	7	수	癸丑
	27	8	목	甲寅
	28	9	금	乙卯
	29	10	토	丙辰

음양국: 陽7 / 陽5 / 陽2 / 陽8 / 陽4 / 陽1

4月 辛巳

절기	음력	양력 월/일	요일	일진
	1	5월 11	일	丁巳
	2	12	월	戊午
	3	13	화	己未
	4	14	수	庚申
	5	15	목	辛酉
	6	16	금	壬戌
	7	17	토	癸亥
	8	18	일	甲子
	9	19	월	乙丑
	10	20	화	丙寅
	11	21	수	丁卯
소만	12	22	목	戊辰
	13	23	금	己巳
	14	24	토	庚午
	15	25	일	辛未
	16	26	월	壬申
	17	27	화	癸酉
	18	28	수	甲戌
	19	29	목	乙亥
	20	30	금	丙子
	21	31	토	丁丑
	22	6월 1	일	戊寅
	23	2	월	己卯
	24	3	화	庚辰
	25	4	수	辛巳
	26	5	목	壬午
망종5월	27	申(中)	금	癸未
	28	7	토	甲申
	29	8	일	乙酉
	30	9	월	丙戌

음양국: 陽1 / 陽7 / 陽5 / 陽2 / 陽8 / 陽6 / 陽3

5月 壬午

절기	음력	양력 월/일	요일	일진
	1	6월 10	화	丁亥
	2	11	수	戊子
	3	12	목	己丑
	4	13	금	庚寅
	5	14	토	辛卯
	6	15	일	壬辰
	7	16	월	癸巳
	8	17	화	甲午
	9	18	수	乙未
	10	19	목	丙申
	11	20	금	丁酉
	12	21	토	戊戌
하지	13	22	일	己亥
	14	23	월	庚子
	15	24	화	辛丑
	16	25	수	壬寅
	17	26	목	癸卯
	18	27	금	甲辰
	19	28	토	乙巳
	20	29	일	丙午
	21	30	월	丁未
	22	7월 1	화	戊申
	23	2	수	己酉
	24	3	목	庚戌
	25	4	금	辛亥
	26	5	토	壬子
	27	6	일	癸丑
	28	7	월	甲寅
소서6월	29	丑(後)		乙卯

음양국: 陽3 / 陽9 / 陰9 / 陰3 / 陰6 / 陰8 / 陰2

6月 癸未

절기	음력	양력 월/일	요일	일진
	1	7월 9	수	丙辰
	2	10	목	丁巳
	3	11	금	戊午
	4	12	토	己未
	5	13	일	庚申
	6	14	월	辛酉
	7	15	화	壬戌
	8	16	수	癸亥
	9	17	목	甲子
	10	18	금	乙丑
	11	19	토	丙寅
	12	20	일	丁卯
	13	21	월	戊辰
	14	22	화	己巳
대서	15	23	수	庚午
	16	24	목	辛未
	17	25	금	壬申
	18	26	토	癸酉
	19	27	일	甲戌
	20	28	월	乙亥
	21	29	화	丙子
	22	30	수	丁丑
	23	31	목	戊寅
	24	8월 1	금	己卯
	25	2	토	庚辰
	26	3	일	辛巳
	27	4	월	壬午
	28	5	화	癸未
	29	6	수	甲申

음양국: 陰2 / 陰5 / 陰7 / 陰1 / 陰4 / 陰2 / 陰5

7月 甲申 (음력 30일)

구분	1	2	3	4	5	6	7	8	9	10	11	12	13	14	15	16	17	18	19	20	21	22	23	24	25	26	27	28	29	30
절기		입추7월																처서												
양력 월	8월																								9월					
양력 일	7	午中	9	10	11	12	13	14	15	16	17	18	19	20	21	22	23	24	25	26	27	28	29	30	31	1	2	3	4	5
요일	목	금	토	일	월	화	수	목	금	토	일	월	화	수	목	금	토	일	월	화	수	목	금	토	일	월	화	수	목	금
일진	乙酉	丙戌	丁亥	戊子	己丑	庚寅	辛卯	壬辰	癸巳	甲午	乙未	丙申	丁酉	戊戌	己亥	庚子	辛丑	壬寅	癸卯	甲辰	乙巳	丙午	丁未	戊申	己酉	庚戌	辛亥	壬子	癸丑	甲寅

음양국: 陰 5 / 陰 8 / 陰 1 / 陰 4 / 陰 7 / 陰 9

8月 乙酉 (음력 29일)

구분	1	2	3	4	5	6	7	8	9	10	11	12	13	14	15	16	17	18	19	20	21	22	23	24	25	26	27	28	29
절기			백로8월																추분										
양력 월	9월																									10월			
양력 일	6	7	申初	9	10	11	12	13	14	15	16	17	18	19	20	21	22	23	24	25	26	27	28	29	30	1	2	3	4
요일	토	일	월	화	수	목	금	토	일	월	화	수	목	금	토	일	월	화	수	목	금	토	일	월	화	수	목	금	토
일진	乙卯	丙辰	丁巳	戊午	己未	庚申	辛酉	壬戌	癸亥	甲子	乙丑	丙寅	丁卯	戊辰	己巳	庚午	辛未	壬申	癸酉	甲戌	乙亥	丙子	丁丑	戊寅	己卯	庚辰	辛巳	壬午	癸未

음양국: 陰 3 / 陰 6 / 陰 7 / 陰 1 / 陰 4 / 陰 6

9月 丙戌 (음력 29일)

구분	1	2	3	4	5	6	7	8	9	10	11	12	13	14	15	16	17	18	19	20	21	22	23	24	25	26	27	28	29
절기					한로9월															상강									
양력 월	10월																											11월	
양력 일	5	6	7	8	卯後	10	11	12	13	14	15	16	17	18	19	20	21	22	23	24	25	26	27	28	29	30	31	1	2
요일	일	월	화	수	목	금	토	일	월	화	수	목	금	토	일	월	화	수	목	금	토	일	월	화	수	목	금	토	일
일진	甲申	乙酉	丙戌	丁亥	戊子	己丑	庚寅	辛卯	壬辰	癸巳	甲午	乙未	丙申	丁酉	戊戌	己亥	庚子	辛丑	壬寅	癸卯	甲辰	乙巳	丙午	丁未	戊申	己酉	庚戌	辛亥	壬子

음양국: 陰 9 / 陰 3 / 陰 5 / 陰 8 / 陰 2 / 陰 6

10月 丁亥 (음력 30일)

구분	1	2	3	4	5	6	7	8	9	10	11	12	13	14	15	16	17	18	19	20	21	22	23	24	25	26	27	28	29	30
절기						입동10월															소설									
양력 월	11월																												12월	
양력 일	3	4	5	6	7	巳初	9	10	11	12	13	14	15	16	17	18	19	20	21	22	23	24	25	26	27	28	29	30	1	2
요일	월	화	수	목	금	토	일	월	화	수	목	금	토	일	월	화	수	목	금	토	일	월	화	수	목	금	토	일	월	화
일진	癸丑	甲寅	乙卯	丙辰	丁巳	戊午	己未	庚申	辛酉	壬戌	癸亥	甲子	乙丑	丙寅	丁卯	戊辰	己巳	庚午	辛未	壬申	癸酉	甲戌	乙亥	丙子	丁丑	戊寅	己卯	庚辰	辛巳	壬午

음양국: 陰 9 / 陰 3 / 陰 5 / 陰 8 / 陰 2 / 陰 4

11月 戊子 (음력 29일)

구분	1	2	3	4	5	6	7	8	9	10	11	12	13	14	15	16	17	18	19	20	21	22	23	24	25	26	27	28	29
절기						대설11월														동지 동지									
양력 월	12월																												
양력 일	3	4	5	6	7	丑中	9	10	11	12	13	14	15	16	17	18	19	20	21	22	23	24	25	26	27	28	29	30	31
요일	수	목	금	토	일	월	화	수	목	금	토	일	월	화	수	목	금	토	일	월	화	수	목	금	토	일	월	화	수
일진	癸未	甲申	乙酉	丙戌	丁亥	戊子	己丑	庚寅	辛卯	壬辰	癸巳	甲午	乙未	丙申	丁酉	戊戌	己亥	庚子	辛丑	壬寅	癸卯	甲辰	乙巳	丙午	丁未	戊申	己酉	庚戌	辛亥

음양국: 陰 7 / 陰 1 / 陽 1 (테두리) / 陽 7 / 陽 4 / 陽 2

12月 己丑 (음력 30일)

구분	1	2	3	4	5	6	7	8	9	10	11	12	13	14	15	16	17	18	19	20	21	22	23	24	25	26	27	28	29	30
절기						소한12월															대한									
양력 월	1월																													
양력 일	1	2	3	4	5	未初	7	8	9	10	11	12	13	14	15	16	17	18	19	20	21	22	23	24	25	26	27	28	29	30
요일	목	금	토	일	월	화	수	목	금	토	일	월	화	수	목	금	토	일	월	화	수	목	금	토	일	월	화	수	목	금
일진	壬子	癸丑	甲寅	乙卯	丙辰	丁巳	戊午	己未	庚申	辛酉	壬戌	癸亥	甲子	乙丑	丙寅	丁卯	戊辰	己巳	庚午	辛未	壬申	癸酉	甲戌	乙亥	丙子	丁丑	戊寅	己卯	庚辰	辛巳

음양국: 陽 2 / 陽 8 / 陽 5 / 陽 3 / 陽 9 / 陽 6 / 陽 8

1976(丙辰年)

입춘(2/5) 01:39
경칩(3/5) 19:48
청명(4/5) 00:46
입하(5/5) 18:14
망종(6/5) 22:31
소서(7/7) 08:51

입추(8/7) 18:38
백로(9/7) 21:28
한로(10/8) 12:58
입동(11/7) 15:59
대설(12/7) 08:41
소한(1/5) 19:51

1月 庚寅

절기		입춘1월															우수													
음력	1	2	3	4	5	6	7	8	9	10	11	12	13	14	15	16	17	18	19	20	21	22	23	24	25	26	27	28	29	30
양력 월	1월 2월																													
력 일	31	1	2	3	4	丑	6	7	8	9	10	11	12	13	14	15	16	17	18	19	20	21	22	23	24	25	26	27	28	29
요일	토	일	월	화	수	初	금	토	일	월	화	수	목	금	토	일	월	화	수	목	금	토	일	월	화	수	목	금	토	일
일진	壬午	癸未	甲申	乙酉	丙戌	丁亥	戊子	己丑	庚寅	辛卯	壬辰	癸巳	甲午	乙未	丙申	丁酉	戊戌	己亥	庚子	辛丑	壬寅	癸卯	甲辰	乙巳	丙午	丁未	戊申	己酉	庚戌	辛亥
음양국	陽 8			陽 5				陽 2				陽 9				陽 6				陽 3				陽 1						

2月 辛卯

절기		경칩2월															춘분													
음력	1	2	3	4	5	6	7	8	9	10	11	12	13	14	15	16	17	18	19	20	21	22	23	24	25	26	27	28	29	30
양력 월	3월																													
력 일	1	2	3	4	戌	6	7	8	9	10	11	12	13	14	15	16	17	18	19	20	21	22	23	24	25	26	27	28	29	30
요일	월	화	수	목	初	토	일	월	화	수	목	금	토	일	월	화	수	목	금	토	일	월	화	수	목	금	토	일	월	화
일진	壬子	癸丑	甲寅	乙卯	丙辰	丁巳	戊午	己未	庚申	辛酉	壬戌	癸亥	甲子	乙丑	丙寅	丁卯	戊辰	己巳	庚午	辛未	壬申	癸酉	甲戌	乙亥	丙子	丁丑	戊寅	己卯	庚辰	辛巳
음양국	陽 1			陽 7				陽 4				陽 3				陽 9				陽 6				陽 4						

3月 壬辰

절기		청명3월															곡우												
음력	1	2	3	4	5	6	7	8	9	10	11	12	13	14	15	16	17	18	19	20	21	22	23	24	25	26	27	28	29
양력 월	3월 4월																												
력 일	31	1	2	3	4	子	6	7	8	9	10	11	12	13	14	15	16	17	18	19	20	21	22	23	24	25	26	27	28
요일	수	목	금	토	일	中	화	수	목	금	토	일	월	화	수	목	금	토	일	월	화	수	목	금	토	일	월	화	수
일진	壬午	癸未	甲申	乙酉	丙戌	丁亥	戊子	己丑	庚寅	辛卯	壬辰	癸巳	甲午	乙未	丙申	丁酉	戊戌	己亥	庚子	辛丑	壬寅	癸卯	甲辰	乙巳	丙午	丁未	戊申	己酉	庚戌
음양국	陽 4			陽 1				陽 7				陽 5				陽 2				陽 8				陽 4					

4月 癸巳

절기			입하4월														소만													
음력	1	2	3	4	5	6	7	8	9	10	11	12	13	14	15	16	17	18	19	20	21	22	23	24	25	26	27	28	29	30
양력 월	4월 5월																													
력 일	29	30	1	2	3	4	酉	6	7	8	9	10	11	12	13	14	15	16	17	18	19	20	21	22	23	24	25	26	27	28
요일	목	금	토	일	월	화	中	목	금	토	일	월	화	수	목	금	토	일	월	화	수	목	금	토	일	월	화	수	목	금
일진	辛亥	壬子	癸丑	甲寅	乙卯	丙辰	丁巳	戊午	己未	庚申	辛酉	壬戌	癸亥	甲子	乙丑	丙寅	丁卯	戊辰	己巳	庚午	辛未	壬申	癸酉	甲戌	乙亥	丙子	丁丑	戊寅	己卯	庚辰
음양국	陽 4			陽 1				陽 7				陽 5				陽 2				陽 8				陽 6						

5月 甲午

절기				망종5월													하지												
음력	1	2	3	4	5	6	7	8	9	10	11	12	13	14	15	16	17	18	19	20	21	22	23	24	25	26	27	28	29
양력 월	5월 6월																												
력 일	29	30	31	1	2	3	4	亥	6	7	8	9	10	11	12	13	14	15	16	17	18	19	20	21	22	23	24	25	26
요일	토	일	월	화	수	목	금	中	일	월	화	수	목	금	토	일	월	화	수	목	금	토	일	월	화	수	목	금	토
일진	辛巳	壬午	癸未	甲申	乙酉	丙戌	丁亥	戊子	己丑	庚寅	辛卯	壬辰	癸巳	甲午	乙未	丙申	丁酉	戊戌	己亥	庚子	辛丑	壬寅	癸卯	甲辰	乙巳	丙午	丁未	戊申	己酉
음양국	陽 6			陽 3				陽 9				陰 9				陰 3				陰 6				陰 8					

6月 乙未

절기					소서6월																					대서			
음력	1	2	3	4	5	6	7	8	9	10	11	12	13	14	15	16	17	18	19	20	21	22	23	24	25	26	27	28	29	30
양력 월	6월 7월																													
력 일	27	28	29	30	1	2	3	4	5	6	辰	8	9	10	11	12	13	14	15	16	17	18	19	20	21	22	23	24	25	26
요일	일	월	화	수	목	금	토	일	월	화	後	목	금	토	일	월	화	수	목	금	토	일	월	화	수	목	금	토	일	월
일진	庚戌	辛亥	壬子	癸丑	甲寅	乙卯	丙辰	丁巳	戊午	己未	庚申	辛酉	壬戌	癸亥	甲子	乙丑	丙寅	丁卯	戊辰	己巳	庚午	辛未	壬申	癸酉	甲戌	乙亥	丙子	丁丑	戊寅	己卯
음양국	陰 8			陰 2				陰 5				陰 7				陰 1				陰 4										

7月 丙申

구분	1	2	3	4	5	6	7	8	9	10	11	12	13	14	15	16	17	18	19	20	21	22	23	24	25	26	27	28	29
절기												입추7월																처서	
음력	1	2	3	4	5	6	7	8	9	10	11	12	13	14	15	16	17	18	19	20	21	22	23	24	25	26	27	28	29
양력(월)	7월					8월																							
양력(일)	27	28	29	30	31	1	2	3	4	5	6	酉	8	9	10	11	12	13	14	15	16	17	18	19	20	21	22	23	24
요일	화	수	목	금	토	일	월	화	수	목	금	中	일	월	화	수	목	금	토	일	월	화	수	목	금	토	일	월	화
일진	庚辰	辛巳	壬午	癸未	甲申	乙酉	丙戌	丁亥	戊子	己丑	庚寅	辛卯	壬辰	癸巳	甲午	乙未	丙申	丁酉	戊戌	己亥	庚子	辛丑	壬寅	癸卯	甲辰	乙巳	丙午	丁未	戊申
음양국	陰2					陰5					陰8					陰1					陰4					陰7			

8月 丁酉

구분	1	2	3	4	5	6	7	8	9	10	11	12	13	14	15	16	17	18	19	20	21	22	23	24	25	26	27	28	29	30
절기														백로8월																추분
음력	1	2	3	4	5	6	7	8	9	10	11	12	13	14	15	16	17	18	19	20	21	22	23	24	25	26	27	28	29	30
양력(월)	8월							9월																						
양력(일)	25	26	27	28	29	30	31	1	2	3	4	5	6	戌	8	9	10	11	12	13	14	15	16	17	18	19	20	21	22	23
요일	수	목	금	토	일	월	화	수	목	금	토	일	월	後	수	목	금	토	일	월	화	수	목	금	토	일	월	화	수	목
일진	己酉	庚戌	辛亥	壬子	癸丑	甲寅	乙卯	丙辰	丁巳	戊午	己未	庚申	辛酉	壬戌	癸亥	甲子	乙丑	丙寅	丁卯	戊辰	己巳	庚午	辛未	壬申	癸酉	甲戌	乙亥	丙子	丁丑	戊寅
음양국	陰9					陰3					陰6					陰7					陰1					陰4				

閏8月

구분	1	2	3	4	5	6	7	8	9	10	11	12	13	14	15	16	17	18	19	20	21	22	23	24	25	26	27	28	29
절기															한로9월														
음력	1	2	3	4	5	6	7	8	9	10	11	12	13	14	15	16	17	18	19	20	21	22	23	24	25	26	27	28	29
양력(월)	9월							10월																					
양력(일)	24	25	26	27	28	29	30	1	2	3	4	5	6	7	午	9	10	11	12	13	14	15	16	17	18	19	20	21	22
요일	금	토	일	월	화	수	목	금	토	일	월	화	수	목	後	토	일	월	화	수	목	금	토	일	월	화	수	목	금
일진	己卯	庚辰	辛巳	壬午	癸未	甲申	乙酉	丙戌	丁亥	戊子	己丑	庚寅	辛卯	壬辰	癸巳	甲午	乙未	丙申	丁酉	戊戌	己亥	庚子	辛丑	壬寅	癸卯	甲辰	乙巳	丙午	丁未
음양국	陰6					陰9					陰3					陰5					陰8					陰2			

9月 戊戌

구분	1	2	3	4	5	6	7	8	9	10	11	12	13	14	15	16	17	18	19	20	21	22	23	24	25	26	27	28	29	30
절기	상강															입동10월														
음력	1	2	3	4	5	6	7	8	9	10	11	12	13	14	15	16	17	18	19	20	21	22	23	24	25	26	27	28	29	30
양력(월)	10월									11월																				
양력(일)	23	24	25	26	27	28	29	30	31	1	2	3	4	5	6	申	8	9	10	11	12	13	14	15	16	17	18	19	20	21
요일	토	일	월	화	수	목	금	토	일	월	화	수	목	금	토	初	월	화	수	목	금	토	일	월	화	수	목	금	토	일
일진	戊申	己酉	庚戌	辛亥	壬子	癸丑	甲寅	乙卯	丙辰	丁巳	戊午	己未	庚申	辛酉	壬戌	癸亥	甲子	乙丑	丙寅	丁卯	戊辰	己巳	庚午	辛未	壬申	癸酉	甲戌	乙亥	丙子	丁丑
음양국	陰6					陰9					陰3					陰5					陰8					陰2				

10月 己亥

구분	1	2	3	4	5	6	7	8	9	10	11	12	13	14	15	16	17	18	19	20	21	22	23	24	25	26	27	28	29
절기	소설															대설11월													
음력	1	2	3	4	5	6	7	8	9	10	11	12	13	14	15	16	17	18	19	20	21	22	23	24	25	26	27	28	29
양력(월)	11월									12월																			
양력(일)	22	23	24	25	26	27	28	29	30	1	2	3	4	5	6	辰	8	9	10	11	12	13	14	15	16	17	18	19	20
요일	월	화	수	목	금	토	일	월	화	수	목	금	토	일	월	中	수	목	금	토	일	월	화	수	목	금	토	일	월
일진	戊寅	己卯	庚辰	辛巳	壬午	癸未	甲申	乙酉	丙戌	丁亥	戊子	己丑	庚寅	辛卯	壬辰	癸巳	甲午	乙未	丙申	丁酉	戊戌	己亥	庚子	辛丑	壬寅	癸卯	甲辰	乙巳	丙午
음양국	陰4					陰7					陰1					陰4					陰7					陰1			

11月 庚子

구분	1	2	3	4	5	6	7	8	9	10	11	12	13	14	15	16	17	18	19	20	21	22	23	24	25	26	27	28	29
절기		동지														소한12월													
음력	1	2	3	4	5	6	7	8	9	10	11	12	13	14	15	16	17	18	19	20	21	22	23	24	25	26	27	28	29
양력(월)	12월											1월																	
양력(일)	21	22	23	24	25	26	27	28	29	30	31	1	2	3	4	戌	6	7	8	9	10	11	12	13	14	15	16	17	18
요일	화	수	목	금	토	일	월	화	수	목	금	토	일	월	화	初	목	금	토	일	월	화	수	목	금	토	일	월	화
일진	丁未	戊申	己酉	庚戌	辛亥	壬子	癸丑	甲寅	乙卯	丙辰	丁巳	戊午	己未	庚申	辛酉	壬戌	癸亥	甲子	乙丑	丙寅	丁卯	戊辰	己巳	庚午	辛未	壬申	癸酉	甲戌	乙亥
음양국	陰1	陽1					陽7					陽4					陽2					陽8					陽5		

12月 辛丑

구분	1	2	3	4	5	6	7	8	9	10	11	12	13	14	15	16	17	18	19	20	21	22	23	24	25	26	27	28	29	30
절기		대한															입춘1월													
음력	1	2	3	4	5	6	7	8	9	10	11	12	13	14	15	16	17	18	19	20	21	22	23	24	25	26	27	28	29	30
양력(월)	1월													2월																
양력(일)	19	20	21	22	23	24	25	26	27	28	29	30	31	1	2	3	辰	5	6	7	8	9	10	11	12	13	14	15	16	17
요일	수	목	금	토	일	월	화	수	목	금	토	일	월	화	수	목	初	토	일	월	화	수	목	금	토	일	월	화	수	목
일진	丙子	丁丑	戊寅	己卯	庚辰	辛巳	壬午	癸未	甲申	乙酉	丙戌	丁亥	戊子	己丑	庚寅	辛卯	壬辰	癸巳	甲午	乙未	丙申	丁酉	戊戌	己亥	庚子	辛丑	壬寅	癸卯	甲辰	乙巳
음양국	陽5					陽3					陽9					陽6					陽8					陽5				陽2

입춘(2/4) 07:33　　경칩(3/6) 01:44　　청명(4/5) 06:46　　입하(5/6) 00:16　　망종(6/6) 04:32　　소서(7/7) 14:48

1977(丁巳年)

입추(8/8) 00:30　　백로(9/8) 03:16　　한로(10/8) 18:44　　입동(11/7) 21:46　　대설(12/7) 14:31　　소한(1/6) 01:43

1月 壬寅

절기	우수																경칩2월													
음력	1	2	3	4	5	6	7	8	9	10	11	12	13	14	15	16	17	18	19	20	21	22	23	24	25	26	27	28	29	30
양력 월	2월										3월																			
력 일	18	19	20	21	22	23	24	25	26	27	28	1	2	3	4	5	丑	7	8	9	10	11	12	13	14	15	16	17	18	19
요일	금	토	일	월	화	수	목	금	토	일	월	화	수	목	금	初	월	화	수	목	금	토	일	월	화	수	목	금	토	
일진	丙午	丁未	戊申	己酉	庚戌	辛亥	壬子	癸丑	甲寅	乙卯	丙辰	丁巳	戊午	己未	庚申	辛酉	壬戌	癸亥	甲子	乙丑	丙寅	丁卯	戊辰	己巳	庚午	辛未	壬申	癸酉	甲戌	乙亥
음양국	陽 2				陽 9					陽 6					陽 3					陽 1					陽 7					陽 4

2月 癸卯

절기	춘분																청명3월												
음력	1	2	3	4	5	6	7	8	9	10	11	12	13	14	15	16	17	18	19	20	21	22	23	24	25	26	27	28	29
양력 월	3월											4월																	
력 일	20	21	22	23	24	25	26	27	28	29	30	31	1	2	3	4	卯	6	7	8	9	10	11	12	13	14	15	16	17
요일	일	월	화	수	목	금	토	일	월	화	수	목	금	토	일	월	中	수	목	금	토	일	월	화	수	목	금	토	일
일진	丙子	丁丑	戊寅	己卯	庚辰	辛巳	壬午	癸未	甲申	乙酉	丙戌	丁亥	戊子	己丑	庚寅	辛卯	壬辰	癸巳	甲午	乙未	丙申	丁酉	戊戌	己亥	庚子	辛丑	壬寅	癸卯	甲辰
음양국	陽 4				陽 3					陽 9					陽 6					陽 4					陽 1				陽 7

3月 甲辰

절기	곡우																		입하4월											
음력	1	2	3	4	5	6	7	8	9	10	11	12	13	14	15	16	17	18	19	20	21	22	23	24	25	26	27	28	29	30
양력 월	4월													5월																
력 일	18	19	20	21	22	23	24	25	26	27	28	29	30	1	2	3	4	5	子	7	8	9	10	11	12	13	14	15	16	17
요일	월	화	수	목	금	토	일	월	화	수	목	금	토	일	월	화	수	목	中	토	일	월	화	수	목	금	토	일	월	화
일진	乙巳	丙午	丁未	戊申	己酉	庚戌	辛亥	壬子	癸丑	甲寅	乙卯	丙辰	丁巳	戊午	己未	庚申	辛酉	壬戌	癸亥	甲子	乙丑	丙寅	丁卯	戊辰	己巳	庚午	辛未	壬申	癸酉	甲戌
음양국	陽 7				陽 5					陽 2					陽 8					陽 4					陽 1					

4月 乙巳

절기	소만																			망종5월										
음력	1	2	3	4	5	6	7	8	9	10	11	12	13	14	15	16	17	18	19	20	21	22	23	24	25	26	27	28	29	30
양력 월	5월														6월															
력 일	18	19	20	21	22	23	24	25	26	27	28	29	30	31	1	2	3	4	5	寅	7	8	9	10	11	12	13	14	15	16
요일	수	목	금	토	일	월	화	수	목	금	토	일	월	화	수	목	금	토	일	中	화	수	목	금	토	일	월	화	수	목
일진	乙亥	丙子	丁丑	戊寅	己卯	庚辰	辛巳	壬午	癸未	甲申	乙酉	丙戌	丁亥	戊子	己丑	庚寅	辛卯	壬辰	癸巳	甲午	乙未	丙申	丁酉	戊戌	己亥	庚子	辛丑	壬寅	癸卯	甲辰
음양국	陽 7				陽 5					陽 2					陽 8					陽 6					陽 3					

5月 丙午

절기	하지																				소서6월								
음력	1	2	3	4	5	6	7	8	9	10	11	12	13	14	15	16	17	18	19	20	21	22	23	24	25	26	27	28	29
양력 월	6월														7월														
력 일	17	18	19	20	21	22	23	24	25	26	27	28	29	30	1	2	3	4	5	6	未	8	9	10	11	12	13	14	15
요일	금	토	일	월	화	수	목	금	토	일	월	화	수	목	금	토	일	월	화	수	中	금	토	일	월	화	수	목	금
일진	乙巳	丙午	丁未	戊申	己酉	庚戌	辛亥	壬子	癸丑	甲寅	乙卯	丙辰	丁巳	戊午	己未	庚申	辛酉	壬戌	癸亥	甲子	乙丑	丙寅	丁卯	戊辰	己巳	庚午	辛未	壬申	癸酉
음양국	陽 9				陰 9					陰 3					陰 6					陰 8					陰 2				

6月 丁未

절기	대서																							입추7월						
음력	1	2	3	4	5	6	7	8	9	10	11	12	13	14	15	16	17	18	19	20	21	22	23	24	25	26	27	28	29	30
양력 월	7월																8월													
력 일	16	17	18	19	20	21	22	23	24	25	26	27	28	29	30	31	1	2	3	4	5	6	7	子	9	10	11	12	13	14
요일	토	일	월	화	수	목	금	토	일	월	화	수	목	금	토	일	월	화	수	목	금	토	일	中	화	수	목	금	토	일
일진	甲戌	乙亥	丙子	丁丑	戊寅	己卯	庚辰	辛巳	壬午	癸未	甲申	乙酉	丙戌	丁亥	戊子	己丑	庚寅	辛卯	壬辰	癸巳	甲午	乙未	丙申	丁酉	戊戌	己亥	庚子	辛丑	壬寅	癸卯
음양국	陰 5				陰 7					陰 1					陰 4					陰 2					陰 5					

七月 戊申

절기									처서																백로8월				
음력	1	2	3	4	5	6	7	8	9	10	11	12	13	14	15	16	17	18	19	20	21	22	23	24	25	26	27	28	29
양월	8월																	9월											
력일	15	16	17	18	19	20	21	22	23	24	25	26	27	28	29	30	31	1	2	3	4	5	6	7	丑	9	10	11	12
요일	월	화	수	목	금	토	일	월	화	수	목	금	토	일	월	화	수	목	금	토	일	월	화	수	後	금	토	일	월
일진	甲辰	乙巳	丙午	丁未	戊申	己酉	庚戌	辛亥	壬子	癸丑	甲寅	乙卯	丙辰	丁巳	戊午	己未	庚申	辛酉	壬戌	癸亥	甲子	乙丑	丙寅	丁卯	戊辰	己巳	庚午	辛未	壬申
음양국	陰 8					陰 1					陰 4					陰 7					陰 9					陰 3			

八月 己酉

절기											추분															한로9월				
음력	1	2	3	4	5	6	7	8	9	10	11	12	13	14	15	16	17	18	19	20	21	22	23	24	25	26	27	28	29	30
양월	9월																		10월											
력일	13	14	15	16	17	18	19	20	21	22	23	24	25	26	27	28	29	30	1	2	3	4	5	6	7	酉	9	10	11	12
요일	화	수	목	금	토	일	월	화	수	목	금	토	일	월	화	수	목	금	토	일	월	화	수	목	금	中	일	월	화	수
일진	癸酉	甲戌	乙亥	丙子	丁丑	戊寅	己卯	庚辰	辛巳	壬午	癸未	甲申	乙酉	丙戌	丁亥	戊子	己丑	庚寅	辛卯	壬辰	癸巳	甲午	乙未	丙申	丁酉	戊戌	己亥	庚子	辛丑	壬寅
음양국	陰 6					陰 7					陰 1					陰 4					陰 6					陰 9				

九月 庚戌

절기											상강															입동10월			
음력	1	2	3	4	5	6	7	8	9	10	11	12	13	14	15	16	17	18	19	20	21	22	23	24	25	26	27	28	29
양월	10월																			11월									
력일	13	14	15	16	17	18	19	20	21	22	23	24	25	26	27	28	29	30	31	1	2	3	4	5	6	亥	8	9	10
요일	목	금	토	일	월	화	수	목	금	토	일	월	화	수	목	금	토	일	월	화	수	목	금	토	일	初	화	수	목
일진	癸卯	甲辰	乙巳	丙午	丁未	戊申	己酉	庚戌	辛亥	壬子	癸丑	甲寅	乙卯	丙辰	丁巳	戊午	己未	庚申	辛酉	壬戌	癸亥	甲子	乙丑	丙寅	丁卯	戊辰	己巳	庚午	辛未
음양국	陰 3					陰 5					陰 8					陰 2					陰 6					陰 9			

十月 辛亥

절기												소설															대설11월			
음력	1	2	3	4	5	6	7	8	9	10	11	12	13	14	15	16	17	18	19	20	21	22	23	24	25	26	27	28	29	30
양월	11월																				12월									
력일	11	12	13	14	15	16	17	18	19	20	21	22	23	24	25	26	27	28	29	30	1	2	3	4	5	6	未	8	9	10
요일	금	토	일	월	화	수	목	금	토	일	월	화	수	목	금	토	일	월	화	수	목	금	토	일	월	화	中	목	금	토
일진	壬申	癸酉	甲戌	乙亥	丙子	丁丑	戊寅	己卯	庚辰	辛巳	壬午	癸未	甲申	乙酉	丙戌	丁亥	戊子	己丑	庚寅	辛卯	壬辰	癸巳	甲午	乙未	丙申	丁酉	戊戌	己亥	庚子	辛丑
음양국	陰 9		陰 3					陰 5					陰 8					陰 2					陰 4					陰 7		

十一月 壬子

절기												동지															소한12월		
음력	1	2	3	4	5	6	7	8	9	10	11	12	13	14	15	16	17	18	19	20	21	22	23	24	25	26	27	28	29
양월	12월																					1월							
력일	11	12	13	14	15	16	17	18	19	20	21	22	23	24	25	26	27	28	29	30	31	1	2	3	4	5	丑	7	8
요일	일	월	화	수	목	금	토	일	월	화	수	목	금	토	일	월	화	수	목	금	토	일	월	화	수	목	初	토	일
일진	壬寅	癸卯	甲辰	乙巳	丙午	丁未	戊申	己酉	庚戌	辛亥	壬子	癸丑	甲寅	乙卯	丙辰	丁巳	戊午	己未	庚申	辛酉	壬戌	癸亥	甲子	乙丑	丙寅	丁卯	戊辰	己巳	庚午
음양국	陰 7		陰 1					陽 1					陽 7					陽 4					陽 2					陽 8	

十二月 癸丑

절기												대한															입춘1월		
음력	1	2	3	4	5	6	7	8	9	10	11	12	13	14	15	16	17	18	19	20	21	22	23	24	25	26	27	28	29
양월	1월																							2월					
력일	9	10	11	12	13	14	15	16	17	18	19	20	21	22	23	24	25	26	27	28	29	30	31	1	2	3	午	5	6
요일	월	화	수	목	금	토	일	월	화	수	목	금	토	일	월	화	수	목	금	토	일	월	화	수	목	금	後	일	월
일진	辛未	壬申	癸酉	甲戌	乙亥	丙子	丁丑	戊寅	己卯	庚辰	辛巳	壬午	癸未	甲申	乙酉	丙戌	丁亥	戊子	己丑	庚寅	辛卯	壬辰	癸巳	甲午	乙未	丙申	丁酉	戊戌	己亥
음양국	陽 8				陽 5					陽 3					陽 9					陽 6					陽 8				陽 5

1978(戊午年)

입춘(2/4) 13:27
경칩(3/6) 07:38
청명(4/5) 12:39
입하(5/6) 06:09
망종(6/6) 10:23
소서(7/7) 20:37

입추(8/8) 06:18
백로(9/8) 09:02
한로(10/9) 00:31
입동(11/8) 03:34
대설(12/7) 20:20
소한(1/6) 07:32

1月 甲寅

절기													우수															경칩2월		
음력	1	2	3	4	5	6	7	8	9	10	11	12	13	14	15	16	17	18	19	20	21	22	23	24	25	26	27	28	29	30
양력(월)	2월																						3월							
양력(일)	7	8	9	10	11	12	13	14	15	16	17	18	19	20	21	22	23	24	25	26	27	28	1	2	3	4	5	辰初	7	8
요일	화	수	목	금	토	일	월	화	수	목	금	토	일	월	화	수	목	금	토	일	월	화	수	목	금	토	일	월	화	수
일진	庚子	辛丑	壬寅	癸卯	甲辰	乙巳	丙午	丁未	戊申	己酉	庚戌	辛亥	壬子	癸丑	甲寅	乙卯	丙辰	丁巳	戊午	己未	庚申	辛酉	壬戌	癸亥	甲子	乙丑	丙寅	丁卯	戊辰	己巳

음양국: 陽 5　陽 2　陽 9　陽 6　陽 3　陽 1

2月 乙卯

절기													춘분															청명3월		
음력	1	2	3	4	5	6	7	8	9	10	11	12	13	14	15	16	17	18	19	20	21	22	23	24	25	26	27	28	29	30
양력(월)	3월																							4월						
양력(일)	9	10	11	12	13	14	15	16	17	18	19	20	21	22	23	24	25	26	27	28	29	30	31	1	2	3	4	午中	6	7
요일	목	금	토	일	월	화	수	목	금	토	일	월	화	수	목	금	토	일	월	화	수	목	금	토	일	월	화	中	목	금
일진	庚午	辛未	壬申	癸酉	甲戌	乙亥	丙子	丁丑	戊寅	己卯	庚辰	辛巳	壬午	癸未	甲申	乙酉	丙戌	丁亥	戊子	己丑	庚寅	辛卯	壬辰	癸巳	甲午	乙未	丙申	丁酉	戊戌	己亥

음양국: 陽 7　陽 4　陽 3　陽 9　陽 6　陽 4

3月 丙辰

절기													곡우																입하4월
음력	1	2	3	4	5	6	7	8	9	10	11	12	13	14	15	16	17	18	19	20	21	22	23	24	25	26	27	28	29
양력(월)	4월																							5월					
양력(일)	8	9	10	11	12	13	14	15	16	17	18	19	20	21	22	23	24	25	26	27	28	29	30	1	2	3	4	5	卯初
요일	토	일	월	화	수	목	금	토	일	월	화	수	목	금	토	일	월	화	수	목	금	토	일	월	화	수	목	금	初
일진	庚子	辛丑	壬寅	癸卯	甲辰	乙巳	丙午	丁未	戊申	己酉	庚戌	辛亥	壬子	癸丑	甲寅	乙卯	丙辰	丁巳	戊午	己未	庚申	辛酉	壬戌	癸亥	甲子	乙丑	丙寅	丁卯	戊辰

음양국: 陽 1　陽 7　陽 5　陽 2　陽 8　陽 4

4月 丁巳

절기															소만															
음력	1	2	3	4	5	6	7	8	9	10	11	12	13	14	15	16	17	18	19	20	21	22	23	24	25	26	27	28	29	30
양력(월)	5월																									6월				
양력(일)	7	8	9	10	11	12	13	14	15	16	17	18	19	20	21	22	23	24	25	26	27	28	29	30	31	1	2	3	4	5
요일	일	월	화	수	목	금	토	일	월	화	수	목	금	토	일	월	화	수	목	금	토	일	월	화	수	목	금	토	일	월
일진	己巳	庚午	辛未	壬申	癸酉	甲戌	乙亥	丙子	丁丑	戊寅	己卯	庚辰	辛巳	壬午	癸未	甲申	乙酉	丙戌	丁亥	戊子	己丑	庚寅	辛卯	壬辰	癸巳	甲午	乙未	丙申	丁酉	戊戌

음양국: 陽 1　陽 7　陽 5　陽 2　陽 8　陽 6

5月 戊午

절기	망종5월																하지												
음력	1	2	3	4	5	6	7	8	9	10	11	12	13	14	15	16	17	18	19	20	21	22	23	24	25	26	27	28	29
양력(월)	6월																									7월			
양력(일)	巳中	7	8	9	10	11	12	13	14	15	16	17	18	19	20	21	22	23	24	25	26	27	28	29	30	1	2	3	4
요일	中	수	목	금	토	일	월	화	수	목	금	토	일	월	화	수	목	금	토	일	월	화	수	목	금	토	일	월	화
일진	己亥	庚子	辛丑	壬寅	癸卯	甲辰	乙巳	丙午	丁未	戊申	己酉	庚戌	辛亥	壬子	癸丑	甲寅	乙卯	丙辰	丁巳	戊午	己未	庚申	辛酉	壬戌	癸亥	甲子	乙丑	丙寅	丁卯

음양국: 陽 3　陽 9　陰 9　陰 3　陰 6　陰 8

6月 己未

절기	소서6월																		대서											
음력	1	2	3	4	5	6	7	8	9	10	11	12	13	14	15	16	17	18	19	20	21	22	23	24	25	26	27	28	29	30
양력(월)	7월																											8월		
양력(일)	5	6	戌中	8	9	10	11	12	13	14	15	16	17	18	19	20	21	22	23	24	25	26	27	28	29	30	31	1	2	3
요일	수	목	中	토	일	월	화	수	목	금	토	일	월	화	수	목	금	토	일	월	화	수	목	금	토	일	월	화	수	목
일진	戊辰	己巳	庚午	辛未	壬申	癸酉	甲戌	乙亥	丙子	丁丑	戊寅	己卯	庚辰	辛巳	壬午	癸未	甲申	乙酉	丙戌	丁亥	戊子	己丑	庚寅	辛卯	壬辰	癸巳	甲午	乙未	丙申	丁酉

음양국: 陰 2　陰 5　陰 7　陰 1　陰 4　陰 2

7月 庚申

절기	입추7월(5)																			처서(20)										
음력	1	2	3	4	5	6	7	8	9	10	11	12	13	14	15	16	17	18	19	20	21	22	23	24	25	26	27	28	29	30
양력 월	8월																												9월	
양력 일	4	5	6	7	卯	9	10	11	12	13	14	15	16	17	18	19	20	21	22	23	24	25	26	27	28	29	30	31	1	2
요일	금	토	일	월	中	수	목	금	토	일	월	화	수	목	금	토	일	월	화	수	목	금	토	일	월	화	수	목	금	토
일진	戊戌	己亥	庚子	辛丑	壬寅	癸卯	甲辰	乙巳	丙午	丁未	戊申	己酉	庚戌	辛亥	壬子	癸丑	甲寅	乙卯	丙辰	丁巳	戊午	己未	庚申	辛酉	壬戌	癸亥	甲子	乙丑	丙寅	丁卯

음양국: 陰5　陰8　陰1　陰4　陰7　陰9

8月 辛酉

절기	백로8월(6)																				추분(21)								
음력	1	2	3	4	5	6	7	8	9	10	11	12	13	14	15	16	17	18	19	20	21	22	23	24	25	26	27	28	29
양력 월	9월																												10월
양력 일	3	4	5	6	7	辰	9	10	11	12	13	14	15	16	17	18	19	20	21	22	23	24	25	26	27	28	29	30	1
요일	일	월	화	수	목	後	토	일	월	화	수	목	금	토	일	월	화	수	목	금	토	일	월	화	수	목	금	토	일
일진	戊辰	己巳	庚午	辛未	壬申	癸酉	甲戌	乙亥	丙子	丁丑	戊寅	己卯	庚辰	辛巳	壬午	癸未	甲申	乙酉	丙戌	丁亥	戊子	己丑	庚寅	辛卯	壬辰	癸巳	甲午	乙未	丙申

음양국: 陰3　陰6　陰7　陰1　陰4　陰6

9月 壬戌

절기	한로9월(8)																						상강(23)							
음력	1	2	3	4	5	6	7	8	9	10	11	12	13	14	15	16	17	18	19	20	21	22	23	24	25	26	27	28	29	30
양력 월	10월																													
양력 일	2	3	4	5	6	7	8	子	10	11	12	13	14	15	16	17	18	19	20	21	22	23	24	25	26	27	28	29	30	31
요일	월	화	수	목	금	토	일	中	화	수	목	금	토	일	월	화	수	목	금	토	일	월	화	수	목	금	토	일	월	화
일진	丁酉	戊戌	己亥	庚子	辛丑	壬寅	癸卯	甲辰	乙巳	丙午	丁未	戊申	己酉	庚戌	辛亥	壬子	癸丑	甲寅	乙卯	丙辰	丁巳	戊午	己未	庚申	辛酉	壬戌	癸亥	甲子	乙丑	丙寅

음양국: 陰6　陰9　陰3　陰5　陰8　陰2　陰6

10月 癸亥

절기	입동10월(8)																						소설(23)						
음력	1	2	3	4	5	6	7	8	9	10	11	12	13	14	15	16	17	18	19	20	21	22	23	24	25	26	27	28	29
양력 월	11월																												
양력 일	1	2	3	4	5	6	7	寅	9	10	11	12	13	14	15	16	17	18	19	20	21	22	23	24	25	26	27	28	29
요일	수	목	금	토	일	월	화	初	목	금	토	일	월	화	수	목	금	토	일	월	화	수	목	금	토	일	월	화	수
일진	丁卯	戊辰	己巳	庚午	辛未	壬申	癸酉	甲戌	乙亥	丙子	丁丑	戊寅	己卯	庚辰	辛巳	壬午	癸未	甲申	乙酉	丙戌	丁亥	戊子	己丑	庚寅	辛卯	壬辰	癸巳	甲午	乙未

음양국: 陰6　陰9　陰3　陰5　陰8　陰2　陰4

11月 甲子

절기	대설11월(8)																						동지(23)							
음력	1	2	3	4	5	6	7	8	9	10	11	12	13	14	15	16	17	18	19	20	21	22	23	24	25	26	27	28	29	30
양력 월	11월 12월																													
양력 일	30	1	2	3	4	5	6	戌	8	9	10	11	12	13	14	15	16	17	18	19	20	21	22	23	24	25	26	27	28	29
요일	목	금	토	일	월	화	수	中	금	토	일	월	화	수	목	금	토	일	월	화	수	목	금	토	일	월	화	수	목	금
일진	丙申	丁酉	戊戌	己亥	庚子	辛丑	壬寅	癸卯	甲辰	乙巳	丙午	丁未	戊申	己酉	庚戌	辛亥	壬子	癸丑	甲寅	乙卯	丙辰	丁巳	戊午	己未	庚申	辛酉	壬戌	癸亥	甲子	乙丑

음양국: 陰4　陰7　陰1　陽1　陽7　陽4　陽2

12月 乙丑

절기	소한12월(8)																						대한(23)						
음력	1	2	3	4	5	6	7	8	9	10	11	12	13	14	15	16	17	18	19	20	21	22	23	24	25	26	27	28	29
양력 월	12월		1월																										
양력 일	30	31	1	2	3	4	5	辰	7	8	9	10	11	12	13	14	15	16	17	18	19	20	21	22	23	24	25	26	27
요일	토	일	월	화	수	목	금	初	일	월	화	수	목	금	토	일	월	화	수	목	금	토	일	월	화	수	목	금	토
일진	丙寅	丁卯	戊辰	己巳	庚午	辛未	壬申	癸酉	甲戌	乙亥	丙子	丁丑	戊寅	己卯	庚辰	辛巳	壬午	癸未	甲申	乙酉	丙戌	丁亥	戊子	己丑	庚寅	辛卯	壬辰	癸巳	甲午

음양국: 陽2　陽8　陽5　陽3　陽9　陽6　陽8

입춘(2/4) 19:12
경칩(3/6) 13:20
청명(4/5) 18:18
입하(5/6) 11:47
망종(6/6) 16:05
소서(7/8) 02:25

1979(己未年)

입추(8/8) 12:11
백로(9/8) 15:00
한로(10/9) 06:30
입동(11/8) 09:33
대설(12/8) 02:18
소한(1/6) 13:29

1月 丙寅

절기: 입춘1월(음력8), 우수(음력23)

음력	1	2	3	4	5	6	7	8	9	10	11	12	13	14	15	16	17	18	19	20	21	22	23	24	25	26	27	28	29	30
양력월	1월				2월																									
양력일	28	29	30	31	1	2	3	酉	5	6	7	8	9	10	11	12	13	14	15	16	17	18	19	20	21	22	23	24	25	26
요일	일	월	화	수	목	금	토	後	월	화	수	목	금	토	일	월	화	수	목	금	토	일	월	화	수	목	금	토	일	월
일진	乙未	丙申	丁酉	戊戌	己亥	庚子	辛丑	壬寅	癸卯	甲辰	乙巳	丙午	丁未	戊申	己酉	庚戌	辛亥	壬子	癸丑	甲寅	乙卯	丙辰	丁巳	戊午	己未	庚申	辛酉	壬戌	癸亥	甲子

음양국: 陽8 陽5 陽2 陽9 陽6 陽3

2月 丁卯

절기: 경칩2월(음력8), 춘분(음력23)

음력	1	2	3	4	5	6	7	8	9	10	11	12	13	14	15	16	17	18	19	20	21	22	23	24	25	26	27	28	29
양력월	2월		3월																										
양력일	27	28	1	2	3	4	5	午	7	8	9	10	11	12	13	14	15	16	17	18	19	20	21	22	23	24	25	26	27
요일	화	수	목	금	토	일	월	後	수	목	금	토	일	월	화	수	목	금	토	일	월	화	수	목	금	토	일	월	화
일진	乙丑	丙寅	丁卯	戊辰	己巳	庚午	辛未	壬申	癸酉	甲戌	乙亥	丙子	丁丑	戊寅	己卯	庚辰	辛巳	壬午	癸未	甲申	乙酉	丙戌	丁亥	戊子	己丑	庚寅	辛卯	壬辰	癸巳

음양국: 陽1 陽7 陽4 陽3 陽9 陽6

3月 戊辰

절기: 청명3월(음력9), 곡우(음력25)

음력	1	2	3	4	5	6	7	8	9	10	11	12	13	14	15	16	17	18	19	20	21	22	23	24	25	26	27	28	29
양력월	3월				4월																								
양력일	28	29	30	31	1	2	3	4	酉	6	7	8	9	10	11	12	13	14	15	16	17	18	19	20	21	22	23	24	25
요일	수	목	금	토	일	월	화	수	中	금	토	일	월	화	수	목	금	토	일	월	화	수	목	금	토	일	월	화	수
일진	甲午	乙未	丙申	丁酉	戊戌	己亥	庚子	辛丑	壬寅	癸卯	甲辰	乙巳	丙午	丁未	戊申	己酉	庚戌	辛亥	壬子	癸丑	甲寅	乙卯	丙辰	丁巳	戊午	己未	庚申	辛酉	壬戌

음양국: 陽4 陽1 陽7 陽5 陽2 陽8

4月 己巳

절기: 입하4월(음력11), 소만(음력27)

음력	1	2	3	4	5	6	7	8	9	10	11	12	13	14	15	16	17	18	19	20	21	22	23	24	25	26	27	28	29	30
양력월	4월					5월																								
양력일	26	27	28	29	30	1	2	3	4	5	午	7	8	9	10	11	12	13	14	15	16	17	18	19	20	21	22	23	24	25
요일	목	금	토	일	월	화	수	목	금	토	初	월	화	수	목	금	토	일	월	화	수	목	금	토	일	월	화	수	목	금
일진	癸亥	甲子	乙丑	丙寅	丁卯	戊辰	己巳	庚午	辛未	壬申	癸酉	甲戌	乙亥	丙子	丁丑	戊寅	己卯	庚辰	辛巳	壬午	癸未	甲申	乙酉	丙戌	丁亥	戊子	己丑	庚寅	辛卯	壬辰

음양국: 陽4 陽1 陽7 陽5 陽2 陽8

5月 庚午

절기: 망종5월(음력12), 하지(음력28)

음력	1	2	3	4	5	6	7	8	9	10	11	12	13	14	15	16	17	18	19	20	21	22	23	24	25	26	27	28	29
양력월	5월						6월																						
양력일	26	27	28	29	30	31	1	2	3	4	5	申	7	8	9	10	11	12	13	14	15	16	17	18	19	20	21	22	23
요일	토	일	월	화	수	목	금	토	일	월	화	初	목	금	토	일	월	화	수	목	금	토	일	월	화	수	목	금	토
일진	癸巳	甲午	乙未	丙申	丁酉	戊戌	己亥	庚子	辛丑	壬寅	癸卯	甲辰	乙巳	丙午	丁未	戊申	己酉	庚戌	辛亥	壬子	癸丑	甲寅	乙卯	丙辰	丁巳	戊午	己未	庚申	辛酉

음양국: 陽6 陽3 陽9 陽6 陽3 陽9

6月 辛未

절기: 소서6월(음력15), 대서(음력30)

음력	1	2	3	4	5	6	7	8	9	10	11	12	13	14	15	16	17	18	19	20	21	22	23	24	25	26	27	28	29	30
양력월	6월							7월																						
양력일	24	25	26	27	28	29	30	1	2	3	4	5	6	7	丑	9	10	11	12	13	14	15	16	17	18	19	20	21	22	23
요일	일	월	화	수	목	금	토	일	월	화	수	목	금	토	中	월	화	수	목	금	토	일	월	화	수	목	금	토	일	월
일진	壬戌	癸亥	甲子	乙丑	丙寅	丁卯	戊辰	己巳	庚午	辛未	壬申	癸酉	甲戌	乙亥	丙子	丁丑	戊寅	己卯	庚辰	辛巳	壬午	癸未	甲申	乙酉	丙戌	丁亥	戊子	己丑	庚寅	辛卯

음양국: 陽9 陰9 陰3 陰6 陰8 陰2 陰5

閏6月

절기: 입추7월 (음력 16)

음력	1	2	3	4	5	6	7	8	9	10	11	12	13	14	15	16	17	18	19	20	21	22	23	24	25	26	27	28	29	30
양력(7월→8월)	24	25	26	27	28	29	30	31	1	2	3	4	5	6	7	午中	9	10	11	12	13	14	15	16	17	18	19	20	21	22
요일	화	수	목	금	토	일	월	화	수	목	금	토	일	월	화	中	목	금	토	일	월	화	수	목	금	토	일	월	화	수
일진	壬辰	癸巳	甲午	乙未	丙申	丁酉	戊戌	己亥	庚子	辛丑	壬寅	癸卯	甲辰	乙巳	丙午	丁未	戊申	己酉	庚戌	辛亥	壬子	癸丑	甲寅	乙卯	丙辰	丁巳	戊午	己未	庚申	辛酉

음양국: 陰5 陰7 陰1 陰4 陰2 陰5 陰8

7月 壬申

절기: 처서 (음력 2), 백로8월 (음력 17)

음력	1	2	3	4	5	6	7	8	9	10	11	12	13	14	15	16	17	18	19	20	21	22	23	24	25	26	27	28	29
양력(8월→9월)	23	24	25	26	27	28	29	30	31	1	2	3	4	5	6	7	未後	9	10	11	12	13	14	15	16	17	18	19	20
요일	목	금	토	일	월	화	수	목	금	토	일	월	화	수	목	금	後	일	월	화	수	목	금	토	일	월	화	수	목
일진	壬戌	癸亥	甲子	乙丑	丙寅	丁卯	戊辰	己巳	庚午	辛未	壬申	癸酉	甲戌	乙亥	丙子	丁丑	戊寅	己卯	庚辰	辛巳	壬午	癸未	甲申	乙酉	丙戌	丁亥	戊子	己丑	庚寅

음양국: 陰8 陰1 陰4 陰7 陰9 陰3 陰6

8月 癸酉

절기: 추분 (음력 4), 한로9월 (음력 19)

음력	1	2	3	4	5	6	7	8	9	10	11	12	13	14	15	16	17	18	19	20	21	22	23	24	25	26	27	28	29	30
양력(9월→10월)	21	22	23	24	25	26	27	28	29	30	1	2	3	4	5	6	7	8	卯中	10	11	12	13	14	15	16	17	18	19	20
요일	금	토	일	월	화	수	목	금	토	일	월	화	수	목	금	토	일	월	中	수	목	금	토	일	월	화	수	목	금	토
일진	辛卯	壬辰	癸巳	甲午	乙未	丙申	丁酉	戊戌	己亥	庚子	辛丑	壬寅	癸卯	甲辰	乙巳	丙午	丁未	戊申	己酉	庚戌	辛亥	壬子	癸丑	甲寅	乙卯	丙辰	丁巳	戊午	己未	庚申

음양국: 陰6 陰7 陰1 陰4 陰6 陰9 陰3

9月 甲戌

절기: 상강 (음력 4), 입동10월 (음력 19)

음력	1	2	3	4	5	6	7	8	9	10	11	12	13	14	15	16	17	18	19	20	21	22	23	24	25	26	27	28	29	30
양력(10월→11월)	21	22	23	24	25	26	27	28	29	30	31	1	2	3	4	5	6	7	巳初	9	10	11	12	13	14	15	16	17	18	19
요일	일	월	화	수	목	금	토	일	월	화	수	목	금	토	일	월	화	수	初	금	토	일	월	화	수	목	금	토	일	월
일진	辛酉	壬戌	癸亥	甲子	乙丑	丙寅	丁卯	戊辰	己巳	庚午	辛未	壬申	癸酉	甲戌	乙亥	丙子	丁丑	戊寅	己卯	庚辰	辛巳	壬午	癸未	甲申	乙酉	丙戌	丁亥	戊子	己丑	庚寅

음양국: 陰3 陰5 陰8 陰2 陰6 陰9 陰3

10月 乙亥

절기: 소설 (음력 4), 대설11월 (음력 19)

음력	1	2	3	4	5	6	7	8	9	10	11	12	13	14	15	16	17	18	19	20	21	22	23	24	25	26	27	28	29
양력(11월→12월)	20	21	22	23	24	25	26	27	28	29	30	1	2	3	4	5	6	7	丑中	9	10	11	12	13	14	15	16	17	18
요일	화	수	목	금	토	일	월	화	수	목	금	토	일	월	화	수	목	금	中	일	월	화	수	목	금	토	일	월	화
일진	辛卯	壬辰	癸巳	甲午	乙未	丙申	丁酉	戊戌	己亥	庚子	辛丑	壬寅	癸卯	甲辰	乙巳	丙午	丁未	戊申	己酉	庚戌	辛亥	壬子	癸丑	甲寅	乙卯	丙辰	丁巳	戊午	己未

음양국: 陰3 陰5 陰8 陰2 陰4 陰7 陰1

11月 丙子

절기: 동지 (음력 4), 소한12월 (음력 19)

음력	1	2	3	4	5	6	7	8	9	10	11	12	13	14	15	16	17	18	19	20	21	22	23	24	25	26	27	28	29	30
양력(12월→1월)	19	20	21	22	23	24	25	26	27	28	29	30	31	1	2	3	4	5	午後	7	8	9	10	11	12	13	14	15	16	17
요일	수	목	금	토	일	월	화	수	목	금	토	일	월	화	수	목	금	토	後	월	화	수	목	금	토	일	월	화	수	목
일진	庚申	辛酉	壬戌	癸亥	甲子	乙丑	丙寅	丁卯	戊辰	己巳	庚午	辛未	壬申	癸酉	甲戌	乙亥	丙子	丁丑	戊寅	己卯	庚辰	辛巳	壬午	癸未	甲申	乙酉	丙戌	丁亥	戊子	己丑

음양국: 陰1 陽1 陽7 陽4 陽2 陽8

12月 丁丑

절기: 대한 (음력 4), 입춘1월 (음력 19)

음력	1	2	3	4	5	6	7	8	9	10	11	12	13	14	15	16	17	18	19	20	21	22	23	24	25	26	27	28	29
양력(1월→2월)	18	19	20	21	22	23	24	25	26	27	28	29	30	31	1	2	3	4	子後	6	7	8	9	10	11	12	13	14	15
요일	금	토	일	월	화	수	목	금	토	일	월	화	수	목	금	토	일	월	後	수	목	금	토	일	월	화	수	목	금
일진	庚寅	辛卯	壬辰	癸巳	甲午	乙未	丙申	丁酉	戊戌	己亥	庚子	辛丑	壬寅	癸卯	甲辰	乙巳	丙午	丁未	戊申	己酉	庚戌	辛亥	壬子	癸丑	甲寅	乙卯	丙辰	丁巳	戊午

음양국: 陽5 陽3 陽9 陽6 陽8 陽5

입춘(2/5) 01:09
경칩(3/5) 19:17
청명(4/5) 00:15
입하(5/5) 17:45
망종(6/5) 22:04
소서(7/7) 08:24

입추(8/7) 18:09
백로(9/7) 20:53
한로(10/8) 12:19
입동(11/7) 15:18
대설(12/7) 08:01
소한(1/5) 19:13

1980(庚申年)

1月 戊寅

절기				우수														경칩2월											
음력	1	2	3	4	5	6	7	8	9	10	11	12	13	14	15	16	17	18	19	20	21	22	23	24	25	26	27	28	29	30
양력(2월/3월)	16	17	18	19	20	21	22	23	24	25	26	27	28	29	1	2	3	4	酉	6	7	8	9	10	11	12	13	14	15	16
요일	토	일	월	화	수	목	금	토	일	월	화	수	목	금	토	일	월	화	後	목	금	토	일	월	화	수	목	금	토	일
일진	己未	庚申	辛酉	壬戌	癸亥	甲子	乙丑	丙寅	丁卯	戊辰	己巳	庚午	辛未	壬申	癸酉	甲戌	乙亥	丙子	丁丑	戊寅	己卯	庚辰	辛巳	壬午	癸未	甲申	乙酉	丙戌	丁亥	戊子

음양국: 陽2　陽9　陽6　陽3　陽1　陽7

2月 己卯

절기				춘분															청명3월									
음력	1	2	3	4	5	6	7	8	9	10	11	12	13	14	15	16	17	18	19	20	21	22	23	24	25	26	27	28	29
양력(3월/4월)	17	18	19	20	21	22	23	24	25	26	27	28	29	30	31	1	2	3	4	子	6	7	8	9	10	11	12	13	14
요일	월	화	수	목	금	토	일	월	화	수	목	금	토	일	월	화	수	목	금	中	일	월	화	수	목	금	토	일	월
일진	己丑	庚寅	辛卯	壬辰	癸巳	甲午	乙未	丙申	丁酉	戊戌	己亥	庚子	辛丑	壬寅	癸卯	甲辰	乙巳	丙午	丁未	戊申	己酉	庚戌	辛亥	壬子	癸丑	甲寅	乙卯	丙辰	丁巳

음양국: 陽4　陽3　陽9　陽6　陽4　陽1

3月 庚辰

절기						곡우															입하4월								
음력	1	2	3	4	5	6	7	8	9	10	11	12	13	14	15	16	17	18	19	20	21	22	23	24	25	26	27	28	29
양력(4월/5월)	15	16	17	18	19	20	21	22	23	24	25	26	27	28	29	30	1	2	3	4	酉	6	7	8	9	10	11	12	13
요일	화	수	목	금	토	일	월	화	수	목	금	토	일	월	화	수	목	금	토	일	初	화	수	목	금	토	일	월	화
일진	戊午	己未	庚申	辛酉	壬戌	癸亥	甲子	乙丑	丙寅	丁卯	戊辰	己巳	庚午	辛未	壬申	癸酉	甲戌	乙亥	丙子	丁丑	戊寅	己卯	庚辰	辛巳	壬午	癸未	甲申	乙酉	丙戌

음양국: 陽7　陽5　陽2　陽8　陽4　陽1

4月 辛巳

절기								소만															망종5월							
음력	1	2	3	4	5	6	7	8	9	10	11	12	13	14	15	16	17	18	19	20	21	22	23	24	25	26	27	28	29	30
양력(5월/6월)	14	15	16	17	18	19	20	21	22	23	24	25	26	27	28	29	30	31	1	2	3	4	亥	6	7	8	9	10	11	12
요일	수	목	금	토	일	월	화	수	목	금	토	일	월	화	수	목	금	토	일	월	화	수	初	금	토	일	월	화	수	목
일진	丁亥	戊子	己丑	庚寅	辛卯	壬辰	癸巳	甲午	乙未	丙申	丁酉	戊戌	己亥	庚子	辛丑	壬寅	癸卯	甲辰	乙巳	丙午	丁未	戊申	己酉	庚戌	辛亥	壬子	癸丑	甲寅	乙卯	丙辰

음양국: 陽1　陽7　陽5　陽2　陽8　陽6　陽3

5月 壬午

절기								하지																소서6월				
음력	1	2	3	4	5	6	7	8	9	10	11	12	13	14	15	16	17	18	19	20	21	22	23	24	25	26	27	28	29
양력(6월/7월)	13	14	15	16	17	18	19	20	21	22	23	24	25	26	27	28	29	30	1	2	3	4	5	6	辰	8	9	10	11
요일	금	토	일	월	화	수	목	금	토	일	월	화	수	목	금	토	일	월	화	수	목	금	토	일	中	화	수	목	금
일진	丁巳	戊午	己未	庚申	辛酉	壬戌	癸亥	甲子	乙丑	丙寅	丁卯	戊辰	己巳	庚午	辛未	壬申	癸酉	甲戌	乙亥	丙子	丁丑	戊寅	己卯	庚辰	辛巳	壬午	癸未	甲申	乙酉

음양국: 陽3　陽9　陰9　陰3　陰6　陰8　陰2

6月 癸未

절기												대서															입추7월			
음력	1	2	3	4	5	6	7	8	9	10	11	12	13	14	15	16	17	18	19	20	21	22	23	24	25	26	27	28	29	30
양력(7월/8월)	12	13	14	15	16	17	18	19	20	21	22	23	24	25	26	27	28	29	30	31	1	2	3	4	5	6	酉	8	9	10
요일	토	일	월	화	수	목	금	토	일	월	화	수	목	금	토	일	월	화	수	목	금	토	일	월	화	수	初	금	토	일
일진	丙戌	丁亥	戊子	己丑	庚寅	辛卯	壬辰	癸巳	甲午	乙未	丙申	丁酉	戊戌	己亥	庚子	辛丑	壬寅	癸卯	甲辰	乙巳	丙午	丁未	戊申	己酉	庚戌	辛亥	壬子	癸丑	甲寅	乙卯

음양국: 陰2　陰5　陰7　陰1　陰4　陰2　陰5

7月 甲申

절기												처서															백로8월	
음력	1	2	3	4	5	6	7	8	9	10	11	12	13	14	15	16	17	18	19	20	21	22	23	24	25	26	27	28	29
양력 월	8월																					9월							
양력 일	11	12	13	14	15	16	17	18	19	20	21	22	23	24	25	26	27	28	29	30	31	1	2	3	4	5	6	戌	8
요일	월	화	수	목	금	토	일	월	화	수	목	금	토	일	월	화	수	목	금	토	일	월	화	수	목	금	토	後	월
일진	丙辰	丁巳	戊午	己未	庚申	辛酉	壬戌	癸亥	甲子	乙丑	丙寅	丁卯	戊辰	己巳	庚午	辛未	壬申	癸酉	甲戌	乙亥	丙子	丁丑	戊寅	己卯	庚辰	辛巳	壬午	癸未	甲申

음양국: 陰5 陰8 陰1 陰4 陰7 陰9 陰3

8月 乙酉

절기														추분															한로9월
음력	1	2	3	4	5	6	7	8	9	10	11	12	13	14	15	16	17	18	19	20	21	22	23	24	25	26	27	28	29	30
양력 월	9월																						10월							
양력 일	9	10	11	12	13	14	15	16	17	18	19	20	21	22	23	24	25	26	27	28	29	30	1	2	3	4	5	6	7	午
요일	화	수	목	금	토	일	월	화	수	목	금	토	일	월	화	수	목	금	토	일	월	화	수	목	금	토	일	월	화	中
일진	乙酉	丙戌	丁亥	戊子	己丑	庚寅	辛卯	壬辰	癸巳	甲午	乙未	丙申	丁酉	戊戌	己亥	庚子	辛丑	壬寅	癸卯	甲辰	乙巳	丙午	丁未	戊申	己酉	庚戌	辛亥	壬子	癸丑	甲寅

음양국: 陰3 陰6 陰7 陰1 陰4 陰6

9月 丙戌

절기														상강															입동10월
음력	1	2	3	4	5	6	7	8	9	10	11	12	13	14	15	16	17	18	19	20	21	22	23	24	25	26	27	28	29	30
양력 월	10월																							11월						
양력 일	9	10	11	12	13	14	15	16	17	18	19	20	21	22	23	24	25	26	27	28	29	30	31	1	2	3	4	5	6	未
요일	목	금	토	일	월	화	수	목	금	토	일	월	화	수	목	금	토	일	월	화	수	목	금	토	일	월	화	수	목	後
일진	乙卯	丙辰	丁巳	戊午	己未	庚申	辛酉	壬戌	癸亥	甲子	乙丑	丙寅	丁卯	戊辰	己巳	庚午	辛未	壬申	癸酉	甲戌	乙亥	丙子	丁丑	戊寅	己卯	庚辰	辛巳	壬午	癸未	甲申

음양국: 陰9 陰3 陰5 陰8 陰2 陰6

10月 丁亥

절기														소설															
음력	1	2	3	4	5	6	7	8	9	10	11	12	13	14	15	16	17	18	19	20	21	22	23	24	25	26	27	28	29
양력 월	11월																							12월					
양력 일	8	9	10	11	12	13	14	15	16	17	18	19	20	21	22	23	24	25	26	27	28	29	30	1	2	3	4	5	6
요일	토	일	월	화	수	목	금	토	일	월	화	수	목	금	토	일	월	화	수	목	금	토	일	월	화	수	목	금	토
일진	乙酉	丙戌	丁亥	戊子	己丑	庚寅	辛卯	壬辰	癸巳	甲午	乙未	丙申	丁酉	戊戌	己亥	庚子	辛丑	壬寅	癸卯	甲辰	乙巳	丙午	丁未	戊申	己酉	庚戌	辛亥	壬子	癸丑

음양국: 陰9 陰3 陰5 陰8 陰2 陰4

11月 戊子

절기	대설11월															동지														소한12월
음력	1	2	3	4	5	6	7	8	9	10	11	12	13	14	15	16	17	18	19	20	21	22	23	24	25	26	27	28	29	30
양력 월	12월																									1월				
양력 일	辰	8	9	10	11	12	13	14	15	16	17	18	19	20	21	22	23	24	25	26	27	28	29	30	31	1	2	3	4	酉
요일	初	월	화	수	목	금	토	일	월	화	수	목	금	토	일	월	화	수	목	금	토	일	월	화	수	목	금	토	일	後
일진	甲寅	乙卯	丙辰	丁巳	戊午	己未	庚申	辛酉	壬戌	癸亥	甲子	乙丑	丙寅	丁卯	戊辰	己巳	庚午	辛未	壬申	癸酉	甲戌	乙亥	丙子	丁丑	戊寅	己卯	庚辰	辛巳	壬午	癸未

음양국: 陰7 陰1 陽1 陽7 陽4 陽2

12月 己丑

절기															대한															입춘1월
음력	1	2	3	4	5	6	7	8	9	10	11	12	13	14	15	16	17	18	19	20	21	22	23	24	25	26	27	28	29	30
양력 월	1월																										2월			
양력 일	6	7	8	9	10	11	12	13	14	15	16	17	18	19	20	21	22	23	24	25	26	27	28	29	30	31	1	2	3	卯
요일	화	수	목	금	토	일	월	화	수	목	금	토	일	월	화	수	목	금	토	일	월	화	수	목	금	토	일	월	화	後
일진	甲申	乙酉	丙戌	丁亥	戊子	己丑	庚寅	辛卯	壬辰	癸巳	甲午	乙未	丙申	丁酉	戊戌	己亥	庚子	辛丑	壬寅	癸卯	甲辰	乙巳	丙午	丁未	戊申	己酉	庚戌	辛亥	壬子	癸丑

음양국: 陽8 陽5 陽3 陽9 陽6 陽8

입춘(2/4) 06:55	입추(8/7) 23:57
경칩(3/6) 01:05	백로(9/8) 02:43
청명(4/5) 06:05	한로(10/8) 18:10
입하(5/5) 23:35	입동(11/7) 21:09
망종(6/6) 03:53	대설(12/7) 13:51
소서(7/7) 14:12	소한(1/6) 01:03

1981(辛酉年)

1月 庚寅

절기	우수 (음력15)
음력	1 2 3 4 5 6 7 8 9 10 11 12 13 14 15 16 17 18 19 20 21 22 23 24 25 26 27 28 29
양력 월	2월 … 3월
양력 일	5 6 7 8 9 10 11 12 13 14 15 16 17 18 19 20 21 22 23 24 25 26 27 28 · 1 2 3 4 5
요일	목 금 토 일 월 화 수 목 금 토 일 월 화 수 목 금 토 일 월 화 수 목 금 토 일 월 화 수 목
일진	甲寅 乙卯 丙辰 丁巳 戊午 己未 庚申 辛酉 壬戌 癸亥 甲子 乙丑 丙寅 丁卯 戊辰 己巳 庚午 辛未 壬申 癸酉 甲戌 乙亥 丙子 丁丑 戊寅 己卯 庚辰 辛巳 壬午
음양국	陽5 陽2 陽9 陽6 陽3 陽1

2月 辛卯

절기	경칩2월 (음력1), 춘분 (음력16)
음력	1 2 3 4 5 6 7 8 9 10 11 12 13 14 15 16 17 18 19 20 21 22 23 24 25 26 27 28 29 30
양력 월	3월 … 4월
양력 일	子 7 8 9 10 11 12 13 14 15 16 17 18 19 20 21 22 23 24 25 26 27 28 29 30 31 · 1 2 3 4
요일	後 토 일 월 화 수 목 금 토 일 월 화 수 목 금 토 일 월 화 수 목 금 토 일 월 화 수 목 금 토
일진	癸未 甲申 乙酉 丙戌 丁亥 戊子 己丑 庚寅 辛卯 壬辰 癸巳 甲午 乙未 丙申 丁酉 戊戌 己亥 庚子 辛丑 壬寅 癸卯 甲辰 乙巳 丙午 丁未 戊申 己酉 庚戌 辛亥 壬子
음양국	陽7 陽4 陽3 陽9 陽6 陽4

3月 壬辰

절기	청명3월 (음력1), 곡우 (음력16)
음력	1 2 3 4 5 6 7 8 9 10 11 12 13 14 15 16 17 18 19 20 21 22 23 24 25 26 27 28 29
양력 월	4월 … 5월
양력 일	卯 6 7 8 9 10 11 12 13 14 15 16 17 18 19 20 21 22 23 24 25 26 27 28 29 30 · 1 2 3
요일	初 월 화 수 목 금 토 일 월 화 수 목 금 토 일 월 화 수 목 금 토 일 월 화 수 목 금 토 일
일진	癸丑 甲寅 乙卯 丙辰 丁巳 戊午 己未 庚申 辛酉 壬戌 癸亥 甲子 乙丑 丙寅 丁卯 戊辰 己巳 庚午 辛未 壬申 癸酉 甲戌 乙亥 丙子 丁丑 戊寅 己卯 庚辰 辛巳
음양국	陽1 陽7 陽5 陽2 陽8 陽4

4月 癸巳

절기	입하4월 (음력2), 소만 (음력18)
음력	1 2 3 4 5 6 7 8 9 10 11 12 13 14 15 16 17 18 19 20 21 22 23 24 25 26 27 28 29
양력 월	5월 … 6월
양력 일	4 子 6 7 8 9 10 11 12 13 14 15 16 17 18 19 20 21 22 23 24 25 26 27 28 29 30 31 · 1
요일	월 初 수 목 금 토 일 월 화 수 목 금 토 일 월 화 수 목 금 토 일 월 화 수 목 금 토 일 월
일진	壬午 癸未 甲申 乙酉 丙戌 丁亥 戊子 己丑 庚寅 辛卯 壬辰 癸巳 甲午 乙未 丙申 丁酉 戊戌 己亥 庚子 辛丑 壬寅 癸卯 甲辰 乙巳 丙午 丁未 戊申 己酉 庚戌
음양국	陽4 陽1 陽7 陽5 陽2 陽8 陽6

5月 甲午

절기	망종5월 (음력5), 하지 (음력20)
음력	1 2 3 4 5 6 7 8 9 10 11 12 13 14 15 16 17 18 19 20 21 22 23 24 25 26 27 28 29 30
양력 월	6월 … 7월
양력 일	2 3 4 5 寅 7 8 9 10 11 12 13 14 15 16 17 18 19 20 21 22 23 24 25 26 27 28 29 30 · 1
요일	화 수 목 금 初 일 월 화 수 목 금 토 일 월 화 수 목 금 토 일 월 화 수 목 금 토 일 월 화 수
일진	辛亥 壬子 癸丑 甲寅 乙卯 丙辰 丁巳 戊午 己未 庚申 辛酉 壬戌 癸亥 甲子 乙丑 丙寅 丁卯 戊辰 己巳 庚午 辛未 壬申 癸酉 甲戌 乙亥 丙子 丁丑 戊寅 己卯 庚辰
음양국	陽6 陽3 陽9 陰9 陰3 陰6 陰8

6月 乙未

절기	소서6월 (음력6), 대서 (음력23)
음력	1 2 3 4 5 6 7 8 9 10 11 12 13 14 15 16 17 18 19 20 21 22 23 24 25 26 27 28 29
양력 월	7월
양력 일	2 3 4 5 6 未 8 9 10 11 12 13 14 15 16 17 18 19 20 21 22 23 24 25 26 27 28 29 30
요일	목 금 토 일 월 中 수 목 금 토 일 월 화 수 목 금 토 일 월 화 수 목 금 토 일 월 화 수 목
일진	辛巳 壬午 癸未 甲申 乙酉 丙戌 丁亥 戊子 己丑 庚寅 辛卯 壬辰 癸巳 甲午 乙未 丙申 丁酉 戊戌 己亥 庚子 辛丑 壬寅 癸卯 甲辰 乙巳 丙午 丁未 戊申 己酉
음양국	陰8 陰2 陰5 陰7 陰1 陰4 陰2

7月 丙申

절기							입추7월																	처서					
음력	1	2	3	4	5	6	7	8	9	10	11	12	13	14	15	16	17	18	19	20	21	22	23	24	25	26	27	28	29
양월	7월	8월																											
양력 일	31	1	2	3	4	5	6	子	8	9	10	11	12	13	14	15	16	17	18	19	20	21	22	23	24	25	26	27	28
요일	금	토	일	월	화	수	목	初	토	일	월	화	수	목	금	토	일	월	화	수	목	금	토	일	월	화	수	목	금
일진	庚戌	辛亥	壬子	癸丑	甲寅	乙卯	丙辰	丁巳	戊午	己未	庚申	辛酉	壬戌	癸亥	甲子	乙丑	丙寅	丁卯	戊辰	己巳	庚午	辛未	壬申	癸酉	甲戌	乙亥	丙子	丁丑	戊寅
음양국	陰 2					陰 5					陰 8					陰 1					陰 4					陰 7			

8月 丁酉

절기											백로8월															추분				
음력	1	2	3	4	5	6	7	8	9	10	11	12	13	14	15	16	17	18	19	20	21	22	23	24	25	26	27	28	29	30
양월	8월			9월																										
양력 일	29	30	31	1	2	3	4	5	6	7	丑中	9	10	11	12	13	14	15	16	17	18	19	20	21	22	23	24	25	26	27
요일	토	일	월	화	수	목	금	토	일	월	中	수	목	금	토	일	월	화	수	목	금	토	일	월	화	수	목	금	토	일
일진	己卯	庚辰	辛巳	壬午	癸未	甲申	乙酉	丙戌	丁亥	戊子	己丑	庚寅	辛卯	壬辰	癸巳	甲午	乙未	丙申	丁酉	戊戌	己亥	庚子	辛丑	壬寅	癸卯	甲辰	乙巳	丙午	丁未	戊申
음양국	陰 9					陰 3					陰 6					陰 7					陰 1					陰 4				

9月 戊戌

절기											한로9월															상강				
음력	1	2	3	4	5	6	7	8	9	10	11	12	13	14	15	16	17	18	19	20	21	22	23	24	25	26	27	28	29	30
양월	9월			10월																										
양력 일	28	29	30	1	2	3	4	5	6	7	酉	9	10	11	12	13	14	15	16	17	18	19	20	21	22	23	24	25	26	27
요일	월	화	수	목	금	토	일	월	화	수	中	금	토	일	월	화	수	목	금	토	일	월	화	수	목	금	토	일	월	화
일진	己酉	庚戌	辛亥	壬子	癸丑	甲寅	乙卯	丙辰	丁巳	戊午	己未	庚申	辛酉	壬戌	癸亥	甲子	乙丑	丙寅	丁卯	戊辰	己巳	庚午	辛未	壬申	癸酉	甲戌	乙亥	丙子	丁丑	戊寅
음양국	陰 6					陰 9					陰 3					陰 5					陰 8					陰 2				

10月 己亥

절기											입동10월															소설			
음력	1	2	3	4	5	6	7	8	9	10	11	12	13	14	15	16	17	18	19	20	21	22	23	24	25	26	27	28	29
양월	10월				11월																								
양력 일	28	29	30	31	1	2	3	4	5	6	戌	8	9	10	11	12	13	14	15	16	17	18	19	20	21	22	23	24	25
요일	수	목	금	토	일	월	화	수	목	금	後	일	월	화	수	목	금	토	일	월	화	수	목	금	토	일	월	화	수
일진	己卯	庚辰	辛巳	壬午	癸未	甲申	乙酉	丙戌	丁亥	戊子	己丑	庚寅	辛卯	壬辰	癸巳	甲午	乙未	丙申	丁酉	戊戌	己亥	庚子	辛丑	壬寅	癸卯	甲辰	乙巳	丙午	丁未
음양국	陰 6					陰 9					陰 3					陰 5					陰 8					陰 2			

11月 庚子

절기												대설11월															동지			
음력	1	2	3	4	5	6	7	8	9	10	11	12	13	14	15	16	17	18	19	20	21	22	23	24	25	26	27	28	29	30
양월	11월					12월																								
양력 일	26	27	28	29	30	1	2	3	4	5	6	未	8	9	10	11	12	13	14	15	16	17	18	19	20	21	22	23	24	25
요일	목	금	토	일	월	화	수	목	금	토	일	初	화	수	목	금	토	일	월	화	수	목	금	토	일	월	화	수	목	금
일진	戊申	己酉	庚戌	辛亥	壬子	癸丑	甲寅	乙卯	丙辰	丁巳	戊午	己未	庚申	辛酉	壬戌	癸亥	甲子	乙丑	丙寅	丁卯	戊辰	己巳	庚午	辛未	壬申	癸酉	甲戌	乙亥	丙子	丁丑
음양국		陰 4				陰 7					陰 1					陽 1					陽 7					陽 4				

12月 辛丑

절기												소한12월														대한			
음력	1	2	3	4	5	6	7	8	9	10	11	12	13	14	15	16	17	18	19	20	21	22	23	24	25	26	27	28	29	30
양월	12월						1월																							
양력 일	26	27	28	29	30	31	1	2	3	4	5	子	7	8	9	10	11	12	13	14	15	16	17	18	19	20	21	22	23	24
요일	토	일	월	화	수	목	금	토	일	월	화	後	목	금	토	일	월	화	수	목	금	토	일	월	화	수	목	금	토	일
일진	戊寅	己卯	庚辰	辛巳	壬午	癸未	甲申	乙酉	丙戌	丁亥	戊子	己丑	庚寅	辛卯	壬辰	癸巳	甲午	乙未	丙申	丁酉	戊戌	己亥	庚子	辛丑	壬寅	癸卯	甲辰	乙巳	丙午	丁未
음양국		陽 2				陽 8					陽 5					陽 3					陽 9					陽 6				

입춘(2/4) 12:45
경칩(3/6) 06:55
청명(4/5) 11:53
입하(5/6) 05:20
망종(6/6) 09:36
소서(7/7) 19:55

입추(8/8) 05:42
백로(9/8) 08:32
한로(10/9) 00:02
입동(11/8) 03:04
대설(12/7) 19:48
소한(1/6) 06:59

1982(壬戌年)

1月 壬寅

절기											입춘1월															우수				
음력	1	2	3	4	5	6	7	8	9	10	11	12	13	14	15	16	17	18	19	20	21	22	23	24	25	26	27	28	29	30
양력(1월→2월)	25	26	27	28	29	30	31	1	2	3	午中	5	6	7	8	9	10	11	12	13	14	15	16	17	18	19	20	21	22	23
요일	월	화	수	목	금	토	일	월	화	수	中	금	토	일	월	화	수	목	금	토	일	월	화	수	목	금	토	일	월	화
일진	戊申	己酉	庚戌	辛亥	壬子	癸丑	甲寅	乙卯	丙辰	丁巳	戊午	己未	庚申	辛酉	壬戌	癸亥	甲子	乙丑	丙寅	丁卯	戊辰	己巳	庚午	辛未	壬申	癸酉	甲戌	乙亥	丙子	丁丑

음양국: 陽8 陽5 陽2 陽9 陽6 陽3

2月 癸卯

절기											경칩2월															춘분			
음력	1	2	3	4	5	6	7	8	9	10	11	12	13	14	15	16	17	18	19	20	21	22	23	24	25	26	27	28	29
양력(2월→3월)	24	25	26	27	28	1	2	3	4	5	卯後	7	8	9	10	11	12	13	14	15	16	17	18	19	20	21	22	23	24
요일	수	목	금	토	일	월	화	수	목	금	後	일	월	화	수	목	금	토	일	월	화	수	목	금	토	일	월	화	수
일진	戊寅	己卯	庚辰	辛巳	壬午	癸未	甲申	乙酉	丙戌	丁亥	戊子	己丑	庚寅	辛卯	壬辰	癸巳	甲午	乙未	丙申	丁酉	戊戌	己亥	庚子	辛丑	壬寅	癸卯	甲辰	乙巳	丙午

음양국: 陽1 陽7 陽4 陽3 陽9 陽6

3月 甲辰

절기												청명3월															곡우			
음력	1	2	3	4	5	6	7	8	9	10	11	12	13	14	15	16	17	18	19	20	21	22	23	24	25	26	27	28	29	30
양력(3월→4월)	25	26	27	28	29	30	31	1	2	3	4	午初	6	7	8	9	10	11	12	13	14	15	16	17	18	19	20	21	22	23
요일	목	금	토	일	월	화	수	목	금	토	일	初	화	수	목	금	토	일	월	화	수	목	금	토	일	월	화	수	목	금
일진	丁未	戊申	己酉	庚戌	辛亥	壬子	癸丑	甲寅	乙卯	丙辰	丁巳	戊午	己未	庚申	辛酉	壬戌	癸亥	甲子	乙丑	丙寅	丁卯	戊辰	己巳	庚午	辛未	壬申	癸酉	甲戌	乙亥	丙子

음양국: 陽6 陽4 陽1 陽7 陽5 陽2 陽8

4月 乙巳

절기													입하4월															소만	
음력	1	2	3	4	5	6	7	8	9	10	11	12	13	14	15	16	17	18	19	20	21	22	23	24	25	26	27	28	29
양력(4월→5월)	24	25	26	27	28	29	30	1	2	3	4	5	寅後	7	8	9	10	11	12	13	14	15	16	17	18	19	20	21	22
요일	토	일	월	화	수	목	금	토	일	월	화	수	後	금	토	일	월	화	수	목	금	토	일	월	화	수	목	금	토
일진	丁丑	戊寅	己卯	庚辰	辛巳	壬午	癸未	甲申	乙酉	丙戌	丁亥	戊子	己丑	庚寅	辛卯	壬辰	癸巳	甲午	乙未	丙申	丁酉	戊戌	己亥	庚子	辛丑	壬寅	癸卯	甲辰	乙巳

음양국: 陽8 陽4 陽1 陽7 陽5 陽2 陽8

閏4月

절기															망종5월														
음력	1	2	3	4	5	6	7	8	9	10	11	12	13	14	15	16	17	18	19	20	21	22	23	24	25	26	27	28	29
양력(5월→6월)	23	24	25	26	27	28	29	30	31	1	2	3	4	5	巳	7	8	9	10	11	12	13	14	15	16	17	18	19	20
요일	일	월	화	수	목	금	토	일	월	화	수	목	금	토	初	월	화	수	목	금	토	일	월	화	수	목	금	토	일
일진	丙午	丁未	戊申	己酉	庚戌	辛亥	壬子	癸丑	甲寅	乙卯	丙辰	丁巳	戊午	己未	庚申	辛酉	壬戌	癸亥	甲子	乙丑	丙寅	丁卯	戊辰	己巳	庚午	辛未	壬申	癸酉	甲戌

음양국: 陽8 陽6 陽3 陽9 陽6 陽3 陽9

5月 丙午

절기	하지																소서6월													
음력	1	2	3	4	5	6	7	8	9	10	11	12	13	14	15	16	17	18	19	20	21	22	23	24	25	26	27	28	29	30
양력(6월→7월)	21	22	23	24	25	26	27	28	29	30	1	2	3	4	5	6	戌初	8	9	10	11	12	13	14	15	16	17	18	19	20
요일	월	화	수	목	금	토	일	월	화	수	목	금	토	일	월	화	初	목	금	토	일	월	화	수	목	금	토	일	월	화
일진	乙亥	丙子	丁丑	戊寅	己卯	庚辰	辛巳	壬午	癸未	甲申	乙酉	丙戌	丁亥	戊子	己丑	庚寅	辛卯	壬辰	癸巳	甲午	乙未	丙申	丁酉	戊戌	己亥	庚子	辛丑	壬寅	癸卯	甲辰

음양국: 陽9 陰9 陰3 陰6 陰8 陰2

6月 丁未

절기: 대서(음력 3일경) · 입추7월(음력 19일)

음력	1	2	3	4	5	6	7	8	9	10	11	12	13	14	15	16	17	18	19	20	21	22	23	24	25	26	27	28	29
양력(7월→8월)	21	22	23	24	25	26	27	28	29	30	31	1	2	3	4	5	6	7	卯	9	10	11	12	13	14	15	16	17	18
요일	수	목	금	토	일	월	화	수	목	금	토	일	월	화	수	목	금	토	初	월	화	수	목	금	토	일	월	화	수
일진	乙巳	丙午	丁未	戊申	己酉	庚戌	辛亥	壬子	癸丑	甲寅	乙卯	丙辰	丁巳	戊午	己未	庚申	辛酉	壬戌	癸亥	甲子	乙丑	丙寅	丁卯	戊辰	己巳	庚午	辛未	壬申	癸酉

음양국: 陰5 · 陰7 · 陰1 · 陰4 · 陰2 · 陰5

7月 戊申

절기: 처서(음력 5일) · 백로8월(음력 21일)

음력	1	2	3	4	5	6	7	8	9	10	11	12	13	14	15	16	17	18	19	20	21	22	23	24	25	26	27	28	29
양력(8월→9월)	19	20	21	22	23	24	25	26	27	28	29	30	31	1	2	3	4	5	6	7	辰	9	10	11	12	13	14	15	16
요일	목	금	토	일	월	화	수	목	금	토	일	월	화	수	목	금	토	일	월	화	中	목	금	토	일	월	화	수	목
일진	甲戌	乙亥	丙子	丁丑	戊寅	己卯	庚辰	辛巳	壬午	癸未	甲申	乙酉	丙戌	丁亥	戊子	己丑	庚寅	辛卯	壬辰	癸巳	甲午	乙未	丙申	丁酉	戊戌	己亥	庚子	辛丑	壬寅

음양국: 陰8 · 陰1 · 陰4 · 陰7 · 陰9 · 陰3

8月 己酉

절기: 추분(음력 7일) · 한로9월(음력 23일)

음력	1	2	3	4	5	6	7	8	9	10	11	12	13	14	15	16	17	18	19	20	21	22	23	24	25	26	27	28	29	30
양력(9월→10월)	17	18	19	20	21	22	23	24	25	26	27	28	29	30	1	2	3	4	5	6	7	8	子	10	11	12	13	14	15	16
요일	금	토	일	월	화	수	목	금	토	일	월	화	수	목	금	토	일	월	화	수	목	금	初	일	월	화	수	목	금	토
일진	癸卯	甲辰	乙巳	丙午	丁未	戊申	己酉	庚戌	辛亥	壬子	癸丑	甲寅	乙卯	丙辰	丁巳	戊午	己未	庚申	辛酉	壬戌	癸亥	甲子	乙丑	丙寅	丁卯	戊辰	己巳	庚午	辛未	壬申

음양국: 陰6 · 陰7 · 陰1 · 陰4 · 陰6 · 陰9

9月 庚戌

절기: 상강(음력 8일) · 입동10월(음력 23일)

음력	1	2	3	4	5	6	7	8	9	10	11	12	13	14	15	16	17	18	19	20	21	22	23	24	25	26	27	28	29	30
양력(10월→11월)	17	18	19	20	21	22	23	24	25	26	27	28	29	30	31	1	2	3	4	5	6	7	丑	9	10	11	12	13	14	15
요일	일	월	화	수	목	금	토	일	월	화	수	목	금	토	일	월	화	수	목	금	토	일	後	화	수	목	금	토	일	월
일진	癸酉	甲戌	乙亥	丙子	丁丑	戊寅	己卯	庚辰	辛巳	壬午	癸未	甲申	乙酉	丙戌	丁亥	戊子	己丑	庚寅	辛卯	壬辰	癸巳	甲午	乙未	丙申	丁酉	戊戌	己亥	庚子	辛丑	壬寅

음양국: 陰3 · 陰5 · 陰8 · 陰2 · 陰6 · 陰9

10月 辛亥

절기: 소설(음력 8일) · 대설11월(음력 22일)

음력	1	2	3	4	5	6	7	8	9	10	11	12	13	14	15	16	17	18	19	20	21	22	23	24	25	26	27	28	29
양력(11월→12월)	16	17	18	19	20	21	22	23	24	25	26	27	28	29	30	1	2	3	4	5	6	戌	8	9	10	11	12	13	14
요일	화	수	목	금	토	일	월	화	수	목	금	토	일	월	화	수	목	금	토	일	월	初	수	목	금	토	일	월	화
일진	癸卯	甲辰	乙巳	丙午	丁未	戊申	己酉	庚戌	辛亥	壬子	癸丑	甲寅	乙卯	丙辰	丁巳	戊午	己未	庚申	辛酉	壬戌	癸亥	甲子	乙丑	丙寅	丁卯	戊辰	己巳	庚午	辛未

음양국: 陰3 · 陰5 · 陰8 · 陰2 · 陰4 · 陰7

11月 壬子

절기: 동지(음력 8일) · 소한12월(음력 23일)

음력	1	2	3	4	5	6	7	8	9	10	11	12	13	14	15	16	17	18	19	20	21	22	23	24	25	26	27	28	29	30
양력(12월→1월)	15	16	17	18	19	20	21	22	23	24	25	26	27	28	29	30	31	1	2	3	4	5	卯	7	8	9	10	11	12	13
요일	수	목	금	토	일	월	화	수	목	금	토	일	월	화	수	목	금	토	일	월	화	수	後	금	토	일	월	화	수	목
일진	壬申	癸酉	甲戌	乙亥	丙子	丁丑	戊寅	己卯	庚辰	辛巳	壬午	癸未	甲申	乙酉	丙戌	丁亥	戊子	己丑	庚寅	辛卯	壬辰	癸巳	甲午	乙未	丙申	丁酉	戊戌	己亥	庚子	辛丑

음양국: 陰7 · 陰1 · 陽1 · 陽7 · 陽4 · 陽2 · 陽8

12月 癸丑

절기: 대한(음력 8일) · 입춘1월(음력 23일)

음력	1	2	3	4	5	6	7	8	9	10	11	12	13	14	15	16	17	18	19	20	21	22	23	24	25	26	27	28	29	30
양력(1월→2월)	14	15	16	17	18	19	20	21	22	23	24	25	26	27	28	29	30	31	1	2	3	酉	5	6	7	8	9	10	11	12
요일	금	토	일	월	화	수	목	금	토	일	월	화	수	목	금	토	일	월	화	수	목	中	토	일	월	화	수	목	금	토
일진	壬寅	癸卯	甲辰	乙巳	丙午	丁未	戊申	己酉	庚戌	辛亥	壬子	癸丑	甲寅	乙卯	丙辰	丁巳	戊午	己未	庚申	辛酉	壬戌	癸亥	甲子	乙丑	丙寅	丁卯	戊辰	己巳	庚午	辛未

음양국: 陽8 · 陽5 · 陽3 · 陽9 · 陽6 · 陽8 · 陽5

입춘(2/4) 18:40
경칩(3/6) 12:47
청명(4/5) 17:44
입하(5/6) 11:11
망종(6/6) 15:26
소서(7/8) 01:43

입추(8/8) 11:30
백로(9/8) 14:20
한로(10/9) 05:51
입동(11/8) 08:52
대설(12/8) 01:34
소한(1/6) 12:41

1983(癸亥年)

1月 甲寅

절기: 우수(음력7) · 경칩2월(음력22)

음력	1	2	3	4	5	6	7	8	9	10	11	12	13	14	15	16	17	18	19	20	21	22	23	24	25	26	27	28	29	30
양력	2월13	14	15	16	17	18	19	20	21	22	23	24	25	26	27	28	3월1	2	3	4	5	午中	7	8	9	10	11	12	13	14
요일	일	월	화	수	목	금	토	일	월	화	수	목	금	토	일	월	화	수	목	금	토	中	월	화	수	목	금	토	일	월
일진	壬申	癸酉	甲戌	乙亥	丙子	丁丑	戊寅	己卯	庚辰	辛巳	壬午	癸未	甲申	乙酉	丙戌	丁亥	戊子	己丑	庚寅	辛卯	壬辰	癸巳	甲午	乙未	丙申	丁酉	戊戌	己亥	庚子	辛丑

음양국: 陽5 陽2 陽9 陽6 陽3 陽1 陽7

2月 乙卯

절기: 춘분(음력7) · 청명3월(음력22)

음력	1	2	3	4	5	6	7	8	9	10	11	12	13	14	15	16	17	18	19	20	21	22	23	24	25	26	27	28	29
양력	3월15	16	17	18	19	20	21	22	23	24	25	26	27	28	29	30	31	4월1	2	3	4	酉	6	7	8	9	10	11	12
요일	화	수	목	금	토	일	월	화	수	목	금	토	일	월	화	수	목	금	토	일	월	初	수	목	금	토	일	월	화
일진	壬寅	癸卯	甲辰	乙巳	丙午	丁未	戊申	己酉	庚戌	辛亥	壬子	癸丑	甲寅	乙卯	丙辰	丁巳	戊午	己未	庚申	辛酉	壬戌	癸亥	甲子	乙丑	丙寅	丁卯	戊辰	己巳	庚午

음양국: 陽7 陽4 陽3 陽9 陽6 陽4 陽1

3月 丙辰

절기: 곡우(음력9) · 입하4월(음력24)

음력	1	2	3	4	5	6	7	8	9	10	11	12	13	14	15	16	17	18	19	20	21	22	23	24	25	26	27	28	29	30
양력	4월13	14	15	16	17	18	19	20	21	22	23	24	25	26	27	28	29	30	5월1	2	3	4	5	巳	7	8	9	10	11	12
요일	수	목	금	토	일	월	화	수	목	금	토	일	월	화	수	목	금	토	일	월	화	수	목	後	토	일	월	화	수	목
일진	辛未	壬申	癸酉	甲戌	乙亥	丙子	丁丑	戊寅	己卯	庚辰	辛巳	壬午	癸未	甲申	乙酉	丙戌	丁亥	戊子	己丑	庚寅	辛卯	壬辰	癸巳	甲午	乙未	丙申	丁酉	戊戌	己亥	庚子

음양국: 陽1 陽7 陽5 陽2 陽8 陽4 陽1

4月 丁巳

절기: 소만(음력10) · 망종5월(음력25)

음력	1	2	3	4	5	6	7	8	9	10	11	12	13	14	15	16	17	18	19	20	21	22	23	24	25	26	27	28	29
양력	5월13	14	15	16	17	18	19	20	21	22	23	24	25	26	27	28	29	30	31	6월1	2	3	4	5	未	7	8	9	10
요일	금	토	일	월	화	수	목	금	토	일	월	화	수	목	금	토	일	월	화	수	목	금	토	일	後	화	수	목	금
일진	辛丑	壬寅	癸卯	甲辰	乙巳	丙午	丁未	戊申	己酉	庚戌	辛亥	壬子	癸丑	甲寅	乙卯	丙辰	丁巳	戊午	己未	庚申	辛酉	壬戌	癸亥	甲子	乙丑	丙寅	丁卯	戊辰	己巳

음양국: 陽1 陽7 陽5 陽2 陽8 陽6 陽3

5月 戊午

절기: 하지(음력12) · 소서6월(음력28)

음력	1	2	3	4	5	6	7	8	9	10	11	12	13	14	15	16	17	18	19	20	21	22	23	24	25	26	27	28	29
양력	6월11	12	13	14	15	16	17	18	19	20	21	22	23	24	25	26	27	28	29	30	7월1	2	3	4	5	6	7	丑	9
요일	토	일	월	화	수	목	금	토	일	월	화	수	목	금	토	일	월	화	수	목	금	토	일	월	화	수	목	初	토
일진	庚午	辛未	壬申	癸酉	甲戌	乙亥	丙子	丁丑	戊寅	己卯	庚辰	辛巳	壬午	癸未	甲申	乙酉	丙戌	丁亥	戊子	己丑	庚寅	辛卯	壬辰	癸巳	甲午	乙未	丙申	丁酉	戊戌

음양국: 陽3 陽9 陰9 陰3 陰6 陰8

6月 己未

절기: 대서(음력14) · 입추7월(음력30)

음력	1	2	3	4	5	6	7	8	9	10	11	12	13	14	15	16	17	18	19	20	21	22	23	24	25	26	27	28	29	30
양력	7월10	11	12	13	14	15	16	17	18	19	20	21	22	23	24	25	26	27	28	29	30	31	8월1	2	3	4	5	6	7	午
요일	일	월	화	수	목	금	토	일	월	화	수	목	금	토	일	월	화	수	목	금	토	일	월	화	수	목	금	토	일	初
일진	己亥	庚子	辛丑	壬寅	癸卯	甲辰	乙巳	丙午	丁未	戊申	己酉	庚戌	辛亥	壬子	癸丑	甲寅	乙卯	丙辰	丁巳	戊午	己未	庚申	辛酉	壬戌	癸亥	甲子	乙丑	丙寅	丁卯	戊辰

음양국: 陰2 陰5 陰7 陰1 陰4 陰2

7月 庚申

절기																처서													
음력	1	2	3	4	5	6	7	8	9	10	11	12	13	14	15	16	17	18	19	20	21	22	23	24	25	26	27	28	29
양력월	8월																								9월				
양력일	9	10	11	12	13	14	15	16	17	18	19	20	21	22	23	24	25	26	27	28	29	30	31	1	2	3	4	5	6
요일	화	수	목	금	토	일	월	화	수	목	금	토	일	월	화	수	목	금	토	일	월	화	수	목	금	토	일	월	화
일진	己巳	庚午	辛未	壬申	癸酉	甲戌	乙亥	丙子	丁丑	戊寅	己卯	庚辰	辛巳	壬午	癸未	甲申	乙酉	丙戌	丁亥	戊子	己丑	庚寅	辛卯	壬辰	癸巳	甲午	乙未	丙申	丁酉

음양국: 陰 5　陰 8　陰 1　陰 4　陰 7　陰 9

8月 辛酉

절기	백로8월																추분												
음력	1	2	3	4	5	6	7	8	9	10	11	12	13	14	15	16	17	18	19	20	21	22	23	24	25	26	27	28	29
양력월	9월																							10월					
양력일	7	未中	9	10	11	12	13	14	15	16	17	18	19	20	21	22	23	24	25	26	27	28	29	30	1	2	3	4	5
요일	수	목	금	토	일	월	화	수	목	금	토	일	월	화	수	목	금	토	일	월	화	수	목	금	토	일	월	화	수
일진	戊戌	己亥	庚子	辛丑	壬寅	癸卯	甲辰	乙巳	丙午	丁未	戊申	己酉	庚戌	辛亥	壬子	癸丑	甲寅	乙卯	丙辰	丁巳	戊午	己未	庚申	辛酉	壬戌	癸亥	甲子	乙丑	丙寅

음양국: 陰 3　陰 6　陰 7　陰 1　陰 4　陰 6

9月 壬戌

절기	한로9월																	상강												
음력	1	2	3	4	5	6	7	8	9	10	11	12	13	14	15	16	17	18	19	20	21	22	23	24	25	26	27	28	29	30
양력월	10월																							11월						
양력일	6	7	8	卯初	10	11	12	13	14	15	16	17	18	19	20	21	22	23	24	25	26	27	28	29	30	31	1	2	3	4
요일	목	금	토	初	월	화	수	목	금	토	일	월	화	수	목	금	토	일	월	화	수	목	금	토	일	월	화	수	목	금
일진	丁卯	戊辰	己巳	庚午	辛未	壬申	癸酉	甲戌	乙亥	丙子	丁丑	戊寅	己卯	庚辰	辛巳	壬午	癸未	甲申	乙酉	丙戌	丁亥	戊子	己丑	庚寅	辛卯	壬辰	癸巳	甲午	乙未	丙申

음양국: 陰 6　陰 9　陰 3　陰 5　陰 8　陰 2　陰 6

10月 癸亥

절기	입동10월																	소설											
음력	1	2	3	4	5	6	7	8	9	10	11	12	13	14	15	16	17	18	19	20	21	22	23	24	25	26	27	28	29
양력월	11월																						12월						
양력일	5	6	7	辰後	9	10	11	12	13	14	15	16	17	18	19	20	21	22	23	24	25	26	27	28	29	30	1	2	3
요일	토	일	월	後	수	목	금	토	일	월	화	수	목	금	토	일	월	화	수	목	금	토	일	월	화	수	목	금	토
일진	丁酉	戊戌	己亥	庚子	辛丑	壬寅	癸卯	甲辰	乙巳	丙午	丁未	戊申	己酉	庚戌	辛亥	壬子	癸丑	甲寅	乙卯	丙辰	丁巳	戊午	己未	庚申	辛酉	壬戌	癸亥	甲子	乙丑

음양국: 陰 6　陰 9　陰 3　陰 5　陰 8　陰 2　陰 4

11月 甲子

절기	대설11월																		동지											
음력	1	2	3	4	5	6	7	8	9	10	11	12	13	14	15	16	17	18	19	20	21	22	23	24	25	26	27	28	29	30
양력월	12월																											1월		
양력일	4	5	6	7	丑	9	10	11	12	13	14	15	16	17	18	19	20	21	22	23	24	25	26	27	28	29	30	31	1	2
요일	일	월	화	수	初	금	토	일	월	화	수	목	금	토	일	월	화	수	목	금	토	일	월	화	수	목	금	토	일	월
일진	丙寅	丁卯	戊辰	己巳	庚午	辛未	壬申	癸酉	甲戌	乙亥	丙子	丁丑	戊寅	己卯	庚辰	辛巳	壬午	癸未	甲申	乙酉	丙戌	丁亥	戊子	己丑	庚寅	辛卯	壬辰	癸巳	甲午	乙未

음양국: 陰 4　陰 7　陰 1　陽 1　陽 7　陽 4　陽 2

12月 乙丑

절기	소한12월																		대한											
음력	1	2	3	4	5	6	7	8	9	10	11	12	13	14	15	16	17	18	19	20	21	22	23	24	25	26	27	28	29	30
양력월	1월																													2월
양력일	3	4	5	午	7	8	9	10	11	12	13	14	15	16	17	18	19	20	21	22	23	24	25	26	27	28	29	30	31	1
요일	화	수	목	中	토	일	월	화	수	목	금	토	일	월	화	수	목	금	토	일	월	화	수	목	금	토	일	월	화	수
일진	丙申	丁酉	戊戌	己亥	庚子	辛丑	壬寅	癸卯	甲辰	乙巳	丙午	丁未	戊申	己酉	庚戌	辛亥	壬子	癸丑	甲寅	乙卯	丙辰	丁巳	戊午	己未	庚申	辛酉	壬戌	癸亥	甲子	乙丑

음양국: 陽 2　陽 8　陽 5　陽 3　陽 9　陽 6　陽 8

1984(甲子年)

입춘(2/5) 00:19
경칩(3/5) 18:25
청명(4/4) 23:22
입하(5/5) 16:51
망종(6/5) 21:09
소서(7/7) 07:29

입추(8/7) 17:18
백로(9/7) 20:10
한로(10/8) 11:43
입동(11/7) 14:46
대설(12/7) 07:28
소한(1/5) 18:35

1月 丙寅

절기	입춘1월															우수														
음력	1	2	3	4	5	6	7	8	9	10	11	12	13	14	15	16	17	18	19	20	21	22	23	24	25	26	27	28	29	30
양월력일	2월2	3	4	子中5	6	7	8	9	10	11	12	13	14	15	16	17	18	19	20	21	22	23	24	25	26	27	28	29	3월1	2
요일	목	금	토	中	월	화	수	목	금	토	일	월	화	수	목	금	토	일	월	화	수	목	금	토	일	월	화	수	목	금
일진	丙寅	丁卯	戊辰	己巳	庚午	辛未	壬申	癸酉	甲戌	乙亥	丙子	丁丑	戊寅	己卯	庚辰	辛巳	壬午	癸未	甲申	乙酉	丙戌	丁亥	戊子	己丑	庚寅	辛卯	壬辰	癸巳	甲午	乙未
음양국	陽 8			陽 5			陽 2			陽 9			陽 6			陽 3			陽 1	

2月 丁卯

절기	경칩2월															춘분													
음력	1	2	3	4	5	6	7	8	9	10	11	12	13	14	15	16	17	18	19	20	21	22	23	24	25	26	27	28	29
양월력일	3월3	4	酉中5	6	7	8	9	10	11	12	13	14	15	16	17	18	19	20	21	22	23	24	25	26	27	28	29	30	31
요일	토	일	中	화	수	목	금	토	일	월	화	수	목	금	토	일	월	화	수	목	금	토	일	월	화	수	목	금	토
일진	丙申	丁酉	戊戌	己亥	庚子	辛丑	壬寅	癸卯	甲辰	乙巳	丙午	丁未	戊申	己酉	庚戌	辛亥	壬子	癸丑	甲寅	乙卯	丙辰	丁巳	戊午	己未	庚申	辛酉	壬戌	癸亥	甲子
음양국	陽 1		陽 7			陽 4			陽 3			陽 9			陽 6			陽 4

3月 戊辰

절기	청명3월																			곡우										
음력	1	2	3	4	5	6	7	8	9	10	11	12	13	14	15	16	17	18	19	20	21	22	23	24	25	26	27	28	29	30
양월력일	4월1	2	3	亥後4	5	6	7	8	9	10	11	12	13	14	15	16	17	18	19	20	21	22	23	24	25	26	27	28	29	30
요일	일	월	화	後	목	금	토	일	월	화	수	목	금	토	일	월	화	수	목	금	토	일	월	화	수	목	금	토	일	월
일진	乙丑	丙寅	丁卯	戊辰	己巳	庚午	辛未	壬申	癸酉	甲戌	乙亥	丙子	丁丑	戊寅	己卯	庚辰	辛巳	壬午	癸未	甲申	乙酉	丙戌	丁亥	戊子	己丑	庚寅	辛卯	壬辰	癸巳	甲午
음양국	陽 4			陽 1			陽 7			陽 5			陽 2			陽 8

4月 己巳

절기	입하4월																			소만										
음력	1	2	3	4	5	6	7	8	9	10	11	12	13	14	15	16	17	18	19	20	21	22	23	24	25	26	27	28	29	30
양월력일	5월1	2	3	4	申後5	6	7	8	9	10	11	12	13	14	15	16	17	18	19	20	21	22	23	24	25	26	27	28	29	30
요일	화	수	목	금	後	일	월	화	수	목	금	토	일	월	화	수	목	금	토	일	월	화	수	목	금	토	일	월	화	수
일진	乙未	丙申	丁酉	戊戌	己亥	庚子	辛丑	壬寅	癸卯	甲辰	乙巳	丙午	丁未	戊申	己酉	庚戌	辛亥	壬子	癸丑	甲寅	乙卯	丙辰	丁巳	戊午	己未	庚申	辛酉	壬戌	癸亥	甲子
음양국	陽 4			陽 1			陽 7			陽 5			陽 2			陽 8

5月 庚午

절기	망종5월																					하지							
음력	1	2	3	4	5	6	7	8	9	10	11	12	13	14	15	16	17	18	19	20	21	22	23	24	25	26	27	28	29
양월력일	5월31	6월1	2	3	4	戊後5	6	7	8	9	10	11	12	13	14	15	16	17	18	19	20	21	22	23	24	25	26	27	28
요일	목	금	토	일	월	後	수	목	금	토	일	월	화	수	목	금	토	일	월	화	수	목	금	토	일	월	화	수	목
일진	乙丑	丙寅	丁卯	戊辰	己巳	庚午	辛未	壬申	癸酉	甲戌	乙亥	丙子	丁丑	戊寅	己卯	庚辰	辛巳	壬午	癸未	甲申	乙酉	丙戌	丁亥	戊子	己丑	庚寅	辛卯	壬辰	癸巳
음양국	陽 6			陽 3			陽 9			陰 9			陰 3			陰 6

6月 辛未

절기	소서6월																								대서				
음력	1	2	3	4	5	6	7	8	9	10	11	12	13	14	15	16	17	18	19	20	21	22	23	24	25	26	27	28	29
양월력일	6월29	30	7월1	2	3	4	5	6	卯後7	8	9	10	11	12	13	14	15	16	17	18	19	20	21	22	23	24	25	26	27
요일	금	토	일	월	화	수	목	금	後	일	월	화	수	목	금	토	일	월	화	수	목	금	토	일	월	화	수	목	금
일진	甲午	乙未	丙申	丁酉	戊戌	己亥	庚子	辛丑	壬寅	癸卯	甲辰	乙巳	丙午	丁未	戊申	己酉	庚戌	辛亥	壬子	癸丑	甲寅	乙卯	丙辰	丁巳	戊午	己未	庚申	辛酉	壬戌
음양국	陰 8			陰 2			陰 5			陰 7			陰 1			陰 4

7月 壬申

절기											입추7월																처서			
음력	1	2	3	4	5	6	7	8	9	10	**11**	12	13	14	15	16	17	18	19	20	21	22	23	24	25	26	**27**	28	29	30
양력 월	7월				8월																									
양력 일	28	29	30	31	1	2	3	4	5	6	申	8	9	10	11	12	13	14	15	16	17	18	19	20	21	22	23	24	25	26
요일	토	일	월	화	수	목	금	토	일	월	後	수	목	금	토	일	월	화	수	목	금	토	일	월	화	수	목	금	토	일
일진	癸亥	甲子	乙丑	丙寅	丁卯	戊辰	己巳	庚午	辛未	壬申	癸酉	甲戌	乙亥	丙子	丁丑	戊寅	己卯	庚辰	辛巳	壬午	癸未	甲申	乙酉	丙戌	丁亥	戊子	己丑	庚寅	辛卯	壬辰

음양국: 陰2　陰5　陰8　陰1　陰4　陰7

8月 癸酉

절기												백로8월																추분	
음력	1	2	3	4	5	6	7	8	9	10	11	**12**	13	14	15	16	17	18	19	20	21	22	23	24	25	26	27	**28**	29
양력 월	8월					9월																							
양력 일	27	28	29	30	31	1	2	3	4	5	6	戊	8	9	10	11	12	13	14	15	16	17	18	19	20	21	22	23	24
요일	월	화	수	목	금	토	일	월	화	수	목	中	토	일	월	화	수	목	금	토	일	월	화	수	목	금	토	일	월
일진	癸巳	甲午	乙未	丙申	丁酉	戊戌	己亥	庚子	辛丑	壬寅	癸卯	甲辰	乙巳	丙午	丁未	戊申	己酉	庚戌	辛亥	壬子	癸丑	甲寅	乙卯	丙辰	丁巳	戊午	己未	庚申	辛酉

음양국: 陰9　陰3　陰6　陰7　陰1　陰4

9月 甲戌

절기														한로9월															상강
음력	1	2	3	4	5	6	7	8	9	10	11	12	13	**14**	15	16	17	18	19	20	21	22	23	24	25	26	27	28	**29**
양력 월	9월						10월																						
양력 일	25	26	27	28	29	30	1	2	3	4	5	6	7	午	9	10	11	12	13	14	15	16	17	18	19	20	21	22	23
요일	화	수	목	금	토	일	월	화	수	목	금	토	일	初	화	수	목	금	토	일	월	화	수	목	금	토	일	월	화
일진	壬戌	癸亥	甲子	乙丑	丙寅	丁卯	戊辰	己巳	庚午	辛未	壬申	癸酉	甲戌	乙亥	丙子	丁丑	戊寅	己卯	庚辰	辛巳	壬午	癸未	甲申	乙酉	丙戌	丁亥	戊子	己丑	庚寅

음양국: 陰4　陰6　陰9　陰3　陰5　陰8　陰2

10月 乙亥

절기															입동10월															소설
음력	1	2	3	4	5	6	7	8	9	10	11	12	13	14	**15**	16	17	18	19	20	21	22	23	24	25	26	27	28	29	**30**
양력 월	10월								11월																					
양력 일	24	25	26	27	28	29	30	31	1	2	3	4	5	6	未	8	9	10	11	12	13	14	15	16	17	18	19	20	21	22
요일	수	목	금	토	일	월	화	수	목	금	토	일	월	화	中	목	금	토	일	월	화	수	목	금	토	일	월	화	수	목
일진	辛卯	壬辰	癸巳	甲午	乙未	丙申	丁酉	戊戌	己亥	庚子	辛丑	壬寅	癸卯	甲辰	乙巳	丙午	丁未	戊申	己酉	庚戌	辛亥	壬子	癸丑	甲寅	乙卯	丙辰	丁巳	戊午	己未	庚申

음양국: 陰2　陰6　陰9　陰3　陰5　陰8　陰2

閏10月

절기															대설11월														
음력	1	2	3	4	5	6	7	8	9	10	11	12	13	14	**15**	16	17	18	19	20	21	22	23	24	25	26	27	28	29
양력 월	11월								12월																				
양력 일	23	24	25	26	27	28	29	30	1	2	3	4	5	6	卯	8	9	10	11	12	13	14	15	16	17	18	19	20	21
요일	금	토	일	월	화	수	목	금	토	일	월	화	수	목	後	토	일	월	화	수	목	금	토	일	월	화	수	목	금
일진	辛酉	壬戌	癸亥	甲子	乙丑	丙寅	丁卯	戊辰	己巳	庚午	辛未	壬申	癸酉	甲戌	乙亥	丙子	丁丑	戊寅	己卯	庚辰	辛巳	壬午	癸未	甲申	乙酉	丙戌	丁亥	戊子	己丑

음양국: 陰2　陰4　陰7　陰1　陰4　陰7　陰1

11月 丙子

절기	동지														소한12월															대한
음력	**1**	2	3	4	5	6	7	8	9	10	11	12	13	14	**15**	16	17	18	19	20	21	22	23	24	25	26	27	28	29	**30**
양력 월	12월										1월																			
양력 일	22	23	24	25	26	27	28	29	30	31	1	2	3	4	酉	6	7	8	9	10	11	12	13	14	15	16	17	18	19	20
요일	토	일	월	화	수	목	금	토	일	월	화	수	목	금	中	일	월	화	수	목	금	토	일	월	화	수	목	금	토	일
일진	庚寅	辛卯	壬辰	癸巳	甲午	乙未	丙申	丁酉	戊戌	己亥	庚子	辛丑	壬寅	癸卯	甲辰	乙巳	丙午	丁未	戊申	己酉	庚戌	辛亥	壬子	癸丑	甲寅	乙卯	丙辰	丁巳	戊午	己未

음양국: 陰1　陽1　陽7　陽4　陽2　陽8

12月 丁丑

절기															입춘1월															우수
음력	1	2	3	4	5	6	7	8	9	10	11	12	13	14	**15**	16	17	18	19	20	21	22	23	24	25	26	27	28	29	**30**
양력 월	1월										2월																			
양력 일	21	22	23	24	25	26	27	28	29	30	31	1	2	3	卯	5	6	7	8	9	10	11	12	13	14	15	16	17	18	19
요일	월	화	수	목	금	토	일	월	화	수	목	금	토	일	中	화	수	목	금	토	일	월	화	수	목	금	토	일	월	화
일진	庚申	辛酉	壬戌	癸亥	甲子	乙丑	丙寅	丁卯	戊辰	己巳	庚午	辛未	壬申	癸酉	甲戌	乙亥	丙子	丁丑	戊寅	己卯	庚辰	辛巳	壬午	癸未	甲申	乙酉	丙戌	丁亥	戊子	己丑

음양국: 陽5　陽3　陽9　陽6　陽8　陽5

1985(乙丑年)

절기(좌)		절기(우)	
입춘(2/4) 06:12		입추(8/7) 23:04	
경칩(3/6) 00:16		백로(9/8) 01:53	
청명(4/5) 05:14		한로(10/8) 17:25	
입하(5/5) 22:43		입동(11/7) 20:29	
망종(6/6) 03:00		대설(12/7) 13:16	
소서(7/7) 13:19		소한(1/6) 00:28	

1月 戊寅

절기: 경칩2월

음력	양월력/일	요일	일진
1	2월 20	수	庚寅
2	21	목	辛卯
3	22	금	壬辰
4	23	토	癸巳
5	24	일	甲午
6	25	월	乙未
7	26	화	丙申
8	27	수	丁酉
9	28	목	戊戌
10	3월 1	금	己亥
11	2	토	庚子
12	3	일	辛丑
13	4	월	壬寅
14	5	화	癸卯
15	子中	中	甲辰
16	7	목	乙巳
17	8	금	丙午
18	9	토	丁未
19	10	일	戊申
20	11	월	己酉
21	12	화	庚戌
22	13	수	辛亥
23	14	목	壬子
24	15	금	癸丑
25	16	토	甲寅
26	17	일	乙卯
27	18	월	丙辰
28	19	화	丁巳
29	20	수	戊午

음양국: 陽2 陽9 陽6 陽3 陽1 陽7

2月 己卯

절기: 춘분 / 청명3월

음력	양월력/일	요일	일진
1	3월 21	목	己未
2	22	금	庚申
3	23	토	辛酉
4	24	일	壬戌
5	25	월	癸亥
6	26	화	甲子
7	27	수	乙丑
8	28	목	丙寅
9	29	금	丁卯
10	30	토	戊辰
11	31	일	己巳
12	4월 1	월	庚午
13	2	화	辛未
14	3	수	壬申
15	4	목	癸酉
16	寅後	後	甲戌
17	6	토	乙亥
18	7	일	丙子
19	8	월	丁丑
20	9	화	戊寅
21	10	수	己卯
22	11	목	庚辰
23	12	금	辛巳
24	13	토	壬午
25	14	일	癸未
26	15	월	甲申
27	16	화	乙酉
28	17	수	丙戌
29	18	목	丁亥
30	19	금	戊子

음양국: 陽4 陽3 陽9 陽6 陽4 陽1

3月 庚辰

절기: 곡우 / 입하4월

음력	양월력/일	요일	일진
1	4월 20	토	己丑
2	21	일	庚寅
3	22	월	辛卯
4	23	화	壬辰
5	24	수	癸巳
6	25	목	甲午
7	26	금	乙未
8	27	토	丙申
9	28	일	丁酉
10	29	월	戊戌
11	30	화	己亥
12	5월 1	수	庚子
13	2	목	辛丑
14	3	금	壬寅
15	4	토	癸卯
16	亥中	中	甲辰
17	6	월	乙巳
18	7	화	丙午
19	8	수	丁未
20	9	목	戊申
21	10	금	己酉
22	11	토	庚戌
23	12	일	辛亥
24	13	월	壬子
25	14	화	癸丑
26	15	수	甲寅
27	16	목	乙卯
28	17	금	丙辰
29	18	토	丁巳
30	19	일	戊午

음양국: 陽7 陽5 陽2 陽8 陽4 陽1

4月 辛巳

절기: 소만 / 망종5월

음력	양월력/일	요일	일진
1	5월 20	월	己未
2	21	화	庚申
3	22	수	辛酉
4	23	목	壬戌
5	24	금	癸亥
6	25	토	甲子
7	26	일	乙丑
8	27	월	丙寅
9	28	화	丁卯
10	29	수	戊辰
11	30	목	己巳
12	31	금	庚午
13	6월 1	토	辛未
14	2	일	壬申
15	3	월	癸酉
16	4	화	甲戌
17	5	수	乙亥
18	丑後	後	丙子
19	7	금	丁丑
20	8	토	戊寅
21	9	일	己卯
22	10	월	庚辰
23	11	화	辛巳
24	12	수	壬午
25	13	목	癸未
26	14	금	甲申
27	15	토	乙酉
28	16	일	丙戌
29	17	월	丁亥

음양국: 陽7 陽5 陽2 陽8 陽6 陽3

5月 壬午

절기: 하지 / 소서6월

음력	양월력/일	요일	일진
1	6월 18	화	戊子
2	19	수	己丑
3	20	목	庚寅
4	21	금	辛卯
5	22	토	壬辰
6	23	일	癸巳
7	24	월	甲午
8	25	화	乙未
9	26	수	丙申
10	27	목	丁酉
11	28	금	戊戌
12	29	토	己亥
13	30	일	庚子
14	7월 1	월	辛丑
15	2	화	壬寅
16	3	수	癸卯
17	4	목	甲辰
18	5	금	乙巳
19	6	토	丙午
20	午後	後	丁未
21	8	월	戊申
22	9	화	己酉
23	10	수	庚戌
24	11	목	辛亥
25	12	금	壬子
26	13	토	癸丑
27	14	일	甲寅
28	15	월	乙卯
29	16	화	丙辰
30	17	수	丁巳

음양국: 陽9 陰9 陰3 陰6 陰8 陰2

6月 癸未

절기: 대서 / 입추7월

음력	양월력/일	요일	일진
1	7월 18	목	戊午
2	19	금	己未
3	20	토	庚申
4	21	일	辛酉
5	22	월	壬戌
6	23	화	癸亥
7	24	수	甲子
8	25	목	乙丑
9	26	금	丙寅
10	27	토	丁卯
11	28	일	戊辰
12	29	월	己巳
13	30	화	庚午
14	31	수	辛未
15	8월 1	목	壬申
16	2	금	癸酉
17	3	토	甲戌
18	4	일	乙亥
19	5	월	丙子
20	6	화	丁丑
21	亥後	後	戊寅
22	8	목	己卯
23	9	금	庚辰
24	10	토	辛巳
25	11	일	壬午
26	12	월	癸未
27	13	화	甲申
28	14	수	乙酉
29	15	목	丙戌

음양국: 陰5 陰7 陰1 陰4 陰2 陰5

7월 甲申

	1	2	3	4	5	6	7	8	9	10	11	12	13	14	15	16	17	18	19	20	21	22	23	24	25	26	27	28	29	30
절기								처서																백로8월						
음력	1	2	3	4	5	6	7	8	9	10	11	12	13	14	15	16	17	18	19	20	21	22	23	24	25	26	27	28	29	30
양력 월	8월																9월													
양력 일	16	17	18	19	20	21	22	23	24	25	26	27	28	29	30	31	1	2	3	4	5	6	7	丑	9	10	11	12	13	14
요일	금	토	일	월	화	수	목	금	토	일	월	화	수	목	금	토	일	월	화	수	목	금	토	初	월	화	수	목	금	토
일진	丁亥	戊子	己丑	庚寅	辛卯	壬辰	癸巳	甲午	乙未	丙申	丁酉	戊戌	己亥	庚子	辛丑	壬寅	癸卯	甲辰	乙巳	丙午	丁未	戊申	己酉	庚戌	辛亥	壬子	癸丑	甲寅	乙卯	丙辰
음양국	陰5		陰8					陰1					陰4					陰7					陰9					陰3		

8월 乙酉

	1	2	3	4	5	6	7	8	9	10	11	12	13	14	15	16	17	18	19	20	21	22	23	24	25	26	27	28	29
절기									추분															한로9월					
음력	1	2	3	4	5	6	7	8	9	10	11	12	13	14	15	16	17	18	19	20	21	22	23	24	25	26	27	28	29
양력 월	9월																10월												
양력 일	15	16	17	18	19	20	21	22	23	24	25	26	27	28	29	30	1	2	3	4	5	6	7	申	9	10	11	12	13
요일	일	월	화	수	목	금	토	일	월	화	수	목	금	토	일	월	화	수	목	금	토	일	월	後	수	목	금	토	일
일진	丁巳	戊午	己未	庚申	辛酉	壬戌	癸亥	甲子	乙丑	丙寅	丁卯	戊辰	己巳	庚午	辛未	壬申	癸酉	甲戌	乙亥	丙子	丁丑	戊寅	己卯	庚辰	辛巳	壬午	癸未	甲申	乙酉
음양국	陰3		陰6					陰7					陰1					陰4					陰6					陰9	

9월 丙戌

	1	2	3	4	5	6	7	8	9	10	11	12	13	14	15	16	17	18	19	20	21	22	23	24	25	26	27	28	29
절기										상강															입동10월				
음력	1	2	3	4	5	6	7	8	9	10	11	12	13	14	15	16	17	18	19	20	21	22	23	24	25	26	27	28	29
양력 월	10월																	11월											
양력 일	14	15	16	17	18	19	20	21	22	23	24	25	26	27	28	29	30	31	1	2	3	4	5	6	戌	8	9	10	11
요일	월	화	수	목	금	토	일	월	화	수	목	금	토	일	월	화	수	목	금	토	일	월	화	수	中	금	토	일	월
일진	丙戌	丁亥	戊子	己丑	庚寅	辛卯	壬辰	癸巳	甲午	乙未	丙申	丁酉	戊戌	己亥	庚子	辛丑	壬寅	癸卯	甲辰	乙巳	丙午	丁未	戊申	己酉	庚戌	辛亥	壬子	癸丑	甲寅
음양국	陰9			陰3					陰5					陰8					陰2					陰6					陰9

10월 丁亥

	1	2	3	4	5	6	7	8	9	10	11	12	13	14	15	16	17	18	19	20	21	22	23	24	25	26	27	28	29	30
절기											소설															대설11월				
음력	1	2	3	4	5	6	7	8	9	10	11	12	13	14	15	16	17	18	19	20	21	22	23	24	25	26	27	28	29	30
양력 월	11월																			12월										
양력 일	12	13	14	15	16	17	18	19	20	21	22	23	24	25	26	27	28	29	30	1	2	3	4	5	6	午	8	9	10	11
요일	화	수	목	금	토	일	월	화	수	목	금	토	일	월	화	수	목	금	토	일	월	화	수	목	금	後	일	월	화	수
일진	乙卯	丙辰	丁巳	戊午	己未	庚申	辛酉	壬戌	癸亥	甲子	乙丑	丙寅	丁卯	戊辰	己巳	庚午	辛未	壬申	癸酉	甲戌	乙亥	丙子	丁丑	戊寅	己卯	庚辰	辛巳	壬午	癸未	甲申
음양국	陰9				陰3					陰5					陰8					陰2					陰4					

11월 戊子

	1	2	3	4	5	6	7	8	9	10	11	12	13	14	15	16	17	18	19	20	21	22	23	24	25	26	27	28	29
절기											동지															소한12월			
음력	1	2	3	4	5	6	7	8	9	10	11	12	13	14	15	16	17	18	19	20	21	22	23	24	25	26	27	28	29
양력 월	12월																			1월									
양력 일	12	13	14	15	16	17	18	19	20	21	22	23	24	25	26	27	28	29	30	31	1	2	3	4	5	子	7	8	9
요일	목	금	토	일	월	화	수	목	금	토	일	월	화	수	목	금	토	일	월	화	수	목	금	토	일	中	화	수	목
일진	乙酉	丙戌	丁亥	戊子	己丑	庚寅	辛卯	壬辰	癸巳	甲午	乙未	丙申	丁酉	戊戌	己亥	庚子	辛丑	壬寅	癸卯	甲辰	乙巳	丙午	丁未	戊申	己酉	庚戌	辛亥	壬子	癸丑
음양국	陰7				陰1					陽1					陽7					陽4					陽2				

12월 己丑

	1	2	3	4	5	6	7	8	9	10	11	12	13	14	15	16	17	18	19	20	21	22	23	24	25	26	27	28	29	30
절기											대한															입춘1월				
음력	1	2	3	4	5	6	7	8	9	10	11	12	13	14	15	16	17	18	19	20	21	22	23	24	25	26	27	28	29	30
양력 월	1월																						2월							
양력 일	10	11	12	13	14	15	16	17	18	19	20	21	22	23	24	25	26	27	28	29	30	31	1	2	3	午	5	6	7	8
요일	금	토	일	월	화	수	목	금	토	일	월	화	수	목	금	토	일	월	화	수	목	금	토	일	월	初	수	목	금	토
일진	甲寅	乙卯	丙辰	丁巳	戊午	己未	庚申	辛酉	壬戌	癸亥	甲子	乙丑	丙寅	丁卯	戊辰	己巳	庚午	辛未	壬申	癸酉	甲戌	乙亥	丙子	丁丑	戊寅	己卯	庚辰	辛巳	壬午	癸未
음양국	陽8					陽5					陽3					陽9					陽6					陽8				

입춘(2/4) 12:08
경칩(3/6) 06:12
청명(4/5) 11:06
입하(5/6) 04:31
망종(6/6) 08:44
소서(7/7) 19:01

1986(丙寅年)

입추(8/8) 04:46
백로(9/8) 07:35
한로(10/8) 23:07
입동(11/8) 02:13
대설(12/7) 19:01
소한(1/6) 06:13

1月 庚寅

절기											우수															경칩2월			
음력	1	2	3	4	5	6	7	8	9	10	11	12	13	14	15	16	17	18	19	20	21	22	23	24	25	26	27	28	29
양력(2월/3월)	9	10	11	12	13	14	15	16	17	18	19	20	21	22	23	24	25	26	27	28	1	2	3	4	5	卯	7	8	9
요일	일	월	화	수	목	금	토	일	월	화	수	목	금	토	일	월	화	수	목	금	토	일	월	화	수	中	금	토	일
일진	甲申	乙酉	丙戌	丁亥	戊子	己丑	庚寅	辛卯	壬辰	癸巳	甲午	乙未	丙申	丁酉	戊戌	己亥	庚子	辛丑	壬寅	癸卯	甲辰	乙巳	丙午	丁未	戊申	己酉	庚戌	辛亥	壬子

음양국: 陽5　陽2　陽9　陽6　陽3　陽1

2月 辛卯

절기												춘분															청명3월			
음력	1	2	3	4	5	6	7	8	9	10	11	12	13	14	15	16	17	18	19	20	21	22	23	24	25	26	27	28	29	30
양력(3월/4월)	10	11	12	13	14	15	16	17	18	19	20	21	22	23	24	25	26	27	28	29	30	31	1	2	3	4	巳	6	7	8
요일	월	화	수	목	금	토	일	월	화	수	목	금	토	일	월	화	수	목	금	토	일	월	화	수	목	금	後	일	월	화
일진	癸丑	甲寅	乙卯	丙辰	丁巳	戊午	己未	庚申	辛酉	壬戌	癸亥	甲子	乙丑	丙寅	丁卯	戊辰	己巳	庚午	辛未	壬申	癸酉	甲戌	乙亥	丙子	丁丑	戊寅	己卯	庚辰	辛巳	壬午

음양국: 陽7　陽4　陽3　陽9　陽6　陽4

3月 壬辰

절기												곡우																입하4월		
음력	1	2	3	4	5	6	7	8	9	10	11	12	13	14	15	16	17	18	19	20	21	22	23	24	25	26	27	28	29	30
양력(4월/5월)	9	10	11	12	13	14	15	16	17	18	19	20	21	22	23	24	25	26	27	28	29	30	1	2	3	4	5	寅	7	8
요일	수	목	금	토	일	월	화	수	목	금	토	일	월	화	수	목	금	토	일	월	화	수	목	금	토	일	월	中	수	목
일진	癸未	甲申	乙酉	丙戌	丁亥	戊子	己丑	庚寅	辛卯	壬辰	癸巳	甲午	乙未	丙申	丁酉	戊戌	己亥	庚子	辛丑	壬寅	癸卯	甲辰	乙巳	丙午	丁未	戊申	己酉	庚戌	辛亥	壬子

음양국: 陽1　陽7　陽5　陽2　陽8　陽4

4月 癸巳

절기													소만																망종5월
음력	1	2	3	4	5	6	7	8	9	10	11	12	13	14	15	16	17	18	19	20	21	22	23	24	25	26	27	28	29
양력(5월/6월)	9	10	11	12	13	14	15	16	17	18	19	20	21	22	23	24	25	26	27	28	29	30	31	1	2	3	4	5	辰
요일	금	토	일	월	화	수	목	금	토	일	월	화	수	목	금	토	일	월	화	수	목	금	토	일	월	화	수	목	中
일진	癸丑	甲寅	乙卯	丙辰	丁巳	戊午	己未	庚申	辛酉	壬戌	癸亥	甲子	乙丑	丙寅	丁卯	戊辰	己巳	庚午	辛未	壬申	癸酉	甲戌	乙亥	丙子	丁丑	戊寅	己卯	庚辰	辛巳

음양국: 陽1　陽7　陽5　陽2　陽8　陽6

5月 甲午

절기																하지														
음력	1	2	3	4	5	6	7	8	9	10	11	12	13	14	15	16	17	18	19	20	21	22	23	24	25	26	27	28	29	30
양력(6월/7월)	7	8	9	10	11	12	13	14	15	16	17	18	19	20	21	22	23	24	25	26	27	28	29	30	1	2	3	4	5	6
요일	토	일	월	화	수	목	금	토	일	월	화	수	목	금	토	일	월	화	수	목	금	토	일	월	화	수	목	금	토	일
일진	壬午	癸未	甲申	乙酉	丙戌	丁亥	戊子	己丑	庚寅	辛卯	壬辰	癸巳	甲午	乙未	丙申	丁酉	戊戌	己亥	庚子	辛丑	壬寅	癸卯	甲辰	乙巳	丙午	丁未	戊申	己酉	庚戌	辛亥

음양국: 陽6　陽3　陽9　陰9　陰3　陰6　陰8

6月 乙未

절기	소서6월																대서													
음력	1	2	3	4	5	6	7	8	9	10	11	12	13	14	15	16	17	18	19	20	21	22	23	24	25	26	27	28	29	30
양력(7월/8월)	西	8	9	10	11	12	13	14	15	16	17	18	19	20	21	22	23	24	25	26	27	28	29	30	31	1	2	3	4	5
요일	後	화	수	목	금	토	일	월	화	수	목	금	토	일	월	화	수	목	금	토	일	월	화	수	목	금	토	일	월	화
일진	壬子	癸丑	甲寅	乙卯	丙辰	丁巳	戊午	己未	庚申	辛酉	壬戌	癸亥	甲子	乙丑	丙寅	丁卯	戊辰	己巳	庚午	辛未	壬申	癸酉	甲戌	乙亥	丙子	丁丑	戊寅	己卯	庚辰	辛巳

음양국: 陰8　陰2　陰5　陰7　陰1　陰4　陰2

7月 丙申

절기	입추7월																	처서											
음력	1	2	3	4	5	6	7	8	9	10	11	12	13	14	15	16	17	18	19	20	21	22	23	24	25	26	27	28	29
양월	8월																										9월		
력일	6	7	寅	9	10	11	12	13	14	15	16	17	18	19	20	21	22	23	24	25	26	27	28	29	30	31	1	2	3
요일	수	목	中	토	일	월	화	수	목	금	토	일	월	화	수	목	금	토	일	월	화	수	목	금	토	일	월	화	수
일진	壬午	癸未	甲申	乙酉	丙戌	丁亥	戊子	己丑	庚寅	辛卯	壬辰	癸巳	甲午	乙未	丙申	丁酉	戊戌	己亥	庚子	辛丑	壬寅	癸卯	甲辰	乙巳	丙午	丁未	戊申	己酉	庚戌
음양국	陰 2			陰 5				陰 8				陰 1				陰 4				陰 7				陰 9					

8月 丁酉

절기					백로8월															추분										
음력	1	2	3	4	5	6	7	8	9	10	11	12	13	14	15	16	17	18	19	20	21	22	23	24	25	26	27	28	29	30
양월	9월																											10월		
력일	4	5	6	7	辰	9	10	11	12	13	14	15	16	17	18	19	20	21	22	23	24	25	26	27	28	29	30	1	2	3
요일	목	금	토	일	初	화	수	목	금	토	일	월	화	수	목	금	토	일	월	화	수	목	금	토	일	월	화	수	목	금
일진	辛亥	壬子	癸丑	甲寅	乙卯	丙辰	丁巳	戊午	己未	庚申	辛酉	壬戌	癸亥	甲子	乙丑	丙寅	丁卯	戊辰	己巳	庚午	辛未	壬申	癸酉	甲戌	乙亥	丙子	丁丑	戊寅	己卯	庚辰
음양국	陰 9			陰 3				陰 6				陰 7				陰 1				陰 4				陰 6						

9月 戊戌

절기					한로9월																상강								11월
음력	1	2	3	4	5	6	7	8	9	10	11	12	13	14	15	16	17	18	19	20	21	22	23	24	25	26	27	28	29
양월	10월																												11월
력일	4	5	6	7	亥	9	10	11	12	13	14	15	16	17	18	19	20	21	22	23	24	25	26	27	28	29	30	31	1
요일	토	일	월	화	後	목	금	토	일	월	화	수	목	금	토	일	월	화	수	목	금	토	일	월	화	수	목	금	토
일진	辛巳	壬午	癸未	甲申	乙酉	丙戌	丁亥	戊子	己丑	庚寅	辛卯	壬辰	癸巳	甲午	乙未	丙申	丁酉	戊戌	己亥	庚子	辛丑	壬寅	癸卯	甲辰	乙巳	丙午	丁未	戊申	己酉
음양국	陰 6			陰 9				陰 3				陰 5				陰 8				陰 2				陰 6					

10月 己亥

절기							입동10월														소설									12월
음력	1	2	3	4	5	6	7	8	9	10	11	12	13	14	15	16	17	18	19	20	21	22	23	24	25	26	27	28	29	30
양월	11월																													12월
력일	2	3	4	5	6	7	丑	9	10	11	12	13	14	15	16	17	18	19	20	21	22	23	24	25	26	27	28	29	30	1
요일	일	월	화	수	목	금	中	일	월	화	수	목	금	토	일	월	화	수	목	금	토	일	월	화	수	목	금	토	일	월
일진	庚戌	辛亥	壬子	癸丑	甲寅	乙卯	丙辰	丁巳	戊午	己未	庚申	辛酉	壬戌	癸亥	甲子	乙丑	丙寅	丁卯	戊辰	己巳	庚午	辛未	壬申	癸酉	甲戌	乙亥	丙子	丁丑	戊寅	己卯
음양국	陰 6			陰 9				陰 3				陰 5				陰 8				陰 2										

11月 庚子

절기						대설11월															동지								
음력	1	2	3	4	5	6	7	8	9	10	11	12	13	14	15	16	17	18	19	20	21	22	23	24	25	26	27	28	29
양월	12월																												
력일	2	3	4	5	6	酉	8	9	10	11	12	13	14	15	16	17	18	19	20	21	22	23	24	25	26	27	28	29	30
요일	화	수	목	금	토	後	월	화	수	목	금	토	일	월	화	수	목	금	토	일	월	화	수	목	금	토	일	월	화
일진	庚辰	辛巳	壬午	癸未	甲申	乙酉	丙戌	丁亥	戊子	己丑	庚寅	辛卯	壬辰	癸巳	甲午	乙未	丙申	丁酉	戊戌	己亥	庚子	辛丑	壬寅	癸卯	甲辰	乙巳	丙午	丁未	戊申
음양국	陰 4			陰 7				陰 1				陽 1				陽 7				陽 4									

12月 辛丑

절기							소한12월														대한								
음력	1	2	3	4	5	6	7	8	9	10	11	12	13	14	15	16	17	18	19	20	21	22	23	24	25	26	27	28	29
양월	12월1월																												
력일	31	1	2	3	4	5	卯	7	8	9	10	11	12	13	14	15	16	17	18	19	20	21	22	23	24	25	26	27	28
요일	수	목	금	토	일	월	中	수	목	금	토	일	월	화	수	목	금	토	일	월	화	수	목	금	토	일	월	화	수
일진	己酉	庚戌	辛亥	壬子	癸丑	甲寅	乙卯	丙辰	丁巳	戊午	己未	庚申	辛酉	壬戌	癸亥	甲子	乙丑	丙寅	丁卯	戊辰	己巳	庚午	辛未	壬申	癸酉	甲戌	乙亥	丙子	丁丑
음양국	陽 2			陽 8				陽 5				陽 3				陽 9				陽 6									

입춘(2/4) 17:52
경칩(3/6) 11:54
청명(4/5) 16:44
입하(5/6) 10:06
망종(6/6) 14:19
소서(7/8) 00:39

입추(8/8) 10:29
백로(9/8) 13:24
한로(10/9) 05:00
입동(11/8) 08:06
대설(12/8) 00:52
소한(1/6) 12:04

1987(丁卯年)

1月 壬寅

	1	2	3	4	5	6	7	8	9	10	11	12	13	14	15	16	17	18	19	20	21	22	23	24	25	26	27	28	29	30
절기							입춘1월															우수								
음력	1	2	3	4	5	6	7	8	9	10	11	12	13	14	15	16	17	18	19	20	21	22	23	24	25	26	27	28	29	30
양력 월	1월			2월																										
양력 일	29	30	31	1	2	3	酉	5	6	7	8	9	10	11	12	13	14	15	16	17	18	19	20	21	22	23	24	25	26	27
요일	목	금	토	일	월	화	初	목	금	토	일	월	화	수	목	금	토	일	월	화	수	목	금	토	일	월	화	수	목	금
일진	戊寅	己卯	庚辰	辛巳	壬午	癸未	甲申	乙酉	丙戌	丁亥	戊子	己丑	庚寅	辛卯	壬辰	癸巳	甲午	乙未	丙申	丁酉	戊戌	己亥	庚子	辛丑	壬寅	癸卯	甲辰	乙巳	丙午	丁未
음양국			陽 8					陽 5					陽 2					陽 9					陽 6					陽 3		

2月 癸卯

	1	2	3	4	5	6	7	8	9	10	11	12	13	14	15	16	17	18	19	20	21	22	23	24	25	26	27	28	29
절기							경칩2월															춘분							
음력	1	2	3	4	5	6	7	8	9	10	11	12	13	14	15	16	17	18	19	20	21	22	23	24	25	26	27	28	29
양력 월	2월	3월																											
양력 일	28	1	2	3	4	5	午	7	8	9	10	11	12	13	14	15	16	17	18	19	20	21	22	23	24	25	26	27	28
요일	토	일	월	화	수	목	初	토	일	월	화	수	목	금	토	일	월	화	수	목	금	토	일	월	화	수	목	금	토
일진	戊申	己酉	庚戌	辛亥	壬子	癸丑	甲寅	乙卯	丙辰	丁巳	戊午	己未	庚申	辛酉	壬戌	癸亥	甲子	乙丑	丙寅	丁卯	戊辰	己巳	庚午	辛未	壬申	癸酉	甲戌	乙亥	丙子
음양국			陽 1					陽 7					陽 4					陽 3					陽 9					陽 6	

3月 甲辰

	1	2	3	4	5	6	7	8	9	10	11	12	13	14	15	16	17	18	19	20	21	22	23	24	25	26	27	28	29	30
절기								청명3월															곡우							
음력	1	2	3	4	5	6	7	8	9	10	11	12	13	14	15	16	17	18	19	20	21	22	23	24	25	26	27	28	29	30
양력 월	3월			4월																										
양력 일	29	30	31	1	2	3	4	申	6	7	8	9	10	11	12	13	14	15	16	17	18	19	20	21	22	23	24	25	26	27
요일	일	월	화	수	목	금	토	中	월	화	수	목	금	토	일	월	화	수	목	금	토	일	월	화	수	목	금	토	일	월
일진	丁丑	戊寅	己卯	庚辰	辛巳	壬午	癸未	甲申	乙酉	丙戌	丁亥	戊子	己丑	庚寅	辛卯	壬辰	癸巳	甲午	乙未	丙申	丁酉	戊戌	己亥	庚子	辛丑	壬寅	癸卯	甲辰	乙巳	丙午
음양국		陽 6			陽 4				陽 1				陽 7				陽 5				陽 2				陽 8					

4月 乙巳

	1	2	3	4	5	6	7	8	9	10	11	12	13	14	15	16	17	18	19	20	21	22	23	24	25	26	27	28	29	30
절기									입하4월															소만						
음력	1	2	3	4	5	6	7	8	9	10	11	12	13	14	15	16	17	18	19	20	21	22	23	24	25	26	27	28	29	30
양력 월	4월			5월																										
양력 일	28	29	30	1	2	3	4	5	巳	7	8	9	10	11	12	13	14	15	16	17	18	19	20	21	22	23	24	25	26	27
요일	화	수	목	금	토	일	월	화	初	목	금	토	일	월	화	수	목	금	토	일	월	화	수	목	금	토	일	월	화	수
일진	丁未	戊申	己酉	庚戌	辛亥	壬子	癸丑	甲寅	乙卯	丙辰	丁巳	戊午	己未	庚申	辛酉	壬戌	癸亥	甲子	乙丑	丙寅	丁卯	戊辰	己巳	庚午	辛未	壬申	癸酉	甲戌	乙亥	丙子
음양국	陽 8				陽 4				陽 1				陽 7				陽 5				陽 2				陽 8					

5月 丙午

	1	2	3	4	5	6	7	8	9	10	11	12	13	14	15	16	17	18	19	20	21	22	23	24	25	26	27	28	29
절기										망종5월																하지			
음력	1	2	3	4	5	6	7	8	9	10	11	12	13	14	15	16	17	18	19	20	21	22	23	24	25	26	27	28	29
양력 월	5월				6월																								
양력 일	28	29	30	31	1	2	3	4	5	未	7	8	9	10	11	12	13	14	15	16	17	18	19	20	21	22	23	24	25
요일	목	금	토	일	월	화	수	목	금	中	일	월	화	수	목	금	토	일	월	화	수	목	금	토	일	월	화	수	목
일진	丁丑	戊寅	己卯	庚辰	辛巳	壬午	癸未	甲申	乙酉	丙戌	丁亥	戊子	己丑	庚寅	辛卯	壬辰	癸巳	甲午	乙未	丙申	丁酉	戊戌	己亥	庚子	辛丑	壬寅	癸卯	甲辰	乙巳
음양국	陽 8				陽 6				陽 3				陽 9				陰 9				陰 3				陰 6				

6月 丁未

	1	2	3	4	5	6	7	8	9	10	11	12	13	14	15	16	17	18	19	20	21	22	23	24	25	26	27	28	29	30
절기													소서6월															대서		
음력	1	2	3	4	5	6	7	8	9	10	11	12	13	14	15	16	17	18	19	20	21	22	23	24	25	26	27	28	29	30
양력 월	6월					7월																								
양력 일	26	27	28	29	30	1	2	3	4	5	6	7	子	9	10	11	12	13	14	15	16	17	18	19	20	21	22	23	24	25
요일	금	토	일	월	화	수	목	금	토	일	월	화	中	목	금	토	일	월	화	수	목	금	토	일	월	화	수	목	금	토
일진	丙午	丁未	戊申	己酉	庚戌	辛亥	壬子	癸丑	甲寅	乙卯	丙辰	丁巳	戊午	己未	庚申	辛酉	壬戌	癸亥	甲子	乙丑	丙寅	丁卯	戊辰	己巳	庚午	辛未	壬申	癸酉	甲戌	乙亥
음양국		陰 6			陰 8				陰 2				陰 5				陰 7				陰 1				陰 4					

閏6月

- 절기: 입추7월 (음력 14 / 양력 8월 8일)
- 양력월: 7월 → 8월

음력	1	2	3	4	5	6	7	8	9	10	11	12	13	**14**	15	16	17	18	19	20	21	22	23	24	25	26	27	28	29
양력일	26	27	28	29	30	31	1	2	3	4	5	6	7	巳	9	10	11	12	13	14	15	16	17	18	19	20	21	22	23
요일	일	월	화	수	목	금	토	일	월	화	수	목	금	中	일	월	화	수	목	금	토	일	월	화	수	목	금	토	일
일진	丙子	丁丑	戊寅	己卯	庚辰	辛巳	壬午	癸未	甲申	乙酉	丙戌	丁亥	戊子	己丑	庚寅	辛卯	壬辰	癸巳	甲午	乙未	丙申	丁酉	戊戌	己亥	庚子	辛丑	壬寅	癸卯	甲辰

- 음양국: 陰4 / 陰2 / 陰5 / 陰8 / 陰1 / 陰4 / 陰7

7月 戊申

- 절기: 처서 (음력 1) / 백로8월 (음력 16 / 양력 9월 8일)
- 양력월: 8월 → 9월

음력	**1**	2	3	4	5	6	7	8	9	10	11	12	13	14	15	**16**	17	18	19	20	21	22	23	24	25	26	27	28	29	30
양력일	24	25	26	27	28	29	30	31	1	2	3	4	5	6	7	午	9	10	11	12	13	14	15	16	17	18	19	20	21	22
요일	월	화	수	목	금	토	일	월	화	수	목	금	토	일	월	後	수	목	금	토	일	월	화	수	목	금	토	일	월	화
일진	乙巳	丙午	丁未	戊申	己酉	庚戌	辛亥	壬子	癸丑	甲寅	乙卯	丙辰	丁巳	戊午	己未	庚申	辛酉	壬戌	癸亥	甲子	乙丑	丙寅	丁卯	戊辰	己巳	庚午	辛未	壬申	癸酉	甲戌

- 음양국: 陰7 / 陰9 / 陰3 / 陰6 / 陰7 / 陰1

8月 己酉

- 절기: 추분 (음력 1) / 한로9월 (음력 17 / 양력 10월 9일)
- 양력월: 9월 → 10월

음력	**1**	2	3	4	5	6	7	8	9	10	11	12	13	14	15	16	**17**	18	19	20	21	22	23	24	25	26	27	28	29	30
양력일	23	24	25	26	27	28	29	30	1	2	3	4	5	6	7	8	寅	10	11	12	13	14	15	16	17	18	19	20	21	22
요일	수	목	금	토	일	월	화	수	목	금	토	일	월	화	수	목	後	토	일	월	화	수	목	금	토	일	월	화	수	목
일진	乙亥	丙子	丁丑	戊寅	己卯	庚辰	辛巳	壬午	癸未	甲申	乙酉	丙戌	丁亥	戊子	己丑	庚寅	辛卯	壬辰	癸巳	甲午	乙未	丙申	丁酉	戊戌	己亥	庚子	辛丑	壬寅	癸卯	甲辰

- 음양국: 陰4 / 陰6 / 陰9 / 陰3 / 陰5 / 陰8

9月 庚戌

- 절기: 상강 (음력 2) / 입동10월 (음력 17 / 양력 11월 8일)
- 양력월: 10월 → 11월

음력	1	**2**	3	4	5	6	7	8	9	10	11	12	13	14	15	16	**17**	18	19	20	21	22	23	24	25	26	27	28	29
양력일	23	24	25	26	27	28	29	30	31	1	2	3	4	5	6	7	辰	9	10	11	12	13	14	15	16	17	18	19	20
요일	금	토	일	월	화	수	목	금	토	일	월	화	수	목	금	토	初	월	화	수	목	금	토	일	월	화	수	목	금
일진	乙巳	丙午	丁未	戊申	己酉	庚戌	辛亥	壬子	癸丑	甲寅	乙卯	丙辰	丁巳	戊午	己未	庚申	辛酉	壬戌	癸亥	甲子	乙丑	丙寅	丁卯	戊辰	己巳	庚午	辛未	壬申	癸酉

- 음양국: 陰2 / 陰6 / 陰9 / 陰3 / 陰5 / 陰8

10月 辛亥

- 절기: 소설 (음력 3) / 대설11월 (음력 18 / 양력 12월 8일)
- 양력월: 11월 → 12월

음력	1	2	**3**	4	5	6	7	8	9	10	11	12	13	14	15	16	17	**18**	19	20	21	22	23	24	25	26	27	28	29	30
양력일	21	22	23	24	25	26	27	28	29	30	1	2	3	4	5	6	7	子	9	10	11	12	13	14	15	16	17	18	19	20
요일	토	일	월	화	수	목	금	토	일	월	화	수	목	금	토	일	월	後	수	목	금	토	일	월	화	수	목	금	토	일
일진	甲戌	乙亥	丙子	丁丑	戊寅	己卯	庚辰	辛巳	壬午	癸未	甲申	乙酉	丙戌	丁亥	戊子	己丑	庚寅	辛卯	壬辰	癸巳	甲午	乙未	丙申	丁酉	戊戌	己亥	庚子	辛丑	壬寅	癸卯

- 음양국: 陰2 / 陰4 / 陰7 / 陰1 / 陰4 / 陰7

11月 壬子

- 절기: 동지 (음력 2) / 소한12월 (음력 17 / 양력 1월 6일)
- 양력월: 12월 → 1월

음력	1	**2**	3	4	5	6	7	8	9	10	11	12	13	14	15	16	**17**	18	19	20	21	22	23	24	25	26	27	28	29
양력일	21	22	23	24	25	26	27	28	29	30	31	1	2	3	4	5	午	7	8	9	10	11	12	13	14	15	16	17	18
요일	월	화	수	목	금	토	일	월	화	수	목	금	토	일	월	화	初	목	금	토	일	월	화	수	목	금	토	일	월
일진	甲辰	乙巳	丙午	丁未	戊申	己酉	庚戌	辛亥	壬子	癸丑	甲寅	乙卯	丙辰	丁巳	戊午	己未	庚申	辛酉	壬戌	癸亥	甲子	乙丑	丙寅	丁卯	戊辰	己巳	庚午	辛未	壬申

- 음양국: 陰1 / 陽1 / 陽7 / 陽4 / 陽2 / 陽8

12月 癸丑

- 절기: 대한 (음력 3) / 입춘1월 (음력 17 / 양력 2월 4일)
- 양력월: 1월 → 2월

음력	1	2	**3**	4	5	6	7	8	9	10	11	12	13	14	15	16	**17**	18	19	20	21	22	23	24	25	26	27	28	29	30
양력일	19	20	21	22	23	24	25	26	27	28	29	30	31	1	2	3	子	5	6	7	8	9	10	11	12	13	14	15	16	17
요일	화	수	목	금	토	일	월	화	수	목	금	토	일	월	화	수	初	금	토	일	월	화	수	목	금	토	일	월	화	수
일진	癸酉	甲戌	乙亥	丙子	丁丑	戊寅	己卯	庚辰	辛巳	壬午	癸未	甲申	乙酉	丙戌	丁亥	戊子	己丑	庚寅	辛卯	壬辰	癸巳	甲午	乙未	丙申	丁酉	戊戌	己亥	庚子	辛丑	壬寅

- 음양국: 陽5 / 陽3 / 陽9 / 陽6 / 陽8 / 陽5

입춘(2/4) 23:43
경칩(3/5) 17:47
청명(4/4) 22:39
입하(5/5) 16:02
망종(6/5) 20:15
소서(7/7) 06:33

1988(戊辰年)

입추(8/7) 16:20
백로(9/7) 19:12
한로(10/8) 10:45
입동(11/7) 13:49
대설(12/7) 06:34
소한(1/5) 17:46

1月 甲寅

절기	우수																경칩2월												
음력	1	2	3	4	5	6	7	8	9	10	11	12	13	14	15	16	17	18	19	20	21	22	23	24	25	26	27	28	29
양력 월	2월												3월																
양력 일	18	19	20	21	22	23	24	25	26	27	28	29	1	2	3	4	酉	6	7	8	9	10	11	12	13	14	15	16	17
요일	목	금	토	일	월	화	수	목	금	토	일	월	화	수	목	금	初	일	월	화	수	목	금	토	일	월	화	수	목
일진	癸卯	甲辰	乙巳	丙午	丁未	戊申	己酉	庚戌	辛亥	壬子	癸丑	甲寅	乙卯	丙辰	丁巳	戊午	己未	庚申	辛酉	壬戌	癸亥	甲子	乙丑	丙寅	丁卯	戊辰	己巳	庚午	辛未
음양국	陽 2				陽 9				陽 6				陽 3				陽 1				陽 7								

2月 乙卯

절기	춘분																	청명3월											
음력	1	2	3	4	5	6	7	8	9	10	11	12	13	14	15	16	17	18	19	20	21	22	23	24	25	26	27	28	29
양력 월	3월														4월														
양력 일	18	19	20	21	22	23	24	25	26	27	28	29	30	31	1	2	3	亥	5	6	7	8	9	10	11	12	13	14	15
요일	금	토	일	월	화	수	목	금	토	일	월	화	수	목	금	토	일	中	화	수	목	금	토	일	월	화	수	목	금
일진	壬申	癸酉	甲戌	乙亥	丙子	丁丑	戊寅	己卯	庚辰	辛巳	壬午	癸未	甲申	乙酉	丙戌	丁亥	戊子	己丑	庚寅	辛卯	壬辰	癸巳	甲午	乙未	丙申	丁酉	戊戌	己亥	庚子
음양국	陽 7			陽 4				陽 3				陽 9				陽 6				陽 4				陽 1					

3月 丙辰

절기	곡우																			입하4월										
음력	1	2	3	4	5	6	7	8	9	10	11	12	13	14	15	16	17	18	19	20	21	22	23	24	25	26	27	28	29	30
양력 월	4월															5월														
양력 일	16	17	18	19	20	21	22	23	24	25	26	27	28	29	30	1	2	3	4	申	6	7	8	9	10	11	12	13	14	15
요일	토	일	월	화	수	목	금	토	일	월	화	수	목	금	토	일	월	화	수	初	금	토	일	월	화	수	목	금	토	일
일진	辛丑	壬寅	癸卯	甲辰	乙巳	丙午	丁未	戊申	己酉	庚戌	辛亥	壬子	癸丑	甲寅	乙卯	丙辰	丁巳	戊午	己未	庚申	辛酉	壬戌	癸亥	甲子	乙丑	丙寅	丁卯	戊辰	己巳	庚午
음양국	陽 1			陽 7				陽 5				陽 2				陽 8				陽 4				陽 1						

4月 丁巳

절기	소만																				망종5월								
음력	1	2	3	4	5	6	7	8	9	10	11	12	13	14	15	16	17	18	19	20	21	22	23	24	25	26	27	28	29
양력 월	5월															6월													
양력 일	16	17	18	19	20	21	22	23	24	25	26	27	28	29	30	31	1	2	3	4	戊	6	7	8	9	10	11	12	13
요일	월	화	수	목	금	토	일	월	화	수	목	금	토	일	월	화	수	목	금	토	中	월	화	수	목	금	토	일	월
일진	辛未	壬申	癸酉	甲戌	乙亥	丙子	丁丑	戊寅	己卯	庚辰	辛巳	壬午	癸未	甲申	乙酉	丙戌	丁亥	戊子	己丑	庚寅	辛卯	壬辰	癸巳	甲午	乙未	丙申	丁酉	戊戌	己亥
음양국	陽 1			陽 7				陽 5				陽 2				陽 8				陽 6				陽 3					

5月 戊午

절기	하지																							소서6월						
음력	1	2	3	4	5	6	7	8	9	10	11	12	13	14	15	16	17	18	19	20	21	22	23	24	25	26	27	28	29	30
양력 월	6월																	7월												
양력 일	14	15	16	17	18	19	20	21	22	23	24	25	26	27	28	29	30	1	2	3	4	5	6	卯	8	9	10	11	12	13
요일	화	수	목	금	토	일	월	화	수	목	금	토	일	월	화	수	목	금	토	일	월	화	수	中	금	토	일	월	화	수
일진	庚子	辛丑	壬寅	癸卯	甲辰	乙巳	丙午	丁未	戊申	己酉	庚戌	辛亥	壬子	癸丑	甲寅	乙卯	丙辰	丁巳	戊午	己未	庚申	辛酉	壬戌	癸亥	甲子	乙丑	丙寅	丁卯	戊辰	己巳
음양국	陽 3			陽 9				陰 9				陰 3				陰 6				陰 8										

6月 己未

절기	대서																								입추7월				
음력	1	2	3	4	5	6	7	8	9	10	11	12	13	14	15	16	17	18	19	20	21	22	23	24	25	26	27	28	29
양력 월	7월																	8월											
양력 일	14	15	16	17	18	19	20	21	22	23	24	25	26	27	28	29	30	31	1	2	3	4	5	6	申	8	9	10	11
요일	목	금	토	일	월	화	수	목	금	토	일	월	화	수	목	금	토	일	월	화	수	목	금	토	中	월	화	수	목
일진	庚午	辛未	壬申	癸酉	甲戌	乙亥	丙子	丁丑	戊寅	己卯	庚辰	辛巳	壬午	癸未	甲申	乙酉	丙戌	丁亥	戊子	己丑	庚寅	辛卯	壬辰	癸巳	甲午	乙未	丙申	丁酉	戊戌
음양국	陰 2			陰 5				陰 7				陰 1				陰 4				陰 2									

7月 庚申

구분	1	2	3	4	5	6	7	8	9	10	11	12	13	14	15	16	17	18	19	20	21	22	23	24	25	26	27	28	29	30
절기												처서															백로8월			
음력	1	2	3	4	5	6	7	8	9	10	11	12	13	14	15	16	17	18	19	20	21	22	23	24	25	26	27	28	29	30
양력 월	8월																				9월									
양력 일	12	13	14	15	16	17	18	19	20	21	22	23	24	25	26	27	28	29	30	31	1	2	3	4	5	6	酉	8	9	10
요일	금	토	일	월	화	수	목	금	토	일	월	화	수	목	금	토	일	월	화	수	목	금	토	일	월	화	後	목	금	토
일진	己亥	庚子	辛丑	壬寅	癸卯	甲辰	乙巳	丙午	丁未	戊申	己酉	庚戌	辛亥	壬子	癸丑	甲寅	乙卯	丙辰	丁巳	戊午	己未	庚申	辛酉	壬戌	癸亥	甲子	乙丑	丙寅	丁卯	戊辰
음양국	陰 5					陰 8					陰 1					陰 4					陰 7					陰 9				

8月 辛酉

구분	1	2	3	4	5	6	7	8	9	10	11	12	13	14	15	16	17	18	19	20	21	22	23	24	25	26	27	28	29	30
절기													추분															한로9월		
음력	1	2	3	4	5	6	7	8	9	10	11	12	13	14	15	16	17	18	19	20	21	22	23	24	25	26	27	28	29	30
양력 월	9월																				10월									
양력 일	11	12	13	14	15	16	17	18	19	20	21	22	23	24	25	26	27	28	29	30	1	2	3	4	5	6	7	巳	9	10
요일	일	월	화	수	목	금	토	일	월	화	수	목	금	토	일	월	화	수	목	금	토	일	월	화	수	목	금	中	일	월
일진	己巳	庚午	辛未	壬申	癸酉	甲戌	乙亥	丙子	丁丑	戊寅	己卯	庚辰	辛巳	壬午	癸未	甲申	乙酉	丙戌	丁亥	戊子	己丑	庚寅	辛卯	壬辰	癸巳	甲午	乙未	丙申	丁酉	戊戌
음양국	陰 3					陰 6					陰 7					陰 1					陰 4					陰 6				

9月 壬戌

구분	1	2	3	4	5	6	7	8	9	10	11	12	13	14	15	16	17	18	19	20	21	22	23	24	25	26	27	28	29
절기													상강															입동10월	
음력	1	2	3	4	5	6	7	8	9	10	11	12	13	14	15	16	17	18	19	20	21	22	23	24	25	26	27	28	29
양력 월	10월																					11월							
양력 일	11	12	13	14	15	16	17	18	19	20	21	22	23	24	25	26	27	28	29	30	31	1	2	3	4	5	6	未	8
요일	화	수	목	금	토	일	월	화	수	목	금	토	일	월	화	수	목	금	토	일	월	화	수	목	금	토	일	初	화
일진	己亥	庚子	辛丑	壬寅	癸卯	甲辰	乙巳	丙午	丁未	戊申	己酉	庚戌	辛亥	壬子	癸丑	甲寅	乙卯	丙辰	丁巳	戊午	己未	庚申	辛酉	壬戌	癸亥	甲子	乙丑	丙寅	丁卯
음양국	陰 9					陰 3					陰 5					陰 8					陰 2					陰 6			

10月 癸亥

구분	1	2	3	4	5	6	7	8	9	10	11	12	13	14	15	16	17	18	19	20	21	22	23	24	25	26	27	28	29	30
절기														소설															대설11월	
음력	1	2	3	4	5	6	7	8	9	10	11	12	13	14	15	16	17	18	19	20	21	22	23	24	25	26	27	28	29	30
양력 월	11월																						12월							
양력 일	9	10	11	12	13	14	15	16	17	18	19	20	21	22	23	24	25	26	27	28	29	30	1	2	3	4	5	6	卯	8
요일	수	목	금	토	일	월	화	수	목	금	토	일	월	화	수	목	금	토	일	월	화	수	목	금	토	일	월	화	中	목
일진	戊辰	己巳	庚午	辛未	壬申	癸酉	甲戌	乙亥	丙子	丁丑	戊寅	己卯	庚辰	辛巳	壬午	癸未	甲申	乙酉	丙戌	丁亥	戊子	己丑	庚寅	辛卯	壬辰	癸巳	甲午	乙未	丙申	丁酉
음양국	陰 9					陰 3					陰 5					陰 8					陰 2					陰 4				

11月 甲子

구분	1	2	3	4	5	6	7	8	9	10	11	12	13	14	15	16	17	18	19	20	21	22	23	24	25	26	27	28	29	30
절기														동지														소한12월		
음력	1	2	3	4	5	6	7	8	9	10	11	12	13	14	15	16	17	18	19	20	21	22	23	24	25	26	27	28	29	30
양력 월	12월																							1월						
양력 일	9	10	11	12	13	14	15	16	17	18	19	20	21	22	23	24	25	26	27	28	29	30	31	1	2	3	4	酉	6	7
요일	금	토	일	월	화	수	목	금	토	일	월	화	수	목	금	토	일	월	화	수	목	금	토	일	월	화	수	初	금	토
일진	戊戌	己亥	庚子	辛丑	壬寅	癸卯	甲辰	乙巳	丙午	丁未	戊申	己酉	庚戌	辛亥	壬子	癸丑	甲寅	乙卯	丙辰	丁巳	戊午	己未	庚申	辛酉	壬戌	癸亥	甲子	乙丑	丙寅	丁卯
음양국	陰 7					陰 1					陽 1					陽 7					陽 4					陽 2				

12月 乙丑

구분	1	2	3	4	5	6	7	8	9	10	11	12	13	14	15	16	17	18	19	20	21	22	23	24	25	26	27	28	29
절기													대한															입춘1월	
음력	1	2	3	4	5	6	7	8	9	10	11	12	13	14	15	16	17	18	19	20	21	22	23	24	25	26	27	28	29
양력 월	1월																								2월				
양력 일	8	9	10	11	12	13	14	15	16	17	18	19	20	21	22	23	24	25	26	27	28	29	30	31	1	2	3	寅	5
요일	일	월	화	수	목	금	토	일	월	화	수	목	금	토	일	월	화	수	목	금	토	일	월	화	수	목	금	後	일
일진	戊辰	己巳	庚午	辛未	壬申	癸酉	甲戌	乙亥	丙子	丁丑	戊寅	己卯	庚辰	辛巳	壬午	癸未	甲申	乙酉	丙戌	丁亥	戊子	己丑	庚寅	辛卯	壬辰	癸巳	甲午	乙未	丙申
음양국	陽 8					陽 5					陽 3					陽 9					陽 6					陽 8			

1989(己巳年)

입춘(2/4) 05:27　　입추(8/7) 22:04
경칩(3/5) 23:34　　백로(9/8) 00:54
청명(4/5) 04:30　　한로(10/8) 16:27
입하(5/5) 21:54　　입동(11/7) 19:34
망종(6/6) 02:05　　대설(12/7) 12:21
소서(7/7) 12:19　　소한(1/5) 23:33

1月 丙寅

음력	절기	양력	요일	일진
1		2월6	월	丁酉
2		7	화	戊戌
3		8	수	己亥
4		9	목	庚子
5		10	금	辛丑
6		11	토	壬寅
7		12	일	癸卯
8		13	월	甲辰
9		14	화	乙巳
10		15	수	丙午
11		16	목	丁未
12		17	금	戊申
13		18	토	己酉
14	우수	19	일	庚戌
15		20	월	辛亥
16		21	화	壬子
17		22	수	癸丑
18		23	목	甲寅
19		24	금	乙卯
20		25	토	丙辰
21		26	일	丁巳
22		27	월	戊午
23		28	화	己未
24		3월1	수	庚申
25		2	목	辛酉
26		3	금	壬戌
27		4	토	癸亥
28	경칩2월	子	初	甲子
29		6	월	乙丑
30		7	화	丙寅

음양국: 陽8　陽5　陽2　陽9　陽6　陽3　陽1

2月 丁卯

음력	절기	양력	요일	일진
1		3월8	수	丁卯
2		9	목	戊辰
3		10	금	己巳
4		11	토	庚午
5		12	일	辛未
6		13	월	壬申
7		14	화	癸酉
8		15	수	甲戌
9		16	목	乙亥
10		17	금	丙子
11		18	토	丁丑
12		19	일	戊寅
13		20	월	己卯
14	춘분	21	화	庚辰
15		22	수	辛巳
16		23	목	壬午
17		24	금	癸未
18		25	토	甲申
19		26	일	乙酉
20		27	월	丙戌
21		28	화	丁亥
22		29	수	戊子
23		30	목	己丑
24		31	금	庚寅
25		4월1	토	辛卯
26		2	일	壬辰
27		3	월	癸巳
28		4	화	甲午
29	청명3월	寅	中	乙未

음양국: 陽1　陽7　陽4　陽3　陽9　陽6　陽4

3月 戊辰

음력	절기	양력	요일	일진
1		4월6	목	丙申
2		7	금	丁酉
3		8	토	戊戌
4		9	일	己亥
5		10	월	庚子
6		11	화	辛丑
7		12	수	壬寅
8		13	목	癸卯
9		14	금	甲辰
10		15	토	乙巳
11		16	일	丙午
12		17	월	丁未
13		18	화	戊申
14		19	수	己酉
15	곡우	20	목	庚戌
16		21	금	辛亥
17		22	토	壬子
18		23	일	癸丑
19		24	월	甲寅
20		25	화	乙卯
21		26	수	丙辰
22		27	목	丁巳
23		28	금	戊午
24		29	토	己未
25		30	일	庚申
26		5월1	월	辛酉
27		2	화	壬戌
28		3	수	癸亥
29		4	목	甲子

음양국: 陽4　陽1　陽7　陽5　陽2　陽8　陽4

4月 己巳

음력	절기	양력	요일	일진
1	입하4월	5월亥	初	乙丑
2		6	토	丙寅
3		7	일	丁卯
4		8	월	戊辰
5		9	화	己巳
6		10	수	庚午
7		11	목	辛未
8		12	금	壬申
9		13	토	癸酉
10		14	일	甲戌
11		15	월	乙亥
12		16	화	丙子
13		17	수	丁丑
14		18	목	戊寅
15		19	금	己卯
16		20	토	庚辰
17	소만	21	일	辛巳
18		22	월	壬午
19		23	화	癸未
20		24	수	甲申
21		25	목	乙酉
22		26	금	丙戌
23		27	토	丁亥
24		28	일	戊子
25		29	월	己丑
26		30	화	庚寅
27		31	수	辛卯
28		6월1	목	壬辰
29		2	금	癸巳
30		3	토	甲午

음양국: 陽4　陽1　陽7　陽5　陽2　陽8

5月 庚午

음력	절기	양력	요일	일진
1		6월4	일	乙未
2		5	월	丙申
3	망종5월	丑	初	丁酉
4		7	수	戊戌
5		8	목	己亥
6		9	금	庚子
7		10	토	辛丑
8		11	일	壬寅
9		12	월	癸卯
10		13	화	甲辰
11		14	수	乙巳
12		15	목	丙午
13		16	금	丁未
14		17	토	戊申
15		18	일	己酉
16		19	월	庚戌
17		20	화	辛亥
18	하지	21	수	壬子
19		22	목	癸丑
20		23	금	甲寅
21		24	토	乙卯
22		25	일	丙辰
23		26	월	丁巳
24		27	화	戊午
25		28	수	己未
26		29	목	庚申
27		30	금	辛酉
28		7월1	토	壬戌
29		2	일	癸亥

음양국: 陽6　陽3　陽9　[陰9]　陰3　陰6

6月 辛未

음력	절기	양력	요일	일진
1		7월3	월	甲子
2		4	화	乙丑
3		5	수	丙寅
4		6	목	丁卯
5	소서6월	午	中	戊辰
6		8	토	己巳
7		9	일	庚午
8		10	월	辛未
9		11	화	壬申
10		12	수	癸酉
11		13	목	甲戌
12		14	금	乙亥
13		15	토	丙子
14		16	일	丁丑
15		17	월	戊寅
16		18	화	己卯
17		19	수	庚辰
18		20	목	辛巳
19		21	금	壬午
20		22	토	癸未
21	대서	23	일	甲申
22		24	월	乙酉
23		25	화	丙戌
24		26	수	丁亥
25		27	목	戊子
26		28	금	己丑
27		29	토	庚寅
28		30	일	辛卯
29		31	월	壬辰
30		8월1	화	癸巳

음양국: 陰8　陰2　陰5　陰7　陰1　陰4

7月 壬申

절기						입추7월																처서							
음력	1	2	3	4	5	6	7	8	9	10	11	12	13	14	15	16	17	18	19	20	21	22	23	24	25	26	27	28	29
양력 월 8월 일	2	3	4	5	6	亥	8	9	10	11	12	13	14	15	16	17	18	19	20	21	22	23	24	25	26	27	28	29	30
요일	수	목	금	토	일	初	화	수	목	금	토	일	월	화	수	목	금	토	일	월	화	수	목	금	토	일	월	화	수
일진	甲午	乙未	丙申	丁酉	戊戌	己亥	庚子	辛丑	壬寅	癸卯	甲辰	乙巳	丙午	丁未	戊申	己酉	庚戌	辛亥	壬子	癸丑	甲寅	乙卯	丙辰	丁巳	戊午	己未	庚申	辛酉	壬戌

음양국: 陰 2 　陰 5 　陰 8 　陰 1 　陰 4 　陰 7

8月 癸酉

절기								백로8월																추분						
음력	1	2	3	4	5	6	7	8	9	10	11	12	13	14	15	16	17	18	19	20	21	22	23	24	25	26	27	28	29	30
양력 월 8월 9월 일	31	1	2	3	4	5	6	7	子	9	10	11	12	13	14	15	16	17	18	19	20	21	22	23	24	25	26	27	28	29
요일	목	금	토	일	월	화	수	목	後	토	일	월	화	수	목	금	토	일	월	화	수	목	금	토	일	월	화	수	목	금
일진	癸亥	甲子	乙丑	丙寅	丁卯	戊辰	己巳	庚午	辛未	壬申	癸酉	甲戌	乙亥	丙子	丁丑	戊寅	己卯	庚辰	辛巳	壬午	癸未	甲申	乙酉	丙戌	丁亥	戊子	己丑	庚寅	辛卯	壬辰

음양국: 陰 9 　陰 3 　陰 6 　陰 7 　陰 1 　陰 4

9月 甲戌

절기								한로9월																상강						
음력	1	2	3	4	5	6	7	8	9	10	11	12	13	14	15	16	17	18	19	20	21	22	23	24	25	26	27	28	29	30
양력 월 9월 10월 일	30	1	2	3	4	5	6	7	申	9	10	11	12	13	14	15	16	17	18	19	20	21	22	23	24	25	26	27	28	29
요일	토	일	월	화	수	목	금	토	中	월	화	수	목	금	토	일	월	화	수	목	금	토	일	월	화	수	목	금	토	일
일진	癸巳	甲午	乙未	丙申	丁酉	戊戌	己亥	庚子	辛丑	壬寅	癸卯	甲辰	乙巳	丙午	丁未	戊申	己酉	庚戌	辛亥	壬子	癸丑	甲寅	乙卯	丙辰	丁巳	戊午	己未	庚申	辛酉	壬戌

음양국: 陰 6 　陰 9 　陰 3 　陰 5 　陰 8 　陰 2

10月 乙亥

절기								입동10월																소설					
음력	1	2	3	4	5	6	7	8	9	10	11	12	13	14	15	16	17	18	19	20	21	22	23	24	25	26	27	28	29
양력 월 10월 11월 일	30	31	1	2	3	4	5	6	戌	8	9	10	11	12	13	14	15	16	17	18	19	20	21	22	23	24	25	26	27
요일	월	화	수	목	금	토	일	월	初	수	목	금	토	일	월	화	수	목	금	토	일	월	화	수	목	금	토	일	월
일진	癸亥	甲子	乙丑	丙寅	丁卯	戊辰	己巳	庚午	辛未	壬申	癸酉	甲戌	乙亥	丙子	丁丑	戊寅	己卯	庚辰	辛巳	壬午	癸未	甲申	乙酉	丙戌	丁亥	戊子	己丑	庚寅	辛卯

음양국: 陰 6 　陰 9 　陰 3 　陰 5 　陰 8 　陰 2

11月 丙子

절기									대설11월																동지					
음력	1	2	3	4	5	6	7	8	9	10	11	12	13	14	15	16	17	18	19	20	21	22	23	24	25	26	27	28	29	30
양력 월 11월 12월 일	28	29	30	1	2	3	4	5	6	午	8	9	10	11	12	13	14	15	16	17	18	19	20	21	22	23	24	25	26	27
요일	화	수	목	금	토	일	월	화	수	中	금	토	일	월	화	수	목	금	토	일	월	화	수	목	금	토	일	월	화	수
일진	壬辰	癸巳	甲午	乙未	丙申	丁酉	戊戌	己亥	庚子	辛丑	壬寅	癸卯	甲辰	乙巳	丙午	丁未	戊申	己酉	庚戌	辛亥	壬子	癸丑	甲寅	乙卯	丙辰	丁巳	戊午	己未	庚申	辛酉

음양국: 陰 2 　陰 4 　陰 7 　陰 1 　陽 1 　陽 7 　陽 4

12月 丁丑

절기								소한12월																대한						
음력	1	2	3	4	5	6	7	8	9	10	11	12	13	14	15	16	17	18	19	20	21	22	23	24	25	26	27	28	29	30
양력 월 12월 1월 일	28	29	30	31	1	2	3	4	子	6	7	8	9	10	11	12	13	14	15	16	17	18	19	20	21	22	23	24	25	26
요일	목	금	토	일	월	화	수	목	初	토	일	월	화	수	목	금	토	일	월	화	수	목	금	토	일	월	화	수	목	금
일진	壬戌	癸亥	甲子	乙丑	丙寅	丁卯	戊辰	己巳	庚午	辛未	壬申	癸酉	甲戌	乙亥	丙子	丁丑	戊寅	己卯	庚辰	辛巳	壬午	癸未	甲申	乙酉	丙戌	丁亥	戊子	己丑	庚寅	辛卯

음양국: 陽 4 　陽 2 　陽 8 　陽 5 　陽 3 　陽 9 　陽 6

입춘(2/4) 11:14
경칩(3/6) 05:19
청명(4/5) 10:13
입하(5/6) 03:35
망종(6/6) 07:46
소서(7/7) 18:00

1990(庚午年)

입추(8/8) 03:46
백로(9/8) 06:37
한로(10/8) 22:14
입동(11/8) 01:23
대설(12/7) 18:14
소한(1/6) 05:28

1月 戊寅

절기									입춘1월														우수					
음력	1	2	3	4	5	6	7	8	9	10	11	12	13	14	15	16	17	18	19	20	21	22	23	24	25	26	27	28	29
양력 월	1월					2월																							
력 일	27	28	29	30	31	1	2	3	巳	5	6	7	8	9	10	11	12	13	14	15	16	17	18	19	20	21	22	23	24
요일	토	일	월	화	수	목	금	토	後	월	화	수	목	금	토	일	월	화	수	목	금	토	일	월	화	수	목	금	토
일진	壬辰	癸巳	甲午	乙未	丙申	丁酉	戊戌	己亥	庚子	辛丑	壬寅	癸卯	甲辰	乙巳	丙午	丁未	戊申	己酉	庚戌	辛亥	壬子	癸丑	甲寅	乙卯	丙辰	丁巳	戊午	己未	庚申
음양국	陽 6			陽 8				陽 5				陽 2				陽 9				陽 6				陽 3					

2月 己卯

절기									경칩2월														춘분						
음력	1	2	3	4	5	6	7	8	9	10	11	12	13	14	15	16	17	18	19	20	21	22	23	24	25	26	27	28	29	30
양력 월	2월				3월																									
력 일	25	26	27	28	1	2	3	4	5	寅	7	8	9	10	11	12	13	14	15	16	17	18	19	20	21	22	23	24	25	26
요일	일	월	화	수	목	금	토	일	월	後	수	목	금	토	일	월	화	수	목	금	토	일	월	화	수	목	금	토	일	월
일진	辛酉	壬戌	癸亥	甲子	乙丑	丙寅	丁卯	戊辰	己巳	庚午	辛未	壬申	癸酉	甲戌	乙亥	丙子	丁丑	戊寅	己卯	庚辰	辛巳	壬午	癸未	甲申	乙酉	丙戌	丁亥	戊子	己丑	庚寅
음양국	陽 3			陽 1				陽 7				陽 4				陽 3				陽 9				陽 6						

3月 庚辰

절기									청명3월														곡우					
음력	1	2	3	4	5	6	7	8	9	10	11	12	13	14	15	16	17	18	19	20	21	22	23	24	25	26	27	28	29
양력 월	3월					4월																							
력 일	27	28	29	30	31	1	2	3	4	巳	6	7	8	9	10	11	12	13	14	15	16	17	18	19	20	21	22	23	24
요일	화	수	목	금	토	일	월	화	수	中	금	토	일	월	화	수	목	금	토	일	월	화	수	목	금	토	일	월	화
일진	辛卯	壬辰	癸巳	甲午	乙未	丙申	丁酉	戊戌	己亥	庚子	辛丑	壬寅	癸卯	甲辰	乙巳	丙午	丁未	戊申	己酉	庚戌	辛亥	壬子	癸丑	甲寅	乙卯	丙辰	丁巳	戊午	己未
음양국	陽 6			陽 4				陽 1				陽 7				陽 5				陽 2				陽 8					

4月 辛巳

절기									입하4월														소만					
음력	1	2	3	4	5	6	7	8	9	10	11	12	13	14	15	16	17	18	19	20	21	22	23	24	25	26	27	28	29
양력 월	4월						5월																						
력 일	25	26	27	28	29	30	1	2	3	4	5	寅	7	8	9	10	11	12	13	14	15	16	17	18	19	20	21	22	23
요일	수	목	금	토	일	월	화	수	목	금	토	初	월	화	수	목	금	토	일	월	화	수	목	금	토	일	월	화	수
일진	庚申	辛酉	壬戌	癸亥	甲子	乙丑	丙寅	丁卯	戊辰	己巳	庚午	辛未	壬申	癸酉	甲戌	乙亥	丙子	丁丑	戊寅	己卯	庚辰	辛巳	壬午	癸未	甲申	乙酉	丙戌	丁亥	戊子
음양국	陽 8			陽 4				陽 1				陽 7				陽 5				陽 2									

5月 壬午

절기													망종5월															하지		
음력	1	2	3	4	5	6	7	8	9	10	11	12	13	14	15	16	17	18	19	20	21	22	23	24	25	26	27	28	29	30
양력 월	5월								6월																					
력 일	24	25	26	27	28	29	30	31	1	2	3	4	5	辰	7	8	9	10	11	12	13	14	15	16	17	18	19	20	21	22
요일	목	금	토	일	월	화	수	목	금	토	일	월	화	初	목	금	토	일	월	화	수	목	금	토	일	월	화	수	목	금
일진	己丑	庚寅	辛卯	壬辰	癸巳	甲午	乙未	丙申	丁酉	戊戌	己亥	庚子	辛丑	壬寅	癸卯	甲辰	乙巳	丙午	丁未	戊申	己酉	庚戌	辛亥	壬子	癸丑	甲寅	乙卯	丙辰	丁巳	戊午
음양국	陽 8			陽 6				陽 3				陽 9				陰 9						陰 3								

閏5月

절기															소서6월														
음력	1	2	3	4	5	6	7	8	9	10	11	12	13	14	15	16	17	18	19	20	21	22	23	24	25	26	27	28	29
양력 월	6월								7월																				
력 일	23	24	25	26	27	28	29	30	1	2	3	4	5	6	酉	8	9	10	11	12	13	14	15	16	17	18	19	20	21
요일	토	일	월	화	수	목	금	토	일	월	화	수	목	금	初	일	월	화	수	목	금	토	일	월	화	수	목	금	토
일진	己未	庚申	辛酉	壬戌	癸亥	甲子	乙丑	丙寅	丁卯	戊辰	己巳	庚午	辛未	壬申	癸酉	甲戌	乙亥	丙子	丁丑	戊寅	己卯	庚辰	辛巳	壬午	癸未	甲申	乙酉	丙戌	丁亥
음양국	陰 6			陰 8				陰 2				陰 5				陰 7				陰 1									

6月 癸未

절기: 대서(음력 2), 입추7월(음력 18)

음력	1	2	3	4	5	6	7	8	9	10	11	12	13	14	15	16	17	18	19	20	21	22	23	24	25	26	27	28	29
양력(7월→8월)	22	23	24	25	26	27	28	29	30	31	1	2	3	4	5	6	7	寅初	9	10	11	12	13	14	15	16	17	18	19
요일	일	월	화	수	목	금	토	일	월	화	수	목	금	토	일	월	화	初	목	금	토	일	월	화	수	목	금	토	일
일진	戊子	己丑	庚寅	辛卯	壬辰	癸巳	甲午	乙未	丙申	丁酉	戊戌	己亥	庚子	辛丑	壬寅	癸卯	甲辰	乙巳	丙午	丁未	戊申	己酉	庚戌	辛亥	壬子	癸丑	甲寅	乙卯	丙辰

음양국: 陰4 陰2 陰5 陰8 陰1 陰4

7月 甲申

절기: 처서(음력 4), 백로8월(음력 20)

음력	1	2	3	4	5	6	7	8	9	10	11	12	13	14	15	16	17	18	19	20	21	22	23	24	25	26	27	28	29	30
양력(8월→9월)	20	21	22	23	24	25	26	27	28	29	30	31	1	2	3	4	5	6	7	卯中	9	10	11	12	13	14	15	16	17	18
요일	월	화	수	목	금	토	일	월	화	수	목	금	토	일	월	화	수	목	금	中	일	월	화	수	목	금	토	일	월	화
일진	丁巳	戊午	己未	庚申	辛酉	壬戌	癸亥	甲子	乙丑	丙寅	丁卯	戊辰	己巳	庚午	辛未	壬申	癸酉	甲戌	乙亥	丙子	丁丑	戊寅	己卯	庚辰	辛巳	壬午	癸未	甲申	乙酉	丙戌

음양국: 陰4 陰7 陰9 陰3 陰6 陰7 陰1

8月 乙酉

절기: 추분(음력 5), 한로9월(음력 20)

음력	1	2	3	4	5	6	7	8	9	10	11	12	13	14	15	16	17	18	19	20	21	22	23	24	25	26	27	28	29	30
양력(9월→10월)	19	20	21	22	23	24	25	26	27	28	29	30	1	2	3	4	5	6	7	亥中	9	10	11	12	13	14	15	16	17	18
요일	수	목	금	토	일	월	화	수	목	금	토	일	월	화	수	목	금	토	일	中	화	수	목	금	토	일	월	화	수	목
일진	丁亥	戊子	己丑	庚寅	辛卯	壬辰	癸巳	甲午	乙未	丙申	丁酉	戊戌	己亥	庚子	辛丑	壬寅	癸卯	甲辰	乙巳	丙午	丁未	戊申	己酉	庚戌	辛亥	壬子	癸丑	甲寅	乙卯	丙辰

음양국: 陰1 陰4 陰6 陰9 陰3 陰5 陰8

9月 丙戌

절기: 상강(음력 6), 입동10월(음력 21)

음력	1	2	3	4	5	6	7	8	9	10	11	12	13	14	15	16	17	18	19	20	21	22	23	24	25	26	27	28	29
양력(10월→11월)	19	20	21	22	23	24	25	26	27	28	29	30	31	1	2	3	4	5	6	7	子後	9	10	11	12	13	14	15	16
요일	금	토	일	월	화	수	목	금	토	일	월	화	수	목	금	토	일	월	화	수	後	금	토	일	월	화	수	목	금
일진	丁巳	戊午	己未	庚申	辛酉	壬戌	癸亥	甲子	乙丑	丙寅	丁卯	戊辰	己巳	庚午	辛未	壬申	癸酉	甲戌	乙亥	丙子	丁丑	戊寅	己卯	庚辰	辛巳	壬午	癸未	甲申	乙酉

음양국: 陰8 陰2 陰6 陰9 陰3 陰5 陰8

10月 丁亥

절기: 소설(음력 6), 대설11월(음력 21)

음력	1	2	3	4	5	6	7	8	9	10	11	12	13	14	15	16	17	18	19	20	21	22	23	24	25	26	27	28	29	30
양력(11월→12월)	17	18	19	20	21	22	23	24	25	26	27	28	29	30	1	2	3	4	5	6	酉中	8	9	10	11	12	13	14	15	16
요일	토	일	월	화	수	목	금	토	일	월	화	수	목	금	토	일	월	화	수	목	中	토	일	월	화	수	목	금	토	일
일진	丙戌	丁亥	戊子	己丑	庚寅	辛卯	壬辰	癸巳	甲午	乙未	丙申	丁酉	戊戌	己亥	庚子	辛丑	壬寅	癸卯	甲辰	乙巳	丙午	丁未	戊申	己酉	庚戌	辛亥	壬子	癸丑	甲寅	乙卯

음양국: 陰8 陰2 陰4 陰7 陰1 陰4 陰7

11月 戊子

절기: 동지(음력 6), 소한12월(음력 21)

음력	1	2	3	4	5	6	7	8	9	10	11	12	13	14	15	16	17	18	19	20	21	22	23	24	25	26	27	28	29	30
양력(12월→1월)	17	18	19	20	21	22	23	24	25	26	27	28	29	30	31	1	2	3	4	5	寅後	7	8	9	10	11	12	13	14	15
요일	월	화	수	목	금	토	일	월	화	수	목	금	토	일	월	화	수	목	금	토	後	월	화	수	목	금	토	일	월	화
일진	丙辰	丁巳	戊午	己未	庚申	辛酉	壬戌	癸亥	甲子	乙丑	丙寅	丁卯	戊辰	己巳	庚午	辛未	壬申	癸酉	甲戌	乙亥	丙子	丁丑	戊寅	己卯	庚辰	辛巳	壬午	癸未	甲申	乙酉

음양국: 陰7 陰1 陽1 陽7 陽4 陽2 陽8

12月 己丑

절기: 대한(음력 5), 입춘1월(음력 20)

음력	1	2	3	4	5	6	7	8	9	10	11	12	13	14	15	16	17	18	19	20	21	22	23	24	25	26	27	28	29	30
양력(1월→2월)	16	17	18	19	20	21	22	23	24	25	26	27	28	29	30	31	1	2	3	中	5	6	7	8	9	10	11	12	13	14
요일	수	목	금	토	일	월	화	수	목	금	토	일	월	화	수	목	금	토	일	後	화	수	목	금	토	일	월	화	수	목
일진	丙戌	丁亥	戊子	己丑	庚寅	辛卯	壬辰	癸巳	甲午	乙未	丙申	丁酉	戊戌	己亥	庚子	辛丑	壬寅	癸卯	甲辰	乙巳	丙午	丁未	戊申	己酉	庚戌	辛亥	壬子	癸丑	甲寅	乙卯

음양국: 陽8 陽5 陽3 陽9 陽6 陽8 陽5

입춘(2/4) 17:08
경칩(3/6) 11:12
청명(4/5) 16:05
입하(5/6) 09:27
망종(6/6) 13:38
소서(7/7) 23:53

1991(辛未年)

입추(8/8) 09:37
백로(9/8) 12:27
한로(10/9) 04:01
입동(11/8) 07:08
대설(12/7) 23:56
소한(1/6) 11:09

1月 庚寅

절기: 우수(음력5), 경칩2월(음력20)

음력	1	2	3	4	5	6	7	8	9	10	11	12	13	14	15	16	17	18	19	20	21	22	23	24	25	26	27	28	29
양력(월)	2월														3월														
력(일)	15	16	17	18	19	20	21	22	23	24	25	26	27	28	1	2	3	4	5	巳	7	8	9	10	11	12	13	14	15
요일	금	토	일	월	화	수	목	금	토	일	월	화	수	목	금	토	일	월	화	後	목	금	토	일	월	화	수	목	금
일진	丙辰	丁巳	戊午	己未	庚申	辛酉	壬戌	癸亥	甲子	乙丑	丙寅	丁卯	戊辰	己巳	庚午	辛未	壬申	癸酉	甲戌	乙亥	丙子	丁丑	戊寅	己卯	庚辰	辛巳	壬午	癸未	甲申

음양국: 陽 5　陽 2　陽 9　陽 6　陽 3　陽 1　陽 7

2月 辛卯

절기: 춘분(음력6), 청명3월(음력21)

음력	1	2	3	4	5	6	7	8	9	10	11	12	13	14	15	16	17	18	19	20	21	22	23	24	25	26	27	28	29	30
양력(월)	3월																4월													
력(일)	16	17	18	19	20	21	22	23	24	25	26	27	28	29	30	31	1	2	3	4	中	6	7	8	9	10	11	12	13	14
요일	토	일	월	화	수	목	금	토	일	월	화	수	목	금	토	일	월	화	수	목	初	토	일	월	화	수	목	금	토	일
일진	乙酉	丙戌	丁亥	戊子	己丑	庚寅	辛卯	壬辰	癸巳	甲午	乙未	丙申	丁酉	戊戌	己亥	庚子	辛丑	壬寅	癸卯	甲辰	乙巳	丙午	丁未	戊申	己酉	庚戌	辛亥	壬子	癸丑	甲寅

음양국: 陽 7　陽 4　陽 3　陽 9　陽 6　陽 4

3月 壬辰

절기: 곡우(음력6), 입하4월(음력22)

음력	1	2	3	4	5	6	7	8	9	10	11	12	13	14	15	16	17	18	19	20	21	22	23	24	25	26	27	28	29
양력(월)	4월																5월												
력(일)	15	16	17	18	19	20	21	22	23	24	25	26	27	28	29	30	1	2	3	4	5	辰	7	8	9	10	11	12	13
요일	월	화	수	목	금	토	일	월	화	수	목	금	토	일	월	화	수	목	금	토	일	後	화	수	목	금	토	일	월
일진	乙卯	丙辰	丁巳	戊午	己未	庚申	辛酉	壬戌	癸亥	甲子	乙丑	丙寅	丁卯	戊辰	己巳	庚午	辛未	壬申	癸酉	甲戌	乙亥	丙子	丁丑	戊寅	己卯	庚辰	辛巳	壬午	癸未

음양국: 陽 1　陽 7　陽 5　陽 2　陽 8　陽 4

4月 癸巳

절기: 소만(음력8), 망종5월(음력24)

음력	1	2	3	4	5	6	7	8	9	10	11	12	13	14	15	16	17	18	19	20	21	22	23	24	25	26	27	28	29
양력(월)	5월																		6월										
력(일)	14	15	16	17	18	19	20	21	22	23	24	25	26	27	28	29	30	31	1	2	3	4	5	未	7	8	9	10	11
요일	화	수	목	금	토	일	월	화	수	목	금	토	일	월	화	수	목	금	토	일	월	화	수	初	금	토	일	월	화
일진	甲申	乙酉	丙戌	丁亥	戊子	己丑	庚寅	辛卯	壬辰	癸巳	甲午	乙未	丙申	丁酉	戊戌	己亥	庚子	辛丑	壬寅	癸卯	甲辰	乙巳	丙午	丁未	戊申	己酉	庚戌	辛亥	壬子

음양국: 陽 1　陽 7　陽 5　陽 2　陽 8　陽 6

5月 甲午

절기: 하지(음력11), 소서6월(음력26)

음력	1	2	3	4	5	6	7	8	9	10	11	12	13	14	15	16	17	18	19	20	21	22	23	24	25	26	27	28	29	30
양력(월)	6월																			7월										
력(일)	12	13	14	15	16	17	18	19	20	21	22	23	24	25	26	27	28	29	30	1	2	3	4	5	6	子	8	9	10	11
요일	수	목	금	토	일	월	화	수	목	금	토	일	월	화	수	목	금	토	일	월	화	수	목	금	토	初	월	화	수	목
일진	癸丑	甲寅	乙卯	丙辰	丁巳	戊午	己未	庚申	辛酉	壬戌	癸亥	甲子	乙丑	丙寅	丁卯	戊辰	己巳	庚午	辛未	壬申	癸酉	甲戌	乙亥	丙子	丁丑	戊寅	己卯	庚辰	辛巳	壬午

음양국: 陽 3　陽 9　陰 9　陰 3　陰 6　陰 8

6月 乙未

절기: 대서(음력12), 입추7월(음력28)

음력	1	2	3	4	5	6	7	8	9	10	11	12	13	14	15	16	17	18	19	20	21	22	23	24	25	26	27	28	29
양력(월)	7월																				8월								
력(일)	12	13	14	15	16	17	18	19	20	21	22	23	24	25	26	27	28	29	30	31	1	2	3	4	5	6	7	巳	9
요일	금	토	일	월	화	수	목	금	토	일	월	화	수	목	금	토	일	월	화	수	목	금	토	일	월	화	수	初	금
일진	癸未	甲申	乙酉	丙戌	丁亥	戊子	己丑	庚寅	辛卯	壬辰	癸巳	甲午	乙未	丙申	丁酉	戊戌	己亥	庚子	辛丑	壬寅	癸卯	甲辰	乙巳	丙午	丁未	戊申	己酉	庚戌	辛亥

음양국: 陰 2　陰 5　陰 7　陰 1　陰 4　陰 2

7月 丙申

절기: 처서 (음력 15 / 양력 8월 24일)

음력	1	2	3	4	5	6	7	8	9	10	11	12	13	14	15	16	17	18	19	20	21	22	23	24	25	26	27	28	29
양력(8월→9월)	10	11	12	13	14	15	16	17	18	19	20	21	22	23	24	25	26	27	28	29	30	31	1	2	3	4	5	6	7
요일	토	일	월	화	수	목	금	토	일	월	화	수	목	금	토	일	월	화	수	목	금	토	일	월	화	수	목	금	토
일진	壬子	癸丑	甲寅	乙卯	丙辰	丁巳	戊午	己未	庚申	辛酉	壬戌	癸亥	甲子	乙丑	丙寅	丁卯	戊辰	己巳	庚午	辛未	壬申	癸酉	甲戌	乙亥	丙子	丁丑	戊寅	己卯	庚辰

음양국: 陰2　陰5　陰8　陰1　陰4　陰7　陰9

8月 丁酉

절기: 백로8월 (음력 1 / 양력 9월, 입절 午中)、추분 (음력 16 / 양력 9월 23일)

음력	1	2	3	4	5	6	7	8	9	10	11	12	13	14	15	16	17	18	19	20	21	22	23	24	25	26	27	28	29	30
양력(9월→10월)	午	9	10	11	12	13	14	15	16	17	18	19	20	21	22	23	24	25	26	27	28	29	30	1	2	3	4	5	6	7
요일	中	월	화	수	목	금	토	일	월	화	수	목	금	토	일	월	화	수	목	금	토	일	월	화	수	목	금	토	일	월
일진	辛巳	壬午	癸未	甲申	乙酉	丙戌	丁亥	戊子	己丑	庚寅	辛卯	壬辰	癸巳	甲午	乙未	丙申	丁酉	戊戌	己亥	庚子	辛丑	壬寅	癸卯	甲辰	乙巳	丙午	丁未	戊申	己酉	庚戌

음양국: 陰9　陰3　陰6　陰7　陰1　陰4　陰6

9月 戊戌

절기: 한로9월 (음력 2 / 양력 10월, 입절 寅初)、상강 (음력 17 / 양력 10월 24일)

음력	1	2	3	4	5	6	7	8	9	10	11	12	13	14	15	16	17	18	19	20	21	22	23	24	25	26	27	28	29
양력(10월→11월)	8	寅	10	11	12	13	14	15	16	17	18	19	20	21	22	23	24	25	26	27	28	29	30	31	1	2	3	4	5
요일	화	初	목	금	토	일	월	화	수	목	금	토	일	월	화	수	목	금	토	일	월	화	수	목	금	토	일	월	화
일진	辛亥	壬子	癸丑	甲寅	乙卯	丙辰	丁巳	戊午	己未	庚申	辛酉	壬戌	癸亥	甲子	乙丑	丙寅	丁卯	戊辰	己巳	庚午	辛未	壬申	癸酉	甲戌	乙亥	丙子	丁丑	戊寅	己卯

음양국: 陰6　陰9　陰3　陰5　陰8　陰2　陰6

10月 己亥

절기: 입동10월 (음력 3 / 양력 11월, 입절 卯後)、소설 (음력 18 / 양력 11월 23일)

음력	1	2	3	4	5	6	7	8	9	10	11	12	13	14	15	16	17	18	19	20	21	22	23	24	25	26	27	28	29	30
양력(11월→12월)	6	7	卯	9	10	11	12	13	14	15	16	17	18	19	20	21	22	23	24	25	26	27	28	29	30	1	2	3	4	5
요일	수	목	後	토	일	월	화	수	목	금	토	일	월	화	수	목	금	토	일	월	화	수	목	금	토	일	월	화	수	목
일진	庚辰	辛巳	壬午	癸未	甲申	乙酉	丙戌	丁亥	戊子	己丑	庚寅	辛卯	壬辰	癸巳	甲午	乙未	丙申	丁酉	戊戌	己亥	庚子	辛丑	壬寅	癸卯	甲辰	乙巳	丙午	丁未	戊申	己酉

음양국: 陰6　陰9　陰3　陰5　陰8　陰2

11月 庚子

절기: 대설11월 (음력 2 / 양력 12월, 입절 子初)、동지 (음력 17 / 양력 12월 22일)

음력	1	2	3	4	5	6	7	8	9	10	11	12	13	14	15	16	17	18	19	20	21	22	23	24	25	26	27	28	29	30
양력(12월→1월)	6	子	8	9	10	11	12	13	14	15	16	17	18	19	20	21	22	23	24	25	26	27	28	29	30	31	1	2	3	4
요일	금	初	일	월	화	수	목	금	토	일	월	화	수	목	금	토	일	월	화	수	목	금	토	일	월	화	수	목	금	토
일진	庚戌	辛亥	壬子	癸丑	甲寅	乙卯	丙辰	丁巳	戊午	己未	庚申	辛酉	壬戌	癸亥	甲子	乙丑	丙寅	丁卯	戊辰	己巳	庚午	辛未	壬申	癸酉	甲戌	乙亥	丙子	丁丑	戊寅	己卯

음양국: 陰4　陰7　陰1　[陽1]　陽7　陽4

12月 辛丑

절기: 소한12월 (음력 2 / 양력 1월, 입절 巳後)、대한 (음력 17 / 양력 1월 21일)

음력	1	2	3	4	5	6	7	8	9	10	11	12	13	14	15	16	17	18	19	20	21	22	23	24	25	26	27	28	29	30
양력(1월→2월)	5	巳	7	8	9	10	11	12	13	14	15	16	17	18	19	20	21	22	23	24	25	26	27	28	29	30	31	1	2	3
요일	일	後	화	수	목	금	토	일	월	화	수	목	금	토	일	월	화	수	목	금	토	일	월	화	수	목	금	토	일	월
일진	庚辰	辛巳	壬午	癸未	甲申	乙酉	丙戌	丁亥	戊子	己丑	庚寅	辛卯	壬辰	癸巳	甲午	乙未	丙申	丁酉	戊戌	己亥	庚子	辛丑	壬寅	癸卯	甲辰	乙巳	丙午	丁未	戊申	己酉

음양국: 陽2　陽8　陽5　陽3　陽9　陽6

입춘(2/4) 22:48
경칩(3/5) 16:52
청명(4/4) 21:45
입하(5/5) 15:09
망종(6/5) 19:22
소서(7/7) 05:40

입추(8/7) 15:27
백로(9/7) 18:18
한로(10/8) 09:51
입동(11/7) 12:57
대설(12/7) 05:44
소한(1/5) 16:57

1992(壬申年)

1月 壬寅

음력	1	2	3	4	5	6	7	8	9	10	11	12	13	14	15	16	17	18	19	20	21	22	23	24	25	26	27	28	29
절기	입춘1월															우수													
양력월	2월																										3월		
양력일	亥	5	6	7	8	9	10	11	12	13	14	15	16	17	18	19	20	21	22	23	24	25	26	27	28	29	1	2	3
요일	中	수	목	금	토	일	월	화	수	목	금	토	일	월	화	수	목	금	토	일	월	화	수	목	금	토	일	월	화
일진	庚戌	辛亥	壬子	癸丑	甲寅	乙卯	丙辰	丁巳	戊午	己未	庚申	辛酉	壬戌	癸亥	甲子	乙丑	丙寅	丁卯	戊辰	己巳	庚午	辛未	壬申	癸酉	甲戌	乙亥	丙子	丁丑	戊寅
음양국	陽 8				陽 5				陽 2				陽 9				陽 6				陽 3								

2月 癸卯

음력	1	2	3	4	5	6	7	8	9	10	11	12	13	14	15	16	17	18	19	20	21	22	23	24	25	26	27	28	29	30
절기		경칩2월															춘분													
양력월	3월																												4월	
양력일	4	申	6	7	8	9	10	11	12	13	14	15	16	17	18	19	20	21	22	23	24	25	26	27	28	29	30	31	1	2
요일	수	後	금	토	일	월	화	수	목	금	토	일	월	화	수	목	금	토	일	월	화	수	목	금	토	일	월	화	수	목
일진	己卯	庚辰	辛巳	壬午	癸未	甲申	乙酉	丙戌	丁亥	戊子	己丑	庚寅	辛卯	壬辰	癸巳	甲午	乙未	丙申	丁酉	戊戌	己亥	庚子	辛丑	壬寅	癸卯	甲辰	乙巳	丙午	丁未	戊申
음양국	陽 1				陽 7					陽 4				陽 3					陽 9				陽 6							

3月 甲辰

음력	1	2	3	4	5	6	7	8	9	10	11	12	13	14	15	16	17	18	19	20	21	22	23	24	25	26	27	28	29	30
절기		청명3월																곡우												
양력월	4월																												5월	
양력일	3	亥	5	6	7	8	9	10	11	12	13	14	15	16	17	18	19	20	21	22	23	24	25	26	27	28	29	30	1	2
요일	금	初	일	월	화	수	목	금	토	일	월	화	수	목	금	토	일	월	화	수	목	금	토	일	월	화	수	목	금	토
일진	己酉	庚戌	辛亥	壬子	癸丑	甲寅	乙卯	丙辰	丁巳	戊午	己未	庚申	辛酉	壬戌	癸亥	甲子	乙丑	丙寅	丁卯	戊辰	己巳	庚午	辛未	壬申	癸酉	甲戌	乙亥	丙子	丁丑	戊寅
음양국	陽 4				陽 1					陽 7				陽 5				陽 2					陽 8							

4月 乙巳

음력	1	2	3	4	5	6	7	8	9	10	11	12	13	14	15	16	17	18	19	20	21	22	23	24	25	26	27	28	29
절기			입하4월																소만										
양력월	5월																												
양력일	3	4	未	6	7	8	9	10	11	12	13	14	15	16	17	18	19	20	21	22	23	24	25	26	27	28	29	30	31
요일	일	월	後	수	목	금	토	일	월	화	수	목	금	토	일	월	화	수	목	금	토	일	월	화	수	목	금	토	일
일진	己卯	庚辰	辛巳	壬午	癸未	甲申	乙酉	丙戌	丁亥	戊子	己丑	庚寅	辛卯	壬辰	癸巳	甲午	乙未	丙申	丁酉	戊戌	己亥	庚子	辛丑	壬寅	癸卯	甲辰	乙巳	丙午	丁未
음양국	陽 4				陽 1				陽 7					陽 5				陽 2				陽 8							

5月 丙午

음력	1	2	3	4	5	6	7	8	9	10	11	12	13	14	15	16	17	18	19	20	21	22	23	24	25	26	27	28	29
절기					망종5월																하지								
양력월	6월																												
양력일	1	2	3	4	酉	6	7	8	9	10	11	12	13	14	15	16	17	18	19	20	21	22	23	24	25	26	27	28	29
요일	월	화	수	목	後	토	일	월	화	수	목	금	토	일	월	화	수	목	금	토	일	월	화	수	목	금	토	일	월
일진	戊申	己酉	庚戌	辛亥	壬子	癸丑	甲寅	乙卯	丙辰	丁巳	戊午	己未	庚申	辛酉	壬戌	癸亥	甲子	乙丑	丙寅	丁卯	戊辰	己巳	庚午	辛未	壬申	癸酉	甲戌	乙亥	丙子
음양국	陽 6				陽 3				陽 9				陰 9				陰 3				陰 6								

6月 丁未

음력	1	2	3	4	5	6	7	8	9	10	11	12	13	14	15	16	17	18	19	20	21	22	23	24	25	26	27	28	29	30
절기								소서6월															대서							
양력월	6월	7월																												
양력일	30	1	2	3	4	5	6	卯	8	9	10	11	12	13	14	15	16	17	18	19	20	21	22	23	24	25	26	27	28	29
요일	화	수	목	금	토	일	월	初	수	목	금	토	일	월	화	수	목	금	토	일	월	화	수	목	금	토	일	월	화	수
일진	丁丑	戊寅	己卯	庚辰	辛巳	壬午	癸未	甲申	乙酉	丙戌	丁亥	戊子	己丑	庚寅	辛卯	壬辰	癸巳	甲午	乙未	丙申	丁酉	戊戌	己亥	庚子	辛丑	壬寅	癸卯	甲辰	乙巳	丙午
음양국	陰 6		陰 8				陰 2					陰 5					陰 7					陰 1					陰 4			

7月 戊申

	1	2	3	4	5	6	7	8	9	10	11	12	13	14	15	16	17	18	19	20	21	22	23	24	25	26	27	28	29
절기									입추7월																처서				
음력	1	2	3	4	5	6	7	8	9	10	11	12	13	14	15	16	17	18	19	20	21	22	23	24	25	26	27	28	29
양력 월	7월		8월																										
양력 일	30	31	1	2	3	4	5	6	未	8	9	10	11	12	13	14	15	16	17	18	19	20	21	22	23	24	25	26	27
요일	목	금	토	일	월	화	수	목	後	토	일	월	화	수	목	금	토	일	월	화	수	목	금	토	일	월	화	수	목
일진	丁未	戊申	己酉	庚戌	辛亥	壬子	癸丑	甲寅	乙卯	丙辰	丁巳	戊午	己未	庚申	辛酉	壬戌	癸亥	甲子	乙丑	丙寅	丁卯	戊辰	己巳	庚午	辛未	壬申	癸酉	甲戌	乙亥
음양국	陰4				陰2				陰5					陰8				陰1				陰4				陰7			

8月 己酉

	1	2	3	4	5	6	7	8	9	10	11	12	13	14	15	16	17	18	19	20	21	22	23	24	25	26	27	28	29
절기											백로8월																추분		
음력	1	2	3	4	5	6	7	8	9	10	11	12	13	14	15	16	17	18	19	20	21	22	23	24	25	26	27	28	29
양력 월	8월				9월																								
양력 일	28	29	30	31	1	2	3	4	5	6	酉	8	9	10	11	12	13	14	15	16	17	18	19	20	21	22	23	24	25
요일	금	토	일	월	화	수	목	금	토	일	中	화	수	목	금	토	일	월	화	수	목	금	토	일	월	화	수	목	금
일진	丙子	丁丑	戊寅	己卯	庚辰	辛巳	壬午	癸未	甲申	乙酉	丙戌	丁亥	戊子	己丑	庚寅	辛卯	壬辰	癸巳	甲午	乙未	丙申	丁酉	戊戌	己亥	庚子	辛丑	壬寅	癸卯	甲辰
음양국	陰7				陰9				陰3					陰6				陰7				陰1				陰4			

9月 庚戌

	1	2	3	4	5	6	7	8	9	10	11	12	13	14	15	16	17	18	19	20	21	22	23	24	25	26	27	28	29	30
절기													한로9월															상강		
음력	1	2	3	4	5	6	7	8	9	10	11	12	13	14	15	16	17	18	19	20	21	22	23	24	25	26	27	28	29	30
양력 월	9월					10월																								
양력 일	26	27	28	29	30	1	2	3	4	5	6	7	巳	9	10	11	12	13	14	15	16	17	18	19	20	21	22	23	24	25
요일	토	일	월	화	수	목	금	토	일	월	화	수	初	금	토	일	월	화	수	목	금	토	일	월	화	수	목	금	토	일
일진	乙巳	丙午	丁未	戊申	己酉	庚戌	辛亥	壬子	癸丑	甲寅	乙卯	丙辰	丁巳	戊午	己未	庚申	辛酉	壬戌	癸亥	甲子	乙丑	丙寅	丁卯	戊辰	己巳	庚午	辛未	壬申	癸酉	甲戌
음양국	陰4					陰6					陰9					陰3					陰5					陰8				

10月 辛亥

	1	2	3	4	5	6	7	8	9	10	11	12	13	14	15	16	17	18	19	20	21	22	23	24	25	26	27	28	29
절기													입동10월															소설	
음력	1	2	3	4	5	6	7	8	9	10	11	12	13	14	15	16	17	18	19	20	21	22	23	24	25	26	27	28	29
양력 월	10월						11월																						
양력 일	26	27	28	29	30	31	1	2	3	4	5	6	午	8	9	10	11	12	13	14	15	16	17	18	19	20	21	22	23
요일	월	화	수	목	금	토	일	월	화	수	목	금	後	일	월	화	수	목	금	토	일	월	화	수	목	금	토	일	월
일진	乙亥	丙子	丁丑	戊寅	己卯	庚辰	辛巳	壬午	癸未	甲申	乙酉	丙戌	丁亥	戊子	己丑	庚寅	辛卯	壬辰	癸巳	甲午	乙未	丙申	丁酉	戊戌	己亥	庚子	辛丑	壬寅	癸卯
음양국	陰2				陰6				陰9					陰3				陰5				陰8							

11月 壬子

	1	2	3	4	5	6	7	8	9	10	11	12	13	14	15	16	17	18	19	20	21	22	23	24	25	26	27	28	29	30
절기														대설11월														동지		
음력	1	2	3	4	5	6	7	8	9	10	11	12	13	14	15	16	17	18	19	20	21	22	23	24	25	26	27	28	29	30
양력 월	11월							12월																						
양력 일	24	25	26	27	28	29	30	1	2	3	4	5	卯	7	8	9	10	11	12	13	14	15	16	17	18	19	20	21	22	23
요일	화	수	목	금	토	일	월	화	수	목	금	토	初	화	수	목	금	토	일	월	화	수	목	금	토	일	월	화	수	
일진	甲辰	乙巳	丙午	丁未	戊申	己酉	庚戌	辛亥	壬子	癸丑	甲寅	乙卯	丙辰	丁巳	戊午	己未	庚申	辛酉	壬戌	癸亥	甲子	乙丑	丙寅	丁卯	戊辰	己巳	庚午	辛未	壬申	癸酉
음양국	陰2				陰4				陰7				陰1				陽1				陽7									

12月 癸丑

	1	2	3	4	5	6	7	8	9	10	11	12	13	14	15	16	17	18	19	20	21	22	23	24	25	26	27	28	29	30
절기													소한12월															대한		
음력	1	2	3	4	5	6	7	8	9	10	11	12	13	14	15	16	17	18	19	20	21	22	23	24	25	26	27	28	29	30
양력 월	12월								1월																					
양력 일	24	25	26	27	28	29	30	31	1	2	3	4	申	6	7	8	9	10	11	12	13	14	15	16	17	18	19	20	21	22
요일	목	금	토	일	월	화	수	목	금	토	일	월	後	수	목	금	토	일	월	화	수	목	금	토	일	월	화	수	목	금
일진	甲戌	乙亥	丙子	丁丑	戊寅	己卯	庚辰	辛巳	壬午	癸未	甲申	乙酉	丙戌	丁亥	戊子	己丑	庚寅	辛卯	壬辰	癸巳	甲午	乙未	丙申	丁酉	戊戌	己亥	庚子	辛丑	壬寅	癸卯
음양국	陽4				陽2				陽8				陽5				陽3				陽9									

입춘(2/4) 04:37
경칩(3/5) 22:43
청명(4/5) 03:37
입하(5/5) 21:02
망종(6/6) 01:15
소서(7/7) 11:32

1993(癸酉年)

입추(8/7) 21:18
백로(9/8) 00:08
한로(10/8) 15:40
입동(11/7) 18:46
대설(12/7) 11:34
소한(1/5) 22:48

1月 甲寅

절기													입춘1월														우수	
음력	1	2	3	4	5	6	7	8	9	10	11	12	13	14	15	16	17	18	19	20	21	22	23	24	25	26	27	28	29
양력 월	1월													2월															
력 일	23	24	25	26	27	28	29	30	31	1	2	3	寅中	5	6	7	8	9	10	11	12	13	14	15	16	17	18	19	20
요일	토	일	월	화	수	목	금	토	일	월	화	수	中	금	토	일	월	화	수	목	금	토	일	월	화	수	목	금	토
일진	甲辰	乙巳	丙午	丁未	戊申	己酉	庚戌	辛亥	壬子	癸丑	甲寅	乙卯	丙辰	丁巳	戊午	己未	庚申	辛酉	壬戌	癸亥	甲子	乙丑	丙寅	丁卯	戊辰	己巳	庚午	辛未	壬申
음양국	陽 6				陽 8				陽 5				陽 2				陽 9				陽 6								

2月 乙卯

절기													경칩2월														춘분		
음력	1	2	3	4	5	6	7	8	9	10	11	12	13	14	15	16	17	18	19	20	21	22	23	24	25	26	27	28	29	30
양력 월	2월										3월																			
력 일	21	22	23	24	25	26	27	28	1	2	3	4	亥中	6	7	8	9	10	11	12	13	14	15	16	17	18	19	20	21	22
요일	일	월	화	수	목	금	토	일	월	화	수	목	中	토	일	월	화	수	목	금	토	일	월	화	수	목	금	토	일	월
일진	癸酉	甲戌	乙亥	丙子	丁丑	戊寅	己卯	庚辰	辛巳	壬午	癸未	甲申	乙酉	丙戌	丁亥	戊子	己丑	庚寅	辛卯	壬辰	癸巳	甲午	乙未	丙申	丁酉	戊戌	己亥	庚子	辛丑	壬寅
음양국	陽 3				陽 1				陽 7				陽 4				陽 3					陽 9								

3月 丙辰

절기														청명3월														곡우		
음력	1	2	3	4	5	6	7	8	9	10	11	12	13	14	15	16	17	18	19	20	21	22	23	24	25	26	27	28	29	30
양력 월	3월									4월																				
력 일	23	24	25	26	27	28	29	30	31	1	2	3	4	寅初	6	7	8	9	10	11	12	13	14	15	16	17	18	19	20	21
요일	화	수	목	금	토	일	월	화	수	목	금	토	일	初	화	수	목	금	토	일	월	화	수	목	금	토	일	월	화	수
일진	癸卯	甲辰	乙巳	丙午	丁未	戊申	己酉	庚戌	辛亥	壬子	癸丑	甲寅	乙卯	丙辰	丁巳	戊午	己未	庚申	辛酉	壬戌	癸亥	甲子	乙丑	丙寅	丁卯	戊辰	己巳	庚午	辛未	壬申
음양국	陽 6				陽 4				陽 1				陽 7				陽 5				陽 2									

閏3月

절기														입하4월															
음력	1	2	3	4	5	6	7	8	9	10	11	12	13	14	15	16	17	18	19	20	21	22	23	24	25	26	27	28	29
양력 월	4월									5월																			
력 일	22	23	24	25	26	27	28	29	30	1	2	3	4	戌後	6	7	8	9	10	11	12	13	14	15	16	17	18	19	20
요일	목	금	토	일	월	화	수	목	금	토	일	월	화	後	목	금	토	일	월	화	수	목	금	토	일	월	화	수	목
일진	癸酉	甲戌	乙亥	丙子	丁丑	戊寅	己卯	庚辰	辛巳	壬午	癸未	甲申	乙酉	丙戌	丁亥	戊子	己丑	庚寅	辛卯	壬辰	癸巳	甲午	乙未	丙申	丁酉	戊戌	己亥	庚子	辛丑
음양국	陽 8				陽 4				陽 1				陽 7				陽 5				陽 2								

4月 丁巳

절기	소만																망종5월													
음력	1	2	3	4	5	6	7	8	9	10	11	12	13	14	15	16	17	18	19	20	21	22	23	24	25	26	27	28	29	30
양력 월	5월											6월																		
력 일	21	22	23	24	25	26	27	28	29	30	31	1	2	3	4	5	子後	7	8	9	10	11	12	13	14	15	16	17	18	19
요일	금	토	일	월	화	수	목	금	토	일	월	화	수	목	금	토	後	월	화	수	목	금	토	일	월	화	수	목	금	토
일진	壬寅	癸卯	甲辰	乙巳	丙午	丁未	戊申	己酉	庚戌	辛亥	壬子	癸丑	甲寅	乙卯	丙辰	丁巳	戊午	己未	庚申	辛酉	壬戌	癸亥	甲子	乙丑	丙寅	丁卯	戊辰	己巳	庚午	辛未
음양국	陽 2		陽 8			陽 6				陽 3				陽 9				陰 9					陰 3							

5月 戊午

절기		하지																소서6월											
음력	1	2	3	4	5	6	7	8	9	10	11	12	13	14	15	16	17	18	19	20	21	22	23	24	25	26	27	28	29
양력 월	6월											7월																	
력 일	20	21	22	23	24	25	26	27	28	29	30	1	2	3	4	5	6	午初	8	9	10	11	12	13	14	15	16	17	18
요일	일	월	화	수	목	금	토	일	월	화	수	목	금	토	일	월	화	初	목	금	토	일	월	화	수	목	금	토	일
일진	壬申	癸酉	甲戌	乙亥	丙子	丁丑	戊寅	己卯	庚辰	辛巳	壬午	癸未	甲申	乙酉	丙戌	丁亥	戊子	己丑	庚寅	辛卯	壬辰	癸巳	甲午	乙未	丙申	丁酉	戊戌	己亥	庚子
음양국	陰 3		陰 6			陰 8				陰 2				陰 5				陰 7				陰 1							

6月 己未

구분	1	2	3	4	5	6	7	8	9	10	11	12	13	14	15	16	17	18	19	20	21	22	23	24	25	26	27	28	29	30
절기					대서															입추7월										
양력월	7월													8월																
양력일	19	20	21	22	23	24	25	26	27	28	29	30	31	1	2	3	4	5	6	戊	8	9	10	11	12	13	14	15	16	17
요일	월	화	수	목	금	토	일	월	화	수	목	금	토	일	월	화	수	목	금	後	일	월	화	수	목	금	토	일	월	화
일진	辛丑	壬寅	癸卯	甲辰	乙巳	丙午	丁未	戊申	己酉	庚戌	辛亥	壬子	癸丑	甲寅	乙卯	丙辰	丁巳	戊午	己未	庚申	辛酉	壬戌	癸亥	甲子	乙丑	丙寅	丁卯	戊辰	己巳	庚午
음양국	陰1				陰4				陰2				陰5				陰8				陰1				陰4					

7月 庚申

구분	1	2	3	4	5	6	7	8	9	10	11	12	13	14	15	16	17	18	19	20	21	22	23	24	25	26	27	28	29
절기						처서																백로8월							
양력월	8월													9월															
양력일	18	19	20	21	22	23	24	25	26	27	28	29	30	31	1	2	3	4	5	6	7	子	9	10	11	12	13	14	15
요일	수	목	금	토	일	월	화	수	목	금	토	일	월	화	수	목	금	토	일	월	화	初	목	금	토	일	월	화	수
일진	辛未	壬申	癸酉	甲戌	乙亥	丙子	丁丑	戊寅	己卯	庚辰	辛巳	壬午	癸未	甲申	乙酉	丙戌	丁亥	戊子	己丑	庚寅	辛卯	壬辰	癸巳	甲午	乙未	丙申	丁酉	戊戌	己亥
음양국	陰4				陰7				陰9				陰3				陰6				陰7				陰1				

8月 辛酉

구분	1	2	3	4	5	6	7	8	9	10	11	12	13	14	15	16	17	18	19	20	21	22	23	24	25	26	27	28	29
절기								추분															한로9월						
양력월	9월														10월														
양력일	16	17	18	19	20	21	22	23	24	25	26	27	28	29	30	1	2	3	4	5	6	7	申	9	10	11	12	13	14
요일	목	금	토	일	월	화	수	목	금	토	일	월	화	수	목	금	토	일	월	화	수	목	初	토	일	월	화	수	목
일진	庚子	辛丑	壬寅	癸卯	甲辰	乙巳	丙午	丁未	戊申	己酉	庚戌	辛亥	壬子	癸丑	甲寅	乙卯	丙辰	丁巳	戊午	己未	庚申	辛酉	壬戌	癸亥	甲子	乙丑	丙寅	丁卯	戊辰
음양국	陰1				陰4				陰6				陰9				陰3				陰5								

9月 壬戌

구분	1	2	3	4	5	6	7	8	9	10	11	12	13	14	15	16	17	18	19	20	21	22	23	24	25	26	27	28	29	30
절기									상강															입동10월						
양력월	10월																	11월												
양력일	15	16	17	18	19	20	21	22	23	24	25	26	27	28	29	30	31	1	2	3	4	5	6	酉	8	9	10	11	12	13
요일	금	토	일	월	화	수	목	금	토	일	월	화	수	목	금	토	일	월	화	수	목	금	토	中	월	화	수	목	금	토
일진	己巳	庚午	辛未	壬申	癸酉	甲戌	乙亥	丙子	丁丑	戊寅	己卯	庚辰	辛巳	壬午	癸未	甲申	乙酉	丙戌	丁亥	戊子	己丑	庚寅	辛卯	壬辰	癸巳	甲午	乙未	丙申	丁酉	戊戌
음양국	陰8				陰2				陰6				陰9				陰3				陰5									

10月 癸亥

구분	1	2	3	4	5	6	7	8	9	10	11	12	13	14	15	16	17	18	19	20	21	22	23	24	25	26	27	28	29
절기									소설															대설11월					
양력월	11월																	12월											
양력일	14	15	16	17	18	19	20	21	22	23	24	25	26	27	28	29	30	1	2	3	4	5	6	午	8	9	10	11	12
요일	일	월	화	수	목	금	토	일	월	화	수	목	금	토	일	월	화	수	목	금	토	일	월	初	수	목	금	토	일
일진	己亥	庚子	辛丑	壬寅	癸卯	甲辰	乙巳	丙午	丁未	戊申	己酉	庚戌	辛亥	壬子	癸丑	甲寅	乙卯	丙辰	丁巳	戊午	己未	庚申	辛酉	壬戌	癸亥	甲子	乙丑	丙寅	丁卯
음양국	陰8				陰2				陰4				陰7				陰1				陰4								

11月 甲子

구분	1	2	3	4	5	6	7	8	9	10	11	12	13	14	15	16	17	18	19	20	21	22	23	24	25	26	27	28	29	30
절기										동지														소한12월						
양력월	12월																			1월										
양력일	13	14	15	16	17	18	19	20	21	22	23	24	25	26	27	28	29	30	31	1	2	3	4	亥	6	7	8	9	10	11
요일	월	화	수	목	금	토	일	월	화	수	목	금	토	일	월	화	수	목	금	토	일	월	화	中	목	금	토	일	월	화
일진	戊辰	己巳	庚午	辛未	壬申	癸酉	甲戌	乙亥	丙子	丁丑	戊寅	己卯	庚辰	辛巳	壬午	癸未	甲申	乙酉	丙戌	丁亥	戊子	己丑	庚寅	辛卯	壬辰	癸巳	甲午	乙未	丙申	丁酉
음양국	陰7				陰1				**陽1**				陽7				陽4				陽2									

12月 乙丑

구분	1	2	3	4	5	6	7	8	9	10	11	12	13	14	15	16	17	18	19	20	21	22	23	24	25	26	27	28	29
절기									대한															입춘1월					
양력월	1월																				2월								
양력일	12	13	14	15	16	17	18	19	20	21	22	23	24	25	26	27	28	29	30	31	1	2	3	巳	5	6	7	8	9
요일	수	목	금	토	일	월	화	수	목	금	토	일	월	화	수	목	금	토	일	월	화	수	목	中	토	일	월	화	수
일진	戊戌	己亥	庚子	辛丑	壬寅	癸卯	甲辰	乙巳	丙午	丁未	戊申	己酉	庚戌	辛亥	壬子	癸丑	甲寅	乙卯	丙辰	丁巳	戊午	己未	庚申	辛酉	壬戌	癸亥	甲子	乙丑	丙寅
음양국	陽8				陽5				陽3				陽9				陽6				陽8								

1994(甲戌年)

절기	일시		절기	일시
입춘(2/4)	10:31		입추(8/8)	03:04
경칩(3/6)	04:38		백로(9/8)	05:55
청명(4/5)	09:32		한로(10/8)	21:29
입하(5/6)	02:54		입동(11/8)	00:36
망종(6/6)	07:05		대설(12/7)	17:23
소서(7/7)	17:19		소한(1/6)	04:34

1月 丙寅

음력	1	2	3	4	5	6	7	8	9	10	11	12	13	14	15	16	17	18	19	20	21	22	23	24	25	26	27	28	29	30
절기										우수															경칩2월					
양력월	2월																			3월										
양력일	10	11	12	13	14	15	16	17	18	19	20	21	22	23	24	25	26	27	28	1	2	3	4	5	寅	7	8	9	10	11
요일	목	금	토	일	월	화	수	목	금	토	일	월	화	수	목	금	토	일	월	화	수	목	금	토	中	월	화	수	목	금
일진	丁卯	戊辰	己巳	庚午	辛未	壬申	癸酉	甲戌	乙亥	丙子	丁丑	戊寅	己卯	庚辰	辛巳	壬午	癸未	甲申	乙酉	丙戌	丁亥	戊子	己丑	庚寅	辛卯	壬辰	癸巳	甲午	乙未	丙申
음양국	陽8				陽5					陽2					陽9					陽6					陽3					陽1

2月 丁卯

음력	1	2	3	4	5	6	7	8	9	10	11	12	13	14	15	16	17	18	19	20	21	22	23	24	25	26	27	28	29	30
절기										춘분															청명3월					
양력월	3월																				4월									
양력일	12	13	14	15	16	17	18	19	20	21	22	23	24	25	26	27	28	29	30	31	1	2	3	4	巳	6	7	8	9	10
요일	토	일	월	화	수	목	금	토	일	월	화	수	목	금	토	일	월	화	수	목	금	토	일	월	初	수	목	금	토	일
일진	丁酉	戊戌	己亥	庚子	辛丑	壬寅	癸卯	甲辰	乙巳	丙午	丁未	戊申	己酉	庚戌	辛亥	壬子	癸丑	甲寅	乙卯	丙辰	丁巳	戊午	己未	庚申	辛酉	壬戌	癸亥	甲子	乙丑	丙寅
음양국	陽1				陽7					陽4					陽3					陽9					陽6					陽4

3月 戊辰

음력	1	2	3	4	5	6	7	8	9	10	11	12	13	14	15	16	17	18	19	20	21	22	23	24	25	26	27	28	29	30
절기										곡우																입하4월				
양력월	4월																				5월									
양력일	11	12	13	14	15	16	17	18	19	20	21	22	23	24	25	26	27	28	29	30	1	2	3	4	5	丑	7	8	9	10
요일	월	화	수	목	금	토	일	월	화	수	목	금	토	일	월	화	수	목	금	토	일	월	화	수	목	後	토	일	월	화
일진	丁卯	戊辰	己巳	庚午	辛未	壬申	癸酉	甲戌	乙亥	丙子	丁丑	戊寅	己卯	庚辰	辛巳	壬午	癸未	甲申	乙酉	丙戌	丁亥	戊子	己丑	庚寅	辛卯	壬辰	癸巳	甲午	乙未	丙申
음양국	陽4				陽1					陽7					陽5					陽2						陽8				陽4

4月 己巳

음력	1	2	3	4	5	6	7	8	9	10	11	12	13	14	15	16	17	18	19	20	21	22	23	24	25	26	27	28	29
절기											소만																망종5월		
양력월	5월																					6월							
양력일	11	12	13	14	15	16	17	18	19	20	21	22	23	24	25	26	27	28	29	30	31	1	2	3	4	5	卯	7	8
요일	수	목	금	토	일	월	화	수	목	금	토	일	월	화	수	목	금	토	일	월	화	수	목	금	토	일	後	화	수
일진	丁酉	戊戌	己亥	庚子	辛丑	壬寅	癸卯	甲辰	乙巳	丙午	丁未	戊申	己酉	庚戌	辛亥	壬子	癸丑	甲寅	乙卯	丙辰	丁巳	戊午	己未	庚申	辛酉	壬戌	癸亥	甲子	乙丑
음양국	陽4					陽1					陽7					陽5					陽2						陽8		陽6

5月 庚午

음력	1	2	3	4	5	6	7	8	9	10	11	12	13	14	15	16	17	18	19	20	21	22	23	24	25	26	27	28	29	30
절기													하지																소서6월	
양력월	6월																						7월							
양력일	9	10	11	12	13	14	15	16	17	18	19	20	21	22	23	24	25	26	27	28	29	30	1	2	3	4	5	6	申	8
요일	목	금	토	일	월	화	수	목	금	토	일	월	화	수	목	금	토	일	월	화	수	목	금	토	일	월	화	수	後	금
일진	丙寅	丁卯	戊辰	己巳	庚午	辛未	壬申	癸酉	甲戌	乙亥	丙子	丁丑	戊寅	己卯	庚辰	辛巳	壬午	癸未	甲申	乙酉	丙戌	丁亥	戊子	己丑	庚寅	辛卯	壬辰	癸巳	甲午	乙未
음양국	陽6				陽3					陽9			陰9					陰3					陰6						陰8	

6月 辛未

음력	1	2	3	4	5	6	7	8	9	10	11	12	13	14	15	16	17	18	19	20	21	22	23	24	25	26	27	28	29
절기															대서														
양력월	7월																							8월					
양력일	9	10	11	12	13	14	15	16	17	18	19	20	21	22	23	24	25	26	27	28	29	30	31	1	2	3	4	5	6
요일	토	일	월	화	수	목	금	토	일	월	화	수	목	금	토	일	월	화	수	목	금	토	일	월	화	수	목	금	토
일진	丙申	丁酉	戊戌	己亥	庚子	辛丑	壬寅	癸卯	甲辰	乙巳	丙午	丁未	戊申	己酉	庚戌	辛亥	壬子	癸丑	甲寅	乙卯	丙辰	丁巳	戊午	己未	庚申	辛酉	壬戌	癸亥	甲子
음양국	陰8					陰2					陰5					陰7					陰1					陰4			陰2

7月 壬申

절기	입추7월																처서													
음력	1	2	3	4	5	6	7	8	9	10	11	12	13	14	15	16	17	18	19	20	21	22	23	24	25	26	27	28	29	30
양력(월)	8월																						9월							
양력(일)	7	丑	9	10	11	12	13	14	15	16	17	18	19	20	21	22	23	24	25	26	27	28	29	30	31	1	2	3	4	5
요일	일	後	화	수	목	금	토	일	월	화	수	목	금	토	일	월	화	수	목	금	토	일	월	화	수	목	금	토	일	월
일진	乙丑	丙寅	丁卯	戊辰	己巳	庚午	辛未	壬申	癸酉	甲戌	乙亥	丙子	丁丑	戊寅	己卯	庚辰	辛巳	壬午	癸未	甲申	乙酉	丙戌	丁亥	戊子	己丑	庚寅	辛卯	壬辰	癸巳	甲午
음양국	陰 2					陰 5					陰 8					陰 1					陰 4					陰 7				

8月 癸酉

절기	백로8월																추분												
음력	1	2	3	4	5	6	7	8	9	10	11	12	13	14	15	16	17	18	19	20	21	22	23	24	25	26	27	28	29
양력(월)	9월																						10월						
양력(일)	6	7	卯	9	10	11	12	13	14	15	16	17	18	19	20	21	22	23	24	25	26	27	28	29	30	1	2	3	4
요일	화	수	初	금	토	일	월	화	수	목	금	토	일	월	화	수	목	금	토	일	월	화	수	목	금	토	일	월	화
일진	乙未	丙申	丁酉	戊戌	己亥	庚子	辛丑	壬寅	癸卯	甲辰	乙巳	丙午	丁未	戊申	己酉	庚戌	辛亥	壬子	癸丑	甲寅	乙卯	丙辰	丁巳	戊午	己未	庚申	辛酉	壬戌	癸亥
음양국	陰 9					陰 3					陰 6					陰 7					陰 1					陰 4			

9月 甲戌

절기	한로9월																상강												
음력	1	2	3	4	5	6	7	8	9	10	11	12	13	14	15	16	17	18	19	20	21	22	23	24	25	26	27	28	29
양력(월)	10월																										11월		
양력(일)	5	6	7	戌	9	10	11	12	13	14	15	16	17	18	19	20	21	22	23	24	25	26	27	28	29	30	31	1	2
요일	수	목	금	後	일	월	화	수	목	금	토	일	월	화	수	목	금	토	일	월	화	수	목	금	토	일	월	화	수
일진	甲子	乙丑	丙寅	丁卯	戊辰	己巳	庚午	辛未	壬申	癸酉	甲戌	乙亥	丙子	丁丑	戊寅	己卯	庚辰	辛巳	壬午	癸未	甲申	乙酉	丙戌	丁亥	戊子	己丑	庚寅	辛卯	壬辰
음양국	陰 6					陰 9					陰 3					陰 5					陰 8					陰 2			

10月 乙亥

절기	입동10월																소설													
음력	1	2	3	4	5	6	7	8	9	10	11	12	13	14	15	16	17	18	19	20	21	22	23	24	25	26	27	28	29	30
양력(월)	11월																											12월		
양력(일)	3	4	5	6	7	子	9	10	11	12	13	14	15	16	17	18	19	20	21	22	23	24	25	26	27	28	29	30	1	2
요일	목	금	토	일	월	中	수	목	금	토	일	월	화	수	목	금	토	일	월	화	수	목	금	토	일	월	화	수	목	금
일진	癸巳	甲午	乙未	丙申	丁酉	戊戌	己亥	庚子	辛丑	壬寅	癸卯	甲辰	乙巳	丙午	丁未	戊申	己酉	庚戌	辛亥	壬子	癸丑	甲寅	乙卯	丙辰	丁巳	戊午	己未	庚申	辛酉	壬戌
음양국	陰 6					陰 9					陰 3					陰 5					陰 8					陰 2				

11月 丙子

절기	대설11월																동지												
음력	1	2	3	4	5	6	7	8	9	10	11	12	13	14	15	16	17	18	19	20	21	22	23	24	25	26	27	28	29
양력(월)	12월																												
양력(일)	3	4	5	申	7	8	9	10	11	12	13	14	15	16	17	18	19	20	21	22	23	24	25	26	27	28	29	30	31
요일	토	일	월	화	後	목	금	토	일	월	화	수	목	금	토	일	월	화	수	목	금	토	일	월	화	수	목	금	토
일진	癸亥	甲子	乙丑	丙寅	丁卯	戊辰	己巳	庚午	辛未	壬申	癸酉	甲戌	乙亥	丙子	丁丑	戊寅	己卯	庚辰	辛巳	壬午	癸未	甲申	乙酉	丙戌	丁亥	戊子	己丑	庚寅	辛卯
음양국	陰 4					陰 7					陰 1					陽 1					陽 7					陽 4			

12月 丁丑

절기	소한12월																대한													
음력	1	2	3	4	5	6	7	8	9	10	11	12	13	14	15	16	17	18	19	20	21	22	23	24	25	26	27	28	29	30
양력(월)	1월																													
양력(일)	1	2	3	4	5	寅	7	8	9	10	11	12	13	14	15	16	17	18	19	20	21	22	23	24	25	26	27	28	29	30
요일	일	월	화	수	목	中	토	일	월	화	수	목	금	토	일	월	화	수	목	금	토	일	월	화	수	목	금	토	일	월
일진	壬辰	癸巳	甲午	乙未	丙申	丁酉	戊戌	己亥	庚子	辛丑	壬寅	癸卯	甲辰	乙巳	丙午	丁未	戊申	己酉	庚戌	辛亥	壬子	癸丑	甲寅	乙卯	丙辰	丁巳	戊午	己未	庚申	辛酉
음양국	陽 4		陽 2			陽 8				陽 5				陽 3				陽 9				陽 6								

1995(乙亥年)

입춘(2/4) 16:13	입추(8/8) 08:52
경칩(3/6) 10:16	백로(9/8) 11:49
청명(4/5) 15:08	한로(10/9) 03:27
입하(5/6) 08:30	입동(11/8) 06:36
망종(6/6) 12:43	대설(12/7) 23:22
소서(7/7) 23:01	소한(1/6) 10:31

1月 戊寅

절기				입춘1월															우수									
음력	1	2	3	4	5	6	7	8	9	10	11	12	13	14	15	16	17	18	19	20	21	22	23	24	25	26	27	28	29
양력월	1월	2월																											
양력일	31	1	2	3	申	5	6	7	8	9	10	11	12	13	14	15	16	17	18	19	20	21	22	23	24	25	26	27	28
요일	화	수	목	금	中	일	월	화	수	목	금	토	일	월	화	수	목	금	토	일	월	화	수	목	금	토	일	월	화
일진	壬戌	癸亥	甲子	乙丑	丙寅	丁卯	戊辰	己巳	庚午	辛未	壬申	癸酉	甲戌	乙亥	丙子	丁丑	戊寅	己卯	庚辰	辛巳	壬午	癸未	甲申	乙酉	丙戌	丁亥	戊子	己丑	庚寅

음양국: 陽6　陽8　陽5　陽2　陽9　陽6　陽3

2月 己卯

절기					경칩2월															춘분									
음력	1	2	3	4	5	6	7	8	9	10	11	12	13	14	15	16	17	18	19	20	21	22	23	24	25	26	27	28	29	30
양력월	3월																													
양력일	1	2	3	4	5	巳	7	8	9	10	11	12	13	14	15	16	17	18	19	20	21	22	23	24	25	26	27	28	29	30
요일	수	목	금	토	일	中	화	수	목	금	토	일	월	화	수	목	금	토	일	월	화	수	목	금	토	일	월	화	수	목
일진	辛卯	壬辰	癸巳	甲午	乙未	丙申	丁酉	戊戌	己亥	庚子	辛丑	壬寅	癸卯	甲辰	乙巳	丙午	丁未	戊申	己酉	庚戌	辛亥	壬子	癸丑	甲寅	乙卯	丙辰	丁巳	戊午	己未	庚申

음양국: 陽3　陽1　陽7　陽4　陽3　陽9　陽6

3月 庚辰

절기					청명3월															곡우									
음력	1	2	3	4	5	6	7	8	9	10	11	12	13	14	15	16	17	18	19	20	21	22	23	24	25	26	27	28	29	30
양력월	3월	4월																												
양력일	31	1	2	3	4	未	6	7	8	9	10	11	12	13	14	15	16	17	18	19	20	21	22	23	24	25	26	27	28	29
요일	금	토	일	월	화	後	목	금	토	일	월	화	수	목	금	토	일	월	화	수	목	금	토	일	월	화	수	목	금	토
일진	辛酉	壬戌	癸亥	甲子	乙丑	丙寅	丁卯	戊辰	己巳	庚午	辛未	壬申	癸酉	甲戌	乙亥	丙子	丁丑	戊寅	己卯	庚辰	辛巳	壬午	癸未	甲申	乙酉	丙戌	丁亥	戊子	己丑	庚寅

음양국: 陽6　陽4　陽1　陽7　陽5　陽2　陽8

4月 辛巳

절기						입하4월															소만								
음력	1	2	3	4	5	6	7	8	9	10	11	12	13	14	15	16	17	18	19	20	21	22	23	24	25	26	27	28	29
양력월	4월	5월																											
양력일	30	1	2	3	4	5	辰	7	8	9	10	11	12	13	14	15	16	17	18	19	20	21	22	23	24	25	26	27	28
요일	일	월	화	수	목	금	中	일	월	화	수	목	금	토	일	월	화	수	목	금	토	일	월	화	수	목	금	토	일
일진	辛卯	壬辰	癸巳	甲午	乙未	丙申	丁酉	戊戌	己亥	庚子	辛丑	壬寅	癸卯	甲辰	乙巳	丙午	丁未	戊申	己酉	庚戌	辛亥	壬子	癸丑	甲寅	乙卯	丙辰	丁巳	戊午	己未

음양국: 陽8　陽4　陽1　陽7　陽5　陽2　陽8

5月 壬午

절기									망종5월																하지					
음력	1	2	3	4	5	6	7	8	9	10	11	12	13	14	15	16	17	18	19	20	21	22	23	24	25	26	27	28	29	30
양력월	5월		6월																											
양력일	29	30	31	1	2	3	4	5	午	7	8	9	10	11	12	13	14	15	16	17	18	19	20	21	22	23	24	25	26	27
요일	월	화	수	목	금	토	일	월	中	수	목	금	토	일	월	화	수	목	금	토	일	월	화	수	목	금	토	일	월	화
일진	庚申	辛酉	壬戌	癸亥	甲子	乙丑	丙寅	丁卯	戊辰	己巳	庚午	辛未	壬申	癸酉	甲戌	乙亥	丙子	丁丑	戊寅	己卯	庚辰	辛巳	壬午	癸未	甲申	乙酉	丙戌	丁亥	戊子	己丑

음양국: 陽8　陽6　陽3　陽9　陰9　陰3

6月 癸未

절기										소서6월																대서				
음력	1	2	3	4	5	6	7	8	9	10	11	12	13	14	15	16	17	18	19	20	21	22	23	24	25	26	27	28	29	30
양력월	6월			7월																										
양력일	28	29	30	1	2	3	4	5	6	亥	8	9	10	11	12	13	14	15	16	17	18	19	20	21	22	23	24	25	26	27
요일	수	목	금	토	일	월	화	수	목	後	토	일	월	화	수	목	금	토	일	월	화	수	목	금	토	일	월	화	수	목
일진	庚寅	辛卯	壬辰	癸巳	甲午	乙未	丙申	丁酉	戊戌	己亥	庚子	辛丑	壬寅	癸卯	甲辰	乙巳	丙午	丁未	戊申	己酉	庚戌	辛亥	壬子	癸丑	甲寅	乙卯	丙辰	丁巳	戊午	己未

음양국: 陰6　陰8　陰2　陰5　陰7　陰1

7月 甲申

절기												입추7월															처서		
음력	1	2	3	4	5	6	7	8	9	10	11	12	13	14	15	16	17	18	19	20	21	22	23	24	25	26	27	28	29
양력 월	7월				8월																								
양력 일	28	29	30	31	1	2	3	4	5	6	7	辰	9	10	11	12	13	14	15	16	17	18	19	20	21	22	23	24	25
요일	금	토	일	월	화	수	목	금	토	일	월	後	수	목	금	토	일	월	화	수	목	금	토	일	월	화	수	목	금
일진	庚申	辛酉	壬戌	癸亥	甲子	乙丑	丙寅	丁卯	戊辰	己巳	庚午	辛未	壬申	癸酉	甲戌	乙亥	丙子	丁丑	戊寅	己卯	庚辰	辛巳	壬午	癸未	甲申	乙酉	丙戌	丁亥	戊子
음양국	陰 4				陰 2					陰 5					陰 8					陰 1					陰 4				

8月 乙酉

절기														백로8월															추분	
음력	1	2	3	4	5	6	7	8	9	10	11	12	13	14	15	16	17	18	19	20	21	22	23	24	25	26	27	28	29	30
양력 월	8월						9월																							
양력 일	26	27	28	29	30	31	1	2	3	4	5	6	7	午	9	10	11	12	13	14	15	16	17	18	19	20	21	22	23	24
요일	토	일	월	화	수	목	금	토	일	월	화	수	목	初	토	일	월	화	수	목	금	토	일	월	화	수	목	금	토	일
일진	己丑	庚寅	辛卯	壬辰	癸巳	甲午	乙未	丙申	丁酉	戊戌	己亥	庚子	辛丑	壬寅	癸卯	甲辰	乙巳	丙午	丁未	戊申	己酉	庚戌	辛亥	壬子	癸丑	甲寅	乙卯	丙辰	丁巳	戊午
음양국	陰 7					陰 9					陰 3					陰 6					陰 7					陰 1				

閏8月

절기															한로9월														
음력	1	2	3	4	5	6	7	8	9	10	11	12	13	14	15	16	17	18	19	20	21	22	23	24	25	26	27	28	29
양력 월	9월						10월																						
양력 일	25	26	27	28	29	30	1	2	3	4	5	6	7	8	丑	10	11	12	13	14	15	16	17	18	19	20	21	22	23
요일	월	화	수	목	금	토	일	월	화	수	목	금	토	일	後	화	수	목	금	토	일	월	화	수	목	금	토	일	월
일진	己未	庚申	辛酉	壬戌	癸亥	甲子	乙丑	丙寅	丁卯	戊辰	己巳	庚午	辛未	壬申	癸酉	甲戌	乙亥	丙子	丁丑	戊寅	己卯	庚辰	辛巳	壬午	癸未	甲申	乙酉	丙戌	丁亥
음양국	陰 4				陰 6					陰 9					陰 3					陰 5					陰 8				

9月 丙戌

절기	상강															입동10월														
음력	1	2	3	4	5	6	7	8	9	10	11	12	13	14	15	16	17	18	19	20	21	22	23	24	25	26	27	28	29	30
양력 월	10월								11월																					
양력 일	24	25	26	27	28	29	30	31	1	2	3	4	5	6	7	卯	9	10	11	12	13	14	15	16	17	18	19	20	21	22
요일	화	수	목	금	토	일	월	화	수	목	금	토	일	월	화	中	목	금	토	일	월	화	수	목	금	토	일	월	화	수
일진	戊子	己丑	庚寅	辛卯	壬辰	癸巳	甲午	乙未	丙申	丁酉	戊戌	己亥	庚子	辛丑	壬寅	癸卯	甲辰	乙巳	丙午	丁未	戊申	己酉	庚戌	辛亥	壬子	癸丑	甲寅	乙卯	丙辰	丁巳
음양국	陰 2					陰 6					陰 9					陰 3					陰 5					陰 8				

10月 丁亥

절기	소설														대설11월														
음력	1	2	3	4	5	6	7	8	9	10	11	12	13	14	15	16	17	18	19	20	21	22	23	24	25	26	27	28	29
양력 월	11월								12월																				
양력 일	23	24	25	26	27	28	29	30	1	2	3	4	5	6	亥	8	9	10	11	12	13	14	15	16	17	18	19	20	21
요일	목	금	토	일	월	화	수	목	금	토	일	월	화	수	後	금	토	일	월	화	수	목	금	토	일	월	화	수	목
일진	戊午	己未	庚申	辛酉	壬戌	癸亥	甲子	乙丑	丙寅	丁卯	戊辰	己巳	庚午	辛未	壬申	癸酉	甲戌	乙亥	丙子	丁丑	戊寅	己卯	庚辰	辛巳	壬午	癸未	甲申	乙酉	丙戌
음양국	陰 2				陰 4					陰 7					陰 1					陽 1					陽 7				

11月 戊子

절기	동지															소한12월													
음력	1	2	3	4	5	6	7	8	9	10	11	12	13	14	15	16	17	18	19	20	21	22	23	24	25	26	27	28	29
양력 월	12월									1월																			
양력 일	22	23	24	25	26	27	28	29	30	31	1	2	3	4	5	巳	7	8	9	10	11	12	13	14	15	16	17	18	19
요일	금	토	일	월	화	수	목	금	토	일	월	화	수	목	금	中	일	월	화	수	목	금	토	일	월	화	수	목	금
일진	丁亥	戊子	己丑	庚寅	辛卯	壬辰	癸巳	甲午	乙未	丙申	丁酉	戊戌	己亥	庚子	辛丑	壬寅	癸卯	甲辰	乙巳	丙午	丁未	戊申	己酉	庚戌	辛亥	壬子	癸丑	甲寅	乙卯
음양국	陽 7		陽 4			陽 2				陽 8				陽 5				陽 3				陽 9							

12月 己丑

절기		대한														입춘1월														
음력	1	2	3	4	5	6	7	8	9	10	11	12	13	14	15	16	17	18	19	20	21	22	23	24	25	26	27	28	29	30
양력 월	1월												2월																	
양력 일	20	21	22	23	24	25	26	27	28	29	30	31	1	2	3	亥	5	6	7	8	9	10	11	12	13	14	15	16	17	18
요일	토	일	월	화	수	목	금	토	일	월	화	수	목	금	토	初	월	화	수	목	금	토	일	월	화	수	목	금	토	일
일진	丙辰	丁巳	戊午	己未	庚申	辛酉	壬戌	癸亥	甲子	乙丑	丙寅	丁卯	戊辰	己巳	庚午	辛未	壬申	癸酉	甲戌	乙亥	丙子	丁丑	戊寅	己卯	庚辰	辛巳	壬午	癸未	甲申	乙酉
음양국	陽 9		陽 6			陽 8				陽 5				陽 2				陽 9				陽 6							

입춘(2/4) 22:08
경칩(3/5) 16:10
청명(4/4) 21:02
입하(5/5) 14:26
망종(6/5) 18:41
소서(7/7) 05:00

1996(丙子年)

입추(8/7) 14:49
백로(9/7) 17:42
한로(10/8) 09:19
입동(11/7) 12:27
대설(12/7) 05:14
소한(1/5) 16:24

1月 庚寅

절기	우수															경칩2월													
음력	1	2	3	4	5	6	7	8	9	10	11	12	13	14	15	16	17	18	19	20	21	22	23	24	25	26	27	28	29
양력 월	2월											3월																	
력 일	19	20	21	22	23	24	25	26	27	28	29	1	2	3	4	申中	6	7	8	9	10	11	12	13	14	15	16	17	18
요일	월	화	수	목	금	토	일	월	화	수	목	금	토	일	월	中	수	목	금	토	일	월	화	수	목	금	토	일	월
일진	丙戌	丁亥	戊子	己丑	庚寅	辛卯	壬辰	癸巳	甲午	乙未	丙申	丁酉	戊戌	己亥	庚子	辛丑	壬寅	癸卯	甲辰	乙巳	丙午	丁未	戊申	己酉	庚戌	辛亥	壬子	癸丑	甲寅
음양국	陽 6				陽 3				陽 1				陽 7				陽 4				陽 3				陽 9				

2月 辛卯

절기	춘분															청명3월														
음력	1	2	3	4	5	6	7	8	9	10	11	12	13	14	15	16	17	18	19	20	21	22	23	24	25	26	27	28	29	30
양력 월	3월													4월																
력 일	19	20	21	22	23	24	25	26	27	28	29	30	31	1	2	3	戌後	5	6	7	8	9	10	11	12	13	14	15	16	17
요일	화	수	목	금	토	일	월	화	수	목	금	토	일	월	화	수	後	금	토	일	월	화	수	목	금	토	일	월	화	수
일진	乙卯	丙辰	丁巳	戊午	己未	庚申	辛酉	壬戌	癸亥	甲子	乙丑	丙寅	丁卯	戊辰	己巳	庚午	辛未	壬申	癸酉	甲戌	乙亥	丙子	丁丑	戊寅	己卯	庚辰	辛巳	壬午	癸未	甲申
음양국	陽 9				陽 6				陽 4				陽 1				陽 7				陽 5									

3月 壬辰

절기	곡우																입하4월												
음력	1	2	3	4	5	6	7	8	9	10	11	12	13	14	15	16	17	18	19	20	21	22	23	24	25	26	27	28	29
양력 월	4월													5월															
력 일	18	19	20	21	22	23	24	25	26	27	28	29	30	1	2	3	4	未中	6	7	8	9	10	11	12	13	14	15	16
요일	목	금	토	일	월	화	수	목	금	토	일	월	화	수	목	금	토	中	월	화	수	목	금	토	일	월	화	수	목
일진	乙酉	丙戌	丁亥	戊子	己丑	庚寅	辛卯	壬辰	癸巳	甲午	乙未	丙申	丁酉	戊戌	己亥	庚子	辛丑	壬寅	癸卯	甲辰	乙巳	丙午	丁未	戊申	己酉	庚戌	辛亥	壬子	癸丑
음양국	陽 2				陽 8				陽 4				陽 1				陽 7				陽 5								

4月 癸巳

절기	소만															망종5월														
음력	1	2	3	4	5	6	7	8	9	10	11	12	13	14	15	16	17	18	19	20	21	22	23	24	25	26	27	28	29	30
양력 월	5월															6월														
력 일	17	18	19	20	21	22	23	24	25	26	27	28	29	30	31	1	2	3	4	酉中	6	7	8	9	10	11	12	13	14	15
요일	금	토	일	월	화	수	목	금	토	일	월	화	수	목	금	토	일	월	화	中	목	금	토	일	월	화	수	목	금	토
일진	甲寅	乙卯	丙辰	丁巳	戊午	己未	庚申	辛酉	壬戌	癸亥	甲子	乙丑	丙寅	丁卯	戊辰	己巳	庚午	辛未	壬申	癸酉	甲戌	乙亥	丙子	丁丑	戊寅	己卯	庚辰	辛巳	壬午	癸未
음양국	陽 2				陽 8				陽 6				陽 3				陽 9				陰 9									

5月 甲午

절기	하지																				소서6월									
음력	1	2	3	4	5	6	7	8	9	10	11	12	13	14	15	16	17	18	19	20	21	22	23	24	25	26	27	28	29	30
양력 월	6월															7월														
력 일	16	17	18	19	20	21	22	23	24	25	26	27	28	29	30	1	2	3	4	5	6	寅後	8	9	10	11	12	13	14	15
요일	일	월	화	수	목	금	토	일	월	화	수	목	금	토	일	월	화	수	목	금	토	後	월	화	수	목	금	토	일	월
일진	甲申	乙酉	丙戌	丁亥	戊子	己丑	庚寅	辛卯	壬辰	癸巳	甲午	乙未	丙申	丁酉	戊戌	己亥	庚子	辛丑	壬寅	癸卯	甲辰	乙巳	丙午	丁未	戊申	己酉	庚戌	辛亥	壬子	癸丑
음양국	陰 3				陰 6				陰 8				陰 2				陰 5				陰 7									

6月 乙未

절기	대서																입추7월												
음력	1	2	3	4	5	6	7	8	9	10	11	12	13	14	15	16	17	18	19	20	21	22	23	24	25	26	27	28	29
양력 월	7월															8월													
력 일	16	17	18	19	20	21	22	23	24	25	26	27	28	29	30	31	1	2	3	4	5	6	未中	8	9	10	11	12	13
요일	화	수	목	금	토	일	월	화	수	목	금	토	일	월	화	수	목	금	토	일	월	화	中	목	금	토	일	월	화
일진	甲寅	乙卯	丙辰	丁巳	戊午	己未	庚申	辛酉	壬戌	癸亥	甲子	乙丑	丙寅	丁卯	戊辰	己巳	庚午	辛未	壬申	癸酉	甲戌	乙亥	丙子	丁丑	戊寅	己卯	庚辰	辛巳	壬午
음양국	陰 1				陰 4				陰 2				陰 5				陰 8				陰 1								

7月 丙申

절기		처서(10)														백로8월(25)						
음력	1	2	3	4	5	6	7	8	9	**10**	11	12	13	14	15	16	17	18	19	20	21	22	23	24	**25**	26	27	28	29	30
양력(8월→9월)	14	15	16	17	18	19	20	21	22	23	24	25	26	27	28	29	30	31	1	2	3	4	5	6	酉	8	9	10	11	12
요일	수	목	금	토	일	월	화	수	목	금	토	일	월	화	수	목	금	토	일	월	화	수	목	금	初	일	월	화	수	목
일진	癸未	甲申	乙酉	丙戌	丁亥	戊子	己丑	庚寅	辛卯	壬辰	癸巳	甲午	乙未	丙申	丁酉	戊戌	己亥	庚子	辛丑	壬寅	癸卯	甲辰	乙巳	丙午	丁未	戊申	己酉	庚戌	辛亥	壬子

음양국: 陰4 / 陰7 / 陰9 / 陰3 / 陰6 / 陰7

8月 丁酉

절기			추분(11)											한로9월(26)			
음력	1	2	3	4	5	6	7	8	9	10	**11**	12	13	14	15	16	17	18	19	20	21	22	23	24	25	**26**	27	28	29
양력(9월→10월)	13	14	15	16	17	18	19	20	21	22	23	24	25	26	27	28	29	30	1	2	3	4	5	6	7	辰	9	10	11
요일	금	토	일	월	화	수	목	금	토	일	월	화	수	목	금	토	일	월	화	수	목	금	토	일	월	後	수	목	금
일진	癸丑	甲寅	乙卯	丙辰	丁巳	戊午	己未	庚申	辛酉	壬戌	癸亥	甲子	乙丑	丙寅	丁卯	戊辰	己巳	庚午	辛未	壬申	癸酉	甲戌	乙亥	丙子	丁丑	戊寅	己卯	庚辰	辛巳

음양국: 陰1 / 陰4 / 陰6 / 陰9 / 陰3 / 陰5

9月 戊戌

절기				상강(12)											입동10월(27)		
음력	1	2	3	4	5	6	7	8	9	10	11	**12**	13	14	15	16	17	18	19	20	21	22	23	24	25	26	**27**	28	29	30
양력(10월→11월)	12	13	14	15	16	17	18	19	20	21	22	23	24	25	26	27	28	29	30	31	1	2	3	4	5	6	午	8	9	10
요일	토	일	월	화	수	목	금	토	일	월	화	수	목	금	토	일	월	화	수	목	금	토	일	월	화	수	中	금	토	일
일진	壬午	癸未	甲申	乙酉	丙戌	丁亥	戊子	己丑	庚寅	辛卯	壬辰	癸巳	甲午	乙未	丙申	丁酉	戊戌	己亥	庚子	辛丑	壬寅	癸卯	甲辰	乙巳	丙午	丁未	戊申	己酉	庚戌	辛亥

음양국: 陰5 / 陰8 / 陰2 / 陰6 / 陰9 / 陰3 / 陰5

10月 己亥

절기				소설(12)											대설11월(27)		
음력	1	2	3	4	5	6	7	8	9	10	11	**12**	13	14	15	16	17	18	19	20	21	22	23	24	25	26	**27**	28	29	30
양력(11월→12월)	11	12	13	14	15	16	17	18	19	20	21	22	23	24	25	26	27	28	29	30	1	2	3	4	5	6	寅	8	9	10
요일	월	화	수	목	금	토	일	월	화	수	목	금	토	일	월	화	수	목	금	토	일	월	화	수	목	금	後	일	월	화
일진	壬子	癸丑	甲寅	乙卯	丙辰	丁巳	戊午	己未	庚申	辛酉	壬戌	癸亥	甲子	乙丑	丙寅	丁卯	戊辰	己巳	庚午	辛未	壬申	癸酉	甲戌	乙亥	丙子	丁丑	戊寅	己卯	庚辰	辛巳

음양국: 陰5 / 陰8 / 陰2 / 陰4 / 陰7 / 陰1 / 陰4

11月 庚子

절기			동지(11)											소한12월(26)		
음력	1	2	3	4	5	6	7	8	9	10	**11**	12	13	14	15	16	17	18	19	20	21	22	23	24	25	**26**	27	28	29
양력(12월→1월)	11	12	13	14	15	16	17	18	19	20	21	22	23	24	25	26	27	28	29	30	31	1	2	3	4	申	6	7	8
요일	수	목	금	토	일	월	화	수	목	금	토	일	월	화	수	목	금	토	일	월	화	수	목	금	토	中	월	화	수
일진	壬午	癸未	甲申	乙酉	丙戌	丁亥	戊子	己丑	庚寅	辛卯	壬辰	癸巳	甲午	乙未	丙申	丁酉	戊戌	己亥	庚子	辛丑	壬寅	癸卯	甲辰	乙巳	丙午	丁未	戊申	己酉	庚戌

음양국: 陰4 / 陰7 / 陰1 / **陽1** / 陽7 / 陽4 / 陽2

12月 辛丑

절기				대한(12)											입춘1월(27)		
음력	1	2	3	4	5	6	7	8	9	10	11	**12**	13	14	15	16	17	18	19	20	21	22	23	24	25	26	**27**	28	29	30
양력(1월→2월)	9	10	11	12	13	14	15	16	17	18	19	20	21	22	23	24	25	26	27	28	29	30	31	1	2	3	寅	5	6	7
요일	목	금	토	일	월	화	수	목	금	토	일	월	화	수	목	금	토	일	월	화	수	목	금	토	일	월	初	수	목	금
일진	辛亥	壬子	癸丑	甲寅	乙卯	丙辰	丁巳	戊午	己未	庚申	辛酉	壬戌	癸亥	甲子	乙丑	丙寅	丁卯	戊辰	己巳	庚午	辛未	壬申	癸酉	甲戌	乙亥	丙子	丁丑	戊寅	己卯	庚辰

음양국: 陽2 / 陽8 / 陽5 / 陽3 / 陽9 / 陽6 / 陽8

입춘(2/4) 04:02
경칩(3/5) 22:04
청명(4/5) 02:56
입하(5/5) 20:19
망종(6/6) 00:33
소서(7/7) 10:49

입추(8/7) 20:36
백로(9/7) 23:29
한로(10/8) 15:05
입동(11/7) 18:15
대설(12/7) 11:05
소한(1/5) 22:18

1997(丁丑年)

1月 壬寅

절기											우수															경칩2월			
음력	1	2	3	4	5	6	7	8	9	10	11	12	13	14	15	16	17	18	19	20	21	22	23	24	25	26	27	28	29
양력 월	2월																					3월							
양력 일	8	9	10	11	12	13	14	15	16	17	18	19	20	21	22	23	24	25	26	27	28	1	2	3	4	亥	6	7	8
요일	토	일	월	화	수	목	금	토	일	월	화	수	목	금	토	일	월	화	수	목	금	토	일	월	화	初	목	금	토
일진	辛巳	壬午	癸未	甲申	乙酉	丙戌	丁亥	戊子	己丑	庚寅	辛卯	壬辰	癸巳	甲午	乙未	丙申	丁酉	戊戌	己亥	庚子	辛丑	壬寅	癸卯	甲辰	乙巳	丙午	丁未	戊申	己酉
음양국	陽 8				陽 5				陽 2				陽 9					陽 6				陽 3					陽 1		

2月 癸卯

절기												춘분																청명3월	
음력	1	2	3	4	5	6	7	8	9	10	11	12	13	14	15	16	17	18	19	20	21	22	23	24	25	26	27	28	29
양력 월	3월																							4월					
양력 일	9	10	11	12	13	14	15	16	17	18	19	20	21	22	23	24	25	26	27	28	29	30	31	1	2	3	4	丑	6
요일	일	월	화	수	목	금	토	일	월	화	수	목	금	토	일	월	화	수	목	금	토	일	월	화	수	목	금	後	일
일진	庚戌	辛亥	壬子	癸丑	甲寅	乙卯	丙辰	丁巳	戊午	己未	庚申	辛酉	壬戌	癸亥	甲子	乙丑	丙寅	丁卯	戊辰	己巳	庚午	辛未	壬申	癸酉	甲戌	乙亥	丙子	丁丑	戊寅
음양국	陽 1				陽 7				陽 4					陽 3				陽 9					陽 6						

3月 甲辰

절기														곡우															입하4월	
음력	1	2	3	4	5	6	7	8	9	10	11	12	13	14	15	16	17	18	19	20	21	22	23	24	25	26	27	28	29	30
양력 월	4월																								5월					
양력 일	7	8	9	10	11	12	13	14	15	16	17	18	19	20	21	22	23	24	25	26	27	28	29	30	1	2	3	4	戌	6
요일	월	화	수	목	금	토	일	월	화	수	목	금	토	일	월	화	수	목	금	토	일	월	화	수	목	금	토	일	中	화
일진	己卯	庚辰	辛巳	壬午	癸未	甲申	乙酉	丙戌	丁亥	戊子	己丑	庚寅	辛卯	壬辰	癸巳	甲午	乙未	丙申	丁酉	戊戌	己亥	庚子	辛丑	壬寅	癸卯	甲辰	乙巳	丙午	丁未	戊申
음양국	陽 4				陽 1				陽 7					陽 5				陽 2					陽 8							

4月 乙巳

절기															소만														
음력	1	2	3	4	5	6	7	8	9	10	11	12	13	14	15	16	17	18	19	20	21	22	23	24	25	26	27	28	29
양력 월	5월																									6월			
양력 일	7	8	9	10	11	12	13	14	15	16	17	18	19	20	21	22	23	24	25	26	27	28	29	30	31	1	2	3	4
요일	수	목	금	토	일	월	화	수	목	금	토	일	월	화	수	목	금	토	일	월	화	수	목	금	토	일	월	화	수
일진	己酉	庚戌	辛亥	壬子	癸丑	甲寅	乙卯	丙辰	丁巳	戊午	己未	庚申	辛酉	壬戌	癸亥	甲子	乙丑	丙寅	丁卯	戊辰	己巳	庚午	辛未	壬申	癸酉	甲戌	乙亥	丙子	丁丑
음양국	陽 4				陽 1				陽 7					陽 5				陽 2					陽 8						

5月 丙午

절기	망종5월																하지													
음력	1	2	3	4	5	6	7	8	9	10	11	12	13	14	15	16	17	18	19	20	21	22	23	24	25	26	27	28	29	30
양력 월	6월																										7월			
양력 일	5	子	7	8	9	10	11	12	13	14	15	16	17	18	19	20	21	22	23	24	25	26	27	28	29	30	1	2	3	4
요일	목	中	토	일	월	화	수	목	금	토	일	월	화	수	목	금	토	일	월	화	수	목	금	토	일	월	화	수	목	금
일진	戊寅	己卯	庚辰	辛巳	壬午	癸未	甲申	乙酉	丙戌	丁亥	戊子	己丑	庚寅	辛卯	壬辰	癸巳	甲午	乙未	丙申	丁酉	戊戌	己亥	庚子	辛丑	壬寅	癸卯	甲辰	乙巳	丙午	丁未
음양국	陽 6				陽 3				陽 9					陰 9				陰 3					陰 6							

6月 丁未

절기			소서6월																대서										
음력	1	2	3	4	5	6	7	8	9	10	11	12	13	14	15	16	17	18	19	20	21	22	23	24	25	26	27	28	29
양력 월	7월																											8월	
양력 일	5	6	巳	8	9	10	11	12	13	14	15	16	17	18	19	20	21	22	23	24	25	26	27	28	29	30	31	1	2
요일	토	일	中	화	수	목	금	토	일	월	화	수	목	금	토	일	월	화	수	목	금	토	일	월	화	수	목	금	토
일진	戊申	己酉	庚戌	辛亥	壬子	癸丑	甲寅	乙卯	丙辰	丁巳	戊午	己未	庚申	辛酉	壬戌	癸亥	甲子	乙丑	丙寅	丁卯	戊辰	己巳	庚午	辛未	壬申	癸酉	甲戌	乙亥	丙子
음양국	陰 8				陰 2				陰 5				陰 7					陰 1					陰 4						

7월 戊申

절기: 입추7월 (음력 5) · 처서 (음력 21)

음력	1	2	3	4	5	6	7	8	9	10	11	12	13	14	15	16	17	18	19	20	21	22	23	24	25	26	27	28	29	30
양력월	8월																													9월
력일	3	4	5	6	戌	8	9	10	11	12	13	14	15	16	17	18	19	20	21	22	23	24	25	26	27	28	29	30	31	1
요일	일	월	화	수	中	금	토	일	월	화	수	목	금	토	일	월	화	수	목	금	토	일	월	화	수	목	금	토	일	월
일진	丁丑	戊寅	己卯	庚辰	辛巳	壬午	癸未	甲申	乙酉	丙戌	丁亥	戊子	己丑	庚寅	辛卯	壬辰	癸巳	甲午	乙未	丙申	丁酉	戊戌	己亥	庚子	辛丑	壬寅	癸卯	甲辰	乙巳	丙午

음양국: 陰4 · 陰2 · 陰5 · 陰8 · 陰1 · 陰4 · 陰7

8월 己酉

절기: 백로8월 (음력 6) · 추분 (음력 22)

음력	1	2	3	4	5	6	7	8	9	10	11	12	13	14	15	16	17	18	19	20	21	22	23	24	25	26	27	28	29	30
양력월	9월																													10월
력일	2	3	4	5	6	亥	8	9	10	11	12	13	14	15	16	17	18	19	20	21	22	23	24	25	26	27	28	29	30	1
요일	화	수	목	금	토	後	월	화	수	목	금	토	일	월	화	수	목	금	토	일	월	화	수	목	금	토	일	월	화	수
일진	丁未	戊申	己酉	庚戌	辛亥	壬子	癸丑	甲寅	乙卯	丙辰	丁巳	戊午	己未	庚申	辛酉	壬戌	癸亥	甲子	乙丑	丙寅	丁卯	戊辰	己巳	庚午	辛未	壬申	癸酉	甲戌	乙亥	丙子

음양국: 陰7 · 陰9 · 陰3 · 陰6 · 陰7 · 陰1 · 陰4

9월 庚戌

절기: 한로9월 (음력 7) · 상강 (음력 22)

음력	1	2	3	4	5	6	7	8	9	10	11	12	13	14	15	16	17	18	19	20	21	22	23	24	25	26	27	28	29
양력월	10월																												
력일	2	3	4	5	6	7	未	9	10	11	12	13	14	15	16	17	18	19	20	21	22	23	24	25	26	27	28	29	30
요일	목	금	토	일	월	화	後	목	금	토	일	월	화	수	목	금	토	일	월	화	수	목	금	토	일	월	화	수	목
일진	丁丑	戊寅	己卯	庚辰	辛巳	壬午	癸未	甲申	乙酉	丙戌	丁亥	戊子	己丑	庚寅	辛卯	壬辰	癸巳	甲午	乙未	丙申	丁酉	戊戌	己亥	庚子	辛丑	壬寅	癸卯	甲辰	乙巳

음양국: 陰4 · 陰6 · 陰9 · 陰3 · 陰5 · 陰8 · 陰2

10월 辛亥

절기: 입동10월 (음력 8) · 소설 (음력 23)

음력	1	2	3	4	5	6	7	8	9	10	11	12	13	14	15	16	17	18	19	20	21	22	23	24	25	26	27	28	29	30
양력월	10월	11월																												
력일	31	1	2	3	4	5	6	酉	8	9	10	11	12	13	14	15	16	17	18	19	20	21	22	23	24	25	26	27	28	29
요일	금	토	일	월	화	수	목	中	토	일	월	화	수	목	금	토	일	월	화	수	목	금	토	일	월	화	수	목	금	토
일진	丙午	丁未	戊申	己酉	庚戌	辛亥	壬子	癸丑	甲寅	乙卯	丙辰	丁巳	戊午	己未	庚申	辛酉	壬戌	癸亥	甲子	乙丑	丙寅	丁卯	戊辰	己巳	庚午	辛未	壬申	癸酉	甲戌	乙亥

음양국: 陰2 · 陰6 · 陰9 · 陰3 · 陰5 · 陰8 · 陰2

11월 壬子

절기: 대설11월 (음력 8) · 동지 (음력 23)

음력	1	2	3	4	5	6	7	8	9	10	11	12	13	14	15	16	17	18	19	20	21	22	23	24	25	26	27	28	29	30
양력월	11월	12월																												
력일	30	1	2	3	4	5	6	巳	8	9	10	11	12	13	14	15	16	17	18	19	20	21	22	23	24	25	26	27	28	29
요일	일	월	화	수	목	금	토	後	월	화	수	목	금	토	일	월	화	수	목	금	토	일	월	화	수	목	금	토	일	월
일진	丙子	丁丑	戊寅	己卯	庚辰	辛巳	壬午	癸未	甲申	乙酉	丙戌	丁亥	戊子	己丑	庚寅	辛卯	壬辰	癸巳	甲午	乙未	丙申	丁酉	戊戌	己亥	庚子	辛丑	壬寅	癸卯	甲辰	乙巳

음양국: 陰2 · 陰4 · 陰7 · 陰1 · 陽1 · 陽7 · 陽4

12월 癸丑

절기: 소한12월 (음력 7) · 대한 (음력 22)

음력	1	2	3	4	5	6	7	8	9	10	11	12	13	14	15	16	17	18	19	20	21	22	23	24	25	26	27	28	29
양력월	12월		1월																										
력일	30	31	1	2	3	4	亥	6	7	8	9	10	11	12	13	14	15	16	17	18	19	20	21	22	23	24	25	26	27
요일	화	수	목	금	토	일	中	화	수	목	금	토	일	월	화	수	목	금	토	일	월	화	수	목	금	토	일	월	화
일진	丙午	丁未	戊申	己酉	庚戌	辛亥	壬子	癸丑	甲寅	乙卯	丙辰	丁巳	戊午	己未	庚申	辛酉	壬戌	癸亥	甲子	乙丑	丙寅	丁卯	戊辰	己巳	庚午	辛未	壬申	癸酉	甲戌

음양국: 陽4 · 陽2 · 陽8 · 陽5 · 陽3 · 陽9 · 陽6

입춘(2/4) 09:57
경칩(3/6) 03:57
청명(4/5) 08:45
입하(5/6) 02:03
망종(6/6) 06:13
소서(7/7) 16:30

입추(8/8) 02:20
백로(9/8) 05:16
한로(10/8) 20:56
입동(11/8) 00:08
대설(12/7) 17:02
소한(1/6) 04:17

1998(戊寅年)

1月 甲寅

절기	입춘1월(8) / 우수(23)
음력	1 2 3 4 5 6 7 **8** 9 10 11 12 13 14 15 16 17 18 19 20 21 22 **23** 24 25 26 27 28 29 30
양월	1월 … 2월
력일	28 29 30 31 1 2 3 巳 5 6 7 8 9 10 11 12 13 14 15 16 17 18 19 20 21 22 23 24 25 26
요일	수 목 금 토 일 월 화 初 목 금 토 일 월 화 수 목 금 토 일 월 화 수 목 금 토 일 월 화 수 목
일진	乙亥 丙子 丁丑 戊寅 己卯 庚辰 辛巳 壬午 癸未 甲申 乙酉 丙戌 丁亥 戊子 己丑 庚寅 辛卯 壬辰 癸巳 甲午 乙未 丙申 丁酉 戊戌 己亥 庚子 辛丑 壬寅 癸卯 甲辰
음양국	陽6 陽8 陽5 陽2 陽9 陽6

2月 乙卯

절기	경칩2월(8) / 춘분(23)
음력	1 2 3 4 5 6 7 **8** 9 10 11 12 13 14 15 16 17 18 19 20 21 22 **23** 24 25 26 27 28 29
양월	2월 … 3월
력일	27 28 1 2 3 4 5 寅 7 8 9 10 11 12 13 14 15 16 17 18 19 20 21 22 23 24 25 26 27
요일	금 토 일 월 화 수 목 初 토 일 월 화 수 목 금 토 일 월 화 수 목 금 토 일 월 화 수 목 금
일진	乙巳 丙午 丁未 戊申 己酉 庚戌 辛亥 壬子 癸丑 甲寅 乙卯 丙辰 丁巳 戊午 己未 庚申 辛酉 壬戌 癸亥 甲子 乙丑 丙寅 丁卯 戊辰 己巳 庚午 辛未 壬申 癸酉
음양국	陽3 陽1 陽7 陽4 陽3 陽9

3月 丙辰

절기	청명3월(9) / 곡우(24)
음력	1 2 3 4 5 6 7 8 **9** 10 11 12 13 14 15 16 17 18 19 20 21 22 23 **24** 25 26 27 28 29
양월	3월 … 4월
력일	28 29 30 31 1 2 3 4 辰 6 7 8 9 10 11 12 13 14 15 16 17 18 19 20 21 22 23 24 25
요일	토 일 월 화 수 목 금 토 中 월 화 수 목 금 토 일 월 화 수 목 금 토 일 월 화 수 목 금 토
일진	甲戌 乙亥 丙子 丁丑 戊寅 己卯 庚辰 辛巳 壬午 癸未 甲申 乙酉 丙戌 丁亥 戊子 己丑 庚寅 辛卯 壬辰 癸巳 甲午 乙未 丙申 丁酉 戊戌 己亥 庚子 辛丑 壬寅
음양국	陽6 陽4 陽1 陽7 陽5 陽2

4月 丁巳

절기	입하4월(11) / 소만(26)
음력	1 2 3 4 5 6 7 8 9 10 **11** 12 13 14 15 16 17 18 19 20 21 22 23 24 25 **26** 27 28 29 30
양월	4월 … 5월
력일	26 27 28 29 30 1 2 3 4 5 丑 7 8 9 10 11 12 13 14 15 16 17 18 19 20 21 22 23 24 25
요일	일 월 화 수 목 금 토 일 월 화 初 목 금 토 일 월 화 수 목 금 토 일 월 화 수 목 금 토 일 월
일진	癸卯 甲辰 乙巳 丙午 丁未 戊申 己酉 庚戌 辛亥 壬子 癸丑 甲寅 乙卯 丙辰 丁巳 戊午 己未 庚申 辛酉 壬戌 癸亥 甲子 乙丑 丙寅 丁卯 戊辰 己巳 庚午 辛未 壬申
음양국	陽8 陽4 陽1 陽7 陽5 陽2

5月 戊午

절기	망종5월(12) / 하지(27)
음력	1 2 3 4 5 6 7 8 9 10 11 **12** 13 14 15 16 17 18 19 20 21 22 23 24 25 26 **27** 28 29
양월	5월 … 6월
력일	26 27 28 29 30 31 1 2 3 4 5 卯 7 8 9 10 11 12 13 14 15 16 17 18 19 20 21 22 23
요일	화 수 목 금 토 일 월 화 수 목 금 中 일 월 화 수 목 금 토 일 월 화 수 목 금 토 일 월 화
일진	癸酉 甲戌 乙亥 丙子 丁丑 戊寅 己卯 庚辰 辛巳 壬午 癸未 甲申 乙酉 丙戌 丁亥 戊子 己丑 庚寅 辛卯 壬辰 癸巳 甲午 乙未 丙申 丁酉 戊戌 己亥 庚子 辛丑
음양국	陽8 陽6 陽3 陽9 陰9 陰3

閏5月

절기	소서6월(14)
음력	1 2 3 4 5 6 7 8 9 10 11 12 13 **14** 15 16 17 18 19 20 21 22 23 24 25 26 27 28 29
양월	6월 … 7월
력일	24 25 26 27 28 29 30 1 2 3 4 5 6 申 8 9 10 11 12 13 14 15 16 17 18 19 20 21 22
요일	수 목 금 토 일 월 화 수 목 금 토 일 월 中 수 목 금 토 일 월 화 수 목 금 토 일 월 화 수
일진	壬寅 癸卯 甲辰 乙巳 丙午 丁未 戊申 己酉 庚戌 辛亥 壬子 癸丑 甲寅 乙卯 丙辰 丁巳 戊午 己未 庚申 辛酉 壬戌 癸亥 甲子 乙丑 丙寅 丁卯 戊辰 己巳 庚午
음양국	陰3 陰6 陰8 陰2 陰5 陰7 陰1

6月 己未

절기	대서																입추7월													
음력	1	2	3	4	5	6	7	8	9	10	11	12	13	14	15	16	17	18	19	20	21	22	23	24	25	26	27	28	29	30
양력월	7월									8월																				
양력일	23	24	25	26	27	28	29	30	31	1	2	3	4	5	6	7	丑	9	10	11	12	13	14	15	16	17	18	19	20	21
요일	목	금	토	일	월	화	수	목	금	토	일	월	화	수	목	금	中	일	월	화	수	목	금	토	일	월	화	수	목	금
일진	辛未	壬申	癸酉	甲戌	乙亥	丙子	丁丑	戊寅	己卯	庚辰	辛巳	壬午	癸未	甲申	乙酉	丙戌	丁亥	戊子	己丑	庚寅	辛卯	壬辰	癸巳	甲午	乙未	丙申	丁酉	戊戌	己亥	庚子
음양국	陰 1			陰 4				陰 2				陰 5				陰 8				陰 1				陰 4						

7月 庚申

절기		처서																백로8월												
음력	1	2	3	4	5	6	7	8	9	10	11	12	13	14	15	16	17	18	19	20	21	22	23	24	25	26	27	28	29	30
양력월	8월									9월																				
양력일	22	23	24	25	26	27	28	29	30	31	1	2	3	4	5	6	7	寅	9	10	11	12	13	14	15	16	17	18	19	20
요일	토	일	월	화	수	목	금	토	일	월	화	수	목	금	토	일	월	後	수	목	금	토	일	월	화	수	목	금	토	일
일진	辛丑	壬寅	癸卯	甲辰	乙巳	丙午	丁未	戊申	己酉	庚戌	辛亥	壬子	癸丑	甲寅	乙卯	丙辰	丁巳	戊午	己未	庚申	辛酉	壬戌	癸亥	甲子	乙丑	丙寅	丁卯	戊辰	己巳	庚午
음양국	陰 4			陰 7				陰 9				陰 3				陰 6				陰 7				陰 1						

8月 辛酉

절기			추분															한로9월											
음력	1	2	3	4	5	6	7	8	9	10	11	12	13	14	15	16	17	18	19	20	21	22	23	24	25	26	27	28	29
양력월	9월										10월																		
양력일	21	22	23	24	25	26	27	28	29	30	1	2	3	4	5	6	7	戌	9	10	11	12	13	14	15	16	17	18	19
요일	월	화	수	목	금	토	일	월	화	수	목	금	토	일	월	화	수	後	금	토	일	월	화	수	목	금	토	일	월
일진	辛未	壬申	癸酉	甲戌	乙亥	丙子	丁丑	戊寅	己卯	庚辰	辛巳	壬午	癸未	甲申	乙酉	丙戌	丁亥	戊子	己丑	庚寅	辛卯	壬辰	癸巳	甲午	乙未	丙申	丁酉	戊戌	己亥
음양국	陰 1			陰 4				陰 6				陰 9				陰 3				陰 5				陰 8					

9月 壬戌

절기				상강																입동10월										
음력	1	2	3	4	5	6	7	8	9	10	11	12	13	14	15	16	17	18	19	20	21	22	23	24	25	26	27	28	29	30
양력월	10월												11월																	
양력일	20	21	22	23	24	25	26	27	28	29	30	31	1	2	3	4	5	6	7	子	9	10	11	12	13	14	15	16	17	18
요일	화	수	목	금	토	일	월	화	수	목	금	토	일	월	화	수	목	금	토	初	월	화	수	목	금	토	일	월	화	수
일진	庚子	辛丑	壬寅	癸卯	甲辰	乙巳	丙午	丁未	戊申	己酉	庚戌	辛亥	壬子	癸丑	甲寅	乙卯	丙辰	丁巳	戊午	己未	庚申	辛酉	壬戌	癸亥	甲子	乙丑	丙寅	丁卯	戊辰	己巳
음양국	陰 8			陰 2				陰 6				陰 9				陰 3				陰 5										

10月 癸亥

절기				소설															대설11월											
음력	1	2	3	4	5	6	7	8	9	10	11	12	13	14	15	16	17	18	19	20	21	22	23	24	25	26	27	28	29	30
양력월	11월											12월																		
양력일	19	20	21	22	23	24	25	26	27	28	29	30	1	2	3	4	5	6	申	8	9	10	11	12	13	14	15	16	17	18
요일	목	금	토	일	월	화	수	목	금	토	일	월	화	수	목	금	토	일	後	화	수	목	금	토	일	월	화	수	목	금
일진	庚午	辛未	壬申	癸酉	甲戌	乙亥	丙子	丁丑	戊寅	己卯	庚辰	辛巳	壬午	癸未	甲申	乙酉	丙戌	丁亥	戊子	己丑	庚寅	辛卯	壬辰	癸巳	甲午	乙未	丙申	丁酉	戊戌	己亥
음양국	陰 8			陰 2				陰 4				陰 7				陰 1				陽 1										

11月 甲子

절기				동지															소한12월											
음력	1	2	3	4	5	6	7	8	9	10	11	12	13	14	15	16	17	18	19	20	21	22	23	24	25	26	27	28	29	30
양력월	12월												1월																	
양력일	19	20	21	22	23	24	25	26	27	28	29	30	31	1	2	3	4	5	寅	7	8	9	10	11	12	13	14	15	16	17
요일	토	일	월	화	수	목	금	토	일	월	화	수	목	금	토	일	월	화	中	목	금	토	일	월	화	수	목	금	토	일
일진	庚子	辛丑	壬寅	癸卯	甲辰	乙巳	丙午	丁未	戊申	己酉	庚戌	辛亥	壬子	癸丑	甲寅	乙卯	丙辰	丁巳	戊午	己未	庚申	辛酉	壬戌	癸亥	甲子	乙丑	丙寅	丁卯	戊辰	己巳
음양국	陽 7			陽 4				陽 2				陽 8				陽 5				陽 3										

12月 乙丑

절기			대한															입춘1월											
음력	1	2	3	4	5	6	7	8	9	10	11	12	13	14	15	16	17	18	19	20	21	22	23	24	25	26	27	28	29
양력월	1월													2월															
양력일	18	19	20	21	22	23	24	25	26	27	28	29	30	31	1	2	3	申	5	6	7	8	9	10	11	12	13	14	15
요일	월	화	수	목	금	토	일	월	화	수	목	금	토	일	월	화	수	初	금	토	일	월	화	수	목	금	토	일	월
일진	庚午	辛未	壬申	癸酉	甲戌	乙亥	丙子	丁丑	戊寅	己卯	庚辰	辛巳	壬午	癸未	甲申	乙酉	丙戌	丁亥	戊子	己丑	庚寅	辛卯	壬辰	癸巳	甲午	乙未	丙申	丁酉	戊戌
음양국	陽 9			陽 6				陽 8				陽 5				陽 2				陽 9									

입춘(2/4) 15:57
경칩(3/6) 09:58
청명(4/5) 14:45
입하(5/6) 08:01
망종(6/6) 12:09
소서(7/7) 22:25

1999(己卯年)

입추(8/8) 08:14
백로(9/8) 11:10
한로(10/9) 02:48
입동(11/8) 05:58
대설(12/7) 22:47
소한(1/6) 10:01

1月 丙寅

절기	우수																		경칩2월											
음력	1	2	3	4	5	6	7	8	9	10	11	12	13	14	15	16	17	18	19	20	21	22	23	24	25	26	27	28	29	30
양력 월	2월													3월																
양력 일	16	17	18	19	20	21	22	23	24	25	26	27	28	1	2	3	4	5	巳	7	8	9	10	11	12	13	14	15	16	17
요일	화	수	목	금	토	일	월	화	수	목	금	토	일	월	화	수	목	금	初	일	월	화	수	목	금	토	일	월	화	수
일진	己亥	庚子	辛丑	壬寅	癸卯	甲辰	乙巳	丙午	丁未	戊申	己酉	庚戌	辛亥	壬子	癸丑	甲寅	乙卯	丙辰	丁巳	戊午	己未	庚申	辛酉	壬戌	癸亥	甲子	乙丑	丙寅	丁卯	戊辰
음양국	陽 6					陽 3					陽 1					陽 7					陽 4					陽 3				

2月 丁卯

절기	춘분																		청명3월										
음력	1	2	3	4	5	6	7	8	9	10	11	12	13	14	15	16	17	18	19	20	21	22	23	24	25	26	27	28	29
양력 월	3월														4월														
양력 일	18	19	20	21	22	23	24	25	26	27	28	29	30	31	1	2	3	4	未	6	7	8	9	10	11	12	13	14	15
요일	목	금	토	일	월	화	수	목	금	토	일	월	화	수	목	금	토	일	中	화	수	목	금	토	일	월	화	수	목
일진	己巳	庚午	辛未	壬申	癸酉	甲戌	乙亥	丙子	丁丑	戊寅	己卯	庚辰	辛巳	壬午	癸未	甲申	乙酉	丙戌	丁亥	戊子	己丑	庚寅	辛卯	壬辰	癸巳	甲午	乙未	丙申	丁酉
음양국	陽 9					陽 6					陽 4					陽 1					陽 7					陽 5			

3月 戊辰

절기	곡우																			입하4월									
음력	1	2	3	4	5	6	7	8	9	10	11	12	13	14	15	16	17	18	19	20	21	22	23	24	25	26	27	28	29
양력 월	4월															5월													
양력 일	16	17	18	19	20	21	22	23	24	25	26	27	28	29	30	1	2	3	4	5	辰	7	8	9	10	11	12	13	14
요일	금	토	일	월	화	수	목	금	토	일	월	화	수	목	금	토	일	월	화	수	初	금	토	일	월	화	수	목	금
일진	戊戌	己亥	庚子	辛丑	壬寅	癸卯	甲辰	乙巳	丙午	丁未	戊申	己酉	庚戌	辛亥	壬子	癸丑	甲寅	乙卯	丙辰	丁巳	戊午	己未	庚申	辛酉	壬戌	癸亥	甲子	乙丑	丙寅
음양국	陽 2					陽 8					陽 4					陽 1					陽 7					陽 5			

4月 己巳

절기	소만																						망종5월							
음력	1	2	3	4	5	6	7	8	9	10	11	12	13	14	15	16	17	18	19	20	21	22	23	24	25	26	27	28	29	30
양력 월	5월																	6월												
양력 일	15	16	17	18	19	20	21	22	23	24	25	26	27	28	29	30	31	1	2	3	4	5	午	7	8	9	10	11	12	13
요일	토	일	월	화	수	목	금	토	일	월	화	수	목	금	토	일	월	화	수	목	금	토	初	월	화	수	목	금	토	일
일진	丁卯	戊辰	己巳	庚午	辛未	壬申	癸酉	甲戌	乙亥	丙子	丁丑	戊寅	己卯	庚辰	辛巳	壬午	癸未	甲申	乙酉	丙戌	丁亥	戊子	己丑	庚寅	辛卯	壬辰	癸巳	甲午	乙未	丙申
음양국	陽 5			陽 2					陽 8					陽 6					陽 3					陽 9					陽 6	

5月 庚午

절기	하지																							소서6월					
음력	1	2	3	4	5	6	7	8	9	10	11	12	13	14	15	16	17	18	19	20	21	22	23	24	25	26	27	28	29
양력 월	6월																	7월											
양력 일	14	15	16	17	18	19	20	21	22	23	24	25	26	27	28	29	30	1	2	3	4	5	6	亥	8	9	10	11	12
요일	월	화	수	목	금	토	일	월	화	수	목	금	토	일	월	화	수	목	금	토	일	월	화	中	목	금	토	일	월
일진	丁酉	戊戌	己亥	庚子	辛丑	壬寅	癸卯	甲辰	乙巳	丙午	丁未	戊申	己酉	庚戌	辛亥	壬子	癸丑	甲寅	乙卯	丙辰	丁巳	戊午	己未	庚申	辛酉	壬戌	癸亥	甲子	乙丑
음양국	陽 6				陽 3					陽 9					陰 9					陰 3					陰 6			陰 8	

6月 辛未

절기	대서																										입추7월		
음력	1	2	3	4	5	6	7	8	9	10	11	12	13	14	15	16	17	18	19	20	21	22	23	24	25	26	27	28	29
양력 월	7월																		8월										
양력 일	13	14	15	16	17	18	19	20	21	22	23	24	25	26	27	28	29	30	31	1	2	3	4	5	6	7	辰	9	10
요일	화	수	목	금	토	일	월	화	수	목	금	토	일	월	화	수	목	금	토	일	월	화	수	목	금	토	中	월	화
일진	丙寅	丁卯	戊辰	己巳	庚午	辛未	壬申	癸酉	甲戌	乙亥	丙子	丁丑	戊寅	己卯	庚辰	辛巳	壬午	癸未	甲申	乙酉	丙戌	丁亥	戊子	己丑	庚寅	辛卯	壬辰	癸巳	甲午
음양국	陰 8				陰 2					陰 5					陰 7					陰 1					陰 4			陰 2	

7月 壬申

절기												처서																백로8월	
음력	1	2	3	4	5	6	7	8	9	10	11	12	13	14	15	16	17	18	19	20	21	22	23	24	25	26	27	28	29	30
양력 월	8월																					9월								
양력 일	11	12	13	14	15	16	17	18	19	20	21	22	23	24	25	26	27	28	29	30	31	1	2	3	4	5	6	7	巳	9
요일	수	목	금	토	일	월	화	수	목	금	토	일	월	화	수	목	금	토	일	월	화	수	목	금	토	일	월	화	後	목
일진	乙未	丙申	丁酉	戊戌	己亥	庚子	辛丑	壬寅	癸卯	甲辰	乙巳	丙午	丁未	戊申	己酉	庚戌	辛亥	壬子	癸丑	甲寅	乙卯	丙辰	丁巳	戊午	己未	庚申	辛酉	壬戌	癸亥	甲子
음양국	陰 2					陰 5					陰 8					陰 1					陰 4					陰 7				

8月 癸酉

절기													추분															
음력	1	2	3	4	5	6	7	8	9	10	11	12	13	14	15	16	17	18	19	20	21	22	23	24	25	26	27	28	29
양력 월	9월																					10월							
양력 일	10	11	12	13	14	15	16	17	18	19	20	21	22	23	24	25	26	27	28	29	30	1	2	3	4	5	6	7	8
요일	금	토	일	월	화	수	목	금	토	일	월	화	수	목	금	토	일	월	화	수	목	금	토	일	월	화	수	목	금
일진	乙丑	丙寅	丁卯	戊辰	己巳	庚午	辛未	壬申	癸酉	甲戌	乙亥	丙子	丁丑	戊寅	己卯	庚辰	辛巳	壬午	癸未	甲申	乙酉	丙戌	丁亥	戊子	己丑	庚寅	辛卯	壬辰	癸巳
음양국	陰 9					陰 3					陰 6					陰 7					陰 1					陰 4			

9月 甲戌

절기	한로9월															상강														
음력	1	2	3	4	5	6	7	8	9	10	11	12	13	14	15	16	17	18	19	20	21	22	23	24	25	26	27	28	29	30
양력 월	10월																						11월							
양력 일	丑	10	11	12	13	14	15	16	17	18	19	20	21	22	23	24	25	26	27	28	29	30	31	1	2	3	4	5	6	7
요일	中	일	월	화	수	목	금	토	일	월	화	수	목	금	토	일	월	화	수	목	금	토	일	월	화	수	목	금	토	일
일진	甲午	乙未	丙申	丁酉	戊戌	己亥	庚子	辛丑	壬寅	癸卯	甲辰	乙巳	丙午	丁未	戊申	己酉	庚戌	辛亥	壬子	癸丑	甲寅	乙卯	丙辰	丁巳	戊午	己未	庚申	辛酉	壬戌	癸亥
음양국	陰 6					陰 9					陰 3					陰 5					陰 8					陰 2				

10月 乙亥

절기	입동10월															소설														대설11월
음력	1	2	3	4	5	6	7	8	9	10	11	12	13	14	15	16	17	18	19	20	21	22	23	24	25	26	27	28	29	30
양력 월	11월																						12월							
양력 일	卯	9	10	11	12	13	14	15	16	17	18	19	20	21	22	23	24	25	26	27	28	29	30	1	2	3	4	5	6	亥
요일	初	화	수	목	금	토	일	월	화	수	목	금	토	일	월	화	수	목	금	토	일	월	화	수	목	금	토	일	월	中
일진	甲子	乙丑	丙寅	丁卯	戊辰	己巳	庚午	辛未	壬申	癸酉	甲戌	乙亥	丙子	丁丑	戊寅	己卯	庚辰	辛巳	壬午	癸未	甲申	乙酉	丙戌	丁亥	戊子	己丑	庚寅	辛卯	壬辰	癸巳
음양국	陰 6					陰 9					陰 3					陰 5					陰 8					陰 2				

11月 丙子

절기															동지															소한12월
음력	1	2	3	4	5	6	7	8	9	10	11	12	13	14	15	16	17	18	19	20	21	22	23	24	25	26	27	28	29	30
양력 월	12월																								1월					
양력 일	8	9	10	11	12	13	14	15	16	17	18	19	20	21	22	23	24	25	26	27	28	29	30	31	1	2	3	4	5	巳
요일	수	목	금	토	일	월	화	수	목	금	토	일	월	화	수	목	금	토	일	월	화	수	목	금	토	일	월	화	수	初
일진	甲午	乙未	丙申	丁酉	戊戌	己亥	庚子	辛丑	壬寅	癸卯	甲辰	乙巳	丙午	丁未	戊申	己酉	庚戌	辛亥	壬子	癸丑	甲寅	乙卯	丙辰	丁巳	戊午	己未	庚申	辛酉	壬戌	癸亥
음양국	陰 4					陰 7					陰 1					陽 1					陽 7					陽 4				

12月 丁丑

절기															대한														입춘1월
음력	1	2	3	4	5	6	7	8	9	10	11	12	13	14	15	16	17	18	19	20	21	22	23	24	25	26	27	28	29
양력 월	1월																									2월			
양력 일	7	8	9	10	11	12	13	14	15	16	17	18	19	20	21	22	23	24	25	26	27	28	29	30	31	1	2	3	亥
요일	금	토	일	월	화	수	목	금	토	일	월	화	수	목	금	토	일	월	화	수	목	금	토	일	월	화	수	목	初
일진	甲子	乙丑	丙寅	丁卯	戊辰	己巳	庚午	辛未	壬申	癸酉	甲戌	乙亥	丙子	丁丑	戊寅	己卯	庚辰	辛巳	壬午	癸未	甲申	乙酉	丙戌	丁亥	戊子	己丑	庚寅	辛卯	壬辰
음양국	陽 2					陽 8					陽 5					陽 3					陽 9					陽 6			

2000(庚辰年)

입춘(2/4) 21:40	입추(8/7) 14:03
경칩(3/5) 15:43	백로(9/7) 16:59
청명(4/4) 20:32	한로(10/8) 08:38
입하(5/5) 13:50	입동(11/7) 11:48
망종(6/5) 17:59	대설(12/7) 04:37
소서(7/7) 04:14	소한(1/5) 15:49

1月 戊寅

	절기: 우수(15) · 경칩2월(30)
음력	1 2 3 4 5 6 7 8 9 10 11 12 13 14 **15** 16 17 18 19 20 21 22 23 24 25 26 27 28 29 **30**
양력(월)	2월 … 3월(26~)
양력(일)	5 6 7 8 9 10 11 12 13 14 15 16 17 18 **19** 20 21 22 23 24 25 26 27 28 29 1 2 3 4 申
요일	토 일 월 화 수 목 금 토 일 월 화 수 목 금 토 일 월 화 수 목 금 토 일 월 화 수 목 금 토 初
일진	癸巳 甲午 乙未 丙申 丁酉 戊戌 己亥 庚子 辛丑 壬寅 癸卯 甲辰 乙巳 丙午 丁未 戊申 己酉 庚戌 辛亥 壬子 癸丑 甲寅 乙卯 丙辰 丁巳 戊午 己未 庚申 辛酉 壬戌
음양국	陽8 陽5 陽2 陽9 陽6 陽3

2月 己卯

	절기: 춘분(15) · 청명3월(30)
음력	1 2 3 4 5 6 7 8 9 10 11 12 13 14 **15** 16 17 18 19 20 21 22 23 24 25 26 27 28 29 **30**
양력(월)	3월 … 4월(27~)
양력(일)	6 7 8 9 10 11 12 13 14 15 16 17 18 19 **20** 21 22 23 24 25 26 27 28 29 30 31 1 2 3 戌
요일	월 화 수 목 금 토 일 월 화 수 목 금 토 일 **월** 화 수 목 금 토 일 월 화 수 목 금 토 일 월 中
일진	癸亥 甲子 乙丑 丙寅 丁卯 戊辰 己巳 庚午 辛未 壬申 癸酉 甲戌 乙亥 丙子 丁丑 戊寅 己卯 庚辰 辛巳 壬午 癸未 甲申 乙酉 丙戌 丁亥 戊子 己丑 庚寅 辛卯 壬辰
음양국	陽1 陽7 陽4 陽3 陽9 陽6

3月 庚辰

	절기: 곡우(16)
음력	1 2 3 4 5 6 7 8 9 10 11 12 13 14 15 **16** 17 18 19 20 21 22 23 24 25 26 27 28 29
양력(월)	4월 … 5월(27~)
양력(일)	5 6 7 8 9 10 11 12 13 14 15 16 17 18 19 **20** 21 22 23 24 25 26 27 28 29 30 1 2 3
요일	수 목 금 토 일 월 화 수 목 금 토 일 월 화 수 **목** 금 토 일 월 화 수 목 금 토 일 월 화 수
일진	癸巳 甲午 乙未 丙申 丁酉 戊戌 己亥 庚子 辛丑 壬寅 癸卯 甲辰 乙巳 丙午 丁未 戊申 己酉 庚戌 辛亥 壬子 癸丑 甲寅 乙卯 丙辰 丁巳 戊午 己未 庚申 辛酉
음양국	陽4 陽1 陽7 陽5 陽2 陽8

4月 辛巳

	절기: 입하4월(2) · 소만(18)
음력	1 **2** 3 4 5 6 7 8 9 10 11 12 13 14 15 16 17 **18** 19 20 21 22 23 24 25 26 27 28 29
양력(월)	5월 … 6월(29~)
양력(일)	4 未 6 7 8 9 10 11 12 13 14 15 16 17 18 19 20 **21** 22 23 24 25 26 27 28 29 30 31 1
요일	목 初 토 일 월 화 수 목 금 토 일 월 화 수 목 금 토 **일** 월 화 수 목 금 토 일 월 화 수 목
일진	壬戌 癸亥 甲子 乙丑 丙寅 丁卯 戊辰 己巳 庚午 辛未 壬申 癸酉 甲戌 乙亥 丙子 丁丑 戊寅 己卯 庚辰 辛巳 壬午 癸未 甲申 乙酉 丙戌 丁亥 戊子 己丑 庚寅
음양국	陽8 陽4 陽1 陽7 陽5 陽2 陽8

5月 壬午

	절기: 망종5월(4) · 하지(20)
음력	1 2 3 **4** 5 6 7 8 9 10 11 12 13 14 15 16 17 18 19 **20** 21 22 23 24 25 26 27 28 29 30
양력(월)	6월 … 7월(30~)
양력(일)	2 3 4 酉 6 7 8 9 10 11 12 13 14 15 16 17 18 19 20 **21** 22 23 24 25 26 27 28 29 30 1
요일	금 토 일 初 화 수 목 금 토 일 월 화 수 목 금 토 일 월 화 **수** 목 금 토 일 월 화 수 목 금 토
일진	辛卯 壬辰 癸巳 甲午 乙未 丙申 丁酉 戊戌 己亥 庚子 辛丑 壬寅 癸卯 甲辰 乙巳 丙午 丁未 戊申 己酉 庚戌 辛亥 壬子 癸丑 甲寅 乙卯 丙辰 丁巳 戊午 己未 庚申
음양국	陽8 陽6 陽3 陽9 **陰9** 陰3 陰6

6月 癸未

	절기: 소서6월(6) · 대서(21)
음력	1 2 3 4 5 **6** 7 8 9 10 11 12 13 14 15 16 17 18 19 20 **21** 22 23 24 25 26 27 28 29
양력(월)	7월
양력(일)	2 3 4 5 6 寅 8 9 10 11 12 13 14 15 16 17 18 19 20 21 **22** 23 24 25 26 27 28 29 30
요일	일 월 화 수 목 中 토 일 월 화 수 목 금 토 일 월 화 수 목 금 **토** 일 월 화 수 목 금 토 일
일진	辛酉 壬戌 癸亥 甲子 乙丑 丙寅 丁卯 戊辰 己巳 庚午 辛未 壬申 癸酉 甲戌 乙亥 丙子 丁丑 戊寅 己卯 庚辰 辛巳 壬午 癸未 甲申 乙酉 丙戌 丁亥 戊子 己丑
음양국	陰6 陰8 陰2 陰5 陰7 陰1 陰4

7月 甲申

절기: 입추7월 (음력 8) / 처서 (음력 24)

음력	1	2	3	4	5	6	7	8	9	10	11	12	13	14	15	16	17	18	19	20	21	22	23	24	25	26	27	28	29
양력월	7월	8월																											
양력일	31	1	2	3	4	5	6	未	8	9	10	11	12	13	14	15	16	17	18	19	20	21	22	23	24	25	26	27	28
요일	월	화	수	목	금	토	일	初	화	수	목	금	토	일	월	화	수	목	금	토	일	월	화	수	목	금	토	일	월
일진	庚寅	辛卯	壬辰	癸巳	甲午	乙未	丙申	丁酉	戊戌	己亥	庚子	辛丑	壬寅	癸卯	甲辰	乙巳	丙午	丁未	戊申	己酉	庚戌	辛亥	壬子	癸丑	甲寅	乙卯	丙辰	丁巳	戊午

음양국: 陰4 · 陰2 · 陰5 · 陰8 · 陰1 · 陰4

8月 乙酉

절기: 백로8월 (음력 10) / 추분 (음력 26)

음력	1	2	3	4	5	6	7	8	9	10	11	12	13	14	15	16	17	18	19	20	21	22	23	24	25	26	27	28	29	30
양력월	8월			9월																										
양력일	29	30	31	1	2	3	4	5	6	申	8	9	10	11	12	13	14	15	16	17	18	19	20	21	22	23	24	25	26	27
요일	화	수	목	금	토	일	월	화	수	後	금	토	일	월	화	수	목	금	토	일	월	화	수	목	금	토	일	월	화	수
일진	己未	庚申	辛酉	壬戌	癸亥	甲子	乙丑	丙寅	丁卯	戊辰	己巳	庚午	辛未	壬申	癸酉	甲戌	乙亥	丙子	丁丑	戊寅	己卯	庚辰	辛巳	壬午	癸未	甲申	乙酉	丙戌	丁亥	戊子

음양국: 陰7 · 陰9 · 陰3 · 陰6 · 陰7 · 陰1

9月 丙戌

절기: 한로9월 (음력 11) / 상강 (음력 26)

음력	1	2	3	4	5	6	7	8	9	10	11	12	13	14	15	16	17	18	19	20	21	22	23	24	25	26	27	28	29
양력월	9월			10월																									
양력일	28	29	30	1	2	3	4	5	6	7	辰	9	10	11	12	13	14	15	16	17	18	19	20	21	22	23	24	25	26
요일	목	금	토	일	월	화	수	목	금	토	中	월	화	수	목	금	토	일	월	화	수	목	금	토	일	월	화	수	목
일진	己丑	庚寅	辛卯	壬辰	癸巳	甲午	乙未	丙申	丁酉	戊戌	己亥	庚子	辛丑	壬寅	癸卯	甲辰	乙巳	丙午	丁未	戊申	己酉	庚戌	辛亥	壬子	癸丑	甲寅	乙卯	丙辰	丁巳

음양국: 陰4 · 陰6 · 陰9 · 陰3 · 陰5 · 陰8

10月 丁亥

절기: 입동10월 (음력 12) / 소설 (음력 27)

음력	1	2	3	4	5	6	7	8	9	10	11	12	13	14	15	16	17	18	19	20	21	22	23	24	25	26	27	28	29	30
양력월	10월					11월																								
양력일	27	28	29	30	31	1	2	3	4	5	6	午	8	9	10	11	12	13	14	15	16	17	18	19	20	21	22	23	24	25
요일	금	토	일	월	화	수	목	금	토	일	월	初	수	목	금	토	일	월	화	수	목	금	토	일	월	화	수	목	금	토
일진	戊午	己未	庚申	辛酉	壬戌	癸亥	甲子	乙丑	丙寅	丁卯	戊辰	己巳	庚午	辛未	壬申	癸酉	甲戌	乙亥	丙子	丁丑	戊寅	己卯	庚辰	辛巳	壬午	癸未	甲申	乙酉	丙戌	丁亥

음양국: 陰2 · 陰6 · 陰9 · 陰3 · 陰5 · 陰8

11月 戊子

절기: 대설11월 (음력 12) / 동지 (음력 26)

음력	1	2	3	4	5	6	7	8	9	10	11	12	13	14	15	16	17	18	19	20	21	22	23	24	25	26	27	28	29	30
양력월	11월					12월																								
양력일	26	27	28	29	30	1	2	3	4	5	6	寅	8	9	10	11	12	13	14	15	16	17	18	19	20	21	22	23	24	25
요일	일	월	화	수	목	금	토	일	월	화	수	中	금	토	일	월	화	수	목	금	토	일	월	화	수	목	금	토	일	월
일진	戊子	己丑	庚寅	辛卯	壬辰	癸巳	甲午	乙未	丙申	丁酉	戊戌	己亥	庚子	辛丑	壬寅	癸卯	甲辰	乙巳	丙午	丁未	戊申	己酉	庚戌	辛亥	壬子	癸丑	甲寅	乙卯	丙辰	丁巳

음양국: 陰2 · 陰4 · 陰7 · 陰1 · 陽1 · 陽7

12月 己丑

절기: 소한12월 (음력 11) / 대한 (음력 26)

음력	1	2	3	4	5	6	7	8	9	10	11	12	13	14	15	16	17	18	19	20	21	22	23	24	25	26	27	28	29
양력월	12월						1월																						
양력일	26	27	28	29	30	31	1	2	3	4	申	6	7	8	9	10	11	12	13	14	15	16	17	18	19	20	21	22	23
요일	화	수	목	금	토	일	월	화	수	목	初	토	일	월	화	수	목	금	토	일	월	화	수	목	금	토	일	월	화
일진	戊午	己未	庚申	辛酉	壬戌	癸亥	甲子	乙丑	丙寅	丁卯	戊辰	己巳	庚午	辛未	壬申	癸酉	甲戌	乙亥	丙子	丁丑	戊寅	己卯	庚辰	辛巳	壬午	癸未	甲申	乙酉	丙戌

음양국: 陽4 · 陽2 · 陽8 · 陽5 · 陽3 · 陽9

입춘(2/4) 03:29
경칩(3/5) 21:32
청명(4/5) 02:24
입하(5/5) 19:45
망종(6/5) 23:54
소서(7/7) 10:07

2001(辛巳年)

입추(8/7) 19:52
백로(9/7) 22:46
한로(10/8) 14:25
입동(11/7) 17:37
대설(12/7) 10:29
소한(1/5) 21:43

1月 庚寅

절기: 입춘1월(음력12) / 우수(음력26)

음력	1	2	3	4	5	6	7	8	9	10	11	12	13	14	15	16	17	18	19	20	21	22	23	24	25	26	27	28	29	30
양력(1월→2월)	24	25	26	27	28	29	30	31	1	2	3	丑	5	6	7	8	9	10	11	12	13	14	15	16	17	18	19	20	21	22
요일	수	목	금	토	일	월	화	수	목	금	토	後	월	화	수	목	금	토	일	월	화	수	목	금	토	일	월	화	수	목
일진	丁亥	戊子	己丑	庚寅	辛卯	壬辰	癸巳	甲午	乙未	丙申	丁酉	戊戌	己亥	庚子	辛丑	壬寅	癸卯	甲辰	乙巳	丙午	丁未	戊申	己酉	庚戌	辛亥	壬子	癸丑	甲寅	乙卯	丙辰

음양국: 陽9 陽6 陽8 陽5 陽2 陽9 陽6

2月 辛卯

절기: 경칩2월(음력11) / 춘분(음력26)

음력	1	2	3	4	5	6	7	8	9	10	11	12	13	14	15	16	17	18	19	20	21	22	23	24	25	26	27	28	29	30
양력(2월→3월)	23	24	25	26	27	28	1	2	3	4	亥	6	7	8	9	10	11	12	13	14	15	16	17	18	19	20	21	22	23	24
요일	금	토	일	월	화	수	목	금	토	일	初	화	수	목	금	토	일	월	화	수	목	금	토	일	월	화	수	목	금	토
일진	丁巳	戊午	己未	庚申	辛酉	壬戌	癸亥	甲子	乙丑	丙寅	丁卯	戊辰	己巳	庚午	辛未	壬申	癸酉	甲戌	乙亥	丙子	丁丑	戊寅	己卯	庚辰	辛巳	壬午	癸未	甲申	乙酉	丙戌

음양국: 陽6 陽3 陽1 陽7 陽4 陽3 陽9

3月 壬辰

절기: 청명3월(음력12) / 곡우(음력27)

음력	1	2	3	4	5	6	7	8	9	10	11	12	13	14	15	16	17	18	19	20	21	22	23	24	25	26	27	28	29	30
양력(3월→4월)	25	26	27	28	29	30	31	1	2	3	4	丑	6	7	8	9	10	11	12	13	14	15	16	17	18	19	20	21	22	23
요일	일	월	화	수	목	금	토	일	월	화	수	中	금	토	일	월	화	수	목	금	토	일	월	화	수	목	금	토	일	월
일진	丁亥	戊子	己丑	庚寅	辛卯	壬辰	癸巳	甲午	乙未	丙申	丁酉	戊戌	己亥	庚子	辛丑	壬寅	癸卯	甲辰	乙巳	丙午	丁未	戊申	己酉	庚戌	辛亥	壬子	癸丑	甲寅	乙卯	丙辰

음양국: 陽9 陽6 陽3 陽1 陽7 陽5 陽2

4月 癸巳

절기: 입하4월(음력12) / 소만(음력28)

음력	1	2	3	4	5	6	7	8	9	10	11	12	13	14	15	16	17	18	19	20	21	22	23	24	25	26	27	28	29
양력(4월→5월)	24	25	26	27	28	29	30	1	2	3	4	戌	6	7	8	9	10	11	12	13	14	15	16	17	18	19	20	21	22
요일	화	수	목	금	토	일	월	화	수	목	금	初	일	월	화	수	목	금	토	일	월	화	수	목	금	토	일	월	화
일진	丁巳	戊午	己未	庚申	辛酉	壬戌	癸亥	甲子	乙丑	丙寅	丁卯	戊辰	己巳	庚午	辛未	壬申	癸酉	甲戌	乙亥	丙子	丁丑	戊寅	己卯	庚辰	辛巳	壬午	癸未	甲申	乙酉

음양국: 陽2 陽8 陽4 陽1 陽7 陽5 陽2

閏4月

절기: 망종5월(음력14)

음력	1	2	3	4	5	6	7	8	9	10	11	12	13	14	15	16	17	18	19	20	21	22	23	24	25	26	27	28	29
양력(5월→6월)	23	24	25	26	27	28	29	30	31	1	2	3	4	子	6	7	8	9	10	11	12	13	14	15	16	17	18	19	20
요일	수	목	금	토	일	월	화	수	목	금	토	일	월	初	수	목	금	토	일	월	화	수	목	금	토	일	월	화	수
일진	丙戌	丁亥	戊子	己丑	庚寅	辛卯	壬辰	癸巳	甲午	乙未	丙申	丁酉	戊戌	己亥	庚子	辛丑	壬寅	癸卯	甲辰	乙巳	丙午	丁未	戊申	己酉	庚戌	辛亥	壬子	癸丑	甲寅

음양국: 陽2 陽8 陽6 陽3 陽9 陰9 陰3

5月 甲午

절기: 하지(음력1) / 소서6월(음력17)

음력	1	2	3	4	5	6	7	8	9	10	11	12	13	14	15	16	17	18	19	20	21	22	23	24	25	26	27	28	29	30
양력(6월→7월)	21	22	23	24	25	26	27	28	29	30	1	2	3	4	5	6	巳	8	9	10	11	12	13	14	15	16	17	18	19	20
요일	목	금	토	일	월	화	수	목	금	토	일	월	화	수	목	금	初	일	월	화	수	목	금	토	일	월	화	수	목	금
일진	乙卯	丙辰	丁巳	戊午	己未	庚申	辛酉	壬戌	癸亥	甲子	乙丑	丙寅	丁卯	戊辰	己巳	庚午	辛未	壬申	癸酉	甲戌	乙亥	丙子	丁丑	戊寅	己卯	庚辰	辛巳	壬午	癸未	甲申

음양국: 陰3 陰6 陰8 陰2 陰5 陰7

6月 乙未

절기	음력	양력월	양력일	요일	일진	음양국
대서(3) / 입추7월(18)	1	7월	21	토	乙酉	陰1
	2		22	일	丙戌	
	3		23	월	丁亥	
	4		24	화	戊子	陰4
	5		25	수	己丑	
	6		26	목	庚寅	
	7		27	금	辛卯	
	8		28	토	壬辰	
	9		29	일	癸巳	陰2
	10		30	월	甲午	
	11		31	화	乙未	
	12	8월	1	수	丙申	
	13		2	목	丁酉	
	14		3	금	戊戌	陰5
	15		4	토	己亥	
	16		5	일	庚子	
	17		6	월	辛丑	
	18		戊	初	壬寅	
	19		8	수	癸卯	陰8
	20		9	목	甲辰	
	21		10	금	乙巳	
	22		11	토	丙午	
	23		12	일	丁未	
	24		13	월	戊申	陰1
	25		14	화	己酉	
	26		15	수	庚戌	
	27		16	목	辛亥	
	28		17	금	壬子	
	29		18	토	癸丑	

7月 丙申

절기	음력	양력월	양력일	요일	일진	음양국
처서(5) / 백로8월(20)	1	8월	19	일	甲寅	陰4
	2		20	월	乙卯	
	3		21	화	丙辰	
	4		22	수	丁巳	
	5		23	목	戊午	
	6		24	금	己未	陰7
	7		25	토	庚申	
	8		26	일	辛酉	
	9		27	월	壬戌	
	10		28	화	癸亥	
	11		29	수	甲子	陰9
	12		30	목	乙丑	
	13		31	금	丙寅	
	14	9월	1	토	丁卯	
	15		2	일	戊辰	
	16		3	월	己巳	陰3
	17		4	화	庚午	
	18		5	수	辛未	
	19		6	목	壬申	
	20		亥	中	癸酉	
	21		8	토	甲戌	陰6
	22		9	일	乙亥	
	23		10	월	丙子	
	24		11	화	丁丑	
	25		12	수	戊寅	
	26		13	목	己卯	陰7
	27		14	금	庚辰	
	28		15	토	辛巳	
	29		16	일	壬午	

8月 丁酉

절기	음력	양력월	양력일	요일	일진	음양국
추분(7) / 한로9월(22)	1	9월	17	월	癸未	陰1
	2		18	화	甲申	
	3		19	수	乙酉	
	4		20	목	丙戌	
	5		21	금	丁亥	
	6		22	토	戊子	陰4
	7		23	일	己丑	
	8		24	월	庚寅	
	9		25	화	辛卯	
	10		26	수	壬辰	
	11		27	목	癸巳	陰6
	12		28	금	甲午	
	13		29	토	乙未	
	14		30	일	丙申	
	15	10월	1	월	丁酉	
	16		2	화	戊戌	陰9
	17		3	수	己亥	
	18		4	목	庚子	
	19		5	금	辛丑	
	20		6	토	壬寅	
	21		7	일	癸卯	
	22		未	中	甲辰	陰3
	23		9	화	乙巳	
	24		10	수	丙午	
	25		11	목	丁未	
	26		12	금	戊申	
	27		13	토	己酉	陰5
	28		14	일	庚戌	
	29		15	월	辛亥	
	30		16	화	壬子	

9月 戊戌

절기	음력	양력월	양력일	요일	일진	음양국
상강(7) / 입동10월(22)	1	10월	17	수	癸丑	陰8
	2		18	목	甲寅	
	3		19	금	乙卯	
	4		20	토	丙辰	
	5		21	일	丁巳	
	6		22	월	戊午	陰2
	7		23	화	己未	
	8		24	수	庚申	
	9		25	목	辛酉	
	10		26	금	壬戌	
	11		27	토	癸亥	陰6
	12		28	일	甲子	
	13		29	월	乙丑	
	14		30	화	丙寅	
	15		31	수	丁卯	
	16	11월	1	목	戊辰	陰9
	17		2	금	己巳	
	18		3	토	庚午	
	19		4	일	辛未	
	20		5	월	壬申	
	21		6	화	癸酉	陰3
	22		酉	初	甲戌	
	23		8	목	乙亥	
	24		9	금	丙子	
	25		10	토	丁丑	
	26		11	일	戊寅	陰5
	27		12	월	己卯	
	28		13	화	庚辰	
	29		14	수	辛巳	

10月 己亥

절기	음력	양력월	양력일	요일	일진	음양국
소설(8) / 대설11월(23)	1	11월	15	목	壬午	陰5
	2		16	금	癸未	
	3		17	토	甲申	陰8
	4		18	일	乙酉	
	5		19	월	丙戌	
	6		20	화	丁亥	
	7		21	수	戊子	
	8		22	목	己丑	陰2
	9		23	금	庚寅	
	10		24	토	辛卯	
	11		25	일	壬辰	
	12		26	월	癸巳	
	13		27	화	甲午	陰4
	14		28	수	乙未	
	15		29	목	丙申	
	16		30	금	丁酉	
	17	12월	1	토	戊戌	
	18		2	일	己亥	陰7
	19		3	월	庚子	
	20		4	화	辛丑	
	21		5	수	壬寅	
	22		6	목	癸卯	
	23		巳	中	甲辰	陰1
	24		8	토	乙巳	
	25		9	일	丙午	
	26		10	월	丁未	
	27		11	화	戊申	
	28		12	수	己酉	陽1
	29		13	목	庚戌	
	30		14	금	辛亥	

11月 庚子

절기	음력	양력월	양력일	요일	일진	음양국
동지(8) / 소한12월(22)	1	12월	15	토	壬子	陽1
	2		16	일	癸丑	
	3		17	월	甲寅	陽7
	4		18	화	乙卯	
	5		19	수	丙辰	
	6		20	목	丁巳	
	7		21	금	戊午	
	8		22	토	己未	陽4
	9		23	일	庚申	
	10		24	월	辛酉	
	11		25	화	壬戌	
	12		26	수	癸亥	
	13		27	목	甲子	陽2
	14		28	금	乙丑	
	15		29	토	丙寅	
	16		30	일	丁卯	
	17		31	월	戊辰	
	18	1월	1	화	己巳	陽8
	19		2	수	庚午	
	20		3	목	辛未	
	21		4	금	壬申	
	22		亥	初	癸酉	
	23		6	일	甲戌	陽5
	24		7	월	乙亥	
	25		8	화	丙子	
	26		9	수	丁丑	
	27		10	목	戊寅	
	28		11	금	己卯	陽3
	29		12	토	庚辰	

12月 辛丑

절기	음력	양력월	양력일	요일	일진	음양국
대한(8) / 입춘1월(23)	1	1월	13	일	辛巳	陽3
	2		14	월	壬午	
	3		15	화	癸未	陽9
	4		16	수	甲申	
	5		17	목	乙酉	
	6		18	금	丙戌	
	7		19	토	丁亥	
	8		20	일	戊子	陽6
	9		21	월	己丑	
	10		22	화	庚寅	
	11		23	수	辛卯	
	12		24	목	壬辰	
	13		25	금	癸巳	陽8
	14		26	토	甲午	
	15		27	일	乙未	
	16		28	월	丙申	
	17		29	화	丁酉	
	18		30	수	戊戌	陽5
	19		31	목	己亥	
	20	2월	1	금	庚子	
	21		2	토	辛丑	
	22		3	일	壬寅	
	23		辰	後	癸卯	陽2
	24		5	화	甲辰	
	25		6	수	乙巳	
	26		7	목	丙午	
	27		8	금	丁未	
	28		9	토	戊申	陽9
	29		10	일	己酉	
	30		11	월	庚戌	

입춘(2/4) 09:24
경칩(3/6) 03:28
청명(4/5) 08:18
입하(5/6) 01:37
망종(6/6) 05:45
소서(7/7) 15:56

2002(壬午年)

입추(8/8) 01:39
백로(9/8) 04:31
한로(10/8) 20:09
입동(11/7) 23:22
대설(12/7) 16:14
소한(1/6) 03:28

1月 壬寅

	1	2	3	4	5	6	7	8	9	10	11	12	13	14	15	16	17	18	19	20	21	22	23	24	25	26	27	28	29	30
절기								우수															경칩2월							
음력	1	2	3	4	5	6	7	8	9	10	11	12	13	14	15	16	17	18	19	20	21	22	23	24	25	26	27	28	29	30
양력 월	2월																	3월												
양력 일	12	13	14	15	16	17	18	19	20	21	22	23	24	25	26	27	28	1	2	3	4	5	丑	7	8	9	10	11	12	13
요일	화	수	목	금	토	일	월	화	수	목	금	토	일	월	화	수	목	금	토	일	월	화	後	목	금	토	일	월	화	수
일진	辛亥	壬子	癸丑	甲寅	乙卯	丙辰	丁巳	戊午	己未	庚申	辛酉	壬戌	癸亥	甲子	乙丑	丙寅	丁卯	戊辰	己巳	庚午	辛未	壬申	癸酉	甲戌	乙亥	丙子	丁丑	戊寅	己卯	庚辰

음양국: 陽 9　陽 6　陽 3　陽 1　陽 7　陽 4　陽 3

2月 癸卯

	1	2	3	4	5	6	7	8	9	10	11	12	13	14	15	16	17	18	19	20	21	22	23	24	25	26	27	28	29	30
절기								춘분															청명3월							
음력	1	2	3	4	5	6	7	8	9	10	11	12	13	14	15	16	17	18	19	20	21	22	23	24	25	26	27	28	29	30
양력 월	3월																		4월											
양력 일	14	15	16	17	18	19	20	21	22	23	24	25	26	27	28	29	30	31	1	2	3	4	辰	6	7	8	9	10	11	12
요일	목	금	토	일	월	화	수	목	금	토	일	월	화	수	목	금	토	일	월	화	수	목	中	토	일	월	화	수	목	금
일진	辛巳	壬午	癸未	甲申	乙酉	丙戌	丁亥	戊子	己丑	庚寅	辛卯	壬辰	癸巳	甲午	乙未	丙申	丁酉	戊戌	己亥	庚子	辛丑	壬寅	癸卯	甲辰	乙巳	丙午	丁未	戊申	己酉	庚戌

음양국: 陽 3　陽 9　陽 6　陽 4　陽 1　陽 7　陽 5

3月 甲辰

	1	2	3	4	5	6	7	8	9	10	11	12	13	14	15	16	17	18	19	20	21	22	23	24	25	26	27	28	29
절기								곡우																입하4월					
음력	1	2	3	4	5	6	7	8	9	10	11	12	13	14	15	16	17	18	19	20	21	22	23	24	25	26	27	28	29
양력 월	4월																		5월										
양력 일	13	14	15	16	17	18	19	20	21	22	23	24	25	26	27	28	29	30	1	2	3	4	5	丑	7	8	9	10	11
요일	토	일	월	화	수	목	금	토	일	월	화	수	목	금	토	일	월	화	수	목	금	토	일	初	화	수	목	금	토
일진	辛亥	壬子	癸丑	甲寅	乙卯	丙辰	丁巳	戊午	己未	庚申	辛酉	壬戌	癸亥	甲子	乙丑	丙寅	丁卯	戊辰	己巳	庚午	辛未	壬申	癸酉	甲戌	乙亥	丙子	丁丑	戊寅	己卯

음양국: 陽 5　陽 2　陽 8　陽 4　陽 1　陽 7　陽 5

4月 乙巳

	1	2	3	4	5	6	7	8	9	10	11	12	13	14	15	16	17	18	19	20	21	22	23	24	25	26	27	28	29	30
절기										소만																망종5월				
음력	1	2	3	4	5	6	7	8	9	10	11	12	13	14	15	16	17	18	19	20	21	22	23	24	25	26	27	28	29	30
양력 월	5월																				6월									
양력 일	12	13	14	15	16	17	18	19	20	21	22	23	24	25	26	27	28	29	30	31	1	2	3	4	5	卯	7	8	9	10
요일	일	월	화	수	목	금	토	일	월	화	수	목	금	토	일	월	화	수	목	금	토	일	월	화	수	初	금	토	일	월
일진	庚辰	辛巳	壬午	癸未	甲申	乙酉	丙戌	丁亥	戊子	己丑	庚寅	辛卯	壬辰	癸巳	甲午	乙未	丙申	丁酉	戊戌	己亥	庚子	辛丑	壬寅	癸卯	甲辰	乙巳	丙午	丁未	戊申	己酉

음양국: 陽 5　陽 2　陽 8　陽 6　陽 3　陽 9

5月 丙午

	1	2	3	4	5	6	7	8	9	10	11	12	13	14	15	16	17	18	19	20	21	22	23	24	25	26	27	28	29
절기											하지																소서6월		
음력	1	2	3	4	5	6	7	8	9	10	11	12	13	14	15	16	17	18	19	20	21	22	23	24	25	26	27	28	29
양력 월	6월																				7월								
양력 일	11	12	13	14	15	16	17	18	19	20	21	22	23	24	25	26	27	28	29	30	1	2	3	4	5	6	申	8	9
요일	화	수	목	금	토	일	월	화	수	목	금	토	일	월	화	수	목	금	토	일	월	화	수	목	금	토	初	월	화
일진	庚戌	辛亥	壬子	癸丑	甲寅	乙卯	丙辰	丁巳	戊午	己未	庚申	辛酉	壬戌	癸亥	甲子	乙丑	丙寅	丁卯	戊辰	己巳	庚午	辛未	壬申	癸酉	甲戌	乙亥	丙子	丁丑	戊寅

음양국: 陽 6　陽 3　陽 9　陰 9　陰 3　陰 6

6月 丁未

	1	2	3	4	5	6	7	8	9	10	11	12	13	14	15	16	17	18	19	20	21	22	23	24	25	26	27	28	29	30
절기														대서																입추7월
음력	1	2	3	4	5	6	7	8	9	10	11	12	13	14	15	16	17	18	19	20	21	22	23	24	25	26	27	28	29	30
양력 월	7월																						8월							
양력 일	10	11	12	13	14	15	16	17	18	19	20	21	22	23	24	25	26	27	28	29	30	31	1	2	3	4	5	6	7	丑
요일	수	목	금	토	일	월	화	수	목	금	토	일	월	화	수	목	금	토	일	월	화	수	목	금	토	일	월	화	수	初
일진	己卯	庚辰	辛巳	壬午	癸未	甲申	乙酉	丙戌	丁亥	戊子	己丑	庚寅	辛卯	壬辰	癸巳	甲午	乙未	丙申	丁酉	戊戌	己亥	庚子	辛丑	壬寅	癸卯	甲辰	乙巳	丙午	丁未	戊申

음양국: 陰 8　陰 2　陰 5　陰 7　陰 1　陰 4

7月 戊申

절기															처서														
음력	1	2	3	4	5	6	7	8	9	10	11	12	13	14	**15**	16	17	18	19	20	21	22	23	24	25	26	27	28	29
양력월	8월																								9월				
양력일	9	10	11	12	13	14	15	16	17	18	19	20	21	22	23	24	25	26	27	28	29	30	31	1	2	3	4	5	6
요일	금	토	일	월	화	수	목	금	토	일	월	화	수	목	금	토	일	월	화	수	목	금	토	일	월	화	수	목	금
일진	己酉	庚戌	辛亥	壬子	癸丑	甲寅	乙卯	丙辰	丁巳	戊午	己未	庚申	辛酉	壬戌	癸亥	甲子	乙丑	丙寅	丁卯	戊辰	己巳	庚午	辛未	壬申	癸酉	甲戌	乙亥	丙子	丁丑

음양국: 陰2　陰5　陰8　陰1　陰4　陰7

8月 己酉

절기	백로8월																추분												
음력	1	**2**	3	4	5	6	7	8	9	10	11	12	13	14	15	16	**17**	18	19	20	21	22	23	24	25	26	27	28	29
양력월	9월																							10월					
양력일	7	寅	9	10	11	12	13	14	15	16	17	18	19	20	21	22	23	24	25	26	27	28	29	30	1	2	3	4	5
요일	토	中	월	화	수	목	금	토	일	월	화	수	목	금	토	일	월	화	수	목	금	토	일	월	화	수	목	금	토
일진	戊寅	己卯	庚辰	辛巳	壬午	癸未	甲申	乙酉	丙戌	丁亥	戊子	己丑	庚寅	辛卯	壬辰	癸巳	甲午	乙未	丙申	丁酉	戊戌	己亥	庚子	辛丑	壬寅	癸卯	甲辰	乙巳	丙午

음양국: 陰9　陰3　陰6　陰7　陰1　陰4

9月 庚戌

절기		한로9월																상강												
음력	1	2	**3**	4	5	6	7	8	9	10	11	12	13	14	15	16	17	**18**	19	20	21	22	23	24	25	26	27	28	29	30
양력월	10월																									11월				
양력일	6	7	戌	9	10	11	12	13	14	15	16	17	18	19	20	21	22	23	24	25	26	27	28	29	30	31	1	2	3	4
요일	일	월	初	수	목	금	토	일	월	화	수	목	금	토	일	월	화	수	목	금	토	일	월	화	수	목	금	토	일	월
일진	丁未	戊申	己酉	庚戌	辛亥	壬子	癸丑	甲寅	乙卯	丙辰	丁巳	戊午	己未	庚申	辛酉	壬戌	癸亥	甲子	乙丑	丙寅	丁卯	戊辰	己巳	庚午	辛未	壬申	癸酉	甲戌	乙亥	丙子

음양국: 陰4　陰6　陰9　陰3　陰5　陰8　陰2

10月 辛亥

절기		입동10월																소설											
음력	1	2	**3**	4	5	6	7	8	9	10	11	12	13	14	15	16	17	**18**	19	20	21	22	23	24	25	26	27	28	29
양력월	11월																					12월							
양력일	5	6	亥	8	9	10	11	12	13	14	15	16	17	18	19	20	21	22	23	24	25	26	27	28	29	30	1	2	3
요일	화	수	後	금	토	일	월	화	수	목	금	토	일	월	화	수	목	금	토	일	월	화	수	목	금	토	일	월	화
일진	丁丑	戊寅	己卯	庚辰	辛巳	壬午	癸未	甲申	乙酉	丙戌	丁亥	戊子	己丑	庚寅	辛卯	壬辰	癸巳	甲午	乙未	丙申	丁酉	戊戌	己亥	庚子	辛丑	壬寅	癸卯	甲辰	乙巳

음양국: 陰2　陰6　陰9　陰3　陰5　陰8　陰2

11月 壬子

절기			대설11월																동지											
음력	1	2	3	**4**	5	6	7	8	9	10	11	12	13	14	15	16	17	18	**19**	20	21	22	23	24	25	26	27	28	29	30
양력월	12월																												1월	
양력일	4	5	6	申	8	9	10	11	12	13	14	15	16	17	18	19	20	21	22	23	24	25	26	27	28	29	30	31	1	2
요일	수	목	금	中	일	월	화	수	목	금	토	일	월	화	수	목	금	토	일	월	화	수	목	금	토	일	월	화	수	목
일진	丙午	丁未	戊申	己酉	庚戌	辛亥	壬子	癸丑	甲寅	乙卯	丙辰	丁巳	戊午	己未	庚申	辛酉	壬戌	癸亥	甲子	乙丑	丙寅	丁卯	戊辰	己巳	庚午	辛未	壬申	癸酉	甲戌	乙亥

음양국: 陰2　陰4　陰7　陰1　[陽1]　陽7　陽4

12月 癸丑

절기			소한12월															대한											
음력	1	2	3	**4**	5	6	7	8	9	10	11	12	13	14	15	16	17	**18**	19	20	21	22	23	24	25	26	27	28	29
양력월	1월																												
양력일	3	4	5	丑	7	8	9	10	11	12	13	14	15	16	17	18	19	20	21	22	23	24	25	26	27	28	29	30	31
요일	금	토	일	後	화	수	목	금	토	일	월	화	수	목	금	토	일	월	화	수	목	금	토	일	월	화	수	목	금
일진	丙子	丁丑	戊寅	己卯	庚辰	辛巳	壬午	癸未	甲申	乙酉	丙戌	丁亥	戊子	己丑	庚寅	辛卯	壬辰	癸巳	甲午	乙未	丙申	丁酉	戊戌	己亥	庚子	辛丑	壬寅	癸卯	甲辰

음양국: 陽4　陽2　陽8　陽5　陽3　陽9　陽6

입춘(2/4) 15:05
경칩(3/6) 09:05
청명(4/5) 13:52
입하(5/6) 07:10
망종(6/6) 11:20
소서(7/7) 21:36

입추(8/8) 07:24
백로(9/8) 10:20
한로(10/9) 02:00
입동(11/8) 05:13
대설(12/7) 22:05
소한(1/6) 09:19

2003(癸未年)

1月 甲寅

절기: 입춘1월 / 우수(음력19)

음력	1	2	3	4	5	6	7	8	9	10	11	12	13	14	15	16	17	18	19	20	21	22	23	24	25	26	27	28	29	30
양력(2월→3월)	1	2	3	未	5	6	7	8	9	10	11	12	13	14	15	16	17	18	19	20	21	22	23	24	25	26	27	28	1	2
요일	토	일	월	後	수	목	금	토	일	월	화	수	목	금	토	일	월	화	수	목	금	토	일	월	화	수	목	금	토	일
일진	乙巳	丙午	丁未	戊申	己酉	庚戌	辛亥	壬子	癸丑	甲寅	乙卯	丙辰	丁巳	戊午	己未	庚申	辛酉	壬戌	癸亥	甲子	乙丑	丙寅	丁卯	戊辰	己巳	庚午	辛未	壬申	癸酉	甲戌

음양국: 陽6 陽8 陽5 陽2 陽9 陽6

2月 乙卯

절기: 경칩2월 / 춘분(음력19)

음력	1	2	3	4	5	6	7	8	9	10	11	12	13	14	15	16	17	18	19	20	21	22	23	24	25	26	27	28	29	30
양력(3월→4월)	3	4	5	辰	7	8	9	10	11	12	13	14	15	16	17	18	19	20	21	22	23	24	25	26	27	28	29	30	31	1
요일	월	화	수	後	금	토	일	월	화	수	목	금	토	일	월	화	수	목	금	토	일	월	화	수	목	금	토	일	월	화
일진	乙亥	丙子	丁丑	戊寅	己卯	庚辰	辛巳	壬午	癸未	甲申	乙酉	丙戌	丁亥	戊子	己丑	庚寅	辛卯	壬辰	癸巳	甲午	乙未	丙申	丁酉	戊戌	己亥	庚子	辛丑	壬寅	癸卯	甲辰

음양국: 陽3 陽1 陽7 陽4 陽3 陽9

3月 丙辰

절기: 청명3월 / 곡우(음력19)

음력	1	2	3	4	5	6	7	8	9	10	11	12	13	14	15	16	17	18	19	20	21	22	23	24	25	26	27	28	29
양력(4월)	2	3	4	未	6	7	8	9	10	11	12	13	14	15	16	17	18	19	20	21	22	23	24	25	26	27	28	29	30
요일	수	목	금	初	일	월	화	수	목	금	토	일	월	화	수	목	금	토	일	월	화	수	목	금	토	일	월	화	수
일진	乙巳	丙午	丁未	戊申	己酉	庚戌	辛亥	壬子	癸丑	甲寅	乙卯	丙辰	丁巳	戊午	己未	庚申	辛酉	壬戌	癸亥	甲子	乙丑	丙寅	丁卯	戊辰	己巳	庚午	辛未	壬申	癸酉

음양국: 陽6 陽4 陽1 陽7 陽5 陽2

4月 丁巳

절기: 입하4월(음력6) / 소만(음력21)

음력	1	2	3	4	5	6	7	8	9	10	11	12	13	14	15	16	17	18	19	20	21	22	23	24	25	26	27	28	29	30
양력(5월)	1	2	3	4	5	卯	7	8	9	10	11	12	13	14	15	16	17	18	19	20	21	22	23	24	25	26	27	28	29	30
요일	목	금	토	일	월	後	수	목	금	토	일	월	화	수	목	금	토	일	월	화	수	목	금	토	일	월	화	수	목	금
일진	甲戌	乙亥	丙子	丁丑	戊寅	己卯	庚辰	辛巳	壬午	癸未	甲申	乙酉	丙戌	丁亥	戊子	己丑	庚寅	辛卯	壬辰	癸巳	甲午	乙未	丙申	丁酉	戊戌	己亥	庚子	辛丑	壬寅	癸卯

음양국: 陽8 陽4 陽1 陽7 陽5 陽2

5月 戊午

절기: 망종5월(음력7) / 하지(음력23)

음력	1	2	3	4	5	6	7	8	9	10	11	12	13	14	15	16	17	18	19	20	21	22	23	24	25	26	27	28	29	30
양력(5월→6월)	31	1	2	3	4	5	巳	7	8	9	10	11	12	13	14	15	16	17	18	19	20	21	22	23	24	25	26	27	28	29
요일	토	일	월	화	수	목	後	토	일	월	화	수	목	금	토	일	월	화	수	목	금	토	일	월	화	수	목	금	토	일
일진	甲辰	乙巳	丙午	丁未	戊申	己酉	庚戌	辛亥	壬子	癸丑	甲寅	乙卯	丙辰	丁巳	戊午	己未	庚申	辛酉	壬戌	癸亥	甲子	乙丑	丙寅	丁卯	戊辰	己巳	庚午	辛未	壬申	癸酉

음양국: 陽8 陽6 陽3 陽9 陰9 陰3

6月 己未

절기: 소서6월(음력8) / 대서(음력24)

음력	1	2	3	4	5	6	7	8	9	10	11	12	13	14	15	16	17	18	19	20	21	22	23	24	25	26	27	28	29
양력(6월→7월)	30	1	2	3	4	5	6	亥	8	9	10	11	12	13	14	15	16	17	18	19	20	21	22	23	24	25	26	27	28
요일	월	화	수	목	금	토	일	初	화	수	목	금	토	일	월	화	수	목	금	토	일	월	화	수	목	금	토	일	월
일진	甲戌	乙亥	丙子	丁丑	戊寅	己卯	庚辰	辛巳	壬午	癸未	甲申	乙酉	丙戌	丁亥	戊子	己丑	庚寅	辛卯	壬辰	癸巳	甲午	乙未	丙申	丁酉	戊戌	己亥	庚子	辛丑	壬寅

음양국: 陰6 陰8 陰2 陰5 陰7 陰1

7月 庚申

구분	1	2	3	4	5	6	7	8	9	10	11	12	13	14	15	16	17	18	19	20	21	22	23	24	25	26	27	28	29	30
절기											입추7월															처서				
음력	1	2	3	4	5	6	7	8	9	10	11	12	13	14	15	16	17	18	19	20	21	22	23	24	25	26	27	28	29	30
양력 월	7월			8월																										
양력 일	29	30	31	1	2	3	4	5	6	7	卯	9	10	11	12	13	14	15	16	17	18	19	20	21	22	23	24	25	26	27
요일	화	수	목	금	토	일	월	화	수	목	後	토	일	월	화	수	목	금	토	일	월	화	수	목	금	토	일	월	화	수
일진	癸卯	甲辰	乙巳	丙午	丁未	戊申	己酉	庚戌	辛亥	壬子	癸丑	甲寅	乙卯	丙辰	丁巳	戊午	己未	庚申	辛酉	壬戌	癸亥	甲子	乙丑	丙寅	丁卯	戊辰	己巳	庚午	辛未	壬申
음양국	陰 4					陰 2					陰 5					陰 8					陰 1					陰 4				

8月 辛酉

구분	1	2	3	4	5	6	7	8	9	10	11	12	13	14	15	16	17	18	19	20	21	22	23	24	25	26	27	28	29
절기												백로8월															추분		
음력	1	2	3	4	5	6	7	8	9	10	11	12	13	14	15	16	17	18	19	20	21	22	23	24	25	26	27	28	29
양력 월	8월				9월																								
양력 일	28	29	30	31	1	2	3	4	5	6	7	巳	9	10	11	12	13	14	15	16	17	18	19	20	21	22	23	24	25
요일	목	금	토	일	월	화	수	목	금	토	일	中	화	수	목	금	토	일	월	화	수	목	금	토	일	월	화	수	목
일진	癸酉	甲戌	乙亥	丙子	丁丑	戊寅	己卯	庚辰	辛巳	壬午	癸未	甲申	乙酉	丙戌	丁亥	戊子	己丑	庚寅	辛卯	壬辰	癸巳	甲午	乙未	丙申	丁酉	戊戌	己亥	庚子	辛丑
음양국	陰 7				陰 9					陰 3					陰 6					陰 7					陰 1				

9月 壬戌

구분	1	2	3	4	5	6	7	8	9	10	11	12	13	14	15	16	17	18	19	20	21	22	23	24	25	26	27	28	29
절기														한로9월															상강
음력	1	2	3	4	5	6	7	8	9	10	11	12	13	14	15	16	17	18	19	20	21	22	23	24	25	26	27	28	29
양력 월	9월					10월																							
양력 일	26	27	28	29	30	1	2	3	4	5	6	7	8	丑	10	11	12	13	14	15	16	17	18	19	20	21	22	23	24
요일	금	토	일	월	화	수	목	금	토	일	월	화	수	初	금	토	일	월	화	수	목	금	토	일	월	화	수	목	금
일진	壬寅	癸卯	甲辰	乙巳	丙午	丁未	戊申	己酉	庚戌	辛亥	壬子	癸丑	甲寅	乙卯	丙辰	丁巳	戊午	己未	庚申	辛酉	壬戌	癸亥	甲子	乙丑	丙寅	丁卯	戊辰	己巳	庚午
음양국	陰 1		陰 4			陰 6				陰 9				陰 3				陰 5				陰 8							

10月 癸亥

구분	1	2	3	4	5	6	7	8	9	10	11	12	13	14	15	16	17	18	19	20	21	22	23	24	25	26	27	28	29	30
절기															입동10월															소설
음력	1	2	3	4	5	6	7	8	9	10	11	12	13	14	15	16	17	18	19	20	21	22	23	24	25	26	27	28	29	30
양력 월	10월							11월																						
양력 일	25	26	27	28	29	30	31	1	2	3	4	5	6	7	寅	9	10	11	12	13	14	15	16	17	18	19	20	21	22	23
요일	토	일	월	화	수	목	금	토	일	월	화	수	목	금	後	일	월	화	수	목	금	토	일	월	화	수	목	금	토	일
일진	辛未	壬申	癸酉	甲戌	乙亥	丙子	丁丑	戊寅	己卯	庚辰	辛巳	壬午	癸未	甲申	乙酉	丙戌	丁亥	戊子	己丑	庚寅	辛卯	壬辰	癸巳	甲午	乙未	丙申	丁酉	戊戌	己亥	庚子
음양국	陰 8			陰 2				陰 6				陰 9				陰 3				陰 5				陰 8						

11月 甲子

구분	1	2	3	4	5	6	7	8	9	10	11	12	13	14	15	16	17	18	19	20	21	22	23	24	25	26	27	28	29
절기														대설11월															동지
음력	1	2	3	4	5	6	7	8	9	10	11	12	13	14	15	16	17	18	19	20	21	22	23	24	25	26	27	28	29
양력 월	11월							12월																					
양력 일	24	25	26	27	28	29	30	1	2	3	4	5	6	亥	8	9	10	11	12	13	14	15	16	17	18	19	20	21	22
요일	월	화	수	목	금	토	일	월	화	수	목	금	토	初	월	화	수	목	금	토	일	월	화	수	목	금	토	일	월
일진	辛丑	壬寅	癸卯	甲辰	乙巳	丙午	丁未	戊申	己酉	庚戌	辛亥	壬子	癸丑	甲寅	乙卯	丙辰	丁巳	戊午	己未	庚申	辛酉	壬戌	癸亥	甲子	乙丑	丙寅	丁卯	戊辰	己巳
음양국	陰 8			陰 2				陰 4				陰 7				陰 1				陽 1					陽 7				

12月 乙丑

구분	1	2	3	4	5	6	7	8	9	10	11	12	13	14	15	16	17	18	19	20	21	22	23	24	25	26	27	28	29	30
절기															소한12월															대한
음력	1	2	3	4	5	6	7	8	9	10	11	12	13	14	15	16	17	18	19	20	21	22	23	24	25	26	27	28	29	30
양력 월	12월									1월																				
양력 일	23	24	25	26	27	28	29	30	31	1	2	3	4	5	辰	7	8	9	10	11	12	13	14	15	16	17	18	19	20	21
요일	화	수	목	금	토	일	월	화	수	목	금	토	일	월	後	수	목	금	토	일	월	화	수	목	금	토	일	월	화	수
일진	庚午	辛未	壬申	癸酉	甲戌	乙亥	丙子	丁丑	戊寅	己卯	庚辰	辛巳	壬午	癸未	甲申	乙酉	丙戌	丁亥	戊子	己丑	庚寅	辛卯	壬辰	癸巳	甲午	乙未	丙申	丁酉	戊戌	己亥
음양국	陽 7				陽 4				陽 2				陽 8				陽 5				陽 3									

입춘(2/4) 20:56
경칩(3/5) 14:56
청명(4/4) 19:43
입하(5/5) 13:02
망종(6/5) 17:14
소서(7/7) 03:31

2004(甲申年)

입추(8/7) 13:20
백로(9/7) 16:13
한로(10/8) 07:49
입동(11/7) 10:59
대설(12/7) 03:49
소한(1/5) 15:03

1月 丙寅

절기	입춘1월 우수
음력	1 2 3 4 5 6 7 8 9 10 11 12 13 14 15 16 17 18 19 20 21 22 23 24 25 26 27 28 29
양력 월	1월 / 2월
양력 일	22 23 24 25 26 27 28 29 30 31 1 2 3 戊 5 6 7 8 9 10 11 12 13 14 15 16 17 18 19
요일	목 금 토 일 월 화 수 목 금 토 일 월 화 後 목 금 토 일 월 화 수 목 금 토 일 월 화 수 목
일진	庚子 辛丑 壬寅 癸卯 甲辰 乙巳 丙午 丁未 戊申 己酉 庚戌 辛亥 壬子 癸丑 甲寅 乙卯 丙辰 丁巳 戊午 己未 庚申 辛酉 壬戌 癸亥 甲子 乙丑 丙寅 丁卯 戊辰
음양국	陽 9 陽 6 陽 8 陽 5 陽 2 陽 9

2月 丁卯

절기	경칩2월 춘분
음력	1 2 3 4 5 6 7 8 9 10 11 12 13 14 15 16 17 18 19 20 21 22 23 24 25 26 27 28 29 30
양력 월	2월 / 3월
양력 일	20 21 22 23 24 25 26 27 28 29 1 2 3 4 未 6 7 8 9 10 11 12 13 14 15 16 17 18 19 20
요일	금 토 일 월 화 수 목 금 토 일 월 화 수 목 後 토 일 월 화 수 목 금 토 일 월 화 수 목 금 토
일진	己巳 庚午 辛未 壬申 癸酉 甲戌 乙亥 丙子 丁丑 戊寅 己卯 庚辰 辛巳 壬午 癸未 甲申 乙酉 丙戌 丁亥 戊子 己丑 庚寅 辛卯 壬辰 癸巳 甲午 乙未 丙申 丁酉 戊戌
음양국	陽 6 陽 3 陽 1 陽 7 陽 4 陽 3

閏2月

절기	청명3월
음력	1 2 3 4 5 6 7 8 9 10 11 12 13 14 15 16 17 18 19 20 21 22 23 24 25 26 27 28 29
양력 월	3월 / 4월
양력 일	21 22 23 24 25 26 27 28 29 30 31 1 2 3 戊 5 6 7 8 9 10 11 12 13 14 15 16 17 18
요일	일 월 화 수 목 금 토 일 월 화 수 목 初 월 화 수 목 금 토 일 월 화 수 목 금 토 일
일진	己亥 庚子 辛丑 壬寅 癸卯 甲辰 乙巳 丙午 丁未 戊申 己酉 庚戌 辛亥 壬子 癸丑 甲寅 乙卯 丙辰 丁巳 戊午 己未 庚申 辛酉 壬戌 癸亥 甲子 乙丑 丙寅 丁卯
음양국	陽 9 陽 6 陽 4 陽 1 陽 7 陽 5

3月 戊辰

절기	곡우 입하4월
음력	1 2 3 4 5 6 7 8 9 10 11 12 13 14 15 16 17 18 19 20 21 22 23 24 25 26 27 28 29 30
양력 월	4월 / 5월
양력 일	19 20 21 22 23 24 25 26 27 28 29 30 1 2 3 4 午 6 7 8 9 10 11 12 13 14 15 16 17 18
요일	월 화 수 목 금 토 일 월 화 수 목 금 토 일 월 화 後 목 금 토 일 월 화 수 목 금 토 일 월 화
일진	戊辰 己巳 庚午 辛未 壬申 癸酉 甲戌 乙亥 丙子 丁丑 戊寅 己卯 庚辰 辛巳 壬午 癸未 甲申 乙酉 丙戌 丁亥 戊子 己丑 庚寅 辛卯 壬辰 癸巳 甲午 乙未 丙申 丁酉
음양국	陽 2 陽 8 陽 4 陽 1 陽 7 陽 5

4月 己巳

절기	소만 망종5월
음력	1 2 3 4 5 6 7 8 9 10 11 12 13 14 15 16 17 18 19 20 21 22 23 24 25 26 27 28 29 30
양력 월	5월 / 6월
양력 일	19 20 21 22 23 24 25 26 27 28 29 30 31 1 2 3 申 6 7 8 9 10 11 12 13 14 15 16 17
요일	수 목 금 토 일 월 화 수 목 금 토 일 월 화 수 목 後 일 월 화 수 목 금 토 일 월 화 수 목
일진	戊戌 己亥 庚子 辛丑 壬寅 癸卯 甲辰 乙巳 丙午 丁未 戊申 己酉 庚戌 辛亥 壬子 癸丑 甲寅 乙卯 丙辰 丁巳 戊午 己未 庚申 辛酉 壬戌 癸亥 甲子 乙丑 丙寅 丁卯
음양국	陽 2 陽 8 陽 6 陽 3 陽 9 陰 9

5月 庚午

절기	하지 소서6월
음력	1 2 3 4 5 6 7 8 9 10 11 12 13 14 15 16 17 18 19 20 21 22 23 24 25 26 27 28 29
양력 월	6월 / 7월
양력 일	18 19 20 21 22 23 24 25 26 27 28 29 30 1 2 3 4 5 6 寅 8 9 10 11 12 13 14 15 16
요일	금 토 일 월 화 수 목 금 토 일 월 화 수 목 금 토 일 월 화 初 목 금 토 일 월 화 수 목 금
일진	戊辰 己巳 庚午 辛未 壬申 癸酉 甲戌 乙亥 丙子 丁丑 戊寅 己卯 庚辰 辛巳 壬午 癸未 甲申 乙酉 丙戌 丁亥 戊子 己丑 庚寅 辛卯 壬辰 癸巳 甲午 乙未 丙申
음양국	陰 3 陰 6 陰 8 陰 2 陰 5 陰 7

6月 辛未

절기: 대서(음력 6), 입추7월(음력 22)

구분	1	2	3	4	5	6	7	8	9	10	11	12	13	14	15	16	17	18	19	20	21	22	23	24	25	26	27	28	29	30
양력(7월→8월)	17	18	19	20	21	22	23	24	25	26	27	28	29	30	31	1	2	3	4	5	6	午	8	9	10	11	12	13	14	15
요일	토	일	월	화	수	목	금	토	일	월	화	수	목	금	토	일	월	화	수	목	금	後	일	월	화	수	목	금	토	일
일진	丁酉	戊戌	己亥	庚子	辛丑	壬寅	癸卯	甲辰	乙巳	丙午	丁未	戊申	己酉	庚戌	辛亥	壬子	癸丑	甲寅	乙卯	丙辰	丁巳	戊午	己未	庚申	辛酉	壬戌	癸亥	甲子	乙丑	丙寅

음양국: 陰7 陰1 陰4 陰2 陰5 陰8 陰1

7月 壬申

절기: 처서(음력 8), 백로8월(음력 23)

구분	1	2	3	4	5	6	7	8	9	10	11	12	13	14	15	16	17	18	19	20	21	22	23	24	25	26	27	28	29
양력(8월→9월)	16	17	18	19	20	21	22	23	24	25	26	27	28	29	30	31	1	2	3	4	5	6	申	8	9	10	11	12	13
요일	월	화	수	목	금	토	일	월	화	수	목	금	토	일	월	화	수	목	금	토	일	월	中	수	목	금	토	일	월
일진	丁卯	戊辰	己巳	庚午	辛未	壬申	癸酉	甲戌	乙亥	丙子	丁丑	戊寅	己卯	庚辰	辛巳	壬午	癸未	甲申	乙酉	丙戌	丁亥	戊子	己丑	庚寅	辛卯	壬辰	癸巳	甲午	乙未

음양국: 陰1 陰4 陰7 陰9 陰3 陰6 陰7

8月 癸酉

절기: 추분(음력 10), 한로9월(음력 25)

구분	1	2	3	4	5	6	7	8	9	10	11	12	13	14	15	16	17	18	19	20	21	22	23	24	25	26	27	28	29	30
양력(9월→10월)	14	15	16	17	18	19	20	21	22	23	24	25	26	27	28	29	30	1	2	3	4	5	6	7	辰	9	10	11	12	13
요일	화	수	목	금	토	일	월	화	수	목	금	토	일	월	화	수	목	금	토	일	월	화	수	목	初	토	일	월	화	수
일진	丙申	丁酉	戊戌	己亥	庚子	辛丑	壬寅	癸卯	甲辰	乙巳	丙午	丁未	戊申	己酉	庚戌	辛亥	壬子	癸丑	甲寅	乙卯	丙辰	丁巳	戊午	己未	庚申	辛酉	壬戌	癸亥	甲子	乙丑

음양국: 陰7 陰1 陰4 陰6 陰9 陰3 陰5

9月 甲戌

절기: 상강(음력 10), 입동10월(음력 25)

구분	1	2	3	4	5	6	7	8	9	10	11	12	13	14	15	16	17	18	19	20	21	22	23	24	25	26	27	28	29
양력(10월→11월)	14	15	16	17	18	19	20	21	22	23	24	25	26	27	28	29	30	31	1	2	3	4	5	6	巳	8	9	10	11
요일	목	금	토	일	월	화	수	목	금	토	일	월	화	수	목	금	토	일	월	화	수	목	금	토	後	월	화	수	목
일진	丙寅	丁卯	戊辰	己巳	庚午	辛未	壬申	癸酉	甲戌	乙亥	丙子	丁丑	戊寅	己卯	庚辰	辛巳	壬午	癸未	甲申	乙酉	丙戌	丁亥	戊子	己丑	庚寅	辛卯	壬辰	癸巳	甲午

음양국: 陰5 陰8 陰2 陰6 陰9 陰3 陰5

10月 乙亥

절기: 소설(음력 11), 대설11월(음력 26)

구분	1	2	3	4	5	6	7	8	9	10	11	12	13	14	15	16	17	18	19	20	21	22	23	24	25	26	27	28	29	30
양력(11월→12월)	12	13	14	15	16	17	18	19	20	21	22	23	24	25	26	27	28	29	30	1	2	3	4	5	6	寅	8	9	10	11
요일	금	토	일	월	화	수	목	금	토	일	월	화	수	목	금	토	일	월	화	수	목	금	토	일	월	初	수	목	금	토
일진	乙未	丙申	丁酉	戊戌	己亥	庚子	辛丑	壬寅	癸卯	甲辰	乙巳	丙午	丁未	戊申	己酉	庚戌	辛亥	壬子	癸丑	甲寅	乙卯	丙辰	丁巳	戊午	己未	庚申	辛酉	壬戌	癸亥	甲子

음양국: 陰5 陰8 陰2 陰4 陰7 陰1

11月 丙子

절기: 동지(음력 10), 소한12월(음력 25)

구분	1	2	3	4	5	6	7	8	9	10	11	12	13	14	15	16	17	18	19	20	21	22	23	24	25	26	27	28	29
양력(12월→1월)	12	13	14	15	16	17	18	19	20	21	22	23	24	25	26	27	28	29	30	31	1	2	3	4	未	6	7	8	9
요일	일	월	화	수	목	금	토	일	월	화	수	목	금	토	일	월	화	수	목	금	토	일	월	화	後	목	금	토	일
일진	乙丑	丙寅	丁卯	戊辰	己巳	庚午	辛未	壬申	癸酉	甲戌	乙亥	丙子	丁丑	戊寅	己卯	庚辰	辛巳	壬午	癸未	甲申	乙酉	丙戌	丁亥	戊子	己丑	庚寅	辛卯	壬辰	癸巳

음양국: 陰4 陰7 陰1 陽1 陽7 陽4

12月 丁丑

절기: 대한(음력 11), 입춘1월(음력 26)

구분	1	2	3	4	5	6	7	8	9	10	11	12	13	14	15	16	17	18	19	20	21	22	23	24	25	26	27	28	29	30
양력(1월→2월)	10	11	12	13	14	15	16	17	18	19	20	21	22	23	24	25	26	27	28	29	30	31	1	2	3	丑	5	6	7	8
요일	월	화	수	목	금	토	일	월	화	수	목	금	토	일	월	화	수	목	금	토	일	월	화	수	목	中	토	일	월	화
일진	甲午	乙未	丙申	丁酉	戊戌	己亥	庚子	辛丑	壬寅	癸卯	甲辰	乙巳	丙午	丁未	戊申	己酉	庚戌	辛亥	壬子	癸丑	甲寅	乙卯	丙辰	丁巳	戊午	己未	庚申	辛酉	壬戌	癸亥

음양국: 陽2 陽8 陽5 陽3 陽9 陽6

입춘(2/4) 02:43
경칩(3/5) 20:45
청명(4/5) 01:34
입하(5/5) 18:53
망종(6/5) 23:02
소서(7/7) 09:17

입추(8/7) 19:03
백로(9/7) 21:57
한로(10/8) 13:33
입동(11/7) 16:42
대설(12/7) 09:33
소한(1/5) 20:47

2005(乙酉年)

1月 戊寅

절기									우수																경칩2월				
음력	1	2	3	4	5	6	7	8	9	10	11	12	13	14	15	16	17	18	19	20	21	22	23	24	25	26	27	28	29
양력 월	2월																			3월									
력 일	9	10	11	12	13	14	15	16	17	18	19	20	21	22	23	24	25	26	27	28	1	2	3	4	戌	6	7	8	9
요일	수	목	금	토	일	월	화	수	목	금	토	일	월	화	수	목	금	토	일	월	화	수	목	금	申	일	월	화	수
일진	甲子	乙丑	丙寅	丁卯	戊辰	己巳	庚午	辛未	壬申	癸酉	甲戌	乙亥	丙子	丁丑	戊寅	己卯	庚辰	辛巳	壬午	癸未	甲申	乙酉	丙戌	丁亥	戊子	己丑	庚寅	辛卯	壬辰
음양국	陽 8				陽 5				陽 2				陽 9				陽 6				陽 3								

2月 己卯

절기										춘분																청명3월				
음력	1	2	3	4	5	6	7	8	9	10	11	12	13	14	15	16	17	18	19	20	21	22	23	24	25	26	27	28	29	30
양력 월	3월																						4월							
력 일	10	11	12	13	14	15	16	17	18	19	20	21	22	23	24	25	26	27	28	29	30	31	1	2	3	4	丑	6	7	8
요일	목	금	토	일	월	화	수	목	금	토	일	월	화	수	목	금	토	일	월	화	수	목	금	토	일	월	初	수	목	금
일진	癸巳	甲午	乙未	丙申	丁酉	戊戌	己亥	庚子	辛丑	壬寅	癸卯	甲辰	乙巳	丙午	丁未	戊申	己酉	庚戌	辛亥	壬子	癸丑	甲寅	乙卯	丙辰	丁巳	戊午	己未	庚申	辛酉	壬戌
음양국		陽 1				陽 7				陽 4				陽 3				陽 9				陽 6								

3月 庚辰

절기												곡우															입하4월		
음력	1	2	3	4	5	6	7	8	9	10	11	12	13	14	15	16	17	18	19	20	21	22	23	24	25	26	27	28	29
양력 월	4월																						5월						
력 일	9	10	11	12	13	14	15	16	17	18	19	20	21	22	23	24	25	26	27	28	29	30	1	2	3	4	酉	6	7
요일	토	일	월	화	수	목	금	토	일	월	화	수	목	금	토	일	월	화	수	목	금	토	일	월	화	수	後	금	토
일진	癸亥	甲子	乙丑	丙寅	丁卯	戊辰	己巳	庚午	辛未	壬申	癸酉	甲戌	乙亥	丙子	丁丑	戊寅	己卯	庚辰	辛巳	壬午	癸未	甲申	乙酉	丙戌	丁亥	戊子	己丑	庚寅	辛卯
음양국		陽 4				陽 1				陽 7				陽 5				陽 2				陽 8							

4月 辛巳

절기														소만														망종5월	
음력	1	2	3	4	5	6	7	8	9	10	11	12	13	14	15	16	17	18	19	20	21	22	23	24	25	26	27	28	29	30
양력 월	5월																							6월						
력 일	8	9	10	11	12	13	14	15	16	17	18	19	20	21	22	23	24	25	26	27	28	29	30	31	1	2	3	4	亥	6
요일	일	월	화	수	목	금	토	일	월	화	수	목	금	토	일	월	화	수	목	금	토	일	월	화	수	목	금	토	後	월
일진	壬辰	癸巳	甲午	乙未	丙申	丁酉	戊戌	己亥	庚子	辛丑	壬寅	癸卯	甲辰	乙巳	丙午	丁未	戊申	己酉	庚戌	辛亥	壬子	癸丑	甲寅	乙卯	丙辰	丁巳	戊午	己未	庚申	辛酉
음양국	陽 8			陽 4				陽 1				陽 7				陽 5				陽 2				陽 8						

5月 壬午

절기														하지															
음력	1	2	3	4	5	6	7	8	9	10	11	12	13	14	15	16	17	18	19	20	21	22	23	24	25	26	27	28	29
양력 월	6월																							7월					
력 일	7	8	9	10	11	12	13	14	15	16	17	18	19	20	21	22	23	24	25	26	27	28	29	30	1	2	3	4	5
요일	화	수	목	금	토	일	월	화	수	목	금	토	일	월	화	수	목	금	토	일	월	화	수	목	금	토	일	월	화
일진	壬戌	癸亥	甲子	乙丑	丙寅	丁卯	戊辰	己巳	庚午	辛未	壬申	癸酉	甲戌	乙亥	丙子	丁丑	戊寅	己卯	庚辰	辛巳	壬午	癸未	甲申	乙酉	丙戌	丁亥	戊子	己丑	庚寅
음양국	陽 8			陽 6				陽 3				陽 9				陰 9				陰 3				陰 6					

6月 癸未

절기	소서6월																	대서												
음력	1	2	3	4	5	6	7	8	9	10	11	12	13	14	15	16	17	18	19	20	21	22	23	24	25	26	27	28	29	30
양력 월	7월																									8월				
력 일	6	辰	8	9	10	11	12	13	14	15	16	17	18	19	20	21	22	23	24	25	26	27	28	29	30	31	1	2	3	4
요일	수	後	금	토	일	월	화	수	목	금	토	일	월	화	수	목	금	토	일	월	화	수	목	금	토	일	월	화	수	목
일진	辛卯	壬辰	癸巳	甲午	乙未	丙申	丁酉	戊戌	己亥	庚子	辛丑	壬寅	癸卯	甲辰	乙巳	丙午	丁未	戊申	己酉	庚戌	辛亥	壬子	癸丑	甲寅	乙卯	丙辰	丁巳	戊午	己未	庚申
음양국	陰 6			陰 8				陰 2				陰 5				陰 7				陰 1				陰 4						

7月 甲申

절기	입추7월																		처서											
음력	1	2	3	4	5	6	7	8	9	10	11	12	13	14	15	16	17	18	19	20	21	22	23	24	25	26	27	28	29	30
양력 월	8월																											9월		
양력 일	5	6	酉	8	9	10	11	12	13	14	15	16	17	18	19	20	21	22	23	24	25	26	27	28	29	30	31	1	2	3
요일	금	토	後	월	화	수	목	금	토	일	월	화	수	목	금	토	일	월	화	수	목	금	토	일	월	화	수	목	금	토
일진	辛酉	壬戌	癸亥	甲子	乙丑	丙寅	丁卯	戊辰	己巳	庚午	辛未	壬申	癸酉	甲戌	乙亥	丙子	丁丑	戊寅	己卯	庚辰	辛巳	壬午	癸未	甲申	乙酉	丙戌	丁亥	戊子	己丑	庚寅
음양국	陰 4					陰 2					陰 5					陰 8					陰 1					陰 4			陰 7	

8月 乙酉

절기	백로8월																			추분									
음력	1	2	3	4	5	6	7	8	9	10	11	12	13	14	15	16	17	18	19	20	21	22	23	24	25	26	27	28	29
양력 월	9월																										10월		
양력 일	4	5	6	亥	8	9	10	11	12	13	14	15	16	17	18	19	20	21	22	23	24	25	26	27	28	29	30	1	2
요일	일	월	화	初	목	금	토	일	월	화	수	목	금	토	일	월	화	수	목	금	토	일	월	화	수	목	금	토	일
일진	辛卯	壬辰	癸巳	甲午	乙未	丙申	丁酉	戊戌	己亥	庚子	辛丑	壬寅	癸卯	甲辰	乙巳	丙午	丁未	戊申	己酉	庚戌	辛亥	壬子	癸丑	甲寅	乙卯	丙辰	丁巳	戊午	己未
음양국	陰 7				陰 9					陰 3					陰 6					陰 7					陰 1			陰 4	

9月 丙戌

절기	한로9월																				상강									
음력	1	2	3	4	5	6	7	8	9	10	11	12	13	14	15	16	17	18	19	20	21	22	23	24	25	26	27	28	29	30
양력 월	10월																													11월
양력 일	3	4	5	6	7	未	9	10	11	12	13	14	15	16	17	18	19	20	21	22	23	24	25	26	27	28	29	30	31	1
요일	월	화	수	목	금	初	일	월	화	수	목	금	토	일	월	화	수	목	금	토	일	월	화	수	목	금	토	일	월	화
일진	庚申	辛酉	壬戌	癸亥	甲子	乙丑	丙寅	丁卯	戊辰	己巳	庚午	辛未	壬申	癸酉	甲戌	乙亥	丙子	丁丑	戊寅	己卯	庚辰	辛巳	壬午	癸未	甲申	乙酉	丙戌	丁亥	戊子	己丑
음양국	陰 4				陰 6					陰 9					陰 3					陰 5					陰 8					

10月 丁亥

절기	입동10월																				소설									
음력	1	2	3	4	5	6	7	8	9	10	11	12	13	14	15	16	17	18	19	20	21	22	23	24	25	26	27	28	29	30
양력 월	11월																													12월
양력 일	2	3	4	5	6	申	8	9	10	11	12	13	14	15	16	17	18	19	20	21	22	23	24	25	26	27	28	29	30	1
요일	수	목	금	토	일	中	화	수	목	금	토	일	월	화	수	목	금	토	일	월	화	수	목	금	토	일	월	화	수	목
일진	庚寅	辛卯	壬辰	癸巳	甲午	乙未	丙申	丁酉	戊戌	己亥	庚子	辛丑	壬寅	癸卯	甲辰	乙巳	丙午	丁未	戊申	己酉	庚戌	辛亥	壬子	癸丑	甲寅	乙卯	丙辰	丁巳	戊午	己未
음양국	陰 2				陰 6					陰 9					陰 3					陰 5					陰 8					

11月 戊子

절기	대설11월																				동지								
음력	1	2	3	4	5	6	7	8	9	10	11	12	13	14	15	16	17	18	19	20	21	22	23	24	25	26	27	28	29
양력 월	12월																												
양력 일	2	3	4	5	6	巳	8	9	10	11	12	13	14	15	16	17	18	19	20	21	22	23	24	25	26	27	28	29	30
요일	금	토	일	월	화	初	목	금	토	일	월	화	수	목	금	토	일	월	화	수	목	금	토	일	월	화	수	목	금
일진	庚申	辛酉	壬戌	癸亥	甲子	乙丑	丙寅	丁卯	戊辰	己巳	庚午	辛未	壬申	癸酉	甲戌	乙亥	丙子	丁丑	戊寅	己卯	庚辰	辛巳	壬午	癸未	甲申	乙酉	丙戌	丁亥	戊子
음양국	陰 2				陰 4					陰 7					陰 1					陽 1					陽 7				

12月 己丑

절기	소한12월																				대한								
음력	1	2	3	4	5	6	7	8	9	10	11	12	13	14	15	16	17	18	19	20	21	22	23	24	25	26	27	28	29
양력 월	12월 1월																												
양력 일	31	1	2	3	4	戊	6	7	8	9	10	11	12	13	14	15	16	17	18	19	20	21	22	23	24	25	26	27	28
요일	토	일	월	화	수	中	금	토	일	월	화	수	목	금	토	일	월	화	수	목	금	토	일	월	화	수	목	금	토
일진	己丑	庚寅	辛卯	壬辰	癸巳	甲午	乙未	丙申	丁酉	戊戌	己亥	庚子	辛丑	壬寅	癸卯	甲辰	乙巳	丙午	丁未	戊申	己酉	庚戌	辛亥	壬子	癸丑	甲寅	乙卯	丙辰	丁巳
음양국	陽 4				陽 2					陽 8					陽 5					陽 3					陽 9				

입춘(2/4) 08:27
경칩(3/6) 02:29
청명(4/5) 07:15
입하(5/6) 00:31
망종(6/6) 04:37
소서(7/7) 14:51

2006(丙戌年)

입추(8/8) 00:41
백로(9/8) 03:39
한로(10/8) 19:21
입동(11/7) 22:35
대설(12/7) 15:27
소한(1/6) 02:40

1月 庚寅

절기						입춘1월														우수								
음력	1	2	3	4	5	6	7	8	9	10	11	12	13	14	15	16	17	18	19	20	21	22	23	24	25	26	27	28	29	30
양력월	1월			2월																										
양력일	29	30	31	1	2	3	辰中	5	6	7	8	9	10	11	12	13	14	15	16	17	18	19	20	21	22	23	24	25	26	27
요일	일	월	화	수	목	금	토	일	월	화	수	목	금	토	일	월	화	수	목	금	토	일	월	화	수	목	금	토	일	월
일진	戊午	己未	庚申	辛酉	壬戌	癸亥	甲子	乙丑	丙寅	丁卯	戊辰	己巳	庚午	辛未	壬申	癸酉	甲戌	乙亥	丙子	丁丑	戊寅	己卯	庚辰	辛巳	壬午	癸未	甲申	乙酉	丙戌	丁亥

음양국: 陽6 · 陽8 · 陽5 · 陽2 · 陽9 · 陽6

2月 辛卯

절기						경칩2월														춘분								
음력	1	2	3	4	5	6	7	8	9	10	11	12	13	14	15	16	17	18	19	20	21	22	23	24	25	26	27	28	29
양력월	2월	3월																											
양력일	28	1	2	3	4	5	丑中	7	8	9	10	11	12	13	14	15	16	17	18	19	20	21	22	23	24	25	26	27	28
요일	화	수	목	금	토	일	월	화	수	목	금	토	일	월	화	수	목	금	토	일	월	화	수	목	금	토	일	월	화
일진	戊子	己丑	庚寅	辛卯	壬辰	癸巳	甲午	乙未	丙申	丁酉	戊戌	己亥	庚子	辛丑	壬寅	癸卯	甲辰	乙巳	丙午	丁未	戊申	己酉	庚戌	辛亥	壬子	癸丑	甲寅	乙卯	丙辰

음양국: 陽3 · 陽1 · 陽7 · 陽4 · 陽3 · 陽9

3月 壬辰

절기							청명3월															곡우							
음력	1	2	3	4	5	6	7	8	9	10	11	12	13	14	15	16	17	18	19	20	21	22	23	24	25	26	27	28	29	30
양력월	3월			4월																										
양력일	29	30	31	1	2	3	4	卯後	6	7	8	9	10	11	12	13	14	15	16	17	18	19	20	21	22	23	24	25	26	27
요일	수	목	금	토	일	월	화	수	목	금	토	일	월	화	수	목	금	토	일	월	화	수	목	금	토	일	월	화	수	목
일진	丁巳	戊午	己未	庚申	辛酉	壬戌	癸亥	甲子	乙丑	丙寅	丁卯	戊辰	己巳	庚午	辛未	壬申	癸酉	甲戌	乙亥	丙子	丁丑	戊寅	己卯	庚辰	辛巳	壬午	癸未	甲申	乙酉	丙戌

음양국: 陽9 · 陽6 · 陽4 · 陽1 · 陽7 · 陽5 · 陽2

4月 癸巳

절기								입하4월															소만					
음력	1	2	3	4	5	6	7	8	9	10	11	12	13	14	15	16	17	18	19	20	21	22	23	24	25	26	27	28	29
양력월	4월			5월																									
양력일	28	29	30	1	2	3	4	5	子中	7	8	9	10	11	12	13	14	15	16	17	18	19	20	21	22	23	24	25	26
요일	금	토	일	월	화	수	목	금	토	일	월	화	수	목	금	토	일	월	화	수	목	금	토	일	월	화	수	목	금
일진	丁亥	戊子	己丑	庚寅	辛卯	壬辰	癸巳	甲午	乙未	丙申	丁酉	戊戌	己亥	庚子	辛丑	壬寅	癸卯	甲辰	乙巳	丙午	丁未	戊申	己酉	庚戌	辛亥	壬子	癸丑	甲寅	乙卯

음양국: 陽2 · 陽8 · 陽4 · 陽1 · 陽7 · 陽5 · 陽2

5月 甲午

절기										망종5월															하지					
음력	1	2	3	4	5	6	7	8	9	10	11	12	13	14	15	16	17	18	19	20	21	22	23	24	25	26	27	28	29	30
양력월	5월					6월																								
양력일	27	28	29	30	31	1	2	3	4	5	寅中	7	8	9	10	11	12	13	14	15	16	17	18	19	20	21	22	23	24	25
요일	토	일	월	화	수	목	금	토	일	월	화	수	목	금	토	일	월	화	수	목	금	토	일	월	화	수	목	금	토	일
일진	丙辰	丁巳	戊午	己未	庚申	辛酉	壬戌	癸亥	甲子	乙丑	丙寅	丁卯	戊辰	己巳	庚午	辛未	壬申	癸酉	甲戌	乙亥	丙子	丁丑	戊寅	己卯	庚辰	辛巳	壬午	癸未	甲申	乙酉

음양국: 陽2 · 陽8 · 陽6 · 陽3 · 陽9 · 陰9 · 陰3

6月 乙未

절기											소서6월																대서		
음력	1	2	3	4	5	6	7	8	9	10	11	12	13	14	15	16	17	18	19	20	21	22	23	24	25	26	27	28	29
양력월	6월					7월																							
양력일	26	27	28	29	30	1	2	3	4	5	6	未後	8	9	10	11	12	13	14	15	16	17	18	19	20	21	22	23	24
요일	월	화	수	목	금	토	일	월	화	수	목	금	토	일	월	화	수	목	금	토	일	월	화	수	목	금	토	일	월
일진	丙戌	丁亥	戊子	己丑	庚寅	辛卯	壬辰	癸巳	甲午	乙未	丙申	丁酉	戊戌	己亥	庚子	辛丑	壬寅	癸卯	甲辰	乙巳	丙午	丁未	戊申	己酉	庚戌	辛亥	壬子	癸丑	甲寅

음양국: 陰3 · 陰6 · 陰8 · 陰2 · 陰5 · 陰7 · 陰1

7月 丙申

절기	입추7월																													처서
음력	1	2	3	4	5	6	7	8	9	10	11	12	13	14	15	16	17	18	19	20	21	22	23	24	25	26	27	28	29	30
양력 월	7월							8월																						
양력 일	25	26	27	28	29	30	31	1	2	3	4	5	6	7	子中	9	10	11	12	13	14	15	16	17	18	19	20	21	22	23
요일	화	수	목	금	토	일	월	화	수	목	금	토	일	월	中	수	목	금	토	일	월	화	수	목	금	토	일	월	화	수
일진	乙卯	丙辰	丁巳	戊午	己未	庚申	辛酉	壬戌	癸亥	甲子	乙丑	丙寅	丁卯	戊辰	己巳	庚午	辛未	壬申	癸酉	甲戌	乙亥	丙子	丁丑	戊寅	己卯	庚辰	辛巳	壬午	癸未	甲申
음양국	陰1					陰4					陰2					陰5					陰8					陰1				

閏7月

절기																백로8월													
음력	1	2	3	4	5	6	7	8	9	10	11	12	13	14	15	16	17	18	19	20	21	22	23	24	25	26	27	28	29
양력 월	8월								9월																				
양력 일	24	25	26	27	28	29	30	31	1	2	3	4	5	6	7	寅初	9	10	11	12	13	14	15	16	17	18	19	20	21
요일	목	금	토	일	월	화	수	목	금	토	일	월	화	수	목	初	토	일	월	화	수	목	금	토	일	월	화	수	목
일진	乙酉	丙戌	丁亥	戊子	己丑	庚寅	辛卯	壬辰	癸巳	甲午	乙未	丙申	丁酉	戊戌	己亥	庚子	辛丑	壬寅	癸卯	甲辰	乙巳	丙午	丁未	戊申	己酉	庚戌	辛亥	壬子	癸丑
음양국	陰4					陰7					陰9					陰3					陰6					陰7				

8月 丁酉

절기		추분															한로9월													
음력	1	2	3	4	5	6	7	8	9	10	11	12	13	14	15	16	17	18	19	20	21	22	23	24	25	26	27	28	29	30
양력 월	9월									10월																				
양력 일	22	23	24	25	26	27	28	29	30	1	2	3	4	5	6	7	酉後	9	10	11	12	13	14	15	16	17	18	19	20	21
요일	금	토	일	월	화	수	목	금	토	일	월	화	수	목	금	토	後	월	화	수	목	금	토	일	월	화	수	목	금	토
일진	甲寅	乙卯	丙辰	丁巳	戊午	己未	庚申	辛酉	壬戌	癸亥	甲子	乙丑	丙寅	丁卯	戊辰	己巳	庚午	辛未	壬申	癸酉	甲戌	乙亥	丙子	丁丑	戊寅	己卯	庚辰	辛巳	壬午	癸未
음양국	陰1					陰4					陰6					陰9					陰3					陰5				

9月 戊戌

절기		상강															입동10월													
음력	1	2	3	4	5	6	7	8	9	10	11	12	13	14	15	16	17	18	19	20	21	22	23	24	25	26	27	28	29	30
양력 월	10월										11월																			
양력 일	22	23	24	25	26	27	28	29	30	31	1	2	3	4	5	6	亥中	8	9	10	11	12	13	14	15	16	17	18	19	20
요일	일	월	화	수	목	금	토	일	월	화	수	목	금	토	일	월	中	수	목	금	토	일	월	화	수	목	금	토	일	월
일진	甲申	乙酉	丙戌	丁亥	戊子	己丑	庚寅	辛卯	壬辰	癸巳	甲午	乙未	丙申	丁酉	戊戌	己亥	庚子	辛丑	壬寅	癸卯	甲辰	乙巳	丙午	丁未	戊申	己酉	庚戌	辛亥	壬子	癸丑
음양국	陰8					陰2					陰6					陰9					陰3					陰5				

10月 己亥

절기		소설															대설11월												
음력	1	2	3	4	5	6	7	8	9	10	11	12	13	14	15	16	17	18	19	20	21	22	23	24	25	26	27	28	29
양력 월	11월										12월																		
양력 일	21	22	23	24	25	26	27	28	29	30	1	2	3	4	5	6	未後	8	9	10	11	12	13	14	15	16	17	18	19
요일	화	수	목	금	토	일	월	화	수	목	금	토	일	월	화	수	後	금	토	일	월	화	수	목	금	토	일	월	화
일진	甲寅	乙卯	丙辰	丁巳	戊午	己未	庚申	辛酉	壬戌	癸亥	甲子	乙丑	丙寅	丁卯	戊辰	己巳	庚午	辛未	壬申	癸酉	甲戌	乙亥	丙子	丁丑	戊寅	己卯	庚辰	辛巳	壬午
음양국	陰8					陰2					陰4					陰7					陰1					陽1				

11月 庚子

절기			동지															소한12월												
음력	1	2	3	4	5	6	7	8	9	10	11	12	13	14	15	16	17	18	19	20	21	22	23	24	25	26	27	28	29	30
양력 월	12월												1월																	
양력 일	20	21	22	23	24	25	26	27	28	29	30	31	1	2	3	4	5	丑中	7	8	9	10	11	12	13	14	15	16	17	18
요일	수	목	금	토	일	월	화	수	목	금	토	일	월	화	수	목	금	中	일	월	화	수	목	금	토	일	월	화	수	목
일진	癸未	甲申	乙酉	丙戌	丁亥	戊子	己丑	庚寅	辛卯	壬辰	癸巳	甲午	乙未	丙申	丁酉	戊戌	己亥	庚子	辛丑	壬寅	癸卯	甲辰	乙巳	丙午	丁未	戊申	己酉	庚戌	辛亥	壬子
음양국	陽7					陽4					陽2					陽8					陽5					陽3				

12月 辛丑

절기		대한															입춘1월													
음력	1	2	3	4	5	6	7	8	9	10	11	12	13	14	15	16	17	18	19	20	21	22	23	24	25	26	27	28	29	30
양력 월	1월													2월																
양력 일	19	20	21	22	23	24	25	26	27	28	29	30	31	1	2	3	未中	5	6	7	8	9	10	11	12	13	14	15	16	17
요일	금	토	일	월	화	수	목	금	토	일	월	화	수	목	금	토	中	월	화	수	목	금	토	일	월	화	수	목	금	토
일진	癸丑	甲寅	乙卯	丙辰	丁巳	戊午	己未	庚申	辛酉	壬戌	癸亥	甲子	乙丑	丙寅	丁卯	戊辰	己巳	庚午	辛未	壬申	癸酉	甲戌	乙亥	丙子	丁丑	戊寅	己卯	庚辰	辛巳	壬午
음양국	陽9					陽6					陽8					陽5					陽2					陽9				

입춘(2/4) 14:18
경칩(3/6) 08:18
청명(4/5) 13:05
입하(5/6) 06:20
망종(6/6) 10:27
소서(7/7) 20:42

입추(8/8) 06:31
백로(9/8) 09:29
한로(10/9) 01:11
입동(11/8) 04:24
대설(12/7) 21:14
소한(1/6) 08:25

2007(丁亥年)

1月 壬寅

절기	우수																경칩2월												
음력	1	2	3	4	5	6	7	8	9	10	11	12	13	14	15	16	17	18	19	20	21	22	23	24	25	26	27	28	29
양월	2월											3월																	
력일	18	19	20	21	22	23	24	25	26	27	28	1	2	3	4	5	辰	7	8	9	10	11	12	13	14	15	16	17	18
요일	일	월	화	수	목	금	토	일	월	화	수	목	금	토	일	월	中	수	목	금	토	일	월	화	수	목	금	토	일
일진	癸未	甲申	乙酉	丙戌	丁亥	戊子	己丑	庚寅	辛卯	壬辰	癸巳	甲午	乙未	丙申	丁酉	戊戌	己亥	庚子	辛丑	壬寅	癸卯	甲辰	乙巳	丙午	丁未	戊申	己酉	庚戌	辛亥
음양국	陽 6				陽 3					陽 1					陽 7					陽 4					陽 3				

2月 癸卯

절기	춘분																	청명3월											
음력	1	2	3	4	5	6	7	8	9	10	11	12	13	14	15	16	17	18	19	20	21	22	23	24	25	26	27	28	29
양월	3월													4월															
력일	19	20	21	22	23	24	25	26	27	28	29	30	31	1	2	3	4	午	6	7	8	9	10	11	12	13	14	15	16
요일	월	화	수	목	금	토	일	월	화	수	목	금	토	일	월	화	수	後	금	토	일	월	화	수	목	금	토	일	월
일진	壬子	癸丑	甲寅	乙卯	丙辰	丁巳	戊午	己未	庚申	辛酉	壬戌	癸亥	甲子	乙丑	丙寅	丁卯	戊辰	己巳	庚午	辛未	壬申	癸酉	甲戌	乙亥	丙子	丁丑	戊寅	己卯	庚辰
음양국	陽 3			陽 9				陽 6				陽 4				陽 1				陽 7					陽 5				

3月 甲辰

절기	곡우																			입하4월										
음력	1	2	3	4	5	6	7	8	9	10	11	12	13	14	15	16	17	18	19	20	21	22	23	24	25	26	27	28	29	30
양월	4월														5월															
력일	17	18	19	20	21	22	23	24	25	26	27	28	29	30	1	2	3	4	5	卯	7	8	9	10	11	12	13	14	15	16
요일	화	수	목	금	토	일	월	화	수	목	금	토	일	월	화	수	목	금	토	中	월	화	수	목	금	토	일	월	화	수
일진	辛巳	壬午	癸未	甲申	乙酉	丙戌	丁亥	戊子	己丑	庚寅	辛卯	壬辰	癸巳	甲午	乙未	丙申	丁酉	戊戌	己亥	庚子	辛丑	壬寅	癸卯	甲辰	乙巳	丙午	丁未	戊申	己酉	庚戌
음양국	陽 5			陽 2				陽 8				陽 4				陽 1				陽 7					陽 5					

4月 乙巳

절기	소만																				망종5월								
음력	1	2	3	4	5	6	7	8	9	10	11	12	13	14	15	16	17	18	19	20	21	22	23	24	25	26	27	28	29
양월	5월															6월													
력일	17	18	19	20	21	22	23	24	25	26	27	28	29	30	31	1	2	3	4	5	巳	7	8	9	10	11	12	13	14
요일	목	금	토	일	월	화	수	목	금	토	일	월	화	수	목	금	토	일	월	화	中	목	금	토	일	월	화	수	목
일진	辛亥	壬子	癸丑	甲寅	乙卯	丙辰	丁巳	戊午	己未	庚申	辛酉	壬戌	癸亥	甲子	乙丑	丙寅	丁卯	戊辰	己巳	庚午	辛未	壬申	癸酉	甲戌	乙亥	丙子	丁丑	戊寅	己卯
음양국	陽 5			陽 2				陽 8				陽 6				陽 3				陽 9					陰 9				

5月 丙午

절기							하지																소서6월						
음력	1	2	3	4	5	6	7	8	9	10	11	12	13	14	15	16	17	18	19	20	21	22	23	24	25	26	27	28	29
양월	6월																7월												
력일	15	16	17	18	19	20	21	22	23	24	25	26	27	28	29	30	1	2	3	4	5	6	戌	8	9	10	11	12	13
요일	금	토	일	월	화	수	목	금	토	일	월	화	수	목	금	토	일	월	화	수	목	금	中	일	월	화	수	목	금
일진	庚辰	辛巳	壬午	癸未	甲申	乙酉	丙戌	丁亥	戊子	己丑	庚寅	辛卯	壬辰	癸巳	甲午	乙未	丙申	丁酉	戊戌	己亥	庚子	辛丑	壬寅	癸卯	甲辰	乙巳	丙午	丁未	戊申
음양국	陰 9				陰 3				陰 6				陰 8				陰 2				陰 5								

6月 丁未

절기										대서																입추7월				
음력	1	2	3	4	5	6	7	8	9	10	11	12	13	14	15	16	17	18	19	20	21	22	23	24	25	26	27	28	29	30
양월	7월																	8월												
력일	14	15	16	17	18	19	20	21	22	23	24	25	26	27	28	29	30	31	1	2	3	4	5	6	7	卯	9	10	11	12
요일	토	일	월	화	수	목	금	토	일	월	화	수	목	금	토	일	월	화	수	목	금	토	일	월	화	中	목	금	토	일
일진	己酉	庚戌	辛亥	壬子	癸丑	甲寅	乙卯	丙辰	丁巳	戊午	己未	庚申	辛酉	壬戌	癸亥	甲子	乙丑	丙寅	丁卯	戊辰	己巳	庚午	辛未	壬申	癸酉	甲戌	乙亥	丙子	丁丑	戊寅
음양국	陰 7				陰 1				陰 4				陰 2				陰 5					陰 8								

7月 戊申

절기	음력	양력(월/일)	요일	일진	음양국
처서 (음력11) / 백로8월 (음력27)	1	8월 13	월	己卯	陰 1
	2	14	화	庚辰	
	3	15	수	辛巳	
	4	16	목	壬午	
	5	17	금	癸未	
	6	18	토	甲申	陰 4
	7	19	일	乙酉	
	8	20	월	丙戌	
	9	21	화	丁亥	
	10	22	수	戊子	
처서	11	23	목	己丑	陰 7
	12	24	금	庚寅	
	13	25	토	辛卯	
	14	26	일	壬辰	
	15	27	월	癸巳	
	16	28	화	甲午	陰 9
	17	29	수	乙未	
	18	30	목	丙申	
	19	31	금	丁酉	
	20	9월 1	토	戊戌	
	21	2	일	己亥	陰 3
	22	3	월	庚子	
	23	4	화	辛丑	
	24	5	수	壬寅	
	25	6	목	癸卯	
	26	7	금	甲辰	陰 6
백로8월	27	辰後		乙巳	
	28	9	일	丙午	
	29	10	월	丁未	

8月 己酉

절기	음력	양력(월/일)	요일	일진	음양국
추분 (음력13) / 한로9월 (음력29)	1	9월 11	화	戊申	陰 7
	2	12	수	己酉	
	3	13	목	庚戌	
	4	14	금	辛亥	
	5	15	토	壬子	
	6	16	일	癸丑	陰 1
	7	17	월	甲寅	
	8	18	화	乙卯	
	9	19	수	丙辰	
	10	20	목	丁巳	
	11	21	금	戊午	
	12	22	토	己未	陰 4
추분	13	23	일	庚申	
	14	24	월	辛酉	
	15	25	화	壬戌	
	16	26	수	癸亥	
	17	27	목	甲子	陰 6
	18	28	금	乙丑	
	19	29	토	丙寅	
	20	30	일	丁卯	
	21	10월 1	월	戊辰	
	22	2	화	己巳	陰 9
	23	3	수	庚午	
	24	4	목	辛未	
	25	5	금	壬申	
	26	6	토	癸酉	
	27	7	일	甲戌	陰 3
	28	8	월	乙亥	
한로9월	29	子後		丙子	
	30	10	수	丁丑	

9月 庚戌

절기	음력	양력(월/일)	요일	일진	음양국
상강 (음력14) / 입동10월 (음력29)	1	10월 11	목	戊寅	陰 5
	2	12	금	己卯	
	3	13	토	庚辰	
	4	14	일	辛巳	
	5	15	월	壬午	
	6	16	화	癸未	陰 8
	7	17	수	甲申	
	8	18	목	乙酉	
	9	19	금	丙戌	
	10	20	토	丁亥	
	11	21	일	戊子	
	12	22	월	己丑	陰 2
	13	23	화	庚寅	
상강	14	24	수	辛卯	
	15	25	목	壬辰	
	16	26	금	癸巳	
	17	27	토	甲午	陰 6
	18	28	일	乙未	
	19	29	월	丙申	
	20	30	화	丁酉	
	21	31	수	戊戌	
	22	11월 1	목	己亥	陰 9
	23	2	금	庚子	
	24	3	토	辛丑	
	25	4	일	壬寅	
	26	5	월	癸卯	
	27	6	화	甲辰	陰 3
	28	7	수	乙巳	
입동10월	29	寅中		丙午	
	30	9	금	丁未	

10月 辛亥

절기	음력	양력(월/일)	요일	일진	음양국
소설 (음력14) / 대설11월 (음력28)	1	11월 10	토	戊申	陰 5
	2	11	일	己酉	
	3	12	월	庚戌	
	4	13	화	辛亥	
	5	14	수	壬子	
	6	15	목	癸丑	陰 8
	7	16	금	甲寅	
	8	17	토	乙卯	
	9	18	일	丙辰	
	10	19	월	丁巳	
	11	20	화	戊午	
	12	21	수	己未	陰 2
	13	22	목	庚申	
소설	14	23	금	辛酉	
	15	24	토	壬戌	
	16	25	일	癸亥	
	17	26	월	甲子	陰 4
	18	27	화	乙丑	
	19	28	수	丙寅	
	20	29	목	丁卯	
	21	30	금	戊辰	
	22	12월 1	토	己巳	陰 7
	23	2	일	庚午	
	24	3	월	辛未	
	25	4	화	壬申	
	26	5	수	癸酉	
	27	6	목	甲戌	陰 1
대설11월	28	戌後		乙亥	
	29	8	토	丙子	
	30	9	일	丁丑	

11月 壬子

절기	음력	양력(월/일)	요일	일진	음양국
동지 (음력13) / 소한12월 (음력28)	1	12월 10	월	戊寅	陰 4
	2	11	화	己卯	
	3	12	수	庚辰	
	4	13	목	辛巳	
	5	14	금	壬午	
	6	15	토	癸未	陰 7
	7	16	일	甲申	
	8	17	월	乙酉	
	9	18	화	丙戌	
	10	19	수	丁亥	
	11	20	목	戊子	
	12	21	금	己丑	陰 1
동지	13	22	토	庚寅	
	14	23	일	辛卯	
	15	24	월	壬辰	
	16	25	화	癸巳	
	17	26	수	甲午	陽 1
	18	27	목	乙未	
	19	28	금	丙申	
	20	29	토	丁酉	
	21	30	일	戊戌	
	22	31	월	己亥	陽 7
	23	1월 1	화	庚子	
	24	2	수	辛丑	
	25	3	목	壬寅	
	26	4	금	癸卯	
	27	5	토	甲辰	陽 4
소한12월	28	辰中		乙巳	
	29	7	월	丙午	

12月 癸丑

절기	음력	양력(월/일)	요일	일진	음양국
대한 (음력14) / 입춘1월 (음력28)	1	1월 8	화	丁未	陽 4
	2	9	수	戊申	
	3	10	목	己酉	陽 2
	4	11	금	庚戌	
	5	12	토	辛亥	
	6	13	일	壬子	
	7	14	월	癸丑	
	8	15	화	甲寅	陽 8
	9	16	수	乙卯	
	10	17	목	丙辰	
	11	18	금	丁巳	
	12	19	토	戊午	
	13	20	일	己未	
대한	14	21	월	庚申	陽 5
	15	22	화	辛酉	
	16	23	수	壬戌	
	17	24	목	癸亥	
	18	25	금	甲子	
	19	26	토	乙丑	陽 3
	20	27	일	丙寅	
	21	28	월	丁卯	
	22	29	화	戊辰	
	23	30	수	己巳	
	24	31	목	庚午	陽 9
	25	2월 1	금	辛未	
	26	2	토	壬申	
	27	3	일	癸酉	
입춘1월	28	戌初		甲戌	陽 6
	29	5	화	乙亥	
	30	6	수	丙子	

입춘(2/4) 20:00
경칩(3/5) 13:59
청명(4/4) 18:46
입하(5/5) 12:03
망종(6/5) 16:12
소서(7/7) 02:27

입추(8/7) 12:16
백로(9/7) 15:14
한로(10/8) 06:57
입동(11/7) 10:10
대설(12/7) 03:02
소한(1/5) 14:14

2008(戊子年)

1月 甲寅

절기													우수															경칩2월		
음력	1	2	3	4	5	6	7	8	9	10	11	12	13	14	15	16	17	18	19	20	21	22	23	24	25	26	27	28	29	30
양력 월/일	2월 7	8	9	10	11	12	13	14	15	16	17	18	19	20	21	22	23	24	25	26	27	28	29	3월 1	2	3	4	未	6	7
요일	목	금	토	일	월	화	수	목	금	토	일	월	화	수	목	금	토	일	월	화	수	목	금	토	일	월	화	初	목	금
일진	丁丑	戊寅	己卯	庚辰	辛巳	壬午	癸未	甲申	乙酉	丙戌	丁亥	戊子	己丑	庚寅	辛卯	壬辰	癸巳	甲午	乙未	丙申	丁酉	戊戌	己亥	庚子	辛丑	壬寅	癸卯	甲辰	乙巳	丙午
음양국	陽 6				陽 8					陽 5					陽 2					陽 9					陽 6				陽 3	

2月 乙卯

절기													춘분														청명3월	
음력	1	2	3	4	5	6	7	8	9	10	11	12	13	14	15	16	17	18	19	20	21	22	23	24	25	26	27	28	29
양력 월/일	3월 8	9	10	11	12	13	14	15	16	17	18	19	20	21	22	23	24	25	26	27	28	29	30	31	4월 1	2	3	酉	5
요일	토	일	월	화	수	목	금	토	일	월	화	수	목	금	토	일	월	화	수	목	금	토	일	월	화	수	목	中	토
일진	丁未	戊申	己酉	庚戌	辛亥	壬子	癸丑	甲寅	乙卯	丙辰	丁巳	戊午	己未	庚申	辛酉	壬戌	癸亥	甲子	乙丑	丙寅	丁卯	戊辰	己巳	庚午	辛未	壬申	癸酉	甲戌	乙亥
음양국	陽 3				陽 1					陽 7					陽 4				陽 3					陽 9				陽 6	

3月 丙辰

절기															곡우														
음력	1	2	3	4	5	6	7	8	9	10	11	12	13	14	15	16	17	18	19	20	21	22	23	24	25	26	27	28	29
양력 월/일	4월 6	7	8	9	10	11	12	13	14	15	16	17	18	19	20	21	22	23	24	25	26	27	28	29	30	5월 1	2	3	4
요일	일	월	화	수	목	금	토	일	월	화	수	목	금	토	일	월	화	수	목	금	토	일	월	화	수	목	금	토	일
일진	丙子	丁丑	戊寅	己卯	庚辰	辛巳	壬午	癸未	甲申	乙酉	丙戌	丁亥	戊子	己丑	庚寅	辛卯	壬辰	癸巳	甲午	乙未	丙申	丁酉	戊戌	己亥	庚子	辛丑	壬寅	癸卯	甲辰
음양국	陽 6				陽 4					陽 1					陽 7					陽 5					陽 2				陽 8

4月 丁巳

절기	입하4월																소만													
음력	1	2	3	4	5	6	7	8	9	10	11	12	13	14	15	16	17	18	19	20	21	22	23	24	25	26	27	28	29	30
양력 월/일	5월 午	6	7	8	9	10	11	12	13	14	15	16	17	18	19	20	21	22	23	24	25	26	27	28	29	30	31	6월 1	2	3
요일	初	화	수	목	금	토	일	월	화	수	목	금	토	일	월	화	수	목	금	토	일	월	화	수	목	금	토	일	월	화
일진	乙巳	丙午	丁未	戊申	己酉	庚戌	辛亥	壬子	癸丑	甲寅	乙卯	丙辰	丁巳	戊午	己未	庚申	辛酉	壬戌	癸亥	甲子	乙丑	丙寅	丁卯	戊辰	己巳	庚午	辛未	壬申	癸酉	甲戌
음양국	陽 8				陽 4					陽 1					陽 7					陽 5					陽 2					

5月 戊午

절기	망종5월																	하지											
음력	1	2	3	4	5	6	7	8	9	10	11	12	13	14	15	16	17	18	19	20	21	22	23	24	25	26	27	28	29
양력 월/일	6월 4	申	6	7	8	9	10	11	12	13	14	15	16	17	18	19	20	21	22	23	24	25	26	27	28	29	30	7월 1	2
요일	수	中	금	토	일	월	화	수	목	금	토	일	월	화	수	목	금	토	일	월	화	수	목	금	토	일	월	화	수
일진	乙亥	丙子	丁丑	戊寅	己卯	庚辰	辛巳	壬午	癸未	甲申	乙酉	丙戌	丁亥	戊子	己丑	庚寅	辛卯	壬辰	癸巳	甲午	乙未	丙申	丁酉	戊戌	己亥	庚子	辛丑	壬寅	癸卯
음양국	陽 8				陽 6					陽 3					陽 9					陰 9					陰 3				

6月 己未

절기				소서6월															대서										
음력	1	2	3	4	5	6	7	8	9	10	11	12	13	14	15	16	17	18	19	20	21	22	23	24	25	26	27	28	29
양력 월/일	7월 3	4	5	6	丑	8	9	10	11	12	13	14	15	16	17	18	19	20	21	22	23	24	25	26	27	28	29	30	31
요일	목	금	토	일	中	화	수	목	금	토	일	월	화	수	목	금	토	일	월	화	수	목	금	토	일	월	화	수	목
일진	甲辰	乙巳	丙午	丁未	戊申	己酉	庚戌	辛亥	壬子	癸丑	甲寅	乙卯	丙辰	丁巳	戊午	己未	庚申	辛酉	壬戌	癸亥	甲子	乙丑	丙寅	丁卯	戊辰	己巳	庚午	辛未	壬申
음양국	陰 6				陰 8					陰 2					陰 5					陰 7					陰 1				

7月 庚申

절기						입추7월																처서							
음력	1	2	3	4	5	6	**7**	8	9	10	11	12	13	14	15	16	17	18	19	20	21	22	**23**	24	25	26	27	28	29	30
양력(8월)	1	2	3	4	5	6	午中	8	9	10	11	12	13	14	15	16	17	18	19	20	21	22	23	24	25	26	27	28	29	30
요일	금	토	일	월	화	수	中	금	토	일	월	화	수	목	금	토	일	월	화	수	목	금	토	일	월	화	수	목	금	토
일진	癸酉	甲戌	乙亥	丙子	丁丑	戊寅	己卯	庚辰	辛巳	壬午	癸未	甲申	乙酉	丙戌	丁亥	戊子	己丑	庚寅	辛卯	壬辰	癸巳	甲午	乙未	丙申	丁酉	戊戌	己亥	庚子	辛丑	壬寅
음양국		陰 4					陰 2					陰 5					陰 8					陰 1					陰 4			

8月 辛酉

절기							백로8월																	추분					
음력	1	2	3	4	5	6	7	**8**	9	10	11	12	13	14	15	16	17	18	19	20	21	22	23	**24**	25	26	27	28	29	
양력	31	1	2	3	4	5	6	未後	8	9	10	11	12	13	14	15	16	17	18	19	20	21	22	23	24	25	26	27	28	
(양력월)	8월	9월																												
요일	일	월	화	수	목	금	토	後	월	화	수	목	금	토	일	월	화	수	목	금	토	일	월	화	수	목	금	토	일	
일진	癸卯	甲辰	乙巳	丙午	丁未	戊申	己酉	庚戌	辛亥	壬子	癸丑	甲寅	乙卯	丙辰	丁巳	戊午	己未	庚申	辛酉	壬戌	癸亥	甲子	乙丑	丙寅	丁卯	戊辰	己巳	庚午	辛未	
음양국		陰 7					陰 9					陰 3					陰 6					陰 7					陰 1			

9月 壬戌

절기										한로9월															상강					
음력	1	2	3	4	5	6	7	8	9	**10**	11	12	13	14	15	16	17	18	19	20	21	22	23	24	**25**	26	27	28	29	30
양력	29	30	1	2	3	4	5	6	7	卯後	9	10	11	12	13	14	15	16	17	18	19	20	21	22	23	24	25	26	27	28
(양력월)	9월		10월																											
요일	월	화	수	목	금	토	일	월	화	後	목	금	토	일	월	화	수	목	금	토	일	월	화	수	목	금	토	일	월	화
일진	壬申	癸酉	甲戌	乙亥	丙子	丁丑	戊寅	己卯	庚辰	辛巳	壬午	癸未	甲申	乙酉	丙戌	丁亥	戊子	己丑	庚寅	辛卯	壬辰	癸巳	甲午	乙未	丙申	丁酉	戊戌	己亥	庚子	辛丑
음양국	陰 1		陰 4				陰 6					陰 9					陰 3					陰 5					陰 8			

10月 癸亥

절기										입동10월															소설					
음력	1	2	3	4	5	6	7	8	9	**10**	11	12	13	14	15	16	17	18	19	20	21	22	23	24	**25**	26	27	28	29	30
양력	29	30	31	1	2	3	4	5	6	巳中	8	9	10	11	12	13	14	15	16	17	18	19	20	21	22	23	24	25	26	27
(양력월)	10월			11월																										
요일	수	목	금	토	일	월	화	수	목	中	토	일	월	화	수	목	금	토	일	월	화	수	목	금	토	일	월	화	수	목
일진	壬寅	癸卯	甲辰	乙巳	丙午	丁未	戊申	己酉	庚戌	辛亥	壬子	癸丑	甲寅	乙卯	丙辰	丁巳	戊午	己未	庚申	辛酉	壬戌	癸亥	甲子	乙丑	丙寅	丁卯	戊辰	己巳	庚午	辛未
음양국	陰 8		陰 2				陰 6					陰 9					陰 3					陰 5					陰 8			

11月 甲子

절기										대설11월														동지					
음력	1	2	3	4	5	6	7	8	9	**10**	11	12	13	14	15	16	17	18	19	20	21	22	23	**24**	25	26	27	28	29	
양력	28	29	30	1	2	3	4	5	6	丑後	8	9	10	11	12	13	14	15	16	17	18	19	20	21	22	23	24	25	26	
(양력월)	11월			12월																										
요일	금	토	일	월	화	수	목	금	토	後	월	화	수	목	금	토	일	월	화	수	목	금	토	일	월	화	수	목	금	
일진	壬申	癸酉	甲戌	乙亥	丙子	丁丑	戊寅	己卯	庚辰	辛巳	壬午	癸未	甲申	乙酉	丙戌	丁亥	戊子	己丑	庚寅	辛卯	壬辰	癸巳	甲午	乙未	丙申	丁酉	戊戌	己亥	庚子	
음양국	陰 8		陰 2				陰 4					陰 7					陰 1					陽 1					陽 7			

12月 乙丑

절기										소한12월															대한					
음력	1	2	3	4	5	6	7	8	9	**10**	11	12	13	14	15	16	17	18	19	20	21	22	23	24	**25**	26	27	28	29	30
양력	27	28	29	30	31	1	2	3	4	未中	6	7	8	9	10	11	12	13	14	15	16	17	18	19	20	21	22	23	24	25
(양력월)	12월					1월																								
요일	토	일	월	화	수	목	금	토	일	中	화	수	목	금	토	일	월	화	수	목	금	토	일	월	화	수	목	금	토	일
일진	辛丑	壬寅	癸卯	甲辰	乙巳	丙午	丁未	戊申	己酉	庚戌	辛亥	壬子	癸丑	甲寅	乙卯	丙辰	丁巳	戊午	己未	庚申	辛酉	壬戌	癸亥	甲子	乙丑	丙寅	丁卯	戊辰	己巳	庚午
음양국	陽 7		陽 4				陽 2					陽 8					陽 5					陽 3					陽 9			

2009(己丑年)

입춘(2/4) 01:50　　　　　　　　　　　　　　　　　입추(8/7) 18:01
경칩(3/5) 19:47　　　　　　　　　　　　　　　　　백로(9/7) 20:58
청명(4/5) 00:34　　　　　　　　　　　　　　　　　한로(10/8) 12:40
입하(5/5) 17:51　　　　　　　　　　　　　　　　　입동(11/7) 15:56
망종(6/5) 21:59　　　　　　　　　　　　　　　　　대설(12/7) 08:52
소서(7/7) 08:13　　　　　　　　　　　　　　　　　소한(1/5) 20:09

1月 丙寅

절기	입춘1월																						우수							
음력	1	2	3	4	5	6	7	8	9	10	11	12	13	14	15	16	17	18	19	20	21	22	23	24	25	26	27	28	29	30
양력 월	1월					2월																								
양력 일	26	27	28	29	30	31	1	2	3	丑	5	6	7	8	9	10	11	12	13	14	15	16	17	18	19	20	21	22	23	24
요일	월	화	수	목	금	토	일	월	화	初	목	금	토	일	월	화	수	목	금	토	일	월	화	수	목	금	토	일	월	화
일진	辛未	壬申	癸酉	甲戌	乙亥	丙子	丁丑	戊寅	己卯	庚辰	辛巳	壬午	癸未	甲申	乙酉	丙戌	丁亥	戊子	己丑	庚寅	辛卯	壬辰	癸巳	甲午	乙未	丙申	丁酉	戊戌	己亥	庚子
음양국	陽 9				陽 6				陽 8					陽 5					陽 2					陽 9				陽 6		

2月 丁卯

절기	경칩2월																						춘분							
음력	1	2	3	4	5	6	7	8	9	10	11	12	13	14	15	16	17	18	19	20	21	22	23	24	25	26	27	28	29	30
양력 월	2월				3월																									
양력 일	25	26	27	28	1	2	3	4	戌	6	7	8	9	10	11	12	13	14	15	16	17	18	19	20	21	22	23	24	25	26
요일	수	목	금	토	일	월	화	수	初	금	토	일	월	화	수	목	금	토	일	월	화	수	목	금	토	일	월	화	수	목
일진	辛丑	壬寅	癸卯	甲辰	乙巳	丙午	丁未	戊申	己酉	庚戌	辛亥	壬子	癸丑	甲寅	乙卯	丙辰	丁巳	戊午	己未	庚申	辛酉	壬戌	癸亥	甲子	乙丑	丙寅	丁卯	戊辰	己巳	庚午
음양국	陽 6			陽 3				陽 1				陽 7					陽 4				陽 3				陽 9		

3月 戊辰

절기	청명3월																							곡우					
음력	1	2	3	4	5	6	7	8	9	10	11	12	13	14	15	16	17	18	19	20	21	22	23	24	25	26	27	28	29
양력 월	3월					4월																							
양력 일	27	28	29	30	31	1	2	3	4	子	6	7	8	9	10	11	12	13	14	15	16	17	18	19	20	21	22	23	24
요일	금	토	일	월	화	수	목	금	토	中	월	화	수	목	금	토	일	월	화	수	목	금	토	일	월	화	수	목	금
일진	辛未	壬申	癸酉	甲戌	乙亥	丙子	丁丑	戊寅	己卯	庚辰	辛巳	壬午	癸未	甲申	乙酉	丙戌	丁亥	戊子	己丑	庚寅	辛卯	壬辰	癸巳	甲午	乙未	丙申	丁酉	戊戌	己亥
음양국	陽 9			陽 6				陽 4				陽 1					陽 7				陽 5					陽 2		

4月 己巳

절기	입하4월																									소만			
음력	1	2	3	4	5	6	7	8	9	10	11	12	13	14	15	16	17	18	19	20	21	22	23	24	25	26	27	28	29
양력 월	4월						5월																						
양력 일	25	26	27	28	29	30	1	2	3	4	酉	6	7	8	9	10	11	12	13	14	15	16	17	18	19	20	21	22	23
요일	토	일	월	화	수	목	금	토	일	월	初	수	목	금	토	일	월	화	수	목	금	토	일	월	화	수	목	금	토
일진	庚子	辛丑	壬寅	癸卯	甲辰	乙巳	丙午	丁未	戊申	己酉	庚戌	辛亥	壬子	癸丑	甲寅	乙卯	丙辰	丁巳	戊午	己未	庚申	辛酉	壬戌	癸亥	甲子	乙丑	丙寅	丁卯	戊辰
음양국	陽 2			陽 8				陽 4				陽 1				陽 7				陽 5			

5月 庚午

절기	망종5월																												하지	
음력	1	2	3	4	5	6	7	8	9	10	11	12	13	14	15	16	17	18	19	20	21	22	23	24	25	26	27	28	29	30
양력 월	5월							6월																						
양력 일	24	25	26	27	28	29	30	31	1	2	3	4	亥	6	7	8	9	10	11	12	13	14	15	16	17	18	19	20	21	22
요일	일	월	화	수	목	금	토	일	월	화	수	목	初	토	일	월	화	수	목	금	토	일	월	화	수	목	금	토	일	월
일진	己巳	庚午	辛未	壬申	癸酉	甲戌	乙亥	丙子	丁丑	戊寅	己卯	庚辰	辛巳	壬午	癸未	甲申	乙酉	丙戌	丁亥	戊子	己丑	庚寅	辛卯	壬辰	癸巳	甲午	乙未	丙申	丁酉	戊戌
음양국	陽 2			陽 8				陽 6				陽 3				陽 9				陰 9			

閏 5月

절기	소서6월																												
음력	1	2	3	4	5	6	7	8	9	10	11	12	13	14	15	16	17	18	19	20	21	22	23	24	25	26	27	28	29
양력 월	6월							7월																					
양력 일	23	24	25	26	27	28	29	30	1	2	3	4	5	6	辰	8	9	10	11	12	13	14	15	16	17	18	19	20	21
요일	화	수	목	금	토	일	월	화	수	목	금	토	일	월	中	수	목	금	토	일	월	화	수	목	금	토	일	월	화
일진	己亥	庚子	辛丑	壬寅	癸卯	甲辰	乙巳	丙午	丁未	戊申	己酉	庚戌	辛亥	壬子	癸丑	甲寅	乙卯	丙辰	丁巳	戊午	己未	庚申	辛酉	壬戌	癸亥	甲子	乙丑	丙寅	丁卯
음양국	陰 3			陰 6				陰 8				陰 2				陰 5				陰 7			

6月 辛未

음력	1	2	3	4	5	6	7	8	9	10	11	12	13	14	15	16	17	18	19	20	21	22	23	24	25	26	27	28	29
절기	대서																입추7월												
양력 월	7월										8월																		
양력 일	22	23	24	25	26	27	28	29	30	31	1	2	3	4	5	6	酉	8	9	10	11	12	13	14	15	16	17	18	19
요일	수	목	금	토	일	월	화	수	목	금	토	일	월	화	수	목	初	토	일	월	화	수	목	금	토	일	월	화	수
일진	戊辰	己巳	庚午	辛未	壬申	癸酉	甲戌	乙亥	丙子	丁丑	戊寅	己卯	庚辰	辛巳	壬午	癸未	甲申	乙酉	丙戌	丁亥	戊子	己丑	庚寅	辛卯	壬辰	癸巳	甲午	乙未	丙申
음양국	陰 1					陰 4					陰 2					陰 5					陰 8					陰 1			

7月 壬申

음력	1	2	3	4	5	6	7	8	9	10	11	12	13	14	15	16	17	18	19	20	21	22	23	24	25	26	27	28	29	30
절기				처서															백로8월											
양력 월	8월												9월																	
양력 일	20	21	22	23	24	25	26	27	28	29	30	31	1	2	3	4	5	6	戌	8	9	10	11	12	13	14	15	16	17	18
요일	목	금	토	일	월	화	수	목	금	토	일	월	화	수	목	금	토	일	後	화	수	목	금	토	일	월	화	수	목	금
일진	丁酉	戊戌	己亥	庚子	辛丑	壬寅	癸卯	甲辰	乙巳	丙午	丁未	戊申	己酉	庚戌	辛亥	壬子	癸丑	甲寅	乙卯	丙辰	丁巳	戊午	己未	庚申	辛酉	壬戌	癸亥	甲子	乙丑	丙寅
음양국	陰 1				陰 4					陰 7					陰 9				陰 3					陰 6					陰 7	

8月 癸酉

음력	1	2	3	4	5	6	7	8	9	10	11	12	13	14	15	16	17	18	19	20	21	22	23	24	25	26	27	28	29
절기					추분															한로9월									
양력 월	9월												10월																
양력 일	19	20	21	22	23	24	25	26	27	28	29	30	1	2	3	4	5	6	7	午	9	10	11	12	13	14	15	16	17
요일	토	일	월	화	수	목	금	토	일	월	화	수	목	금	토	일	월	화	수	中	금	토	일	월	화	수	목	금	토
일진	丁卯	戊辰	己巳	庚午	辛未	壬申	癸酉	甲戌	乙亥	丙子	丁丑	戊寅	己卯	庚辰	辛巳	壬午	癸未	甲申	乙酉	丙戌	丁亥	戊子	己丑	庚寅	辛卯	壬辰	癸巳	甲午	乙未
음양국	陰 7				陰 1					陰 4					陰 6				陰 9					陰 3					陰 5

9月 甲戌

음력	1	2	3	4	5	6	7	8	9	10	11	12	13	14	15	16	17	18	19	20	21	22	23	24	25	26	27	28	29	30
절기						상강															입동10월									
양력 월	10월														11월															
양력 일	18	19	20	21	22	23	24	25	26	27	28	29	30	31	1	2	3	4	5	6	申	8	9	10	11	12	13	14	15	16
요일	일	월	화	수	목	금	토	일	월	화	수	목	금	토	일	월	화	수	목	금	初	일	월	화	수	목	금	토	일	월
일진	丙申	丁酉	戊戌	己亥	庚子	辛丑	壬寅	癸卯	甲辰	乙巳	丙午	丁未	戊申	己酉	庚戌	辛亥	壬子	癸丑	甲寅	乙卯	丙辰	丁巳	戊午	己未	庚申	辛酉	壬戌	癸亥	甲子	乙丑
음양국	陰 5					陰 8					陰 2					陰 6					陰 9					陰 3				陰 5

10月 乙亥

음력	1	2	3	4	5	6	7	8	9	10	11	12	13	14	15	16	17	18	19	20	21	22	23	24	25	26	27	28	29
절기						소설															대설11월								
양력 월	11월														12월														
양력 일	17	18	19	20	21	22	23	24	25	26	27	28	29	30	1	2	3	4	5	6	辰	8	9	10	11	12	13	14	15
요일	화	수	목	금	토	일	월	화	수	목	금	토	일	월	화	수	목	금	토	일	後	화	수	목	금	토	일	월	화
일진	丙寅	丁卯	戊辰	己巳	庚午	辛未	壬申	癸酉	甲戌	乙亥	丙子	丁丑	戊寅	己卯	庚辰	辛巳	壬午	癸未	甲申	乙酉	丙戌	丁亥	戊子	己丑	庚寅	辛卯	壬辰	癸巳	甲午
음양국	陰 5					陰 8					陰 2					陰 4					陰 7				陰 1				陽 1

11月 丙子

음력	1	2	3	4	5	6	7	8	9	10	11	12	13	14	15	16	17	18	19	20	21	22	23	24	25	26	27	28	29	30
절기							동지														소한12월									
양력 월	12월																1월													
양력 일	16	17	18	19	20	21	22	23	24	25	26	27	28	29	30	31	1	2	3	4	戌	6	7	8	9	10	11	12	13	14
요일	수	목	금	토	일	월	화	수	목	금	토	일	월	화	수	목	금	토	일	월	初	수	목	금	토	일	월	화	수	목
일진	乙未	丙申	丁酉	戊戌	己亥	庚子	辛丑	壬寅	癸卯	甲辰	乙巳	丙午	丁未	戊申	己酉	庚戌	辛亥	壬子	癸丑	甲寅	乙卯	丙辰	丁巳	戊午	己未	庚申	辛酉	壬戌	癸亥	甲子
음양국	陽 1					陽 7					陽 4					陽 2					陽 8					陽 5				

12月 丁丑

음력	1	2	3	4	5	6	7	8	9	10	11	12	13	14	15	16	17	18	19	20	21	22	23	24	25	26	27	28	29	30
절기						대한															입춘1월									
양력 월	1월																	2월												
양력 일	15	16	17	18	19	20	21	22	23	24	25	26	27	28	29	30	31	1	2	3	辰	5	6	7	8	9	10	11	12	13
요일	금	토	일	월	화	수	목	금	토	일	월	화	수	목	금	토	일	월	화	수	初	금	토	일	월	화	수	목	금	토
일진	乙丑	丙寅	丁卯	戊辰	己巳	庚午	辛未	壬申	癸酉	甲戌	乙亥	丙子	丁丑	戊寅	己卯	庚辰	辛巳	壬午	癸未	甲申	乙酉	丙戌	丁亥	戊子	己丑	庚寅	辛卯	壬辰	癸巳	甲午
음양국	陽 3					陽 9					陽 6					陽 8					陽 5					陽 2				

입춘(2/4) 07:48
경칩(3/6) 01:46
청명(4/5) 06:30
입하(5/5) 23:44
망종(6/6) 03:49
소서(7/7) 14:02

입추(8/7) 23:49
백로(9/8) 02:45
한로(10/8) 18:26
입동(11/7) 21:42
대설(12/7) 14:38
소한(1/6) 01:55

2010(庚寅年)

1月 戊寅

음력	1	2	3	4	5	6	7	8	9	10	11	12	13	14	15	16	17	18	19	20	21	22	23	24	25	26	27	28	29	30
절기						우수															경칩2월									
양력월	2월															3월														
양력일	14	15	16	17	18	19	20	21	22	23	24	25	26	27	28	1	2	3	4	5	丑	7	8	9	10	11	12	13	14	15
요일	일	월	화	수	목	금	토	일	월	화	수	목	금	토	일	월	화	수	목	금	初	일	월	화	수	목	금	토	일	월
일진	乙未	丙申	丁酉	戊戌	己亥	庚子	辛丑	壬寅	癸卯	甲辰	乙巳	丙午	丁未	戊申	己酉	庚戌	辛亥	壬子	癸丑	甲寅	乙卯	丙辰	丁巳	戊午	己未	庚申	辛酉	壬戌	癸亥	甲子
음양국	陽9					陽6					陽3					陽1					陽7					陽4				

2月 己卯

음력	1	2	3	4	5	6	7	8	9	10	11	12	13	14	15	16	17	18	19	20	21	22	23	24	25	26	27	28	29
절기						춘분															청명3월								
양력월	3월																4월												
양력일	16	17	18	19	20	21	22	23	24	25	26	27	28	29	30	31	1	2	3	4	卯	6	7	8	9	10	11	12	13
요일	화	수	목	금	토	일	월	화	수	목	금	토	일	월	화	수	목	금	토	일	中	화	수	목	금	토	일	월	화
일진	乙丑	丙寅	丁卯	戊辰	己巳	庚午	辛未	壬申	癸酉	甲戌	乙亥	丙子	丁丑	戊寅	己卯	庚辰	辛巳	壬午	癸未	甲申	乙酉	丙戌	丁亥	戊子	己丑	庚寅	辛卯	壬辰	癸巳
음양국	陽3					陽9					陽6					陽4					陽1					陽7			

3月 庚辰

음력	1	2	3	4	5	6	7	8	9	10	11	12	13	14	15	16	17	18	19	20	21	22	23	24	25	26	27	28	29	30
절기							곡우															입하4월								
양력월	4월																	5월												
양력일	14	15	16	17	18	19	20	21	22	23	24	25	26	27	28	29	30	1	2	3	4	子	6	7	8	9	10	11	12	13
요일	수	목	금	토	일	월	화	수	목	금	토	일	월	화	수	목	금	토	일	월	화	初	목	금	토	일	월	화	수	목
일진	甲午	乙未	丙申	丁酉	戊戌	己亥	庚子	辛丑	壬寅	癸卯	甲辰	乙巳	丙午	丁未	戊申	己酉	庚戌	辛亥	壬子	癸丑	甲寅	乙卯	丙辰	丁巳	戊午	己未	庚申	辛酉	壬戌	癸亥
음양국	陽5					陽2					陽8					陽4					陽1					陽7				

4月 辛巳

음력	1	2	3	4	5	6	7	8	9	10	11	12	13	14	15	16	17	18	19	20	21	22	23	24	25	26	27	28	29
절기								소만																망종5월					
양력월	5월																		6월										
양력일	14	15	16	17	18	19	20	21	22	23	24	25	26	27	28	29	30	31	1	2	3	4	5	寅	7	8	9	10	11
요일	금	토	일	월	화	수	목	금	토	일	월	화	수	목	금	토	일	월	화	수	목	금	토	初	월	화	수	목	금
일진	甲子	乙丑	丙寅	丁卯	戊辰	己巳	庚午	辛未	壬申	癸酉	甲戌	乙亥	丙子	丁丑	戊寅	己卯	庚辰	辛巳	壬午	癸未	甲申	乙酉	丙戌	丁亥	戊子	己丑	庚寅	辛卯	壬辰
음양국	陽5					陽2					陽8					陽6					陽3					陽9			

5月 壬午

음력	1	2	3	4	5	6	7	8	9	10	11	12	13	14	15	16	17	18	19	20	21	22	23	24	25	26	27	28	29	30
절기										하지																소서6월				
양력월	6월																			7월										
양력일	12	13	14	15	16	17	18	19	20	21	22	23	24	25	26	27	28	29	30	1	2	3	4	5	6	未	8	9	10	11
요일	토	일	월	화	수	목	금	토	일	월	화	수	목	금	토	일	월	화	수	목	금	토	일	월	화	初	목	금	토	일
일진	癸巳	甲午	乙未	丙申	丁酉	戊戌	己亥	庚子	辛丑	壬寅	癸卯	甲辰	乙巳	丙午	丁未	戊申	己酉	庚戌	辛亥	壬子	癸丑	甲寅	乙卯	丙辰	丁巳	戊午	己未	庚申	辛酉	壬戌
음양국	陰9					陰3					陰6					陰8					陰2					陰5				

6月 癸未

음력	1	2	3	4	5	6	7	8	9	10	11	12	13	14	15	16	17	18	19	20	21	22	23	24	25	26	27	28	29
절기												대서															입추7월		
양력월	7월																				8월								
양력일	12	13	14	15	16	17	18	19	20	21	22	23	24	25	26	27	28	29	30	31	1	2	3	4	5	6	子	8	9
요일	월	화	수	목	금	토	일	월	화	수	목	금	토	일	월	화	수	목	금	토	일	월	화	수	목	금	初	일	월
일진	癸亥	甲子	乙丑	丙寅	丁卯	戊辰	己巳	庚午	辛未	壬申	癸酉	甲戌	乙亥	丙子	丁丑	戊寅	己卯	庚辰	辛巳	壬午	癸未	甲申	乙酉	丙戌	丁亥	戊子	己丑	庚寅	辛卯
음양국	陰7					陰1					陰4					陰2					陰5					陰8			

7月 甲申

절기														처서															
음력	1	2	3	4	5	6	7	8	9	10	11	12	13	14	15	16	17	18	19	20	21	22	23	24	25	26	27	28	29
양력 월	8월																						9월						
양력 일	10	11	12	13	14	15	16	17	18	19	20	21	22	23	24	25	26	27	28	29	30	31	1	2	3	4	5	6	7
요일	화	수	목	금	토	일	월	화	수	목	금	토	일	월	화	수	목	금	토	일	월	화	수	목	금	토	일	월	화
일진	壬辰	癸巳	甲午	乙未	丙申	丁酉	戊戌	己亥	庚子	辛丑	壬寅	癸卯	甲辰	乙巳	丙午	丁未	戊申	己酉	庚戌	辛亥	壬子	癸丑	甲寅	乙卯	丙辰	丁巳	戊午	己未	庚申

음양국: 陰8 陰1 陰4 陰7 陰9 陰3 陰6

8月 乙酉

절기	백로8월															추분														
음력	1	2	3	4	5	6	7	8	9	10	11	12	13	14	15	16	17	18	19	20	21	22	23	24	25	26	27	28	29	30
양력 월	9월																						10월							
양력 일	丑	9	10	11	12	13	14	15	16	17	18	19	20	21	22	23	24	25	26	27	28	29	30	1	2	3	4	5	6	7
요일	中	목	금	토	일	월	화	수	목	금	토	일	월	화	수	목	금	토	일	월	화	수	목	금	토	일	월	화	수	목
일진	辛酉	壬戌	癸亥	甲子	乙丑	丙寅	丁卯	戊辰	己巳	庚午	辛未	壬申	癸酉	甲戌	乙亥	丙子	丁丑	戊寅	己卯	庚辰	辛巳	壬午	癸未	甲申	乙酉	丙戌	丁亥	戊子	己丑	庚寅

음양국: 陰6 陰7 陰1 陰4 陰6 陰9 陰3

9月 丙戌

절기	한로9월															상강													
음력	1	2	3	4	5	6	7	8	9	10	11	12	13	14	15	16	17	18	19	20	21	22	23	24	25	26	27	28	29
양력 월	10월																						11월						
양력 일	酉	9	10	11	12	13	14	15	16	17	18	19	20	21	22	23	24	25	26	27	28	29	30	31	1	2	3	4	5
요일	中	토	일	월	화	수	목	금	토	일	월	화	수	목	금	토	일	월	화	수	목	금	토	일	월	화	수	목	금
일진	辛卯	壬辰	癸巳	甲午	乙未	丙申	丁酉	戊戌	己亥	庚子	辛丑	壬寅	癸卯	甲辰	乙巳	丙午	丁未	戊申	己酉	庚戌	辛亥	壬子	癸丑	甲寅	乙卯	丙辰	丁巳	戊午	己未

음양국: 陰3 陰5 陰8 陰2 陰6 陰9 陰3

10月 丁亥

절기		입동10월															소설													
음력	1	2	3	4	5	6	7	8	9	10	11	12	13	14	15	16	17	18	19	20	21	22	23	24	25	26	27	28	29	30
양력 월	11월																								12월					
양력 일	6	亥	8	9	10	11	12	13	14	15	16	17	18	19	20	21	22	23	24	25	26	27	28	29	30	1	2	3	4	5
요일	토	初	월	화	수	목	금	토	일	월	화	수	목	금	토	일	월	화	수	목	금	토	일	월	화	수	목	금	토	일
일진	庚申	辛酉	壬戌	癸亥	甲子	乙丑	丙寅	丁卯	戊辰	己巳	庚午	辛未	壬申	癸酉	甲戌	乙亥	丙子	丁丑	戊寅	己卯	庚辰	辛巳	壬午	癸未	甲申	乙酉	丙戌	丁亥	戊子	己丑

음양국: 陰3 陰5 陰8 陰2 陰4 陰7

11月 戊子

절기		대설11월															동지												
음력	1	2	3	4	5	6	7	8	9	10	11	12	13	14	15	16	17	18	19	20	21	22	23	24	25	26	27	28	29
양력 월	12월																									1월			
양력 일	6	未	8	9	10	11	12	13	14	15	16	17	18	19	20	21	22	23	24	25	26	27	28	29	30	31	1	2	3
요일	월	中	수	목	금	토	일	월	화	수	목	금	토	일	월	화	수	목	금	토	일	월	화	수	목	금	토	일	월
일진	庚寅	辛卯	壬辰	癸巳	甲午	乙未	丙申	丁酉	戊戌	己亥	庚子	辛丑	壬寅	癸卯	甲辰	乙巳	丙午	丁未	戊申	己酉	庚戌	辛亥	壬子	癸丑	甲寅	乙卯	丙辰	丁巳	戊午

음양국: 陰1 陰4 陰7 陰1 陽1 陽7

12月 己丑

절기			소한12월														대한													
음력	1	2	3	4	5	6	7	8	9	10	11	12	13	14	15	16	17	18	19	20	21	22	23	24	25	26	27	28	29	30
양력 월	1월																												2월	
양력 일	4	5	丑	7	8	9	10	11	12	13	14	15	16	17	18	19	20	21	22	23	24	25	26	27	28	29	30	31	1	2
요일	화	수	初	금	토	일	월	화	수	목	금	토	일	월	화	수	목	금	토	일	월	화	수	목	금	토	일	월	화	수
일진	己未	庚申	辛酉	壬戌	癸亥	甲子	乙丑	丙寅	丁卯	戊辰	己巳	庚午	辛未	壬申	癸酉	甲戌	乙亥	丙子	丁丑	戊寅	己卯	庚辰	辛巳	壬午	癸未	甲申	乙酉	丙戌	丁亥	戊子

음양국: 陽4 陽2 陽8 陽5 陽3 陽9

입춘(2/4) 13:33　　　　　　　　　　　　　　　　　　　입추(8/8) 05:33
경칩(3/6) 07:30　　　　　　　　　　　　　　　　　　　백로(9/8) 08:34
청명(4/5) 12:12　　　　　　　　2011(辛卯年)　　　　　한로(10/9) 00:19
입하(5/6) 05:23　　　　　　　　　　　　　　　　　　　입동(11/8) 03:35
망종(6/6) 09:27　　　　　　　　　　　　　　　　　　　대설(12/7) 20:29
소서(7/7) 19:42　　　　　　　　　　　　　　　　　　　소한(1/6) 07:44

1月 庚寅

절기: 입춘1월 (음력 2), 우수 (음력 17)

음력	1	2	3	4	5	6	7	8	9	10	11	12	13	14	15	16	17	18	19	20	21	22	23	24	25	26	27	28	29	30
양력월	2월																										3월			
양력일	3	未	5	6	7	8	9	10	11	12	13	14	15	16	17	18	19	20	21	22	23	24	25	26	27	28	1	2	3	4
요일	목	初	토	일	월	화	수	목	금	토	일	월	화	수	목	금	토	일	월	화	수	목	금	토	일	월	화	수	목	금
일진	己丑	庚寅	辛卯	壬辰	癸巳	甲午	乙未	丙申	丁酉	戊戌	己亥	庚子	辛丑	壬寅	癸卯	甲辰	乙巳	丙午	丁未	戊申	己酉	庚戌	辛亥	壬子	癸丑	甲寅	乙卯	丙辰	丁巳	戊午

음양국: 陽6　陽8　陽5　陽2　陽9　陽6

2月 辛卯

절기: 경칩2월 (음력 2), 춘분 (음력 17)

음력	1	2	3	4	5	6	7	8	9	10	11	12	13	14	15	16	17	18	19	20	21	22	23	24	25	26	27	28	29
양력월	3월																											4월	
양력일	5	辰	7	8	9	10	11	12	13	14	15	16	17	18	19	20	21	22	23	24	25	26	27	28	29	30	31	1	2
요일	토	初	월	화	수	목	금	토	일	월	화	수	목	금	토	일	월	화	수	목	금	토	일	월	화	수	목	금	토
일진	己未	庚申	辛酉	壬戌	癸亥	甲子	乙丑	丙寅	丁卯	戊辰	己巳	庚午	辛未	壬申	癸酉	甲戌	乙亥	丙子	丁丑	戊寅	己卯	庚辰	辛巳	壬午	癸未	甲申	乙酉	丙戌	丁亥

음양국: 陽3　陽1　陽7　陽4　陽3　陽9

3月 壬辰

절기: 청명3월 (음력 3), 곡우 (음력 18)

음력	1	2	3	4	5	6	7	8	9	10	11	12	13	14	15	16	17	18	19	20	21	22	23	24	25	26	27	28	29	30
양력월	4월																												5월	
양력일	3	4	午	6	7	8	9	10	11	12	13	14	15	16	17	18	19	20	21	22	23	24	25	26	27	28	29	30	1	2
요일	일	월	中	수	목	금	토	일	월	화	수	목	금	토	일	월	화	수	목	금	토	일	월	화	수	목	금	토	일	월
일진	戊子	己丑	庚寅	辛卯	壬辰	癸巳	甲午	乙未	丙申	丁酉	戊戌	己亥	庚子	辛丑	壬寅	癸卯	甲辰	乙巳	丙午	丁未	戊申	己酉	庚戌	辛亥	壬子	癸丑	甲寅	乙卯	丙辰	丁巳

음양국: 陽6　陽4　陽1　陽7　陽5　陽2

4月 癸巳

절기: 입하4월 (음력 4), 소만 (음력 19)

음력	1	2	3	4	5	6	7	8	9	10	11	12	13	14	15	16	17	18	19	20	21	22	23	24	25	26	27	28	29	30
양력월	5월																													6월
양력일	3	4	5	寅	7	8	9	10	11	12	13	14	15	16	17	18	19	20	21	22	23	24	25	26	27	28	29	30	31	1
요일	화	수	목	後	토	일	월	화	수	목	금	토	일	월	화	수	목	금	토	일	월	화	수	목	금	토	일	월	화	수
일진	戊午	己未	庚申	辛酉	壬戌	癸亥	甲子	乙丑	丙寅	丁卯	戊辰	己巳	庚午	辛未	壬申	癸酉	甲戌	乙亥	丙子	丁丑	戊寅	己卯	庚辰	辛巳	壬午	癸未	甲申	乙酉	丙戌	丁亥

음양국: 陽8　陽4　陽1　陽7　陽5　陽2

5月 甲午

절기: 망종5월 (음력 5), 하지 (음력 21)

음력	1	2	3	4	5	6	7	8	9	10	11	12	13	14	15	16	17	18	19	20	21	22	23	24	25	26	27	28	29
양력월	6월																												
양력일	2	3	4	5	辰	7	8	9	10	11	12	13	14	15	16	17	18	19	20	21	22	23	24	25	26	27	28	29	30
요일	목	금	토	일	後	화	수	목	금	토	일	월	화	수	목	금	토	일	월	화	수	목	금	토	일	월	화	수	목
일진	戊子	己丑	庚寅	辛卯	壬辰	癸巳	甲午	乙未	丙申	丁酉	戊戌	己亥	庚子	辛丑	壬寅	癸卯	甲辰	乙巳	丙午	丁未	戊申	己酉	庚戌	辛亥	壬子	癸丑	甲寅	乙卯	丙辰

음양국: 陽8　陽6　陽3　陽9　陰9　陰3

6月 乙未

절기: 소서6월 (음력 7), 대서 (음력 23)

음력	1	2	3	4	5	6	7	8	9	10	11	12	13	14	15	16	17	18	19	20	21	22	23	24	25	26	27	28	29	30
양력월	7월																													
양력일	1	2	3	4	5	6	戌	8	9	10	11	12	13	14	15	16	17	18	19	20	21	22	23	24	25	26	27	28	29	30
요일	금	토	일	월	화	수	初	금	토	일	월	화	수	목	금	토	일	월	화	수	목	금	토	일	월	화	수	목	금	토
일진	丁巳	戊午	己未	庚申	辛酉	壬戌	癸亥	甲子	乙丑	丙寅	丁卯	戊辰	己巳	庚午	辛未	壬申	癸酉	甲戌	乙亥	丙子	丁丑	戊寅	己卯	庚辰	辛巳	壬午	癸未	甲申	乙酉	丙戌

음양국: 陰3　陰6　陰8　陰2　陰5　陰7　陰1

7月 丙申

절기								입추7월															처서					
음력	1	2	3	4	5	6	7	8	9	10	11	12	13	14	15	16	17	18	19	20	21	22	23	24	25	26	27	28	29
양력월	7월	8월																											
양력일	31	1	2	3	4	5	6	7	卯	9	10	11	12	13	14	15	16	17	18	19	20	21	22	23	24	25	26	27	28
요일	일	월	화	수	목	금	토	일	初	화	수	목	금	토	일	월	화	수	목	금	토	일	월	화	수	목	금	토	일
일진	丁亥	戊子	己丑	庚寅	辛卯	壬辰	癸巳	甲午	乙未	丙申	丁酉	戊戌	己亥	庚子	辛丑	壬寅	癸卯	甲辰	乙巳	丙午	丁未	戊申	己酉	庚戌	辛亥	壬子	癸丑	甲寅	乙卯
음양국	陰1				陰4				陰2				陰5				陰8				陰1				陰4				

8月 丁酉

절기											백로8월															추분			
음력	1	2	3	4	5	6	7	8	9	10	11	12	13	14	15	16	17	18	19	20	21	22	23	24	25	26	27	28	29
양력월	8월			9월																									
양력일	29	30	31	1	2	3	4	5	6	7	辰	9	10	11	12	13	14	15	16	17	18	19	20	21	22	23	24	25	26
요일	월	화	수	목	금	토	일	월	화	수	中	금	토	일	월	화	수	목	금	토	일	월	화	수	목	금	토	일	월
일진	丙辰	丁巳	戊午	己未	庚申	辛酉	壬戌	癸亥	甲子	乙丑	丙寅	丁卯	戊辰	己巳	庚午	辛未	壬申	癸酉	甲戌	乙亥	丙子	丁丑	戊寅	己卯	庚辰	辛巳	壬午	癸未	甲申
음양국	陰4			陰7				陰9				陰3				陰6				陰7				陰1					

9月 戊戌

절기													한로9월															상강		
음력	1	2	3	4	5	6	7	8	9	10	11	12	13	14	15	16	17	18	19	20	21	22	23	24	25	26	27	28	29	30
양력월	9월				10월																									
양력일	27	28	29	30	1	2	3	4	5	6	7	8	子	10	11	12	13	14	15	16	17	18	19	20	21	22	23	24	25	26
요일	화	수	목	금	토	일	월	화	수	목	금	토	中	월	화	수	목	금	토	일	월	화	수	목	금	토	일	월	화	수
일진	乙酉	丙戌	丁亥	戊子	己丑	庚寅	辛卯	壬辰	癸巳	甲午	乙未	丙申	丁酉	戊戌	己亥	庚子	辛丑	壬寅	癸卯	甲辰	乙巳	丙午	丁未	戊申	己酉	庚戌	辛亥	壬子	癸丑	甲寅
음양국	陰1			陰4				陰6				陰9				陰3				陰5										

10月 己亥

절기													입동10월															소설	
음력	1	2	3	4	5	6	7	8	9	10	11	12	13	14	15	16	17	18	19	20	21	22	23	24	25	26	27	28	29
양력월	10월					11월																							
양력일	27	28	29	30	31	1	2	3	4	5	6	7	寅	9	10	11	12	13	14	15	16	17	18	19	20	21	22	23	24
요일	목	금	토	일	월	화	수	목	금	토	일	월	初	수	목	금	토	일	월	화	수	목	금	토	일	월	화	수	목
일진	乙卯	丙辰	丁巳	戊午	己未	庚申	辛酉	壬戌	癸亥	甲子	乙丑	丙寅	丁卯	戊辰	己巳	庚午	辛未	壬申	癸酉	甲戌	乙亥	丙子	丁丑	戊寅	己卯	庚辰	辛巳	壬午	癸未
음양국	陰8			陰2				陰6				陰9				陰3				陰5									

11月 庚子

절기													대설11월															동지		
음력	1	2	3	4	5	6	7	8	9	10	11	12	13	14	15	16	17	18	19	20	21	22	23	24	25	26	27	28	29	30
양력월	11월						12월																							
양력일	25	26	27	28	29	30	1	2	3	4	5	6	戌	8	9	10	11	12	13	14	15	16	17	18	19	20	21	22	23	24
요일	금	토	일	월	화	수	목	금	토	일	월	화	中	목	금	토	일	월	화	수	목	금	토	일	월	화	수	목	금	토
일진	甲申	乙酉	丙戌	丁亥	戊子	己丑	庚寅	辛卯	壬辰	癸巳	甲午	乙未	丙申	丁酉	戊戌	己亥	庚子	辛丑	壬寅	癸卯	甲辰	乙巳	丙午	丁未	戊申	己酉	庚戌	辛亥	壬子	癸丑
음양국	陰8			陰2				陰4				陰7				陰1				陽1										

12月 辛丑

절기													소한12월															대한	
음력	1	2	3	4	5	6	7	8	9	10	11	12	13	14	15	16	17	18	19	20	21	22	23	24	25	26	27	28	29
양력월	12월							1월																					
양력일	25	26	27	28	29	30	31	1	2	3	4	5	辰	7	8	9	10	11	12	13	14	15	16	17	18	19	20	21	22
요일	일	월	화	수	목	금	토	일	월	화	수	목	初	토	일	월	화	수	목	금	토	일	월	화	수	목	금	토	일
일진	甲寅	乙卯	丙辰	丁巳	戊午	己未	庚申	辛酉	壬戌	癸亥	甲子	乙丑	丙寅	丁卯	戊辰	己巳	庚午	辛未	壬申	癸酉	甲戌	乙亥	丙子	丁丑	戊寅	己卯	庚辰	辛巳	壬午
음양국	陽7			陽4				陽2				陽8				陽5				陽3									

입춘(2/4) 19:22
경칩(3/5) 13:21
청명(4/4) 18:05
입하(5/5) 11:20
망종(6/5) 15:26
소서(7/7) 01:41

입추(8/7) 11:30
백로(9/7) 14:29
한로(10/8) 06:12
입동(11/7) 09:26
대설(12/7) 02:19
소한(1/5) 13:34

2012(壬辰年)

1月 壬寅

	1	2	3	4	5	6	7	8	9	10	11	12	13	14	15	16	17	18	19	20	21	22	23	24	25	26	27	28	29	30
절기													입춘1월															우수		
음력	1	2	3	4	5	6	7	8	9	10	11	12	13	14	15	16	17	18	19	20	21	22	23	24	25	26	27	28	29	30
양력 월	1월									2월																				
양력 일	23	24	25	26	27	28	29	30	31	1	2	3	酉	5	6	7	8	9	10	11	12	13	14	15	16	17	18	19	20	21
요일	월	화	수	목	금	토	일	월	화	수	목	금	後	일	월	화	수	목	금	토	일	월	화	수	목	금	토	일	월	화
일진	癸未	甲申	乙酉	丙戌	丁亥	戊子	己丑	庚寅	辛卯	壬辰	癸巳	甲午	乙未	丙申	丁酉	戊戌	己亥	庚子	辛丑	壬寅	癸卯	甲辰	乙巳	丙午	丁未	戊申	己酉	庚戌	辛亥	壬子

음양국: 陽 9 / 陽 6 / 陽 8 / 陽 5 / 陽 2 / 陽 9

2月 癸卯

	1	2	3	4	5	6	7	8	9	10	11	12	13	14	15	16	17	18	19	20	21	22	23	24	25	26	27	28	29
절기													경칩2월															춘분	
음력	1	2	3	4	5	6	7	8	9	10	11	12	13	14	15	16	17	18	19	20	21	22	23	24	25	26	27	28	29
양력 월	2월								3월																				
양력 일	22	23	24	25	26	27	28	29	1	2	3	4	午	6	7	8	9	10	11	12	13	14	15	16	17	18	19	20	21
요일	수	목	금	토	일	월	화	수	목	금	토	일	後	화	수	목	금	토	일	월	화	수	목	금	토	일	월	화	수
일진	癸丑	甲寅	乙卯	丙辰	丁巳	戊午	己未	庚申	辛酉	壬戌	癸亥	甲子	乙丑	丙寅	丁卯	戊辰	己巳	庚午	辛未	壬申	癸酉	甲戌	乙亥	丙子	丁丑	戊寅	己卯	庚辰	辛巳

음양국: 陽 6 / 陽 3 / 陽 1 / 陽 7 / 陽 4 / 陽 3

3月 甲辰

	1	2	3	4	5	6	7	8	9	10	11	12	13	14	15	16	17	18	19	20	21	22	23	24	25	26	27	28	29	30
절기														청명3월																곡우
음력	1	2	3	4	5	6	7	8	9	10	11	12	13	14	15	16	17	18	19	20	21	22	23	24	25	26	27	28	29	30
양력 월	3월										4월																			
양력 일	22	23	24	25	26	27	28	29	30	31	1	2	3	酉	5	6	7	8	9	10	11	12	13	14	15	16	17	18	19	20
요일	목	금	토	일	월	화	수	목	금	토	일	월	화	初	목	금	토	일	월	화	수	목	금	토	일	월	화	수	목	금
일진	壬午	癸未	甲申	乙酉	丙戌	丁亥	戊子	己丑	庚寅	辛卯	壬辰	癸巳	甲午	乙未	丙申	丁酉	戊戌	己亥	庚子	辛丑	壬寅	癸卯	甲辰	乙巳	丙午	丁未	戊申	己酉	庚戌	辛亥

음양국: 陽 3 / 陽 9 / 陽 6 / 陽 4 / 陽 1 / 陽 7 / 陽 5

閏3月

	1	2	3	4	5	6	7	8	9	10	11	12	13	14	15	16	17	18	19	20	21	22	23	24	25	26	27	28	29	30
절기															입하4월															
음력	1	2	3	4	5	6	7	8	9	10	11	12	13	14	15	16	17	18	19	20	21	22	23	24	25	26	27	28	29	30
양력 월	4월										5월																			
양력 일	21	22	23	24	25	26	27	28	29	30	1	2	3	4	巳	6	7	8	9	10	11	12	13	14	15	16	17	18	19	20
요일	토	일	월	화	수	목	금	토	일	월	화	수	목	금	後	일	월	화	수	목	금	토	일	월	화	수	목	금	토	일
일진	壬子	癸丑	甲寅	乙卯	丙辰	丁巳	戊午	己未	庚申	辛酉	壬戌	癸亥	甲子	乙丑	丙寅	丁卯	戊辰	己巳	庚午	辛未	壬申	癸酉	甲戌	乙亥	丙子	丁丑	戊寅	己卯	庚辰	辛巳

음양국: 陽 5 / 陽 2 / 陽 8 / 陽 4 / 陽 1 / 陽 7 / 陽 5

4月 乙巳

	1	2	3	4	5	6	7	8	9	10	11	12	13	14	15	16	17	18	19	20	21	22	23	24	25	26	27	28	29	30
절기	소만															망종5월														
음력	1	2	3	4	5	6	7	8	9	10	11	12	13	14	15	16	17	18	19	20	21	22	23	24	25	26	27	28	29	30
양력 월	5월											6월																		
양력 일	21	22	23	24	25	26	27	28	29	30	31	1	2	3	4	未	6	7	8	9	10	11	12	13	14	15	16	17	18	19
요일	월	화	수	목	금	토	일	월	화	수	목	금	토	일	월	後	수	목	금	토	일	월	화	수	목	금	토	일	월	화
일진	壬午	癸未	甲申	乙酉	丙戌	丁亥	戊子	己丑	庚寅	辛卯	壬辰	癸巳	甲午	乙未	丙申	丁酉	戊戌	己亥	庚子	辛丑	壬寅	癸卯	甲辰	乙巳	丙午	丁未	戊申	己酉	庚戌	辛亥

음양국: 陽 5 / 陽 2 / 陽 8 / 陽 6 / 陽 3 / 陽 9 / 陰 9

5月 丙午

	1	2	3	4	5	6	7	8	9	10	11	12	13	14	15	16	17	18	19	20	21	22	23	24	25	26	27	28	29
절기		하지																소서6월											
음력	1	2	3	4	5	6	7	8	9	10	11	12	13	14	15	16	17	18	19	20	21	22	23	24	25	26	27	28	29
양력 월	6월											7월																	
양력 일	20	21	22	23	24	25	26	27	28	29	30	1	2	3	4	5	6	丑	8	9	10	11	12	13	14	15	16	17	18
요일	수	목	금	토	일	월	화	수	목	금	토	일	월	화	수	목	금	初	일	월	화	수	목	금	토	일	월	화	수
일진	壬子	癸丑	甲寅	乙卯	丙辰	丁巳	戊午	己未	庚申	辛酉	壬戌	癸亥	甲子	乙丑	丙寅	丁卯	戊辰	己巳	庚午	辛未	壬申	癸酉	甲戌	乙亥	丙子	丁丑	戊寅	己卯	庚辰

음양국: 陰 9 / 陰 3 / 陰 6 / 陰 8 / 陰 2 / 陰 5 / 陰 7

6月 丁未

절기	대서 (음4)			입추7월 (음20)
음력	1 2 3 **4** 5 6 7 8 9 10 11 12 13 14 15 16 17 18 19 **20** 21 22 23 24 25 26 27 28 29 30
양력 월	7월 … 8월
력 일	19 20 21 **22** 23 24 25 26 27 28 29 30 31 1 2 3 4 5 6 午 8 9 10 11 12 13 14 15 16 17
요일	목 금 토 일 월 화 수 목 금 토 일 월 화 수 목 금 토 일 월 初 수 목 금 토 일 월 화 수 목 금
일진	辛巳 壬午 癸未 甲申 乙酉 丙戌 丁亥 戊子 己丑 庚寅 辛卯 壬辰 癸巳 甲午 乙未 丙申 丁酉 戊戌 己亥 庚子 辛丑 壬寅 癸卯 甲辰 乙巳 丙午 丁未 戊申 己酉 庚戌
음양국	陰7 　 陰1 　 陰4 　 陰2 　 陰5 　 陰8 　 陰1

7月 戊申

절기	처서 (음6)		백로8월 (음21)
음력	1 2 3 4 5 **6** 7 8 9 10 11 12 13 14 15 16 17 18 19 20 **21** 22 23 24 25 26 27 28 29
양력 월	8월 … 9월
력 일	18 19 20 21 22 **23** 24 25 26 27 28 29 30 31 1 2 3 4 5 6 未 8 9 10 11 12 13 14 15
요일	토 일 월 화 수 목 금 토 일 월 화 수 목 금 토 일 월 화 수 목 中 토 일 월 화 수 목 금 토
일진	辛亥 壬子 癸丑 甲寅 乙卯 丙辰 丁巳 戊午 己未 庚申 辛酉 壬戌 癸亥 甲子 乙丑 丙寅 丁卯 戊辰 己巳 庚午 辛未 壬申 癸酉 甲戌 乙亥 丙子 丁丑 戊寅 己卯
음양국	陰1 　 陰4 　 陰7 　 陰9 　 陰3 　 陰6 　 陰7

8月 己酉

절기	추분 (음7)		한로9월 (음23)
음력	1 2 3 4 5 6 **7** 8 9 10 11 12 13 14 15 16 17 18 19 20 21 22 **23** 24 25 26 27 28 29
양력 월	9월 … 10월
력 일	16 17 18 19 20 21 **22** 23 24 25 26 27 28 29 30 1 2 3 4 5 6 7 卯 9 10 11 12 13 14
요일	일 월 화 수 목 금 토 일 월 화 수 목 금 토 일 월 화 수 목 금 토 일 中 화 수 목 금 토 일
일진	庚辰 辛巳 壬午 癸未 甲申 乙酉 丙戌 丁亥 戊子 己丑 庚寅 辛卯 壬辰 癸巳 甲午 乙未 丙申 丁酉 戊戌 己亥 庚子 辛丑 壬寅 癸卯 甲辰 乙巳 丙午 丁未 戊申
음양국	陰7 　 陰1 　 陰4 　 陰6 　 陰9 　 陰3

9月 庚戌

절기	상강 (음9)		입동10월 (음24)
음력	1 2 3 4 5 6 7 8 **9** 10 11 12 13 14 15 16 17 18 19 20 21 22 23 **24** 25 26 27 28 29 30
양력 월	10월 … 11월
력 일	15 16 17 18 19 20 21 22 **23** 24 25 26 27 28 29 30 31 1 2 3 4 5 6 辰 8 9 10 11 12 13
요일	월 화 수 목 금 토 일 월 화 수 목 금 토 일 월 화 수 목 금 토 일 월 화 後 목 금 토 일 월 화
일진	己酉 庚戌 辛亥 壬子 癸丑 甲寅 乙卯 丙辰 丁巳 戊午 己未 庚申 辛酉 壬戌 癸亥 甲子 乙丑 丙寅 丁卯 戊辰 己巳 庚午 辛未 壬申 癸酉 甲戌 乙亥 丙子 丁丑 戊寅
음양국	陰5 　 陰8 　 陰2 　 陰6 　 陰9 　 陰3

10月 辛亥

절기	소설 (음9)		대설11월 (음24)
음력	1 2 3 4 5 6 7 8 **9** 10 11 12 13 14 15 16 17 18 19 20 21 22 23 **24** 25 26 27 28 29
양력 월	11월 … 12월
력 일	14 15 16 17 18 19 20 21 **22** 23 24 25 26 27 28 29 30 1 2 3 4 5 6 丑 8 9 10 11 12
요일	수 목 금 토 일 월 화 수 목 금 토 일 월 화 수 목 금 토 일 월 화 수 목 中 토 일 월 화 수
일진	己卯 庚辰 辛巳 壬午 癸未 甲申 乙酉 丙戌 丁亥 戊子 己丑 庚寅 辛卯 壬辰 癸巳 甲午 乙未 丙申 丁酉 戊戌 己亥 庚子 辛丑 壬寅 癸卯 甲辰 乙巳 丙午 丁未
음양국	陰5 　 陰8 　 陰2 　 陰4 　 陰7 　 陰1

11月 壬子

절기	동지 (음9)		소한12월 (음24)
음력	1 2 3 4 5 6 7 8 **9** 10 11 12 13 14 15 16 17 18 19 20 21 22 23 **24** 25 26 27 28 29 30
양력 월	12월 … 1월
력 일	13 14 15 16 17 18 19 20 **21** 22 23 24 25 26 27 28 29 30 31 1 2 3 4 未 6 7 8 9 10 11
요일	목 금 토 일 월 화 수 목 금 토 일 월 화 수 목 금 토 일 월 화 수 목 금 初 일 월 화 수 목 금
일진	戊申 己酉 庚戌 辛亥 壬子 癸丑 甲寅 乙卯 丙辰 丁巳 戊午 己未 庚申 辛酉 壬戌 癸亥 甲子 乙丑 丙寅 丁卯 戊辰 己巳 庚午 辛未 壬申 癸酉 甲戌 乙亥 丙子 丁丑
음양국	**陽1** 　 陽7 　 陽4 　 陽2 　 陽8 　 陽5

12月 癸丑

절기	대한 (음9)		입춘1월 (음24)
음력	1 2 3 4 5 6 7 8 **9** 10 11 12 13 14 15 16 17 18 19 20 21 22 23 **24** 25 26 27 28 29
양력 월	1월 … 2월
력 일	12 13 14 15 16 17 18 19 **20** 21 22 23 24 25 26 27 28 29 30 31 1 2 3 子 5 6 7 8 9
요일	토 일 월 화 수 목 금 토 일 월 화 수 목 금 토 일 월 화 수 목 금 토 일 後 화 수 목 금 토
일진	戊寅 己卯 庚辰 辛巳 壬午 癸未 甲申 乙酉 丙戌 丁亥 戊子 己丑 庚寅 辛卯 壬辰 癸巳 甲午 乙未 丙申 丁酉 戊戌 己亥 庚子 辛丑 壬寅 癸卯 甲辰 乙巳 丙午
음양국	陽3 　 陽9 　 陽6 　 陽8 　 陽5 　 陽2

2013(癸巳年)

입춘(2/4) 01:13
경칩(3/5) 19:15
청명(4/5) 00:02
입하(5/5) 17:18
망종(6/5) 21:23
소서(7/7) 07:34

입추(8/7) 17:20
백로(9/7) 20:16
한로(10/8) 11:58
입동(11/7) 15:14
대설(12/7) 08:08
소한(1/5) 19:24

1월 甲寅

절기									우수															경칩2월						
음력	1	2	3	4	5	6	7	8	9	10	11	12	13	14	15	16	17	18	19	20	21	22	23	24	25	26	27	28	29	30
양력 월	2월																			3월										
양력 일	10	11	12	13	14	15	16	17	18	19	20	21	22	23	24	25	26	27	28	1	2	3	4	酉	6	7	8	9	10	11
요일	일	월	화	수	목	금	토	일	월	화	수	목	금	토	일	월	화	수	목	금	토	일	월	後	수	목	금	토	일	월
일진	丁未	戊申	己酉	庚戌	辛亥	壬子	癸丑	甲寅	乙卯	丙辰	丁巳	戊午	己未	庚申	辛酉	壬戌	癸亥	甲子	乙丑	丙寅	丁卯	戊辰	己巳	庚午	辛未	壬申	癸酉	甲戌	乙亥	丙子
음양국	陽 2			陽 9					陽 6					陽 3					陽 1					陽 7					陽 4	

2월 乙卯

절기									춘분																청명3월				
음력	1	2	3	4	5	6	7	8	9	10	11	12	13	14	15	16	17	18	19	20	21	22	23	24	25	26	27	28	29
양력 월	3월																				4월								
양력 일	12	13	14	15	16	17	18	19	20	21	22	23	24	25	26	27	28	29	30	31	1	2	3	4	子	6	7	8	9
요일	화	수	목	금	토	일	월	화	수	목	금	토	일	월	화	수	목	금	토	일	월	화	수	목	初	토	일	월	화
일진	丁丑	戊寅	己卯	庚辰	辛巳	壬午	癸未	甲申	乙酉	丙戌	丁亥	戊子	己丑	庚寅	辛卯	壬辰	癸巳	甲午	乙未	丙申	丁酉	戊戌	己亥	庚子	辛丑	壬寅	癸卯	甲辰	乙巳
음양국	陽 4			陽 3					陽 9					陽 6					陽 4					陽 1				陽 7	

3월 丙辰

절기											곡우															입하4월				
음력	1	2	3	4	5	6	7	8	9	10	11	12	13	14	15	16	17	18	19	20	21	22	23	24	25	26	27	28	29	30
양력 월	4월																				5월									
양력 일	10	11	12	13	14	15	16	17	18	19	20	21	22	23	24	25	26	27	28	29	30	1	2	3	4	申	6	7	8	9
요일	수	목	금	토	일	월	화	수	목	금	토	일	월	화	수	목	금	토	일	월	화	수	목	금	토	後	월	화	수	목
일진	丙午	丁未	戊申	己酉	庚戌	辛亥	壬子	癸丑	甲寅	乙卯	丙辰	丁巳	戊午	己未	庚申	辛酉	壬戌	癸亥	甲子	乙丑	丙寅	丁卯	戊辰	己巳	庚午	辛未	壬申	癸酉	甲戌	乙亥
음양국	陽 7			陽 5					陽 2					陽 8					陽 4					陽 1					陽 7	

4월 丁巳

절기												소만															망종5월			
음력	1	2	3	4	5	6	7	8	9	10	11	12	13	14	15	16	17	18	19	20	21	22	23	24	25	26	27	28	29	30
양력 월	5월																					6월								
양력 일	10	11	12	13	14	15	16	17	18	19	20	21	22	23	24	25	26	27	28	29	30	31	1	2	3	4	戌	6	7	8
요일	금	토	일	월	화	수	목	금	토	일	월	화	수	목	금	토	일	월	화	수	목	금	토	일	월	화	後	목	금	토
일진	丙子	丁丑	戊寅	己卯	庚辰	辛巳	壬午	癸未	甲申	乙酉	丙戌	丁亥	戊子	己丑	庚寅	辛卯	壬辰	癸巳	甲午	乙未	丙申	丁酉	戊戌	己亥	庚子	辛丑	壬寅	癸卯	甲辰	乙巳
음양국	陽 7			陽 5					陽 2					陽 8					陽 6					陽 3					陽 9	

5월 戊午

절기													하지																소서6월
음력	1	2	3	4	5	6	7	8	9	10	11	12	13	14	15	16	17	18	19	20	21	22	23	24	25	26	27	28	29
양력 월	6월																							7월					
양력 일	9	10	11	12	13	14	15	16	17	18	19	20	21	22	23	24	25	26	27	28	29	30	1	2	3	4	5	6	辰
요일	일	월	화	수	목	금	토	일	월	화	수	목	금	토	일	월	화	수	목	금	토	일	월	화	수	목	금	토	初
일진	丙午	丁未	戊申	己酉	庚戌	辛亥	壬子	癸丑	甲寅	乙卯	丙辰	丁巳	戊午	己未	庚申	辛酉	壬戌	癸亥	甲子	乙丑	丙寅	丁卯	戊辰	己巳	庚午	辛未	壬申	癸酉	甲戌
음양국	陽 9			陰 9					陰 3					陰 6					陰 8					陰 2					陰 5

6월 己未

절기																대서														
음력	1	2	3	4	5	6	7	8	9	10	11	12	13	14	15	16	17	18	19	20	21	22	23	24	25	26	27	28	29	30
양력 월	7월																								8월					
양력 일	8	9	10	11	12	13	14	15	16	17	18	19	20	21	22	23	24	25	26	27	28	29	30	31	1	2	3	4	5	6
요일	월	화	수	목	금	토	일	월	화	수	목	금	토	일	월	화	수	목	금	토	일	월	화	수	목	금	토	일	월	화
일진	乙亥	丙子	丁丑	戊寅	己卯	庚辰	辛巳	壬午	癸未	甲申	乙酉	丙戌	丁亥	戊子	己丑	庚寅	辛卯	壬辰	癸巳	甲午	乙未	丙申	丁酉	戊戌	己亥	庚子	辛丑	壬寅	癸卯	甲辰
음양국	陰 5			陰 7					陰 1					陰 4					陰 2						陰 5					

168 • New 기문둔갑

7月 庚申

	1	2	3	4	5	6	7	8	9	10	11	12	13	14	15	16	17	18	19	20	21	22	23	24	25	26	27	28	29
절기	입추7월																처서												
음력	1	2	3	4	5	6	7	8	9	10	11	12	13	14	15	16	17	18	19	20	21	22	23	24	25	26	27	28	29
양력 월	8월																									9월			
양력 일	申	8	9	10	11	12	13	14	15	16	17	18	19	20	21	22	23	24	25	26	27	28	29	30	31	1	2	3	4
요일	後	목	금	토	일	월	화	수	목	금	토	일	월	화	수	목	금	토	일	월	화	수	목	금	토	일	월	화	수
일진	乙巳	丙午	丁未	戊申	己酉	庚戌	辛亥	壬子	癸丑	甲寅	乙卯	丙辰	丁巳	戊午	己未	庚申	辛酉	壬戌	癸亥	甲子	乙丑	丙寅	丁卯	戊辰	己巳	庚午	辛未	壬申	癸酉

음양국: 陰8　陰1　陰4　陰7　陰9　陰3

8月 辛酉

	1	2	3	4	5	6	7	8	9	10	11	12	13	14	15	16	17	18	19	20	21	22	23	24	25	26	27	28	29	30
절기			백로8월																추분											
음력	1	2	3	4	5	6	7	8	9	10	11	12	13	14	15	16	17	18	19	20	21	22	23	24	25	26	27	28	29	30
양력 월	9월																										10월			
양력 일	5	6	戌	8	9	10	11	12	13	14	15	16	17	18	19	20	21	22	23	24	25	26	27	28	29	30	1	2	3	4
요일	목	금	中	일	월	화	수	목	금	토	일	월	화	수	목	금	토	일	월	화	수	목	금	토	일	월	화	수	목	금
일진	甲戌	乙亥	丙子	丁丑	戊寅	己卯	庚辰	辛巳	壬午	癸未	甲申	乙酉	丙戌	丁亥	戊子	己丑	庚寅	辛卯	壬辰	癸巳	甲午	乙未	丙申	丁酉	戊戌	己亥	庚子	辛丑	壬寅	癸卯

음양국: 陰6　陰7　陰1　陰4　陰6　陰9

9月 壬戌

	1	2	3	4	5	6	7	8	9	10	11	12	13	14	15	16	17	18	19	20	21	22	23	24	25	26	27	28	29
절기				한로9월															상강										
음력	1	2	3	4	5	6	7	8	9	10	11	12	13	14	15	16	17	18	19	20	21	22	23	24	25	26	27	28	29
양력 월	10월																											11월	
양력 일	5	6	7	午	9	10	11	12	13	14	15	16	17	18	19	20	21	22	23	24	25	26	27	28	29	30	31	1	2
요일	토	일	월	初	수	목	금	토	일	월	화	수	목	금	토	일	월	화	수	목	금	토	일	월	화	수	목	금	토
일진	甲辰	乙巳	丙午	丁未	戊申	己酉	庚戌	辛亥	壬子	癸丑	甲寅	乙卯	丙辰	丁巳	戊午	己未	庚申	辛酉	壬戌	癸亥	甲子	乙丑	丙寅	丁卯	戊辰	己巳	庚午	辛未	壬申

음양국: 陰3　陰5　陰8　陰2　陰6　陰9

10月 癸亥

	1	2	3	4	5	6	7	8	9	10	11	12	13	14	15	16	17	18	19	20	21	22	23	24	25	26	27	28	29	30
절기					입동10월															소설										
음력	1	2	3	4	5	6	7	8	9	10	11	12	13	14	15	16	17	18	19	20	21	22	23	24	25	26	27	28	29	30
양력 월	11월																												12월	
양력 일	3	4	5	6	未	8	9	10	11	12	13	14	15	16	17	18	19	20	21	22	23	24	25	26	27	28	29	30	1	2
요일	일	월	화	수	後	금	토	일	월	화	수	목	금	토	일	월	화	수	목	금	토	일	월	화	수	목	금	토	일	월
일진	癸酉	甲戌	乙亥	丙子	丁丑	戊寅	己卯	庚辰	辛巳	壬午	癸未	甲申	乙酉	丙戌	丁亥	戊子	己丑	庚寅	辛卯	壬辰	癸巳	甲午	乙未	丙申	丁酉	戊戌	己亥	庚子	辛丑	壬寅

음양국: 陰3　陰5　陰8　陰2　陰4　陰7

11月 甲子

	1	2	3	4	5	6	7	8	9	10	11	12	13	14	15	16	17	18	19	20	21	22	23	24	25	26	27	28	29
절기					대설11월															동지									
음력	1	2	3	4	5	6	7	8	9	10	11	12	13	14	15	16	17	18	19	20	21	22	23	24	25	26	27	28	29
양력 월	12월																												
양력 일	3	4	5	6	辰	8	9	10	11	12	13	14	15	16	17	18	19	20	21	22	23	24	25	26	27	28	29	30	31
요일	화	수	목	금	初	일	월	화	수	목	금	토	일	월	화	수	목	금	토	일	월	화	수	목	금	토	일	월	화
일진	癸卯	甲辰	乙巳	丙午	丁未	戊申	己酉	庚戌	辛亥	壬子	癸丑	甲寅	乙卯	丙辰	丁巳	戊午	己未	庚申	辛酉	壬戌	癸亥	甲子	乙丑	丙寅	丁卯	戊辰	己巳	庚午	辛未

음양국: 陰1　陰4　陰7　陰1　陽1　陽7

12月 乙丑

	1	2	3	4	5	6	7	8	9	10	11	12	13	14	15	16	17	18	19	20	21	22	23	24	25	26	27	28	29	30
절기					소한12월															대한										
음력	1	2	3	4	5	6	7	8	9	10	11	12	13	14	15	16	17	18	19	20	21	22	23	24	25	26	27	28	29	30
양력 월	1월																													
양력 일	1	2	3	4	酉	6	7	8	9	10	11	12	13	14	15	16	17	18	19	20	21	22	23	24	25	26	27	28	29	30
요일	수	목	금	토	後	월	화	수	목	금	토	일	월	화	수	목	금	토	일	월	화	수	목	금	토	일	월	화	수	목
일진	壬申	癸酉	甲戌	乙亥	丙子	丁丑	戊寅	己卯	庚辰	辛巳	壬午	癸未	甲申	乙酉	丙戌	丁亥	戊子	己丑	庚寅	辛卯	壬辰	癸巳	甲午	乙未	丙申	丁酉	戊戌	己亥	庚子	辛丑

음양국: 陽7　陽4　陽2　陽8　陽5　陽3　陽9

입춘(2/4) 07:03
경칩(3/6) 01:02
청명(4/5) 05:47
입하(5/5) 22:59
망종(6/6) 03:03
소서(7/7) 13:15

2014(甲午年)

입추(8/7) 23:02
백로(9/8) 02:01
한로(10/8) 17:47
입동(11/7) 21:07
대설(12/7) 14:04
소한(1/6) 01:20

1月 丙寅

절기					입춘1월															우수								
음력	1	2	3	4	5	6	7	8	9	10	11	12	13	14	15	16	17	18	19	20	21	22	23	24	25	26	27	28	29
양력 월	1월	2월																											
양력 일	31	1	2	3	卯	5	6	7	8	9	10	11	12	13	14	15	16	17	18	19	20	21	22	23	24	25	26	27	28
요일	금	토	일	월	後	수	목	금	토	일	월	화	수	목	금	토	일	월	화	수	목	금	토	일	월	화	수	목	금
일진	壬寅	癸卯	甲辰	乙巳	丙午	丁未	戊申	己酉	庚戌	辛亥	壬子	癸丑	甲寅	乙卯	丙辰	丁巳	戊午	己未	庚申	辛酉	壬戌	癸亥	甲子	乙丑	丙寅	丁卯	戊辰	己巳	庚午
음양국	陽9			陽6			陽8				陽5				陽2				陽9				陽6						

2月 丁卯

절기						경칩2월														춘분									
음력	1	2	3	4	5	6	7	8	9	10	11	12	13	14	15	16	17	18	19	20	21	22	23	24	25	26	27	28	29	30
양력 월	3월																													
양력 일	1	2	3	4	5	子	7	8	9	10	11	12	13	14	15	16	17	18	19	20	21	22	23	24	25	26	27	28	29	30
요일	토	일	월	화	수	後	금	토	일	월	화	수	목	금	토	일	월	화	수	목	금	토	일	월	화	수	목	금	토	일
일진	辛未	壬申	癸酉	甲戌	乙亥	丙子	丁丑	戊寅	己卯	庚辰	辛巳	壬午	癸未	甲申	乙酉	丙戌	丁亥	戊子	己丑	庚寅	辛卯	壬辰	癸巳	甲午	乙未	丙申	丁酉	戊戌	己亥	庚子
음양국	陽6			陽3			陽1				陽7				陽4				陽3				陽9							

3月 戊辰

절기						청명3월														곡우								
음력	1	2	3	4	5	6	7	8	9	10	11	12	13	14	15	16	17	18	19	20	21	22	23	24	25	26	27	28	29
양력 월	3월	4월																											
양력 일	31	1	2	3	4	卯	6	7	8	9	10	11	12	13	14	15	16	17	18	19	20	21	22	23	24	25	26	27	28
요일	월	화	수	목	금	初	일	월	화	수	목	금	토	일	월	화	수	목	금	토	일	월	화	수	목	금	토	일	월
일진	辛丑	壬寅	癸卯	甲辰	乙巳	丙午	丁未	戊申	己酉	庚戌	辛亥	壬子	癸丑	甲寅	乙卯	丙辰	丁巳	戊午	己未	庚申	辛酉	壬戌	癸亥	甲子	乙丑	丙寅	丁卯	戊辰	己巳
음양국	陽9			陽6			陽4				陽1				陽7				陽5				陽2						

4月 己巳

절기							입하4월																소만							
음력	1	2	3	4	5	6	7	8	9	10	11	12	13	14	15	16	17	18	19	20	21	22	23	24	25	26	27	28	29	30
양력 월	4월		5월																											
양력 일	29	30	1	2	3	4	亥	6	7	8	9	10	11	12	13	14	15	16	17	18	19	20	21	22	23	24	25	26	27	28
요일	화	수	목	금	토	일	後	화	수	목	금	토	일	월	화	수	목	금	토	일	월	화	수	목	금	토	일	월	화	수
일진	庚午	辛未	壬申	癸酉	甲戌	乙亥	丙子	丁丑	戊寅	己卯	庚辰	辛巳	壬午	癸未	甲申	乙酉	丙戌	丁亥	戊子	己丑	庚寅	辛卯	壬辰	癸巳	甲午	乙未	丙申	丁酉	戊戌	己亥
음양국	陽2			陽8			陽4				陽1				陽7				陽5											

5月 庚午

절기									망종5월															하지					
음력	1	2	3	4	5	6	7	8	9	10	11	12	13	14	15	16	17	18	19	20	21	22	23	24	25	26	27	28	29
양력 월	5월			6월																									
양력 일	29	30	31	1	2	3	4	5	丑	7	8	9	10	11	12	13	14	15	16	17	18	19	20	21	22	23	24	25	26
요일	목	금	토	일	월	화	수	목	後	토	일	월	화	수	목	금	토	일	월	화	수	목	금	토	일	월	화	수	목
일진	庚子	辛丑	壬寅	癸卯	甲辰	乙巳	丙午	丁未	戊申	己酉	庚戌	辛亥	壬子	癸丑	甲寅	乙卯	丙辰	丁巳	戊午	己未	庚申	辛酉	壬戌	癸亥	甲子	乙丑	丙寅	丁卯	戊辰
음양국	陽2			陽8			陽6				陽3				陽9						陰9								

6月 辛未

절기											소서6월																대서			
음력	1	2	3	4	5	6	7	8	9	10	11	12	13	14	15	16	17	18	19	20	21	22	23	24	25	26	27	28	29	30
양력 월	6월				7월																									
양력 일	27	28	29	30	1	2	3	4	5	6	午	8	9	10	11	12	13	14	15	16	17	18	19	20	21	22	23	24	25	26
요일	금	토	일	월	화	수	목	금	토	일	後	화	수	목	금	토	일	월	화	수	목	금	토	일	월	화	수	목	금	토
일진	己巳	庚午	辛未	壬申	癸酉	甲戌	乙亥	丙子	丁丑	戊寅	己卯	庚辰	辛巳	壬午	癸未	甲申	乙酉	丙戌	丁亥	戊子	己丑	庚寅	辛卯	壬辰	癸巳	甲午	乙未	丙申	丁酉	戊戌
음양국	陰3			陰6			陰8				陰2				陰5				陰7											

7月 壬申

절기												입추7월																처서	
음력	1	2	3	4	5	6	7	8	9	10	11	**12**	13	14	15	16	17	18	19	20	21	22	23	24	25	26	27	**28**	29
양력 월	7월					8월																							
양력 일	27	28	29	30	31	1	2	3	4	5	6	亥	8	9	10	11	12	13	14	15	16	17	18	19	20	21	22	23	24
요일	일	월	화	수	목	금	토	일	월	화	수	後	금	토	일	월	화	수	목	금	토	일	월	화	수	목	금	토	일
일진	己亥	庚子	辛丑	壬寅	癸卯	甲辰	乙巳	丙午	丁未	戊申	己酉	庚戌	辛亥	壬子	癸丑	甲寅	乙卯	丙辰	丁巳	戊午	己未	庚申	辛酉	壬戌	癸亥	甲子	乙丑	丙寅	丁卯

음양국: 陰1 陰4 陰2 陰5 陰8 陰1

8月 癸酉

절기															백로8월															추분
음력	1	2	3	4	5	6	7	8	9	10	11	12	13	14	**15**	16	17	18	19	20	21	22	23	24	25	26	27	28	29	**30**
양력 월	8월						9월																							
양력 일	25	26	27	28	29	30	31	1	2	3	4	5	6	7	丑	9	10	11	12	13	14	15	16	17	18	19	20	21	22	23
요일	월	화	수	목	금	토	일	월	화	수	목	금	토	일	初	화	수	목	금	토	일	월	화	수	목	금	토	일	월	화
일진	戊辰	己巳	庚午	辛未	壬申	癸酉	甲戌	乙亥	丙子	丁丑	戊寅	己卯	庚辰	辛巳	壬午	癸未	甲申	乙酉	丙戌	丁亥	戊子	己丑	庚寅	辛卯	壬辰	癸巳	甲午	乙未	丙申	丁酉

음양국: 陰4 陰7 陰9 陰3 陰6 陰7

9月 甲戌

절기															한로9월															상강
음력	1	2	3	4	5	6	7	8	9	10	11	12	13	14	**15**	16	17	18	19	20	21	22	23	24	25	26	27	28	29	**30**
양력 월	9월						10월																							
양력 일	24	25	26	27	28	29	30	1	2	3	4	5	6	7	酉	9	10	11	12	13	14	15	16	17	18	19	20	21	22	23
요일	수	목	금	토	일	월	화	수	목	금	토	일	월	화	初	목	금	토	일	월	화	수	목	금	토	일	월	화	수	목
일진	戊戌	己亥	庚子	辛丑	壬寅	癸卯	甲辰	乙巳	丙午	丁未	戊申	己酉	庚戌	辛亥	壬子	癸丑	甲寅	乙卯	丙辰	丁巳	戊午	己未	庚申	辛酉	壬戌	癸亥	甲子	乙丑	丙寅	丁卯

음양국: 陰1 陰4 陰6 陰9 陰3 陰5

閏9月

절기															입동10월														
음력	1	2	3	4	5	6	7	8	9	10	11	12	13	14	**15**	16	17	18	19	20	21	22	23	24	25	26	27	28	29
양력 월	10월							11월																					
양력 일	24	25	26	27	28	29	30	31	1	2	3	4	5	6	戊	8	9	10	11	12	13	14	15	16	17	18	19	20	21
요일	금	토	일	월	화	수	목	금	토	일	월	화	수	목	後	토	일	월	화	수	목	금	토	일	월	화	수	목	금
일진	戊辰	己巳	庚午	辛未	壬申	癸酉	甲戌	乙亥	丙子	丁丑	戊寅	己卯	庚辰	辛巳	壬午	癸未	甲申	乙酉	丙戌	丁亥	戊子	己丑	庚寅	辛卯	壬辰	癸巳	甲午	乙未	丙申

음양국: 陰8 陰2 陰6 陰9 陰3 陰5

10月 乙亥

절기	소설															대설11월														
음력	**1**	2	3	4	5	6	7	8	9	10	11	12	13	14	15	**16**	17	18	19	20	21	22	23	24	25	26	27	28	29	30
양력 월	11월									12월																				
양력 일	22	23	24	25	26	27	28	29	30	1	2	3	4	5	6	未	8	9	10	11	12	13	14	15	16	17	18	19	20	21
요일	토	일	월	화	수	목	금	토	일	월	화	수	목	금	토	初	월	화	수	목	금	토	일	월	화	수	목	금	토	일
일진	丁酉	戊戌	己亥	庚子	辛丑	壬寅	癸卯	甲辰	乙巳	丙午	丁未	戊申	己酉	庚戌	辛亥	壬子	癸丑	甲寅	乙卯	丙辰	丁巳	戊午	己未	庚申	辛酉	壬戌	癸亥	甲子	乙丑	丙寅

음양국: 陰5 陰8 陰2 陰4 陰7 陰1 陽1

11月 丙子

절기	동지															소한12월													
음력	**1**	2	3	4	5	6	7	8	9	10	11	12	13	14	15	**16**	17	18	19	20	21	22	23	24	25	26	27	28	29
양력 월	12월									1월																			
양력 일	22	23	24	25	26	27	28	29	30	31	1	2	3	4	5	子	7	8	9	10	11	12	13	14	15	16	17	18	19
요일	월	화	수	목	금	토	일	월	화	수	목	금	토	일	월	後	수	목	금	토	일	월	화	수	목	금	토	일	월
일진	丁卯	戊辰	己巳	庚午	辛未	壬申	癸酉	甲戌	乙亥	丙子	丁丑	戊寅	己卯	庚辰	辛巳	壬午	癸未	甲申	乙酉	丙戌	丁亥	戊子	己丑	庚寅	辛卯	壬辰	癸巳	甲午	乙未

음양국: 陽1 陽7 陽4 陽2 陽8 陽5 陽3

12月 丁丑

절기	대한															입춘1월														
음력	**1**	2	3	4	5	6	7	8	9	10	11	12	13	14	15	**16**	17	18	19	20	21	22	23	24	25	26	27	28	29	30
양력 월	1월											2월																		
양력 일	20	21	22	23	24	25	26	27	28	29	30	31	1	2	3	午	5	6	7	8	9	10	11	12	13	14	15	16	17	18
요일	화	수	목	금	토	일	월	화	수	목	금	토	일	월	화	後	목	금	토	일	월	화	수	목	금	토	일	월	화	수
일진	丙申	丁酉	戊戌	己亥	庚子	辛丑	壬寅	癸卯	甲辰	乙巳	丙午	丁未	戊申	己酉	庚戌	辛亥	壬子	癸丑	甲寅	乙卯	丙辰	丁巳	戊午	己未	庚申	辛酉	壬戌	癸亥	甲子	乙丑

음양국: 陽3 陽9 陽6 陽8 陽5 陽2 陽9

입춘(2/4) 12:58
경칩(3/6) 06:56
청명(4/5) 11:39
입하(5/6) 04:52
망종(6/6) 08:58
소서(7/7) 19:12

2015(乙未年)

입추(8/8) 05:01
백로(9/8) 07:59
한로(10/8) 23:43
입동(11/8) 02:58
대설(12/7) 19:53
소한(1/6) 07:08

1月 戊寅

절기	우수															경칩2월													
음력	1	2	3	4	5	6	7	8	9	10	11	12	13	14	15	16	17	18	19	20	21	22	23	24	25	26	27	28	29
양력 월	2월										3월																		
양력 일	19	20	21	22	23	24	25	26	27	28	1	2	3	4	5	卯	7	8	9	10	11	12	13	14	15	16	17	18	19
요일	목	금	토	일	월	화	수	목	금	토	일	월	화	수	목	後	토	일	월	화	수	목	금	토	일	월	화	수	목
일진	丙寅	丁卯	戊辰	己巳	庚午	辛未	壬申	癸酉	甲戌	乙亥	丙子	丁丑	戊寅	己卯	庚辰	辛巳	壬午	癸未	甲申	乙酉	丙戌	丁亥	戊子	己丑	庚寅	辛卯	壬辰	癸巳	甲午
음양국	陽 9				陽 6					陽 3					陽 1					陽 7					陽 4				陽 3

2月 己卯

절기	춘분																청명3월													
음력	1	2	3	4	5	6	7	8	9	10	11	12	13	14	15	16	17	18	19	20	21	22	23	24	25	26	27	28	29	30
양력 월	3월												4월																	
양력 일	20	21	22	23	24	25	26	27	28	29	30	31	1	2	3	4	午	6	7	8	9	10	11	12	13	14	15	16	17	18
요일	금	토	일	월	화	수	목	금	토	일	월	화	수	목	금	토	初	월	화	수	목	금	토	일	월	화	수	목	금	토
일진	乙未	丙申	丁酉	戊戌	己亥	庚子	辛丑	壬寅	癸卯	甲辰	乙巳	丙午	丁未	戊申	己酉	庚戌	辛亥	壬子	癸丑	甲寅	乙卯	丙辰	丁巳	戊午	己未	庚申	辛酉	壬戌	癸亥	甲子
음양국	陽 3				陽 9					陽 6					陽 4					陽 1					陽 7					

3月 庚辰

절기	곡우																	입하4월											
음력	1	2	3	4	5	6	7	8	9	10	11	12	13	14	15	16	17	18	19	20	21	22	23	24	25	26	27	28	29
양력 월	4월												5월																
양력 일	19	20	21	22	23	24	25	26	27	28	29	30	1	2	3	4	5	寅	7	8	9	10	11	12	13	14	15	16	17
요일	일	월	화	수	목	금	토	일	월	화	수	목	금	토	일	월	화	後	목	금	토	일	월	화	수	목	금	토	일
일진	乙丑	丙寅	丁卯	戊辰	己巳	庚午	辛未	壬申	癸酉	甲戌	乙亥	丙子	丁丑	戊寅	己卯	庚辰	辛巳	壬午	癸未	甲申	乙酉	丙戌	丁亥	戊子	己丑	庚寅	辛卯	壬辰	癸巳
음양국	陽 5				陽 2					陽 8					陽 4				陽 1					陽 7					

4月 辛巳

절기	소만																			망종5월									
음력	1	2	3	4	5	6	7	8	9	10	11	12	13	14	15	16	17	18	19	20	21	22	23	24	25	26	27	28	29
양력 월	5월														6월														
양력 일	18	19	20	21	22	23	24	25	26	27	28	29	30	31	1	2	3	4	5	辰	7	8	9	10	11	12	13	14	15
요일	월	화	수	목	금	토	일	월	화	수	목	금	토	일	월	화	수	목	금	後	일	월	화	수	목	금	토	일	월
일진	甲午	乙未	丙申	丁酉	戊戌	己亥	庚子	辛丑	壬寅	癸卯	甲辰	乙巳	丙午	丁未	戊申	己酉	庚戌	辛亥	壬子	癸丑	甲寅	乙卯	丙辰	丁巳	戊午	己未	庚申	辛酉	壬戌
음양국	陽 5				陽 2					陽 8					陽 6					陽 3					陽 9				

5月 壬午

절기						하지															소서6월									
음력	1	2	3	4	5	6	7	8	9	10	11	12	13	14	15	16	17	18	19	20	21	22	23	24	25	26	27	28	29	30
양력 월	6월															7월														
양력 일	16	17	18	19	20	21	22	23	24	25	26	27	28	29	30	1	2	3	4	5	6	酉	8	9	10	11	12	13	14	15
요일	화	수	목	금	토	일	월	화	수	목	금	토	일	월	화	수	목	금	토	일	월	後	수	목	금	토	일	월	화	수
일진	癸亥	甲子	乙丑	丙寅	丁卯	戊辰	己巳	庚午	辛未	壬申	癸酉	甲戌	乙亥	丙子	丁丑	戊寅	己卯	庚辰	辛巳	壬午	癸未	甲申	乙酉	丙戌	丁亥	戊子	己丑	庚寅	辛卯	壬辰
음양국	陰 9					陰 3					陰 6					陰 8					陰 2					陰 5				

6月 癸未

절기							대서																입추7월						
음력	1	2	3	4	5	6	7	8	9	10	11	12	13	14	15	16	17	18	19	20	21	22	23	24	25	26	27	28	29
양력 월	7월																8월												
양력 일	16	17	18	19	20	21	22	23	24	25	26	27	28	29	30	31	1	2	3	4	5	6	7	寅	9	10	11	12	13
요일	목	금	토	일	월	화	수	목	금	토	일	월	화	수	목	금	토	일	월	화	수	목	금	後	일	월	화	수	목
일진	癸巳	甲午	乙未	丙申	丁酉	戊戌	己亥	庚子	辛丑	壬寅	癸卯	甲辰	乙巳	丙午	丁未	戊申	己酉	庚戌	辛亥	壬子	癸丑	甲寅	乙卯	丙辰	丁巳	戊午	己未	庚申	辛酉
음양국	陰 7				陰 1					陰 4					陰 2					陰 5					陰 8				

7月 甲申

절기: 처서 (음력 10), 백로8월 (음력 26)

음력	1	2	3	4	5	6	7	8	9	10	11	12	13	14	15	16	17	18	19	20	21	22	23	24	25	26	27	28	29	30
양력 (8월→9월)	14	15	16	17	18	19	20	21	22	23	24	25	26	27	28	29	30	31	1	2	3	4	5	6	7	辰	9	10	11	12
요일	금	토	일	월	화	수	목	금	토	일	월	화	수	목	금	토	일	월	화	수	목	금	토	일	월	初	수	목	금	토
일진	壬戌	癸亥	甲子	乙丑	丙寅	丁卯	戊辰	己巳	庚午	辛未	壬申	癸酉	甲戌	乙亥	丙子	丁丑	戊寅	己卯	庚辰	辛巳	壬午	癸未	甲申	乙酉	丙戌	丁亥	戊子	己丑	庚寅	辛卯

음양국: 陰8 · 陰1 · 陰4 · 陰7 · 陰9 · 陰3 · 陰6

8月 乙酉

절기: 추분 (음력 11), 한로9월 (음력 26)

음력	1	2	3	4	5	6	7	8	9	10	11	12	13	14	15	16	17	18	19	20	21	22	23	24	25	26	27	28	29	30
양력 (9월→10월)	13	14	15	16	17	18	19	20	21	22	23	24	25	26	27	28	29	30	1	2	3	4	5	6	7	子	9	10	11	12
요일	일	월	화	수	목	금	토	일	월	화	수	목	금	토	일	월	화	수	목	금	토	일	월	화	수	初	금	토	일	월
일진	壬辰	癸巳	甲午	乙未	丙申	丁酉	戊戌	己亥	庚子	辛丑	壬寅	癸卯	甲辰	乙巳	丙午	丁未	戊申	己酉	庚戌	辛亥	壬子	癸丑	甲寅	乙卯	丙辰	丁巳	戊午	己未	庚申	辛酉

음양국: 陰6 · 陰7 · 陰1 · 陰4 · 陰6 · 陰9 · 陰3

9月 丙戌

절기: 상강 (음력 12), 입동10월 (음력 27)

음력	1	2	3	4	5	6	7	8	9	10	11	12	13	14	15	16	17	18	19	20	21	22	23	24	25	26	27	28	29	30
양력 (10월→11월)	13	14	15	16	17	18	19	20	21	22	23	24	25	26	27	28	29	30	31	1	2	3	4	5	6	7	丑	9	10	11
요일	화	수	목	금	토	일	월	화	수	목	금	토	일	월	화	수	목	금	토	일	월	화	수	목	금	토	後	월	화	수
일진	壬戌	癸亥	甲子	乙丑	丙寅	丁卯	戊辰	己巳	庚午	辛未	壬申	癸酉	甲戌	乙亥	丙子	丁丑	戊寅	己卯	庚辰	辛巳	壬午	癸未	甲申	乙酉	丙戌	丁亥	戊子	己丑	庚寅	辛卯

음양국: 陰3 · 陰5 · 陰8 · 陰2 · 陰6 · 陰9 · 陰3

10月 丁亥

절기: 소설 (음력 12), 대설11월 (음력 26)

음력	1	2	3	4	5	6	7	8	9	10	11	12	13	14	15	16	17	18	19	20	21	22	23	24	25	26	27	28	29
양력 (11월→12월)	12	13	14	15	16	17	18	19	20	21	22	23	24	25	26	27	28	29	30	1	2	3	4	5	6	戌	8	9	10
요일	목	금	토	일	월	화	수	목	금	토	일	월	화	수	목	금	토	일	월	화	수	목	금	토	일	初	화	수	목
일진	壬辰	癸巳	甲午	乙未	丙申	丁酉	戊戌	己亥	庚子	辛丑	壬寅	癸卯	甲辰	乙巳	丙午	丁未	戊申	己酉	庚戌	辛亥	壬子	癸丑	甲寅	乙卯	丙辰	丁巳	戊午	己未	庚申

음양국: 陰3 · 陰5 · 陰8 · 陰2 · 陰4 · 陰7 · 陰1

11月 戊子

절기: 동지 (음력 12), 소한12월 (음력 27)

음력	1	2	3	4	5	6	7	8	9	10	11	12	13	14	15	16	17	18	19	20	21	22	23	24	25	26	27	28	29	30
양력 (12월→1월)	11	12	13	14	15	16	17	18	19	20	21	22	23	24	25	26	27	28	29	30	31	1	2	3	4	5	卯	7	8	9
요일	금	토	일	월	화	수	목	금	토	일	월	화	수	목	금	토	일	월	화	수	목	금	토	일	월	화	後	목	금	토
일진	辛酉	壬戌	癸亥	甲子	乙丑	丙寅	丁卯	戊辰	己巳	庚午	辛未	壬申	癸酉	甲戌	乙亥	丙子	丁丑	戊寅	己卯	庚辰	辛巳	壬午	癸未	甲申	乙酉	丙戌	丁亥	戊子	己丑	庚寅

음양국: 陰1 · 陽1 · 陽7 · 陽4 · 陽2 · 陽8 · 陽5

12月 己丑

절기: 대한 (음력 12), 입춘1월 (음력 26)

음력	1	2	3	4	5	6	7	8	9	10	11	12	13	14	15	16	17	18	19	20	21	22	23	24	25	26	27	28	29
양력 (1월→2월)	10	11	12	13	14	15	16	17	18	19	20	21	22	23	24	25	26	27	28	29	30	31	1	2	3	酉	5	6	7
요일	일	월	화	수	목	금	토	일	월	화	수	목	금	토	일	월	화	수	목	금	토	일	월	화	수	中	금	토	일
일진	辛卯	壬辰	癸巳	甲午	乙未	丙申	丁酉	戊戌	己亥	庚子	辛丑	壬寅	癸卯	甲辰	乙巳	丙午	丁未	戊申	己酉	庚戌	辛亥	壬子	癸丑	甲寅	乙卯	丙辰	丁巳	戊午	己未

음양국: 陽5 · 陽3 · 陽9 · 陽6 · 陽8 · 陽5 · 陽2

입춘(2/4) 18:46
경칩(3/5) 12:43
청명(4/4) 17:27
입하(5/5) 10:42
망종(6/5) 14:48
소서(7/7) 01:03

2016(丙申年)

입추(8/7) 10:53
백로(9/7) 13:51
한로(10/8) 05:33
입동(11/7) 08:48
대설(12/7) 01:41
소한(1/5) 12:56

1月 庚寅

절기												우수															경칩2월			
음력	1	2	3	4	5	6	7	8	9	10	11	12	13	14	15	16	17	18	19	20	21	22	23	24	25	26	27	28	29	30
양력월	2월																						3월							
양력일	8	9	10	11	12	13	14	15	16	17	18	19	20	21	22	23	24	25	26	27	28	29	1	2	3	4	午	6	7	8
요일	월	화	수	목	금	토	일	월	화	수	목	금	토	일	월	화	수	목	금	토	일	월	화	수	목	금	中	일	월	화
일진	庚申	辛酉	壬戌	癸亥	甲子	乙丑	丙寅	丁卯	戊辰	己巳	庚午	辛未	壬申	癸酉	甲戌	乙亥	丙子	丁丑	戊寅	己卯	庚辰	辛巳	壬午	癸未	甲申	乙酉	丙戌	丁亥	戊子	己丑

음양국: 陽2 陽9 陽6 陽3 陽1 陽7

2月 辛卯

절기												춘분															청명3월		
음력	1	2	3	4	5	6	7	8	9	10	11	12	13	14	15	16	17	18	19	20	21	22	23	24	25	26	27	28	29
양력월	3월																							4월					
양력일	9	10	11	12	13	14	15	16	17	18	19	20	21	22	23	24	25	26	27	28	29	30	31	1	2	3	申	5	6
요일	수	목	금	토	일	월	화	수	목	금	토	일	월	화	수	목	금	토	일	월	화	수	목	금	토	일	後	화	수
일진	庚寅	辛卯	壬辰	癸巳	甲午	乙未	丙申	丁酉	戊戌	己亥	庚子	辛丑	壬寅	癸卯	甲辰	乙巳	丙午	丁未	戊申	己酉	庚戌	辛亥	壬子	癸丑	甲寅	乙卯	丙辰	丁巳	戊午

음양국: 陽4 陽3 陽9 陽6 陽4 陽1

3月 壬辰

절기														곡우															입하4월	
음력	1	2	3	4	5	6	7	8	9	10	11	12	13	14	15	16	17	18	19	20	21	22	23	24	25	26	27	28	29	30
양력월	4월																								5월					
양력일	7	8	9	10	11	12	13	14	15	16	17	18	19	20	21	22	23	24	25	26	27	28	29	30	1	2	3	4	巳	6
요일	목	금	토	일	월	화	수	목	금	토	일	월	화	수	목	금	토	일	월	화	수	목	금	토	일	월	화	수	中	금
일진	己未	庚申	辛酉	壬戌	癸亥	甲子	乙丑	丙寅	丁卯	戊辰	己巳	庚午	辛未	壬申	癸酉	甲戌	乙亥	丙子	丁丑	戊寅	己卯	庚辰	辛巳	壬午	癸未	甲申	乙酉	丙戌	丁亥	戊子

음양국: 陽7 陽5 陽2 陽8 陽4 陽1

4月 癸巳

절기														소만															
음력	1	2	3	4	5	6	7	8	9	10	11	12	13	14	15	16	17	18	19	20	21	22	23	24	25	26	27	28	29
양력월	5월																									6월			
양력일	7	8	9	10	11	12	13	14	15	16	17	18	19	20	21	22	23	24	25	26	27	28	29	30	31	1	2	3	4
요일	토	일	월	화	수	목	금	토	일	월	화	수	목	금	토	일	월	화	수	목	금	토	일	월	화	수	목	금	토
일진	己丑	庚寅	辛卯	壬辰	癸巳	甲午	乙未	丙申	丁酉	戊戌	己亥	庚子	辛丑	壬寅	癸卯	甲辰	乙巳	丙午	丁未	戊申	己酉	庚戌	辛亥	壬子	癸丑	甲寅	乙卯	丙辰	丁巳

음양국: 陽7 陽5 陽2 陽8 陽6 陽3

5月 甲午

절기	망종5월																하지												
음력	1	2	3	4	5	6	7	8	9	10	11	12	13	14	15	16	17	18	19	20	21	22	23	24	25	26	27	28	29
양력월	6월																									7월			
양력일	未	6	7	8	9	10	11	12	13	14	15	16	17	18	19	20	21	22	23	24	25	26	27	28	29	30	1	2	3
요일	中	월	화	수	목	금	토	일	월	화	수	목	금	토	일	월	화	수	목	금	토	일	월	화	수	목	금	토	일
일진	戊午	己未	庚申	辛酉	壬戌	癸亥	甲子	乙丑	丙寅	丁卯	戊辰	己巳	庚午	辛未	壬申	癸酉	甲戌	乙亥	丙子	丁丑	戊寅	己卯	庚辰	辛巳	壬午	癸未	甲申	乙酉	丙戌

음양국: 陽9 陰9 陰3 陰6 陰8 陰2

6月 乙未

절기				소서6월															대서											
음력	1	2	3	4	5	6	7	8	9	10	11	12	13	14	15	16	17	18	19	20	21	22	23	24	25	26	27	28	29	30
양력월	7월																												8월	
양력일	4	5	6	子	8	9	10	11	12	13	14	15	16	17	18	19	20	21	22	23	24	25	26	27	28	29	30	31	1	2
요일	월	화	수	後	금	토	일	월	화	수	목	금	토	일	월	화	수	목	금	토	일	월	화	수	목	금	토	일	월	화
일진	丁亥	戊子	己丑	庚寅	辛卯	壬辰	癸巳	甲午	乙未	丙申	丁酉	戊戌	己亥	庚子	辛丑	壬寅	癸卯	甲辰	乙巳	丙午	丁未	戊申	己酉	庚戌	辛亥	壬子	癸丑	甲寅	乙卯	丙辰

음양국: 陰2 陰5 陰7 陰1 陰4 陰2 陰5

7月 丙申

7月 丙申	1	2	3	4	5	6	7	8	9	10	11	12	13	14	15	16	17	18	19	20	21	22	23	24	25	26	27	28	29
절기					입추7월																처서								
음력	1	2	3	4	5	6	7	8	9	10	11	12	13	14	15	16	17	18	19	20	21	22	23	24	25	26	27	28	29
양력 월	8월																												
양력 일	3	4	5	6	巳	8	9	10	11	12	13	14	15	16	17	18	19	20	21	22	23	24	25	26	27	28	29	30	31
요일	수	목	금	토	後	월	화	수	목	금	토	일	월	화	수	목	금	토	일	월	화	수	목	금	토	일	월	화	수
일진	丁巳	戊午	己未	庚申	辛酉	壬戌	癸亥	甲子	乙丑	丙寅	丁卯	戊辰	己巳	庚午	辛未	壬申	癸酉	甲戌	乙亥	丙子	丁丑	戊寅	己卯	庚辰	辛巳	壬午	癸未	甲申	乙酉
음양국	陰5			陰8			陰1			陰4			陰7			陰9			陰3										

8月 丁酉

8月 丁酉	1	2	3	4	5	6	7	8	9	10	11	12	13	14	15	16	17	18	19	20	21	22	23	24	25	26	27	28	29	30
절기							백로8월															추분								
음력	1	2	3	4	5	6	7	8	9	10	11	12	13	14	15	16	17	18	19	20	21	22	23	24	25	26	27	28	29	30
양력 월	9월																													
양력 일	1	2	3	4	5	6	未	8	9	10	11	12	13	14	15	16	17	18	19	20	21	22	23	24	25	26	27	28	29	30
요일	목	금	토	일	월	화	初	목	금	토	일	월	화	수	목	금	토	일	월	화	수	목	금	토	일	월	화	수	목	금
일진	丙戌	丁亥	戊子	己丑	庚寅	辛卯	壬辰	癸巳	甲午	乙未	丙申	丁酉	戊戌	己亥	庚子	辛丑	壬寅	癸卯	甲辰	乙巳	丙午	丁未	戊申	己酉	庚戌	辛亥	壬子	癸丑	甲寅	乙卯
음양국	陰3			陰6			陰7			陰1			陰4			陰6			陰9											

9月 戊戌

9月 戊戌	1	2	3	4	5	6	7	8	9	10	11	12	13	14	15	16	17	18	19	20	21	22	23	24	25	26	27	28	29	30
절기								한로9월															상강							
음력	1	2	3	4	5	6	7	8	9	10	11	12	13	14	15	16	17	18	19	20	21	22	23	24	25	26	27	28	29	30
양력 월	10월																													
양력 일	1	2	3	4	5	6	7	卯	9	10	11	12	13	14	15	16	17	18	19	20	21	22	23	24	25	26	27	28	29	30
요일	토	일	월	화	수	목	금	初	일	월	화	수	목	금	토	일	월	화	수	목	금	토	일	월	화	수	목	금	토	일
일진	丙辰	丁巳	戊午	己未	庚申	辛酉	壬戌	癸亥	甲子	乙丑	丙寅	丁卯	戊辰	己巳	庚午	辛未	壬申	癸酉	甲戌	乙亥	丙子	丁丑	戊寅	己卯	庚辰	辛巳	壬午	癸未	甲申	乙酉
음양국	陰9			陰3			陰5			陰8			陰2			陰6			陰9											

10月 己亥

10月 己亥	1	2	3	4	5	6	7	8	9	10	11	12	13	14	15	16	17	18	19	20	21	22	23	24	25	26	27	28	29
절기								입동10월														소설							
음력	1	2	3	4	5	6	7	8	9	10	11	12	13	14	15	16	17	18	19	20	21	22	23	24	25	26	27	28	29
양력 월	10월 11월																												
양력 일	31	1	2	3	4	5	6	辰	8	9	10	11	12	13	14	15	16	17	18	19	20	21	22	23	24	25	26	27	28
요일	월	화	수	목	금	토	일	中	화	수	목	금	토	일	월	화	수	목	금	토	일	월	화	수	목	금	토	일	월
일진	丙戌	丁亥	戊子	己丑	庚寅	辛卯	壬辰	癸巳	甲午	乙未	丙申	丁酉	戊戌	己亥	庚子	辛丑	壬寅	癸卯	甲辰	乙巳	丙午	丁未	戊申	己酉	庚戌	辛亥	壬子	癸丑	甲寅
음양국	陰9			陰3			陰5			陰8			陰2			陰4			陰7										

11月 庚子

11月 庚子	1	2	3	4	5	6	7	8	9	10	11	12	13	14	15	16	17	18	19	20	21	22	23	24	25	26	27	28	29	30
절기									대설11월														동지							
음력	1	2	3	4	5	6	7	8	9	10	11	12	13	14	15	16	17	18	19	20	21	22	23	24	25	26	27	28	29	30
양력 월	11월 12월																													
양력 일	29	30	1	2	3	4	5	6	丑	8	9	10	11	12	13	14	15	16	17	18	19	20	21	22	23	24	25	26	27	28
요일	화	수	목	금	토	일	월	화	初	목	금	토	일	월	화	수	목	금	토	일	월	화	수	목	금	토	일	월	화	수
일진	乙卯	丙辰	丁巳	戊午	己未	庚申	辛酉	壬戌	癸亥	甲子	乙丑	丙寅	丁卯	戊辰	己巳	庚午	辛未	壬申	癸酉	甲戌	乙亥	丙子	丁丑	戊寅	己卯	庚辰	辛巳	壬午	癸未	甲申
음양국	陰7			陰1			陰4			陰7			陰1			陽1														

12月 辛丑

12月 辛丑	1	2	3	4	5	6	7	8	9	10	11	12	13	14	15	16	17	18	19	20	21	22	23	24	25	26	27	28	29	30
절기								소한12월															대한							
음력	1	2	3	4	5	6	7	8	9	10	11	12	13	14	15	16	17	18	19	20	21	22	23	24	25	26	27	28	29	30
양력 월	12월 1월																													
양력 일	29	30	31	1	2	3	4	午	6	7	8	9	10	11	12	13	14	15	16	17	18	19	20	21	22	23	24	25	26	27
요일	목	금	토	일	월	화	수	後	금	토	일	월	화	수	목	금	토	일	월	화	수	목	금	토	일	월	화	수	목	금
일진	乙酉	丙戌	丁亥	戊子	己丑	庚寅	辛卯	壬辰	癸巳	甲午	乙未	丙申	丁酉	戊戌	己亥	庚子	辛丑	壬寅	癸卯	甲辰	乙巳	丙午	丁未	戊申	己酉	庚戌	辛亥	壬子	癸丑	甲寅
음양국	陽7			陽4			陽2			陽8			陽5			陽3														

2017(丁酉年)

입춘(2/4) 00:34
경칩(3/5) 18:33
청명(4/4) 23:17
입하(5/5) 16:31
망종(6/5) 20:36
소서(7/7) 06:51

입추(8/7) 16:40
백로(9/7) 19:38
한로(10/8) 11:22
입동(11/7) 14:38
대설(12/7) 07:32
소한(1/5) 18:49

1月 壬寅

		1	2	3	4	5	6	7	8	9	10	11	12	13	14	15	16	17	18	19	20	21	22	23	24	25	26	27	28	29
절기									입춘1월														우수							
음력		1	2	3	4	5	6	7	8	9	10	11	12	13	14	15	16	17	18	19	20	21	22	23	24	25	26	27	28	29
양력	월	1월				2월																								
	일	28	29	30	31	1	2	3	子中	5	6	7	8	9	10	11	12	13	14	15	16	17	18	19	20	21	22	23	24	25
요일		토	일	월	화	수	목	금	中	일	월	화	수	목	금	토	일	월	화	수	목	금	토	일	월	화	수	목	금	토
일진		乙卯	丙辰	丁巳	戊午	己未	庚申	辛酉	壬戌	癸亥	甲子	乙丑	丙寅	丁卯	戊辰	己巳	庚午	辛未	壬申	癸酉	甲戌	乙亥	丙子	丁丑	戊寅	己卯	庚辰	辛巳	壬午	癸未
음양국		陽 9				陽 6					陽 8					陽 5					陽 2					陽 9				

2月 癸卯

		1	2	3	4	5	6	7	8	9	10	11	12	13	14	15	16	17	18	19	20	21	22	23	24	25	26	27	28	29	30
절기									경칩2월															춘분							
음력		1	2	3	4	5	6	7	8	9	10	11	12	13	14	15	16	17	18	19	20	21	22	23	24	25	26	27	28	29	30
양력	월	2월			3월																										
	일	26	27	28	1	2	3	4	酉中	6	7	8	9	10	11	12	13	14	15	16	17	18	19	20	21	22	23	24	25	26	27
요일		일	월	화	수	목	금	토	中	월	화	수	목	금	토	일	월	화	수	목	금	토	일	월	화	수	목	금	토	일	월
일진		甲申	乙酉	丙戌	丁亥	戊子	己丑	庚寅	辛卯	壬辰	癸巳	甲午	乙未	丙申	丁酉	戊戌	己亥	庚子	辛丑	壬寅	癸卯	甲辰	乙巳	丙午	丁未	戊申	己酉	庚戌	辛亥	壬子	癸丑
음양국		陽 6				陽 3					陽 1					陽 7					陽 4					陽 3					

3月 甲辰

		1	2	3	4	5	6	7	8	9	10	11	12	13	14	15	16	17	18	19	20	21	22	23	24	25	26	27	28	29
절기									청명3월																곡우					
음력		1	2	3	4	5	6	7	8	9	10	11	12	13	14	15	16	17	18	19	20	21	22	23	24	25	26	27	28	29
양력	월	3월				4월																								
	일	28	29	30	31	1	2	3	亥後	5	6	7	8	9	10	11	12	13	14	15	16	17	18	19	20	21	22	23	24	25
요일		화	수	목	금	토	일	월	後	수	목	금	토	일	월	화	수	목	금	토	일	월	화	수	목	금	토	일	월	화
일진		甲寅	乙卯	丙辰	丁巳	戊午	己未	庚申	辛酉	壬戌	癸亥	甲子	乙丑	丙寅	丁卯	戊辰	己巳	庚午	辛未	壬申	癸酉	甲戌	乙亥	丙子	丁丑	戊寅	己卯	庚辰	辛巳	壬午
음양국		陽 9				陽 6					陽 4					陽 1					陽 7					陽 5				

4月 乙巳

		1	2	3	4	5	6	7	8	9	10	11	12	13	14	15	16	17	18	19	20	21	22	23	24	25	26	27	28	29	30
절기											입하4월																소만				
음력		1	2	3	4	5	6	7	8	9	10	11	12	13	14	15	16	17	18	19	20	21	22	23	24	25	26	27	28	29	30
양력	월	4월					5월																								
	일	26	27	28	29	30	1	2	3	4	申中	6	7	8	9	10	11	12	13	14	15	16	17	18	19	20	21	22	23	24	25
요일		수	목	금	토	일	월	화	수	목	中	토	일	월	화	수	목	금	토	일	월	화	수	목	금	토	일	월	화	수	목
일진		癸未	甲申	乙酉	丙戌	丁亥	戊子	己丑	庚寅	辛卯	壬辰	癸巳	甲午	乙未	丙申	丁酉	戊戌	己亥	庚子	辛丑	壬寅	癸卯	甲辰	乙巳	丙午	丁未	戊申	己酉	庚戌	辛亥	壬子
음양국		陽 2				陽 8					陽 4					陽 1					陽 7					陽 5					

5月 丙午

		1	2	3	4	5	6	7	8	9	10	11	12	13	14	15	16	17	18	19	20	21	22	23	24	25	26	27	28	29
절기												망종5월																하지			
음력		1	2	3	4	5	6	7	8	9	10	11	12	13	14	15	16	17	18	19	20	21	22	23	24	25	26	27	28	29
양력	월	5월						6월																						
	일	26	27	28	29	30	31	1	2	3	4	戌中	6	7	8	9	10	11	12	13	14	15	16	17	18	19	20	21	22	23
요일		금	토	일	월	화	수	목	금	토	일	中	화	수	목	금	토	일	월	화	수	목	금	토	일	월	화	수	목	금
일진		癸丑	甲寅	乙卯	丙辰	丁巳	戊午	己未	庚申	辛酉	壬戌	癸亥	甲子	乙丑	丙寅	丁卯	戊辰	己巳	庚午	辛未	壬申	癸酉	甲戌	乙亥	丙子	丁丑	戊寅	己卯	庚辰	辛巳
음양국		陽 2				陽 8					陽 6					陽 3					陽 9					陰 9				

閏5月

		1	2	3	4	5	6	7	8	9	10	11	12	13	14	15	16	17	18	19	20	21	22	23	24	25	26	27	28	29
절기															소서6월															
음력		1	2	3	4	5	6	7	8	9	10	11	12	13	14	15	16	17	18	19	20	21	22	23	24	25	26	27	28	29
양력	월	6월						7월																						
	일	24	25	26	27	28	29	30	1	2	3	4	5	6	卯後	8	9	10	11	12	13	14	15	16	17	18	19	20	21	22
요일		토	일	월	화	수	목	금	토	일	월	화	수	목	後	토	일	월	화	수	목	금	토	일	월	화	수	목	금	토
일진		壬午	癸未	甲申	乙酉	丙戌	丁亥	戊子	己丑	庚寅	辛卯	壬辰	癸巳	甲午	乙未	丙申	丁酉	戊戌	己亥	庚子	辛丑	壬寅	癸卯	甲辰	乙巳	丙午	丁未	戊申	己酉	庚戌
음양국		陰 9		陰 3			陰 6			陰 8			陰 2			陰 5			陰 7											

6月 丁未

절기	대서															입추7월														
음력	1	2	3	4	5	6	7	8	9	10	11	12	13	14	15	16	17	18	19	20	21	22	23	24	25	26	27	28	29	30
양력 월	7월									8월																				
력 일	23	24	25	26	27	28	29	30	31	1	2	3	4	5	6	申	8	9	10	11	12	13	14	15	16	17	18	19	20	21
요일	일	월	화	수	목	금	토	일	월	화	수	목	금	토	일	申中	화	수	목	금	토	일	월	화	수	목	금	토	일	월
일진	辛亥	壬子	癸丑	甲寅	乙卯	丙辰	丁巳	戊午	己未	庚申	辛酉	壬戌	癸亥	甲子	乙丑	丙寅	丁卯	戊辰	己巳	庚午	辛未	壬申	癸酉	甲戌	乙亥	丙子	丁丑	戊寅	己卯	庚辰
음양국	陰 7				陰 1					陰 4					陰 2					陰 5					陰 8					陰 1

7月 戊申

절기		처서															백로8월													
음력	1	2	3	4	5	6	7	8	9	10	11	12	13	14	15	16	17	18	19	20	21	22	23	24	25	26	27	28	29	
양력 월	8월										9월																			
력 일	22	23	24	25	26	27	28	29	30	31	1	2	3	4	5	6	戌	8	9	10	11	12	13	14	15	16	17	18	19	
요일	화	수	목	금	토	일	월	화	수	목	금	토	일	월	화	수	初	금	토	일	월	화	수	목	금	토	일	월	화	
일진	辛巳	壬午	癸未	甲申	乙酉	丙戌	丁亥	戊子	己丑	庚寅	辛卯	壬辰	癸巳	甲午	乙未	丙申	丁酉	戊戌	己亥	庚子	辛丑	壬寅	癸卯	甲辰	乙巳	丙午	丁未	戊申	己酉	
음양국	陰 1				陰 4					陰 7					陰 9					陰 3					陰 6					陰 7

8月 己酉

절기				추분															한로9월											
음력	1	2	3	4	5	6	7	8	9	10	11	12	13	14	15	16	17	18	19	20	21	22	23	24	25	26	27	28	29	30
양력 월	9월											10월																		
력 일	20	21	22	23	24	25	26	27	28	29	30	1	2	3	4	5	6	7	巳	9	10	11	12	13	14	15	16	17	18	19
요일	수	목	금	토	일	월	화	수	목	금	토	일	월	화	수	목	금	토	後	월	화	수	목	금	토	일	월	화	수	목
일진	庚戌	辛亥	壬子	癸丑	甲寅	乙卯	丙辰	丁巳	戊午	己未	庚申	辛酉	壬戌	癸亥	甲子	乙丑	丙寅	丁卯	戊辰	己巳	庚午	辛未	壬申	癸酉	甲戌	乙亥	丙子	丁丑	戊寅	己卯
음양국	陰 7				陰 1					陰 4					陰 6					陰 9					陰 3					

9月 庚戌

절기				상강															입동10월											
음력	1	2	3	4	5	6	7	8	9	10	11	12	13	14	15	16	17	18	19	20	21	22	23	24	25	26	27	28	29	
양력 월	10월												11월																	
력 일	20	21	22	23	24	25	26	27	28	29	30	31	1	2	3	4	5	6	未	8	9	10	11	12	13	14	15	16	17	
요일	금	토	일	월	화	수	목	금	토	일	월	화	수	목	금	토	일	월	中	수	목	금	토	일	월	화	수	목	금	
일진	庚辰	辛巳	壬午	癸未	甲申	乙酉	丙戌	丁亥	戊子	己丑	庚寅	辛卯	壬辰	癸巳	甲午	乙未	丙申	丁酉	戊戌	己亥	庚子	辛丑	壬寅	癸卯	甲辰	乙巳	丙午	丁未	戊申	
음양국	陰 5				陰 8					陰 2					陰 6					陰 9					陰 3					

10月 辛亥

절기					소설															대설11월										
음력	1	2	3	4	5	6	7	8	9	10	11	12	13	14	15	16	17	18	19	20	21	22	23	24	25	26	27	28	29	30
양력 월	11월													12월																
력 일	18	19	20	21	22	23	24	25	26	27	28	29	30	1	2	3	4	5	6	辰	8	9	10	11	12	13	14	15	16	17
요일	토	일	월	화	수	목	금	토	일	월	화	수	목	금	토	일	월	화	수	初	금	토	일	월	화	수	목	금	토	일
일진	己酉	庚戌	辛亥	壬子	癸丑	甲寅	乙卯	丙辰	丁巳	戊午	己未	庚申	辛酉	壬戌	癸亥	甲子	乙丑	丙寅	丁卯	戊辰	己巳	庚午	辛未	壬申	癸酉	甲戌	乙亥	丙子	丁丑	戊寅
음양국	陰 5				陰 8					陰 2					陰 4					陰 7					陰 1					

11月 壬子

절기					동지														소한12월											
음력	1	2	3	4	5	6	7	8	9	10	11	12	13	14	15	16	17	18	19	20	21	22	23	24	25	26	27	28	29	30
양력 월	12월														1월															
력 일	18	19	20	21	22	23	24	25	26	27	28	29	30	31	1	2	3	4	酉	6	7	8	9	10	11	12	13	14	15	16
요일	월	화	수	목	금	토	일	월	화	수	목	금	토	일	월	화	수	목	中	토	일	월	화	수	목	금	토	일	월	화
일진	己卯	庚辰	辛巳	壬午	癸未	甲申	乙酉	丙戌	丁亥	戊子	己丑	庚寅	辛卯	壬辰	癸巳	甲午	乙未	丙申	丁酉	戊戌	己亥	庚子	辛丑	壬寅	癸卯	甲辰	乙巳	丙午	丁未	戊申
음양국	陽 1				陽 7					陽 4					陽 2					陽 8					陽 5					

12月 癸丑

절기				대한															입춘1월											
음력	1	2	3	4	5	6	7	8	9	10	11	12	13	14	15	16	17	18	19	20	21	22	23	24	25	26	27	28	29	30
양력 월	1월															2월														
력 일	17	18	19	20	21	22	23	24	25	26	27	28	29	30	31	1	2	3	卯	5	6	7	8	9	10	11	12	13	14	15
요일	수	목	금	토	일	월	화	수	목	금	토	일	월	화	수	목	금	토	中	월	화	수	목	금	토	일	월	화	수	목
일진	己酉	庚戌	辛亥	壬子	癸丑	甲寅	乙卯	丙辰	丁巳	戊午	己未	庚申	辛酉	壬戌	癸亥	甲子	乙丑	丙寅	丁卯	戊辰	己巳	庚午	辛未	壬申	癸酉	甲戌	乙亥	丙子	丁丑	戊寅
음양국	陽 3				陽 9					陽 6					陽 8					陽 5					陽 2					

입춘(2/4) 06:28
경칩(3/6) 00:28
청명(4/5) 05:13
입하(5/5) 22:25
망종(6/6) 02:29
소서(7/7) 12:42

입추(8/7) 22:30
백로(9/8) 01:30
한로(10/8) 17:15
입동(11/7) 20:32
대설(12/7) 13:26
소한(1/6) 00:39

2018(戊戌年)

1月 甲寅

절기			우수																경칩2월										
음력	1	2	3	4	5	6	7	8	9	10	11	12	13	14	15	16	17	18	19	20	21	22	23	24	25	26	27	28	29
양력 월	2월													3월															
력 일	16	17	18	19	20	21	22	23	24	25	26	27	28	1	2	3	4	5	子	7	8	9	10	11	12	13	14	15	16
요일	금	토	일	월	화	수	목	금	토	일	월	화	수	목	금	토	일	월	中	수	목	금	토	일	월	화	수	목	금
일진	己卯	庚辰	辛巳	壬午	癸未	甲申	乙酉	丙戌	丁亥	戊子	己丑	庚寅	辛卯	壬辰	癸巳	甲午	乙未	丙申	丁酉	戊戌	己亥	庚子	辛丑	壬寅	癸卯	甲辰	乙巳	丙午	丁未
음양국	陽 9					陽 6					陽 3					陽 1					陽 7					陽 4			

2月 乙卯

절기				춘분															청명3월										
음력	1	2	3	4	5	6	7	8	9	10	11	12	13	14	15	16	17	18	19	20	21	22	23	24	25	26	27	28	29	30
양력 월	3월															4월														
력 일	17	18	19	20	21	22	23	24	25	26	27	28	29	30	31	1	2	3	4	寅	6	7	8	9	10	11	12	13	14	15
요일	토	일	월	화	수	목	금	토	일	월	화	수	목	금	토	일	월	화	수	後	금	토	일	월	화	수	목	금	토	일
일진	戊申	己酉	庚戌	辛亥	壬子	癸丑	甲寅	乙卯	丙辰	丁巳	戊午	己未	庚申	辛酉	壬戌	癸亥	甲子	乙丑	丙寅	丁卯	戊辰	己巳	庚午	辛未	壬申	癸酉	甲戌	乙亥	丙子	丁丑
음양국	陽 3					陽 9					陽 6					陽 4					陽 1					陽 7				

3月 丙辰

절기				곡우															입하4월										
음력	1	2	3	4	5	6	7	8	9	10	11	12	13	14	15	16	17	18	19	20	21	22	23	24	25	26	27	28	29
양력 월	4월														5월														
력 일	16	17	18	19	20	21	22	23	24	25	26	27	28	29	30	1	2	3	4	亥	6	7	8	9	10	11	12	13	14
요일	월	화	수	목	금	토	일	월	화	수	목	금	토	일	월	화	수	목	금	中	일	월	화	수	목	금	토	일	월
일진	戊寅	己卯	庚辰	辛巳	壬午	癸未	甲申	乙酉	丙戌	丁亥	戊子	己丑	庚寅	辛卯	壬辰	癸巳	甲午	乙未	丙申	丁酉	戊戌	己亥	庚子	辛丑	壬寅	癸卯	甲辰	乙巳	丙午
음양국	陽 5					陽 2					陽 8					陽 4					陽 1					陽 7			

4月 丁巳

절기						소만																	망종5월							
음력	1	2	3	4	5	6	7	8	9	10	11	12	13	14	15	16	17	18	19	20	21	22	23	24	25	26	27	28	29	30
양력 월	5월																6월													
력 일	15	16	17	18	19	20	21	22	23	24	25	26	27	28	29	30	31	1	2	3	4	丑	6	7	8	9	10	11	12	13
요일	화	수	목	금	토	일	월	화	수	목	금	토	일	월	화	수	목	금	토	일	월	中	목	금	토	일	월	화	수	
일진	丁未	戊申	己酉	庚戌	辛亥	壬子	癸丑	甲寅	乙卯	丙辰	丁巳	戊午	己未	庚申	辛酉	壬戌	癸亥	甲子	乙丑	丙寅	丁卯	戊辰	己巳	庚午	辛未	壬申	癸酉	甲戌	乙亥	丙子
음양국	陽 7				陽 5					陽 2					陽 8					陽 6					陽 3				陽 9	

5月 戊午

절기							하지																소서6월						
음력	1	2	3	4	5	6	7	8	9	10	11	12	13	14	15	16	17	18	19	20	21	22	23	24	25	26	27	28	29
양력 월	6월																7월												
력 일	14	15	16	17	18	19	20	21	22	23	24	25	26	27	28	29	30	1	2	3	4	5	6	午	8	9	10	11	12
요일	목	금	토	일	월	화	수	목	금	토	일	월	화	수	목	금	토	일	월	화	수	목	금	中	일	월	화	수	목
일진	丁丑	戊寅	己卯	庚辰	辛巳	壬午	癸未	甲申	乙酉	丙戌	丁亥	戊子	己丑	庚寅	辛卯	壬辰	癸巳	甲午	乙未	丙申	丁酉	戊戌	己亥	庚子	辛丑	壬寅	癸卯	甲辰	乙巳
음양국	陽 9			陰 9					陰 3					陰 6					陰 8					陰 2				陰 5	

6月 己未

절기											대서															입추7월				
음력	1	2	3	4	5	6	7	8	9	10	11	12	13	14	15	16	17	18	19	20	21	22	23	24	25	26	27	28	29
양력 월	7월																		8월										
력 일	13	14	15	16	17	18	19	20	21	22	23	24	25	26	27	28	29	30	31	1	2	3	4	5	6	亥	8	9	10
요일	금	토	일	월	화	수	목	금	토	일	월	화	수	목	금	토	일	월	화	수	목	금	토	일	월	中	수	목	금
일진	丙午	丁未	戊申	己酉	庚戌	辛亥	壬子	癸丑	甲寅	乙卯	丙辰	丁巳	戊午	己未	庚申	辛酉	壬戌	癸亥	甲子	乙丑	丙寅	丁卯	戊辰	己巳	庚午	辛未	壬申	癸酉	甲戌
음양국	陰 5			陰 7					陰 1					陰 4					陰 2					陰 5				陰 8	

7月 庚申

절기	1	2	3	4	5	6	7	8	9	10	11	12	13	14	15	16	17	18	19	20	21	22	23	24	25	26	27	28	29	30
절기													처서																백로8월	
음력	1	2	3	4	5	6	7	8	9	10	11	12	13	14	15	16	17	18	19	20	21	22	23	24	25	26	27	28	29	30
양력 월	8월																					9월								
양력 일	11	12	13	14	15	16	17	18	19	20	21	22	23	24	25	26	27	28	29	30	31	1	2	3	4	5	6	7	丑初	9
요일	토	일	월	화	수	목	금	토	일	월	화	수	목	금	토	일	월	화	수	목	금	토	일	월	화	수	목	금	初	일
일진	乙亥	丙子	丁丑	戊寅	己卯	庚辰	辛巳	壬午	癸未	甲申	乙酉	丙戌	丁亥	戊子	己丑	庚寅	辛卯	壬辰	癸巳	甲午	乙未	丙申	丁酉	戊戌	己亥	庚子	辛丑	壬寅	癸卯	甲辰
음양국	陰8					陰1					陰4					陰7					陰9					陰3				

8月 辛酉

절기	1	2	3	4	5	6	7	8	9	10	11	12	13	14	15	16	17	18	19	20	21	22	23	24	25	26	27	28	29
절기														추분															한로9월
음력	1	2	3	4	5	6	7	8	9	10	11	12	13	14	15	16	17	18	19	20	21	22	23	24	25	26	27	28	29
양력 월	9월																						10월						
양력 일	10	11	12	13	14	15	16	17	18	19	20	21	22	23	24	25	26	27	28	29	30	1	2	3	4	5	6	7	申後
요일	월	화	수	목	금	토	일	월	화	수	목	금	토	일	월	화	수	목	금	토	일	월	화	수	목	금	토	일	後
일진	乙巳	丙午	丁未	戊申	己酉	庚戌	辛亥	壬子	癸丑	甲寅	乙卯	丙辰	丁巳	戊午	己未	庚申	辛酉	壬戌	癸亥	甲子	乙丑	丙寅	丁卯	戊辰	己巳	庚午	辛未	壬申	癸酉
음양국	陰6					陰7					陰1					陰4					陰6					陰9			

9月 壬戌

절기	1	2	3	4	5	6	7	8	9	10	11	12	13	14	15	16	17	18	19	20	21	22	23	24	25	26	27	28	29	30
절기															상강															입동10월
음력	1	2	3	4	5	6	7	8	9	10	11	12	13	14	15	16	17	18	19	20	21	22	23	24	25	26	27	28	29	30
양력 월	10월																							11월						
양력 일	9	10	11	12	13	14	15	16	17	18	19	20	21	22	23	24	25	26	27	28	29	30	31	1	2	3	4	5	6	戌中
요일	화	수	목	금	토	일	월	화	수	목	금	토	일	월	화	수	목	금	토	일	월	화	수	목	금	토	일	월	화	中
일진	甲戌	乙亥	丙子	丁丑	戊寅	己卯	庚辰	辛巳	壬午	癸未	甲申	乙酉	丙戌	丁亥	戊子	己丑	庚寅	辛卯	壬辰	癸巳	甲午	乙未	丙申	丁酉	戊戌	己亥	庚子	辛丑	壬寅	癸卯
음양국	陰3					陰5					陰8					陰2					陰6					陰9				

10月 癸亥

절기	1	2	3	4	5	6	7	8	9	10	11	12	13	14	15	16	17	18	19	20	21	22	23	24	25	26	27	28	29
절기															소설														
음력	1	2	3	4	5	6	7	8	9	10	11	12	13	14	15	16	17	18	19	20	21	22	23	24	25	26	27	28	29
양력 월	11월																							12월					
양력 일	8	9	10	11	12	13	14	15	16	17	18	19	20	21	22	23	24	25	26	27	28	29	30	1	2	3	4	5	6
요일	목	금	토	일	월	화	수	목	금	토	일	월	화	수	목	금	토	일	월	화	수	목	금	토	일	월	화	수	목
일진	甲辰	乙巳	丙午	丁未	戊申	己酉	庚戌	辛亥	壬子	癸丑	甲寅	乙卯	丙辰	丁巳	戊午	己未	庚申	辛酉	壬戌	癸亥	甲子	乙丑	丙寅	丁卯	戊辰	己巳	庚午	辛未	壬申
음양국	陰3					陰5					陰8					陰2					陰4					陰7			

11月 甲子

절기	1	2	3	4	5	6	7	8	9	10	11	12	13	14	15	16	17	18	19	20	21	22	23	24	25	26	27	28	29	30
절기	대설11월															동지														
음력	1	2	3	4	5	6	7	8	9	10	11	12	13	14	15	16	17	18	19	20	21	22	23	24	25	26	27	28	29	30
양력 월	12월																									1월				
양력 일	午	8	9	10	11	12	13	14	15	16	17	18	19	20	21	22	23	24	25	26	27	28	29	30	31	1	2	3	4	5
요일	後	토	일	월	화	수	목	금	토	일	월	화	수	목	금	토	일	월	화	수	목	금	토	일	월	화	수	목	금	토
일진	癸酉	甲戌	乙亥	丙子	丁丑	戊寅	己卯	庚辰	辛巳	壬午	癸未	甲申	乙酉	丙戌	丁亥	戊子	己丑	庚寅	辛卯	壬辰	癸巳	甲午	乙未	丙申	丁酉	戊戌	己亥	庚子	辛丑	壬寅
음양국	陰1					陽1					陽7					陽4					陽2					陽8				

12月 乙丑

절기	1	2	3	4	5	6	7	8	9	10	11	12	13	14	15	16	17	18	19	20	21	22	23	24	25	26	27	28	29	30
절기	소한12월														대한															입춘1월
음력	1	2	3	4	5	6	7	8	9	10	11	12	13	14	15	16	17	18	19	20	21	22	23	24	25	26	27	28	29	30
양력 월	1월																										2월			
양력 일	子	7	8	9	10	11	12	13	14	15	16	17	18	19	20	21	22	23	24	25	26	27	28	29	30	31	1	2	3	午
요일	中	월	화	수	목	금	토	일	월	화	수	목	금	토	일	월	화	수	목	금	토	일	월	화	수	목	금	토	일	中
일진	癸卯	甲辰	乙巳	丙午	丁未	戊申	己酉	庚戌	辛亥	壬子	癸丑	甲寅	乙卯	丙辰	丁巳	戊午	己未	庚申	辛酉	壬戌	癸亥	甲子	乙丑	丙寅	丁卯	戊辰	己巳	庚午	辛未	壬申
음양국			陽5					陽3					陽9					陽6					陽8					陽5		

입춘(2/4) 12:14　　　　　　　　　　　　　　　　입추(8/8) 04:13
경칩(3/6) 06:10　　　　　　　　　　　　　　　　백로(9/8) 07:17
청명(4/5) 10:51　　　　　　　2019(己亥年)　　　한로(10/8) 23:05
입하(5/6) 04:03　　　　　　　　　　　　　　　　입동(11/8) 02:24
망종(6/6) 08:06　　　　　　　　　　　　　　　　대설(12/7) 19:18
소서(7/7) 18:20　　　　　　　　　　　　　　　　소한(1/6) 06:30

1月 丙寅

절기														우수																경칩2월
음력	1	2	3	4	5	6	7	8	9	10	11	12	13	14	15	16	17	18	19	20	21	22	23	24	25	26	27	28	29	30
양력 월	2월																			3월										
양력 일	5	6	7	8	9	10	11	12	13	14	15	16	17	18	19	20	21	22	23	24	25	26	27	28	1	2	3	4	5	卯中
요일	화	수	목	금	토	일	월	화	수	목	금	토	일	월	화	수	목	금	토	일	월	화	수	목	금	토	일	월	화	
일진	癸酉	甲戌	乙亥	丙子	丁丑	戊寅	己卯	庚辰	辛巳	壬午	癸未	甲申	乙酉	丙戌	丁亥	戊子	己丑	庚寅	辛卯	壬辰	癸巳	甲午	乙未	丙申	丁酉	戊戌	己亥	庚子	辛丑	壬寅
음양국	陽 2					陽 9					陽 6					陽 3					陽 1					陽 7				

2月 丁卯

절기														춘분															
음력	1	2	3	4	5	6	7	8	9	10	11	12	13	14	15	16	17	18	19	20	21	22	23	24	25	26	27	28	29
양력 월	3월																								4월				
양력 일	7	8	9	10	11	12	13	14	15	16	17	18	19	20	21	22	23	24	25	26	27	28	29	30	31	1	2	3	4
요일	목	금	토	일	월	화	수	목	금	토	일	월	화	수	목	금	토	일	월	화	수	목	금	토	일	월	화	수	목
일진	癸卯	甲辰	乙巳	丙午	丁未	戊申	己酉	庚戌	辛亥	壬子	癸丑	甲寅	乙卯	丙辰	丁巳	戊午	己未	庚申	辛酉	壬戌	癸亥	甲子	乙丑	丙寅	丁卯	戊辰	己巳	庚午	辛未
음양국	陽 4					陽 3					陽 9					陽 6					陽 4					陽 1			

3月 戊辰

절기	청명3월															곡우														
음력	1	2	3	4	5	6	7	8	9	10	11	12	13	14	15	16	17	18	19	20	21	22	23	24	25	26	27	28	29	30
양력 월	4월																										5월			
양력 일	己	6	7	8	9	10	11	12	13	14	15	16	17	18	19	20	21	22	23	24	25	26	27	28	29	30	1	2	3	4
요일	後	토	일	월	화	수	목	금	토	일	월	화	수	목	금	토	일	월	화	수	목	금	토	일	월	화	수	목	금	토
일진	壬申	癸酉	甲戌	乙亥	丙子	丁丑	戊寅	己卯	庚辰	辛巳	壬午	癸未	甲申	乙酉	丙戌	丁亥	戊子	己丑	庚寅	辛卯	壬辰	癸巳	甲午	乙未	丙申	丁酉	戊戌	己亥	庚子	辛丑
음양국	陽 1			陽 7					陽 5					陽 2					陽 8					陽 4					陽 1	

4月 己巳

절기	입하4월																소만												
음력	1	2	3	4	5	6	7	8	9	10	11	12	13	14	15	16	17	18	19	20	21	22	23	24	25	26	27	28	29
양력 월	5월																											6월	
양력 일	5	寅	7	8	9	10	11	12	13	14	15	16	17	18	19	20	21	22	23	24	25	26	27	28	29	30	31	1	2
요일	일	初	화	수	목	금	토	일	월	화	수	목	금	토	일	월	화	수	목	금	토	일	월	화	수	목	금	토	일
일진	壬寅	癸卯	甲辰	乙巳	丙午	丁未	戊申	己酉	庚戌	辛亥	壬子	癸丑	甲寅	乙卯	丙辰	丁巳	戊午	己未	庚申	辛酉	壬戌	癸亥	甲子	乙丑	丙寅	丁卯	戊辰	己巳	庚午
음양국	陽 1				陽 7					陽 5					陽 2					陽 8					陽 6				陽 3

5月 庚午

절기				망종5월																하지										
음력	1	2	3	4	5	6	7	8	9	10	11	12	13	14	15	16	17	18	19	20	21	22	23	24	25	26	27	28	29	30
양력 월	6월																												7월	
양력 일	3	4	5	辰	7	8	9	10	11	12	13	14	15	16	17	18	19	20	21	22	23	24	25	26	27	28	29	30	1	2
요일	월	화	수	初	금	토	일	월	화	수	목	금	토	일	월	화	수	목	금	토	일	월	화	수	목	금	토	일	월	화
일진	辛未	壬申	癸酉	甲戌	乙亥	丙子	丁丑	戊寅	己卯	庚辰	辛巳	壬午	癸未	甲申	乙酉	丙戌	丁亥	戊子	己丑	庚寅	辛卯	壬辰	癸巳	甲午	乙未	丙申	丁酉	戊戌	己亥	庚子
음양국	陽 3				陽 9					陽 6					陽 3					陽 9					陰 9					陰 3

6月 辛未

절기					소서6월																대서								
음력	1	2	3	4	5	6	7	8	9	10	11	12	13	14	15	16	17	18	19	20	21	22	23	24	25	26	27	28	29
양력 월	7월																												
양력 일	3	4	5	6	酉	8	9	10	11	12	13	14	15	16	17	18	19	20	21	22	23	24	25	26	27	28	29	30	31
요일	수	목	금	토	中	월	화	수	목	금	토	일	월	화	수	목	금	토	일	월	화	수	목	금	토	일	월	화	수
일진	辛丑	壬寅	癸卯	甲辰	乙巳	丙午	丁未	戊申	己酉	庚戌	辛亥	壬子	癸丑	甲寅	乙卯	丙辰	丁巳	戊午	己未	庚申	辛酉	壬戌	癸亥	甲子	乙丑	丙寅	丁卯	戊辰	己巳
음양국	陰 3				陰 6					陰 8					陰 2					陰 5					陰 7				陰 1

7月 壬申

절기							입추7월																처서					
음력	1	2	3	4	5	6	7	8	9	10	11	12	13	14	15	16	17	18	19	20	21	22	23	24	25	26	27	28	29
양력 월	8월																												
양력 일	1	2	3	4	5	6	7	寅	9	10	11	12	13	14	15	16	17	18	19	20	21	22	23	24	25	26	27	28	29
요일	목	금	토	일	월	화	수	中	금	토	일	월	화	수	목	금	토	일	월	화	수	목	금	토	일	월	화	수	목
일진	庚午	辛未	壬申	癸酉	甲戌	乙亥	丙子	丁丑	戊寅	己卯	庚辰	辛巳	壬午	癸未	甲申	乙酉	丙戌	丁亥	戊子	己丑	庚寅	辛卯	壬辰	癸巳	甲午	乙未	丙申	丁酉	戊戌

음양국: 陰1　陰4　陰2　陰5　陰8　陰1

8月 癸酉

절기									백로8월															추분					
음력	1	2	3	4	5	6	7	8	9	10	11	12	13	14	15	16	17	18	19	20	21	22	23	24	25	26	27	28	29	30
양력 월	8월		9월																											
양력 일	30	31	1	2	3	4	5	6	7	卯	9	10	11	12	13	14	15	16	17	18	19	20	21	22	23	24	25	26	27	28
요일	금	토	일	월	화	수	목	금	토	後	월	화	수	목	금	토	일	월	화	수	목	금	토	일	월	화	수	목	금	토
일진	己亥	庚子	辛丑	壬寅	癸卯	甲辰	乙巳	丙午	丁未	戊申	己酉	庚戌	辛亥	壬子	癸丑	甲寅	乙卯	丙辰	丁巳	戊午	己未	庚申	辛酉	壬戌	癸亥	甲子	乙丑	丙寅	丁卯	戊辰

음양국: 陰4　陰7　陰9　陰3　陰6　陰7

9月 甲戌

절기									한로9월																상강				
음력	1	2	3	4	5	6	7	8	9	10	11	12	13	14	15	16	17	18	19	20	21	22	23	24	25	26	27	28	29
양력 월	9월		10월																										
양력 일	29	30	1	2	3	4	5	6	7	亥	9	10	11	12	13	14	15	16	17	18	19	20	21	22	23	24	25	26	27
요일	일	월	화	수	목	금	토	일	월	後	수	목	금	토	일	월	화	수	목	금	토	일	월	화	수	목	금	토	일
일진	己巳	庚午	辛未	壬申	癸酉	甲戌	乙亥	丙子	丁丑	戊寅	己卯	庚辰	辛巳	壬午	癸未	甲申	乙酉	丙戌	丁亥	戊子	己丑	庚寅	辛卯	壬辰	癸巳	甲午	乙未	丙申	丁酉

음양국: 陰1　陰4　陰6　陰9　陰3　陰5

10月 乙亥

절기											입동10월														소설					
음력	1	2	3	4	5	6	7	8	9	10	11	12	13	14	15	16	17	18	19	20	21	22	23	24	25	26	27	28	29	30
양력 월	10월				11월																									
양력 일	28	29	30	31	1	2	3	4	5	6	7	丑	9	10	11	12	13	14	15	16	17	18	19	20	21	22	23	24	25	26
요일	월	화	수	목	금	토	일	월	화	수	목	中	토	일	월	화	수	목	금	토	일	월	화	수	목	금	토	일	월	화
일진	戊戌	己亥	庚子	辛丑	壬寅	癸卯	甲辰	乙巳	丙午	丁未	戊申	己酉	庚戌	辛亥	壬子	癸丑	甲寅	乙卯	丙辰	丁巳	戊午	己未	庚申	辛酉	壬戌	癸亥	甲子	乙丑	丙寅	丁卯

음양국: 陰8　陰2　陰6　陰9　陰3　陰5

11月 丙子

절기										대설11월															동지				
음력	1	2	3	4	5	6	7	8	9	10	11	12	13	14	15	16	17	18	19	20	21	22	23	24	25	26	27	28	29
양력 월	11월				12월																								
양력 일	27	28	29	30	1	2	3	4	5	6	酉	8	9	10	11	12	13	14	15	16	17	18	19	20	21	22	23	24	25
요일	수	목	금	토	일	월	화	수	목	금	後	일	월	화	수	목	금	토	일	월	화	수	목	금	토	일	월	화	수
일진	戊辰	己巳	庚午	辛未	壬申	癸酉	甲戌	乙亥	丙子	丁丑	戊寅	己卯	庚辰	辛巳	壬午	癸未	甲申	乙酉	丙戌	丁亥	戊子	己丑	庚寅	辛卯	壬辰	癸巳	甲午	乙未	丙申

음양국: 陰8　陰2　陰4　陰7　陰1　陽1

12月 丁丑

절기											소한12월														대한					
음력	1	2	3	4	5	6	7	8	9	10	11	12	13	14	15	16	17	18	19	20	21	22	23	24	25	26	27	28	29	30
양력 월	12월						1월																							
양력 일	26	27	28	29	30	31	1	2	3	4	5	卯	7	8	9	10	11	12	13	14	15	16	17	18	19	20	21	22	23	24
요일	목	금	토	일	월	화	수	목	금	토	일	中	화	수	목	금	토	일	월	화	수	목	금	토	일	월	화	수	목	금
일진	丁酉	戊戌	己亥	庚子	辛丑	壬寅	癸卯	甲辰	乙巳	丙午	丁未	戊申	己酉	庚戌	辛亥	壬子	癸丑	甲寅	乙卯	丙辰	丁巳	戊午	己未	庚申	辛酉	壬戌	癸亥	甲子	乙丑	丙寅

음양국: 陽1　陽7　陽4　陽2　陽8　陽5　陽3

입춘(2/4) 18:03　　　　　　　　　　　　　　　　　　　　　입추(8/7) 10:06
경칩(3/5) 11:57　　　　　　　　　　　　　　　　　　　　　백로(9/7) 13:08
청명(4/4) 16:38　　　　　　# 2020(庚子年)　　　　　한로(10/8) 04:55
입하(5/5) 09:51　　　　　　　　　　　　　　　　　　　　　입동(11/7) 08:14
망종(6/5) 13:58　　　　　　　　　　　　　　　　　　　　　대설(12/7) 01:09
소서(7/7) 00:14　　　　　　　　　　　　　　　　　　　　　소한(1/5) 12:23

1月 戊寅

절기	입춘1월 (음11) · 우수 (음26)
음력	1 2 3 4 5 6 7 8 9 10 **11** 12 13 14 15 16 17 18 19 20 21 22 23 24 25 **26** 27 28 29 30
양력월	1월 … 2월(음8)
양력일	25 26 27 28 29 30 31 1 2 3 酉 5 6 7 8 9 10 11 12 13 14 15 16 17 18 19 20 21 22 23
요일	토 일 월 화 수 목 금 토 일 월 初 수 목 금 토 일 월 화 수 목 금 토 일 월 화 수 목 금 토 일
일진	丁卯 戊辰 己巳 庚午 辛未 壬申 癸酉 甲戌 乙亥 丙子 丁丑 戊寅 己卯 庚辰 辛巳 壬午 癸未 甲申 乙酉 丙戌 丁亥 戊子 己丑 庚寅 辛卯 壬辰 癸巳 甲午 乙未 丙申
음양국	陽3　陽9　陽6　陽8　陽5　陽2　陽9

2月 己卯

절기	경칩2월 (음11) · 춘분 (음26)
음력	1 2 3 4 5 6 7 8 9 10 **11** 12 13 14 15 16 17 18 19 20 21 22 23 24 25 **26** 27 28 29
양력월	2월 … 3월(음7)
양력일	24 25 26 27 28 29 1 2 3 4 午 6 7 8 9 10 11 12 13 14 15 16 17 18 19 20 21 22 23
요일	월 화 수 목 금 토 일 월 화 수 初 금 토 일 월 화 수 목 금 토 일 월 화 수 목 금 토 일 월
일진	丁酉 戊戌 己亥 庚子 辛丑 壬寅 癸卯 甲辰 乙巳 丙午 丁未 戊申 己酉 庚戌 辛亥 壬子 癸丑 甲寅 乙卯 丙辰 丁巳 戊午 己未 庚申 辛酉 壬戌 癸亥 甲子 乙丑
음양국	陽9　陽6　陽3　陽1　陽7　陽4　陽3

3月 庚辰

절기	청명3월 (음12) · 곡우 (음27)
음력	1 2 3 4 5 6 7 8 9 10 11 **12** 13 14 15 16 17 18 19 20 21 22 23 24 25 26 **27** 28 29 30
양력월	3월 … 4월(음9)
양력일	24 25 26 27 28 29 30 31 1 2 3 申 5 6 7 8 9 10 11 12 13 14 15 16 17 18 19 20 21 22
요일	화 수 목 금 토 일 월 화 수 목 금 中 일 월 화 수 목 금 토 일 월 화 수 목 금 토 일 월 화 수
일진	丙寅 丁卯 戊辰 己巳 庚午 辛未 壬申 癸酉 甲戌 乙亥 丙子 丁丑 戊寅 己卯 庚辰 辛巳 壬午 癸未 甲申 乙酉 丙戌 丁亥 戊子 己丑 庚寅 辛卯 壬辰 癸巳 甲午 乙未
음양국	陽3　陽9　陽6　陽4　陽1　陽7　陽5

4月 辛巳

절기	입하4월 (음13) · 소만 (음28)
음력	1 2 3 4 5 6 7 8 9 10 11 12 **13** 14 15 16 17 18 19 20 21 22 23 24 25 26 27 **28** 29 30
양력월	4월 … 5월(음9)
양력일	23 24 25 26 27 28 29 30 1 2 3 4 巳 6 7 8 9 10 11 12 13 14 15 16 17 18 19 20 21 22
요일	목 금 토 일 월 화 수 목 금 토 일 월 初 수 목 금 토 일 월 화 수 목 금 토 일 월 화 수 목 금
일진	丙申 丁酉 戊戌 己亥 庚子 辛丑 壬寅 癸卯 甲辰 乙巳 丙午 丁未 戊申 己酉 庚戌 辛亥 壬子 癸丑 甲寅 乙卯 丙辰 丁巳 戊午 己未 庚申 辛酉 壬戌 癸亥 甲子 乙丑
음양국	陽5　陽2　陽8　陽4　陽1　陽7　陽5

閏4月

절기	망종5월 (음14)
음력	1 2 3 4 5 6 7 8 9 10 11 12 13 **14** 15 16 17 18 19 20 21 22 23 24 25 26 27 28 29
양력월	5월 … 6월(음10)
양력일	23 24 25 26 27 28 29 30 31 1 2 3 4 未 6 7 8 9 10 11 12 13 14 15 16 17 18 19 20
요일	토 일 월 화 수 목 금 토 일 월 화 수 목 初 토 일 월 화 수 목 금 토 일 월 화 수 목 금 토
일진	丙寅 丁卯 戊辰 己巳 庚午 辛未 壬申 癸酉 甲戌 乙亥 丙子 丁丑 戊寅 己卯 庚辰 辛巳 壬午 癸未 甲申 乙酉 丙戌 丁亥 戊子 己丑 庚寅 辛卯 壬辰 癸巳 甲午
음양국	陽5　陽2　陽8　陽6　陽3　陽9　陰9

5月 壬午

절기	하지 (음1) · 소서6월 (음17)
음력	**1** 2 3 4 5 6 7 8 9 10 11 12 13 14 15 16 **17** 18 19 20 21 22 23 24 25 26 27 28 29 30
양력월	6월 … 7월(음11)
양력일	**21** 22 23 24 25 26 27 28 29 30 1 2 3 4 5 6 子 8 9 10 11 12 13 14 15 16 17 18 19 20
요일	일 월 화 수 목 금 토 일 월 화 수 목 금 토 일 월 中 수 목 금 토 일 월 화 수 목 금 토 일 월
일진	乙未 丙申 丁酉 戊戌 己亥 庚子 辛丑 壬寅 癸卯 甲辰 乙巳 丙午 丁未 戊申 己酉 庚戌 辛亥 壬子 癸丑 甲寅 乙卯 丙辰 丁巳 戊午 己未 庚申 辛酉 壬戌 癸亥 甲子
음양국	陰9　陰3　陰6　陰8　陰2　陰5

6月 癸未

	1	2	3	4	5	6	7	8	9	10	11	12	13	14	15	16	17	18	19	20	21	22	23	24	25	26	27	28	29
절기		대서																입추7월											
음력	1	2	3	4	5	6	7	8	9	10	11	12	13	14	15	16	17	18	19	20	21	22	23	24	25	26	27	28	29
양력(월)	7월											8월																	
양력(일)	21	22	23	24	25	26	27	28	29	30	31	1	2	3	4	5	6	巳	8	9	10	11	12	13	14	15	16	17	18
요일	화	수	목	금	토	일	월	화	수	목	금	토	일	월	화	수	목	初	토	일	월	화	수	목	금	토	일	월	화
일진	乙丑	丙寅	丁卯	戊辰	己巳	庚午	辛未	壬申	癸酉	甲戌	乙亥	丙子	丁丑	戊寅	己卯	庚辰	辛巳	壬午	癸未	甲申	乙酉	丙戌	丁亥	戊子	己丑	庚寅	辛卯	壬辰	癸巳

음양국: 陰7 · 陰1 · 陰4 · 陰2 · 陰5 · 陰8

7月 甲申

	1	2	3	4	5	6	7	8	9	10	11	12	13	14	15	16	17	18	19	20	21	22	23	24	25	26	27	28	29
절기					처서															백로8월									
음력	1	2	3	4	5	6	7	8	9	10	11	12	13	14	15	16	17	18	19	20	21	22	23	24	25	26	27	28	29
양력(월)	8월													9월															
양력(일)	19	20	21	22	23	24	25	26	27	28	29	30	31	1	2	3	4	5	6	午	8	9	10	11	12	13	14	15	16
요일	수	목	금	토	일	월	화	수	목	금	토	일	월	화	수	목	금	토	일	後	화	수	목	금	토	일	월	화	수
일진	甲午	乙未	丙申	丁酉	戊戌	己亥	庚子	辛丑	壬寅	癸卯	甲辰	乙巳	丙午	丁未	戊申	己酉	庚戌	辛亥	壬子	癸丑	甲寅	乙卯	丙辰	丁巳	戊午	己未	庚申	辛酉	壬戌

음양국: 陰1 · 陰4 · 陰7 · 陰9 · 陰3 · 陰6

8月 乙酉

	1	2	3	4	5	6	7	8	9	10	11	12	13	14	15	16	17	18	19	20	21	22	23	24	25	26	27	28	29	30
절기						추분																한로9월								
음력	1	2	3	4	5	6	7	8	9	10	11	12	13	14	15	16	17	18	19	20	21	22	23	24	25	26	27	28	29	30
양력(월)	9월														10월															
양력(일)	17	18	19	20	21	22	23	24	25	26	27	28	29	30	1	2	3	4	5	6	7	寅	9	10	11	12	13	14	15	16
요일	목	금	토	일	월	화	수	목	금	토	일	월	화	수	목	금	토	일	월	화	수	後	금	토	일	월	화	수	목	금
일진	癸亥	甲子	乙丑	丙寅	丁卯	戊辰	己巳	庚午	辛未	壬申	癸酉	甲戌	乙亥	丙子	丁丑	戊寅	己卯	庚辰	辛巳	壬午	癸未	甲申	乙酉	丙戌	丁亥	戊子	己丑	庚寅	辛卯	壬辰

음양국: 陰7 · 陰1 · 陰4 · 陰6 · 陰9 · 陰3

9月 丙戌

	1	2	3	4	5	6	7	8	9	10	11	12	13	14	15	16	17	18	19	20	21	22	23	24	25	26	27	28	29
절기							상강															입동10월							
음력	1	2	3	4	5	6	7	8	9	10	11	12	13	14	15	16	17	18	19	20	21	22	23	24	25	26	27	28	29
양력(월)	10월															11월													
양력(일)	17	18	19	20	21	22	23	24	25	26	27	28	29	30	31	1	2	3	4	5	6	辰	8	9	10	11	12	13	14
요일	토	일	월	화	수	목	금	토	일	월	화	수	목	금	토	일	월	화	수	목	금	中	일	월	화	수	목	금	토
일진	癸巳	甲午	乙未	丙申	丁酉	戊戌	己亥	庚子	辛丑	壬寅	癸卯	甲辰	乙巳	丙午	丁未	戊申	己酉	庚戌	辛亥	壬子	癸丑	甲寅	乙卯	丙辰	丁巳	戊午	己未	庚申	辛酉

음양국: 陰5 · 陰8 · 陰2 · 陰6 · 陰9 · 陰3

10月 丁亥

	1	2	3	4	5	6	7	8	9	10	11	12	13	14	15	16	17	18	19	20	21	22	23	24	25	26	27	28	29	30
절기								소설															대설11월							
음력	1	2	3	4	5	6	7	8	9	10	11	12	13	14	15	16	17	18	19	20	21	22	23	24	25	26	27	28	29	30
양력(월)	11월																12월													
양력(일)	15	16	17	18	19	20	21	22	23	24	25	26	27	28	29	30	1	2	3	4	5	6	子	8	9	10	11	12	13	14
요일	일	월	화	수	목	금	토	일	월	화	수	목	금	토	일	월	화	수	목	금	토	일	後	화	수	목	금	토	일	월
일진	壬戌	癸亥	甲子	乙丑	丙寅	丁卯	戊辰	己巳	庚午	辛未	壬申	癸酉	甲戌	乙亥	丙子	丁丑	戊寅	己卯	庚辰	辛巳	壬午	癸未	甲申	乙酉	丙戌	丁亥	戊子	己丑	庚寅	辛卯

음양국: 陰3 · 陰5 · 陰8 · 陰2 · 陰4 · 陰7 · 陰1

11月 戊子

	1	2	3	4	5	6	7	8	9	10	11	12	13	14	15	16	17	18	19	20	21	22	23	24	25	26	27	28	29
절기							동지															소한12월							
음력	1	2	3	4	5	6	7	8	9	10	11	12	13	14	15	16	17	18	19	20	21	22	23	24	25	26	27	28	29
양력(월)	12월																	1월											
양력(일)	15	16	17	18	19	20	21	22	23	24	25	26	27	28	29	30	31	1	2	3	4	午	6	7	8	9	10	11	12
요일	화	수	목	금	토	일	월	화	수	목	금	토	일	월	화	수	목	금	토	일	월	中	수	목	금	토	일	월	화
일진	壬辰	癸巳	甲午	乙未	丙申	丁酉	戊戌	己亥	庚子	辛丑	壬寅	癸卯	甲辰	乙巳	丙午	丁未	戊申	己酉	庚戌	辛亥	壬子	癸丑	甲寅	乙卯	丙辰	丁巳	戊午	己未	庚申

음양국: 陰1 · 陽1 · 陽7 · 陽4 · 陽2 · 陽8 · 陽5

12月 己丑

	1	2	3	4	5	6	7	8	9	10	11	12	13	14	15	16	17	18	19	20	21	22	23	24	25	26	27	28	29	30
절기								대한														입춘1월								
음력	1	2	3	4	5	6	7	8	9	10	11	12	13	14	15	16	17	18	19	20	21	22	23	24	25	26	27	28	29	30
양력(월)	1월																			2월										
양력(일)	13	14	15	16	17	18	19	20	21	22	23	24	25	26	27	28	29	30	31	1	2	子	4	5	6	7	8	9	10	11
요일	수	목	금	토	일	월	화	수	목	금	토	일	월	화	수	목	금	토	일	월	화	初	목	금	토	일	월	화	수	목
일진	辛酉	壬戌	癸亥	甲子	乙丑	丙寅	丁卯	戊辰	己巳	庚午	辛未	壬申	癸酉	甲戌	乙亥	丙子	丁丑	戊寅	己卯	庚辰	辛巳	壬午	癸未	甲申	乙酉	丙戌	丁亥	戊子	己丑	庚寅

음양국: 陽5 · 陽3 · 陽9 · 陽6 · 陽8 · 陽5 · 陽2

2021(辛丑年)

1月 庚寅

	1	2	3	4	5	6	7	8	9	10	11	12	13	14	15	16	17	18	19	20	21	22	23	24	25	26	27	28	29
절기							우수															경칩2월							
음력	1	2	3	4	5	6	7	8	9	10	11	12	13	14	15	16	17	18	19	20	21	22	23	24	25	26	27	28	29
양력(월)	2월																	3월											
력일	12	13	14	15	16	17	18	19	20	21	22	23	24	25	26	27	28	1	2	3	4	酉	6	7	8	9	10	11	12
요일	금	토	일	월	화	수	목	금	토	일	월	화	수	목	금	토	일	월	화	수	목	初	토	일	월	화	수	목	금
일진	辛卯	壬辰	癸巳	甲午	乙未	丙申	丁酉	戊戌	己亥	庚子	辛丑	壬寅	癸卯	甲辰	乙巳	丙午	丁未	戊申	己酉	庚戌	辛亥	壬子	癸丑	甲寅	乙卯	丙辰	丁巳	戊午	己未
음양국	陽 2				陽 9				陽 6					陽 3					陽 1				陽 7				陽 4		

2月 辛卯

	1	2	3	4	5	6	7	8	9	10	11	12	13	14	15	16	17	18	19	20	21	22	23	24	25	26	27	28	29	30
절기								춘분															청명3월							
음력	1	2	3	4	5	6	7	8	9	10	11	12	13	14	15	16	17	18	19	20	21	22	23	24	25	26	27	28	29	30
양력(월)	3월																		4월											
력일	13	14	15	16	17	18	19	20	21	22	23	24	25	26	27	28	29	30	31	1	2	3	亥	5	6	7	8	9	10	11
요일	토	일	월	화	수	목	금	토	일	월	화	수	목	금	토	일	월	화	수	목	금	토	中	월	화	수	목	금	토	일
일진	庚申	辛酉	壬戌	癸亥	甲子	乙丑	丙寅	丁卯	戊辰	己巳	庚午	辛未	壬申	癸酉	甲戌	乙亥	丙子	丁丑	戊寅	己卯	庚辰	辛巳	壬午	癸未	甲申	乙酉	丙戌	丁亥	戊子	己丑
음양국	陽 4				陽 3					陽 9					陽 6					陽 4					陽 1					

3月 壬辰

	1	2	3	4	5	6	7	8	9	10	11	12	13	14	15	16	17	18	19	20	21	22	23	24	25	26	27	28	29	30
절기									곡우															입하4월						
음력	1	2	3	4	5	6	7	8	9	10	11	12	13	14	15	16	17	18	19	20	21	22	23	24	25	26	27	28	29	30
양력(월)	4월																			5월										
력일	12	13	14	15	16	17	18	19	20	21	22	23	24	25	26	27	28	29	30	1	2	3	4	申	6	7	8	9	10	11
요일	월	화	수	목	금	토	일	월	화	수	목	금	토	일	월	화	수	목	금	토	일	월	화	初	목	금	토	일	월	화
일진	庚寅	辛卯	壬辰	癸巳	甲午	乙未	丙申	丁酉	戊戌	己亥	庚子	辛丑	壬寅	癸卯	甲辰	乙巳	丙午	丁未	戊申	己酉	庚戌	辛亥	壬子	癸丑	甲寅	乙卯	丙辰	丁巳	戊午	己未
음양국	陽 7					陽 5					陽 2					陽 8					陽 4					陽 1				

4月 癸巳

	1	2	3	4	5	6	7	8	9	10	11	12	13	14	15	16	17	18	19	20	21	22	23	24	25	26	27	28	29
절기										소만															망종5월				
음력	1	2	3	4	5	6	7	8	9	10	11	12	13	14	15	16	17	18	19	20	21	22	23	24	25	26	27	28	29
양력(월)	5월																				6월								
력일	12	13	14	15	16	17	18	19	20	21	22	23	24	25	26	27	28	29	30	31	1	2	3	4	戌	6	7	8	9
요일	수	목	금	토	일	월	화	수	목	금	토	일	월	화	수	목	금	토	일	월	화	수	목	금	初	일	월	화	수
일진	庚申	辛酉	壬戌	癸亥	甲子	乙丑	丙寅	丁卯	戊辰	己巳	庚午	辛未	壬申	癸酉	甲戌	乙亥	丙子	丁丑	戊寅	己卯	庚辰	辛巳	壬午	癸未	甲申	乙酉	丙戌	丁亥	戊子
음양국	陽 7				陽 5					陽 2					陽 8					陽 6					陽 3				

5月 甲午

	1	2	3	4	5	6	7	8	9	10	11	12	13	14	15	16	17	18	19	20	21	22	23	24	25	26	27	28	29	30
절기												하지																소서6월		
음력	1	2	3	4	5	6	7	8	9	10	11	12	13	14	15	16	17	18	19	20	21	22	23	24	25	26	27	28	29	30
양력(월)	6월																					7월								
력일	10	11	12	13	14	15	16	17	18	19	20	21	22	23	24	25	26	27	28	29	30	1	2	3	4	5	6	卯	8	9
요일	목	금	토	일	월	화	수	목	금	토	일	월	화	수	목	금	토	일	월	화	수	목	금	토	일	월	화	初	목	금
일진	己丑	庚寅	辛卯	壬辰	癸巳	甲午	乙未	丙申	丁酉	戊戌	己亥	庚子	辛丑	壬寅	癸卯	甲辰	乙巳	丙午	丁未	戊申	己酉	庚戌	辛亥	壬子	癸丑	甲寅	乙卯	丙辰	丁巳	戊午
음양국	陽 9				陰 9					陰 3					陰 6					陰 8					陰 2					

6月 乙未

	1	2	3	4	5	6	7	8	9	10	11	12	13	14	15	16	17	18	19	20	21	22	23	24	25	26	27	28	29
절기													대서																입추7월
음력	1	2	3	4	5	6	7	8	9	10	11	12	13	14	15	16	17	18	19	20	21	22	23	24	25	26	27	28	29
양력(월)	7월																					8월							
력일	10	11	12	13	14	15	16	17	18	19	20	21	22	23	24	25	26	27	28	29	30	31	1	2	3	4	5	6	申
요일	토	일	월	화	수	목	금	토	일	월	화	수	목	금	토	일	월	화	수	목	금	토	일	월	화	수	목	금	初
일진	己未	庚申	辛酉	壬戌	癸亥	甲子	乙丑	丙寅	丁卯	戊辰	己巳	庚午	辛未	壬申	癸酉	甲戌	乙亥	丙子	丁丑	戊寅	己卯	庚辰	辛巳	壬午	癸未	甲申	乙酉	丙戌	丁亥
음양국	陰 5				陰 7					陰 1					陰 4					陰 2					陰 5				

7月 丙申

절기: 처서 (음력 16)

음력	1	2	3	4	5	6	7	8	9	10	11	12	13	14	15	16	17	18	19	20	21	22	23	24	25	26	27	28	29	30
양력(8월→9월)	8	9	10	11	12	13	14	15	16	17	18	19	20	21	22	23	24	25	26	27	28	29	30	31	1	2	3	4	5	6
요일	일	월	화	수	목	금	토	일	월	화	수	목	금	토	일	월	화	수	목	금	토	일	월	화	수	목	금	토	일	월
일진	戊子	己丑	庚寅	辛卯	壬辰	癸巳	甲午	乙未	丙申	丁酉	戊戌	己亥	庚子	辛丑	壬寅	癸卯	甲辰	乙巳	丙午	丁未	戊申	己酉	庚戌	辛亥	壬子	癸丑	甲寅	乙卯	丙辰	丁巳

음양국: 陰8 · 陰1 · 陰4 · 陰7 · 陰9 · 陰3

8月 丁酉

절기: 백로8월 (음력 1) · 추분 (음력 17)

음력	1	2	3	4	5	6	7	8	9	10	11	12	13	14	15	16	17	18	19	20	21	22	23	24	25	26	27	28	29
양력(9월→10월)	酉	8	9	10	11	12	13	14	15	16	17	18	19	20	21	22	23	24	25	26	27	28	29	30	1	2	3	4	5
요일	後	수	목	금	토	일	월	화	수	목	금	토	일	월	화	수	목	금	토	일	월	화	수	목	금	토	일	월	화
일진	戊午	己未	庚申	辛酉	壬戌	癸亥	甲子	乙丑	丙寅	丁卯	戊辰	己巳	庚午	辛未	壬申	癸酉	甲戌	乙亥	丙子	丁丑	戊寅	己卯	庚辰	辛巳	壬午	癸未	甲申	乙酉	丙戌

음양국: 陰6 · 陰7 · 陰1 · 陰4 · 陰6 · 陰9

9月 戊戌

절기: 한로9월 (음력 3) · 상강 (음력 18)

음력	1	2	3	4	5	6	7	8	9	10	11	12	13	14	15	16	17	18	19	20	21	22	23	24	25	26	27	28	29	30
양력(10월→11월)	6	7	巳	9	10	11	12	13	14	15	16	17	18	19	20	21	22	23	24	25	26	27	28	29	30	31	1	2	3	4
요일	수	목	中	토	일	월	화	수	목	금	토	일	월	화	수	목	금	토	일	월	화	수	목	금	토	일	월	화	수	목
일진	丁亥	戊子	己丑	庚寅	辛卯	壬辰	癸巳	甲午	乙未	丙申	丁酉	戊戌	己亥	庚子	辛丑	壬寅	癸卯	甲辰	乙巳	丙午	丁未	戊申	己酉	庚戌	辛亥	壬子	癸丑	甲寅	乙卯	丙辰

음양국: 陰9 · 陰3 · 陰5 · 陰8 · 陰2 · 陰6 · 陰9

10月 己亥

절기: 입동10월 (음력 3) · 소설 (음력 18)

음력	1	2	3	4	5	6	7	8	9	10	11	12	13	14	15	16	17	18	19	20	21	22	23	24	25	26	27	28	29
양력(11월→12월)	5	6	未	8	9	10	11	12	13	14	15	16	17	18	19	20	21	22	23	24	25	26	27	28	29	30	1	2	3
요일	금	토	初	월	화	수	목	금	토	일	월	화	수	목	금	토	일	월	화	수	목	금	토	일	월	화	수	목	금
일진	丁巳	戊午	己未	庚申	辛酉	壬戌	癸亥	甲子	乙丑	丙寅	丁卯	戊辰	己巳	庚午	辛未	壬申	癸酉	甲戌	乙亥	丙子	丁丑	戊寅	己卯	庚辰	辛巳	壬午	癸未	甲申	乙酉

음양국: 陰9 · 陰3 · 陰5 · 陰8 · 陰2 · 陰4 · 陰7

11月 庚子

절기: 대설11월 (음력 4) · 동지 (음력 19)

음력	1	2	3	4	5	6	7	8	9	10	11	12	13	14	15	16	17	18	19	20	21	22	23	24	25	26	27	28	29	30
양력(12월→1월)	4	5	6	卯	8	9	10	11	12	13	14	15	16	17	18	19	20	21	22	23	24	25	26	27	28	29	30	31	1	2
요일	토	일	월	後	수	목	금	토	일	월	화	수	목	금	토	일	월	화	수	목	금	토	일	월	화	수	목	금	토	일
일진	丙戌	丁亥	戊子	己丑	庚寅	辛卯	壬辰	癸巳	甲午	乙未	丙申	丁酉	戊戌	己亥	庚子	辛丑	壬寅	癸卯	甲辰	乙巳	丙午	丁未	戊申	己酉	庚戌	辛亥	壬子	癸丑	甲寅	乙卯

음양국: 陰7 · 陰1 · 陽1 · 陽7 · 陽4 · 陽2 · 陽8

12月 辛丑

절기: 소한12월 (음력 3) · 대한 (음력 18)

음력	1	2	3	4	5	6	7	8	9	10	11	12	13	14	15	16	17	18	19	20	21	22	23	24	25	26	27	28	29
양력(1월)	3	4	酉	6	7	8	9	10	11	12	13	14	15	16	17	18	19	20	21	22	23	24	25	26	27	28	29	30	31
요일	월	화	中	목	금	토	일	월	화	수	목	금	토	일	월	화	수	목	금	토	일	월	화	수	목	금	토	일	월
일진	丙辰	丁巳	戊午	己未	庚申	辛酉	壬戌	癸亥	甲子	乙丑	丙寅	丁卯	戊辰	己巳	庚午	辛未	壬申	癸酉	甲戌	乙亥	丙子	丁丑	戊寅	己卯	庚辰	辛巳	壬午	癸未	甲申

음양국: 陽8 · 陽5 · 陽3 · 陽9 · 陽6 · 陽8 · 陽5

입춘(2/4) 05:51
경칩(3/5) 23:43
청명(4/5) 04:20
입하(5/5) 21:26
망종(6/6) 01:26
소서(7/7) 11:38

2022(壬寅年)

입추(8/7) 21:29
백로(9/8) 00:32
한로(10/8) 16:22
입동(11/7) 19:45
대설(12/7) 12:46
소한(1/6) 00:05

1月 壬寅

절기	입춘1월																		우수											
음력	1	2	3	4	5	6	7	8	9	10	11	12	13	14	15	16	17	18	19	20	21	22	23	24	25	26	27	28	29	30
양력 월	2월																												3월	
양력 일	1	2	3	卯	5	6	7	8	9	10	11	12	13	14	15	16	17	18	19	20	21	22	23	24	25	26	27	28	1	2
요일	화	수	목	初	토	일	월	화	수	목	금	토	일	월	화	수	목	금	토	일	월	화	수	목	금	토	일	월	화	수
일진	乙酉	丙戌	丁亥	戊子	己丑	庚寅	辛卯	壬辰	癸巳	甲午	乙未	丙申	丁酉	戊戌	己亥	庚子	辛丑	壬寅	癸卯	甲辰	乙巳	丙午	丁未	戊申	己酉	庚戌	辛亥	壬子	癸丑	甲寅

음양국: 陽 5 　 陽 2 　 陽 9 　 陽 6 　 陽 3 　 陽 1

2月 癸卯

절기	경칩2월		3															춘분											
음력	1	2	3	4	5	6	7	8	9	10	11	12	13	14	15	16	17	18	19	20	21	22	23	24	25	26	27	28	29
양력 월	3월																												
양력 일	3	4	子	6	7	8	9	10	11	12	13	14	15	16	17	18	19	20	21	22	23	24	25	26	27	28	29	30	31
요일	목	금	初	일	월	화	수	목	금	토	일	월	화	수	목	금	토	일	월	화	수	목	금	토	일	월	화	수	목
일진	乙卯	丙辰	丁巳	戊午	己未	庚申	辛酉	壬戌	癸亥	甲子	乙丑	丙寅	丁卯	戊辰	己巳	庚午	辛未	壬申	癸酉	甲戌	乙亥	丙子	丁丑	戊寅	己卯	庚辰	辛巳	壬午	癸未

음양국: 陽 7 　 陽 4 　 陽 3 　 陽 9 　 陽 6 　 陽 4

3月 甲辰

절기	청명3월				5															곡우										
음력	1	2	3	4	5	6	7	8	9	10	11	12	13	14	15	16	17	18	19	20	21	22	23	24	25	26	27	28	29	30
양력 월	4월																													
양력 일	1	2	3	4	寅	6	7	8	9	10	11	12	13	14	15	16	17	18	19	20	21	22	23	24	25	26	27	28	29	30
요일	금	토	일	월	中	수	목	금	토	일	월	화	수	목	금	토	일	월	화	수	목	금	토	일	월	화	수	목	금	토
일진	甲申	乙酉	丙戌	丁亥	戊子	己丑	庚寅	辛卯	壬辰	癸巳	甲午	乙未	丙申	丁酉	戊戌	己亥	庚子	辛丑	壬寅	癸卯	甲辰	乙巳	丙午	丁未	戊申	己酉	庚戌	辛亥	壬子	癸丑

음양국: 陽 1 　 陽 7 　 陽 5 　 陽 2 　 陽 8 　 陽 4

4月 乙巳

절기	입하4월				5																소만								
음력	1	2	3	4	5	6	7	8	9	10	11	12	13	14	15	16	17	18	19	20	21	22	23	24	25	26	27	28	29
양력 월	5월																												
양력 일	1	2	3	4	戌	6	7	8	9	10	11	12	13	14	15	16	17	18	19	20	21	22	23	24	25	26	27	28	29
요일	일	월	화	수	後	금	토	일	월	화	수	목	금	토	일	월	화	수	목	금	토	일	월	화	수	목	금	토	일
일진	甲寅	乙卯	丙辰	丁巳	戊午	己未	庚申	辛酉	壬戌	癸亥	甲子	乙丑	丙寅	丁卯	戊辰	己巳	庚午	辛未	壬申	癸酉	甲戌	乙亥	丙子	丁丑	戊寅	己卯	庚辰	辛巳	壬午

음양국: 陽 1 　 陽 7 　 陽 5 　 陽 2 　 陽 8 　 陽 6

5月 丙午

절기			망종5월					8															하지							
음력	1	2	3	4	5	6	7	8	9	10	11	12	13	14	15	16	17	18	19	20	21	22	23	24	25	26	27	28	29	30
양력 월	5월		6월																											
양력 일	30	31	1	2	3	4	5	子	7	8	9	10	11	12	13	14	15	16	17	18	19	20	21	22	23	24	25	26	27	28
요일	월	화	수	목	금	토	일	後	화	수	목	금	토	일	월	화	수	목	금	토	일	월	화	수	목	금	토	일	월	화
일진	癸未	甲申	乙酉	丙戌	丁亥	戊子	己丑	庚寅	辛卯	壬辰	癸巳	甲午	乙未	丙申	丁酉	戊戌	己亥	庚子	辛丑	壬寅	癸卯	甲辰	乙巳	丙午	丁未	戊申	己酉	庚戌	辛亥	壬子

음양국: 陽 3 　 陽 9 　 陽 6 　 陽 3 　 陽 9 　 陰 9

6月 丁未

절기			소서6월						9																대서					
음력	1	2	3	4	5	6	7	8	9	10	11	12	13	14	15	16	17	18	19	20	21	22	23	24	25	26	27	28	29	30
양력 월	6월		7월																											
양력 일	29	30	1	2	3	4	5	6	午	8	9	10	11	12	13	14	15	16	17	18	19	20	21	22	23	24	25	26	27	28
요일	수	목	금	토	일	월	화	수	初	금	토	일	월	화	수	목	금	토	일	월	화	수	목	금	토	일	월	화	수	목
일진	癸丑	甲寅	乙卯	丙辰	丁巳	戊午	己未	庚申	辛酉	壬戌	癸亥	甲子	乙丑	丙寅	丁卯	戊辰	己巳	庚午	辛未	壬申	癸酉	甲戌	乙亥	丙子	丁丑	戊寅	己卯	庚辰	辛巳	壬午

음양국: 　 陰 3 　 陰 6 　 陰 8 　 陰 2 　 陰 5 　 陰 7

7月 戊申

절기									입추7월																처서			
음력	1	2	3	4	5	6	7	8	9	10	11	12	13	14	15	16	17	18	19	20	21	22	23	24	25	26	27	28	29
양월	7월			8월																									
양력일	29	30	31	1	2	3	4	5	6	戌	8	9	10	11	12	13	14	15	16	17	18	19	20	21	22	23	24	25	26
요일	금	토	일	월	화	수	목	금	토	後	월	화	수	목	금	토	일	월	화	수	목	금	토	일	월	화	수	목	금
일진	癸未	甲申	乙酉	丙戌	丁亥	戊子	己丑	庚寅	辛卯	壬辰	癸巳	甲午	乙未	丙申	丁酉	戊戌	己亥	庚子	辛丑	壬寅	癸卯	甲辰	乙巳	丙午	丁未	戊申	己酉	庚戌	辛亥

음양국: 陰1　陰4　陰2　陰5　陰8　陰1

8月 己酉

절기											백로8월																	추분		
음력	1	2	3	4	5	6	7	8	9	10	11	12	13	14	15	16	17	18	19	20	21	22	23	24	25	26	27	28	29	30
양월	8월					9월																								
양력일	27	28	29	30	31	1	2	3	4	5	6	7	子	9	10	11	12	13	14	15	16	17	18	19	20	21	22	23	24	25
요일	토	일	월	화	목	금	토	일	월	화	수	中	금	토	일	월	화	수	목	금	토	일	월	화	수	목	금	토	일	
일진	壬子	癸丑	甲寅	乙卯	丙辰	丁巳	戊午	己未	庚申	辛酉	壬戌	癸亥	甲子	乙丑	丙寅	丁卯	戊辰	己巳	庚午	辛未	壬申	癸酉	甲戌	乙亥	丙子	丁丑	戊寅	己卯	庚辰	辛巳

음양국: 陰1　陰4　陰7　陰9　陰3　陰6　陰7

9月 庚戌

절기												한로9월															상강		
음력	1	2	3	4	5	6	7	8	9	10	11	12	13	14	15	16	17	18	19	20	21	22	23	24	25	26	27	28	29
양월	9월					10월																							
양력일	26	27	28	29	30	1	2	3	4	5	6	7	申	9	10	11	12	13	14	15	16	17	18	19	20	21	22	23	24
요일	월	화	수	목	금	토	일	월	화	수	목	금	中	일	월	화	수	목	금	토	일	월	화	수	목	금	토	일	월
일진	壬午	癸未	甲申	乙酉	丙戌	丁亥	戊子	己丑	庚寅	辛卯	壬辰	癸巳	甲午	乙未	丙申	丁酉	戊戌	己亥	庚子	辛丑	壬寅	癸卯	甲辰	乙巳	丙午	丁未	戊申	己酉	庚戌

음양국: 陰7　陰1　陰4　陰6　陰9　陰3　陰5

10月 辛亥

절기													입동10월																소설	
음력	1	2	3	4	5	6	7	8	9	10	11	12	13	14	15	16	17	18	19	20	21	22	23	24	25	26	27	28	29	30
양월	10월							11월																						
양력일	25	26	27	28	29	30	31	1	2	3	4	5	6	戌	8	9	10	11	12	13	14	15	16	17	18	19	20	21	22	23
요일	화	수	목	금	토	일	월	화	수	목	금	토	일	初	화	수	목	금	토	일	월	화	수	목	금	토	일	월	화	수
일진	辛亥	壬子	癸丑	甲寅	乙卯	丙辰	丁巳	戊午	己未	庚申	辛酉	壬戌	癸亥	甲子	乙丑	丙寅	丁卯	戊辰	己巳	庚午	辛未	壬申	癸酉	甲戌	乙亥	丙子	丁丑	戊寅	己卯	庚辰

음양국: 陰5　陰8　陰2　陰6　陰9　陰3　陰5

11月 壬子

절기													대설11월																동지
음력	1	2	3	4	5	6	7	8	9	10	11	12	13	14	15	16	17	18	19	20	21	22	23	24	25	26	27	28	29
양월	11월							12월																					
양력일	24	25	26	27	28	29	30	1	2	3	4	5	6	午	8	9	10	11	12	13	14	15	16	17	18	19	20	21	22
요일	목	금	토	일	월	화	수	목	금	토	일	월	화	中	목	금	토	일	월	화	수	목	금	토	일	월	화	수	목
일진	辛巳	壬午	癸未	甲申	乙酉	丙戌	丁亥	戊子	己丑	庚寅	辛卯	壬辰	癸巳	甲午	乙未	丙申	丁酉	戊戌	己亥	庚子	辛丑	壬寅	癸卯	甲辰	乙巳	丙午	丁未	戊申	己酉

음양국: 陰5　陰8　陰2　陰4　陰7　陰1　陽1

12月 癸丑

절기															소한12월														대한	
음력	1	2	3	4	5	6	7	8	9	10	11	12	13	14	15	16	17	18	19	20	21	22	23	24	25	26	27	28	29	30
양월	12월									1월																				
양력일	23	24	25	26	27	28	29	30	31	1	2	3	4	5	子	7	8	9	10	11	12	13	14	15	16	17	18	19	20	21
요일	금	토	일	월	화	수	목	금	토	일	월	화	수	목	初	토	일	월	화	수	목	금	토	일	월	화	수	목	금	토
일진	庚戌	辛亥	壬子	癸丑	甲寅	乙卯	丙辰	丁巳	戊午	己未	庚申	辛酉	壬戌	癸亥	甲子	乙丑	丙寅	丁卯	戊辰	己巳	庚午	辛未	壬申	癸酉	甲戌	乙亥	丙子	丁丑	戊寅	己卯

음양국: 陽1　陽7　陽4　陽2　陽8　陽5

입춘(2/4) 11:42
경칩(3/6) 05:36
청명(4/5) 10:13
입하(5/6) 03:18
망종(6/6) 07:18
소서(7/7) 17:30

입추(8/8) 03:23
백로(9/8) 06:26
한로(10/8) 22:15
입동(11/8) 01:35
대설(12/7) 18:33
소한(1/6) 05:49

2023(癸卯年)

1月 甲寅

절기													입춘1월															우수
음력	1	2	3	4	5	6	7	8	9	10	11	12	13	14	15	16	17	18	19	20	21	22	23	24	25	26	27	28	29
양력월	1월										2월																		
양력일	22	23	24	25	26	27	28	29	30	31	1	2	3	午	5	6	7	8	9	10	11	12	13	14	15	16	17	18	19
요일	일	월	화	수	목	금	토	일	월	화	수	목	금	初	일	월	화	수	목	금	토	일	월	화	수	목	금	토	일
일진	庚辰	辛巳	壬午	癸未	甲申	乙酉	丙戌	丁亥	戊子	己丑	庚寅	辛卯	壬辰	癸巳	甲午	乙未	丙申	丁酉	戊戌	己亥	庚子	辛丑	壬寅	癸卯	甲辰	乙巳	丙午	丁未	戊申

음양국: 陽 3 | 陽 9 | 陽 6 | 陽 8 | 陽 5 | 陽 2

2月 乙卯

절기															경칩2월															춘분
음력	1	2	3	4	5	6	7	8	9	10	11	12	13	14	15	16	17	18	19	20	21	22	23	24	25	26	27	28	29	30
양력월	2월									3월																				
양력일	20	21	22	23	24	25	26	27	28	1	2	3	4	5	卯	7	8	9	10	11	12	13	14	15	16	17	18	19	20	21
요일	월	화	수	목	금	토	일	월	화	수	목	금	토	일	初	화	수	목	금	토	일	월	화	수	목	금	토	일	월	화
일진	己酉	庚戌	辛亥	壬子	癸丑	甲寅	乙卯	丙辰	丁巳	戊午	己未	庚申	辛酉	壬戌	癸亥	甲子	乙丑	丙寅	丁卯	戊辰	己巳	庚午	辛未	壬申	癸酉	甲戌	乙亥	丙子	丁丑	戊寅

음양국: 陽 9 | 陽 6 | 陽 3 | 陽 1 | 陽 7 | 陽 4

閏2月

절기															청명3월														
음력	1	2	3	4	5	6	7	8	9	10	11	12	13	14	15	16	17	18	19	20	21	22	23	24	25	26	27	28	29
양력월	3월										4월																		
양력일	22	23	24	25	26	27	28	29	30	31	1	2	3	4	巳	6	7	8	9	10	11	12	13	14	15	16	17	18	19
요일	수	목	금	토	일	월	화	수	목	금	토	일	월	화	中	목	금	토	일	월	화	수	목	금	토	일	월	화	수
일진	己卯	庚辰	辛巳	壬午	癸未	甲申	乙酉	丙戌	丁亥	戊子	己丑	庚寅	辛卯	壬辰	癸巳	甲午	乙未	丙申	丁酉	戊戌	己亥	庚子	辛丑	壬寅	癸卯	甲辰	乙巳	丙午	丁未

음양국: 陽 3 | 陽 9 | 陽 6 | 陽 4 | 陽 1 | 陽 7

3月 丙辰

절기	곡우																입하4월													
음력	1	2	3	4	5	6	7	8	9	10	11	12	13	14	15	16	17	18	19	20	21	22	23	24	25	26	27	28	29	30
양력월	4월											5월																		
양력일	20	21	22	23	24	25	26	27	28	29	30	1	2	3	4	5	丑	7	8	9	10	11	12	13	14	15	16	17	18	19
요일	목	금	토	일	월	화	수	목	금	토	일	월	화	수	목	금	後	일	월	화	수	목	금	토	일	월	화	수	목	금
일진	戊申	己酉	庚戌	辛亥	壬子	癸丑	甲寅	乙卯	丙辰	丁巳	戊午	己未	庚申	辛酉	壬戌	癸亥	甲子	乙丑	丙寅	丁卯	戊辰	己巳	庚午	辛未	壬申	癸酉	甲戌	乙亥	丙子	丁丑

음양국: 陽 5 | 陽 2 | 陽 8 | 陽 4 | 陽 1 | 陽 7

4月 丁巳

절기		소만																망종5월											
음력	1	2	3	4	5	6	7	8	9	10	11	12	13	14	15	16	17	18	19	20	21	22	23	24	25	26	27	28	29
양력월	5월												6월																
양력일	20	21	22	23	24	25	26	27	28	29	30	31	1	2	3	4	5	卯	7	8	9	10	11	12	13	14	15	16	17
요일	토	일	월	화	수	목	금	토	일	월	화	수	목	금	토	일	월	後	수	목	금	토	일	월	화	수	목	금	토
일진	戊寅	己卯	庚辰	辛巳	壬午	癸未	甲申	乙酉	丙戌	丁亥	戊子	己丑	庚寅	辛卯	壬辰	癸巳	甲午	乙未	丙申	丁酉	戊戌	己亥	庚子	辛丑	壬寅	癸卯	甲辰	乙巳	丙午

음양국: 陽 5 | 陽 2 | 陽 8 | 陽 6 | 陽 3 | 陽 9

5月 戊午

절기				하지																소서6월										
음력	1	2	3	4	5	6	7	8	9	10	11	12	13	14	15	16	17	18	19	20	21	22	23	24	25	26	27	28	29	30
양력월	6월													7월																
양력일	18	19	20	21	22	23	24	25	26	27	28	29	30	1	2	3	4	5	6	酉	8	9	10	11	12	13	14	15	16	17
요일	일	월	화	수	목	금	토	일	월	화	수	목	금	토	일	월	화	수	목	初	토	일	월	화	수	목	금	토	일	월
일진	丁未	戊申	己酉	庚戌	辛亥	壬子	癸丑	甲寅	乙卯	丙辰	丁巳	戊午	己未	庚申	辛酉	壬戌	癸亥	甲子	乙丑	丙寅	丁卯	戊辰	己巳	庚午	辛未	壬申	癸酉	甲戌	乙亥	丙子

음양국: 陽 9 | 陰 9 | 陰 3 | 陰 6 | 陰 8 | 陰 2 | 陰 5

6月 己未

절기	대서(음력6) · 입추7월(음력22)

음력	1	2	3	4	5	6	7	8	9	10	11	12	13	14	15	16	17	18	19	20	21	22	23	24	25	26	27	28	29
양력 월	7월														8월														
양력 일	18	19	20	21	22	23	24	25	26	27	28	29	30	31	1	2	3	4	5	6	7	丑	9	10	11	12	13	14	15
요일	화	수	목	금	토	일	월	화	수	목	금	토	일	월	화	수	목	금	토	일	월	後	수	목	금	토	일	월	화
일진	丁丑	戊寅	己卯	庚辰	辛巳	壬午	癸未	甲申	乙酉	丙戌	丁亥	戊子	己丑	庚寅	辛卯	壬辰	癸巳	甲午	乙未	丙申	丁酉	戊戌	己亥	庚子	辛丑	壬寅	癸卯	甲辰	乙巳

음양국: 陰 5 · 陰 7 · 陰 1 · 陰 4 · 陰 2 · 陰 5 · 陰 8

7月 庚申

절기	처서(음력8) · 백로8월(음력24)

음력	1	2	3	4	5	6	7	8	9	10	11	12	13	14	15	16	17	18	19	20	21	22	23	24	25	26	27	28	29	30
양력 월	8월																9월													
양력 일	16	17	18	19	20	21	22	23	24	25	26	27	28	29	30	31	1	2	3	4	5	6	7	卯	9	10	11	12	13	14
요일	수	목	금	토	일	월	화	수	목	금	토	일	월	화	수	목	금	토	일	월	화	수	목	中	토	일	월	화	수	목
일진	丙午	丁未	戊申	己酉	庚戌	辛亥	壬子	癸丑	甲寅	乙卯	丙辰	丁巳	戊午	己未	庚申	辛酉	壬戌	癸亥	甲子	乙丑	丙寅	丁卯	戊辰	己巳	庚午	辛未	壬申	癸酉	甲戌	乙亥

음양국: 陰 8 · 陰 1 · 陰 4 · 陰 7 · 陰 9 · 陰 3 · 陰 6

8月 辛酉

절기	추분(음력9) · 한로9월(음력24)

음력	1	2	3	4	5	6	7	8	9	10	11	12	13	14	15	16	17	18	19	20	21	22	23	24	25	26	27	28	29	30
양력 월	9월																10월													
양력 일	15	16	17	18	19	20	21	22	23	24	25	26	27	28	29	30	1	2	3	4	5	6	7	亥	9	10	11	12	13	14
요일	금	토	일	월	화	수	목	금	토	일	월	화	수	목	금	토	일	월	화	수	목	금	토	中	월	화	수	목	금	토
일진	丙子	丁丑	戊寅	己卯	庚辰	辛巳	壬午	癸未	甲申	乙酉	丙戌	丁亥	戊子	己丑	庚寅	辛卯	壬辰	癸巳	甲午	乙未	丙申	丁酉	戊戌	己亥	庚子	辛丑	壬寅	癸卯	甲辰	乙巳

음양국: 陰 6 · 陰 7 · 陰 1 · 陰 4 · 陰 6 · 陰 9 · 陰 3

9月 壬戌

절기	상강(음력10) · 입동10월(음력25)

음력	1	2	3	4	5	6	7	8	9	10	11	12	13	14	15	16	17	18	19	20	21	22	23	24	25	26	27	28	29
양력 월	10월																	11월											
양력 일	15	16	17	18	19	20	21	22	23	24	25	26	27	28	29	30	31	1	2	3	4	5	6	7	丑	9	10	11	12
요일	일	월	화	수	목	금	토	일	월	화	수	목	금	토	일	월	화	수	목	금	토	일	월	화	初	목	금	토	일
일진	丙午	丁未	戊申	己酉	庚戌	辛亥	壬子	癸丑	甲寅	乙卯	丙辰	丁巳	戊午	己未	庚申	辛酉	壬戌	癸亥	甲子	乙丑	丙寅	丁卯	戊辰	己巳	庚午	辛未	壬申	癸酉	甲戌

음양국: 陰 3 · 陰 5 · 陰 8 · 陰 2 · 陰 6 · 陰 9 · 陰 3

10月 癸亥

절기	소설(음력10) · 대설11월(음력25)

음력	1	2	3	4	5	6	7	8	9	10	11	12	13	14	15	16	17	18	19	20	21	22	23	24	25	26	27	28	29	30
양력 월	11월																	12월												
양력 일	13	14	15	16	17	18	19	20	21	22	23	24	25	26	27	28	29	30	1	2	3	4	5	6	酉	8	9	10	11	12
요일	월	화	수	목	금	토	일	월	화	수	목	금	토	일	월	화	수	목	금	토	일	월	화	수	中	금	토	일	월	화
일진	乙亥	丙子	丁丑	戊寅	己卯	庚辰	辛巳	壬午	癸未	甲申	乙酉	丙戌	丁亥	戊子	己丑	庚寅	辛卯	壬辰	癸巳	甲午	乙未	丙申	丁酉	戊戌	己亥	庚子	辛丑	壬寅	癸卯	甲辰

음양국: 陰 3 · 陰 5 · 陰 8 · 陰 2 · 陰 4 · 陰 7

11月 甲子

절기	동지(음력10) · 소한12월(음력25)

음력	1	2	3	4	5	6	7	8	9	10	11	12	13	14	15	16	17	18	19	20	21	22	23	24	25	26	27	28	29
양력 월	12월																		1월										
양력 일	13	14	15	16	17	18	19	20	21	22	23	24	25	26	27	28	29	30	31	1	2	3	4	5	卯	7	8	9	10
요일	수	목	금	토	일	월	화	수	목	금	토	일	월	화	수	목	금	토	일	월	화	수	목	금	初	일	월	화	수
일진	乙巳	丙午	丁未	戊申	己酉	庚戌	辛亥	壬子	癸丑	甲寅	乙卯	丙辰	丁巳	戊午	己未	庚申	辛酉	壬戌	癸亥	甲子	乙丑	丙寅	丁卯	戊辰	己巳	庚午	辛未	壬申	癸酉

음양국: 陰 1 · 陽 1 · 陽 7 · 陽 4 · 陽 2 · 陽 8

12月 乙丑

절기	대한(음력10) · 입춘1월(음력25)

음력	1	2	3	4	5	6	7	8	9	10	11	12	13	14	15	16	17	18	19	20	21	22	23	24	25	26	27	28	29	30
양력 월	1월																				2월									
양력 일	11	12	13	14	15	16	17	18	19	20	21	22	23	24	25	26	27	28	29	30	31	1	2	3	申	5	6	7	8	9
요일	목	금	토	일	월	화	수	목	금	토	일	월	화	수	목	금	토	일	월	화	수	목	금	토	後	월	화	수	목	금
일진	甲戌	乙亥	丙子	丁丑	戊寅	己卯	庚辰	辛巳	壬午	癸未	甲申	乙酉	丙戌	丁亥	戊子	己丑	庚寅	辛卯	壬辰	癸巳	甲午	乙未	丙申	丁酉	戊戌	己亥	庚子	辛丑	壬寅	癸卯

음양국: 陽 5 · 陽 3 · 陽 9 · 陽 6 · 陽 8 · 陽 5

입춘(2/4) 17:27
경칩(3/5) 11:22
청명(4/4) 16:02
입하(5/5) 09:10
망종(6/5) 13:10
소서(7/6) 23:20

2024(甲辰年)

입추(8/7) 09:09
백로(9/7) 12:11
한로(10/8) 04:00
입동(11/7) 07:20
대설(12/7) 00:17
소한(1/5) 11:32

1月 丙寅

절기	우수 … 경칩2월
음력	1 2 3 4 5 6 7 8 9 **10** 11 12 13 14 15 16 17 18 19 20 21 22 23 24 **25** 26 27 28 29
양력 월	2월 … 3월
양력 일	10 11 12 13 14 15 16 17 18 19 20 21 22 23 24 25 26 27 28 29 1 2 3 4 巳 6 7 8 9
요일	토 일 월 화 수 목 금 토 일 월 화 수 목 금 토 일 월 화 수 목 금 토 일 월 後 수 목 금 토
일진	甲辰 乙巳 丙午 丁未 戊申 己酉 庚戌 辛亥 壬子 癸丑 甲寅 乙卯 丙辰 丁巳 戊午 己未 庚申 辛酉 壬戌 癸亥 甲子 乙丑 丙寅 丁卯 戊辰 己巳 庚午 辛未 壬申
음양국	陽2　陽9　陽6　陽3　陽1　陽7

2月 丁卯

절기	춘분 … 청명3월
음력	1 2 3 4 5 6 7 8 9 10 **11** 12 13 14 15 16 17 18 19 20 21 22 23 24 25 **26** 27 28 29 30
양력 월	3월 … 4월
양력 일	10 11 12 13 14 15 16 17 18 19 20 21 22 23 24 25 26 27 28 29 30 31 1 2 3 申 5 6 7 8
요일	일 월 화 수 목 금 토 일 월 화 수 목 금 토 일 월 화 수 목 금 토 일 월 화 수 初 금 토 일 월
일진	癸酉 甲戌 乙亥 丙子 丁丑 戊寅 己卯 庚辰 辛巳 壬午 癸未 甲申 乙酉 丙戌 丁亥 戊子 己丑 庚寅 辛卯 壬辰 癸巳 甲午 乙未 丙申 丁酉 戊戌 己亥 庚子 辛丑 壬寅
음양국	陽4　陽3　陽9　陽6　陽4　陽1

3月 戊辰

절기	곡우 … 입하4월
음력	1 2 3 4 5 6 7 8 9 10 **11** 12 13 14 15 16 17 18 19 20 21 22 23 24 25 26 **27** 28 29
양력 월	4월 … 5월
양력 일	9 10 11 12 13 14 15 16 17 18 19 20 21 22 23 24 25 26 27 28 29 30 1 2 3 4 辰 6 7
요일	화 수 목 금 토 일 월 화 수 목 금 토 일 월 화 수 목 금 토 일 월 화 수 목 금 토 後 월 화
일진	癸卯 甲辰 乙巳 丙午 丁未 戊申 己酉 庚戌 辛亥 壬子 癸丑 甲寅 乙卯 丙辰 丁巳 戊午 己未 庚申 辛酉 壬戌 癸亥 甲子 乙丑 丙寅 丁卯 戊辰 己巳 庚午 辛未
음양국	陽7　陽5　陽2　陽8　陽4　陽1

4月 己巳

절기	소만 … 망종5월
음력	1 2 3 4 5 6 7 8 9 10 11 12 **13** 14 15 16 17 18 19 20 21 22 23 24 25 26 27 28 **29**
양력 월	5월 … 6월
양력 일	8 9 10 11 12 13 14 15 16 17 18 19 20 21 22 23 24 25 26 27 28 29 30 31 1 2 3 4 午
요일	수 목 금 토 일 월 화 수 목 금 토 일 월 화 수 목 금 토 일 월 화 수 목 금 토 일 월 화 後
일진	壬申 癸酉 甲戌 乙亥 丙子 丁丑 戊寅 己卯 庚辰 辛巳 壬午 癸未 甲申 乙酉 丙戌 丁亥 戊子 己丑 庚寅 辛卯 壬辰 癸巳 甲午 乙未 丙申 丁酉 戊戌 己亥 庚子
음양국	陽1　陽7　陽5　陽2　陽8　陽6　陽3

5月 庚午

절기	하지
음력	1 2 3 4 5 6 7 8 9 10 11 12 13 14 15 **16** 17 18 19 20 21 22 23 24 25 26 27 28 29 30
양력 월	6월 … 7월
양력 일	6 7 8 9 10 11 12 13 14 15 16 17 18 19 20 21 22 23 24 25 26 27 28 29 30 1 2 3 4 5
요일	목 금 토 일 월 화 수 목 금 토 일 월 화 수 목 금 토 일 월 화 수 목 금 토 일 월 화 수 목 금
일진	辛丑 壬寅 癸卯 甲辰 乙巳 丙午 丁未 戊申 己酉 庚戌 辛亥 壬子 癸丑 甲寅 乙卯 丙辰 丁巳 戊午 己未 庚申 辛酉 壬戌 癸亥 甲子 乙丑 丙寅 丁卯 戊辰 己巳 庚午
음양국	陽3　陽9　陰9　陰3　陰6　陰8　陰2

6月 辛未

절기	소서6월 … 대서
음력	**1** 2 3 4 5 6 7 8 9 10 11 12 13 14 15 16 **17** 18 19 20 21 22 23 24 25 26 27 28 29
양력 월	7월 … 8월
양력 일	亥 7 8 9 10 11 12 13 14 15 16 17 18 19 20 21 22 23 24 25 26 27 28 29 30 31 1 2 3
요일	後 일 월 화 수 목 금 토 일 월 화 수 목 금 토 일 월 화 수 목 금 토 일 월 화 수 목 금 토
일진	辛未 壬申 癸酉 甲戌 乙亥 丙子 丁丑 戊寅 己卯 庚辰 辛巳 壬午 癸未 甲申 乙酉 丙戌 丁亥 戊子 己丑 庚寅 辛卯 壬辰 癸巳 甲午 乙未 丙申 丁酉 戊戌 己亥
음양국	陰2　陰5　陰7　陰1　陰4　陰2　陰5

7月 壬申

절기	입추7월 (4) / 처서 (19)
음력	1 2 3 4 5 6 7 8 9 10 11 12 13 14 15 16 17 18 19 20 21 22 23 24 25 26 27 28 29 30
양력 월	8월 … 9월
양력 일	4 5 6 辰 8 9 10 11 12 13 14 15 16 17 18 19 20 21 22 23 24 25 26 27 28 29 30 31 1 2
요일	일 월 화 後 목 금 토 일 월 화 수 목 금 토 일 월 화 수 목 금 토 일 월 화 수 목 금 토 일 월
일진	庚子 辛丑 壬寅 癸卯 甲辰 乙巳 丙午 丁未 戊申 己酉 庚戌 辛亥 壬子 癸丑 甲寅 乙卯 丙辰 丁巳 戊午 己未 庚申 辛酉 壬戌 癸亥 甲子 乙丑 丙寅 丁卯 戊辰 己巳
음양국	陰5 陰8 陰1 陰4 陰7 陰9

8月 癸酉

절기	백로8월 (5) / 추분 (20)
음력	1 2 3 4 5 6 7 8 9 10 11 12 13 14 15 16 17 18 19 20 21 22 23 24 25 26 27 28 29 30
양력 월	9월 … 10월
양력 일	3 4 5 6 午 8 9 10 11 12 13 14 15 16 17 18 19 20 21 22 23 24 25 26 27 28 29 30 1 2
요일	화 수 목 금 中 일 월 화 수 목 금 토 일 월 화 수 목 금 토 일 월 화 수 목 금 토 일 월 화 수
일진	庚午 辛未 壬申 癸酉 甲戌 乙亥 丙子 丁丑 戊寅 己卯 庚辰 辛巳 壬午 癸未 甲申 乙酉 丙戌 丁亥 戊子 己丑 庚寅 辛卯 壬辰 癸巳 甲午 乙未 丙申 丁酉 戊戌 己亥
음양국	陰3 陰6 陰7 陰1 陰4 陰6

9月 甲戌

절기	한로9월 (6) / 상강 (21)
음력	1 2 3 4 5 6 7 8 9 10 11 12 13 14 15 16 17 18 19 20 21 22 23 24 25 26 27 28 29
양력 월	10월
양력 일	3 4 5 6 7 寅 9 10 11 12 13 14 15 16 17 18 19 20 21 22 23 24 25 26 27 28 29 30 31
요일	목 금 토 일 월 初 수 목 금 토 일 월 화 수 목 금 토 일 월 화 수 목 금 토 일 월 화 수 목
일진	庚子 辛丑 壬寅 癸卯 甲辰 乙巳 丙午 丁未 戊申 己酉 庚戌 辛亥 壬子 癸丑 甲寅 乙卯 丙辰 丁巳 戊午 己未 庚申 辛酉 壬戌 癸亥 甲子 乙丑 丙寅 丁卯 戊辰
음양국	陰9 陰3 陰5 陰8 陰2 陰6

10月 乙亥

절기	입동10월 (7) / 소설 (22)
음력	1 2 3 4 5 6 7 8 9 10 11 12 13 14 15 16 17 18 19 20 21 22 23 24 25 26 27 28 29 30
양력 월	11월
양력 일	1 2 3 4 5 6 卯 8 9 10 11 12 13 14 15 16 17 18 19 20 21 22 23 24 25 26 27 28 29 30
요일	금 토 일 월 화 수 後 금 토 일 월 화 수 목 금 토 일 월 화 수 목 금 토 일 월 화 수 목 금 토
일진	己巳 庚午 辛未 壬申 癸酉 甲戌 乙亥 丙子 丁丑 戊寅 己卯 庚辰 辛巳 壬午 癸未 甲申 乙酉 丙戌 丁亥 戊子 己丑 庚寅 辛卯 壬辰 癸巳 甲午 乙未 丙申 丁酉 戊戌
음양국	陰9 陰3 陰5 陰8 陰2 陰4

11月 丙子

절기	대설11월 (7) / 동지 (21)
음력	1 2 3 4 5 6 7 8 9 10 11 12 13 14 15 16 17 18 19 20 21 22 23 24 25 26 27 28 29 30
양력 월	12월
양력 일	1 2 3 4 5 6 子 8 9 10 11 12 13 14 15 16 17 18 19 20 21 22 23 24 25 26 27 28 29 30
요일	일 월 화 수 목 금 中 일 월 화 수 목 금 토 일 월 화 수 목 금 토 일 월 화 수 목 금 토 일 월
일진	己亥 庚子 辛丑 壬寅 癸卯 甲辰 乙巳 丙午 丁未 戊申 己酉 庚戌 辛亥 壬子 癸丑 甲寅 乙卯 丙辰 丁巳 戊午 己未 庚申 辛酉 壬戌 癸亥 甲子 乙丑 丙寅 丁卯 戊辰
음양국	陰7 陰1 陰4 陰7 陰1 陽1

12月 丁丑

절기	소한12월 (6) / 대한 (21)
음력	1 2 3 4 5 6 7 8 9 10 11 12 13 14 15 16 17 18 19 20 21 22 23 24 25 26 27 28 29
양력 월	12월 1월
양력 일	31 1 2 3 4 午 6 7 8 9 10 11 12 13 14 15 16 17 18 19 20 21 22 23 24 25 26 27 28
요일	화 수 목 금 토 初 월 화 수 목 금 토 일 월 화 수 목 금 토 일 월 화 수 목 금 토 일 월 화
일진	己巳 庚午 辛未 壬申 癸酉 甲戌 乙亥 丙子 丁丑 戊寅 己卯 庚辰 辛巳 壬午 癸未 甲申 乙酉 丙戌 丁亥 戊子 己丑 庚寅 辛卯 壬辰 癸巳 甲午 乙未 丙申 丁酉
음양국	陽7 陽4 陽2 陽8 陽5 陽3

입춘(2/3) 23:10
경칩(3/5) 17:07
청명(4/4) 21:48
입하(5/5) 14:57
망종(6/5) 18:56
소서(7/7) 05:05

2025(乙巳年)

입추(8/7) 14:51
백로(9/7) 17:52
한로(10/8) 09:41
입동(11/7) 13:04
대설(12/7) 06:04
소한(1/5) 17:23

1月 戊寅

절기						입춘1월															우수									
음력	1	2	3	4	5	6	7	8	9	10	11	12	13	14	15	16	17	18	19	20	21	22	23	24	25	26	27	28	29	30
양력 월	1월			2월																										
양력 일	29	30	31	1	2	亥	4	5	6	7	8	9	10	11	12	13	14	15	16	17	18	19	20	21	22	23	24	25	26	27
요일	수	목	금	토	일	後	화	수	목	금	토	일	월	화	수	목	금	토	일	월	화	수	목	금	토	일	월	화	수	목
일진	戊戌	己亥	庚子	辛丑	壬寅	癸卯	甲辰	乙巳	丙午	丁未	戊申	己酉	庚戌	辛亥	壬子	癸丑	甲寅	乙卯	丙辰	丁巳	戊午	己未	庚申	辛酉	壬戌	癸亥	甲子	乙丑	丙寅	丁卯
음양국	陽 9					陽 6					陽 8					陽 5					陽 2					陽 9				

2月 己卯

절기						경칩2월															춘분								
음력	1	2	3	4	5	6	7	8	9	10	11	12	13	14	15	16	17	18	19	20	21	22	23	24	25	26	27	28	29
양력 월	2월	3월																											
양력 일	28	1	2	3	4	申	6	7	8	9	10	11	12	13	14	15	16	17	18	19	20	21	22	23	24	25	26	27	28
요일	금	토	일	월	화	後	목	금	토	일	월	화	수	목	금	토	일	월	화	수	목	금	토	일	월	화	수	목	금
일진	戊辰	己巳	庚午	辛未	壬申	癸酉	甲戌	乙亥	丙子	丁丑	戊寅	己卯	庚辰	辛巳	壬午	癸未	甲申	乙酉	丙戌	丁亥	戊子	己丑	庚寅	辛卯	壬辰	癸巳	甲午	乙未	丙申
음양국	陽 6					陽 3					陽 1					陽 7					陽 4					陽 3			

3月 庚辰

절기							청명3월																곡우							
음력	1	2	3	4	5	6	7	8	9	10	11	12	13	14	15	16	17	18	19	20	21	22	23	24	25	26	27	28	29	30
양력 월	3월			4월																										
양력 일	29	30	31	1	2	3	亥	5	6	7	8	9	10	11	12	13	14	15	16	17	18	19	20	21	22	23	24	25	26	27
요일	토	일	월	화	수	목	初	토	일	월	화	수	목	금	토	일	월	화	수	목	금	토	일	월	화	수	목	금	토	일
일진	丁酉	戊戌	己亥	庚子	辛丑	壬寅	癸卯	甲辰	乙巳	丙午	丁未	戊申	己酉	庚戌	辛亥	壬子	癸丑	甲寅	乙卯	丙辰	丁巳	戊午	己未	庚申	辛酉	壬戌	癸亥	甲子	乙丑	丙寅
음양국	陽 3			陽 9				陽 6				陽 4				陽 1				陽 7					陽 5					

4月 辛巳

절기								입하4월																소만					
음력	1	2	3	4	5	6	7	8	9	10	11	12	13	14	15	16	17	18	19	20	21	22	23	24	25	26	27	28	29
양력 월	4월			5월																									
양력 일	28	29	30	1	2	3	4	未	6	7	8	9	10	11	12	13	14	15	16	17	18	19	20	21	22	23	24	25	26
요일	월	화	수	목	금	토	일	後	화	수	목	금	토	일	월	화	수	목	금	토	일	월	화	수	목	금	토	일	월
일진	丁卯	戊辰	己巳	庚午	辛未	壬申	癸酉	甲戌	乙亥	丙子	丁丑	戊寅	己卯	庚辰	辛巳	壬午	癸未	甲申	乙酉	丙戌	丁亥	戊子	己丑	庚寅	辛卯	壬辰	癸巳	甲午	乙未
음양국	陽 5			陽 2				陽 8				陽 4				陽 1				陽 7					陽 5				

5月 壬午

절기										망종5월																하지			
음력	1	2	3	4	5	6	7	8	9	10	11	12	13	14	15	16	17	18	19	20	21	22	23	24	25	26	27	28	29
양력 월	5월					6월																							
양력 일	27	28	29	30	31	1	2	3	4	酉	6	7	8	9	10	11	12	13	14	15	16	17	18	19	20	21	22	23	24
요일	화	수	목	금	토	일	월	화	수	後	금	토	일	월	화	수	목	금	토	일	월	화	수	목	금	토	일	월	화
일진	丙申	丁酉	戊戌	己亥	庚子	辛丑	壬寅	癸卯	甲辰	乙巳	丙午	丁未	戊申	己酉	庚戌	辛亥	壬子	癸丑	甲寅	乙卯	丙辰	丁巳	戊午	己未	庚申	辛酉	壬戌	癸亥	甲子
음양국	陽 5			陽 2				陽 8				陽 6				陽 3				陽 9					陰 9				

6月 癸未

절기													소서6월															대서		
음력	1	2	3	4	5	6	7	8	9	10	11	12	13	14	15	16	17	18	19	20	21	22	23	24	25	26	27	28	29	30
양력 월	6월						7월																							
양력 일	25	26	27	28	29	30	1	2	3	4	5	6	寅	8	9	10	11	12	13	14	15	16	17	18	19	20	21	22	23	24
요일	수	목	금	토	일	월	화	수	목	금	토	일	後	화	수	목	금	토	일	월	화	수	목	금	토	일	월	화	수	목
일진	乙丑	丙寅	丁卯	戊辰	己巳	庚午	辛未	壬申	癸酉	甲戌	乙亥	丙子	丁丑	戊寅	己卯	庚辰	辛巳	壬午	癸未	甲申	乙酉	丙戌	丁亥	戊子	己丑	庚寅	辛卯	壬辰	癸巳	甲午
음양국	陰 9					陰 3					陰 6					陰 8					陰 2					陰 5				

閏6月

절 기													입추7월															
음력	1	2	3	4	5	6	7	8	9	10	11	12	13	14	15	16	17	18	19	20	21	22	23	24	25	26	27	28	29
양력 월	7월							8월																					
양력 일	25	26	27	28	29	30	31	1	2	3	4	5	6	未	8	9	10	11	12	13	14	15	16	17	18	19	20	21	22
요일	금	토	일	월	화	수	목	금	토	일	월	화	수	後	금	토	일	월	화	수	목	금	토	일	월	화	수	목	금
일진	乙未	丙申	丁酉	戊戌	己亥	庚子	辛丑	壬寅	癸卯	甲辰	乙巳	丙午	丁未	戊申	己酉	庚戌	辛亥	壬子	癸丑	甲寅	乙卯	丙辰	丁巳	戊午	己未	庚申	辛酉	壬戌	癸亥

음양국: 陰 7 　 陰 1 　 陰 4 　 陰 2 　 陰 5 　 陰 8

7月 甲申

절 기	처서															백로8월														
음력	1	2	3	4	5	6	7	8	9	10	11	12	13	14	15	16	17	18	19	20	21	22	23	24	25	26	27	28	29	30
양력 월	8월									9월																				
양력 일	23	24	25	26	27	28	29	30	31	1	2	3	4	5	6	酉	8	9	10	11	12	13	14	15	16	17	18	19	20	21
요일	토	일	월	화	수	목	금	토	일	월	화	수	목	금	토	初	월	화	수	목	금	토	일	월	화	수	목	금	토	일
일진	甲子	乙丑	丙寅	丁卯	戊辰	己巳	庚午	辛未	壬申	癸酉	甲戌	乙亥	丙子	丁丑	戊寅	己卯	庚辰	辛巳	壬午	癸未	甲申	乙酉	丙戌	丁亥	戊子	己丑	庚寅	辛卯	壬辰	癸巳

음양국: 陰 1 　 陰 4 　 陰 7 　 陰 9 　 陰 3 　 陰 6

8月 乙酉

절 기		추분															한로9월												
음력	1	2	3	4	5	6	7	8	9	10	11	12	13	14	15	16	17	18	19	20	21	22	23	24	25	26	27	28	29
양력 월	9월									10월																			
양력 일	22	23	24	25	26	27	28	29	30	1	2	3	4	5	6	7	巳	9	10	11	12	13	14	15	16	17	18	19	20
요일	월	화	수	목	금	토	일	월	화	수	목	금	토	일	월	화	初	목	금	토	일	월	화	수	목	금	토	일	월
일진	甲午	乙未	丙申	丁酉	戊戌	己亥	庚子	辛丑	壬寅	癸卯	甲辰	乙巳	丙午	丁未	戊申	己酉	庚戌	辛亥	壬子	癸丑	甲寅	乙卯	丙辰	丁巳	戊午	己未	庚申	辛酉	壬戌

음양국: 陰 7 　 陰 1 　 陰 4 　 陰 6 　 陰 9 　 陰 3

9月 丙戌

절 기			상강															입동10월												
음력	1	2	3	4	5	6	7	8	9	10	11	12	13	14	15	16	17	18	19	20	21	22	23	24	25	26	27	28	29	30
양력 월	10월											11월																		
양력 일	21	22	23	24	25	26	27	28	29	30	31	1	2	3	4	5	6	午	8	9	10	11	12	13	14	15	16	17	18	19
요일	화	수	목	금	토	일	월	화	수	목	금	토	일	월	화	수	목	後	토	일	월	화	수	목	금	토	일	월	화	수
일진	癸亥	甲子	乙丑	丙寅	丁卯	戊辰	己巳	庚午	辛未	壬申	癸酉	甲戌	乙亥	丙子	丁丑	戊寅	己卯	庚辰	辛巳	壬午	癸未	甲申	乙酉	丙戌	丁亥	戊子	己丑	庚寅	辛卯	壬辰

음양국: 陰 5 　 陰 8 　 陰 2 　 陰 6 　 陰 9 　 陰 3

10月 丁亥

절 기			소설															대설11월												
음력	1	2	3	4	5	6	7	8	9	10	11	12	13	14	15	16	17	18	19	20	21	22	23	24	25	26	27	28	29	30
양력 월	11월											12월																		
양력 일	20	21	22	23	24	25	26	27	28	29	30	1	2	3	4	5	6	卯	8	9	10	11	12	13	14	15	16	17	18	19
요일	목	금	토	일	월	화	수	목	금	토	일	월	화	수	목	금	토	初	월	화	수	목	금	토	일	월	화	수	목	금
일진	癸巳	甲午	乙未	丙申	丁酉	戊戌	己亥	庚子	辛丑	壬寅	癸卯	甲辰	乙巳	丙午	丁未	戊申	己酉	庚戌	辛亥	壬子	癸丑	甲寅	乙卯	丙辰	丁巳	戊午	己未	庚申	辛酉	壬戌

음양국: 陰 5 　 陰 8 　 陰 2 　 陰 4 　 陰 7 　 陰 1

11月 戊子

절 기			동지														소한12월													
음력	1	2	3	4	5	6	7	8	9	10	11	12	13	14	15	16	17	18	19	20	21	22	23	24	25	26	27	28	29	30
양력 월	12월												1월																	
양력 일	20	21	22	23	24	25	26	27	28	29	30	31	1	2	3	4	中	6	7	8	9	10	11	12	13	14	15	16	17	18
요일	토	일	월	화	수	목	금	토	일	월	화	수	목	금	토	일	後	화	수	목	금	토	일	월	화	수	목	금	토	일
일진	癸亥	甲子	乙丑	丙寅	丁卯	戊辰	己巳	庚午	辛未	壬申	癸酉	甲戌	乙亥	丙子	丁丑	戊寅	己卯	庚辰	辛巳	壬午	癸未	甲申	乙酉	丙戌	丁亥	戊子	己丑	庚寅	辛卯	壬辰

음양국: 陽 1 　 陽 7 　 陽 4 　 陽 2 　 陽 8 　 陽 5

12月 己丑

절 기		대한															입춘1월												
음력	1	2	3	4	5	6	7	8	9	10	11	12	13	14	15	16	17	18	19	20	21	22	23	24	25	26	27	28	29
양력 월	1월												2월																
양력 일	19	20	21	22	23	24	25	26	27	28	29	30	31	1	2	3	寅	5	6	7	8	9	10	11	12	13	14	15	16
요일	월	화	수	목	금	토	일	월	화	수	목	금	토	일	월	화	後	목	금	토	일	월	화	수	목	금	토	일	월
일진	癸巳	甲午	乙未	丙申	丁酉	戊戌	己亥	庚子	辛丑	壬寅	癸卯	甲辰	乙巳	丙午	丁未	戊申	己酉	庚戌	辛亥	壬子	癸丑	甲寅	乙卯	丙辰	丁巳	戊午	己未	庚申	辛酉

음양국: 陽 3 　 陽 9 　 陽 6 　 陽 8 　 陽 5 　 陽 2

입춘(2/4) 05:02　　경칩(3/5) 22:59　　청명(4/5) 03:40
입하(5/5) 20:48　　망종(6/6) 00:48　　소서(7/7) 10:57

2026(丙午年)

입추(8/7) 20:42　　백로(9/7) 23:41　　한로(10/8) 15:29
입동(11/7) 18:52　　대설(12/7) 11:52　　소한(1/5) 23:10

1月 庚寅

절기: 우수(3), 경칩2월(17)

음력	1	2	3	4	5	6	7	8	9	10	11	12	13	14	15	16	17	18	19	20	21	22	23	24	25	26	27	28	29	30
양력(2월/3월)	17	18	19	20	21	22	23	24	25	26	27	28	1	2	3	4	亥	6	7	8	9	10	11	12	13	14	15	16	17	18
요일	화	수	목	금	토	일	월	화	수	목	금	토	일	월	화	수	後	금	토	일	월	화	수	목	금	토	일	월	화	수
일진	壬戌	癸亥	甲子	乙丑	丙寅	丁卯	戊辰	己巳	庚午	辛未	壬申	癸酉	甲戌	乙亥	丙子	丁丑	戊寅	己卯	庚辰	辛巳	壬午	癸未	甲申	乙酉	丙戌	丁亥	戊子	己丑	庚寅	辛卯

음양국: 陽2　陽9　陽6　陽3　陽1　陽7　陽4

2月 辛卯

절기: 춘분(2), 청명3월(18)

음력	1	2	3	4	5	6	7	8	9	10	11	12	13	14	15	16	17	18	19	20	21	22	23	24	25	26	27	28	29
양력(3월/4월)	19	20	21	22	23	24	25	26	27	28	29	30	31	1	2	3	4	寅	6	7	8	9	10	11	12	13	14	15	16
요일	목	금	토	일	월	화	수	목	금	토	일	월	화	수	목	금	토	初	월	화	수	목	금	토	일	월	화	수	목
일진	壬辰	癸巳	甲午	乙未	丙申	丁酉	戊戌	己亥	庚子	辛丑	壬寅	癸卯	甲辰	乙巳	丙午	丁未	戊申	己酉	庚戌	辛亥	壬子	癸丑	甲寅	乙卯	丙辰	丁巳	戊午	己未	庚申

음양국: 陽4　陽3　陽9　陽6　陽4　陽1　陽7

3月 壬辰

절기: 곡우(4), 입하4월(19)

음력	1	2	3	4	5	6	7	8	9	10	11	12	13	14	15	16	17	18	19	20	21	22	23	24	25	26	27	28	29	30
양력(4월/5월)	17	18	19	20	21	22	23	24	25	26	27	28	29	30	1	2	3	4	戌	6	7	8	9	10	11	12	13	14	15	16
요일	금	토	일	월	화	수	목	금	토	일	월	화	수	목	금	토	일	월	中	수	목	금	토	일	월	화	수	목	금	토
일진	辛酉	壬戌	癸亥	甲子	乙丑	丙寅	丁卯	戊辰	己巳	庚午	辛未	壬申	癸酉	甲戌	乙亥	丙子	丁丑	戊寅	己卯	庚辰	辛巳	壬午	癸未	甲申	乙酉	丙戌	丁亥	戊子	己丑	庚寅

음양국: 陽7　陽5　陽2　陽8　陽4　陽1　陽7

4月 癸巳

절기: 소만(5), 망종5월(21)

음력	1	2	3	4	5	6	7	8	9	10	11	12	13	14	15	16	17	18	19	20	21	22	23	24	25	26	27	28	29
양력(5월/6월)	17	18	19	20	21	22	23	24	25	26	27	28	29	30	31	1	2	3	4	5	子	7	8	9	10	11	12	13	14
요일	일	월	화	수	목	금	토	일	월	화	수	목	금	토	일	월	화	수	목	금	中	일	월	화	수	목	금	토	일
일진	辛卯	壬辰	癸巳	甲午	乙未	丙申	丁酉	戊戌	己亥	庚子	辛丑	壬寅	癸卯	甲辰	乙巳	丙午	丁未	戊申	己酉	庚戌	辛亥	壬子	癸丑	甲寅	乙卯	丙辰	丁巳	戊午	己未

음양국: 陽7　陽5　陽2　陽8　陽6　陽3　陽9

5月 甲午

절기: 하지(7), 소서6월(23)

음력	1	2	3	4	5	6	7	8	9	10	11	12	13	14	15	16	17	18	19	20	21	22	23	24	25	26	27	28	29
양력(6월/7월)	15	16	17	18	19	20	21	22	23	24	25	26	27	28	29	30	1	2	3	4	5	6	巳	8	9	10	11	12	13
요일	월	화	수	목	금	토	일	월	화	수	목	금	토	일	월	화	수	목	금	토	일	월	後	수	목	금	토	일	월
일진	庚申	辛酉	壬戌	癸亥	甲子	乙丑	丙寅	丁卯	戊辰	己巳	庚午	辛未	壬申	癸酉	甲戌	乙亥	丙子	丁丑	戊寅	己卯	庚辰	辛巳	壬午	癸未	甲申	乙酉	丙戌	丁亥	戊子

음양국: 陽9　陰9　陰3　陰6　陰8　陰2

6月 乙未

절기: 대서(10), 입추7월(25)

음력	1	2	3	4	5	6	7	8	9	10	11	12	13	14	15	16	17	18	19	20	21	22	23	24	25	26	27	28	29	30
양력(7월/8월)	14	15	16	17	18	19	20	21	22	23	24	25	26	27	28	29	30	31	1	2	3	4	5	6	戊	8	9	10	11	12
요일	화	수	목	금	토	일	월	화	수	목	금	토	일	월	화	수	목	금	토	일	월	화	수	목	中	토	일	월	화	수
일진	己丑	庚寅	辛卯	壬辰	癸巳	甲午	乙未	丙申	丁酉	戊戌	己亥	庚子	辛丑	壬寅	癸卯	甲辰	乙巳	丙午	丁未	戊申	己酉	庚戌	辛亥	壬子	癸丑	甲寅	乙卯	丙辰	丁巳	戊午

음양국: 陰5　陰7　陰1　陰4　陰2　陰5

7月 丙申

구분	1	2	3	4	5	6	7	8	9	10	11	12	13	14	15	16	17	18	19	20	21	22	23	24	25	26	27	28	29
절기											처서															백로8월			
음력	1	2	3	4	5	6	7	8	9	10	11	12	13	14	15	16	17	18	19	20	21	22	23	24	25	26	27	28	29
양력(8월→9월)	13	14	15	16	17	18	19	20	21	22	23	24	25	26	27	28	29	30	31	1	2	3	4	5	6	7子	8	9	10
요일	목	금	토	일	월	화	수	목	금	토	일	월	화	수	목	금	토	일	월	화	수	목	금	토	일	初	화	수	목
일진	己未	庚申	辛酉	壬戌	癸亥	甲子	乙丑	丙寅	丁卯	戊辰	己巳	庚午	辛未	壬申	癸酉	甲戌	乙亥	丙子	丁丑	戊寅	己卯	庚辰	辛巳	壬午	癸未	甲申	乙酉	丙戌	丁亥

음양국: 陰8　陰1　陰4　陰7　陰9　陰3

8月 丁酉

구분	1	2	3	4	5	6	7	8	9	10	11	12	13	14	15	16	17	18	19	20	21	22	23	24	25	26	27	28	29	30
절기													추분															한로9월		
음력	1	2	3	4	5	6	7	8	9	10	11	12	13	14	15	16	17	18	19	20	21	22	23	24	25	26	27	28	29	30
양력(9월→10월)	11	12	13	14	15	16	17	18	19	20	21	22	23	24	25	26	27	28	29	30	1	2	3	4	5	6	7	8未	9	10
요일	금	토	일	월	화	수	목	금	토	일	월	화	수	목	금	토	일	월	화	수	목	금	토	일	월	화	수	後	금	토
일진	戊子	己丑	庚寅	辛卯	壬辰	癸巳	甲午	乙未	丙申	丁酉	戊戌	己亥	庚子	辛丑	壬寅	癸卯	甲辰	乙巳	丙午	丁未	戊申	己酉	庚戌	辛亥	壬子	癸丑	甲寅	乙卯	丙辰	丁巳

음양국: 陰6　陰7　陰1　陰4　陰6　陰9

9月 戊戌

구분	1	2	3	4	5	6	7	8	9	10	11	12	13	14	15	16	17	18	19	20	21	22	23	24	25	26	27	28	29
절기													상강															입동10월	
음력	1	2	3	4	5	6	7	8	9	10	11	12	13	14	15	16	17	18	19	20	21	22	23	24	25	26	27	28	29
양력(10월→11월)	11	12	13	14	15	16	17	18	19	20	21	22	23	24	25	26	27	28	29	30	31	1	2	3	4	5	6	7酉	8
요일	일	월	화	수	목	금	토	일	월	화	수	목	금	토	일	월	화	수	목	금	토	일	월	화	수	목	금	後	일
일진	戊午	己未	庚申	辛酉	壬戌	癸亥	甲子	乙丑	丙寅	丁卯	戊辰	己巳	庚午	辛未	壬申	癸酉	甲戌	乙亥	丙子	丁丑	戊寅	己卯	庚辰	辛巳	壬午	癸未	甲申	乙酉	丙戌

음양국: 陰3　陰5　陰8　陰2　陰6　陰9

10月 己亥

구분	1	2	3	4	5	6	7	8	9	10	11	12	13	14	15	16	17	18	19	20	21	22	23	24	25	26	27	28	29	30
절기														소설															대설11월	
음력	1	2	3	4	5	6	7	8	9	10	11	12	13	14	15	16	17	18	19	20	21	22	23	24	25	26	27	28	29	30
양력(11월→12월)	9	10	11	12	13	14	15	16	17	18	19	20	21	22	23	24	25	26	27	28	29	30	1	2	3	4	5	6	7午	8
요일	월	화	수	목	금	토	일	월	화	수	목	금	토	일	월	화	수	목	금	토	일	월	화	수	목	금	토	일	初	화
일진	丁亥	戊子	己丑	庚寅	辛卯	壬辰	癸巳	甲午	乙未	丙申	丁酉	戊戌	己亥	庚子	辛丑	壬寅	癸卯	甲辰	乙巳	丙午	丁未	戊申	己酉	庚戌	辛亥	壬子	癸丑	甲寅	乙卯	丙辰

음양국: 陰9　陰3　陰5　陰8　陰2　陰4　陰7

11月 庚子

구분	1	2	3	4	5	6	7	8	9	10	11	12	13	14	15	16	17	18	19	20	21	22	23	24	25	26	27	28	29	30
절기														동지															소한12월	
음력	1	2	3	4	5	6	7	8	9	10	11	12	13	14	15	16	17	18	19	20	21	22	23	24	25	26	27	28	29	30
양력(12월→1월)	9	10	11	12	13	14	15	16	17	18	19	20	21	22	23	24	25	26	27	28	29	30	31	1	2	3	4	5亥	6	7
요일	수	목	금	토	일	월	화	수	목	금	토	일	월	화	수	목	금	토	일	월	화	수	목	금	토	일	월	後	수	목
일진	丁巳	戊午	己未	庚申	辛酉	壬戌	癸亥	甲子	乙丑	丙寅	丁卯	戊辰	己巳	庚午	辛未	壬申	癸酉	甲戌	乙亥	丙子	丁丑	戊寅	己卯	庚辰	辛巳	壬午	癸未	甲申	乙酉	丙戌

음양국: 陰7　陰1　[陽1]　陽7　陽4　陽2　陽8

12月 辛丑

구분	1	2	3	4	5	6	7	8	9	10	11	12	13	14	15	16	17	18	19	20	21	22	23	24	25	26	27	28	29	30
절기													대한															입춘1월		
음력	1	2	3	4	5	6	7	8	9	10	11	12	13	14	15	16	17	18	19	20	21	22	23	24	25	26	27	28	29	30
양력(1월→2월)	8	9	10	11	12	13	14	15	16	17	18	19	20	21	22	23	24	25	26	27	28	29	30	31	1	2	3	4巳	5	6
요일	금	토	일	월	화	수	목	금	토	일	월	화	수	목	금	토	일	월	화	수	목	금	토	일	월	화	수	中	금	토
일진	丁亥	戊子	己丑	庚寅	辛卯	壬辰	癸巳	甲午	乙未	丙申	丁酉	戊戌	己亥	庚子	辛丑	壬寅	癸卯	甲辰	乙巳	丙午	丁未	戊申	己酉	庚戌	辛亥	壬子	癸丑	甲寅	乙卯	丙辰

음양국: 陽8　陽5　陽3　陽9　陽6　陽8　陽5

입춘(2/4) 10:46　　　　　　　　　　　　　　　　　　　　　　　입추(8/8) 02:26
경칩(3/6) 04:39　　　　　　　　　　　　　　　　　　　　　　　백로(9/8) 05:28
청명(4/5) 09:17　　　　　　　## 2027(丁未年)　　　　한로(10/8) 21:17
입하(5/6) 02:25　　　　　　　　　　　　　　　　　　　　　　　입동(11/8) 00:38
망종(6/6) 06:25　　　　　　　　　　　　　　　　　　　　　　　대설(12/7) 17:37
소서(7/7) 16:37　　　　　　　　　　　　　　　　　　　　　　　소한(1/6) 04:54

1月 壬寅

절기	우수(13) … 경칩2월(28)
음력	1 2 3 4 5 6 7 8 9 10 11 12 **13** 14 15 16 17 18 19 20 21 22 23 24 25 26 27 **28** 29
양력 월	2월 … 3월
양력 일	7 8 9 10 11 12 13 14 15 16 17 18 **19** 20 21 22 23 24 25 26 27 28 **1** 2 3 4 5 寅 7
요일	일 월 화 수 목 금 토 일 월 화 수 목 금 토 일 월 화 수 목 금 토 일 월 화 수 목 금 中 일
일진	丁巳 戊午 己未 庚申 辛酉 壬戌 癸亥 甲子 乙丑 丙寅 丁卯 戊辰 己巳 庚午 辛未 壬申 癸酉 甲戌 乙亥 丙子 丁丑 戊寅 己卯 庚辰 辛巳 壬午 癸未 甲申 乙酉
음양국	陽5　陽2　陽9　陽6　陽3　陽1　陽7

2月 癸卯

절기	춘분(14) … 청명3월(29)
음력	1 2 3 4 5 6 7 8 9 10 11 12 13 **14** 15 16 17 18 19 20 21 22 23 24 25 26 27 28 **29** 30
양력 월	3월 … 4월
양력 일	8 9 10 11 12 13 14 15 16 17 18 19 20 **21** 22 23 24 25 26 27 28 29 30 31 **1** 2 3 4 辰 6
요일	월 화 수 목 금 토 일 월 화 수 목 금 토 일 월 화 수 목 금 토 일 월 화 수 목 금 토 일 後 화
일진	丙戌 丁亥 戊子 己丑 庚寅 辛卯 壬辰 癸巳 甲午 乙未 丙申 丁酉 戊戌 己亥 庚子 辛丑 壬寅 癸卯 甲辰 乙巳 丙午 丁未 戊申 己酉 庚戌 辛亥 壬子 癸丑 甲寅 乙卯
음양국	陽7　陽4　陽3　陽9　陽6　陽4　陽1

3月 甲辰

절기	곡우(14)
음력	1 2 3 4 5 6 7 8 9 10 11 12 13 **14** 15 16 17 18 19 20 21 22 23 24 25 26 27 28 29
양력 월	4월 … 5월
양력 일	7 8 9 10 11 12 13 14 15 16 17 18 19 **20** 21 22 23 24 25 26 27 28 29 30 **1** 2 3 4 5
요일	수 목 금 토 일 월 화 수 목 금 토 일 월 화 수 목 금 토 일 월 화 수 목 금 토 일 월 화 수
일진	丙辰 丁巳 戊午 己未 庚申 辛酉 壬戌 癸亥 甲子 乙丑 丙寅 丁卯 戊辰 己巳 庚午 辛未 壬申 癸酉 甲戌 乙亥 丙子 丁丑 戊寅 己卯 庚辰 辛巳 壬午 癸未 甲申
음양국	陽1　陽7　陽5　陽2　陽8　陽4　陽1

4月 乙巳

절기	입하4월(1) … 소만(16)
음력	**1** 2 3 4 5 6 7 8 9 10 11 12 13 14 15 **16** 17 18 19 20 21 22 23 24 25 26 27 28 29 30
양력 월	5월 … 6월
양력 일	丑 7 8 9 10 11 12 13 14 15 16 17 18 19 20 **21** 22 23 24 25 26 27 28 29 30 31 **1** 2 3 4
요일	中 금 토 일 월 화 수 목 금 토 일 월 화 수 목 금 토 일 월 화 수 목 금 토 일 월 화 수 목 금
일진	乙酉 丙戌 丁亥 戊子 己丑 庚寅 辛卯 壬辰 癸巳 甲午 乙未 丙申 丁酉 戊戌 己亥 庚子 辛丑 壬寅 癸卯 甲辰 乙巳 丙午 丁未 戊申 己酉 庚戌 辛亥 壬子 癸丑 甲寅
음양국	陽1　陽7　陽5　陽2　陽8　陽6

5月 丙午

절기	망종5월(2) … 하지(17)
음력	1 **2** 3 4 5 6 7 8 9 10 11 12 13 14 15 16 **17** 18 19 20 21 22 23 24 25 26 27 28 29
양력 월	6월 … 7월
양력 일	5 卯 7 8 9 10 11 12 13 14 15 16 17 18 19 20 **21** 22 23 24 25 26 27 28 29 30 **1** 2 3
요일	토 中 월 화 수 목 금 토 일 월 화 수 목 금 토 일 월 화 수 목 금 토 일 월 화 수 목 금 토
일진	乙卯 丙辰 丁巳 戊午 己未 庚申 辛酉 壬戌 癸亥 甲子 乙丑 丙寅 丁卯 戊辰 己巳 庚午 辛未 壬申 癸酉 甲戌 乙亥 丙子 丁丑 戊寅 己卯 庚辰 辛巳 壬午 癸未
음양국	陽3　陽9　陰9　陰3　陰6　陰8

6月 丁未

절기	소서6월(4) … 대서(20)
음력	1 2 3 **4** 5 6 7 8 9 10 11 12 13 14 15 16 17 18 19 **20** 21 22 23 24 25 26 27 28 29
양력 월	7월 … 8월
양력 일	4 5 6 中 8 9 10 11 12 13 14 15 16 17 18 19 20 21 22 **23** 24 25 26 27 28 29 30 31 **1**
요일	일 월 화 中 목 금 토 일 월 화 수 목 금 토 일 월 화 수 목 금 토 일 월 화 수 목 금 토 일
일진	甲申 乙酉 丙戌 丁亥 戊子 己丑 庚寅 辛卯 壬辰 癸巳 甲午 乙未 丙申 丁酉 戊戌 己亥 庚子 辛丑 壬寅 癸卯 甲辰 乙巳 丙午 丁未 戊申 己酉 庚戌 辛亥 壬子
음양국	陰2　陰5　陰7　陰1　陰4　陰2

7月 戊申

절기						입추7월															처서									
음력	1	2	3	4	5	6	7	8	9	10	11	12	13	14	15	16	17	18	19	20	21	22	23	24	25	26	27	28	29	30
양력 월 8월 일	2	3	4	5	6	7	丑	9	10	11	12	13	14	15	16	17	18	19	20	21	22	23	24	25	26	27	28	29	30	31
요일	월	화	수	목	금	토	中	월	화	수	목	금	토	일	월	화	수	목	금	토	일	월	화	수	목	금	토	일	월	화
일진	癸丑	甲寅	乙卯	丙辰	丁巳	戊午	己未	庚申	辛酉	壬戌	癸亥	甲子	乙丑	丙寅	丁卯	戊辰	己巳	庚午	辛未	壬申	癸酉	甲戌	乙亥	丙子	丁丑	戊寅	己卯	庚辰	辛巳	壬午
음양국	陰 5					陰 8					陰 1					陰 4					陰 7					陰 9				

8月 己酉

절기							백로8월																추분						
음력	1	2	3	4	5	6	7	8	9	10	11	12	13	14	15	16	17	18	19	20	21	22	23	24	25	26	27	28	29
양력 월 9월 일	1	2	3	4	5	6	7	寅	9	10	11	12	13	14	15	16	17	18	19	20	21	22	23	24	25	26	27	28	29
요일	수	목	금	토	일	월	화	後	목	금	토	일	월	화	수	목	금	토	일	월	화	수	목	금	토	일	월	화	수
일진	癸未	甲申	乙酉	丙戌	丁亥	戊子	己丑	庚寅	辛卯	壬辰	癸巳	甲午	乙未	丙申	丁酉	戊戌	己亥	庚子	辛丑	壬寅	癸卯	甲辰	乙巳	丙午	丁未	戊申	己酉	庚戌	辛亥
음양국	陰 3					陰 6					陰 7					陰 1					陰 4					陰 6			

9月 庚戌

절기								한로9월																	상강				
음력	1	2	3	4	5	6	7	8	9	10	11	12	13	14	15	16	17	18	19	20	21	22	23	24	25	26	27	28	29
양력 월 9월 10월 일	30	1	2	3	4	5	6	7	戌	9	10	11	12	13	14	15	16	17	18	19	20	21	22	23	24	25	26	27	28
요일	목	금	토	일	월	화	수	목	後	토	일	월	화	수	목	금	토	일	월	화	수	목	금	토	일	월	화	수	목
일진	壬子	癸丑	甲寅	乙卯	丙辰	丁巳	戊午	己未	庚申	辛酉	壬戌	癸亥	甲子	乙丑	丙寅	丁卯	戊辰	己巳	庚午	辛未	壬申	癸酉	甲戌	乙亥	丙子	丁丑	戊寅	己卯	庚辰
음양국	陰 6		陰 9				陰 3				陰 5				陰 8				陰 2				陰 6						

10月 辛亥

절기										입동10월														소설					
음력	1	2	3	4	5	6	7	8	9	10	11	12	13	14	15	16	17	18	19	20	21	22	23	24	25	26	27	28	29	30
양력 월 10월 11월 일	29	30	31	1	2	3	4	5	6	7	子	9	10	11	12	13	14	15	16	17	18	19	20	21	22	23	24	25	26	27
요일	금	토	일	월	화	수	목	금	토	일	中	화	수	목	금	토	일	월	화	수	목	금	토	일	월	화	수	목	금	토
일진	辛巳	壬午	癸未	甲申	乙酉	丙戌	丁亥	戊子	己丑	庚寅	辛卯	壬辰	癸巳	甲午	乙未	丙申	丁酉	戊戌	己亥	庚子	辛丑	壬寅	癸卯	甲辰	乙巳	丙午	丁未	戊申	己酉	庚戌
음양국	陰 6		陰 9				陰 3				陰 5				陰 8				陰 2				陰 4							

11月 壬子

절기									대설11월															동지					
음력	1	2	3	4	5	6	7	8	9	10	11	12	13	14	15	16	17	18	19	20	21	22	23	24	25	26	27	28	29	30
양력 월 11월 12월 일	28	29	30	1	2	3	4	5	6	酉	8	9	10	11	12	13	14	15	16	17	18	19	20	21	22	23	24	25	26	27
요일	일	월	화	수	목	금	토	일	월	初	수	목	금	토	일	월	화	수	목	금	토	일	월	화	수	목	금	토	일	월
일진	辛亥	壬子	癸丑	甲寅	乙卯	丙辰	丁巳	戊午	己未	庚申	辛酉	壬戌	癸亥	甲子	乙丑	丙寅	丁卯	戊辰	己巳	庚午	辛未	壬申	癸酉	甲戌	乙亥	丙子	丁丑	戊寅	己卯	庚辰
음양국	陰 4		陰 7				陰 1				陰 4				陰 7				陰 1				陽 1							

12月 癸丑

절기									소한12월															대한					
음력	1	2	3	4	5	6	7	8	9	10	11	12	13	14	15	16	17	18	19	20	21	22	23	24	25	26	27	28	29	30
양력 월 12월 1월 일	28	29	30	31	1	2	3	4	5	寅	7	8	9	10	11	12	13	14	15	16	17	18	19	20	21	22	23	24	25	26
요일	화	수	목	금	토	일	월	화	수	後	금	토	일	월	화	수	목	금	토	일	월	화	수	목	금	토	일	월	화	수
일진	辛巳	壬午	癸未	甲申	乙酉	丙戌	丁亥	戊子	己丑	庚寅	辛卯	壬辰	癸巳	甲午	乙未	丙申	丁酉	戊戌	己亥	庚子	辛丑	壬寅	癸卯	甲辰	乙巳	丙午	丁未	戊申	己酉	庚戌
음양국	陽 1		陽 7				陽 4				陽 2				陽 8				陽 5					陽 3						

입춘(2/4) 16:31
경칩(3/5) 10:24
청명(4/4) 15:03
입하(5/5) 08:12
망종(6/5) 12:16
소서(7/6) 22:30

2028(戊申年)

입추(8/7) 08:21
백로(9/7) 11:22
한로(10/8) 03:08
입동(11/7) 06:27
대설(12/6) 23:24
소한(1/5) 10:42

1月 甲寅

음력	1	2	3	4	5	6	7	8	9	10	11	12	13	14	15	16	17	18	19	20	21	22	23	24	25	26	27	28	29
절기									입춘1월															우수					
양력	1월27	28	29	30	31	2월1	2	3	申	5	6	7	8	9	10	11	12	13	14	15	16	17	18	19	20	21	22	23	24
요일	목	금	토	일	월	화	수	목	中	토	일	월	화	수	목	금	토	일	월	화	수	목	금	토	일	월	화	수	목
일진	辛亥	壬子	癸丑	甲寅	乙卯	丙辰	丁巳	戊午	己未	庚申	辛酉	壬戌	癸亥	甲子	乙丑	丙寅	丁卯	戊辰	己巳	庚午	辛未	壬申	癸酉	甲戌	乙亥	丙子	丁丑	戊寅	己卯
음양국	陽3					陽9					陽8					陽5					陽2					陽9			

2月 乙卯

음력	1	2	3	4	5	6	7	8	9	10	11	12	13	14	15	16	17	18	19	20	21	22	23	24	25	26	27	28	29	30
절기										경칩2월															춘분					
양력	2월25	26	27	28	29	3월1	2	3	4	巳	6	7	8	9	10	11	12	13	14	15	16	17	18	19	20	21	22	23	24	25
요일	금	토	일	월	화	수	목	금	토	中	월	화	수	목	금	토	일	월	화	수	목	금	토	일	월	화	수	목	금	토
일진	庚辰	辛巳	壬午	癸未	甲申	乙酉	丙戌	丁亥	戊子	己丑	庚寅	辛卯	壬辰	癸巳	甲午	乙未	丙申	丁酉	戊戌	己亥	庚子	辛丑	壬寅	癸卯	甲辰	乙巳	丙午	丁未	戊申	己酉
음양국	陽9					陽6					陽3					陽1					陽7					陽4				

3月 丙辰

음력	1	2	3	4	5	6	7	8	9	10	11	12	13	14	15	16	17	18	19	20	21	22	23	24	25	26	27	28	29	30
절기										청명3월															곡우					
양력	3월26	27	28	29	30	31	4월1	2	3	未	5	6	7	8	9	10	11	12	13	14	15	16	17	18	19	20	21	22	23	24
요일	일	월	화	수	목	금	토	일	월	後	수	목	금	토	일	월	화	수	목	금	토	일	월	화	수	목	금	토	일	월
일진	庚戌	辛亥	壬子	癸丑	甲寅	乙卯	丙辰	丁巳	戊午	己未	庚申	辛酉	壬戌	癸亥	甲子	乙丑	丙寅	丁卯	戊辰	己巳	庚午	辛未	壬申	癸酉	甲戌	乙亥	丙子	丁丑	戊寅	己卯
음양국	陽3					陽9					陽6					陽4					陽1					陽7				

4月 丁巳

음력	1	2	3	4	5	6	7	8	9	10	11	12	13	14	15	16	17	18	19	20	21	22	23	24	25	26	27	28	29
절기											입하4월															소만			
양력	4월25	26	27	28	29	30	5월1	2	3	4	辰	6	7	8	9	10	11	12	13	14	15	16	17	18	19	20	21	22	23
요일	화	수	목	금	토	일	월	화	수	목	中	토	일	월	화	수	목	금	토	일	월	화	수	목	금	토	일	월	화
일진	庚辰	辛巳	壬午	癸未	甲申	乙酉	丙戌	丁亥	戊子	己丑	庚寅	辛卯	壬辰	癸巳	甲午	乙未	丙申	丁酉	戊戌	己亥	庚子	辛丑	壬寅	癸卯	甲辰	乙巳	丙午	丁未	戊申
음양국	陽5					陽2					陽8					陽4					陽1					陽7			

5月 戊午

음력	1	2	3	4	5	6	7	8	9	10	11	12	13	14	15	16	17	18	19	20	21	22	23	24	25	26	27	28	29	30
절기													망종5월																하지	
양력	5월24	25	26	27	28	29	30	31	6월1	2	3	4	午	6	7	8	9	10	11	12	13	14	15	16	17	18	19	20	21	22
요일	수	목	금	토	일	월	화	수	목	금	토	일	中	화	수	목	금	토	일	월	화	수	목	금	토	일	월	화	수	목
일진	己酉	庚戌	辛亥	壬子	癸丑	甲寅	乙卯	丙辰	丁巳	戊午	己未	庚申	辛酉	壬戌	癸亥	甲子	乙丑	丙寅	丁卯	戊辰	己巳	庚午	辛未	壬申	癸酉	甲戌	乙亥	丙子	丁丑	戊寅
음양국	陽5					陽2					陽8					陽6					陽3					陽9				

閏5月

음력	1	2	3	4	5	6	7	8	9	10	11	12	13	14	15	16	17	18	19	20	21	22	23	24	25	26	27	28	29
절기														소서6월															
양력	6월23	24	25	26	27	28	29	30	7월1	2	3	4	5	亥	7	8	9	10	11	12	13	14	15	16	17	18	19	20	21
요일	금	토	일	월	화	수	목	금	토	일	월	화	수	中	금	토	일	월	화	수	목	금	토	일	월	화	수	목	금
일진	己卯	庚辰	辛巳	壬午	癸未	甲申	乙酉	丙戌	丁亥	戊子	己丑	庚寅	辛卯	壬辰	癸巳	甲午	乙未	丙申	丁酉	戊戌	己亥	庚子	辛丑	壬寅	癸卯	甲辰	乙巳	丙午	丁未
음양국	陰9					陰3					陰6					陰8					陰2					陰5			

6月 己未

	1	2	3	4	5	6	7	8	9	10	11	12	13	14	15	16	17	18	19	20	21	22	23	24	25	26	27	28	29
절기	대서																입추7월												
음력	1	2	3	4	5	6	7	8	9	10	11	12	13	14	15	16	17	18	19	20	21	22	23	24	25	26	27	28	29
양력(7월→8월)	22	23	24	25	26	27	28	29	30	31	1	2	3	4	5	6	辰	8	9	10	11	12	13	14	15	16	17	18	19
요일	토	일	월	화	수	목	금	토	일	월	화	수	목	금	토	일	中	화	수	목	금	토	일	월	화	수	목	금	토
일진	戊申	己酉	庚戌	辛亥	壬子	癸丑	甲寅	乙卯	丙辰	丁巳	戊午	己未	庚申	辛酉	壬戌	癸亥	甲子	乙丑	丙寅	丁卯	戊辰	己巳	庚午	辛未	壬申	癸酉	甲戌	乙亥	丙子

음양국: 陰 7　陰 1　陰 4　陰 2　陰 5　陰 8

7月 庚申

	1	2	3	4	5	6	7	8	9	10	11	12	13	14	15	16	17	18	19	20	21	22	23	24	25	26	27	28	29	30
절기			처서																백로8월											
음력	1	2	3	4	5	6	7	8	9	10	11	12	13	14	15	16	17	18	19	20	21	22	23	24	25	26	27	28	29	30
양력(8월→9월)	20	21	22	23	24	25	26	27	28	29	30	31	1	2	3	4	5	6	巳	8	9	10	11	12	13	14	15	16	17	18
요일	일	월	화	수	목	금	토	일	월	화	수	목	금	토	일	월	화	수	後	금	토	일	월	화	수	목	금	토	일	월
일진	丁丑	戊寅	己卯	庚辰	辛巳	壬午	癸未	甲申	乙酉	丙戌	丁亥	戊子	己丑	庚寅	辛卯	壬辰	癸巳	甲午	乙未	丙申	丁酉	戊戌	己亥	庚子	辛丑	壬寅	癸卯	甲辰	乙巳	丙午

음양국: 陰 8　陰 1　陰 4　陰 7　陰 9　陰 3　陰 6

8月 辛酉

	1	2	3	4	5	6	7	8	9	10	11	12	13	14	15	16	17	18	19	20	21	22	23	24	25	26	27	28	29
절기				추분																한로9월									
음력	1	2	3	4	5	6	7	8	9	10	11	12	13	14	15	16	17	18	19	20	21	22	23	24	25	26	27	28	29
양력(9월→10월)	19	20	21	22	23	24	25	26	27	28	29	30	1	2	3	4	5	6	7	丑	9	10	11	12	13	14	15	16	17
요일	화	수	목	금	토	일	월	화	수	목	금	토	일	월	화	수	목	금	토	後	월	화	수	목	금	토	일	월	화
일진	丁未	戊申	己酉	庚戌	辛亥	壬子	癸丑	甲寅	乙卯	丙辰	丁巳	戊午	己未	庚申	辛酉	壬戌	癸亥	甲子	乙丑	丙寅	丁卯	戊辰	己巳	庚午	辛未	壬申	癸酉	甲戌	乙亥

음양국: 陰 6　陰 7　陰 1　陰 4　陰 6　陰 9　陰 3

9月 壬戌

	1	2	3	4	5	6	7	8	9	10	11	12	13	14	15	16	17	18	19	20	21	22	23	24	25	26	27	28	29
절기						상강															입동10월								
음력	1	2	3	4	5	6	7	8	9	10	11	12	13	14	15	16	17	18	19	20	21	22	23	24	25	26	27	28	29
양력(10월→11월)	18	19	20	21	22	23	24	25	26	27	28	29	30	31	1	2	3	4	5	6	卯	8	9	10	11	12	13	14	15
요일	수	목	금	토	일	월	화	수	목	금	토	일	월	화	수	목	금	토	일	월	中	수	목	금	토	일	월	화	수
일진	丙子	丁丑	戊寅	己卯	庚辰	辛巳	壬午	癸未	甲申	乙酉	丙戌	丁亥	戊子	己丑	庚寅	辛卯	壬辰	癸巳	甲午	乙未	丙申	丁酉	戊戌	己亥	庚子	辛丑	壬寅	癸卯	甲辰

음양국: 陰 3　陰 5　陰 8　陰 2　陰 6　陰 9　陰 3

10月 癸亥

	1	2	3	4	5	6	7	8	9	10	11	12	13	14	15	16	17	18	19	20	21	22	23	24	25	26	27	28	29	30
절기							소설														대설11월									
음력	1	2	3	4	5	6	7	8	9	10	11	12	13	14	15	16	17	18	19	20	21	22	23	24	25	26	27	28	29	30
양력(11월→12월)	16	17	18	19	20	21	22	23	24	25	26	27	28	29	30	1	2	3	4	5	亥	7	8	9	10	11	12	13	14	15
요일	목	금	토	일	월	화	수	목	금	토	일	월	화	수	목	금	토	일	월	화	後	목	금	토	일	월	화	수	목	금
일진	乙巳	丙午	丁未	戊申	己酉	庚戌	辛亥	壬子	癸丑	甲寅	乙卯	丙辰	丁巳	戊午	己未	庚申	辛酉	壬戌	癸亥	甲子	乙丑	丙寅	丁卯	戊辰	己巳	庚午	辛未	壬申	癸酉	甲戌

음양국: 陰 3　陰 5　陰 8　陰 2　陰 4　陰 7

11月 甲子

	1	2	3	4	5	6	7	8	9	10	11	12	13	14	15	16	17	18	19	20	21	22	23	24	25	26	27	28	29	30
절기						동지															소한12월									
음력	1	2	3	4	5	6	7	8	9	10	11	12	13	14	15	16	17	18	19	20	21	22	23	24	25	26	27	28	29	30
양력(12월→1월)	16	17	18	19	20	21	22	23	24	25	26	27	28	29	30	31	1	2	3	4	巳	6	7	8	9	10	11	12	13	14
요일	토	일	월	화	수	목	금	토	일	월	화	수	목	금	토	일	월	화	수	목	中	토	일	월	화	수	목	금	토	일
일진	乙亥	丙子	丁丑	戊寅	己卯	庚辰	辛巳	壬午	癸未	甲申	乙酉	丙戌	丁亥	戊子	己丑	庚寅	辛卯	壬辰	癸巳	甲午	乙未	丙申	丁酉	戊戌	己亥	庚子	辛丑	壬寅	癸卯	甲辰

음양국: 陰 1　**陽 1**　陽 7　陽 4　陽 2　陽 8

12月 乙丑

	1	2	3	4	5	6	7	8	9	10	11	12	13	14	15	16	17	18	19	20	21	22	23	24	25	26	27	28	29
절기						대한														입춘1월									
음력	1	2	3	4	5	6	7	8	9	10	11	12	13	14	15	16	17	18	19	20	21	22	23	24	25	26	27	28	29
양력(1월→2월)	15	16	17	18	19	20	21	22	23	24	25	26	27	28	29	30	31	1	2	亥	4	5	6	7	8	9	10	11	12
요일	월	화	수	목	금	토	일	월	화	수	목	금	토	일	월	화	수	목	금	中	일	월	화	수	목	금	토	일	월
일진	乙巳	丙午	丁未	戊申	己酉	庚戌	辛亥	壬子	癸丑	甲寅	乙卯	丙辰	丁巳	戊午	己未	庚申	辛酉	壬戌	癸亥	甲子	乙丑	丙寅	丁卯	戊辰	己巳	庚午	辛未	壬申	癸酉

음양국: 陽 5　陽 3　陽 9　陽 6　陽 8　陽 5

입춘(2/3) 22:20
경칩(3/5) 16:17
청명(4/4) 20:58
입하(5/5) 14:07
망종(6/5) 18:10
소서(7/7) 04:22

2029(己酉年)

입추(8/7) 14:11
백로(9/7) 17:11
한로(10/8) 08:58
입동(11/7) 12:16
대설(12/7) 05:13
소한(1/5) 16:29

1월 丙寅

절기						우수															경칩2월									
음력	1	2	3	4	5	6	7	8	9	10	11	12	13	14	15	16	17	18	19	20	21	22	23	24	25	26	27	28	29	30
양력 월	2월																3월													
양력 일	13	14	15	16	17	18	19	20	21	22	23	24	25	26	27	28	1	2	3	4	申	6	7	8	9	10	11	12	13	14
요일	화	수	목	금	토	일	월	화	수	목	금	토	일	월	화	수	목	금	토	일	中	화	수	목	금	토	일	월	화	수
일진	甲戌	乙亥	丙子	丁丑	戊寅	己卯	庚辰	辛巳	壬午	癸未	甲申	乙酉	丙戌	丁亥	戊子	己丑	庚寅	辛卯	壬辰	癸巳	甲午	乙未	丙申	丁酉	戊戌	己亥	庚子	辛丑	壬寅	癸卯
음양국	陽 2					陽 9					陽 6					陽 3					陽 1					陽 7				

2월 丁卯

절기						춘분															청명3월									
음력	1	2	3	4	5	6	7	8	9	10	11	12	13	14	15	16	17	18	19	20	21	22	23	24	25	26	27	28	29	30
양력 월	3월																	4월												
양력 일	15	16	17	18	19	20	21	22	23	24	25	26	27	28	29	30	31	1	2	3	戌	5	6	7	8	9	10	11	12	13
요일	목	금	토	일	월	화	수	목	금	토	일	월	화	수	목	금	토	일	월	화	後	목	금	토	일	월	화	수	목	금
일진	甲辰	乙巳	丙午	丁未	戊申	己酉	庚戌	辛亥	壬子	癸丑	甲寅	乙卯	丙辰	丁巳	戊午	己未	庚申	辛酉	壬戌	癸亥	甲子	乙丑	丙寅	丁卯	戊辰	己巳	庚午	辛未	壬申	癸酉
음양국	陽 4					陽 3					陽 9					陽 6					陽 4					陽 1				

3월 戊辰

절기						곡우															입하4월								
음력	1	2	3	4	5	6	7	8	9	10	11	12	13	14	15	16	17	18	19	20	21	22	23	24	25	26	27	28	29
양력 월	4월																	5월											
양력 일	14	15	16	17	18	19	20	21	22	23	24	25	26	27	28	29	30	1	2	3	4	未	6	7	8	9	10	11	12
요일	토	일	월	화	수	목	금	토	일	월	화	수	목	금	토	일	월	화	수	목	금	初	일	월	화	수	목	금	토
일진	甲戌	乙亥	丙子	丁丑	戊寅	己卯	庚辰	辛巳	壬午	癸未	甲申	乙酉	丙戌	丁亥	戊子	己丑	庚寅	辛卯	壬辰	癸巳	甲午	乙未	丙申	丁酉	戊戌	己亥	庚子	辛丑	壬寅
음양국	陽 7					陽 5					陽 2					陽 8					陽 4					陽 1			

4월 己巳

절기									소만															망종5월						
음력	1	2	3	4	5	6	7	8	9	10	11	12	13	14	15	16	17	18	19	20	21	22	23	24	25	26	27	28	29	30
양력 월	5월																			6월										
양력 일	13	14	15	16	17	18	19	20	21	22	23	24	25	26	27	28	29	30	31	1	2	3	4	酉	6	7	8	9	10	11
요일	일	월	화	수	목	금	토	일	월	화	수	목	금	토	일	월	화	수	목	금	토	일	월	中	수	목	금	토	일	월
일진	癸卯	甲辰	乙巳	丙午	丁未	戊申	己酉	庚戌	辛亥	壬子	癸丑	甲寅	乙卯	丙辰	丁巳	戊午	己未	庚申	辛酉	壬戌	癸亥	甲子	乙丑	丙寅	丁卯	戊辰	己巳	庚午	辛未	壬申
음양국	陽 7					陽 5					陽 2					陽 8					陽 6					陽 3				

5월 庚午

절기										하지																소서6월				
음력	1	2	3	4	5	6	7	8	9	10	11	12	13	14	15	16	17	18	19	20	21	22	23	24	25	26	27	28	29	30
양력 월	6월																			7월										
양력 일	12	13	14	15	16	17	18	19	20	21	22	23	24	25	26	27	28	29	30	1	2	3	4	5	6	寅	8	9	10	11
요일	화	수	목	금	토	일	월	화	수	목	금	토	일	월	화	수	목	금	토	일	월	화	수	목	금	中	일	월	화	수
일진	癸酉	甲戌	乙亥	丙子	丁丑	戊寅	己卯	庚辰	辛巳	壬午	癸未	甲申	乙酉	丙戌	丁亥	戊子	己丑	庚寅	辛卯	壬辰	癸巳	甲午	乙未	丙申	丁酉	戊戌	己亥	庚子	辛丑	壬寅
음양국	陽 9					陰 9					陰 3					陰 6					陰 8					陰 2				

6월 辛未

절기											대서																입추7월		
음력	1	2	3	4	5	6	7	8	9	10	11	12	13	14	15	16	17	18	19	20	21	22	23	24	25	26	27	28	29
양력 월	7월																				8월								
양력 일	12	13	14	15	16	17	18	19	20	21	22	23	24	25	26	27	28	29	30	31	1	2	3	4	5	6	未	8	9
요일	목	금	토	일	월	화	수	목	금	토	일	월	화	수	목	금	토	일	월	화	수	목	금	토	일	월	中	수	목
일진	癸卯	甲辰	乙巳	丙午	丁未	戊申	己酉	庚戌	辛亥	壬子	癸丑	甲寅	乙卯	丙辰	丁巳	戊午	己未	庚申	辛酉	壬戌	癸亥	甲子	乙丑	丙寅	丁卯	戊辰	己巳	庚午	辛未
음양국	陰 5					陰 7					陰 1					陰 4					陰 2					陰 5			

7月 壬申

절기: 처서 (음력 14), 백로8월 (음력 29)

음력	1	2	3	4	5	6	7	8	9	10	11	12	13	**14**	15	16	17	18	19	20	21	22	23	24	25	26	27	28	**29**
양력(월)	8월																											9월	
양력(일)	10	11	12	13	14	15	16	17	18	19	20	21	22	**23**	24	25	26	27	28	29	30	31	1	2	3	4	5	6	申後
요일	금	토	일	월	화	수	목	금	토	일	월	화	수	**목**	금	토	일	월	화	수	목	금	토	일	월	화	수	목	申後
일진	壬申	癸酉	甲戌	乙亥	丙子	丁丑	戊寅	己卯	庚辰	辛巳	壬午	癸未	甲申	乙酉	丙戌	丁亥	戊子	己丑	庚寅	辛卯	壬辰	癸巳	甲午	乙未	丙申	丁酉	戊戌	己亥	庚子

음양국: 陰5 陰8 陰1 陰4 陰7 陰9 陰3

8月 癸酉

절기: 추분 (음력 16)

음력	1	2	3	4	5	6	7	8	9	10	11	12	13	14	15	**16**	17	18	19	20	21	22	23	24	25	26	27	28	29	30
양력(월)	9월																							10월						
양력(일)	8	9	10	11	12	13	14	15	16	17	18	19	20	21	22	**23**	24	25	26	27	28	29	30	1	2	3	4	5	6	7
요일	토	일	월	화	수	목	금	토	일	월	화	수	목	금	토	**일**	월	화	수	목	금	토	일	월	화	수	목	금	토	일
일진	辛丑	壬寅	癸卯	甲辰	乙巳	丙午	丁未	戊申	己酉	庚戌	辛亥	壬子	癸丑	甲寅	乙卯	丙辰	丁巳	戊午	己未	庚申	辛酉	壬戌	癸亥	甲子	乙丑	丙寅	丁卯	戊辰	己巳	庚午

음양국: 陰3 陰6 陰7 陰1 陰4 陰6 陰9

9月 甲戌

절기: 한로9월 (음력 1), 상강 (음력 16)

음력	**1**	2	3	4	5	6	7	8	9	10	11	12	13	14	15	**16**	17	18	19	20	21	22	23	24	25	26	27	28	29
양력(월)	10월																							11월					
양력(일)	辰	9	10	11	12	13	14	15	16	17	18	19	20	21	22	**23**	24	25	26	27	28	29	30	31	1	2	3	4	5
요일	後	화	수	목	금	토	일	월	화	수	목	금	토	일	월	**화**	수	목	금	토	일	월	화	수	목	금	토	일	월
일진	辛未	壬申	癸酉	甲戌	乙亥	丙子	丁丑	戊寅	己卯	庚辰	辛巳	壬午	癸未	甲申	乙酉	丙戌	丁亥	戊子	己丑	庚寅	辛卯	壬辰	癸巳	甲午	乙未	丙申	丁酉	戊戌	己亥

음양국: 陰9 陰3 陰5 陰8 陰2 陰6 陰9

10月 乙亥

절기: 입동10월 (음력 2), 소설 (음력 17)

음력	1	**2**	3	4	5	6	7	8	9	10	11	12	13	14	15	16	**17**	18	19	20	21	22	23	24	25	26	27	28	29
양력(월)	11월																										12월		
양력(일)	6	午	8	9	10	11	12	13	14	15	16	17	18	19	20	21	**22**	23	24	25	26	27	28	29	30	1	2	3	4
요일	화	中	목	금	토	일	월	화	수	목	금	토	일	월	화	수	**목**	금	토	일	월	화	수	목	금	토	일	월	화
일진	庚子	辛丑	壬寅	癸卯	甲辰	乙巳	丙午	丁未	戊申	己酉	庚戌	辛亥	壬子	癸丑	甲寅	乙卯	丙辰	丁巳	戊午	己未	庚申	辛酉	壬戌	癸亥	甲子	乙丑	丙寅	丁卯	戊辰

음양국: 陰9 陰3 陰5 陰8 陰2 陰4

11月 丙子

절기: 대설11월 (음력 3), 동지 (음력 17)

음력	1	2	**3**	4	5	6	7	8	9	10	11	12	13	14	15	16	**17**	18	19	20	21	22	23	24	25	26	27	28	29	30
양력(월)	12월																										1월			
양력(일)	5	6	寅	8	9	10	11	12	13	14	15	16	17	18	19	20	**21**	22	23	24	25	26	27	28	29	30	31	1	2	3
요일	수	목	後	토	일	월	화	수	목	금	토	일	월	화	수	목	**금**	토	일	월	화	수	목	금	토	일	월	화	수	목
일진	己巳	庚午	辛未	壬申	癸酉	甲戌	乙亥	丙子	丁丑	戊寅	己卯	庚辰	辛巳	壬午	癸未	甲申	乙酉	丙戌	丁亥	戊子	己丑	庚寅	辛卯	壬辰	癸巳	甲午	乙未	丙申	丁酉	戊戌

음양국: 陰7 陰1 陽1 陽7 陽4 陽2

12月 丁丑

절기: 소한12월 (음력 2), 대한 (음력 17)

음력	1	**2**	3	4	5	6	7	8	9	10	11	12	13	14	15	16	**17**	18	19	20	21	22	23	24	25	26	27	28	29	30
양력(월)	1월																											2월		
양력(일)	4	申	6	7	8	9	10	11	12	13	14	15	16	17	18	19	**20**	21	22	23	24	25	26	27	28	29	30	31	1	2
요일	금	中	일	월	화	수	목	금	토	일	월	화	수	목	금	토	**일**	월	화	수	목	금	토	일	월	화	수	목	금	토
일진	己亥	庚子	辛丑	壬寅	癸卯	甲辰	乙巳	丙午	丁未	戊申	己酉	庚戌	辛亥	壬子	癸丑	甲寅	乙卯	丙辰	丁巳	戊午	己未	庚申	辛酉	壬戌	癸亥	甲子	乙丑	丙寅	丁卯	戊辰

음양국: 陽8 陽5 陽3 陽9 陽6 陽8

입춘(2/4) 04:07
경칩(3/5) 22:02
청명(4/5) 02:40
입하(5/5) 19:45
망종(6/5) 23:43
소서(7/7) 09:54

입추(8/7) 19:46
백로(9/7) 22:52
한로(10/8) 14:44
입동(11/7) 18:07
대설(12/7) 11:06
소한(1/5) 22:22

2030(庚戌年)

1月 戊寅

절기	입춘1월															우수													
음력	1	2	3	4	5	6	7	8	9	10	11	12	13	14	15	16	17	18	19	20	21	22	23	24	25	26	27	28	29
양력 월	2월																									3월			
양력 일	3	寅	5	6	7	8	9	10	11	12	13	14	15	16	17	18	19	20	21	22	23	24	25	26	27	28	1	2	3
요일	일	初	화	수	목	금	토	일	월	화	수	목	금	토	일	월	화	수	목	금	토	일	월	화	수	목	금	토	일
일진	己巳	庚午	辛未	壬申	癸酉	甲戌	乙亥	丙子	丁丑	戊寅	己卯	庚辰	辛巳	壬午	癸未	甲申	乙酉	丙戌	丁亥	戊子	己丑	庚寅	辛卯	壬辰	癸巳	甲午	乙未	丙申	丁酉
음양국	陽 5					陽 2					陽 9					陽 6					陽 3					陽 1			

2月 己卯

절기	경칩2월																춘분													
음력	1	2	3	4	5	6	7	8	9	10	11	12	13	14	15	16	17	18	19	20	21	22	23	24	25	26	27	28	29	30
양력 월	3월																											4월		
양력 일	4	亥	6	7	8	9	10	11	12	13	14	15	16	17	18	19	20	21	22	23	24	25	26	27	28	29	30	31	1	2
요일	월	初	수	목	금	토	일	월	화	수	목	금	토	일	월	화	수	목	금	토	일	월	화	수	목	금	토	일	월	화
일진	戊戌	己亥	庚子	辛丑	壬寅	癸卯	甲辰	乙巳	丙午	丁未	戊申	己酉	庚戌	辛亥	壬子	癸丑	甲寅	乙卯	丙辰	丁巳	戊午	己未	庚申	辛酉	壬戌	癸亥	甲子	乙丑	丙寅	丁卯
음양국	陽 7					陽 4					陽 3					陽 9					陽 6					陽 4				

3月 庚辰

절기	청명3월																	곡우											
음력	1	2	3	4	5	6	7	8	9	10	11	12	13	14	15	16	17	18	19	20	21	22	23	24	25	26	27	28	29
양력 월	4월																												5월
양력 일	3	4	丑	6	7	8	9	10	11	12	13	14	15	16	17	18	19	20	21	22	23	24	25	26	27	28	29	30	1
요일	수	목	中	토	일	월	화	수	목	금	토	일	월	화	수	목	금	토	일	월	화	수	목	금	토	일	월	화	수
일진	戊辰	己巳	庚午	辛未	壬申	癸酉	甲戌	乙亥	丙子	丁丑	戊寅	己卯	庚辰	辛巳	壬午	癸未	甲申	乙酉	丙戌	丁亥	戊子	己丑	庚寅	辛卯	壬辰	癸巳	甲午	乙未	丙申
음양국	陽 1					陽 7					陽 5					陽 2					陽 8					陽 4			

4月 辛巳

절기	입하4월																			소만										
음력	1	2	3	4	5	6	7	8	9	10	11	12	13	14	15	16	17	18	19	20	21	22	23	24	25	26	27	28	29	30
양력 월	5월																													
양력 일	2	3	戊	6	7	8	9	10	11	12	13	14	15	16	17	18	19	20	21	22	23	24	25	26	27	28	29	30	31	
요일	목	금	토	初	월	화	수	목	금	토	일	월	화	수	목	금	토	일	월	화	수	목	금	토	일	월	화	수	목	금
일진	丁酉	戊戌	己亥	庚子	辛丑	壬寅	癸卯	甲辰	乙巳	丙午	丁未	戊申	己酉	庚戌	辛亥	壬子	癸丑	甲寅	乙卯	丙辰	丁巳	戊午	己未	庚申	辛酉	壬戌	癸亥	甲子	乙丑	丙寅
음양국	陽 4		陽 1			陽 7				陽 5				陽 2				陽 8				陽 6			

5月 壬午

절기				망종5월														하지												
음력	1	2	3	4	5	6	7	8	9	10	11	12	13	14	15	16	17	18	19	20	21	22	23	24	25	26	27	28	29	30
양력 월	6월																													
양력 일	1	2	3	4	子	6	7	8	9	10	11	12	13	14	15	16	17	18	19	20	21	22	23	24	25	26	27	28	29	30
요일	토	일	월	화	初	목	금	토	일	월	화	수	목	금	토	일	월	화	수	목	금	토	일	월	화	수	목	금	토	일
일진	丁卯	戊辰	己巳	庚午	辛未	壬申	癸酉	甲戌	乙亥	丙子	丁丑	戊寅	己卯	庚辰	辛巳	壬午	癸未	甲申	乙酉	丙戌	丁亥	戊子	己丑	庚寅	辛卯	壬辰	癸巳	甲午	乙未	丙申
음양국	陽 6			陽 3				陽 9				陰 9				陰 3				陰 6				陰 8					

6月 癸未

절기							소서6월																대서						
음력	1	2	3	4	5	6	7	8	9	10	11	12	13	14	15	16	17	18	19	20	21	22	23	24	25	26	27	28	29
양력 월	7월																												
양력 일	1	2	3	4	5	6	巳	8	9	10	11	12	13	14	15	16	17	18	19	20	21	22	23	24	25	26	27	28	29
요일	월	화	수	목	금	토	初	월	화	수	목	금	토	일	월	화	수	목	금	토	일	월	화	수	목	금	토	일	월
일진	丁酉	戊戌	己亥	庚子	辛丑	壬寅	癸卯	甲辰	乙巳	丙午	丁未	戊申	己酉	庚戌	辛亥	壬子	癸丑	甲寅	乙卯	丙辰	丁巳	戊午	己未	庚申	辛酉	壬戌	癸亥	甲子	乙丑
음양국	陰 8			陰 2				陰 5				陰 7				陰 1				陰 4				陰 2					

7月 甲申

절기	1	2	3	4	5	6	7	8	9 입추7월	10	11	12	13	14	15	16	17	18	19	20	21	22	23	24	25 처서	26	27	28	29	30
음력	1	2	3	4	5	6	7	8	9	10	11	12	13	14	15	16	17	18	19	20	21	22	23	24	25	26	27	28	29	30
양력(7월/8월)일	30	31	1	2	3	4	5	6	戊	8	9	10	11	12	13	14	15	16	17	18	19	20	21	22	23	24	25	26	27	28
요일	화	수	목	금	토	일	월	화	初	목	금	토	일	월	화	수	목	금	토	일	월	화	수	목	금	토	일	월	화	수
일진	丙寅	丁卯	戊辰	己巳	庚午	辛未	壬申	癸酉	甲戌	乙亥	丙子	丁丑	戊寅	己卯	庚辰	辛巳	壬午	癸未	甲申	乙酉	丙戌	丁亥	戊子	己丑	庚寅	辛卯	壬辰	癸巳	甲午	乙未

음양국: 陰 2　陰 5　陰 8　陰 1　陰 4　陰 7　陰 9

8月 乙酉

절기	1	2	3	4	5	6	7	8	9	10 백로8월	11	12	13	14	15	16	17	18	19	20	21	22	23	24	25	26 추분	27	28	29
음력	1	2	3	4	5	6	7	8	9	10	11	12	13	14	15	16	17	18	19	20	21	22	23	24	25	26	27	28	29
양력(8월/9월)일	29	30	31	1	2	3	4	5	6	亥	8	9	10	11	12	13	14	15	16	17	18	19	20	21	22	23	24	25	26
요일	목	금	토	일	월	화	수	목	금	後	일	월	화	수	목	금	토	일	월	화	수	목	금	토	일	월	화	수	목
일진	丙申	丁酉	戊戌	己亥	庚子	辛丑	壬寅	癸卯	甲辰	乙巳	丙午	丁未	戊申	己酉	庚戌	辛亥	壬子	癸丑	甲寅	乙卯	丙辰	丁巳	戊午	己未	庚申	辛酉	壬戌	癸亥	甲子

음양국: 陰 9　陰 3　陰 6　陰 7　陰 1　陰 4　陰 6

9月 丙戌

절기	1	2	3	4	5	6	7	8	9	10	11	12 한로9월	13	14	15	16	17	18	19	20	21	22	23	24	25	26	27 상강	28	29	30
음력	1	2	3	4	5	6	7	8	9	10	11	12	13	14	15	16	17	18	19	20	21	22	23	24	25	26	27	28	29	30
양력(9월/10월)일	27	28	29	30	1	2	3	4	5	6	7	未	9	10	11	12	13	14	15	16	17	18	19	20	21	22	23	24	25	26
요일	금	토	일	월	화	수	목	금	토	일	월	中	수	목	금	토	일	월	화	수	목	금	토	일	월	화	수	목	금	토
일진	乙丑	丙寅	丁卯	戊辰	己巳	庚午	辛未	壬申	癸酉	甲戌	乙亥	丙子	丁丑	戊寅	己卯	庚辰	辛巳	壬午	癸未	甲申	乙酉	丙戌	丁亥	戊子	己丑	庚寅	辛卯	壬辰	癸巳	甲午

음양국: 陰 6　陰 9　陰 3　陰 5　陰 8　陰 2

10月 丁亥

절기	1	2	3	4	5	6	7	8	9	10	11	12 입동10월	13	14	15	16	17	18	19	20	21	22	23	24	25	26	27 소설	28	29
음력	1	2	3	4	5	6	7	8	9	10	11	12	13	14	15	16	17	18	19	20	21	22	23	24	25	26	27	28	29
양력(10월/11월)일	27	28	29	30	31	1	2	3	4	5	6	酉	8	9	10	11	12	13	14	15	16	17	18	19	20	21	22	23	24
요일	일	월	화	수	목	금	토	일	월	화	수	初	금	토	일	월	화	수	목	금	토	일	월	화	수	목	금	토	일
일진	乙未	丙申	丁酉	戊戌	己亥	庚子	辛丑	壬寅	癸卯	甲辰	乙巳	丙午	丁未	戊申	己酉	庚戌	辛亥	壬子	癸丑	甲寅	乙卯	丙辰	丁巳	戊午	己未	庚申	辛酉	壬戌	癸亥

음양국: 陰 6　陰 9　陰 3　陰 5　陰 8　陰 2

11月 戊子

절기	1	2	3	4	5	6	7	8	9	10	11	12	13 대설11월	14	15	16	17	18	19	20	21	22	23	24	25	26	27	28 동지	29	30
음력	1	2	3	4	5	6	7	8	9	10	11	12	13	14	15	16	17	18	19	20	21	22	23	24	25	26	27	28	29	30
양력(11월/12월)일	25	26	27	28	29	30	1	2	3	4	5	6	巳	8	9	10	11	12	13	14	15	16	17	18	19	20	21	22	23	24
요일	월	화	수	목	금	토	일	월	화	수	목	금	後	일	월	화	수	목	금	토	일	월	화	수	목	금	토	일	월	화
일진	甲子	乙丑	丙寅	丁卯	戊辰	己巳	庚午	辛未	壬申	癸酉	甲戌	乙亥	丙子	丁丑	戊寅	己卯	庚辰	辛巳	壬午	癸未	甲申	乙酉	丙戌	丁亥	戊子	己丑	庚寅	辛卯	壬辰	癸巳

음양국: 陰 4　陰 7　陰 1　陰 4　陰 7　陰 1

12月 己丑

절기	1	2	3	4	5	6	7	8	9	10	11	12 소한12월	13	14	15	16	17	18	19	20	21	22	23	24	25	26	27 대한	28	29
음력	1	2	3	4	5	6	7	8	9	10	11	12	13	14	15	16	17	18	19	20	21	22	23	24	25	26	27	28	29
양력(12월/1월)일	25	26	27	28	29	30	31	1	2	3	4	亥	6	7	8	9	10	11	12	13	14	15	16	17	18	19	20	21	22
요일	수	목	금	토	일	월	화	수	목	금	토	中	월	화	수	목	금	토	일	월	화	수	목	금	토	일	월	화	수
일진	甲午	乙未	丙申	丁酉	戊戌	己亥	庚子	辛丑	壬寅	癸卯	甲辰	乙巳	丙午	丁未	戊申	己酉	庚戌	辛亥	壬子	癸丑	甲寅	乙卯	丙辰	丁巳	戊午	己未	庚申	辛酉	壬戌

음양국: 陽 1　陽 7　陽 4　陽 2　陽 8　陽 5

2031(辛亥年)

입춘(2/4) 09:57		입추(8/8) 01:42
경칩(3/6) 03:50		백로(9/8) 04:49
청명(4/5) 08:27		한로(10/8) 20:42
입하(5/6) 01:34		입동(11/8) 00:04
망종(6/6) 05:34		대설(12/7) 17:02
소서(7/7) 15:48		소한(1/6) 04:15

1月 庚寅

절기: 입춘1월(음력13), 우수(음력28)

음력	1	2	3	4	5	6	7	8	9	10	11	12	13	14	15	16	17	18	19	20	21	22	23	24	25	26	27	28	29	30
양력(1월/2월)	23	24	25	26	27	28	29	30	31	1	2	3	巳	5	6	7	8	9	10	11	12	13	14	15	16	17	18	19	20	21
요일	목	금	토	일	월	화	수	목	금	토	일	월	初	수	목	금	토	일	월	화	수	목	금	토	일	월	화	수	목	금
일진	癸亥	甲子	乙丑	丙寅	丁卯	戊辰	己巳	庚午	辛未	壬申	癸酉	甲戌	乙亥	丙子	丁丑	戊寅	己卯	庚辰	辛巳	壬午	癸未	甲申	乙酉	丙戌	丁亥	戊子	己丑	庚寅	辛卯	壬辰

음양국: 陽3 陽9 陽6 陽8 陽5 陽2

2月 辛卯

절기: 경칩2월(음력13), 춘분(음력28)

음력	1	2	3	4	5	6	7	8	9	10	11	12	13	14	15	16	17	18	19	20	21	22	23	24	25	26	27	28	29
양력(2월/3월)	22	23	24	25	26	27	28	1	2	3	4	5	寅	7	8	9	10	11	12	13	14	15	16	17	18	19	20	21	22
요일	토	일	월	화	수	목	금	토	일	월	화	수	初	금	토	일	월	화	수	목	금	토	일	월	화	수	목	금	토
일진	癸巳	甲午	乙未	丙申	丁酉	戊戌	己亥	庚子	辛丑	壬寅	癸卯	甲辰	乙巳	丙午	丁未	戊申	己酉	庚戌	辛亥	壬子	癸丑	甲寅	乙卯	丙辰	丁巳	戊午	己未	庚申	辛酉

음양국: 陽9 陽6 陽3 陽1 陽7 陽4

3月 壬辰

절기: 청명3월(음력14), 곡우(음력29)

음력	1	2	3	4	5	6	7	8	9	10	11	12	13	14	15	16	17	18	19	20	21	22	23	24	25	26	27	28	29	30
양력(3월/4월)	23	24	25	26	27	28	29	30	31	1	2	3	4	辰	6	7	8	9	10	11	12	13	14	15	16	17	18	19	20	21
요일	일	월	화	수	목	금	토	일	월	화	수	목	금	中	일	월	화	수	목	금	토	일	월	화	수	목	금	토	일	월
일진	壬戌	癸亥	甲子	乙丑	丙寅	丁卯	戊辰	己巳	庚午	辛未	壬申	癸酉	甲戌	乙亥	丙子	丁丑	戊寅	己卯	庚辰	辛巳	壬午	癸未	甲申	乙酉	丙戌	丁亥	戊子	己丑	庚寅	辛卯

음양국: 陽4 陽3 陽9 陽6 陽4 陽1 陽7

閏3月

절기: 입하4월(음력15)

음력	1	2	3	4	5	6	7	8	9	10	11	12	13	14	15	16	17	18	19	20	21	22	23	24	25	26	27	28	29
양력(4월/5월)	22	23	24	25	26	27	28	29	30	1	2	3	4	5	丑	7	8	9	10	11	12	13	14	15	16	17	18	19	20
요일	화	수	목	금	토	일	월	화	수	목	금	토	일	월	初	수	목	금	토	일	월	화	수	목	금	토	일	월	화
일진	壬辰	癸巳	甲午	乙未	丙申	丁酉	戊戌	己亥	庚子	辛丑	壬寅	癸卯	甲辰	乙巳	丙午	丁未	戊申	己酉	庚戌	辛亥	壬子	癸丑	甲寅	乙卯	丙辰	丁巳	戊午	己未	庚申

음양국: 陽7 陽5 陽2 陽8 陽4 陽1 陽7

4月 癸巳

절기: 소만(음력1), 망종5월(음력17)

음력	1	2	3	4	5	6	7	8	9	10	11	12	13	14	15	16	17	18	19	20	21	22	23	24	25	26	27	28	29	30
양력(5월/6월)	21	22	23	24	25	26	27	28	29	30	31	1	2	3	4	5	卯	7	8	9	10	11	12	13	14	15	16	17	18	19
요일	수	목	금	토	일	월	화	수	목	금	토	일	월	화	수	목	初	토	일	월	화	수	목	금	토	일	월	화	수	목
일진	辛酉	壬戌	癸亥	甲子	乙丑	丙寅	丁卯	戊辰	己巳	庚午	辛未	壬申	癸酉	甲戌	乙亥	丙子	丁丑	戊寅	己卯	庚辰	辛巳	壬午	癸未	甲申	乙酉	丙戌	丁亥	戊子	己丑	庚寅

음양국: 陽7 陽5 陽2 陽8 陽6 陽3 陽9

5月 甲午

절기: 하지(음력2), 소서6월(음력18)

음력	1	2	3	4	5	6	7	8	9	10	11	12	13	14	15	16	17	18	19	20	21	22	23	24	25	26	27	28	29
양력(6월/7월)	20	21	22	23	24	25	26	27	28	29	30	1	2	3	4	5	6	申	8	9	10	11	12	13	14	15	16	17	18
요일	금	토	일	월	화	수	목	금	토	일	월	화	수	목	금	토	일	初	화	수	목	금	토	일	월	화	수	목	금
일진	辛卯	壬辰	癸巳	甲午	乙未	丙申	丁酉	戊戌	己亥	庚子	辛丑	壬寅	癸卯	甲辰	乙巳	丙午	丁未	戊申	己酉	庚戌	辛亥	壬子	癸丑	甲寅	乙卯	丙辰	丁巳	戊午	己未

음양국: 陽9 陰9 陰3 陰6 陰8 陰2 陰5

6月 乙未

절기	대서(5)	입추7월(21)

음력	1	2	3	4	5	6	7	8	9	10	11	12	13	14	15	16	17	18	19	20	21	22	23	24	25	26	27	28	29	30
양력(7월/8월)	19	20	21	22	23	24	25	26	27	28	29	30	31	1	2	3	4	5	6	7	丑	9	10	11	12	13	14	15	16	17
요일	토	일	월	화	수	목	금	토	일	월	화	수	목	금	토	일	월	화	수	목	初	토	일	월	화	수	목	금	토	일
일진	庚申	辛酉	壬戌	癸亥	甲子	乙丑	丙寅	丁卯	戊辰	己巳	庚午	辛未	壬申	癸酉	甲戌	乙亥	丙子	丁丑	戊寅	己卯	庚辰	辛巳	壬午	癸未	甲申	乙酉	丙戌	丁亥	戊子	己丑

음양국: 陰5 / 陰7 / 陰1 / 陰4 / 陰2 / 陰5

7月 丙申

절기	처서(6)	백로8월(22)

음력	1	2	3	4	5	6	7	8	9	10	11	12	13	14	15	16	17	18	19	20	21	22	23	24	25	26	27	28	29	30
양력(8월/9월)	18	19	20	21	22	23	24	25	26	27	28	29	30	31	1	2	3	4	5	6	7	寅	9	10	11	12	13	14	15	16
요일	월	화	수	목	금	토	일	월	화	수	목	금	토	일	월	화	수	목	금	토	일	中	화	수	목	금	토	일	월	화
일진	庚寅	辛卯	壬辰	癸巳	甲午	乙未	丙申	丁酉	戊戌	己亥	庚子	辛丑	壬寅	癸卯	甲辰	乙巳	丙午	丁未	戊申	己酉	庚戌	辛亥	壬子	癸丑	甲寅	乙卯	丙辰	丁巳	戊午	己未

음양국: 陰8 / 陰1 / 陰4 / 陰7 / 陰9 / 陰3

8月 丁酉

절기	추분(7)	한로9월(22)

음력	1	2	3	4	5	6	7	8	9	10	11	12	13	14	15	16	17	18	19	20	21	22	23	24	25	26	27	28	29
양력(9월/10월)	17	18	19	20	21	22	23	24	25	26	27	28	29	30	1	2	3	4	5	6	7	戌	9	10	11	12	13	14	15
요일	수	목	금	토	일	월	화	수	목	금	토	일	월	화	수	목	금	토	일	월	화	中	목	금	토	일	월	화	수
일진	庚申	辛酉	壬戌	癸亥	甲子	乙丑	丙寅	丁卯	戊辰	己巳	庚午	辛未	壬申	癸酉	甲戌	乙亥	丙子	丁丑	戊寅	己卯	庚辰	辛巳	壬午	癸未	甲申	乙酉	丙戌	丁亥	戊子

음양국: 陰6 / 陰7 / 陰1 / 陰4 / 陰6 / 陰9

9月 戊戌

절기	상강(8)	입동10월(24)

음력	1	2	3	4	5	6	7	8	9	10	11	12	13	14	15	16	17	18	19	20	21	22	23	24	25	26	27	28	29	30
양력(10월/11월)	16	17	18	19	20	21	22	23	24	25	26	27	28	29	30	31	1	2	3	4	5	6	7	子	9	10	11	12	13	14
요일	목	금	토	일	월	화	수	목	금	토	일	월	화	수	목	금	토	일	월	화	수	목	금	初	일	월	화	수	목	금
일진	己丑	庚寅	辛卯	壬辰	癸巳	甲午	乙未	丙申	丁酉	戊戌	己亥	庚子	辛丑	壬寅	癸卯	甲辰	乙巳	丙午	丁未	戊申	己酉	庚戌	辛亥	壬子	癸丑	甲寅	乙卯	丙辰	丁巳	戊午

음양국: 陰3 / 陰5 / 陰8 / 陰2 / 陰6 / 陰9

10月 己亥

절기	소설(8)	대설11월(23)

음력	1	2	3	4	5	6	7	8	9	10	11	12	13	14	15	16	17	18	19	20	21	22	23	24	25	26	27	28	29
양력(11월/12월)	15	16	17	18	19	20	21	22	23	24	25	26	27	28	29	30	1	2	3	4	5	6	申	8	9	10	11	12	13
요일	토	일	월	화	수	목	금	토	일	월	화	수	목	금	토	일	월	화	수	목	금	토	後	월	화	수	목	금	토
일진	己未	庚申	辛酉	壬戌	癸亥	甲子	乙丑	丙寅	丁卯	戊辰	己巳	庚午	辛未	壬申	癸酉	甲戌	乙亥	丙子	丁丑	戊寅	己卯	庚辰	辛巳	壬午	癸未	甲申	乙酉	丙戌	丁亥

음양국: 陰3 / 陰5 / 陰8 / 陰2 / 陰4 / 陰7

11月 庚子

절기	동지(9)	소한12월(24)

음력	1	2	3	4	5	6	7	8	9	10	11	12	13	14	15	16	17	18	19	20	21	22	23	24	25	26	27	28	29	30
양력(12월/1월)	14	15	16	17	18	19	20	21	22	23	24	25	26	27	28	29	30	31	1	2	3	4	5	寅	7	8	9	10	11	12
요일	일	월	화	수	목	금	토	일	월	화	수	목	금	토	일	월	화	수	목	금	토	일	월	中	수	목	금	토	일	월
일진	戊子	己丑	庚寅	辛卯	壬辰	癸巳	甲午	乙未	丙申	丁酉	戊戌	己亥	庚子	辛丑	壬寅	癸卯	甲辰	乙巳	丙午	丁未	戊申	己酉	庚戌	辛亥	壬子	癸丑	甲寅	乙卯	丙辰	丁巳

음양국: 陰1 / 陽1 / 陽7 / 陽4 / 陽2 / 陽8

12月 辛丑

절기	대한(8)	입춘1월(23)

음력	1	2	3	4	5	6	7	8	9	10	11	12	13	14	15	16	17	18	19	20	21	22	23	24	25	26	27	28	29
양력(1월/2월)	13	14	15	16	17	18	19	20	21	22	23	24	25	26	27	28	29	30	31	1	2	3	申	5	6	7	8	9	10
요일	화	수	목	금	토	일	월	화	수	목	금	토	일	월	화	수	목	금	토	일	월	화	初	목	금	토	일	월	화
일진	戊午	己未	庚申	辛酉	壬戌	癸亥	甲子	乙丑	丙寅	丁卯	戊辰	己巳	庚午	辛未	壬申	癸酉	甲戌	乙亥	丙子	丁丑	戊寅	己卯	庚辰	辛巳	壬午	癸未	甲申	乙酉	丙戌

음양국: 陽5 / 陽3 / 陽9 / 陽6 / 陽8 / 陽5

입춘(2/4) 15:48
경칩(3/5) 09:39
청명(4/4) 14:16
입하(5/5) 07:25
망종(6/5) 11:27
소서(7/6) 21:40

입추(8/7) 07:31
백로(9/7) 10:37
한로(10/8) 02:29
입동(11/7) 05:53
대설(12/6) 22:52
소한(1/5) 10:07

2032(壬子年)

1月 壬寅

절기	우수(음력9) · 경칩2월(음력24)																													
음력	1	2	3	4	5	6	7	8	9	10	11	12	13	14	15	16	17	18	19	20	21	22	23	24	25	26	27	28	29	30
양력(월)	2월																			3월										
양력(일)	11	12	13	14	15	16	17	18	19	20	21	22	23	24	25	26	27	28	29	1	2	3	4	巳	6	7	8	9	10	11
요일	수	목	금	토	일	월	화	수	목	금	토	일	월	화	수	목	금	토	일	월	화	수	목	初	토	일	월	화	수	목
일진	丁亥	戊子	己丑	庚寅	辛卯	壬辰	癸巳	甲午	乙未	丙申	丁酉	戊戌	己亥	庚子	辛丑	壬寅	癸卯	甲辰	乙巳	丙午	丁未	戊申	己酉	庚戌	辛亥	壬子	癸丑	甲寅	乙卯	丙辰

음양국: 陽5 陽2 陽9 陽6 陽3 陽1 陽7

2月 癸卯

절기	춘분(음력9) · 청명3월(음력24)																												
음력	1	2	3	4	5	6	7	8	9	10	11	12	13	14	15	16	17	18	19	20	21	22	23	24	25	26	27	28	29
양력(월)	3월																				4월								
양력(일)	12	13	14	15	16	17	18	19	20	21	22	23	24	25	26	27	28	29	30	31	1	2	3	未	5	6	7	8	9
요일	금	토	일	월	화	수	목	금	토	일	월	화	수	목	금	토	일	월	화	수	목	금	토	中	월	화	수	목	금
일진	丁巳	戊午	己未	庚申	辛酉	壬戌	癸亥	甲子	乙丑	丙寅	丁卯	戊辰	己巳	庚午	辛未	壬申	癸酉	甲戌	乙亥	丙子	丁丑	戊寅	己卯	庚辰	辛巳	壬午	癸未	甲申	乙酉

음양국: 陽7 陽4 陽3 陽9 陽6 陽4 陽1

3月 甲辰

절기	곡우(음력10) · 입하4월(음력26)																												
음력	1	2	3	4	5	6	7	8	9	10	11	12	13	14	15	16	17	18	19	20	21	22	23	24	25	26	27	28	29
양력(월)	4월																					5월							
양력(일)	10	11	12	13	14	15	16	17	18	19	20	21	22	23	24	25	26	27	28	29	30	1	2	3	4	卯	6	7	8
요일	토	일	월	화	수	목	금	토	일	월	화	수	목	금	토	일	월	화	수	목	금	토	일	월	화	後	목	금	토
일진	丙戌	丁亥	戊子	己丑	庚寅	辛卯	壬辰	癸巳	甲午	乙未	丙申	丁酉	戊戌	己亥	庚子	辛丑	壬寅	癸卯	甲辰	乙巳	丙午	丁未	戊申	己酉	庚戌	辛亥	壬子	癸丑	甲寅

음양국: 陽1 陽7 陽5 陽2 陽8 陽4 陽1

4月 乙巳

절기	소만(음력12) · 망종5월(음력28)																													
음력	1	2	3	4	5	6	7	8	9	10	11	12	13	14	15	16	17	18	19	20	21	22	23	24	25	26	27	28	29	30
양력(월)	5월																							6월						
양력(일)	9	10	11	12	13	14	15	16	17	18	19	20	21	22	23	24	25	26	27	28	29	30	31	1	2	3	4	巳	6	7
요일	일	월	화	수	목	금	토	일	월	화	수	목	금	토	일	월	화	수	목	금	토	일	월	화	수	목	금	後	일	월
일진	乙卯	丙辰	丁巳	戊午	己未	庚申	辛酉	壬戌	癸亥	甲子	乙丑	丙寅	丁卯	戊辰	己巳	庚午	辛未	壬申	癸酉	甲戌	乙亥	丙子	丁丑	戊寅	己卯	庚辰	辛巳	壬午	癸未	甲申

음양국: 陽1 陽7 陽5 陽2 陽8 陽6

5月 丙午

절기	하지(음력14) · 소서6월(음력29)																												
음력	1	2	3	4	5	6	7	8	9	10	11	12	13	14	15	16	17	18	19	20	21	22	23	24	25	26	27	28	29
양력(월)	6월																							7월					
양력(일)	8	9	10	11	12	13	14	15	16	17	18	19	20	21	22	23	24	25	26	27	28	29	30	1	2	3	4	5	亥
요일	화	수	목	금	토	일	월	화	수	목	금	토	일	월	화	수	목	금	토	일	월	화	수	목	금	토	일	월	初
일진	乙酉	丙戌	丁亥	戊子	己丑	庚寅	辛卯	壬辰	癸巳	甲午	乙未	丙申	丁酉	戊戌	己亥	庚子	辛丑	壬寅	癸卯	甲辰	乙巳	丙午	丁未	戊申	己酉	庚戌	辛亥	壬子	癸丑

음양국: 陽3 陽9 陰9 陰3 陰6 陰8

6月 丁未

절기	대서(음력16)																													
음력	1	2	3	4	5	6	7	8	9	10	11	12	13	14	15	16	17	18	19	20	21	22	23	24	25	26	27	28	29	30
양력(월)	7월																									8월				
양력(일)	7	8	9	10	11	12	13	14	15	16	17	18	19	20	21	22	23	24	25	26	27	28	29	30	31	1	2	3	4	5
요일	수	목	금	토	일	월	화	수	목	금	토	일	월	화	수	목	금	토	일	월	화	수	목	금	토	일	월	화	수	목
일진	甲寅	乙卯	丙辰	丁巳	戊午	己未	庚申	辛酉	壬戌	癸亥	甲子	乙丑	丙寅	丁卯	戊辰	己巳	庚午	辛未	壬申	癸酉	甲戌	乙亥	丙子	丁丑	戊寅	己卯	庚辰	辛巳	壬午	癸未

음양국: 陰2 陰5 陰7 陰1 陰4 陰2

7월 戊申

절기	입추7월(2)		처서(17)	

	1	2	3	4	5	6	7	8	9	10	11	12	13	14	15	16	17	18	19	20	21	22	23	24	25	26	27	28	29	30
음력	1	2	3	4	5	6	7	8	9	10	11	12	13	14	15	16	17	18	19	20	21	22	23	24	25	26	27	28	29	30
양력(8월/9월)	6	辰	8	9	10	11	12	13	14	15	16	17	18	19	20	21	22	23	24	25	26	27	28	29	30	31	1	2	3	4
요일	금	初	일	월	화	수	목	금	토	일	월	화	수	목	금	토	일	월	화	수	목	금	토	일	월	화	수	목	금	토
일진	甲申	乙酉	丙戌	丁亥	戊子	己丑	庚寅	辛卯	壬辰	癸巳	甲午	乙未	丙申	丁酉	戊戌	己亥	庚子	辛丑	壬寅	癸卯	甲辰	乙巳	丙午	丁未	戊申	己酉	庚戌	辛亥	壬子	癸丑

음양국: 陰 5　陰 8　陰 1　陰 4　陰 7　陰 9

8월 己酉

절기	백로8월(3)		추분(18)	

	1	2	3	4	5	6	7	8	9	10	11	12	13	14	15	16	17	18	19	20	21	22	23	24	25	26	27	28	29
음력	1	2	3	4	5	6	7	8	9	10	11	12	13	14	15	16	17	18	19	20	21	22	23	24	25	26	27	28	29
양력(9월/10월)	5	6	巳	8	9	10	11	12	13	14	15	16	17	18	19	20	21	22	23	24	25	26	27	28	29	30	1	2	3
요일	일	월	中	수	목	금	토	일	월	화	수	목	금	토	일	월	화	수	목	금	토	수	목	금	토	일	월	화	수
일진	甲寅	乙卯	丙辰	丁巳	戊午	己未	庚申	辛酉	壬戌	癸亥	甲子	乙丑	丙寅	丁卯	戊辰	己巳	庚午	辛未	壬申	癸酉	甲戌	乙亥	丙子	丁丑	戊寅	己卯	庚辰	辛巳	壬午

음양국: 陰 3　陰 6　陰 7　陰 1　陰 4　陰 6

9월 庚戌

절기	한로9월(5)		상강(20)	

	1	2	3	4	5	6	7	8	9	10	11	12	13	14	15	16	17	18	19	20	21	22	23	24	25	26	27	28	29	30
음력	1	2	3	4	5	6	7	8	9	10	11	12	13	14	15	16	17	18	19	20	21	22	23	24	25	26	27	28	29	30
양력(10월/11월)	4	5	6	7	丑	9	10	11	12	13	14	15	16	17	18	19	20	21	22	23	24	25	26	27	28	29	30	31	1	2
요일	월	화	수	목	中	토	일	월	화	수	목	금	토	일	월	화	수	목	금	토	일	월	화	수	목	금	토	일	월	화
일진	癸未	甲申	乙酉	丙戌	丁亥	戊子	己丑	庚寅	辛卯	壬辰	癸巳	甲午	乙未	丙申	丁酉	戊戌	己亥	庚子	辛丑	壬寅	癸卯	甲辰	乙巳	丙午	丁未	戊申	己酉	庚戌	辛亥	壬子

음양국: 陰 9　陰 3　陰 5　陰 8　陰 2　陰 6

10월 辛亥

절기	입동10월(5)		소설(20)	

	1	2	3	4	5	6	7	8	9	10	11	12	13	14	15	16	17	18	19	20	21	22	23	24	25	26	27	28	29	30
음력	1	2	3	4	5	6	7	8	9	10	11	12	13	14	15	16	17	18	19	20	21	22	23	24	25	26	27	28	29	30
양력(11월/12월)	3	4	5	6	卯	8	9	10	11	12	13	14	15	16	17	18	19	20	21	22	23	24	25	26	27	28	29	30	1	2
요일	수	목	금	토	初	월	화	수	목	금	토	일	월	화	수	목	금	토	일	월	화	수	목	금	토	일	월	화	수	목
일진	癸丑	甲寅	乙卯	丙辰	丁巳	戊午	己未	庚申	辛酉	壬戌	癸亥	甲子	乙丑	丙寅	丁卯	戊辰	己巳	庚午	辛未	壬申	癸酉	甲戌	乙亥	丙子	丁丑	戊寅	己卯	庚辰	辛巳	壬午

음양국: 陰 9　陰 3　陰 5　陰 8　陰 2　陰 4

11월 壬子

절기	대설11월(4)		동지(19)	

	1	2	3	4	5	6	7	8	9	10	11	12	13	14	15	16	17	18	19	20	21	22	23	24	25	26	27	28	29
음력	1	2	3	4	5	6	7	8	9	10	11	12	13	14	15	16	17	18	19	20	21	22	23	24	25	26	27	28	29
양력(12월)	3	4	5	亥	7	8	9	10	11	12	13	14	15	16	17	18	19	20	21	22	23	24	25	26	27	28	29	30	31
요일	금	토	일	後	화	수	목	금	토	일	월	화	수	목	금	토	일	월	화	수	목	금	토	일	월	화	수	목	금
일진	癸未	甲申	乙酉	丙戌	丁亥	戊子	己丑	庚寅	辛卯	壬辰	癸巳	甲午	乙未	丙申	丁酉	戊戌	己亥	庚子	辛丑	壬寅	癸卯	甲辰	乙巳	丙午	丁未	戊申	己酉	庚戌	辛亥

음양국: 陰 7　陰 1　陽 1　陽 7　陽 4　陽 2

12월 癸丑

절기	소한12월(5)		대한(20)	

	1	2	3	4	5	6	7	8	9	10	11	12	13	14	15	16	17	18	19	20	21	22	23	24	25	26	27	28	29	30
음력	1	2	3	4	5	6	7	8	9	10	11	12	13	14	15	16	17	18	19	20	21	22	23	24	25	26	27	28	29	30
양력(1월)	1	2	3	4	巳	6	7	8	9	10	11	12	13	14	15	16	17	18	19	20	21	22	23	24	25	26	27	28	29	30
요일	토	일	월	화	初	목	금	토	일	월	화	수	목	금	토	일	월	화	수	목	금	토	일	월	화	수	목	금	토	일
일진	壬子	癸丑	甲寅	乙卯	丙辰	丁巳	戊午	己未	庚申	辛酉	壬戌	癸亥	甲子	乙丑	丙寅	丁卯	戊辰	己巳	庚午	辛未	壬申	癸酉	甲戌	乙亥	丙子	丁丑	戊寅	己卯	庚辰	辛巳

음양국: 陽 2　陽 8　陽 5　陽 3　陽 9　陽 6　陽 8

2033(癸丑年)

입춘(2/3) 21:40
경칩(3/5) 15:31
청명(4/4) 20:07
입하(5/5) 13:12
망종(6/5) 17:12
소서(7/7) 03:24

입추(8/7) 13:14
백로(9/7) 16:19
한로(10/8) 08:13
입동(11/7) 11:40
대설(12/7) 04:44
소한(1/5) 16:03

1月 甲寅 (절기: 입춘1월 / 우수)

음력	양력	요일	일진
1	1/31	월	壬午
2	2/1	화	癸未
3	2/2	수	甲申
4	2/3 (亥/初 입춘1월)	初	乙酉
5	2/4	금	丙戌
6	2/5	토	丁亥
7	2/6	일	戊子
8	2/7	월	己丑
9	2/8	화	庚寅
10	2/9	수	辛卯
11	2/10	목	壬辰
12	2/11	금	癸巳
13	2/12	토	甲午
14	2/13	일	乙未
15	2/14	월	丙申
16	2/15	화	丁酉
17	2/16	수	戊戌
18	2/17	목	己亥
19	2/18 (우수)	금	庚子
20	2/19	토	辛丑
21	2/20	일	壬寅
22	2/21	월	癸卯
23	2/22	화	甲辰
24	2/23	수	乙巳
25	2/24	목	丙午
26	2/25	금	丁未
27	2/26	토	戊申
28	2/27	일	己酉
29	2/28	월	庚戌

음양국: 陽8 陽5 陽2 陽9 陽6 陽3 陽1

2月 乙卯 (절기: 경칩2월 / 춘분)

음력	양력	요일	일진
1	3/1	화	辛亥
2	3/2	수	壬子
3	3/3	목	癸丑
4	3/4	금	甲寅
5	3/5 (申/初 경칩2월)	初	乙卯
6	3/6	일	丙辰
7	3/7	월	丁巳
8	3/8	화	戊午
9	3/9	수	己未
10	3/10	목	庚申
11	3/11	금	辛酉
12	3/12	토	壬戌
13	3/13	일	癸亥
14	3/14	월	甲子
15	3/15	화	乙丑
16	3/16	수	丙寅
17	3/17	목	丁卯
18	3/18	금	戊辰
19	3/19	토	己巳
20	3/20 (춘분)	일	庚午
21	3/21	월	辛未
22	3/22	화	壬申
23	3/23	수	癸酉
24	3/24	목	甲戌
25	3/25	금	乙亥
26	3/26	토	丙子
27	3/27	일	丁丑
28	3/28	월	戊寅
29	3/29	화	己卯
30	3/30	수	庚辰

음양국: 陽1 陽7 陽4 陽3 陽9 陽6 陽4

3月 丙辰 (절기: 청명3월 / 곡우)

음력	양력	요일	일진
1	3/31	목	辛巳
2	4/1	금	壬午
3	4/2	토	癸未
4	4/3	일	甲申
5	4/4 (戌/初 청명3월)	初	乙酉
6	4/5	화	丙戌
7	4/6	수	丁亥
8	4/7	목	戊子
9	4/8	금	己丑
10	4/9	토	庚寅
11	4/10	일	辛卯
12	4/11	월	壬辰
13	4/12	화	癸巳
14	4/13	수	甲午
15	4/14	목	乙未
16	4/15	금	丙申
17	4/16	토	丁酉
18	4/17	일	戊戌
19	4/18	월	己亥
20	4/19	화	庚子
21	4/20 (곡우)	수	辛丑
22	4/21	목	壬寅
23	4/22	금	癸卯
24	4/23	토	甲辰
25	4/24	일	乙巳
26	4/25	월	丙午
27	4/26	화	丁未
28	4/27	수	戊申
29	4/28	목	己酉

음양국: 陽4 陽1 陽7 陽5 陽2 陽8 陽4

4月 丁巳 (절기: 입하4월 / 소만)

음력	양력	요일	일진
1	4/29	금	庚戌
2	4/30	토	辛亥
3	5/1	일	壬子
4	5/2	월	癸丑
5	5/3	화	甲寅
6	5/4	수	乙卯
7	5/5 (午/後 입하4월)	後	丙辰
8	5/6	금	丁巳
9	5/7	토	戊午
10	5/8	일	己未
11	5/9	월	庚申
12	5/10	화	辛酉
13	5/11	수	壬戌
14	5/12	목	癸亥
15	5/13	금	甲子
16	5/14	토	乙丑
17	5/15	일	丙寅
18	5/16	월	丁卯
19	5/17	화	戊辰
20	5/18	수	己巳
21	5/19	목	庚午
22	5/20	금	辛未
23	5/21 (소만)	토	壬申
24	5/22	일	癸酉
25	5/23	월	甲戌
26	5/24	화	乙亥
27	5/25	수	丙子
28	5/26	목	丁丑
29	5/27	금	戊寅

음양국: 陽4 陽1 陽7 陽5 陽2 陽8

5月 戊午 (절기: 망종5월 / 하지)

음력	양력	요일	일진
1	5/28	토	己卯
2	5/29	일	庚辰
3	5/30	월	辛巳
4	5/31	화	壬午
5	6/1	수	癸未
6	6/2	목	甲申
7	6/3	금	乙酉
8	6/4	토	丙戌
9	6/5 (申/後 망종5월)	後	丁亥
10	6/6	월	戊子
11	6/7	화	己丑
12	6/8	수	庚寅
13	6/9	목	辛卯
14	6/10	금	壬辰
15	6/11	토	癸巳
16	6/12	일	甲午
17	6/13	월	乙未
18	6/14	화	丙申
19	6/15	수	丁酉
20	6/16	목	戊戌
21	6/17	금	己亥
22	6/18	토	庚子
23	6/19	일	辛丑
24	6/20	월	壬寅
25	6/21 (하지)	화	癸卯
26	6/22	수	甲辰
27	6/23	목	乙巳
28	6/24	금	丙午
29	6/25	토	丁未
30	6/26	일	戊申

음양국: 陽6 陽3 陽9 [陰9] 陰3 陰6

6月 己未 (절기: 소서6월 / 대서)

음력	양력	요일	일진
1	6/27	월	己酉
2	6/28	화	庚戌
3	6/29	수	辛亥
4	6/30	목	壬子
5	7/1	금	癸丑
6	7/2	토	甲寅
7	7/3	일	乙卯
8	7/4	월	丙辰
9	7/5	화	丁巳
10	7/6	수	戊午
11	7/7 (丑/後 소서6월)	後	己未
12	7/8	금	庚申
13	7/9	토	辛酉
14	7/10	일	壬戌
15	7/11	월	癸亥
16	7/12	화	甲子
17	7/13	수	乙丑
18	7/14	목	丙寅
19	7/15	금	丁卯
20	7/16	토	戊辰
21	7/17	일	己巳
22	7/18	월	庚午
23	7/19	화	辛未
24	7/20	수	壬申
25	7/21	목	癸酉
26	7/22 (대서)	금	甲戌
27	7/23	토	乙亥
28	7/24	일	丙子
29	7/25	월	丁丑

음양국: 陰8 陰2 陰5 陰7 陰1 陰4

7月 庚申

절기: 입추7월 (음력 13), 처서 (음력 29)

음력	1	2	3	4	5	6	7	8	9	10	11	12	**13**	14	15	16	17	18	19	20	21	22	23	24	25	26	27	28	**29**	30
양력월	7월						8월																							
양력일	26	27	28	29	30	31	1	2	3	4	5	6	午	8	9	10	11	12	13	14	15	16	17	18	19	20	21	22	23	24
요일	화	수	목	금	토	일	월	화	수	목	금	토	後	월	화	수	목	금	토	일	월	화	수	목	금	토	일	월	화	수
일진	戊寅	己卯	庚辰	辛巳	壬午	癸未	甲申	乙酉	丙戌	丁亥	戊子	己丑	庚寅	辛卯	壬辰	癸巳	甲午	乙未	丙申	丁酉	戊戌	己亥	庚子	辛丑	壬寅	癸卯	甲辰	乙巳	丙午	丁未

음양국: 陰2　陰5　陰8　陰1　陰4　陰7

8月 辛酉

절기: 백로8월 (음력 14)

음력	1	2	3	4	5	6	7	8	9	10	11	12	13	**14**	15	16	17	18	19	20	21	22	23	24	25	26	27	28	29
양력월	8월							9월																					
양력일	25	26	27	28	29	30	31	1	2	3	4	5	6	申	8	9	10	11	12	13	14	15	16	17	18	19	20	21	22
요일	목	금	토	일	월	화	수	목	금	토	일	월	화	中	목	금	토	일	월	화	수	목	금	토	일	월	화	수	목
일진	戊申	己酉	庚戌	辛亥	壬子	癸丑	甲寅	乙卯	丙辰	丁巳	戊午	己未	庚申	辛酉	壬戌	癸亥	甲子	乙丑	丙寅	丁卯	戊辰	己巳	庚午	辛未	壬申	癸酉	甲戌	乙亥	丙子

음양국: 陰9　陰3　陰6　陰7　陰1　陰4

9月 壬戌

절기: 추분 (음력 1), 한로9월 (음력 16)

음력	**1**	2	3	4	5	6	7	8	9	10	11	12	13	14	15	**16**	17	18	19	20	21	22	23	24	25	26	27	28	29	30
양력월	9월								10월																					
양력일	23	24	25	26	27	28	29	30	1	2	3	4	5	6	7	辰	9	10	11	12	13	14	15	16	17	18	19	20	21	22
요일	금	토	일	월	화	수	목	금	토	일	월	화	수	목	금	中	일	월	화	수	목	금	토	일	월	화	수	목	금	토
일진	丁丑	戊寅	己卯	庚辰	辛巳	壬午	癸未	甲申	乙酉	丙戌	丁亥	戊子	己丑	庚寅	辛卯	壬辰	癸巳	甲午	乙未	丙申	丁酉	戊戌	己亥	庚子	辛丑	壬寅	癸卯	甲辰	乙巳	丙午

음양국: 陰4　陰6　陰9　陰3　陰5　陰8　陰2

10月 癸亥

절기: 상강 (음력 1), 입동10월 (음력 16)

음력	**1**	2	3	4	5	6	7	8	9	10	11	12	13	14	15	**16**	17	18	19	20	21	22	23	24	25	26	27	28	29	30
양력월	10월									11월																				
양력일	23	24	25	26	27	28	29	30	31	1	2	3	4	5	6	午	8	9	10	11	12	13	14	15	16	17	18	19	20	21
요일	일	월	화	수	목	금	토	일	월	화	수	목	금	토	일	初	화	수	목	금	토	일	월	화	수	목	금	토	일	월
일진	丁未	戊申	己酉	庚戌	辛亥	壬子	癸丑	甲寅	乙卯	丙辰	丁巳	戊午	己未	庚申	辛酉	壬戌	癸亥	甲子	乙丑	丙寅	丁卯	戊辰	己巳	庚午	辛未	壬申	癸酉	甲戌	乙亥	丙子

음양국: 陰2　陰6　陰9　陰3　陰5　陰8　陰2

11月 甲子

절기: 소설 (음력 1), 대설11월 (음력 16), 동지 (음력 30)

음력	**1**	2	3	4	5	6	7	8	9	10	11	12	13	14	15	**16**	17	18	19	20	21	22	23	24	25	26	27	28	29	**30**
양력월	11월									12월																				
양력일	22	23	24	25	26	27	28	29	30	1	2	3	4	5	6	寅	8	9	10	11	12	13	14	15	16	17	18	19	20	21
요일	화	수	목	금	토	일	월	화	수	목	금	토	일	월	화	中	목	금	토	일	월	화	수	목	금	토	일	월	화	수
일진	丁丑	戊寅	己卯	庚辰	辛巳	壬午	癸未	甲申	乙酉	丙戌	丁亥	戊子	己丑	庚寅	辛卯	壬辰	癸巳	甲午	乙未	丙申	丁酉	戊戌	己亥	庚子	辛丑	壬寅	癸卯	甲辰	乙巳	丙午

음양국: 陰2　陰4　陰7　陰1　陰4　陰7　陰1

閏11月

절기: 소한12월 (음력 15)

음력	1	2	3	4	5	6	7	8	9	10	11	12	13	14	**15**	16	17	18	19	20	21	22	23	24	25	26	27	28	29
양력월	12월										1월																		
양력일	22	23	24	25	26	27	28	29	30	31	1	2	3	4	申	6	7	8	9	10	11	12	13	14	15	16	17	18	19
요일	목	금	토	일	월	화	수	목	금	토	일	월	화	수	初	금	토	일	월	화	수	목	금	토	일	월	화	수	목
일진	丁未	戊申	己酉	庚戌	辛亥	壬子	癸丑	甲寅	乙卯	丙辰	丁巳	戊午	己未	庚申	辛酉	壬戌	癸亥	甲子	乙丑	丙寅	丁卯	戊辰	己巳	庚午	辛未	壬申	癸酉	甲戌	乙亥

음양국: 陰1　陽1　陽7　陽4　陽2　陽8　陽5

12月 乙丑

절기: 대한 (음력 1), 입춘1월 (음력 16), 우수 (음력 30)

음력	**1**	2	3	4	5	6	7	8	9	10	11	12	13	14	15	**16**	17	18	19	20	21	22	23	24	25	26	27	28	29	**30**
양력월	1월												2월																	
양력일	20	21	22	23	24	25	26	27	28	29	30	31	1	2	3	寅	5	6	7	8	9	10	11	12	13	14	15	16	17	18
요일	금	토	일	월	화	수	목	금	토	일	월	화	수	목	금	初	일	월	화	수	목	금	토	일	월	화	수	목	금	토
일진	丙子	丁丑	戊寅	己卯	庚辰	辛巳	壬午	癸未	甲申	乙酉	丙戌	丁亥	戊子	己丑	庚寅	辛卯	壬辰	癸巳	甲午	乙未	丙申	丁酉	戊戌	己亥	庚子	辛丑	壬寅	癸卯	甲辰	乙巳

음양국: 陽5　陽3　陽9　陽6　陽8　陽5　陽2

입춘(2/4) 03:40
경칩(3/5) 21:31
청명(4/5) 02:05
입하(5/5) 19:08
망종(6/5) 23:05
소서(7/7) 09:16

입추(8/7) 19:08
백로(9/7) 22:13
한로(10/8) 14:06
입동(11/7) 17:32
대설(12/7) 10:35
소한(1/5) 21:54

2034(甲寅年)

1月 丙寅

절기															경칩2월														
음력	1	2	3	4	5	6	7	8	9	10	11	12	13	14	15	16	17	18	19	20	21	22	23	24	25	26	27	28	29
양력 월	2월										3월																		
력 일	19	20	21	22	23	24	25	26	27	28	1	2	3	4	亥	6	7	8	9	10	11	12	13	14	15	16	17	18	19
요일	일	월	화	수	목	금	토	일	월	화	수	목	금	토	初	월	화	수	목	금	토	일	월	화	수	목	금	토	일
일진	丙午	丁未	戊申	己酉	庚戌	辛亥	壬子	癸丑	甲寅	乙卯	丙辰	丁巳	戊午	己未	庚申	辛酉	壬戌	癸亥	甲子	乙丑	丙寅	丁卯	戊辰	己巳	庚午	辛未	壬申	癸酉	甲戌
음양국	陽 2				陽 9				陽 6				陽 3				陽 1				陽 7				陽 4				

2月 丁卯

절기	춘분																청명3월													
음력	1	2	3	4	5	6	7	8	9	10	11	12	13	14	15	16	17	18	19	20	21	22	23	24	25	26	27	28	29	30
양력 월	3월												4월																	
력 일	20	21	22	23	24	25	26	27	28	29	30	31	1	2	3	4	丑	6	7	8	9	10	11	12	13	14	15	16	17	18
요일	월	화	수	목	금	토	일	월	화	수	목	금	토	일	월	화	初	목	금	토	일	월	화	수	목	금	토	일	월	화
일진	乙亥	丙子	丁丑	戊寅	己卯	庚辰	辛巳	壬午	癸未	甲申	乙酉	丙戌	丁亥	戊子	己丑	庚寅	辛卯	壬辰	癸巳	甲午	乙未	丙申	丁酉	戊戌	己亥	庚子	辛丑	壬寅	癸卯	甲辰
음양국	陽 4				陽 3				陽 9				陽 6				陽 4				陽 1									

3月 戊辰

절기	곡우																입하4월												
음력	1	2	3	4	5	6	7	8	9	10	11	12	13	14	15	16	17	18	19	20	21	22	23	24	25	26	27	28	29
양력 월	4월												5월																
력 일	19	20	21	22	23	24	25	26	27	28	29	30	1	2	3	4	酉	6	7	8	9	10	11	12	13	14	15	16	17
요일	수	목	금	토	일	월	화	수	목	금	토	일	월	화	수	목	後	토	일	월	화	수	목	금	토	일	월	화	수
일진	乙巳	丙午	丁未	戊申	己酉	庚戌	辛亥	壬子	癸丑	甲寅	乙卯	丙辰	丁巳	戊午	己未	庚申	辛酉	壬戌	癸亥	甲子	乙丑	丙寅	丁卯	戊辰	己巳	庚午	辛未	壬申	癸酉
음양국	陽 7				陽 5				陽 2				陽 8				陽 4				陽 1								

4月 己巳

절기				소만															망종5월										
음력	1	2	3	4	5	6	7	8	9	10	11	12	13	14	15	16	17	18	19	20	21	22	23	24	25	26	27	28	29
양력 월	5월														6월														
력 일	18	19	20	21	22	23	24	25	26	27	28	29	30	31	1	2	3	4	亥	6	7	8	9	10	11	12	13	14	15
요일	목	금	토	일	월	화	수	목	금	토	일	월	화	수	목	금	토	일	後	화	수	목	금	토	일	월	화	수	목
일진	甲戌	乙亥	丙子	丁丑	戊寅	己卯	庚辰	辛巳	壬午	癸未	甲申	乙酉	丙戌	丁亥	戊子	己丑	庚寅	辛卯	壬辰	癸巳	甲午	乙未	丙申	丁酉	戊戌	己亥	庚子	辛丑	壬寅
음양국	陽 7				陽 5				陽 2				陽 8				陽 6				陽 3								

5月 庚午

절기						하지																소서6월								
음력	1	2	3	4	5	6	7	8	9	10	11	12	13	14	15	16	17	18	19	20	21	22	23	24	25	26	27	28	29	30
양력 월	6월															7월														
력 일	16	17	18	19	20	21	22	23	24	25	26	27	28	29	30	1	2	3	4	5	6	辰	8	9	10	11	12	13	14	15
요일	금	토	일	월	화	수	목	금	토	일	월	화	수	목	금	토	일	월	화	수	목	後	토	일	월	화	수	목	금	토
일진	癸卯	甲辰	乙巳	丙午	丁未	戊申	己酉	庚戌	辛亥	壬子	癸丑	甲寅	乙卯	丙辰	丁巳	戊午	己未	庚申	辛酉	壬戌	癸亥	甲子	乙丑	丙寅	丁卯	戊辰	己巳	庚午	辛未	壬申
음양국	陽 9						陰 9					陰 3				陰 6				陰 8				陰 2						

6月 辛未

절기							대서																입추7월						
음력	1	2	3	4	5	6	7	8	9	10	11	12	13	14	15	16	17	18	19	20	21	22	23	24	25	26	27	28	29
양력 월	7월															8월													
력 일	16	17	18	19	20	21	22	23	24	25	26	27	28	29	30	31	1	2	3	4	5	6	酉	8	9	10	11	12	13
요일	일	월	화	수	목	금	토	일	월	화	수	목	금	토	일	월	화	수	목	금	토	일	後	화	수	목	금	토	일
일진	癸酉	甲戌	乙亥	丙子	丁丑	戊寅	己卯	庚辰	辛巳	壬午	癸未	甲申	乙酉	丙戌	丁亥	戊子	己丑	庚寅	辛卯	壬辰	癸巳	甲午	乙未	丙申	丁酉	戊戌	己亥	庚子	辛丑
음양국	陰 5				陰 7				陰 1				陰 4				陰 2				陰 5								

7月 壬申

절기	1	2	3	4	5	6	7	8	9	처서10	11	12	13	14	15	16	17	18	19	20	21	22	23	24	백로8월25	26	27	28	29	30
음력	1	2	3	4	5	6	7	8	9	10	11	12	13	14	15	16	17	18	19	20	21	22	23	24	25	26	27	28	29	30
양력	8월14	15	16	17	18	19	20	21	22	23	24	25	26	27	28	29	30	31	9월1	2	3	4	5	6	亥	8	9	10	11	12
요일	月	火	水	木	金	土	日	月	火	水	木	金	土	日	月	火	水	木	金	土	日	月	火	水	申	金	土	日	月	火
일진	壬寅	癸卯	甲辰	乙巳	丙午	丁未	戊申	己酉	庚戌	辛亥	壬子	癸丑	甲寅	乙卯	丙辰	丁巳	戊午	己未	庚申	辛酉	壬戌	癸亥	甲子	乙丑	丙寅	丁卯	戊辰	己巳	庚午	辛未

음양국: 陰5　陰8　陰1　陰4　陰7　陰9　陰3

8月 癸酉

절기	1	2	3	4	5	6	7	8	9	10	추분11	12	13	14	15	16	17	18	19	20	21	22	23	24	25	한로9월26	27	28	29
음력	1	2	3	4	5	6	7	8	9	10	11	12	13	14	15	16	17	18	19	20	21	22	23	24	25	26	27	28	29
양력	9월13	14	15	16	17	18	19	20	21	22	23	24	25	26	27	28	29	30	10월1	2	3	4	5	6	7	未	9	10	11
요일	水	木	金	土	日	月	火	水	木	金	土	日	月	火	水	木	金	土	日	月	火	水	木	金	土	初	月	火	水
일진	壬申	癸酉	甲戌	乙亥	丙子	丁丑	戊寅	己卯	庚辰	辛巳	壬午	癸未	甲申	乙酉	丙戌	丁亥	戊子	己丑	庚寅	辛卯	壬辰	癸巳	甲午	乙未	丙申	丁酉	戊戌	己亥	庚子

음양국: 陰3　陰6　陰7　陰1　陰4　陰6　陰9

9月 甲戌

절기	1	2	3	4	5	6	7	8	9	10	11	상강12	13	14	15	16	17	18	19	20	21	22	23	24	25	26	입동10월27	28	29	30
음력	1	2	3	4	5	6	7	8	9	10	11	12	13	14	15	16	17	18	19	20	21	22	23	24	25	26	27	28	29	30
양력	10월12	13	14	15	16	17	18	19	20	21	22	23	24	25	26	27	28	29	30	31	11월1	2	3	4	5	6	酉	8	9	10
요일	木	金	土	日	月	火	水	木	金	土	日	月	火	水	木	金	土	日	月	火	水	木	金	土	日	月	初	水	木	金
일진	辛丑	壬寅	癸卯	甲辰	乙巳	丙午	丁未	戊申	己酉	庚戌	辛亥	壬子	癸丑	甲寅	乙卯	丙辰	丁巳	戊午	己未	庚申	辛酉	壬戌	癸亥	甲子	乙丑	丙寅	丁卯	戊辰	己巳	庚午

음양국: 陰9　陰3　陰5　陰8　陰2　陰6　陰9

10月 乙亥

절기	1	2	3	4	5	6	7	8	9	10	11	소설12	13	14	15	16	17	18	19	20	21	22	23	24	25	26	대설11월27	28	29	30
음력	1	2	3	4	5	6	7	8	9	10	11	12	13	14	15	16	17	18	19	20	21	22	23	24	25	26	27	28	29	30
양력	11월11	12	13	14	15	16	17	18	19	20	21	22	23	24	25	26	27	28	29	30	12월1	2	3	4	5	巳	7	8	9	10
요일	土	日	月	火	水	木	金	土	日	月	火	水	木	金	土	日	月	火	水	木	金	土	日	月	火	中	金	土	日
일진	辛未	壬申	癸酉	甲戌	乙亥	丙子	丁丑	戊寅	己卯	庚辰	辛巳	壬午	癸未	甲申	乙酉	丙戌	丁亥	戊子	己丑	庚寅	辛卯	壬辰	癸巳	甲午	乙未	丙申	丁酉	戊戌	己亥	庚子

음양국: 陰9　陰3　陰5　陰8　陰2　陰4　陰7

11月 丙子

절기	1	2	3	4	5	6	7	8	9	10	11	동지12	13	14	15	16	17	18	19	20	21	22	23	24	25	소한12월26	27	28	29	30
음력	1	2	3	4	5	6	7	8	9	10	11	12	13	14	15	16	17	18	19	20	21	22	23	24	25	26	27	28	29	30
양력	12월11	12	13	14	15	16	17	18	19	20	21	22	23	24	25	26	27	28	29	30	31	1월1	2	3	4	亥	6	7	8	9
요일	月	火	水	木	金	土	日	月	火	水	木	金	土	日	月	火	水	木	金	土	日	月	火	水	木	初	土	日	月	火
일진	辛丑	壬寅	癸卯	甲辰	乙巳	丙午	丁未	戊申	己酉	庚戌	辛亥	壬子	癸丑	甲寅	乙卯	丙辰	丁巳	戊午	己未	庚申	辛酉	壬戌	癸亥	甲子	乙丑	丙寅	丁卯	戊辰	己巳	庚午

음양국: 陰7　陰1　**陽1**　陽7　陽4　陽2　陽8

12月 丁丑

절기	1	2	3	4	5	6	7	8	9	10	대한11	12	13	14	15	16	17	18	19	20	21	22	23	24	25	입춘1월26	27	28	29
음력	1	2	3	4	5	6	7	8	9	10	11	12	13	14	15	16	17	18	19	20	21	22	23	24	25	26	27	28	29
양력	1월10	11	12	13	14	15	16	17	18	19	20	21	22	23	24	25	26	27	28	29	30	31	2월1	2	3	巳	5	6	7
요일	水	木	金	土	日	月	火	水	木	金	土	日	月	火	水	木	金	土	日	月	火	水	木	金	土	初	月	火	水
일진	辛未	壬申	癸酉	甲戌	乙亥	丙子	丁丑	戊寅	己卯	庚辰	辛巳	壬午	癸未	甲申	乙酉	丙戌	丁亥	戊子	己丑	庚寅	辛卯	壬辰	癸巳	甲午	乙未	丙申	丁酉	戊戌	己亥

음양국: 陽8　陽5　陽3　陽9　陽6　陽8　陽5

입춘(2/4) 09:30
경칩(3/6) 03:20
청명(4/5) 07:52
입하(5/6) 00:54
망종(6/6) 04:49
소서(7/7) 15:00

2035(乙卯年)

입추(8/8) 00:53
백로(9/8) 04:01
한로(10/8) 19:56
입동(11/7) 23:22
대설(12/7) 16:24
소한(1/6) 03:42

1月 戊寅

절기: 우수 (음력 12), 경칩2월 (음력 27)

	1	2	3	4	5	6	7	8	9	10	11	12	13	14	15	16	17	18	19	20	21	22	23	24	25	26	27	28	29	30
음력	1	2	3	4	5	6	7	8	9	10	11	12	13	14	15	16	17	18	19	20	21	22	23	24	25	26	27	28	29	30
양력월	2월																					3월								
양력일	8	9	10	11	12	13	14	15	16	17	18	19	20	21	22	23	24	25	26	27	28	1	2	3	4	5	丑	7	8	9
요일	목	금	토	일	월	화	수	목	금	토	일	월	화	수	목	금	토	일	월	화	수	목	금	토	일	월	後	수	목	금
일진	庚子	辛丑	壬寅	癸卯	甲辰	乙巳	丙午	丁未	戊申	己酉	庚戌	辛亥	壬子	癸丑	甲寅	乙卯	丙辰	丁巳	戊午	己未	庚申	辛酉	壬戌	癸亥	甲子	乙丑	丙寅	丁卯	戊辰	己巳

음양국: 陽5 / 陽2 / 陽9 / 陽6 / 陽3 / 陽1

2月 己卯

절기: 춘분 (음력 12), 청명3월 (음력 27)

	1	2	3	4	5	6	7	8	9	10	11	12	13	14	15	16	17	18	19	20	21	22	23	24	25	26	27	28	29
음력	1	2	3	4	5	6	7	8	9	10	11	12	13	14	15	16	17	18	19	20	21	22	23	24	25	26	27	28	29
양력월	3월																						4월						
양력일	10	11	12	13	14	15	16	17	18	19	20	21	22	23	24	25	26	27	28	29	30	31	1	2	3	4	辰	6	7
요일	토	일	월	화	수	목	금	토	일	월	화	수	목	금	토	일	월	화	수	목	금	토	일	월	화	수	初	금	토
일진	庚午	辛未	壬申	癸酉	甲戌	乙亥	丙子	丁丑	戊寅	己卯	庚辰	辛巳	壬午	癸未	甲申	乙酉	丙戌	丁亥	戊子	己丑	庚寅	辛卯	壬辰	癸巳	甲午	乙未	丙申	丁酉	戊戌

음양국: 陽7 / 陽4 / 陽3 / 陽9 / 陽6 / 陽4

3月 庚辰

절기: 곡우 (음력 13), 입하4월 (음력 29)

	1	2	3	4	5	6	7	8	9	10	11	12	13	14	15	16	17	18	19	20	21	22	23	24	25	26	27	28	29	30
음력	1	2	3	4	5	6	7	8	9	10	11	12	13	14	15	16	17	18	19	20	21	22	23	24	25	26	27	28	29	30
양력월	4월																							5월						
양력일	8	9	10	11	12	13	14	15	16	17	18	19	20	21	22	23	24	25	26	27	28	29	30	1	2	3	4	5	子	7
요일	일	월	화	수	목	금	토	일	월	화	수	목	금	토	일	월	화	수	목	금	토	일	월	화	수	목	금	토	後	월
일진	己亥	庚子	辛丑	壬寅	癸卯	甲辰	乙巳	丙午	丁未	戊申	己酉	庚戌	辛亥	壬子	癸丑	甲寅	乙卯	丙辰	丁巳	戊午	己未	庚申	辛酉	壬戌	癸亥	甲子	乙丑	丙寅	丁卯	戊辰

음양국: 陽1 / 陽7 / 陽5 / 陽2 / 陽8 / 陽4

4月 辛巳

절기: 소만 (음력 14)

	1	2	3	4	5	6	7	8	9	10	11	12	13	14	15	16	17	18	19	20	21	22	23	24	25	26	27	28	29
음력	1	2	3	4	5	6	7	8	9	10	11	12	13	14	15	16	17	18	19	20	21	22	23	24	25	26	27	28	29
양력월	5월																								6월				
양력일	8	9	10	11	12	13	14	15	16	17	18	19	20	21	22	23	24	25	26	27	28	29	30	31	1	2	3	4	5
요일	화	수	목	금	토	일	월	화	수	목	금	토	일	월	화	수	목	금	토	일	월	화	수	목	금	토	일	월	화
일진	己巳	庚午	辛未	壬申	癸酉	甲戌	乙亥	丙子	丁丑	戊寅	己卯	庚辰	辛巳	壬午	癸未	甲申	乙酉	丙戌	丁亥	戊子	己丑	庚寅	辛卯	壬辰	癸巳	甲午	乙未	丙申	丁酉

음양국: 陽1 / 陽7 / 陽5 / 陽2 / 陽8 / 陽6

5月 壬午

절기: 망종5월 (음력 1), 하지 (음력 16)

	1	2	3	4	5	6	7	8	9	10	11	12	13	14	15	16	17	18	19	20	21	22	23	24	25	26	27	28	29
음력	1	2	3	4	5	6	7	8	9	10	11	12	13	14	15	16	17	18	19	20	21	22	23	24	25	26	27	28	29
양력월	6월																									7월			
양력일	寅	7	8	9	10	11	12	13	14	15	16	17	18	19	20	21	22	23	24	25	26	27	28	29	30	1	2	3	4
요일	中	목	금	토	일	월	화	수	목	금	토	일	월	화	수	목	금	토	일	월	화	수	목	금	토	일	월	화	수
일진	戊戌	己亥	庚子	辛丑	壬寅	癸卯	甲辰	乙巳	丙午	丁未	戊申	己酉	庚戌	辛亥	壬子	癸丑	甲寅	乙卯	丙辰	丁巳	戊午	己未	庚申	辛酉	壬戌	癸亥	甲子	乙丑	丙寅

음양국: 陽3 / 陽9 / 陰9 / 陰3 / 陰6 / 陰8

6月 癸未

절기: 소서6월 (음력 3), 대서 (음력 19)

	1	2	3	4	5	6	7	8	9	10	11	12	13	14	15	16	17	18	19	20	21	22	23	24	25	26	27	28	29	30
음력	1	2	3	4	5	6	7	8	9	10	11	12	13	14	15	16	17	18	19	20	21	22	23	24	25	26	27	28	29	30
양력월	7월																											8월		
양력일	5	6	未	8	9	10	11	12	13	14	15	16	17	18	19	20	21	22	23	24	25	26	27	28	29	30	31	1	2	3
요일	목	금	後	일	월	화	수	목	금	토	일	월	화	수	목	금	토	일	월	화	수	목	금	토	일	월	화	수	목	금
일진	丁卯	戊辰	己巳	庚午	辛未	壬申	癸酉	甲戌	乙亥	丙子	丁丑	戊寅	己卯	庚辰	辛巳	壬午	癸未	甲申	乙酉	丙戌	丁亥	戊子	己丑	庚寅	辛卯	壬辰	癸巳	甲午	乙未	丙申

음양국: 陰8 / 陰2 / 陰5 / 陰7 / 陰1 / 陰4 / 陰2

7月 甲申

절기				입추7월															처서									
음력	1	2	3	4	5	6	7	8	9	10	11	12	13	14	15	16	17	18	19	20	21	22	23	24	25	26	27	28	29
양력 월	8월																												9월
양력 일	4	5	6	7	子	9	10	11	12	13	14	15	16	17	18	19	20	21	22	23	24	25	26	27	28	29	30	31	1
요일	토	일	월	화	後	목	금	토	일	월	화	수	목	금	토	일	월	화	수	목	금	토	일	월	화	수	목	금	토
일진	丁酉	戊戌	己亥	庚子	辛丑	壬寅	癸卯	甲辰	乙巳	丙午	丁未	戊申	己酉	庚戌	辛亥	壬子	癸丑	甲寅	乙卯	丙辰	丁巳	戊午	己未	庚申	辛酉	壬戌	癸亥	甲子	乙丑

음양국: 陰 2　陰 5　陰 8　陰 1　陰 4　陰 7　陰 9

8月 乙酉

절기							백로8월														추분							
음력	1	2	3	4	5	6	7	8	9	10	11	12	13	14	15	16	17	18	19	20	21	22	23	24	25	26	27	28	29
양력 월	9월																												
양력 일	2	3	4	5	6	7	寅	9	10	11	12	13	14	15	16	17	18	19	20	21	22	23	24	25	26	27	28	29	30
요일	일	월	화	수	목	금	初	일	월	화	수	목	금	토	일	월	화	수	목	금	토	일	월	화	수	목	금	토	일
일진	丙寅	丁卯	戊辰	己巳	庚午	辛未	壬申	癸酉	甲戌	乙亥	丙子	丁丑	戊寅	己卯	庚辰	辛巳	壬午	癸未	甲申	乙酉	丙戌	丁亥	戊子	己丑	庚寅	辛卯	壬辰	癸巳	甲午

음양국: 陰 9　陰 3　陰 6　陰 7　陰 1　陰 4　陰 6

9月 丙戌

절기								한로9월															상강							
음력	1	2	3	4	5	6	7	8	9	10	11	12	13	14	15	16	17	18	19	20	21	22	23	24	25	26	27	28	29	30
양력 월	10월																													
양력 일	1	2	3	4	5	6	7	戌	9	10	11	12	13	14	15	16	17	18	19	20	21	22	23	24	25	26	27	28	29	30
요일	월	화	수	목	금	토	일	初	화	수	목	금	토	일	월	화	수	목	금	토	일	월	화	수	목	금	토	일	월	화
일진	乙未	丙申	丁酉	戊戌	己亥	庚子	辛丑	壬寅	癸卯	甲辰	乙巳	丙午	丁未	戊申	己酉	庚戌	辛亥	壬子	癸丑	甲寅	乙卯	丙辰	丁巳	戊午	己未	庚申	辛酉	壬戌	癸亥	甲子

음양국: 陰 6　陰 9　陰 3　陰 5　陰 8　陰 2

10月 丁亥

절기								입동10월															소설							
음력	1	2	3	4	5	6	7	8	9	10	11	12	13	14	15	16	17	18	19	20	21	22	23	24	25	26	27	28	29	30
양력 월	10월 11월																													
양력 일	31	1	2	3	4	5	6	亥	8	9	10	11	12	13	14	15	16	17	18	19	20	21	22	23	24	25	26	27	28	29
요일	수	목	금	토	일	월	화	後	목	금	토	일	월	화	수	목	금	토	일	월	화	수	목	금	토	일	월	화	수	목
일진	乙丑	丙寅	丁卯	戊辰	己巳	庚午	辛未	壬申	癸酉	甲戌	乙亥	丙子	丁丑	戊寅	己卯	庚辰	辛巳	壬午	癸未	甲申	乙酉	丙戌	丁亥	戊子	己丑	庚寅	辛卯	壬辰	癸巳	甲午

음양국: 陰 6　陰 9　陰 3　陰 5　陰 8　陰 2

11月 戊子

절기								대설11월															동지						
음력	1	2	3	4	5	6	7	8	9	10	11	12	13	14	15	16	17	18	19	20	21	22	23	24	25	26	27	28	29
양력 월	11월 12월																												
양력 일	30	1	2	3	4	5	6	申	8	9	10	11	12	13	14	15	16	17	18	19	20	21	22	23	24	25	26	27	28
요일	금	토	일	월	화	수	목	中	토	일	월	화	수	목	금	토	일	월	화	수	목	금	토	일	월	화	수	목	금
일진	乙未	丙申	丁酉	戊戌	己亥	庚子	辛丑	壬寅	癸卯	甲辰	乙巳	丙午	丁未	戊申	己酉	庚戌	辛亥	壬子	癸丑	甲寅	乙卯	丙辰	丁巳	戊午	己未	庚申	辛酉	壬戌	癸亥

음양국: 陰 4　陰 7　陰 1　陽 1　陽 7　陽 4

12月 己丑

절기									소한12월														대한							
음력	1	2	3	4	5	6	7	8	9	10	11	12	13	14	15	16	17	18	19	20	21	22	23	24	25	26	27	28	29	30
양력 월	12월 1월																													
양력 일	29	30	31	1	2	3	4	5	寅	7	8	9	10	11	12	13	14	15	16	17	18	19	20	21	22	23	24	25	26	27
요일	토	일	월	화	수	목	금	토	初	월	화	수	목	금	토	일	월	화	수	목	금	토	일	월	화	수	목	금	토	일
일진	甲子	乙丑	丙寅	丁卯	戊辰	己巳	庚午	辛未	壬申	癸酉	甲戌	乙亥	丙子	丁丑	戊寅	己卯	庚辰	辛巳	壬午	癸未	甲申	乙酉	丙戌	丁亥	戊子	己丑	庚寅	辛卯	壬辰	癸巳

음양국: 陽 2　陽 8　陽 5　陽 3　陽 9　陽 6

2036(丙辰年)

입춘(2/4) 15:19　경칩(3/5) 09:10　청명(4/4) 13:45　입하(5/5) 06:48　망종(6/5) 10:46　소서(7/6) 20:56

입추(8/7) 06:48　백로(9/7) 09:54　한로(10/8) 01:48　입동(11/7) 05:13　대설(12/6) 22:15　소한(1/5) 09:33

1月 庚寅

절기							입춘1월															우수							
음력	1	2	3	4	5	6	7	8	9	10	11	12	13	14	15	16	17	18	19	20	21	22	23	24	25	26	27	28	29	30
양월	1월				2월																									
력일	28	29	30	31	1	2	3	未	5	6	7	8	9	10	11	12	13	14	15	16	17	18	19	20	21	22	23	24	25	26
요일	월	화	수	목	금	토	일	後	화	수	목	금	토	일	월	화	수	목	금	토	일	월	화	수	목	금	토	일	월	화
일진	甲午	乙未	丙申	丁酉	戊戌	己亥	庚子	辛丑	壬寅	癸卯	甲辰	乙巳	丙午	丁未	戊申	己酉	庚戌	辛亥	壬子	癸丑	甲寅	乙卯	丙辰	丁巳	戊午	己未	庚申	辛酉	壬戌	癸亥

음양국: 陽8　陽5　陽2　陽9　陽6　陽3

2月 辛卯

절기							경칩2월															춘분							
음력	1	2	3	4	5	6	7	8	9	10	11	12	13	14	15	16	17	18	19	20	21	22	23	24	25	26	27	28	29	30
양월	2월			3월																										
력일	27	28	29	1	2	3	4	辰	6	7	8	9	10	11	12	13	14	15	16	17	18	19	20	21	22	23	24	25	26	27
요일	수	목	금	토	일	월	화	後	목	금	토	일	월	화	수	목	금	토	일	월	화	수	목	금	토	일	월	화	수	목
일진	甲子	乙丑	丙寅	丁卯	戊辰	己巳	庚午	辛未	壬申	癸酉	甲戌	乙亥	丙子	丁丑	戊寅	己卯	庚辰	辛巳	壬午	癸未	甲申	乙酉	丙戌	丁亥	戊子	己丑	庚寅	辛卯	壬辰	癸巳

음양국: 陽1　陽7　陽4　陽3　陽9　陽6

3月 壬辰

절기							청명3월															곡우						
음력	1	2	3	4	5	6	7	8	9	10	11	12	13	14	15	16	17	18	19	20	21	22	23	24	25	26	27	28	29
양월	3월				4월																								
력일	28	29	30	31	1	2	3	未	5	6	7	8	9	10	11	12	13	14	15	16	17	18	19	20	21	22	23	24	25
요일	금	토	일	월	화	수	목	初	토	일	월	화	수	목	금	토	일	월	화	수	목	금	토	일	월	화	수	목	금
일진	甲午	乙未	丙申	丁酉	戊戌	己亥	庚子	辛丑	壬寅	癸卯	甲辰	乙巳	丙午	丁未	戊申	己酉	庚戌	辛亥	壬子	癸丑	甲寅	乙卯	丙辰	丁巳	戊午	己未	庚申	辛酉	壬戌

음양국: 陽4　陽1　陽7　陽5　陽2　陽8

4月 癸巳

절기										입하4월															소만					
음력	1	2	3	4	5	6	7	8	9	10	11	12	13	14	15	16	17	18	19	20	21	22	23	24	25	26	27	28	29	30
양월	4월					5월																								
력일	26	27	28	29	30	1	2	3	4	卯	6	7	8	9	10	11	12	13	14	15	16	17	18	19	20	21	22	23	24	25
요일	토	일	월	화	수	목	금	토	일	中	화	수	목	금	토	일	월	화	수	목	금	토	일	월	화	수	목	금	토	일
일진	癸亥	甲子	乙丑	丙寅	丁卯	戊辰	己巳	庚午	辛未	壬申	癸酉	甲戌	乙亥	丙子	丁丑	戊寅	己卯	庚辰	辛巳	壬午	癸未	甲申	乙酉	丙戌	丁亥	戊子	己丑	庚寅	辛卯	壬辰

음양국: 陽4　陽1　陽7　陽5　陽2　陽8

5月 甲午

절기											망종5월																하지		
음력	1	2	3	4	5	6	7	8	9	10	11	12	13	14	15	16	17	18	19	20	21	22	23	24	25	26	27	28	29
양월	5월						6월																						
력일	26	27	28	29	30	31	1	2	3	4	巳	6	7	8	9	10	11	12	13	14	15	16	17	18	19	20	21	22	23
요일	월	화	수	목	금	토	일	월	화	수	中	금	토	일	월	화	수	목	금	토	일	월	화	수	목	금	토	일	월
일진	癸巳	甲午	乙未	丙申	丁酉	戊戌	己亥	庚子	辛丑	壬寅	癸卯	甲辰	乙巳	丙午	丁未	戊申	己酉	庚戌	辛亥	壬子	癸丑	甲寅	乙卯	丙辰	丁巳	戊午	己未	庚申	辛酉

음양국: 陽6　陽3　陽9　陰9　陰3　陰6

6月 乙未

절기													소서6월																대서
음력	1	2	3	4	5	6	7	8	9	10	11	12	13	14	15	16	17	18	19	20	21	22	23	24	25	26	27	28	29
양월	6월							7월																					
력일	24	25	26	27	28	29	30	1	2	3	4	5	戌	7	8	9	10	11	12	13	14	15	16	17	18	19	20	21	22
요일	화	수	목	금	토	일	월	화	수	목	금	토	後	월	화	수	목	금	토	일	월	화	수	목	금	토	일	월	화
일진	壬戌	癸亥	甲子	乙丑	丙寅	丁卯	戊辰	己巳	庚午	辛未	壬申	癸酉	甲戌	乙亥	丙子	丁丑	戊寅	己卯	庚辰	辛巳	壬午	癸未	甲申	乙酉	丙戌	丁亥	戊子	己丑	庚寅

음양국: 陰6　陰8　陰2　陰5　陰7　陰1　陰4

閏6月

절기																입추7월														
음력	1	2	3	4	5	6	7	8	9	10	11	12	13	14	15	16	17	18	19	20	21	22	23	24	25	26	27	28	29	30
양력 월	7월									8월																				
양력 일	23	24	25	26	27	28	29	30	31	1	2	3	4	5	6	卯中	8	9	10	11	12	13	14	15	16	17	18	19	20	21
요일	수	목	금	토	일	월	화	수	목	금	토	일	월	화	수	中	금	토	일	월	화	수	목	금	토	일	월	화	수	목
일진	辛卯	壬辰	癸巳	甲午	乙未	丙申	丁酉	戊戌	己亥	庚子	辛丑	壬寅	癸卯	甲辰	乙巳	丙午	丁未	戊申	己酉	庚戌	辛亥	壬子	癸丑	甲寅	乙卯	丙辰	丁巳	戊午	己未	庚申
음양국	陰4				陰2				陰5				陰8				陰1				陰4				陰7					

7月 丙申

절기	처서																백로8월												
음력	1	2	3	4	5	6	7	8	9	10	11	12	13	14	15	16	17	18	19	20	21	22	23	24	25	26	27	28	29
양력 월	8월										9월																		
양력 일	22	23	24	25	26	27	28	29	30	31	1	2	3	4	5	6	巳	8	9	10	11	12	13	14	15	16	17	18	19
요일	금	토	일	월	화	수	목	금	토	일	월	화	수	목	금	토	初	월	화	수	목	금	토	일	월	화	수	목	금
일진	辛酉	壬戌	癸亥	甲子	乙丑	丙寅	丁卯	戊辰	己巳	庚午	辛未	壬申	癸酉	甲戌	乙亥	丙子	丁丑	戊寅	己卯	庚辰	辛巳	壬午	癸未	甲申	乙酉	丙戌	丁亥	戊子	己丑
음양국	陰7				陰9				陰3				陰6				陰7				陰1				陰4				

8月 丁酉

절기			추분																한로9월										
음력	1	2	3	4	5	6	7	8	9	10	11	12	13	14	15	16	17	18	19	20	21	22	23	24	25	26	27	28	29
양력 월	9월											10월																	
양력 일	20	21	22	23	24	25	26	27	28	29	30	1	2	3	4	5	6	7	丑	9	10	11	12	13	14	15	16	17	18
요일	토	일	월	화	수	목	금	토	일	월	화	수	목	금	토	일	월	화	初	목	금	토	일	월	화	수	목	금	토
일진	庚寅	辛卯	壬辰	癸巳	甲午	乙未	丙申	丁酉	戊戌	己亥	庚子	辛丑	壬寅	癸卯	甲辰	乙巳	丙午	丁未	戊申	己酉	庚戌	辛亥	壬子	癸丑	甲寅	乙卯	丙辰	丁巳	戊午
음양국	陰4				陰6				陰9				陰3				陰5				陰8								

9月 戊戌

절기					상강															입동10월										
음력	1	2	3	4	5	6	7	8	9	10	11	12	13	14	15	16	17	18	19	20	21	22	23	24	25	26	27	28	29	30
양력 월	10월													11월																
양력 일	19	20	21	22	23	24	25	26	27	28	29	30	31	1	2	3	4	5	6	寅	8	9	10	11	12	13	14	15	16	17
요일	일	월	화	수	목	금	토	일	월	화	수	목	금	토	일	월	화	수	목	後	토	일	월	화	수	목	금	토	일	월
일진	己未	庚申	辛酉	壬戌	癸亥	甲子	乙丑	丙寅	丁卯	戊辰	己巳	庚午	辛未	壬申	癸酉	甲戌	乙亥	丙子	丁丑	戊寅	己卯	庚辰	辛巳	壬午	癸未	甲申	乙酉	丙戌	丁亥	戊子
음양국	陰2				陰6				陰9				陰3				陰5				陰8									

10月 己亥

절기					소설														대설11월											
음력	1	2	3	4	5	6	7	8	9	10	11	12	13	14	15	16	17	18	19	20	21	22	23	24	25	26	27	28	29	30
양력 월	11월													12월																
양력 일	18	19	20	21	22	23	24	25	26	27	28	29	30	1	2	3	4	5	亥	7	8	9	10	11	12	13	14	15	16	17
요일	화	수	목	금	토	일	월	화	수	목	금	토	일	월	화	수	목	금	中	일	월	화	수	목	금	토	일	월	화	수
일진	己丑	庚寅	辛卯	壬辰	癸巳	甲午	乙未	丙申	丁酉	戊戌	己亥	庚子	辛丑	壬寅	癸卯	甲辰	乙巳	丙午	丁未	戊申	己酉	庚戌	辛亥	壬子	癸丑	甲寅	乙卯	丙辰	丁巳	戊午
음양국	陰2				陰4				陰7				陰1				陰4				陰7									

11月 庚子

절기				동지															소한12월										
음력	1	2	3	4	5	6	7	8	9	10	11	12	13	14	15	16	17	18	19	20	21	22	23	24	25	26	27	28	29
양력 월	12월														1월														
양력 일	18	19	20	21	22	23	24	25	26	27	28	29	30	31	1	2	3	4	巳	6	7	8	9	10	11	12	13	14	15
요일	목	금	토	일	월	화	수	목	금	토	일	월	화	수	목	금	토	일	初	화	수	목	금	토	일	월	화	수	목
일진	己未	庚申	辛酉	壬戌	癸亥	甲子	乙丑	丙寅	丁卯	戊辰	己巳	庚午	辛未	壬申	癸酉	甲戌	乙亥	丙子	丁丑	戊寅	己卯	庚辰	辛巳	壬午	癸未	甲申	乙酉	丙戌	丁亥
음양국	陰1				陽1				陽7				陽4				陽2				陽8								

12月 辛丑

절기					대한														입춘1월											
음력	1	2	3	4	5	6	7	8	9	10	11	12	13	14	15	16	17	18	19	20	21	22	23	24	25	26	27	28	29	30
양력 월	1월															2월														
양력 일	16	17	18	19	20	21	22	23	24	25	26	27	28	29	30	31	1	2	戌	4	5	6	7	8	9	10	11	12	13	14
요일	금	토	일	월	화	수	목	금	토	일	월	화	수	목	금	토	일	월	後	수	목	금	토	일	월	화	수	목	금	토
일진	戊子	己丑	庚寅	辛卯	壬辰	癸巳	甲午	乙未	丙申	丁酉	戊戌	己亥	庚子	辛丑	壬寅	癸卯	甲辰	乙巳	丙午	丁未	戊申	己酉	庚戌	辛亥	壬子	癸丑	甲寅	乙卯	丙辰	丁巳
음양국	陽5				陽3				陽9				陽6				陽8				陽5									

입춘(2/3) 21:10
경칩(3/5) 15:05
청명(4/4) 19:43
입하(5/5) 12:48
망종(6/5) 16:45
소서(7/7) 02:54

입추(8/7) 12:42
백로(9/7) 15:44
한로(10/8) 07:36
입동(11/7) 11:03
대설(12/7) 04:06
소한(1/5) 15:25

2037(丁巳年)

1月 壬寅

	1	2	3	4	5	6	7	8	9	10	11	12	13	14	15	16	17	18	19	20	21	22	23	24	25	26	27	28	29	30
절기				우수															경칩2월											
음력	1	2	3	4	5	6	7	8	9	10	11	12	13	14	15	16	17	18	19	20	21	22	23	24	25	26	27	28	29	30
양력 월	2월														3월															
력일	15	16	17	18	19	20	21	22	23	24	25	26	27	28	1	2	3	4	未	6	7	8	9	10	11	12	13	14	15	16
요일	일	월	화	수	목	금	토	일	월	화	수	목	금	토	일	월	화	수	後	금	토	일	월	화	수	목	금	토	일	월
일진	戊午	己未	庚申	辛酉	壬戌	癸亥	甲子	乙丑	丙寅	丁卯	戊辰	己巳	庚午	辛未	壬申	癸酉	甲戌	乙亥	丙子	丁丑	戊寅	己卯	庚辰	辛巳	壬午	癸未	甲申	乙酉	丙戌	丁亥

음양국: 陽2 陽9 陽6 陽3 陽1 陽7

2月 癸卯

	1	2	3	4	5	6	7	8	9	10	11	12	13	14	15	16	17	18	19	20	21	22	23	24	25	26	27	28	29	30
절기				춘분															청명3월											
음력	1	2	3	4	5	6	7	8	9	10	11	12	13	14	15	16	17	18	19	20	21	22	23	24	25	26	27	28	29	30
양력 월	3월															4월														
력일	17	18	19	20	21	22	23	24	25	26	27	28	29	30	31	1	2	3	戌	5	6	7	8	9	10	11	12	13	14	15
요일	화	수	목	금	토	일	월	화	수	목	금	토	일	월	화	수	목	금	初	일	월	화	수	목	금	토	일	월	화	수
일진	戊子	己丑	庚寅	辛卯	壬辰	癸巳	甲午	乙未	丙申	丁酉	戊戌	己亥	庚子	辛丑	壬寅	癸卯	甲辰	乙巳	丙午	丁未	戊申	己酉	庚戌	辛亥	壬子	癸丑	甲寅	乙卯	丙辰	丁巳

음양국: 陽4 陽3 陽9 陽6 陽4 陽1

3月 甲辰

	1	2	3	4	5	6	7	8	9	10	11	12	13	14	15	16	17	18	19	20	21	22	23	24	25	26	27	28	29
절기					곡우															입하4월									
음력	1	2	3	4	5	6	7	8	9	10	11	12	13	14	15	16	17	18	19	20	21	22	23	24	25	26	27	28	29
양력 월	4월															5월													
력일	16	17	18	19	20	21	22	23	24	25	26	27	28	29	30	1	2	3	4	午	6	7	8	9	10	11	12	13	14
요일	목	금	토	일	월	화	수	목	금	토	일	월	화	수	목	금	토	일	월	中	수	목	금	토	일	월	화	수	목
일진	戊午	己未	庚申	辛酉	壬戌	癸亥	甲子	乙丑	丙寅	丁卯	戊辰	己巳	庚午	辛未	壬申	癸酉	甲戌	乙亥	丙子	丁丑	戊寅	己卯	庚辰	辛巳	壬午	癸未	甲申	乙酉	丙戌

음양국: 陽7 陽5 陽2 陽8 陽4 陽1

4月 乙巳

	1	2	3	4	5	6	7	8	9	10	11	12	13	14	15	16	17	18	19	20	21	22	23	24	25	26	27	28	29	30
절기							소만															망종5월								
음력	1	2	3	4	5	6	7	8	9	10	11	12	13	14	15	16	17	18	19	20	21	22	23	24	25	26	27	28	29	30
양력 월	5월																	6월												
력일	15	16	17	18	19	20	21	22	23	24	25	26	27	28	29	30	31	1	2	3	4	申	6	7	8	9	10	11	12	13
요일	금	토	일	월	화	수	목	금	토	일	월	화	수	목	금	토	일	월	화	수	목	中	토	일	월	화	수	목	금	토
일진	丁亥	戊子	己丑	庚寅	辛卯	壬辰	癸巳	甲午	乙未	丙申	丁酉	戊戌	己亥	庚子	辛丑	壬寅	癸卯	甲辰	乙巳	丙午	丁未	戊申	己酉	庚戌	辛亥	壬子	癸丑	甲寅	乙卯	丙辰

음양국: 陽1 陽7 陽5 陽2 陽8 陽6 陽3

5月 丙午

	1	2	3	4	5	6	7	8	9	10	11	12	13	14	15	16	17	18	19	20	21	22	23	24	25	26	27	28	29
절기								하지																소서6월					
음력	1	2	3	4	5	6	7	8	9	10	11	12	13	14	15	16	17	18	19	20	21	22	23	24	25	26	27	28	29
양력 월	6월																	7월											
력일	14	15	16	17	18	19	20	21	22	23	24	25	26	27	28	29	30	1	2	3	4	5	6	丑	8	9	10	11	12
요일	일	월	화	수	목	금	토	일	월	화	수	목	금	토	일	월	화	수	목	금	토	일	월	後	수	목	금	토	일
일진	丁巳	戊午	己未	庚申	辛酉	壬戌	癸亥	甲子	乙丑	丙寅	丁卯	戊辰	己巳	庚午	辛未	壬申	癸酉	甲戌	乙亥	丙子	丁丑	戊寅	己卯	庚辰	辛巳	壬午	癸未	甲申	乙酉

음양국: 陽3 陽9 陰9 陰3 陰6 陰8 陰2

6月 丁未

	1	2	3	4	5	6	7	8	9	10	11	12	13	14	15	16	17	18	19	20	21	22	23	24	25	26	27	28	29
절기										대서																입추7월			
음력	1	2	3	4	5	6	7	8	9	10	11	12	13	14	15	16	17	18	19	20	21	22	23	24	25	26	27	28	29
양력 월	7월																			8월									
력일	13	14	15	16	17	18	19	20	21	22	23	24	25	26	27	28	29	30	31	1	2	3	4	5	6	午	8	9	10
요일	월	화	수	목	금	토	일	월	화	수	목	금	토	일	월	화	수	목	금	토	일	월	화	수	목	中	토	일	월
일진	丙戌	丁亥	戊子	己丑	庚寅	辛卯	壬辰	癸巳	甲午	乙未	丙申	丁酉	戊戌	己亥	庚子	辛丑	壬寅	癸卯	甲辰	乙巳	丙午	丁未	戊申	己酉	庚戌	辛亥	壬子	癸丑	甲寅

음양국: 陰2 陰5 陰7 陰1 陰4 陰2 陰5

7월 戊申

절기													처서															백로8월		
음력	1	2	3	4	5	6	7	8	9	10	11	12	**13**	14	15	16	17	18	19	20	21	22	23	24	25	26	27	**28**	29	30
양력 월	8월																					9월								
양력 일	11	12	13	14	15	16	17	18	19	20	21	22	23	24	25	26	27	28	29	30	31	1	2	3	4	5	6	申	8	9
요일	화	수	목	금	토	일	월	화	수	목	금	토	일	월	화	수	목	금	토	일	월	화	수	목	금	토	일	初	화	수
일진	乙卯	丙辰	丁巳	戊午	己未	庚申	辛酉	壬戌	癸亥	甲子	乙丑	丙寅	丁卯	戊辰	己巳	庚午	辛未	壬申	癸酉	甲戌	乙亥	丙子	丁丑	戊寅	己卯	庚辰	辛巳	壬午	癸未	甲申
음양국	陰5					陰8					陰1					陰4					陰7					陰9				

8월 己酉

절기														추분															한로9월
음력	1	2	3	4	5	6	7	8	9	10	11	12	13	**14**	15	16	17	18	19	20	21	22	23	24	25	26	27	28	**29**
양력 월	9월																					10월							
양력 일	10	11	12	13	14	15	16	17	18	19	20	21	22	23	24	25	26	27	28	29	30	1	2	3	4	5	6	7	辰
요일	목	금	토	일	월	화	수	목	금	토	일	월	화	수	목	금	토	일	월	화	수	목	금	토	일	월	화	수	初
일진	乙酉	丙戌	丁亥	戊子	己丑	庚寅	辛卯	壬辰	癸巳	甲午	乙未	丙申	丁酉	戊戌	己亥	庚子	辛丑	壬寅	癸卯	甲辰	乙巳	丙午	丁未	戊申	己酉	庚戌	辛亥	壬子	癸丑
음양국	陰3					陰6					陰7					陰1					陰4					陰6			

9월 庚戌

절기															상강														
음력	1	2	3	4	5	6	7	8	9	10	11	12	13	14	**15**	16	17	18	19	20	21	22	23	24	25	26	27	28	29
양력 월	10월																							11월					
양력 일	9	10	11	12	13	14	15	16	17	18	19	20	21	22	23	24	25	26	27	28	29	30	31	1	2	3	4	5	6
요일	금	토	일	월	화	수	목	금	토	일	월	화	수	목	금	토	일	월	화	수	목	금	토	일	월	화	수	목	금
일진	甲寅	乙卯	丙辰	丁巳	戊午	己未	庚申	辛酉	壬戌	癸亥	甲子	乙丑	丙寅	丁卯	戊辰	己巳	庚午	辛未	壬申	癸酉	甲戌	乙亥	丙子	丁丑	戊寅	己卯	庚辰	辛巳	壬午
음양국	陰9					陰3					陰5					陰8					陰2					陰6			

10월 辛亥

절기	입동10월															소설														
음력	**1**	2	3	4	5	6	7	8	9	10	11	12	13	14	15	**16**	17	18	19	20	21	22	23	24	25	26	27	28	29	30
양력 월	11월																								12월					
양력 일	巳	8	9	10	11	12	13	14	15	16	17	18	19	20	21	22	23	24	25	26	27	28	29	30	1	2	3	4	5	6
요일	後	일	월	화	수	목	금	토	일	월	화	수	목	금	토	일	월	화	수	목	금	토	일	월	화	수	목	금	토	일
일진	癸未	甲申	乙酉	丙戌	丁亥	戊子	己丑	庚寅	辛卯	壬辰	癸巳	甲午	乙未	丙申	丁酉	戊戌	己亥	庚子	辛丑	壬寅	癸卯	甲辰	乙巳	丙午	丁未	戊申	己酉	庚戌	辛亥	壬子
음양국	陰9					陰3					陰5					陰8					陰2					陰4				

11월 壬子

절기	대설11월														동지														
음력	**1**	2	3	4	5	6	7	8	9	10	11	12	13	14	**15**	16	17	18	19	20	21	22	23	24	25	26	27	28	29
양력 월	12월																									1월			
양력 일	寅	8	9	10	11	12	13	14	15	16	17	18	19	20	21	22	23	24	25	26	27	28	29	30	31	1	2	3	4
요일	初	화	수	목	금	토	일	월	화	수	목	금	토	일	월	화	수	목	금	토	일	월	화	수	목	금	토	일	월
일진	癸丑	甲寅	乙卯	丙辰	丁巳	戊午	己未	庚申	辛酉	壬戌	癸亥	甲子	乙丑	丙寅	丁卯	戊辰	己巳	庚午	辛未	壬申	癸酉	甲戌	乙亥	丙子	丁丑	戊寅	己卯	庚辰	辛巳
음양국	陰7					陰1					陽1					陽7					陽4					陽2			

12월 癸丑

절기	소한12월															대한														
음력	**1**	2	3	4	5	6	7	8	9	10	11	12	13	14	15	**16**	17	18	19	20	21	22	23	24	25	26	27	28	29	30
양력 월	1월																											2월		
양력 일	未	6	7	8	9	10	11	12	13	14	15	16	17	18	19	20	21	22	23	24	25	26	27	28	29	30	31	1	2	3
요일	後	수	목	금	토	일	월	화	수	목	금	토	일	월	화	수	목	금	토	일	월	화	수	목	금	토	일	월	화	수
일진	壬午	癸未	甲申	乙酉	丙戌	丁亥	戊子	己丑	庚寅	辛卯	壬辰	癸巳	甲午	乙未	丙申	丁酉	戊戌	己亥	庚子	辛丑	壬寅	癸卯	甲辰	乙巳	丙午	丁未	戊申	己酉	庚戌	辛亥
음양국	陽2		陽8					陽5					陽3					陽9					陽6					陽8		

입춘(2/4) 03:02
경칩(3/5) 20:54
청명(4/5) 01:28
입하(5/5) 18:30
망종(6/5) 22:24
소서(7/7) 08:31

2038(戊午年)

입추(8/7) 18:20
백로(9/7) 21:25
한로(10/8) 13:20
입동(11/7) 16:49
대설(12/7) 09:55
소한(1/5) 21:15

1月 甲寅

절기	입춘1월														우수															경칩2월
음력	1	2	3	4	5	6	7	8	9	10	11	12	13	14	15	16	17	18	19	20	21	22	23	24	25	26	27	28	29	30
양력 월	2월																								3월					
양력 일	丑	5	6	7	8	9	10	11	12	13	14	15	16	17	18	19	20	21	22	23	24	25	26	27	28	1	2	3	4	戊
요일	後	금	토	일	월	화	수	목	금	토	일	월	화	수	목	금	토	일	월	화	수	목	금	토	일	월	화	수	목	後
일진	壬子	癸丑	甲寅	乙卯	丙辰	丁巳	戊午	己未	庚申	辛酉	壬戌	癸亥	甲子	乙丑	丙寅	丁卯	戊辰	己巳	庚午	辛未	壬申	癸酉	甲戌	乙亥	丙子	丁丑	戊寅	己卯	庚辰	辛巳
음양국	陽 8			陽 5			陽 2			陽 9			陽 6			陽 3			陽 1											

2月 乙卯

절기															춘분															
음력	1	2	3	4	5	6	7	8	9	10	11	12	13	14	15	16	17	18	19	20	21	22	23	24	25	26	27	28	29	30
양력 월	3월																								4월					
양력 일	6	7	8	9	10	11	12	13	14	15	16	17	18	19	20	21	22	23	24	25	26	27	28	29	30	31	1	2	3	4
요일	토	일	월	화	수	목	금	토	일	월	화	수	목	금	토	일	월	화	수	목	금	토	일	월	화	수	목	금	토	일
일진	壬午	癸未	甲申	乙酉	丙戌	丁亥	戊子	己丑	庚寅	辛卯	壬辰	癸巳	甲午	乙未	丙申	丁酉	戊戌	己亥	庚子	辛丑	壬寅	癸卯	甲辰	乙巳	丙午	丁未	戊申	己酉	庚戌	辛亥
음양국	陽 1			陽 7			陽 4			陽 3			陽 9			陽 6			陽 4											

3月 丙辰

절기	청명3월															곡우													
음력	1	2	3	4	5	6	7	8	9	10	11	12	13	14	15	16	17	18	19	20	21	22	23	24	25	26	27	28	29
양력 월	4월																									5월			
양력 일	子	6	7	8	9	10	11	12	13	14	15	16	17	18	19	20	21	22	23	24	25	26	27	28	29	30	1	2	3
요일	後	화	수	목	금	토	일	월	화	수	목	금	토	일	월	화	수	목	금	토	일	월	화	수	목	금	토	일	월
일진	壬子	癸丑	甲寅	乙卯	丙辰	丁巳	戊午	己未	庚申	辛酉	壬戌	癸亥	甲子	乙丑	丙寅	丁卯	戊辰	己巳	庚午	辛未	壬申	癸酉	甲戌	乙亥	丙子	丁丑	戊寅	己卯	庚辰
음양국	陽 4			陽 1			陽 7			陽 5			陽 2			陽 8			陽 4										

4月 丁巳

절기		입하4월																소만												
음력	1	2	3	4	5	6	7	8	9	10	11	12	13	14	15	16	17	18	19	20	21	22	23	24	25	26	27	28	29	30
양력 월	5월																												6월	
양력 일	4	酉	6	7	8	9	10	11	12	13	14	15	16	17	18	19	20	21	22	23	24	25	26	27	28	29	30	31	1	2
요일	화	中	목	금	토	일	월	화	수	목	금	토	일	월	화	수	목	금	토	일	월	화	수	목	금	토	일	월	화	수
일진	辛巳	壬午	癸未	甲申	乙酉	丙戌	丁亥	戊子	己丑	庚寅	辛卯	壬辰	癸巳	甲午	乙未	丙申	丁酉	戊戌	己亥	庚子	辛丑	壬寅	癸卯	甲辰	乙巳	丙午	丁未	戊申	己酉	庚戌
음양국	陽 4			陽 1			陽 7			陽 5			陽 2			陽 8			陽 6											

5月 戊午

절기			망종5월																하지										
음력	1	2	3	4	5	6	7	8	9	10	11	12	13	14	15	16	17	18	19	20	21	22	23	24	25	26	27	28	29
양력 월	6월																												7월
양력 일	3	4	亥	6	7	8	9	10	11	12	13	14	15	16	17	18	19	20	21	22	23	24	25	26	27	28	29	30	1
요일	목	금	中	일	월	화	수	목	금	토	일	월	화	수	목	금	토	일	월	화	수	목	금	토	일	월	화	수	목
일진	辛亥	壬子	癸丑	甲寅	乙卯	丙辰	丁巳	戊午	己未	庚申	辛酉	壬戌	癸亥	甲子	乙丑	丙寅	丁卯	戊辰	己巳	庚午	辛未	壬申	癸酉	甲戌	乙亥	丙子	丁丑	戊寅	己卯
음양국	陽 6			陽 3			陽 9			陰 9				陰 3			陰 6			陰 8									

6月 己未

절기						소서6월																대서								
음력	1	2	3	4	5	6	7	8	9	10	11	12	13	14	15	16	17	18	19	20	21	22	23	24	25	26	27	28	29	30
양력 월	7월																													
양력 일	2	3	4	5	6	辰	8	9	10	11	12	13	14	15	16	17	18	19	20	21	22	23	24	25	26	27	28	29	30	31
요일	금	토	일	월	화	中	목	금	토	일	월	화	수	목	금	토	일	월	화	수	목	금	토	일	월	화	수	목	금	토
일진	庚辰	辛巳	壬午	癸未	甲申	乙酉	丙戌	丁亥	戊子	己丑	庚寅	辛卯	壬辰	癸巳	甲午	乙未	丙申	丁酉	戊戌	己亥	庚子	辛丑	壬寅	癸卯	甲辰	乙巳	丙午	丁未	戊申	己酉
음양국	陰 8			陰 2			陰 5			陰 7			陰 1			陰 4														

7月 庚申

절기						입추7월																처서						
음력	1	2	3	4	5	6	**7**	8	9	10	11	12	13	14	15	16	17	18	19	20	21	22	**23**	24	25	26	27	28	29
양력 월 8월	1	2	3	4	5	6	酉	8	9	10	11	12	13	14	15	16	17	18	19	20	21	22	23	24	25	26	27	28	29
요일	일	월	화	수	목	금	中	일	월	화	수	목	금	토	일	월	화	수	목	금	토	일	월	화	수	목	금	토	일
일진	庚戌	辛亥	壬子	癸丑	甲寅	乙卯	丙辰	丁巳	戊午	己未	庚申	辛酉	壬戌	癸亥	甲子	乙丑	丙寅	丁卯	戊辰	己巳	庚午	辛未	壬申	癸酉	甲戌	乙亥	丙子	丁丑	戊寅

음양국: 陰 2 　 陰 5 　 陰 8 　 陰 1 　 陰 4 　 陰 7

8月 辛酉

절기								백로8월																추분						
음력	1	2	3	4	5	6	7	8	**9**	10	11	12	13	14	15	16	17	18	19	20	21	22	23	24	**25**	26	27	28	29	30
양력 월 8월 9월	30	31	1	2	3	4	5	6	戌	8	9	10	11	12	13	14	15	16	17	18	19	20	21	22	23	24	25	26	27	28
요일	월	화	수	목	금	토	일	월	後	수	목	금	토	일	월	화	수	목	금	토	일	월	화	수	목	금	토	일	월	화
일진	己卯	庚辰	辛巳	壬午	癸未	甲申	乙酉	丙戌	丁亥	戊子	己丑	庚寅	辛卯	壬辰	癸巳	甲午	乙未	丙申	丁酉	戊戌	己亥	庚子	辛丑	壬寅	癸卯	甲辰	乙巳	丙午	丁未	戊申

음양국: 陰 9 　 陰 3 　 陰 6 　 陰 7 　 陰 1 　 陰 4

9月 壬戌

절기										한로9월															상강				
음력	1	2	3	4	5	6	7	8	9	**10**	11	12	13	14	15	16	17	18	19	20	21	22	23	24	**25**	26	27	28	29
양력 월 9월 10월	29	30	1	2	3	4	5	6	7	午	9	10	11	12	13	14	15	16	17	18	19	20	21	22	23	24	25	26	27
요일	수	목	금	토	일	월	화	수	목	後	토	일	월	화	수	목	금	토	일	월	화	수	목	금	토	일	월	화	수
일진	己酉	庚戌	辛亥	壬子	癸丑	甲寅	乙卯	丙辰	丁巳	戊午	己未	庚申	辛酉	壬戌	癸亥	甲子	乙丑	丙寅	丁卯	戊辰	己巳	庚午	辛未	壬申	癸酉	甲戌	乙亥	丙子	丁丑

음양국: 陰 6 　 陰 9 　 陰 3 　 陰 5 　 陰 8 　 陰 2

10月 癸亥

절기											입동10월															소설			
음력	1	2	3	4	5	6	7	8	9	10	**11**	12	13	14	15	16	17	18	19	20	21	22	23	24	25	**26**	27	28	29
양력 월 10월 11월	28	29	30	31	1	2	3	4	5	6	申	8	9	10	11	12	13	14	15	16	17	18	19	20	21	22	23	24	25
요일	목	금	토	일	월	화	수	목	금	토	中	월	화	수	목	금	토	일	월	화	수	목	금	토	일	월	화	수	목
일진	戊寅	己卯	庚辰	辛巳	壬午	癸未	甲申	乙酉	丙戌	丁亥	戊子	己丑	庚寅	辛卯	壬辰	癸巳	甲午	乙未	丙申	丁酉	戊戌	己亥	庚子	辛丑	壬寅	癸卯	甲辰	乙巳	丙午

음양국: 陰 6 　 陰 9 　 陰 3 　 陰 5 　 陰 8 　 陰 2

11月 甲子

절기												대설11월															동지			
음력	1	2	3	4	5	6	7	8	9	10	11	**12**	13	14	15	16	17	18	19	20	21	22	23	24	25	26	**27**	28	29	30
양력 월 11월 12월	26	27	28	29	30	1	2	3	4	5	6	巳	8	9	10	11	12	13	14	15	16	17	18	19	20	21	22	23	24	25
요일	금	토	일	월	화	수	목	금	토	일	월	初	수	목	금	토	일	월	화	수	목	금	토	일	월	화	수	목	금	토
일진	丁未	戊申	己酉	庚戌	辛亥	壬子	癸丑	甲寅	乙卯	丙辰	丁巳	戊午	己未	庚申	辛酉	壬戌	癸亥	甲子	乙丑	丙寅	丁卯	戊辰	己巳	庚午	辛未	壬申	癸酉	甲戌	乙亥	丙子

음양국: 陰 2 　 陰 4 　 陰 7 　 陰 1 　 **陽 1** 　 陽 7 　 陽 4

12月 乙丑

절기											소한12월															대한			
음력	1	2	3	4	5	6	7	8	9	10	**11**	12	13	14	15	16	17	18	19	20	21	22	23	24	25	**26**	27	28	29
양력 월 12월 1월	26	27	28	29	30	31	1	2	3	4	戊	6	7	8	9	10	11	12	13	14	15	16	17	18	19	20	21	22	23
요일	일	월	화	수	목	금	토	일	월	화	後	목	금	토	일	월	화	수	목	금	토	일	월	화	수	목	금	토	일
일진	丁丑	戊寅	己卯	庚辰	辛巳	壬午	癸未	甲申	乙酉	丙戌	丁亥	戊子	己丑	庚寅	辛卯	壬辰	癸巳	甲午	乙未	丙申	丁酉	戊戌	己亥	庚子	辛丑	壬寅	癸卯	甲辰	乙巳

음양국: 陽 4 　 陽 2 　 陽 8 　 陽 5 　 陽 3 　 陽 9 　 陽 6

입춘(2/4) 08:51　　입추(8/8) 00:17
경칩(3/6) 02:42　　백로(9/8) 03:23
청명(4/5) 07:14　　한로(10/8) 19:16
입하(5/6) 00:17　　입동(11/7) 22:41
망종(6/6) 04:14　　대설(12/7) 15:44
소서(7/7) 14:25　　소한(1/6) 03:02

2039(己未年)

1月 丙寅

절기												입춘1월														우수			
음력	1	2	3	4	5	6	7	8	9	10	11	12	13	14	15	16	17	18	19	20	21	22	23	24	25	26	27	28	29	30
양력 월	1월								2월																					
양력 일	24	25	26	27	28	29	30	31	1	2	3	辰	5	6	7	8	9	10	11	12	13	14	15	16	17	18	19	20	21	22
요일	월	화	수	목	금	토	일	월	화	수	목	後	토	일	월	화	수	목	금	토	일	월	화	수	목	금	토	일	월	화
일진	丙午	丁未	戊申	己酉	庚戌	辛亥	壬子	癸丑	甲寅	乙卯	丙辰	丁巳	戊午	己未	庚申	辛酉	壬戌	癸亥	甲子	乙丑	丙寅	丁卯	戊辰	己巳	庚午	辛未	壬申	癸酉	甲戌	乙亥
음양국	陽 6				陽 8				陽 5				陽 2				陽 9				陽 6				陽 3					

2月 丁卯

절기												경칩2월														춘분			
음력	1	2	3	4	5	6	7	8	9	10	11	12	13	14	15	16	17	18	19	20	21	22	23	24	25	26	27	28	29	30
양력 월	2월						3월																							
양력 일	23	24	25	26	27	28	1	2	3	4	5	丑	7	8	9	10	11	12	13	14	15	16	17	18	19	20	21	22	23	24
요일	수	목	금	토	일	월	화	수	목	금	토	中	월	화	수	목	금	토	일	월	화	수	목	금	토	일	월	화	수	목
일진	丙子	丁丑	戊寅	己卯	庚辰	辛巳	壬午	癸未	甲申	乙酉	丙戌	丁亥	戊子	己丑	庚寅	辛卯	壬辰	癸巳	甲午	乙未	丙申	丁酉	戊戌	己亥	庚子	辛丑	壬寅	癸卯	甲辰	乙巳
음양국	陽 3				陽 1				陽 7				陽 4				陽 3				陽 9				陽 6					

3月 戊辰

절기												청명3월														곡우			
음력	1	2	3	4	5	6	7	8	9	10	11	12	13	14	15	16	17	18	19	20	21	22	23	24	25	26	27	28	29
양력 월	3월							4월																					
양력 일	25	26	27	28	29	30	31	1	2	3	4	卯	6	7	8	9	10	11	12	13	14	15	16	17	18	19	20	21	22
요일	금	토	일	월	화	수	목	금	토	일	월	後	수	목	금	토	일	월	화	수	목	금	토	일	월	화	수	목	금
일진	丙午	丁未	戊申	己酉	庚戌	辛亥	壬子	癸丑	甲寅	乙卯	丙辰	丁巳	戊午	己未	庚申	辛酉	壬戌	癸亥	甲子	乙丑	丙寅	丁卯	戊辰	己巳	庚午	辛未	壬申	癸酉	甲戌
음양국	陽 6				陽 4				陽 1				陽 7				陽 5				陽 2				陽 8				

4月 己巳

절기														입하4월														소만		
음력	1	2	3	4	5	6	7	8	9	10	11	12	13	14	15	16	17	18	19	20	21	22	23	24	25	26	27	28	29	30
양력 월	4월								5월																					
양력 일	23	24	25	26	27	28	29	30	1	2	3	4	5	子	7	8	9	10	11	12	13	14	15	16	17	18	19	20	21	22
요일	토	일	월	화	수	목	금	토	일	월	화	수	목	中	토	일	월	화	수	목	금	토	일	월	화	수	목	금	토	일
일진	乙亥	丙子	丁丑	戊寅	己卯	庚辰	辛巳	壬午	癸未	甲申	乙酉	丙戌	丁亥	戊子	己丑	庚寅	辛卯	壬辰	癸巳	甲午	乙未	丙申	丁酉	戊戌	己亥	庚子	辛丑	壬寅	癸卯	甲辰
음양국	陽 8				陽 4				陽 1				陽 7				陽 5				陽 2									

5月 庚午

절기															망종5월															하지
음력	1	2	3	4	5	6	7	8	9	10	11	12	13	14	15	16	17	18	19	20	21	22	23	24	25	26	27	28	29	30
양력 월	5월									6월																				
양력 일	23	24	25	26	27	28	29	30	31	1	2	3	4	5	寅	7	8	9	10	11	12	13	14	15	16	17	18	19	20	21
요일	월	화	수	목	금	토	일	월	화	수	목	금	토	일	中	화	수	목	금	토	일	월	화	수	목	금	토	일	월	화
일진	乙巳	丙午	丁未	戊申	己酉	庚戌	辛亥	壬子	癸丑	甲寅	乙卯	丙辰	丁巳	戊午	己未	庚申	辛酉	壬戌	癸亥	甲子	乙丑	丙寅	丁卯	戊辰	己巳	庚午	辛未	壬申	癸酉	甲戌
음양국	陽 8				陽 6				陽 3				陽 9				陽 6				陽 3									

閏5月

절기																소서6월													
음력	1	2	3	4	5	6	7	8	9	10	11	12	13	14	15	16	17	18	19	20	21	22	23	24	25	26	27	28	29
양력 월	6월									7월																			
양력 일	22	23	24	25	26	27	28	29	30	1	2	3	4	5	6	未	8	9	10	11	12	13	14	15	16	17	18	19	20
요일	수	목	금	토	일	월	화	수	목	금	토	일	월	화	수	中	금	토	일	월	화	수	목	금	토	일	월	화	수
일진	乙亥	丙子	丁丑	戊寅	己卯	庚辰	辛巳	壬午	癸未	甲申	乙酉	丙戌	丁亥	戊子	己丑	庚寅	辛卯	壬辰	癸巳	甲午	乙未	丙申	丁酉	戊戌	己亥	庚子	辛丑	壬寅	癸卯
음양국	陽 9				陰 9				陰 3				陰 6				陰 8				陰 2								

6월 辛未

절기	대서(음3)	입추7월(음19)
음력	1 2 **3** 4 5 6 7 8 9 10 11 12 13 14 15 16 17 18 **19** 20 21 22 23 24 25 26 27 28 29 30	

양력 월	7월 … 8월(음12=양1)
양력 일	21 22 **23** 24 25 26 27 28 29 30 31 ∣ 1 2 3 4 5 6 7 子中 9 10 11 12 13 14 15 16 17 18 19
요일	목 금 토 일 월 화 수 목 금 토 일 월 화 수 목 금 토 일 中 화 수 목 금 토 일 월 화 수 목 금
일진	甲辰 乙巳 丙午 丁未 戊申 己酉 庚戌 辛亥 壬子 癸丑 甲寅 乙卯 丙辰 丁巳 戊午 己未 庚申 辛酉 壬戌 癸亥 甲子 乙丑 丙寅 丁卯 戊辰 己巳 庚午 辛未 壬申 癸酉
음양국	陰5 陰7 陰1 陰4 陰2 陰5

7월 壬申

절기	처서(음4)	백로8월(음20)
음력	1 2 3 **4** 5 6 7 8 9 10 11 12 13 14 15 16 17 18 19 **20** 21 22 23 24 25 26 27 28 29	

양력 월	8월 … 9월(음13=양1)
양력 일	20 21 22 **23** 24 25 26 27 28 29 30 31 ∣ 1 2 3 4 5 6 7 丑後 9 10 11 12 13 14 15 16 17
요일	토 일 월 화 수 목 금 토 일 월 화 수 목 금 토 일 월 화 수 後 금 토 일 월 화 수 목 금 토
일진	甲戌 乙亥 丙子 丁丑 戊寅 己卯 庚辰 辛巳 壬午 癸未 甲申 乙酉 丙戌 丁亥 戊子 己丑 庚寅 辛卯 壬辰 癸巳 甲午 乙未 丙申 丁酉 戊戌 己亥 庚子 辛丑 壬寅
음양국	陰8 陰1 陰4 陰7 陰9 陰3

8월 癸酉

절기	추분(음6)	한로9월(음21)
음력	1 2 3 4 5 **6** 7 8 9 10 11 12 13 14 15 16 17 18 19 20 **21** 22 23 24 25 26 27 28 29 30	

양력 월	9월 … 10월(음14=양1)
양력 일	18 19 20 21 22 **23** 24 25 26 27 28 29 30 ∣ 1 2 3 4 5 6 7 酉後 9 10 11 12 13 14 15 16 17
요일	일 월 화 수 목 금 토 일 월 화 수 목 금 토 일 월 화 수 목 금 後 일 월 화 수 목 금 토 일 월
일진	癸卯 甲辰 乙巳 丙午 丁未 戊申 己酉 庚戌 辛亥 壬子 癸丑 甲寅 乙卯 丙辰 丁巳 戊午 己未 庚申 辛酉 壬戌 癸亥 甲子 乙丑 丙寅 丁卯 戊辰 己巳 庚午 辛未 壬申
음양국	陰6 陰7 陰1 陰4 陰6 陰9

9월 甲戌

절기	상강(음6)	입동10월(음21)
음력	1 2 3 4 5 **6** 7 8 9 10 11 12 13 14 15 16 17 18 19 20 **21** 22 23 24 25 26 27 28 29	

양력 월	10월 … 11월(음15=양1)
양력 일	18 19 20 21 22 **23** 24 25 26 27 28 29 30 31 ∣ 1 2 3 4 5 6 亥中 8 9 10 11 12 13 14 15
요일	화 수 목 금 토 일 월 화 수 목 금 토 일 월 화 수 목 금 토 일 中 화 수 목 금 토 일 월 화
일진	癸酉 甲戌 乙亥 丙子 丁丑 戊寅 己卯 庚辰 辛巳 壬午 癸未 甲申 乙酉 丙戌 丁亥 戊子 己丑 庚寅 辛卯 壬辰 癸巳 甲午 乙未 丙申 丁酉 戊戌 己亥 庚子 辛丑
음양국	陰3 陰5 陰8 陰2 陰6 陰9

10월 乙亥

절기	소설(음7)	대설11월(음22)
음력	1 2 3 4 5 6 **7** 8 9 10 11 12 13 14 15 16 17 18 19 20 21 **22** 23 24 25 26 27 28 29 30	

양력 월	11월 … 12월(음16=양1)
양력 일	16 17 18 19 20 21 **22** 23 24 25 26 27 28 29 30 ∣ 1 2 3 4 5 6 申初 8 9 10 11 12 13 14 15
요일	수 목 금 토 일 월 화 수 목 금 토 일 월 화 수 목 금 토 일 월 화 初 목 금 토 일 월 화 수 목
일진	壬寅 癸卯 甲辰 乙巳 丙午 丁未 戊申 己酉 庚戌 辛亥 壬子 癸丑 甲寅 乙卯 丙辰 丁巳 戊午 己未 庚申 辛酉 壬戌 癸亥 甲子 乙丑 丙寅 丁卯 戊辰 己巳 庚午 辛未
음양국	陰9 陰3 陰5 陰8 陰2 陰4 陰7

11월 丙子

절기	동지(음7)	소한12월(음22)
음력	1 2 3 4 5 6 **7** 8 9 10 11 12 13 14 15 16 17 18 19 20 21 **22** 23 24 25 26 27 28 29	

양력 월	12월 … 1월(음17=양1)
양력 일	16 17 18 19 20 21 **22** 23 24 25 26 27 28 29 30 31 ∣ 1 2 3 4 5 丑後 7 8 9 10 11 12 13
요일	금 토 일 월 화 수 목 금 토 일 월 화 수 목 금 토 일 월 화 수 목 後 토 일 월 화 수 목 금
일진	壬申 癸酉 甲戌 乙亥 丙子 丁丑 戊寅 己卯 庚辰 辛巳 壬午 癸未 甲申 乙酉 丙戌 丁亥 戊子 己丑 庚寅 辛卯 壬辰 癸巳 甲午 乙未 丙申 丁酉 戊戌 己亥 庚子
음양국	陰7 陰1 **陽1** 陽7 陽4 陽2 陽8

12월 丁丑

절기	대한(음7)	입춘1월(음22)
음력	1 2 3 4 5 6 **7** 8 9 10 11 12 13 14 15 16 17 18 19 20 21 **22** 23 24 25 26 27 28 29	

양력 월	1월 … 2월(음19=양1)
양력 일	14 15 16 17 18 19 **20** 21 22 23 24 25 26 27 28 29 30 31 ∣ 1 2 3 未中 5 6 7 8 9 10 11
요일	토 일 월 화 수 목 금 토 일 월 화 수 목 금 토 일 월 화 수 목 금 中 일 월 화 수 목 금 토
일진	辛丑 壬寅 癸卯 甲辰 乙巳 丙午 丁未 戊申 己酉 庚戌 辛亥 壬子 癸丑 甲寅 乙卯 丙辰 丁巳 戊午 己未 庚申 辛酉 壬戌 癸亥 甲子 乙丑 丙寅 丁卯 戊辰 己巳
음양국	陽8 陽5 陽3 陽9 陽6 陽8 陽5

입춘(2/4) 14:38　　입추(8/7) 06:09
경칩(3/5) 08:30　　백로(9/7) 09:13
청명(4/4) 13:04　　한로(10/8) 01:04
입하(5/5) 06:08　　입동(11/7) 04:28
망종(6/5) 10:07　　대설(12/6) 21:29
소서(7/6) 20:18　　소한(1/5) 08:47

2040(庚申年)

1月 戊寅

절기	우수(8) / 경칩2월(23)
음력	1 2 3 4 5 6 7 8 9 10 11 12 13 14 15 16 17 18 19 20 21 22 23 24 25 26 27 28 29 30
양력	2월: 12 13 14 15 16 17 18 19 20 21 / 3월: 22 23 24 25 26 27 28 29 1 2 3 4 辰 6 7 8 9 10 11 12
요일	일 월 화 수 목 금 토 일 월 화 수 목 금 토 일 월 화 수 목 금 토 일 中 화 수 목 금 토 일 월
일진	庚午 辛未 壬申 癸酉 甲戌 乙亥 丙子 丁丑 戊寅 己卯 庚辰 辛巳 壬午 癸未 甲申 乙酉 丙戌 丁亥 戊子 己丑 庚寅 辛卯 壬辰 癸巳 甲午 乙未 丙申 丁酉 戊戌 己亥
음양국	陽5　陽2　陽9　陽6　陽3　陽1

2月 己卯

절기	춘분(8) / 청명3월(23)
음력	1 2 3 4 5 6 7 8 9 10 11 12 13 14 15 16 17 18 19 20 21 22 23 24 25 26 27 28 29
양력	3월: 13 14 15 16 17 18 19 20 21 22 23 24 25 26 27 28 29 30 31 / 4월: 1 2 3 午 5 6 7 8 9 10
요일	화 수 목 금 토 일 월 화 수 목 금 토 일 월 화 수 목 금 토 일 월 화 後 목 금 토 일 월 화
일진	庚子 辛丑 壬寅 癸卯 甲辰 乙巳 丙午 丁未 戊申 己酉 庚戌 辛亥 壬子 癸丑 甲寅 乙卯 丙辰 丁巳 戊午 己未 庚申 辛酉 壬戌 癸亥 甲子 乙丑 丙寅 丁卯 戊辰
음양국	陽7　陽4　陽3　陽9　陽6　陽4

3月 庚辰

절기	곡우(9) / 입하4월(25)
음력	1 2 3 4 5 6 7 8 9 10 11 12 13 14 15 16 17 18 19 20 21 22 23 24 25 26 27 28 29 30
양력	4월: 11 12 13 14 15 16 17 18 19 20 21 22 23 24 25 26 27 28 29 30 / 5월: 1 2 3 4 卯 6 7 8 9 10
요일	수 목 금 토 일 월 화 수 목 금 토 일 월 화 수 목 금 토 일 월 화 수 목 금 初 일 월 화 수 목
일진	己巳 庚午 辛未 壬申 癸酉 甲戌 乙亥 丙子 丁丑 戊寅 己卯 庚辰 辛巳 壬午 癸未 甲申 乙酉 丙戌 丁亥 戊子 己丑 庚寅 辛卯 壬辰 癸巳 甲午 乙未 丙申 丁酉 戊戌
음양국	陽1　陽7　陽5　陽2　陽8　陽4

4月 辛巳

절기	소만(10) / 망종5월(26)
음력	1 2 3 4 5 6 7 8 9 10 11 12 13 14 15 16 17 18 19 20 21 22 23 24 25 26 27 28 29 30
양력	5월: 11 12 13 14 15 16 17 18 19 20 21 22 23 24 25 26 27 28 29 30 31 / 6월: 1 2 3 4 巳 6 7 8 9
요일	금 토 일 월 화 수 목 금 토 일 월 화 수 목 금 토 일 월 화 수 목 금 토 일 월 初 수 목 금 토
일진	己亥 庚子 辛丑 壬寅 癸卯 甲辰 乙巳 丙午 丁未 戊申 己酉 庚戌 辛亥 壬子 癸丑 甲寅 乙卯 丙辰 丁巳 戊午 己未 庚申 辛酉 壬戌 癸亥 甲子 乙丑 丙寅 丁卯 戊辰
음양국	陽1　陽7　陽5　陽2　陽8　陽6

5月 壬午

절기	하지(12) / 소서6월(27)
음력	1 2 3 4 5 6 7 8 9 10 11 12 13 14 15 16 17 18 19 20 21 22 23 24 25 26 27 28 29
양력	6월: 10 11 12 13 14 15 16 17 18 19 20 21 22 23 24 25 26 27 28 29 30 / 7월: 1 2 3 4 5 戊 7 8
요일	일 월 화 수 목 금 토 일 월 화 수 목 금 토 일 월 화 수 목 금 토 일 월 화 수 목 中 토 일
일진	己巳 庚午 辛未 壬申 癸酉 甲戌 乙亥 丙子 丁丑 戊寅 己卯 庚辰 辛巳 壬午 癸未 甲申 乙酉 丙戌 丁亥 戊子 己丑 庚寅 辛卯 壬辰 癸巳 甲午 乙未 丙申 丁酉
음양국	陽3　陽9　陰9　陰3　陰6　陰8

6月 癸未

절기	대서(14) / 입추7월(30)
음력	1 2 3 4 5 6 7 8 9 10 11 12 13 14 15 16 17 18 19 20 21 22 23 24 25 26 27 28 29 30
양력	7월: 9 10 11 12 13 14 15 16 17 18 19 20 21 22 23 24 25 26 27 28 29 30 31 / 8월: 1 2 3 4 5 6 卯
요일	월 화 수 목 금 토 일 월 화 수 목 금 토 일 월 화 수 목 금 토 일 월 화 수 목 금 토 일 월 初
일진	戊戌 己亥 庚子 辛丑 壬寅 癸卯 甲辰 乙巳 丙午 丁未 戊申 己酉 庚戌 辛亥 壬子 癸丑 甲寅 乙卯 丙辰 丁巳 戊午 己未 庚申 辛酉 壬戌 癸亥 甲子 乙丑 丙寅 丁卯
음양국	陰2　陰5　陰7　陰1　陰4　陰2

7月 甲申

절기															처서															
음력	1	2	3	4	5	6	7	8	9	10	11	12	13	14	15	16	17	18	19	20	21	22	23	24	25	26	27	28	29	30
양력 월	8월																										9월			
양력 일	8	9	10	11	12	13	14	15	16	17	18	19	20	21	22	23	24	25	26	27	28	29	30	31	1	2	3	4	5	6
요일	수	목	금	토	일	월	화	수	목	금	토	일	월	화	수	목	금	토	일	월	화	수	목	금	토	일	월	화	수	목
일진	戊辰	己巳	庚午	辛未	壬申	癸酉	甲戌	乙亥	丙子	丁丑	戊寅	己卯	庚辰	辛巳	壬午	癸未	甲申	乙酉	丙戌	丁亥	戊子	己丑	庚寅	辛卯	壬辰	癸巳	甲午	乙未	丙申	丁酉
음양국	陰 5					陰 8					陰 1					陰 4					陰 7					陰 9				

8月 乙酉

절기	백로8월															추분													
음력	1	2	3	4	5	6	7	8	9	10	11	12	13	14	15	16	17	18	19	20	21	22	23	24	25	26	27	28	29
양력 월	9월																								10월				
양력 일	辰	8	9	10	11	12	13	14	15	16	17	18	19	20	21	22	23	24	25	26	27	28	29	30	1	2	3	4	5
요일	後	토	일	월	화	수	목	금	토	일	월	화	수	목	금	토	일	월	화	수	목	금	토	일	월	화	수	목	금
일진	戊戌	己亥	庚子	辛丑	壬寅	癸卯	甲辰	乙巳	丙午	丁未	戊申	己酉	庚戌	辛亥	壬子	癸丑	甲寅	乙卯	丙辰	丁巳	戊午	己未	庚申	辛酉	壬戌	癸亥	甲子	乙丑	丙寅
음양국	陰 3					陰 6					陰 7					陰 1					陰 4					陰 6			

9月 丙戌

절기			한로9월															상강												
음력	1	2	3	4	5	6	7	8	9	10	11	12	13	14	15	16	17	18	19	20	21	22	23	24	25	26	27	28	29	30
양력 월	10월																						11월							
양력 일	6	7	子	9	10	11	12	13	14	15	16	17	18	19	20	21	22	23	24	25	26	27	28	29	30	31	1	2	3	4
요일	토	일	後	화	수	목	금	토	일	월	화	수	목	금	토	일	월	화	수	목	금	토	일	월	화	수	목	금	토	일
일진	丁卯	戊辰	己巳	庚午	辛未	壬申	癸酉	甲戌	乙亥	丙子	丁丑	戊寅	己卯	庚辰	辛巳	壬午	癸未	甲申	乙酉	丙戌	丁亥	戊子	己丑	庚寅	辛卯	壬辰	癸巳	甲午	乙未	丙申
음양국	陰 6		陰 9				陰 3					陰 5					陰 8					陰 2					陰 6			

10月 丁亥

절기			입동10월															소설											
음력	1	2	3	4	5	6	7	8	9	10	11	12	13	14	15	16	17	18	19	20	21	22	23	24	25	26	27	28	29
양력 월	11월																					12월							
양력 일	5	6	寅	8	9	10	11	12	13	14	15	16	17	18	19	20	21	22	23	24	25	26	27	28	29	30	1	2	3
요일	월	화	中	목	금	토	일	월	화	수	목	금	토	일	월	화	수	목	금	토	일	월	화	수	목	금	토	일	월
일진	丁酉	戊戌	己亥	庚子	辛丑	壬寅	癸卯	甲辰	乙巳	丙午	丁未	戊申	己酉	庚戌	辛亥	壬子	癸丑	甲寅	乙卯	丙辰	丁巳	戊午	己未	庚申	辛酉	壬戌	癸亥	甲子	乙丑
음양국	陰 6		陰 9				陰 3					陰 5					陰 8					陰 2					陰 4		

11月 戊子

절기			대설11월															동지												
음력	1	2	3	4	5	6	7	8	9	10	11	12	13	14	15	16	17	18	19	20	21	22	23	24	25	26	27	28	29	30
양력 월	12월																											1월		
양력 일	4	5	戌	7	8	9	10	11	12	13	14	15	16	17	18	19	20	21	22	23	24	25	26	27	28	29	30	31	1	2
요일	화	수	後	금	토	일	월	화	수	목	금	토	일	월	화	수	목	금	토	일	월	화	수	목	금	토	일	월	화	수
일진	丙寅	丁卯	戊辰	己巳	庚午	辛未	壬申	癸酉	甲戌	乙亥	丙子	丁丑	戊寅	己卯	庚辰	辛巳	壬午	癸未	甲申	乙酉	丙戌	丁亥	戊子	己丑	庚寅	辛卯	壬辰	癸巳	甲午	乙未
음양국	陰 4		陰 7				陰 1					陽 1					陽 7					陽 4					陽 2			

12月 己丑

절기			소한12월															대한											
음력	1	2	3	4	5	6	7	8	9	10	11	12	13	14	15	16	17	18	19	20	21	22	23	24	25	26	27	28	29
양력 월	1월																												
양력 일	3	4	辰	6	7	8	9	10	11	12	13	14	15	16	17	18	19	20	21	22	23	24	25	26	27	28	29	30	31
요일	목	금	中	일	월	화	수	목	금	토	일	월	화	수	목	금	토	일	월	화	수	목	금	토	일	월	화	수	목
일진	丙申	丁酉	戊戌	己亥	庚子	辛丑	壬寅	癸卯	甲辰	乙巳	丙午	丁未	戊申	己酉	庚戌	辛亥	壬子	癸丑	甲寅	乙卯	丙辰	丁巳	戊午	己未	庚申	辛酉	壬戌	癸亥	甲子
음양국	陽 2		陽 8				陽 5					陽 3					陽 9					陽 6					陽 8		

입춘(2/3) 20:24
경칩(3/5) 14:16
청명(4/4) 18:51
입하(5/5) 11:53
망종(6/5) 15:48
소서(7/7) 01:57

입추(8/7) 11:47
백로(9/7) 14:52
한로(10/8) 06:45
입동(11/7) 10:12
대설(12/7) 03:14
소한(1/5) 14:34

2041(辛酉年)

1月 庚寅

절기: 입춘1월(음력 3), 우수(음력 18)

음력	1	2	3	4	5	6	7	8	9	10	11	12	13	14	15	16	17	18	19	20	21	22	23	24	25	26	27	28	29	30
양력일	1	2	戌	4	5	6	7	8	9	10	11	12	13	14	15	16	17	18	19	20	21	22	23	24	25	26	27	28	1	2
요일	금	토	中	월	화	수	목	금	토	일	월	화	수	목	금	토	일	월	화	수	목	금	토	일	월	화	수	목	금	토
일진	乙丑	丙寅	丁卯	戊辰	己巳	庚午	辛未	壬申	癸酉	甲戌	乙亥	丙子	丁丑	戊寅	己卯	庚辰	辛巳	壬午	癸未	甲申	乙酉	丙戌	丁亥	戊子	己丑	庚寅	辛卯	壬辰	癸巳	甲午

양력월: 2월(시작), 3월(29일째부터)
음양국: 陽8 陽5 陽2 陽9 陽6 陽3

2月 辛卯

절기: 경칩2월(음력 3), 춘분(음력 18)

음력	1	2	3	4	5	6	7	8	9	10	11	12	13	14	15	16	17	18	19	20	21	22	23	24	25	26	27	28	29
양력일	3	4	未	6	7	8	9	10	11	12	13	14	15	16	17	18	19	20	21	22	23	24	25	26	27	28	29	30	31
요일	일	월	中	수	목	금	토	일	월	화	수	목	금	토	일	월	화	수	목	금	토	일	월	화	수	목	금	토	일
일진	乙未	丙申	丁酉	戊戌	己亥	庚子	辛丑	壬寅	癸卯	甲辰	乙巳	丙午	丁未	戊申	己酉	庚戌	辛亥	壬子	癸丑	甲寅	乙卯	丙辰	丁巳	戊午	己未	庚申	辛酉	壬戌	癸亥

양력월: 3월
음양국: 陽1 陽7 陽4 陽3 陽9 陽6

3月 壬辰

절기: 청명3월(음력 4), 곡우(음력 20)

음력	1	2	3	4	5	6	7	8	9	10	11	12	13	14	15	16	17	18	19	20	21	22	23	24	25	26	27	28	29
양력일	1	2	3	酉	5	6	7	8	9	10	11	12	13	14	15	16	17	18	19	20	21	22	23	24	25	26	27	28	29
요일	월	화	수	後	금	토	일	월	화	수	목	금	토	일	월	화	수	목	금	토	일	월	화	수	목	금	토	일	월
일진	甲子	乙丑	丙寅	丁卯	戊辰	己巳	庚午	辛未	壬申	癸酉	甲戌	乙亥	丙子	丁丑	戊寅	己卯	庚辰	辛巳	壬午	癸未	甲申	乙酉	丙戌	丁亥	戊子	己丑	庚寅	辛卯	壬辰

양력월: 4월
음양국: 陽4 陽1 陽7 陽5 陽2 陽8

4月 癸巳

절기: 입하4월(음력 6), 소만(음력 22)

음력	1	2	3	4	5	6	7	8	9	10	11	12	13	14	15	16	17	18	19	20	21	22	23	24	25	26	27	28	29	30
양력일	30	1	2	3	4	午	6	7	8	9	10	11	12	13	14	15	16	17	18	19	20	21	22	23	24	25	26	27	28	29
요일	화	수	목	금	토	初	월	화	수	목	금	토	일	월	화	수	목	금	토	일	월	화	수	목	금	토	일	월	화	수
일진	癸巳	甲午	乙未	丙申	丁酉	戊戌	己亥	庚子	辛丑	壬寅	癸卯	甲辰	乙巳	丙午	丁未	戊申	己酉	庚戌	辛亥	壬子	癸丑	甲寅	乙卯	丙辰	丁巳	戊午	己未	庚申	辛酉	壬戌

양력월: 4월 5월
음양국: 陽4 陽1 陽7 陽5 陽2 陽8

5月 甲午

절기: 망종5월(음력 7), 하지(음력 23)

음력	1	2	3	4	5	6	7	8	9	10	11	12	13	14	15	16	17	18	19	20	21	22	23	24	25	26	27	28	29
양력일	30	31	1	2	3	4	申	6	7	8	9	10	11	12	13	14	15	16	17	18	19	20	21	22	23	24	25	26	27
요일	목	금	토	일	월	화	初	목	금	토	일	월	화	수	목	금	토	일	월	화	수	목	금	토	일	월	화	수	목
일진	癸亥	甲子	乙丑	丙寅	丁卯	戊辰	己巳	庚午	辛未	壬申	癸酉	甲戌	乙亥	丙子	丁丑	戊寅	己卯	庚辰	辛巳	壬午	癸未	甲申	乙酉	丙戌	丁亥	戊子	己丑	庚寅	辛卯

양력월: 5월 6월
음양국: 陽6 陽3 陽9 陰9 陰3 陰6

6月 乙未

절기: 소서6월(음력 10), 대서(음력 25)

음력	1	2	3	4	5	6	7	8	9	10	11	12	13	14	15	16	17	18	19	20	21	22	23	24	25	26	27	28	29	30
양력일	28	29	30	1	2	3	4	5	6	丑	8	9	10	11	12	13	14	15	16	17	18	19	20	21	22	23	24	25	26	27
요일	금	토	일	월	화	수	목	금	토	初	월	화	수	목	금	토	일	월	화	수	목	금	토	일	월	화	수	목	금	토
일진	壬辰	癸巳	甲午	乙未	丙申	丁酉	戊戌	己亥	庚子	辛丑	壬寅	癸卯	甲辰	乙巳	丙午	丁未	戊申	己酉	庚戌	辛亥	壬子	癸丑	甲寅	乙卯	丙辰	丁巳	戊午	己未	庚申	辛酉

양력월: 6월 7월
음양국: 陰6 陰8 陰2 陰5 陰7 陰1 陰4

7월 丙申

절기											입추7월																처서			
음력	1	2	3	4	5	6	7	8	9	10	11	12	13	14	15	16	17	18	19	20	21	22	23	24	25	26	27	28	29	30
양력 월	7월				8월																									
양력 일	28	29	30	31	1	2	3	4	5	6	午	8	9	10	11	12	13	14	15	16	17	18	19	20	21	22	23	24	25	26
요일	일	월	화	수	목	금	토	일	월	화	初	목	금	토	일	월	화	수	목	금	토	일	월	화	수	목	금	토	일	월
일진	壬戌	癸亥	甲子	乙丑	丙寅	丁卯	戊辰	己巳	庚午	辛未	壬申	癸酉	甲戌	乙亥	丙子	丁丑	戊寅	己卯	庚辰	辛巳	壬午	癸未	甲申	乙酉	丙戌	丁亥	戊子	己丑	庚寅	辛卯
음양국	陰 4			陰 2				陰 5				陰 8				陰 1				陰 4				陰 7						

8월 丁酉

절기												백로8월																추분	
음력	1	2	3	4	5	6	7	8	9	10	11	12	13	14	15	16	17	18	19	20	21	22	23	24	25	26	27	28	29
양력 월	8월					9월																							
양력 일	27	28	29	30	31	1	2	3	4	5	6	未	8	9	10	11	12	13	14	15	16	17	18	19	20	21	22	23	24
요일	화	수	목	금	토	일	월	화	수	목	금	後	일	월	화	수	목	금	토	일	월	화	수	목	금	토	일	월	화
일진	壬辰	癸巳	甲午	乙未	丙申	丁酉	戊戌	己亥	庚子	辛丑	壬寅	癸卯	甲辰	乙巳	丙午	丁未	戊申	己酉	庚戌	辛亥	壬子	癸丑	甲寅	乙卯	丙辰	丁巳	戊午	己未	庚申
음양국	陰 7			陰 9				陰 3				陰 6				陰 7				陰 1				陰 4					

9월 戊戌

절기														한로9월															상강	
음력	1	2	3	4	5	6	7	8	9	10	11	12	13	14	15	16	17	18	19	20	21	22	23	24	25	26	27	28	29	30
양력 월	9월						10월																							
양력 일	25	26	27	28	29	30	1	2	3	4	5	6	7	卯	9	10	11	12	13	14	15	16	17	18	19	20	21	22	23	24
요일	수	목	금	토	일	월	화	수	목	금	토	일	월	中	수	목	금	토	일	월	화	수	목	금	토	일	월	화	수	목
일진	辛酉	壬戌	癸亥	甲子	乙丑	丙寅	丁卯	戊辰	己巳	庚午	辛未	壬申	癸酉	甲戌	乙亥	丙子	丁丑	戊寅	己卯	庚辰	辛巳	壬午	癸未	甲申	乙酉	丙戌	丁亥	戊子	己丑	庚寅
음양국	陰 4			陰 6				陰 9				陰 3				陰 5				陰 8				陰 2						

10월 己亥

절기														입동10월															소설	
음력	1	2	3	4	5	6	7	8	9	10	11	12	13	14	15	16	17	18	19	20	21	22	23	24	25	26	27	28	29	30
양력 월	10월							11월																						
양력 일	25	26	27	28	29	30	31	1	2	3	4	5	6	己	8	9	10	11	12	13	14	15	16	17	18	19	20	21	22	23
요일	금	토	일	월	화	수	목	금	토	일	월	화	수	中	금	토	일	월	화	수	목	금	토	일	월	화	수	목	금	토
일진	辛卯	壬辰	癸巳	甲午	乙未	丙申	丁酉	戊戌	己亥	庚子	辛丑	壬寅	癸卯	甲辰	乙巳	丙午	丁未	戊申	己酉	庚戌	辛亥	壬子	癸丑	甲寅	乙卯	丙辰	丁巳	戊午	己未	庚申
음양국	陰 2			陰 6				陰 9				陰 3				陰 5				陰 8				陰 2						

11월 庚子

절기														대설11월														동지	
음력	1	2	3	4	5	6	7	8	9	10	11	12	13	14	15	16	17	18	19	20	21	22	23	24	25	26	27	28	29
양력 월	11월							12월																					
양력 일	24	25	26	27	28	29	30	1	2	3	4	5	6	丑	8	9	10	11	12	13	14	15	16	17	18	19	20	21	22
요일	일	월	화	수	목	금	토	일	월	화	수	목	금	後	일	월	화	수	목	금	토	일	월	화	수	목	금	토	일
일진	辛酉	壬戌	癸亥	甲子	乙丑	丙寅	丁卯	戊辰	己巳	庚午	辛未	壬申	癸酉	甲戌	乙亥	丙子	丁丑	戊寅	己卯	庚辰	辛巳	壬午	癸未	甲申	乙酉	丙戌	丁亥	戊子	己丑
음양국	陰 2			陰 4				陰 7				陰 1				陽 1				陽 7				陽 4					

12월 辛丑

절기														소한12월															대한	
음력	1	2	3	4	5	6	7	8	9	10	11	12	13	14	15	16	17	18	19	20	21	22	23	24	25	26	27	28	29	30
양력 월	12월									1월																				
양력 일	23	24	25	26	27	28	29	30	31	1	2	3	4	未	6	7	8	9	10	11	12	13	14	15	16	17	18	19	20	21
요일	월	화	수	목	금	토	일	월	화	수	목	금	토	中	월	화	수	목	금	토	일	월	화	수	목	금	토	일	월	화
일진	庚寅	辛卯	壬辰	癸巳	甲午	乙未	丙申	丁酉	戊戌	己亥	庚子	辛丑	壬寅	癸卯	甲辰	乙巳	丙午	丁未	戊申	己酉	庚戌	辛亥	壬子	癸丑	甲寅	乙卯	丙辰	丁巳	戊午	己未
음양국	陽 4			陽 2				陽 8				陽 5				陽 3				陽 9										

2042(壬戌年)

입춘(2/4) 02:11	입추(8/7) 17:37
경칩(3/5) 20:04	백로(9/7) 20:44
청명(4/5) 00:39	한로(10/8) 12:39
입하(5/5) 17:41	입동(11/7) 16:06
망종(6/5) 21:37	대설(12/7) 09:08
소서(7/7) 07:46	소한(1/5) 20:24

1月 壬寅

절 기	입춘1월 (14) / 우수 (28)
음 력	1 2 3 4 5 6 7 8 9 10 11 12 13 14 15 16 17 18 19 20 21 22 23 24 25 26 27 28 29
양력 월	1월 … 2월(11~)
양력 일	22 23 24 25 26 27 28 29 30 31 1 2 3 丑 5 6 7 8 9 10 11 12 13 14 15 16 17 18 19
요 일	수 목 금 토 일 월 화 수 목 금 토 일 월 中 수 목 금 토 일 월 화 수 목 금 토 일 월 화 수
일 진	庚申 辛酉 壬戌 癸亥 甲子 乙丑 丙寅 丁卯 戊辰 己巳 庚午 辛未 壬申 癸酉 甲戌 乙亥 丙子 丁丑 戊寅 己卯 庚辰 辛巳 壬午 癸未 甲申 乙酉 丙戌 丁亥 戊子
음양국	陽6 陽8 陽5 陽2 陽9 陽6

2月 癸卯

절 기	경칩2월 (14) / 춘분 (29)
음 력	1 2 3 4 5 6 7 8 9 10 11 12 13 14 15 16 17 18 19 20 21 22 23 24 25 26 27 28 29 30
양력 월	2월 … 3월(10~)
양력 일	20 21 22 23 24 25 26 27 28 1 2 3 4 戌 6 7 8 9 10 11 12 13 14 15 16 17 18 19 20 21
요 일	목 금 토 일 월 화 수 목 금 토 일 월 화 初 목 금 토 일 월 화 수 목 금 토 일 월 화 수 목 금
일 진	己丑 庚寅 辛卯 壬辰 癸巳 甲午 乙未 丙申 丁酉 戊戌 己亥 庚子 辛丑 壬寅 癸卯 甲辰 乙巳 丙午 丁未 戊申 己酉 庚戌 辛亥 壬子 癸丑 甲寅 乙卯 丙辰 丁巳 戊午
음양국	陽3 陽1 陽7 陽4 陽3 陽9

閏2月

절 기	청명3월 (15)
음 력	1 2 3 4 5 6 7 8 9 10 11 12 13 14 15 16 17 18 19 20 21 22 23 24 25 26 27 28 29
양력 월	3월 … 4월(11~)
양력 일	22 23 24 25 26 27 28 29 30 31 1 2 3 4 子 6 7 8 9 10 11 12 13 14 15 16 17 18 19
요 일	토 일 월 화 수 목 금 토 일 월 화 수 목 中 일 월 화 수 목 금 토 일 월 화 수 목 금 토
일 진	己未 庚申 辛酉 壬戌 癸亥 甲子 乙丑 丙寅 丁卯 戊辰 己巳 庚午 辛未 壬申 癸酉 甲戌 乙亥 丙子 丁丑 戊寅 己卯 庚辰 辛巳 壬午 癸未 甲申 乙酉 丙戌 丁亥
음양국	陽6 陽4 陽1 陽7 陽5 陽2

3月 甲辰

절 기	곡우 (1) / 입하4월 (16)
음 력	1 2 3 4 5 6 7 8 9 10 11 12 13 14 15 16 17 18 19 20 21 22 23 24 25 26 27 28 29
양력 월	4월 … 5월(12~)
양력 일	20 21 22 23 24 25 26 27 28 29 30 1 2 3 4 酉 6 7 8 9 10 11 12 13 14 15 16 17 18
요 일	일 월 화 수 목 금 토 일 월 화 수 목 금 토 일 初 화 수 목 금 토 일 월 화 수 목 금 토 일
일 진	戊子 己丑 庚寅 辛卯 壬辰 癸巳 甲午 乙未 丙申 丁酉 戊戌 己亥 庚子 辛丑 壬寅 癸卯 甲辰 乙巳 丙午 丁未 戊申 己酉 庚戌 辛亥 壬子 癸丑 甲寅 乙卯 丙辰
음양국	陽8 陽4 陽1 陽7 陽5 陽2

4月 乙巳

절 기	소만 (3) / 망종5월 (18)
음 력	1 2 3 4 5 6 7 8 9 10 11 12 13 14 15 16 17 18 19 20 21 22 23 24 25 26 27 28 29 30
양력 월	5월 … 6월(13~)
양력 일	19 20 21 22 23 24 25 26 27 28 29 30 31 1 2 3 4 亥 6 7 8 9 10 11 12 13 14 15 16 17
요 일	월 화 수 목 금 토 일 월 화 수 목 금 토 일 월 화 수 初 금 토 일 월 화 수 목 금 토 일 월 화
일 진	丁巳 戊午 己未 庚申 辛酉 壬戌 癸亥 甲子 乙丑 丙寅 丁卯 戊辰 己巳 庚午 辛未 壬申 癸酉 甲戌 乙亥 丙子 丁丑 戊寅 己卯 庚辰 辛巳 壬午 癸未 甲申 乙酉 丙戌
음양국	陽2 陽8 陽6 陽3 陽9 陽6 陽3

5月 丙午

절 기	하지 (4) / 소서6월 (20)
음 력	1 2 3 4 5 6 7 8 9 10 11 12 13 14 15 16 17 18 19 20 21 22 23 24 25 26 27 28 29
양력 월	6월 … 7월
양력 일	18 19 20 21 22 23 24 25 26 27 28 29 30 1 2 3 4 5 6 辰 8 9 10 11 12 13 14 15 16
요 일	수 목 금 토 일 월 화 수 목 금 토 일 월 화 수 목 금 토 일 初 화 수 목 금 토 일 월 화 수
일 진	丁亥 戊子 己丑 庚寅 辛卯 壬辰 癸巳 甲午 乙未 丙申 丁酉 戊戌 己亥 庚子 辛丑 壬寅 癸卯 甲辰 乙巳 丙午 丁未 戊申 己酉 庚戌 辛亥 壬子 癸丑 甲寅 乙卯
음양국	陽3 陽9 陰9 陰3 陰6 陰8 陰2

6月 丁未

절기						대서																입추7월								
음력	1	2	3	4	5	6	7	8	9	10	11	12	13	14	15	16	17	18	19	20	21	22	23	24	25	26	27	28	29	30
양력 월	7월															8월														
양력 일	17	18	19	20	21	22	23	24	25	26	27	28	29	30	31	1	2	3	4	5	6	酉	8	9	10	11	12	13	14	15
요일	목	금	토	일	월	화	수	목	금	토	일	월	화	수	목	금	토	일	월	화	수	初	금	토	일	월	화	수	목	금
일진	丙辰	丁巳	戊午	己未	庚申	辛酉	壬戌	癸亥	甲子	乙丑	丙寅	丁卯	戊辰	己巳	庚午	辛未	壬申	癸酉	甲戌	乙亥	丙子	丁丑	戊寅	己卯	庚辰	辛巳	壬午	癸未	甲申	乙酉
음양국	陰 2					陰 5					陰 7					陰 1					陰 4					陰 2				陰 5

7月 戊申

절기								처서															백로8월						
음력	1	2	3	4	5	6	7	8	9	10	11	12	13	14	15	16	17	18	19	20	21	22	23	24	25	26	27	28	29
양력 월	8월																9월												
양력 일	16	17	18	19	20	21	22	23	24	25	26	27	28	29	30	31	1	2	3	4	5	6	戌	8	9	10	11	12	13
요일	토	일	월	화	수	목	금	토	일	월	화	수	목	금	토	일	월	화	수	목	금	토	中	월	화	수	목	금	토
일진	丙戌	丁亥	戊子	己丑	庚寅	辛卯	壬辰	癸巳	甲午	乙未	丙申	丁酉	戊戌	己亥	庚子	辛丑	壬寅	癸卯	甲辰	乙巳	丙午	丁未	戊申	己酉	庚戌	辛亥	壬子	癸丑	甲寅
음양국	陰 5					陰 8					陰 1					陰 4					陰 7					陰 9			陰 3

8月 己酉

절기										추분															한로9월					
음력	1	2	3	4	5	6	7	8	9	10	11	12	13	14	15	16	17	18	19	20	21	22	23	24	25	26	27	28	29	30
양력 월	9월																	10월												
양력 일	14	15	16	17	18	19	20	21	22	23	24	25	26	27	28	29	30	1	2	3	4	5	6	7	午	9	10	11	12	13
요일	일	월	화	수	목	금	토	일	월	화	수	목	금	토	일	월	화	수	목	금	토	일	월	화	中	목	금	토	일	월
일진	乙卯	丙辰	丁巳	戊午	己未	庚申	辛酉	壬戌	癸亥	甲子	乙丑	丙寅	丁卯	戊辰	己巳	庚午	辛未	壬申	癸酉	甲戌	乙亥	丙子	丁丑	戊寅	己卯	庚辰	辛巳	壬午	癸未	甲申
음양국	陰 3					陰 6					陰 7					陰 1					陰 4					陰 6				

9月 庚戌

절기										상강															입동10월					
음력	1	2	3	4	5	6	7	8	9	10	11	12	13	14	15	16	17	18	19	20	21	22	23	24	25	26	27	28	29	30
양력 월	10월																		11월											
양력 일	14	15	16	17	18	19	20	21	22	23	24	25	26	27	28	29	30	31	1	2	3	4	5	6	申	8	9	10	11	12
요일	화	수	목	금	토	일	월	화	수	목	금	토	일	월	화	수	목	금	토	일	월	화	수	목	初	토	일	월	화	수
일진	乙酉	丙戌	丁亥	戊子	己丑	庚寅	辛卯	壬辰	癸巳	甲午	乙未	丙申	丁酉	戊戌	己亥	庚子	辛丑	壬寅	癸卯	甲辰	乙巳	丙午	丁未	戊申	己酉	庚戌	辛亥	壬子	癸丑	甲寅
음양국	陰 9					陰 3					陰 5					陰 8					陰 2					陰 6				

10月 辛亥

절기										소설															대설11월				
음력	1	2	3	4	5	6	7	8	9	10	11	12	13	14	15	16	17	18	19	20	21	22	23	24	25	26	27	28	29
양력 월	11월																		12월										
양력 일	13	14	15	16	17	18	19	20	21	22	23	24	25	26	27	28	29	30	1	2	3	4	5	6	辰	8	9	10	11
요일	목	금	토	일	월	화	수	목	금	토	일	월	화	수	목	금	토	일	월	화	수	목	금	토	後	월	화	수	목
일진	乙卯	丙辰	丁巳	戊午	己未	庚申	辛酉	壬戌	癸亥	甲子	乙丑	丙寅	丁卯	戊辰	己巳	庚午	辛未	壬申	癸酉	甲戌	乙亥	丙子	丁丑	戊寅	己卯	庚辰	辛巳	壬午	癸未
음양국	陰 9					陰 3					陰 5					陰 8					陰 2					陰 4			

11月 壬子

절기											동지														소한12월					
음력	1	2	3	4	5	6	7	8	9	10	11	12	13	14	15	16	17	18	19	20	21	22	23	24	25	26	27	28	29	30
양력 월	12월																				1월									
양력 일	12	13	14	15	16	17	18	19	20	21	22	23	24	25	26	27	28	29	30	31	1	2	3	4	戌	6	7	8	9	10
요일	금	토	일	월	화	수	목	금	토	일	월	화	수	목	금	토	일	월	화	수	목	금	토	일	中	화	수	목	금	토
일진	甲申	乙酉	丙戌	丁亥	戊子	己丑	庚寅	辛卯	壬辰	癸巳	甲午	乙未	丙申	丁酉	戊戌	己亥	庚子	辛丑	壬寅	癸卯	甲辰	乙巳	丙午	丁未	戊申	己酉	庚戌	辛亥	壬子	癸丑
음양국	陰 7					陰 1					陽 1					陽 7					陽 4					陽 2				

12月 癸丑

절기										대한															입춘1월					
음력	1	2	3	4	5	6	7	8	9	10	11	12	13	14	15	16	17	18	19	20	21	22	23	24	25	26	27	28	29	30
양력 월	1월																			2월										
양력 일	11	12	13	14	15	16	17	18	19	20	21	22	23	24	25	26	27	28	29	30	31	1	2	3	辰	5	6	7	8	9
요일	일	월	화	수	목	금	토	일	월	화	수	목	금	토	일	월	화	수	목	금	토	일	월	화	初	목	금	토	일	월
일진	甲寅	乙卯	丙辰	丁巳	戊午	己未	庚申	辛酉	壬戌	癸亥	甲子	乙丑	丙寅	丁卯	戊辰	己巳	庚午	辛未	壬申	癸酉	甲戌	乙亥	丙子	丁丑	戊寅	己卯	庚辰	辛巳	壬午	癸未
음양국	陽 8					陽 5					陽 3					陽 9					陽 6					陽 8				

입춘(2/4) 07:57
경칩(3/6) 01:46
청명(4/5) 06:19
입하(5/5) 23:21
망종(6/6) 03:17
소서(7/7) 13:26

입추(8/7) 23:19
백로(9/8) 02:29
한로(10/8) 18:26
입동(11/7) 21:54
대설(12/7) 14:56
소한(1/6) 02:11

2043(癸亥年)

1月 甲寅

절기									우수															경칩2월				
음력 1	2	3	4	5	6	7	8	9	**10**	11	12	13	14	15	16	17	18	19	20	21	22	23	24	**25**	26	27	28	29
양력 2월10	11	12	13	14	15	16	17	18	19	20	21	22	23	24	25	26	27	28	3월1	2	3	4	5	丑	7	8	9	10
요일 화	수	목	금	토	일	월	화	수	목	금	토	일	월	화	수	목	금	토	일	월	화	수	목	初	토	일	월	화
일진 甲申	乙酉	丙戌	丁亥	戊子	己丑	庚寅	辛卯	壬辰	癸巳	甲午	乙未	丙申	丁酉	戊戌	己亥	庚子	辛丑	壬寅	癸卯	甲辰	乙巳	丙午	丁未	戊申	己酉	庚戌	辛亥	壬子
음양국 陽5					陽2					陽9					陽6					陽3					陽1			

2月 乙卯

절기										춘분															청명3월				
음력 1	2	3	4	5	6	7	8	9	10	**11**	12	13	14	15	16	17	18	19	20	21	22	23	24	25	**26**	27	28	29	30
양력 3월11	12	13	14	15	16	17	18	19	20	21	22	23	24	25	26	27	28	29	30	31	4월1	2	3	4	卯	6	7	8	9
요일 수	목	금	토	일	월	화	수	목	금	토	일	월	화	수	목	금	토	일	월	화	수	목	금	토	中	월	화	수	목
일진 癸丑	甲寅	乙卯	丙辰	丁巳	戊午	己未	庚申	辛酉	壬戌	癸亥	甲子	乙丑	丙寅	丁卯	戊辰	己巳	庚午	辛未	壬申	癸酉	甲戌	乙亥	丙子	丁丑	戊寅	己卯	庚辰	辛巳	壬午
음양국 陽7					陽4					陽3					陽9					陽6					陽4				

3月 丙辰

절기										곡우															입하4월				
음력 1	2	3	4	5	6	7	8	9	10	**11**	12	13	14	15	16	17	18	19	20	21	22	23	24	25	**26**	27	28	29
양력 4월10	11	12	13	14	15	16	17	18	19	20	21	22	23	24	25	26	27	28	29	30	5월1	2	3	4	亥	6	7	8
요일 금	토	일	월	화	수	목	금	토	일	월	화	수	목	금	토	일	월	화	수	목	금	토	일	월	後	수	목	금
일진 癸未	甲申	乙酉	丙戌	丁亥	戊子	己丑	庚寅	辛卯	壬辰	癸巳	甲午	乙未	丙申	丁酉	戊戌	己亥	庚子	辛丑	壬寅	癸卯	甲辰	乙巳	丙午	丁未	戊申	己酉	庚戌	辛亥
음양국 陽1					陽7					陽5					陽2					陽8					陽4			

4月 丁巳

절기												소만																망종5월
음력 1	2	3	4	5	6	7	8	9	10	11	12	**13**	14	15	16	17	18	19	20	21	22	23	24	25	26	27	28	**29**
양력 5월9	10	11	12	13	14	15	16	17	18	19	20	21	22	23	24	25	26	27	28	29	30	31	6월1	2	3	4	5	丑
요일 토	일	월	화	수	목	금	토	일	월	화	수	목	금	토	일	월	화	수	목	금	토	일	월	화	수	목	금	後
일진 壬子	癸丑	甲寅	乙卯	丙辰	丁巳	戊午	己未	庚申	辛酉	壬戌	癸亥	甲子	乙丑	丙寅	丁卯	戊辰	己巳	庚午	辛未	壬申	癸酉	甲戌	乙亥	丙子	丁丑	戊寅	己卯	庚辰
음양국 陽4				陽1				陽7				陽5				陽2				陽8					陽6			

5月 戊午

절기														하지															
음력 1	2	3	4	5	6	7	8	9	10	11	12	13	14	**15**	16	17	18	19	20	21	22	23	24	25	26	27	28	29	30
양력 6월7	8	9	10	11	12	13	14	15	16	17	18	19	20	21	22	23	24	25	26	27	28	29	30	7월1	2	3	4	5	6
요일 일	월	화	수	목	금	토	일	월	화	수	목	금	토	일	월	화	수	목	금	토	일	월	화	수	목	금	토	일	월
일진 辛巳	壬午	癸未	甲申	乙酉	丙戌	丁亥	戊子	己丑	庚寅	辛卯	壬辰	癸巳	甲午	乙未	丙申	丁酉	戊戌	己亥	庚子	辛丑	壬寅	癸卯	甲辰	乙巳	丙午	丁未	戊申	己酉	庚戌
음양국 陽6					陽3					陽9				陰9					陰3					陰6					陰8

6月 己未

절기 소서6월																대서												
음력 **1**	2	3	4	5	6	7	8	9	10	11	12	13	14	15	16	**17**	18	19	20	21	22	23	24	25	26	27	28	29
양력 7월午	8	9	10	11	12	13	14	15	16	17	18	19	20	21	22	23	24	25	26	27	28	29	30	31	8월1	2	3	4
요일 後	수	목	금	토	일	월	화	수	목	금	토	일	월	화	수	목	금	토	일	월	화	수	목	금	토	일	월	화
일진 辛亥	壬子	癸丑	甲寅	乙卯	丙辰	丁巳	戊午	己未	庚申	辛酉	壬戌	癸亥	甲子	乙丑	丙寅	丁卯	戊辰	己巳	庚午	辛未	壬申	癸酉	甲戌	乙亥	丙子	丁丑	戊寅	己卯
음양국 陰8					陰2					陰5					陰7					陰1					陰4			陰2

7月 庚申

절기	입추7월															처서													
음력	1	2	3	4	5	6	7	8	9	10	11	12	13	14	15	16	17	18	19	20	21	22	23	24	25	26	27	28	29
양력 월	8월																										9월		
양력 일	5	6	亥	8	9	10	11	12	13	14	15	16	17	18	19	20	21	22	23	24	25	26	27	28	29	30	31	1	2
요일	수	목	後	토	일	월	화	수	목	금	토	일	월	화	수	목	금	토	일	월	화	수	목	금	토	일	월	화	수
일진	庚辰	辛巳	壬午	癸未	甲申	乙酉	丙戌	丁亥	戊子	己丑	庚寅	辛卯	壬辰	癸巳	甲午	乙未	丙申	丁酉	戊戌	己亥	庚子	辛丑	壬寅	癸卯	甲辰	乙巳	丙午	丁未	戊申
음양국	陰 2				陰 5					陰 8					陰 1					陰 4					陰 7				

8月 辛酉

절기						백로8월															추분									
음력	1	2	3	4	5	6	7	8	9	10	11	12	13	14	15	16	17	18	19	20	21	22	23	24	25	26	27	28	29	30
양력 월	9월																												10월	
양력 일	3	4	5	6	7	丑	9	10	11	12	13	14	15	16	17	18	19	20	21	22	23	24	25	26	27	28	29	30	1	2
요일	목	금	토	일	월	中	수	목	금	토	일	월	화	수	목	금	토	일	월	화	수	목	금	토	일	월	화	수	목	금
일진	己酉	庚戌	辛亥	壬子	癸丑	甲寅	乙卯	丙辰	丁巳	戊午	己未	庚申	辛酉	壬戌	癸亥	甲子	乙丑	丙寅	丁卯	戊辰	己巳	庚午	辛未	壬申	癸酉	甲戌	乙亥	丙子	丁丑	戊寅
음양국	陰 9					陰 3					陰 6					陰 7					陰 1					陰 4				

9月 壬戌

절기						한로9월															상강									
음력	1	2	3	4	5	6	7	8	9	10	11	12	13	14	15	16	17	18	19	20	21	22	23	24	25	26	27	28	29	30
양력 월	10월																													11월
양력 일	3	4	5	6	7	酉	9	10	11	12	13	14	15	16	17	18	19	20	21	22	23	24	25	26	27	28	29	30	31	1
요일	토	일	월	화	수	中	금	토	일	월	화	수	목	금	토	일	월	화	수	목	금	토	일	월	화	수	목	금	토	일
일진	己卯	庚辰	辛巳	壬午	癸未	甲申	乙酉	丙戌	丁亥	戊子	己丑	庚寅	辛卯	壬辰	癸巳	甲午	乙未	丙申	丁酉	戊戌	己亥	庚子	辛丑	壬寅	癸卯	甲辰	乙巳	丙午	丁未	戊申
음양국	陰 6					陰 9					陰 3					陰 5					陰 8					陰 2				

10月 癸亥

절기						입동10월															소설								
음력	1	2	3	4	5	6	7	8	9	10	11	12	13	14	15	16	17	18	19	20	21	22	23	24	25	26	27	28	29
양력 월	11월																												
양력 일	2	3	4	5	6	亥	8	9	10	11	12	13	14	15	16	17	18	19	20	21	22	23	24	25	26	27	28	29	30
요일	월	화	수	목	금	初	일	월	화	수	목	금	토	일	월	화	수	목	금	토	일	월	화	수	목	금	토	일	월
일진	己酉	庚戌	辛亥	壬子	癸丑	甲寅	乙卯	丙辰	丁巳	戊午	己未	庚申	辛酉	壬戌	癸亥	甲子	乙丑	丙寅	丁卯	戊辰	己巳	庚午	辛未	壬申	癸酉	甲戌	乙亥	丙子	丁丑
음양국	陰 6				陰 9					陰 3					陰 5					陰 8					陰 2				

11月 甲子

절기							대설11월															동지								
음력	1	2	3	4	5	6	7	8	9	10	11	12	13	14	15	16	17	18	19	20	21	22	23	24	25	26	27	28	29	30
양력 월	12월																													
양력 일	1	2	3	4	5	6	未	8	9	10	11	12	13	14	15	16	17	18	19	20	21	22	23	24	25	26	27	28	29	30
요일	화	수	목	금	토	일	後	화	수	목	금	토	일	월	화	수	목	금	토	일	월	화	수	목	금	토	일	월	화	수
일진	戊寅	己卯	庚辰	辛巳	壬午	癸未	甲申	乙酉	丙戌	丁亥	戊子	己丑	庚寅	辛卯	壬辰	癸巳	甲午	乙未	丙申	丁酉	戊戌	己亥	庚子	辛丑	壬寅	癸卯	甲辰	乙巳	丙午	丁未
음양국	陰 4					陰 7					陰 1					陽 1					陽 7					陽 4				

12月 乙丑

절기							소한12월														대한									
음력	1	2	3	4	5	6	7	8	9	10	11	12	13	14	15	16	17	18	19	20	21	22	23	24	25	26	27	28	29	30
양력 월	12월	1월																												
양력 일	31	1	2	3	4	5	丑	7	8	9	10	11	12	13	14	15	16	17	18	19	20	21	22	23	24	25	26	27	28	29
요일	목	금	토	일	월	화	中	목	금	토	일	월	화	수	목	금	토	일	월	화	수	목	금	토	일	월	화	수	목	금
일진	戊申	己酉	庚戌	辛亥	壬子	癸丑	甲寅	乙卯	丙辰	丁巳	戊午	己未	庚申	辛酉	壬戌	癸亥	甲子	乙丑	丙寅	丁卯	戊辰	己巳	庚午	辛未	壬申	癸酉	甲戌	乙亥	丙子	丁丑
음양국	陽 2				陽 8					陽 5					陽 3					陽 9					陽 6				

입춘(2/4) 13:43
경칩(3/5) 07:30
청명(4/4) 12:02
입하(5/5) 05:04
망종(6/5) 09:02
소서(7/6) 19:14

입추(8/7) 05:07
백로(9/7) 08:15
한로(10/8) 00:12
입동(11/7) 03:40
대설(12/6) 20:44
소한(1/5) 08:01

2044(甲子年)

1月 丙寅

절기	입춘1월(6)																			우수(21)										
음력	1	2	3	4	5	6	7	8	9	10	11	12	13	14	15	16	17	18	19	20	21	22	23	24	25	26	27	28	29	30
양력월	1월		2월																											
양력일	30	31	1	2	3	未初	5	6	7	8	9	10	11	12	13	14	15	16	17	18	19	20	21	22	23	24	25	26	27	28
요일	토	일	월	화	수	初	금	토	일	월	화	수	목	금	토	일	월	화	수	목	금	토	일	월	화	수	목	금	토	일
일진	戊寅	己卯	庚辰	辛巳	壬午	癸未	甲申	乙酉	丙戌	丁亥	戊子	己丑	庚寅	辛卯	壬辰	癸巳	甲午	乙未	丙申	丁酉	戊戌	己亥	庚子	辛丑	壬寅	癸卯	甲辰	乙巳	丙午	丁未
음양국	陽 8					陽 5					陽 2					陽 9					陽 6					陽 3				

2月 丁卯

절기	경칩2월(6)																			춘분(21)										
음력	1	2	3	4	5	6	7	8	9	10	11	12	13	14	15	16	17	18	19	20	21	22	23	24	25	26	27	28	29	
양력월	2월	3월																												
양력일	29	1	2	3	4	辰初	6	7	8	9	10	11	12	13	14	15	16	17	18	19	20	21	22	23	24	25	26	27	28	
요일	월	화	수	목	금	初	일	월	화	수	목	금	토	일	월	화	수	목	금	토	일	월	화	수	목	금	토	일	월	
일진	戊申	己酉	庚戌	辛亥	壬子	癸丑	甲寅	乙卯	丙辰	丁巳	戊午	己未	庚申	辛酉	壬戌	癸亥	甲子	乙丑	丙寅	丁卯	戊辰	己巳	庚午	辛未	壬申	癸酉	甲戌	乙亥	丙子	
음양국	陽 1					陽 7					陽 4					陽 3					陽 9					陽 6				

3月 戊辰

절기	청명3월(7)																				곡우(22)									
음력	1	2	3	4	5	6	7	8	9	10	11	12	13	14	15	16	17	18	19	20	21	22	23	24	25	26	27	28	29	30
양력월	3월			4월																										
양력일	29	30	31	1	2	3	午初	5	6	7	8	9	10	11	12	13	14	15	16	17	18	19	20	21	22	23	24	25	26	27
요일	화	수	목	금	토	일	初	화	수	목	금	토	일	월	화	수	목	금	토	일	월	화	수	목	금	토	일	월	화	수
일진	丁丑	戊寅	己卯	庚辰	辛巳	壬午	癸未	甲申	乙酉	丙戌	丁亥	戊子	己丑	庚寅	辛卯	壬辰	癸巳	甲午	乙未	丙申	丁酉	戊戌	己亥	庚子	辛丑	壬寅	癸卯	甲辰	乙巳	丙午
음양국	陽 6			陽 4			陽 1				陽 7				陽 5				陽 2				陽 8							

4月 己巳

절기	입하4월(8)																					소만(23)								
음력	1	2	3	4	5	6	7	8	9	10	11	12	13	14	15	16	17	18	19	20	21	22	23	24	25	26	27	28	29	
양력월	4월			5월																										
양력일	28	29	30	1	2	3	4	寅後	6	7	8	9	10	11	12	13	14	15	16	17	18	19	20	21	22	23	24	25	26	
요일	목	금	토	일	월	화	수	後	금	토	일	월	화	수	목	금	토	일	월	화	수	목	금	토	일	월	화	수	목	
일진	丁未	戊申	己酉	庚戌	辛亥	壬子	癸丑	甲寅	乙卯	丙辰	丁巳	戊午	己未	庚申	辛酉	壬戌	癸亥	甲子	乙丑	丙寅	丁卯	戊辰	己巳	庚午	辛未	壬申	癸酉	甲戌	乙亥	
음양국	陽 8			陽 4			陽 1				陽 7				陽 5				陽 2				陽 8							

5月 庚午

절기	망종5월(10)																									하지(26)				
음력	1	2	3	4	5	6	7	8	9	10	11	12	13	14	15	16	17	18	19	20	21	22	23	24	25	26	27	28	29	
양력월	5월					6월																								
양력일	27	28	29	30	31	1	2	3	4	辰後	6	7	8	9	10	11	12	13	14	15	16	17	18	19	20	21	22	23	24	
요일	금	토	일	월	화	수	목	금	토	後	월	화	수	목	금	토	일	월	화	수	목	금	토	일	월	화	수	목	금	
일진	丙子	丁丑	戊寅	己卯	庚辰	辛巳	壬午	癸未	甲申	乙酉	丙戌	丁亥	戊子	己丑	庚寅	辛卯	壬辰	癸巳	甲午	乙未	丙申	丁酉	戊戌	己亥	庚子	辛丑	壬寅	癸卯	甲辰	
음양국	陽 8			陽 6			陽 3				陽 9				陰 9				陰 3				陰 6							

6月 辛未

절기	소서6월(12)																											대서(28)		
음력	1	2	3	4	5	6	7	8	9	10	11	12	13	14	15	16	17	18	19	20	21	22	23	24	25	26	27	28	29	30
양력월	6월						7월																							
양력일	25	26	27	28	29	30	1	2	3	4	5	酉後	7	8	9	10	11	12	13	14	15	16	17	18	19	20	21	22	23	24
요일	토	일	월	화	수	목	금	토	일	월	화	後	목	금	토	일	월	화	수	목	금	토	일	월	화	수	목	금	토	일
일진	乙巳	丙午	丁未	戊申	己酉	庚戌	辛亥	壬子	癸丑	甲寅	乙卯	丙辰	丁巳	戊午	己未	庚申	辛酉	壬戌	癸亥	甲子	乙丑	丙寅	丁卯	戊辰	己巳	庚午	辛未	壬申	癸酉	甲戌
음양국	陰 6				陰 8				陰 2					陰 5				陰 7					陰 1							

7月 壬申

절기	입추7월																												처서
음력	1	2	3	4	5	6	7	8	9	10	11	12	13	14	15	16	17	18	19	20	21	22	23	24	25	26	27	28	29
양력 월	7월							8월																					
일	25	26	27	28	29	30	31	1	2	3	4	5	6	寅	8	9	10	11	12	13	14	15	16	17	18	19	20	21	22
요일	월	화	수	목	금	토	일	월	화	수	목	금	토	後	월	화	수	목	금	토	일	월	화	수	목	금	토	일	월
일진	乙亥	丙子	丁丑	戊寅	己卯	庚辰	辛巳	壬午	癸未	甲申	乙酉	丙戌	丁亥	戊子	己丑	庚寅	辛卯	壬辰	癸巳	甲午	乙未	丙申	丁酉	戊戌	己亥	庚子	辛丑	壬寅	癸卯

음양국: 陰4　陰2　陰5　陰8　陰1　陰4

閏7月

절기																백로8월													
음력	1	2	3	4	5	6	7	8	9	10	11	12	13	14	15	16	17	18	19	20	21	22	23	24	25	26	27	28	29
양력 월	8월									9월																			
일	23	24	25	26	27	28	29	30	31	1	2	3	4	5	6	辰	8	9	10	11	12	13	14	15	16	17	18	19	20
요일	화	수	목	금	토	일	월	화	수	목	금	토	일	월	화	中	목	금	토	일	월	화	수	목	금	토	일	월	화
일진	甲辰	乙巳	丙午	丁未	戊申	己酉	庚戌	辛亥	壬子	癸丑	甲寅	乙卯	丙辰	丁巳	戊午	己未	庚申	辛酉	壬戌	癸亥	甲子	乙丑	丙寅	丁卯	戊辰	己巳	庚午	辛未	壬申

음양국: 陰7　陰9　陰3　陰6　陰7　陰1

8月 癸酉

절기	추분																	한로9월												
음력	1	2	3	4	5	6	7	8	9	10	11	12	13	14	15	16	17	18	19	20	21	22	23	24	25	26	27	28	29	30
양력 월	9월										10월																			
일	21	22	23	24	25	26	27	28	29	30	1	2	3	4	5	6	7	子	9	10	11	12	13	14	15	16	17	18	19	20
요일	수	목	금	토	일	월	화	수	목	금	토	일	월	화	수	목	금	中	일	월	화	수	목	금	토	일	월	화	수	목
일진	癸酉	甲戌	乙亥	丙子	丁丑	戊寅	己卯	庚辰	辛巳	壬午	癸未	甲申	乙酉	丙戌	丁亥	戊子	己丑	庚寅	辛卯	壬辰	癸巳	甲午	乙未	丙申	丁酉	戊戌	己亥	庚子	辛丑	壬寅

음양국: 陰4　陰6　陰9　陰3　陰5　陰8

9月 甲戌

절기			상강															입동10월											
음력	1	2	3	4	5	6	7	8	9	10	11	12	13	14	15	16	17	18	19	20	21	22	23	24	25	26	27	28	29
양력 월	10월											11월																	
일	21	22	23	24	25	26	27	28	29	30	31	1	2	3	4	5	6	寅	8	9	10	11	12	13	14	15	16	17	18
요일	금	토	일	월	화	수	목	금	토	일	월	화	수	목	금	토	일	初	화	수	목	금	토	일	월	화	수	목	금
일진	癸卯	甲辰	乙巳	丙午	丁未	戊申	己酉	庚戌	辛亥	壬子	癸丑	甲寅	乙卯	丙辰	丁巳	戊午	己未	庚申	辛酉	壬戌	癸亥	甲子	乙丑	丙寅	丁卯	戊辰	己巳	庚午	辛未

음양국: 陰2　陰6　陰9　陰3　陰5　陰8

10月 乙亥

절기				소설														대설11월												
음력	1	2	3	4	5	6	7	8	9	10	11	12	13	14	15	16	17	18	19	20	21	22	23	24	25	26	27	28	29	30
양력 월	11월												12월																	
일	19	20	21	22	23	24	25	26	27	28	29	30	1	2	3	4	5	戌	7	8	9	10	11	12	13	14	15	16	17	18
요일	토	일	월	화	수	목	금	토	일	월	화	수	목	금	토	일	월	中	수	목	금	토	일	월	화	수	목	금	토	일
일진	壬申	癸酉	甲戌	乙亥	丙子	丁丑	戊寅	己卯	庚辰	辛巳	壬午	癸未	甲申	乙酉	丙戌	丁亥	戊子	己丑	庚寅	辛卯	壬辰	癸巳	甲午	乙未	丙申	丁酉	戊戌	己亥	庚子	辛丑

음양국: 陰8　陰2　陰4　陰7　陰1　陽1　陽7

11月 丙子

절기			동지															소한12월												
음력	1	2	3	4	5	6	7	8	9	10	11	12	13	14	15	16	17	18	19	20	21	22	23	24	25	26	27	28	29	30
양력 월	12월													1월																
일	19	20	21	22	23	24	25	26	27	28	29	30	31	1	2	3	4	辰	6	7	8	9	10	11	12	13	14	15	16	17
요일	월	화	수	목	금	토	일	월	화	수	목	금	토	일	월	화	수	初	금	토	일	월	화	수	목	금	토	일	월	화
일진	壬寅	癸卯	甲辰	乙巳	丙午	丁未	戊申	己酉	庚戌	辛亥	壬子	癸丑	甲寅	乙卯	丙辰	丁巳	戊午	己未	庚申	辛酉	壬戌	癸亥	甲子	乙丑	丙寅	丁卯	戊辰	己巳	庚午	辛未

음양국: 陽7　陽4　陽2　陽8　陽5　陽3　陽9

12月 丁丑

절기			대한														입춘1월													
음력	1	2	3	4	5	6	7	8	9	10	11	12	13	14	15	16	17	18	19	20	21	22	23	24	25	26	27	28	29	30
양력 월	1월														2월															
일	18	19	20	21	22	23	24	25	26	27	28	29	30	31	1	2	戌	4	5	6	7	8	9	10	11	12	13	14	15	16
요일	수	목	금	토	일	월	화	수	목	금	토	일	월	화	수	목	初	토	일	월	화	수	목	금	토	일	월	화	수	목
일진	壬申	癸酉	甲戌	乙亥	丙子	丁丑	戊寅	己卯	庚辰	辛巳	壬午	癸未	甲申	乙酉	丙戌	丁亥	戊子	己丑	庚寅	辛卯	壬辰	癸巳	甲午	乙未	丙申	丁酉	戊戌	己亥	庚子	辛丑

음양국: 陽9　陽6　陽8　陽5　陽2　陽9　陽6

입춘(2/3) 19:35
경칩(3/5) 13:23
청명(4/4) 17:56
입하(5/5) 10:58
망종(6/5) 14:55
소서(7/7) 01:07

입추(8/7) 10:58
백로(9/7) 14:04
한로(10/8) 05:59
입동(11/7) 09:28
대설(12/7) 02:34
소한(1/5) 13:54

2045(乙丑年)

1月 戊寅

절기	우수																경칩2월													
음력	1	2	3	4	5	6	7	8	9	10	11	12	13	14	15	16	17	18	19	20	21	22	23	24	25	26	27	28	29	30
양력 월	2월												3월																	
력일	17	18	19	20	21	22	23	24	25	26	27	28	1	2	3	4	午	6	7	8	9	10	11	12	13	14	15	16	17	18
요일	금	토	일	월	화	수	목	금	토	일	월	화	수	목	금	토	後	월	화	수	목	금	토	일	월	화	수	목	금	토
일진	壬寅	癸卯	甲辰	乙巳	丙午	丁未	戊申	己酉	庚戌	辛亥	壬子	癸丑	甲寅	乙卯	丙辰	丁巳	戊午	己未	庚申	辛酉	壬戌	癸亥	甲子	乙丑	丙寅	丁卯	戊辰	己巳	庚午	辛未
음양국	陽 6			陽 3				陽 1				陽 7				陽 4				陽 3					陽 9					

2月 己卯

절기	춘분																청명3월												
음력	1	2	3	4	5	6	7	8	9	10	11	12	13	14	15	16	17	18	19	20	21	22	23	24	25	26	27	28	29
양력 월	3월													4월															
력일	19	20	21	22	23	24	25	26	27	28	29	30	31	1	2	3	酉	5	6	7	8	9	10	11	12	13	14	15	16
요일	일	월	화	수	목	금	토	일	월	화	수	목	금	토	일	월	初	수	목	금	토	일	월	화	수	목	금	토	일
일진	壬申	癸酉	甲戌	乙亥	丙子	丁丑	戊寅	己卯	庚辰	辛巳	壬午	癸未	甲申	乙酉	丙戌	丁亥	戊子	己丑	庚寅	辛卯	壬辰	癸巳	甲午	乙未	丙申	丁酉	戊戌	己亥	庚子
음양국	陽 9			陽 6				陽 4				陽 1				陽 7				陽 5				陽 2					

3月 庚辰

절기	곡우																		입하4월											
음력	1	2	3	4	5	6	7	8	9	10	11	12	13	14	15	16	17	18	19	20	21	22	23	24	25	26	27	28	29	30
양력 월	4월														5월															
력일	17	18	19	20	21	22	23	24	25	26	27	28	29	30	1	2	3	4	巳	6	7	8	9	10	11	12	13	14	15	16
요일	월	화	수	목	금	토	일	월	화	수	목	금	토	일	월	화	수	목	後	토	일	월	화	수	목	금	토	일	월	화
일진	辛丑	壬寅	癸卯	甲辰	乙巳	丙午	丁未	戊申	己酉	庚戌	辛亥	壬子	癸丑	甲寅	乙卯	丙辰	丁巳	戊午	己未	庚申	辛酉	壬戌	癸亥	甲子	乙丑	丙寅	丁卯	戊辰	己巳	庚午
음양국	陽 2			陽 8				陽 4				陽 1				陽 7				陽 5					陽 2					

4月 辛巳

절기	소만																		망종5월										
음력	1	2	3	4	5	6	7	8	9	10	11	12	13	14	15	16	17	18	19	20	21	22	23	24	25	26	27	28	29
양력 월	5월														6월														
력일	17	18	19	20	21	22	23	24	25	26	27	28	29	30	31	1	2	3	4	未	6	7	8	9	10	11	12	13	14
요일	수	목	금	토	일	월	화	수	목	금	토	일	월	화	수	목	금	토	일	後	화	수	목	금	토	일	월	화	수
일진	辛未	壬申	癸酉	甲戌	乙亥	丙子	丁丑	戊寅	己卯	庚辰	辛巳	壬午	癸未	甲申	乙酉	丙戌	丁亥	戊子	己丑	庚寅	辛卯	壬辰	癸巳	甲午	乙未	丙申	丁酉	戊戌	己亥
음양국	陽 2			陽 8				陽 6				陽 3				陽 9				陽 6				陽 3					

5月 壬午

절기	하지																		소서6월										
음력	1	2	3	4	5	6	7	8	9	10	11	12	13	14	15	16	17	18	19	20	21	22	23	24	25	26	27	28	29
양력 월	6월																7월												
력일	15	16	17	18	19	20	21	22	23	24	25	26	27	28	29	30	1	2	3	4	5	6	子	8	9	10	11	12	13
요일	목	금	토	일	월	화	수	목	금	토	일	월	화	수	목	금	토	일	월	화	수	목	後	토	일	월	화	수	목
일진	庚子	辛丑	壬寅	癸卯	甲辰	乙巳	丙午	丁未	戊申	己酉	庚戌	辛亥	壬子	癸丑	甲寅	乙卯	丙辰	丁巳	戊午	己未	庚申	辛酉	壬戌	癸亥	甲子	乙丑	丙寅	丁卯	戊辰
음양국	陽 3			陽 9				陰 9				陰 3				陰 6				陰 8									

6月 癸未

절기	대서																		입추7월											
음력	1	2	3	4	5	6	7	8	9	10	11	12	13	14	15	16	17	18	19	20	21	22	23	24	25	26	27	28	29	30
양력 월	7월																		8월											
력일	14	15	16	17	18	19	20	21	22	23	24	25	26	27	28	29	30	31	1	2	3	4	5	6	巳	8	9	10	11	12
요일	금	토	일	월	화	수	목	금	토	일	월	화	수	목	금	토	일	월	화	수	목	금	토	일	後	화	수	목	금	토
일진	己巳	庚午	辛未	壬申	癸酉	甲戌	乙亥	丙子	丁丑	戊寅	己卯	庚辰	辛巳	壬午	癸未	甲申	乙酉	丙戌	丁亥	戊子	己丑	庚寅	辛卯	壬辰	癸巳	甲午	乙未	丙申	丁酉	戊戌
음양국	陰 2			陰 5				陰 7				陰 1				陰 4				陰 2										

7月 甲申

구분	1	2	3	4	5	6	7	8	9	10	11	12	13	14	15	16	17	18	19	20	21	22	23	24	25	26	27	28	29
절기											처서															백로8월			
양력(월)	8월																		9월										
양력(일)	13	14	15	16	17	18	19	20	21	22	23	24	25	26	27	28	29	30	31	1	2	3	4	5	6	未	8	9	10
요일	일	월	화	수	목	금	토	일	월	화	수	목	금	토	일	월	화	수	목	금	토	일	월	화	수	初	금	토	일
일진	己亥	庚子	辛丑	壬寅	癸卯	甲辰	乙巳	丙午	丁未	戊申	己酉	庚戌	辛亥	壬子	癸丑	甲寅	乙卯	丙辰	丁巳	戊午	己未	庚申	辛酉	壬戌	癸亥	甲子	乙丑	丙寅	丁卯

음양국: 陰 5 / 陰 8 / 陰 1 / 陰 4 / 陰 7 / 陰 9

8月 乙酉

구분	1	2	3	4	5	6	7	8	9	10	11	12	13	14	15	16	17	18	19	20	21	22	23	24	25	26	27	28	29
절기												추분																한로9월	
양력(월)	9월																				10월								
양력(일)	11	12	13	14	15	16	17	18	19	20	21	22	23	24	25	26	27	28	29	30	1	2	3	4	5	6	7	卯	9
요일	월	화	수	목	금	토	일	월	화	수	목	금	토	일	월	화	수	목	금	토	일	월	화	수	목	금	토	初	월
일진	戊辰	己巳	庚午	辛未	壬申	癸酉	甲戌	乙亥	丙子	丁丑	戊寅	己卯	庚辰	辛巳	壬午	癸未	甲申	乙酉	丙戌	丁亥	戊子	己丑	庚寅	辛卯	壬辰	癸巳	甲午	乙未	丙申

음양국: 陰 3 / 陰 6 / 陰 7 / 陰 1 / 陰 4 / 陰 6

9月 丙戌

구분	1	2	3	4	5	6	7	8	9	10	11	12	13	14	15	16	17	18	19	20	21	22	23	24	25	26	27	28	29	30
절기														상강															입동10월	
양력(월)	10월																						11월							
양력(일)	10	11	12	13	14	15	16	17	18	19	20	21	22	23	24	25	26	27	28	29	30	31	1	2	3	4	5	6	辰	8
요일	화	수	목	금	토	일	월	화	수	목	금	토	일	월	화	수	목	금	토	일	월	화	수	목	금	토	일	월	後	수
일진	丁酉	戊戌	己亥	庚子	辛丑	壬寅	癸卯	甲辰	乙巳	丙午	丁未	戊申	己酉	庚戌	辛亥	壬子	癸丑	甲寅	乙卯	丙辰	丁巳	戊午	己未	庚申	辛酉	壬戌	癸亥	甲子	乙丑	丙寅

음양국: 陰 6 / 陰 9 / 陰 3 / 陰 5 / 陰 8 / 陰 2 / 陰 6

10月 丁亥

구분	1	2	3	4	5	6	7	8	9	10	11	12	13	14	15	16	17	18	19	20	21	22	23	24	25	26	27	28	29
절기														소설															대설11월
양력(월)	11월																						12월						
양력(일)	9	10	11	12	13	14	15	16	17	18	19	20	21	22	23	24	25	26	27	28	29	30	1	2	3	4	5	6	丑
요일	목	금	토	일	월	화	수	목	금	토	일	월	화	수	목	금	토	일	월	화	수	목	금	토	일	월	화	수	中
일진	丁卯	戊辰	己巳	庚午	辛未	壬申	癸酉	甲戌	乙亥	丙子	丁丑	戊寅	己卯	庚辰	辛巳	壬午	癸未	甲申	乙酉	丙戌	丁亥	戊子	己丑	庚寅	辛卯	壬辰	癸巳	甲午	乙未

음양국: 陰 6 / 陰 9 / 陰 3 / 陰 5 / 陰 8 / 陰 2 / 陰 4

11月 戊子

구분	1	2	3	4	5	6	7	8	9	10	11	12	13	14	15	16	17	18	19	20	21	22	23	24	25	26	27	28	29	30
절기														동지															소한12월	
양력(월)	12월																								1월					
양력(일)	8	9	10	11	12	13	14	15	16	17	18	19	20	21	22	23	24	25	26	27	28	29	30	31	1	2	3	4	未	6
요일	금	토	일	월	화	수	목	금	토	일	월	화	수	목	금	토	일	월	화	수	목	금	토	일	월	화	수	목	初	토
일진	丙申	丁酉	戊戌	己亥	庚子	辛丑	壬寅	癸卯	甲辰	乙巳	丙午	丁未	戊申	己酉	庚戌	辛亥	壬子	癸丑	甲寅	乙卯	丙辰	丁巳	戊午	己未	庚申	辛酉	壬戌	癸亥	甲子	乙丑

음양국: 陰 4 / 陰 7 / 陰 1 / 陽 1 / 陽 7 / 陽 4 / 陽 2

12月 己丑

구분	1	2	3	4	5	6	7	8	9	10	11	12	13	14	15	16	17	18	19	20	21	22	23	24	25	26	27	28	29	30
절기														대한															입춘1월	
양력(월)	1월																									2월				
양력(일)	7	8	9	10	11	12	13	14	15	16	17	18	19	20	21	22	23	24	25	26	27	28	29	30	31	1	2	3	丑	5
요일	일	월	화	수	목	금	토	일	월	화	수	목	금	토	일	월	화	수	목	금	토	일	월	화	수	목	금	토	初	월
일진	丙寅	丁卯	戊辰	己巳	庚午	辛未	壬申	癸酉	甲戌	乙亥	丙子	丁丑	戊寅	己卯	庚辰	辛巳	壬午	癸未	甲申	乙酉	丙戌	丁亥	戊子	己丑	庚寅	辛卯	壬辰	癸巳	甲午	乙未

음양국: 陽 2 / 陽 8 / 陽 5 / 陽 3 / 陽 9 / 陽 6 / 陽 8

입춘(2/4) 01:30	입추(8/7) 16:32
경칩(3/5) 19:16	백로(9/7) 19:42
청명(4/4) 23:43	한로(10/8) 11:41
입하(5/5) 16:39	입동(11/7) 15:13
망종(6/5) 20:31	대설(12/7) 08:20
소서(7/7) 06:39	소한(1/5) 19:41

2046(丙寅年)

1月 庚寅

절기	우수(13) ... 경칩2월(28)
음력	1 2 3 4 5 6 7 8 9 10 11 12 **13** 14 15 16 17 18 19 20 21 22 23 24 25 26 27 **28** 29 30
양력 월	2월 ... 3월
력 일	6 7 8 9 10 11 12 13 14 15 16 17 18 19 20 21 22 23 24 25 26 27 28 1 2 3 4 酉 6 7
요일	화 수 목 금 토 일 월 화 수 목 금 토 일 월 화 수 목 금 토 일 월 화 수 목 금 토 일 後 화 수
일진	丙申 丁酉 戊戌 己亥 庚子 辛丑 壬寅 癸卯 甲辰 乙巳 丙午 丁未 戊申 己酉 庚戌 辛亥 壬子 癸丑 甲寅 乙卯 丙辰 丁巳 戊午 己未 庚申 辛酉 壬戌 癸亥 甲子 乙丑
음양국	陽8 陽5 陽2 陽9 陽6 陽3 陽1

2月 辛卯

절기	춘분(13) ... 청명3월(28)
음력	1 2 3 4 5 6 7 8 9 10 11 12 **13** 14 15 16 17 18 19 20 21 22 23 24 25 26 27 **28** 29
양력 월	3월 ... 4월
력 일	8 9 10 11 12 13 14 15 16 17 18 19 20 21 22 23 24 25 26 27 28 29 30 31 1 2 3 子 5
요일	목 금 토 일 월 화 수 목 금 토 일 월 화 수 목 금 토 일 월 화 수 목 금 토 일 월 화 初 목
일진	丙寅 丁卯 戊辰 己巳 庚午 辛未 壬申 癸酉 甲戌 乙亥 丙子 丁丑 戊寅 己卯 庚辰 辛巳 壬午 癸未 甲申 乙酉 丙戌 丁亥 戊子 己丑 庚寅 辛卯 壬辰 癸巳 甲午
음양국	陽1 陽7 陽4 陽3 陽9 陽6 陽4

3月 壬辰

절기	곡우(15) ... 입하4월(30)
음력	1 2 3 4 5 6 7 8 9 10 11 12 13 14 **15** 16 17 18 19 20 21 22 23 24 25 26 27 28 29 **30**
양력 월	4월 ... 5월
력 일	6 7 8 9 10 11 12 13 14 15 16 17 18 19 20 21 22 23 24 25 26 27 28 29 30 1 2 3 4 申中
요일	금 토 일 월 화 수 목 금 토 일 월 화 수 목 금 토 일 월 화 수 목 금 토 일 월 화 수 목 금
일진	乙未 丙申 丁酉 戊戌 己亥 庚子 辛丑 壬寅 癸卯 甲辰 乙巳 丙午 丁未 戊申 己酉 庚戌 辛亥 壬子 癸丑 甲寅 乙卯 丙辰 丁巳 戊午 己未 庚申 辛酉 壬戌 癸亥 甲子
음양국	陽4 陽1 陽7 陽5 陽2 陽8

4月 癸巳

절기	소만(16)
음력	1 2 3 4 5 6 7 8 9 10 11 12 13 14 15 **16** 17 18 19 20 21 22 23 24 25 26 27 28 29 30
양력 월	5월 ... 6월
력 일	6 7 8 9 10 11 12 13 14 15 16 17 18 19 20 **21** 22 23 24 25 26 27 28 29 30 31 1 2 3 4
요일	일 월 화 수 목 금 토 일 월 화 수 목 금 토 일 월 화 수 목 금 토 일 월 화 수 목 금 토 일 월
일진	乙丑 丙寅 丁卯 戊辰 己巳 庚午 辛未 壬申 癸酉 甲戌 乙亥 丙子 丁丑 戊寅 己卯 庚辰 辛巳 壬午 癸未 甲申 乙酉 丙戌 丁亥 戊子 己丑 庚寅 辛卯 壬辰 癸巳 甲午
음양국	陽4 陽1 陽7 陽5 陽2 陽8

5月 甲午

절기	망종5월(1) ... 하지(17)
음력	**1** 2 3 4 5 6 7 8 9 10 11 12 13 14 15 16 **17** 18 19 20 21 22 23 24 25 26 27 28 29
양력 월	6월 ... 7월
력 일	戌 6 7 8 9 10 11 12 13 14 15 16 17 18 19 20 **21** 22 23 24 25 26 27 28 29 30 1 2 3
요일	中 수 목 금 토 일 월 화 수 목 금 토 일 월 화 수 목 금 토 일 월 화 수 목 금 토 일 월 화
일진	乙未 丙申 丁酉 戊戌 己亥 庚子 辛丑 壬寅 癸卯 甲辰 乙巳 丙午 丁未 戊申 己酉 庚戌 辛亥 壬子 癸丑 甲寅 乙卯 丙辰 丁巳 戊午 己未 庚申 辛酉 壬戌 癸亥
음양국	陽6 陽3 陽9 陰9 陰3 陰6

6月 乙未

절기	소서6월(4) ... 대서(20)
음력	1 2 3 **4** 5 6 7 8 9 10 11 12 13 14 15 16 17 18 19 **20** 21 22 23 24 25 26 27 28 29
양력 월	7월 ... 8월
력 일	4 5 6 卯 8 9 10 11 12 13 14 15 16 17 18 19 20 21 22 **23** 24 25 26 27 28 29 30 31 1
요일	수 목 금 中 일 월 화 수 목 금 토 일 월 화 수 목 금 토 일 월 화 수 목 금 토 일 월 화 수
일진	甲子 乙丑 丙寅 丁卯 戊辰 己巳 庚午 辛未 壬申 癸酉 甲戌 乙亥 丙子 丁丑 戊寅 己卯 庚辰 辛巳 壬午 癸未 甲申 乙酉 丙戌 丁亥 戊子 己丑 庚寅 辛卯 壬辰
음양국	陰8 陰2 陰5 陰7 陰1 陰4

7月 丙申

절기	입추7월(6)																					처서(22)								
음력	1	2	3	4	5	6	7	8	9	10	11	12	13	14	15	16	17	18	19	20	21	22	23	24	25	26	27	28	29	30
양력 8월	2	3	4	5	6	申	8	9	10	11	12	13	14	15	16	17	18	19	20	21	22	23	24	25	26	27	28	29	30	31
요일	목	금	토	일	월	中	수	목	금	토	일	월	화	수	목	금	토	일	월	화	수	목	금	토	일	월	화	수	목	금
일진	癸巳	甲午	乙未	丙申	丁酉	戊戌	己亥	庚子	辛丑	壬寅	癸卯	甲辰	乙巳	丙午	丁未	戊申	己酉	庚戌	辛亥	壬子	癸丑	甲寅	乙卯	丙辰	丁巳	戊午	己未	庚申	辛酉	壬戌
음양국	陰2					陰5					陰8					陰1					陰4					陰7				

8月 丁酉

절기	백로8월(7)																						추분(23)						
음력	1	2	3	4	5	6	7	8	9	10	11	12	13	14	15	16	17	18	19	20	21	22	23	24	25	26	27	28	29
양력 9월	1	2	3	4	5	6	戊	8	9	10	11	12	13	14	15	16	17	18	19	20	21	22	23	24	25	26	27	28	29
요일	토	일	월	화	수	목	初	토	일	월	화	수	목	금	토	일	월	화	수	목	금	토	일	월	화	수	목	금	토
일진	癸亥	甲子	乙丑	丙寅	丁卯	戊辰	己巳	庚午	辛未	壬申	癸酉	甲戌	乙亥	丙子	丁丑	戊寅	己卯	庚辰	辛巳	壬午	癸未	甲申	乙酉	丙戌	丁亥	戊子	己丑	庚寅	辛卯
음양국	陰9					陰3					陰6					陰7					陰1					陰4				

9月 戊戌

절기	한로9월(9)																							상강(24)					
음력	1	2	3	4	5	6	7	8	9	10	11	12	13	14	15	16	17	18	19	20	21	22	23	24	25	26	27	28	29
양력 9월/10월	30	1	2	3	4	5	6	7	午	9	10	11	12	13	14	15	16	17	18	19	20	21	22	23	24	25	26	27	28
요일	일	월	화	수	목	금	토	일	初	화	수	목	금	토	일	월	화	수	목	금	토	일	월	화	수	목	금	토	일
일진	壬辰	癸巳	甲午	乙未	丙申	丁酉	戊戌	己亥	庚子	辛丑	壬寅	癸卯	甲辰	乙巳	丙午	丁未	戊申	己酉	庚戌	辛亥	壬子	癸丑	甲寅	乙卯	丙辰	丁巳	戊午	己未	庚申
음양국	陰4		陰6				陰9				陰3				陰5				陰8				陰2						

10月 己亥

절기	입동10월(10)																								소설(25)					
음력	1	2	3	4	5	6	7	8	9	10	11	12	13	14	15	16	17	18	19	20	21	22	23	24	25	26	27	28	29	30
양력 10월/11월	29	30	31	1	2	3	4	5	6	未	8	9	10	11	12	13	14	15	16	17	18	19	20	21	22	23	24	25	26	27
요일	월	화	수	목	금	토	일	월	화	後	목	금	토	일	월	화	수	목	금	토	일	월	화	수	목	금	토	일	월	화
일진	辛酉	壬戌	癸亥	甲子	乙丑	丙寅	丁卯	戊辰	己巳	庚午	辛未	壬申	癸酉	甲戌	乙亥	丙子	丁丑	戊寅	己卯	庚辰	辛巳	壬午	癸未	甲申	乙酉	丙戌	丁亥	戊子	己丑	庚寅
음양국	陰2		陰6				陰9				陰3				陰5				陰8				陰2							

11月 庚子

절기	대설11월(10)																								동지(25)				
음력	1	2	3	4	5	6	7	8	9	10	11	12	13	14	15	16	17	18	19	20	21	22	23	24	25	26	27	28	29
양력 11월/12월	28	29	30	1	2	3	4	5	6	辰	8	9	10	11	12	13	14	15	16	17	18	19	20	21	22	23	24	25	26
요일	수	목	금	토	일	월	화	수	목	中	토	일	월	화	수	목	금	토	일	월	화	수	목	금	토	일	월	화	수
일진	辛卯	壬辰	癸巳	甲午	乙未	丙申	丁酉	戊戌	己亥	庚子	辛丑	壬寅	癸卯	甲辰	乙巳	丙午	丁未	戊申	己酉	庚戌	辛亥	壬子	癸丑	甲寅	乙卯	丙辰	丁巳	戊午	己未
음양국	陰2		陰4				陰7				陰1				陽1				陽7				陽4						

12月 辛丑

절기	소한12월(10)																								대한(25)					
음력	1	2	3	4	5	6	7	8	9	10	11	12	13	14	15	16	17	18	19	20	21	22	23	24	25	26	27	28	29	30
양력 12월/1월	27	28	29	30	31	1	2	3	4	戊	6	7	8	9	10	11	12	13	14	15	16	17	18	19	20	21	22	23	24	25
요일	목	금	토	일	월	화	수	목	금	初	일	월	화	수	목	금	토	일	월	화	수	목	금	토	일	월	화	수	목	금
일진	庚申	辛酉	壬戌	癸亥	甲子	乙丑	丙寅	丁卯	戊辰	己巳	庚午	辛未	壬申	癸酉	甲戌	乙亥	丙子	丁丑	戊寅	己卯	庚辰	辛巳	壬午	癸未	甲申	乙酉	丙戌	丁亥	戊子	己丑
음양국	陽4					陽2					陽8					陽5					陽3					陽9				

입춘(2/4) 07:16
경칩(3/6) 01:04
청명(4/5) 05:31
입하(5/5) 22:27
망종(6/6) 02:19
소서(7/7) 12:29

입추(8/7) 22:24
백로(9/8) 01:37
한로(10/8) 17:36
입동(11/7) 21:06
대설(12/7) 14:09
소한(1/6) 01:28

2047(丁卯年)

1月 壬寅

절기										입춘1월														우수						
음력	1	2	3	4	5	6	7	8	9	10	11	12	13	14	15	16	17	18	19	20	21	22	23	24	25	26	27	28	29	30
양력 월	1월						2월																							
양력 일	26	27	28	29	30	31	1	2	3	卯	5	6	7	8	9	10	11	12	13	14	15	16	17	18	19	20	21	22	23	24
요일	토	일	월	화	수	목	금	토	일	後	화	수	목	금	토	일	월	화	수	목	금	토	일	월	화	수	목	금	토	일
일진	庚寅	辛卯	壬辰	癸巳	甲午	乙未	丙申	丁酉	戊戌	己亥	庚子	辛丑	壬寅	癸卯	甲辰	乙巳	丙午	丁未	戊申	己酉	庚戌	辛亥	壬子	癸丑	甲寅	乙卯	丙辰	丁巳	戊午	己未
음양국	陽 6					陽 8					陽 5					陽 2					陽 9					陽 6				

2月 癸卯

절기										경칩2월														춘분					
음력	1	2	3	4	5	6	7	8	9	10	11	12	13	14	15	16	17	18	19	20	21	22	23	24	25	26	27	28	29
양력 월	2월				3월																								
양력 일	25	26	27	28	1	2	3	4	5	子	7	8	9	10	11	12	13	14	15	16	17	18	19	20	21	22	23	24	25
요일	월	화	수	목	금	토	일	월	화	後	목	금	토	일	월	화	수	목	금	토	일	월	화	수	목	금	토	일	월
일진	庚申	辛酉	壬戌	癸亥	甲子	乙丑	丙寅	丁卯	戊辰	己巳	庚午	辛未	壬申	癸酉	甲戌	乙亥	丙子	丁丑	戊寅	己卯	庚辰	辛巳	壬午	癸未	甲申	乙酉	丙戌	丁亥	戊子
음양국	陽 3				陽 1					陽 7					陽 4					陽 3					陽 9				

3月 甲辰

절기											청명3월															곡우				
음력	1	2	3	4	5	6	7	8	9	10	11	12	13	14	15	16	17	18	19	20	21	22	23	24	25	26	27	28	29	30
양력 월	3월						4월																							
양력 일	26	27	28	29	30	31	1	2	3	4	卯	6	7	8	9	10	11	12	13	14	15	16	17	18	19	20	21	22	23	24
요일	화	수	목	금	토	일	월	화	수	목	初	토	일	월	화	수	목	금	토	일	월	화	수	목	금	토	일	월	화	수
일진	己丑	庚寅	辛卯	壬辰	癸巳	甲午	乙未	丙申	丁酉	戊戌	己亥	庚子	辛丑	壬寅	癸卯	甲辰	乙巳	丙午	丁未	戊申	己酉	庚戌	辛亥	壬子	癸丑	甲寅	乙卯	丙辰	丁巳	戊午
음양국	陽 6					陽 4					陽 1					陽 7					陽 5					陽 2				

4月 乙巳

절기											입하4월																소만			
음력	1	2	3	4	5	6	7	8	9	10	11	12	13	14	15	16	17	18	19	20	21	22	23	24	25	26	27	28	29	30
양력 월	4월						5월																							
양력 일	25	26	27	28	29	30	1	2	3	4	亥	6	7	8	9	10	11	12	13	14	15	16	17	18	19	20	21	22	23	24
요일	목	금	토	일	월	화	수	목	금	토	中	월	화	수	목	금	토	일	월	화	수	목	금	토	일	월	화	수	목	금
일진	己未	庚申	辛酉	壬戌	癸亥	甲子	乙丑	丙寅	丁卯	戊辰	己巳	庚午	辛未	壬申	癸酉	甲戌	乙亥	丙子	丁丑	戊寅	己卯	庚辰	辛巳	壬午	癸未	甲申	乙酉	丙戌	丁亥	戊子
음양국	陽 8					陽 4					陽 1					陽 7					陽 5					陽 2				

5月 丙午

절기													망종5월															하지	
음력	1	2	3	4	5	6	7	8	9	10	11	12	13	14	15	16	17	18	19	20	21	22	23	24	25	26	27	28	29
양력 월	5월							6월																					
양력 일	25	26	27	28	29	30	31	1	2	3	4	5	丑	7	8	9	10	11	12	13	14	15	16	17	18	19	20	21	22
요일	토	일	월	화	수	목	금	토	일	월	화	수	中	금	토	일	월	화	수	목	금	토	일	월	화	수	목	금	토
일진	己丑	庚寅	辛卯	壬辰	癸巳	甲午	乙未	丙申	丁酉	戊戌	己亥	庚子	辛丑	壬寅	癸卯	甲辰	乙巳	丙午	丁未	戊申	己酉	庚戌	辛亥	壬子	癸丑	甲寅	乙卯	丙辰	丁巳
음양국	陽 8				陽 6					陽 3					陽 9					陰 9					陰 3				

閏5月

절기															소서6월															
음력	1	2	3	4	5	6	7	8	9	10	11	12	13	14	15	16	17	18	19	20	21	22	23	24	25	26	27	28	29	30
양력 월	6월								7월																					
양력 일	23	24	25	26	27	28	29	30	1	2	3	4	5	6	午	8	9	10	11	12	13	14	15	16	17	18	19	20	21	22
요일	일	월	화	수	목	금	토	일	월	화	수	목	금	토	中	월	화	수	목	금	토	일	월	화	수	목	금	토	일	월
일진	戊午	己未	庚申	辛酉	壬戌	癸亥	甲子	乙丑	丙寅	丁卯	戊辰	己巳	庚午	辛未	壬申	癸酉	甲戌	乙亥	丙子	丁丑	戊寅	己卯	庚辰	辛巳	壬午	癸未	甲申	乙酉	丙戌	丁亥
음양국	陰 6				陰 8					陰 2					陰 5					陰 7					陰 1				

6월 丁未

절기: 대서(음력 1), 입추7월(음력 16)

음력	양력	요일	일진
1	7월23	화	戊子
2	24	수	己丑
3	25	목	庚寅
4	26	금	辛卯
5	27	토	壬辰
6	28	일	癸巳
7	29	월	甲午
8	30	화	乙未
9	31	수	丙申
10	8월1	목	丁酉
11	2	금	戊戌
12	3	토	己亥
13	4	일	庚子
14	5	월	辛丑
15	6	화	壬寅
16	亥	中	癸卯
17	8	목	甲辰
18	9	금	乙巳
19	10	토	丙午
20	11	일	丁未
21	12	월	戊申
22	13	화	己酉
23	14	수	庚戌
24	15	목	辛亥
25	16	금	壬子
26	17	토	癸丑
27	18	일	甲寅
28	19	월	乙卯
29	20	화	丙辰

음양국: 陰4 · 陰2 · 陰5 · 陰8 · 陰1 · 陰4

7월 戊申

절기: 처서(음력 3), 백로8월(음력 19)

음력	양력	요일	일진
1	8월21	수	丁巳
2	22	목	戊午
3	23	금	己未
4	24	토	庚申
5	25	일	辛酉
6	26	월	壬戌
7	27	화	癸亥
8	28	수	甲子
9	29	목	乙丑
10	30	금	丙寅
11	31	토	丁卯
12	9월1	일	戊辰
13	2	월	己巳
14	3	화	庚午
15	4	수	辛未
16	5	목	壬申
17	6	금	癸酉
18	7	토	甲戌
19	丑	初	乙亥
20	9	월	丙子
21	10	화	丁丑
22	11	수	戊寅
23	12	목	己卯
24	13	금	庚辰
25	14	토	辛巳
26	15	일	壬午
27	16	월	癸未
28	17	화	甲申
29	18	수	乙酉
30	19	목	丙戌

음양국: 陰4 · 陰7 · 陰9 · 陰3 · 陰6 · 陰7 · 陰1

8월 己酉

절기: 추분(음력 4), 한로9월(음력 19)

음력	양력	요일	일진
1	9월20	금	丁亥
2	21	토	戊子
3	22	일	己丑
4	23	월	庚寅
5	24	화	辛卯
6	25	수	壬辰
7	26	목	癸巳
8	27	금	甲午
9	28	토	乙未
10	29	일	丙申
11	30	월	丁酉
12	10월1	화	戊戌
13	2	수	己亥
14	3	목	庚子
15	4	금	辛丑
16	5	토	壬寅
17	6	일	癸卯
18	7	월	甲辰
19	酉	初	乙巳
20	9	수	丙午
21	10	목	丁未
22	11	금	戊申
23	12	토	己酉
24	13	일	庚戌
25	14	월	辛亥
26	15	화	壬子
27	16	수	癸丑
28	17	목	甲寅
29	18	금	乙卯

음양국: 陰1 · 陰4 · 陰6 · 陰9 · 陰3 · 陰5 · 陰8

9월 庚戌

절기: 상강(음력 5), 입동10월(음력 20)

음력	양력	요일	일진
1	10월19	토	丙辰
2	20	일	丁巳
3	21	월	戊午
4	22	화	己未
5	23	수	庚申
6	24	목	辛酉
7	25	금	壬戌
8	26	토	癸亥
9	27	일	甲子
10	28	월	乙丑
11	29	화	丙寅
12	30	수	丁卯
13	31	목	戊辰
14	11월1	금	己巳
15	2	토	庚午
16	3	일	辛未
17	4	월	壬申
18	5	화	癸酉
19	6	수	甲戌
20	戊	後	乙亥
21	8	금	丙子
22	9	토	丁丑
23	10	일	戊寅
24	11	월	己卯
25	12	화	庚辰
26	13	수	辛巳
27	14	목	壬午
28	15	금	癸未
29	16	토	甲申

음양국: 陰8 · 陰2 · 陰6 · 陰9 · 陰3 · 陰5 · 陰8

10월 辛亥

절기: 소설(음력 6), 대설11월(음력 21)

음력	양력	요일	일진
1	11월17	일	乙酉
2	18	월	丙戌
3	19	화	丁亥
4	20	수	戊子
5	21	목	己丑
6	22	금	庚寅
7	23	토	辛卯
8	24	일	壬辰
9	25	월	癸巳
10	26	화	甲午
11	27	수	乙未
12	28	목	丙申
13	29	금	丁酉
14	30	토	戊戌
15	12월1	일	己亥
16	2	월	庚子
17	3	화	辛丑
18	4	수	壬寅
19	5	목	癸卯
20	6	금	甲辰
21	未	初	乙巳
22	8	일	丙午
23	9	월	丁未
24	10	화	戊申
25	11	수	己酉
26	12	목	庚戌
27	13	금	辛亥
28	14	토	壬子
29	15	일	癸丑
30	16	월	甲寅

음양국: 陰8 · 陰2 · 陰4 · 陰7 · 陰1 · 陰4

11월 壬子

절기: 동지(음력 6), 소한12월(음력 21)

음력	양력	요일	일진
1	12월17	화	乙卯
2	18	수	丙辰
3	19	목	丁巳
4	20	금	戊午
5	21	토	己未
6	22	일	庚申
7	23	월	辛酉
8	24	화	壬戌
9	25	수	癸亥
10	26	목	甲子
11	27	금	乙丑
12	28	토	丙寅
13	29	일	丁卯
14	30	월	戊辰
15	31	화	己巳
16	1월1	수	庚午
17	2	목	辛未
18	3	금	壬申
19	4	토	癸酉
20	5	일	甲戌
21	子	後	乙亥
22	7	화	丙子
23	8	수	丁丑
24	9	목	戊寅
25	10	금	己卯
26	11	토	庚辰
27	12	일	辛巳
28	13	월	壬午
29	14	화	癸未

음양국: 陰7 · 陰1 · 陽1(□) · 陽7 · 陽4 · 陽2

12월 癸丑

절기: 대한(음력 6), 입춘1월(음력 21)

음력	양력	요일	일진
1	1월15	수	甲申
2	16	목	乙酉
3	17	금	丙戌
4	18	토	丁亥
5	19	일	戊子
6	20	월	己丑
7	21	화	庚寅
8	22	수	辛卯
9	23	목	壬辰
10	24	금	癸巳
11	25	토	甲午
12	26	일	乙未
13	27	월	丙申
14	28	화	丁酉
15	29	수	戊戌
16	30	목	己亥
17	31	금	庚子
18	2월1	토	辛丑
19	2	일	壬寅
20	3	월	癸卯
21	午	後	甲辰
22	5	수	乙巳
23	6	목	丙午
24	7	금	丁未
25	8	토	戊申
26	9	일	己酉
27	10	월	庚戌
28	11	화	辛亥
29	12	수	壬子
30	13	목	癸丑

음양국: 陽8 · 陽5 · 陽3 · 陽9 · 陽6 · 陽8

2048(戊辰年)

입춘(2/4) 13:03
경칩(3/5) 06:53
청명(4/4) 11:24
입하(5/5) 04:23
망종(6/5) 08:17
소서(7/6) 18:25

입추(8/7) 04:17
백로(9/7) 07:26
한로(10/7) 23:25
입동(11/7) 02:55
대설(12/6) 19:59
소한(1/5) 07:17

1月 甲寅

절기					우수																	경칩2월							
음력	1	2	3	4	5	6	7	8	9	10	11	12	13	14	15	16	17	18	19	20	21	22	23	24	25	26	27	28	29
양력 월	2월																		3월										
력 일	14	15	16	17	18	19	20	21	22	23	24	25	26	27	28	29	1	2	3	4	卯	6	7	8	9	10	11	12	13
요일	금	토	일	월	화	수	목	금	토	일	월	화	수	목	금	토	일	월	화	수	後	금	토	일	월	화	수	목	금
일진	甲寅	乙卯	丙辰	丁巳	戊午	己未	庚申	辛酉	壬戌	癸亥	甲子	乙丑	丙寅	丁卯	戊辰	己巳	庚午	辛未	壬申	癸酉	甲戌	乙亥	丙子	丁丑	戊寅	己卯	庚辰	辛巳	壬午
음양국	陽 5					陽 2					陽 9					陽 6					陽 3					陽 1			

2月 乙卯

절기						춘분															청명3월								
음력	1	2	3	4	5	6	7	8	9	10	11	12	13	14	15	16	17	18	19	20	21	22	23	24	25	26	27	28	29	30
양력 월	3월																		4월											
력 일	14	15	16	17	18	19	20	21	22	23	24	25	26	27	28	29	30	31	1	2	3	巳	5	6	7	8	9	10	11	12
요일	토	일	월	화	수	목	금	토	일	월	화	수	목	금	토	일	월	화	수	목	금	後	일	월	화	수	목	금	토	일
일진	癸未	甲申	乙酉	丙戌	丁亥	戊子	己丑	庚寅	辛卯	壬辰	癸巳	甲午	乙未	丙申	丁酉	戊戌	己亥	庚子	辛丑	壬寅	癸卯	甲辰	乙巳	丙午	丁未	戊申	己酉	庚戌	辛亥	壬子
음양국	陽 7					陽 4					陽 3					陽 9					陽 6					陽 4				

3月 丙辰

절기						곡우																입하4월								
음력	1	2	3	4	5	6	7	8	9	10	11	12	13	14	15	16	17	18	19	20	21	22	23	24	25	26	27	28	29	30
양력 월	4월																		5월											
력 일	13	14	15	16	17	18	19	20	21	22	23	24	25	26	27	28	29	30	1	2	3	4	寅	6	7	8	9	10	11	12
요일	월	화	수	목	금	토	일	월	화	수	목	금	토	일	월	화	수	목	금	토	일	월	中	수	목	금	토	일	월	화
일진	癸丑	甲寅	乙卯	丙辰	丁巳	戊午	己未	庚申	辛酉	壬戌	癸亥	甲子	乙丑	丙寅	丁卯	戊辰	己巳	庚午	辛未	壬申	癸酉	甲戌	乙亥	丙子	丁丑	戊寅	己卯	庚辰	辛巳	壬午
음양국	陽 1					陽 7					陽 5					陽 2					陽 8					陽 4				

4月 丁巳

절기							소만																망종5월						
음력	1	2	3	4	5	6	7	8	9	10	11	12	13	14	15	16	17	18	19	20	21	22	23	24	25	26	27	28	29	
양력 월	5월																		6월											
력 일	13	14	15	16	17	18	19	20	21	22	23	24	25	26	27	28	29	30	31	1	2	3	4	辰	6	7	8	9	10	
요일	수	목	금	토	일	월	화	수	목	금	토	일	월	화	수	목	금	토	일	월	화	수	목	中	토	일	월	화	수	
일진	癸未	甲申	乙酉	丙戌	丁亥	戊子	己丑	庚寅	辛卯	壬辰	癸巳	甲午	乙未	丙申	丁酉	戊戌	己亥	庚子	辛丑	壬寅	癸卯	甲辰	乙巳	丙午	丁未	戊申	己酉	庚戌	辛亥	
음양국	陽 1					陽 7					陽 5					陽 2					陽 8					陽 6				

5月 戊午

절기										하지																소서6월				
음력	1	2	3	4	5	6	7	8	9	10	11	12	13	14	15	16	17	18	19	20	21	22	23	24	25	26	27	28	29	30
양력 월	6월																		7월											
력 일	11	12	13	14	15	16	17	18	19	20	21	22	23	24	25	26	27	28	29	30	1	2	3	4	5	酉	7	8	9	10
요일	목	금	토	일	월	화	수	목	금	토	일	월	화	수	목	금	토	일	월	화	수	목	금	토	일	中	화	수	목	금
일진	壬子	癸丑	甲寅	乙卯	丙辰	丁巳	戊午	己未	庚申	辛酉	壬戌	癸亥	甲子	乙丑	丙寅	丁卯	戊辰	己巳	庚午	辛未	壬申	癸酉	甲戌	乙亥	丙子	丁丑	戊寅	己卯	庚辰	辛巳
음양국	陽 6			陽 3				陽 9				陰 9				陰 3				陰 6				陰 8						

6月 己未

절기												대서																입추7월		
음력	1	2	3	4	5	6	7	8	9	10	11	12	13	14	15	16	17	18	19	20	21	22	23	24	25	26	27	28	29	30
양력 월	7월																			8월										
력 일	11	12	13	14	15	16	17	18	19	20	21	22	23	24	25	26	27	28	29	30	31	1	2	3	4	5	6	寅	8	9
요일	토	일	월	화	수	목	금	토	일	월	화	수	목	금	토	일	월	화	수	목	금	토	일	월	화	수	목	中	토	일
일진	壬午	癸未	甲申	乙酉	丙戌	丁亥	戊子	己丑	庚寅	辛卯	壬辰	癸巳	甲午	乙未	丙申	丁酉	戊戌	己亥	庚子	辛丑	壬寅	癸卯	甲辰	乙巳	丙午	丁未	戊申	己酉	庚戌	辛亥
음양국	陰 8			陰 2				陰 5				陰 7				陰 1				陰 4				陰 2						

7月 庚申

절기												처서																백로8월
음력	1	2	3	4	5	6	7	8	9	10	11	12	13	14	15	16	17	18	19	20	21	22	23	24	25	26	27	28	29
양력월/일	8월 10	11	12	13	14	15	16	17	18	19	20	21	22	23	24	25	26	27	28	29	30	31	9월 1	2	3	4	5	6	卯後
요일	월	화	수	목	금	토	일	월	화	수	목	금	토	일	월	화	수	목	금	토	일	월	화	수	목	금	토	일	後
일진	壬子	癸丑	甲寅	乙卯	丙辰	丁巳	戊午	己未	庚申	辛酉	壬戌	癸亥	甲子	乙丑	丙寅	丁卯	戊辰	己巳	庚午	辛未	壬申	癸酉	甲戌	乙亥	丙子	丁丑	戊寅	己卯	庚辰

음양국: 陰2　陰5　陰8　陰1　陰4　陰7　陰9

8月 辛酉

절기														추분															한로9월
음력	1	2	3	4	5	6	7	8	9	10	11	12	13	14	15	16	17	18	19	20	21	22	23	24	25	26	27	28	29	30
양력월/일	9월 8	9	10	11	12	13	14	15	16	17	18	19	20	21	22	23	24	25	26	27	28	29	30	10월 1	2	3	4	5	6	亥後
요일	화	수	목	금	토	일	월	화	수	목	금	토	일	월	화	수	목	금	토	일	월	화	수	목	금	토	일	월	화	後
일진	辛巳	壬午	癸未	甲申	乙酉	丙戌	丁亥	戊子	己丑	庚寅	辛卯	壬辰	癸巳	甲午	乙未	丙申	丁酉	戊戌	己亥	庚子	辛丑	壬寅	癸卯	甲辰	乙巳	丙午	丁未	戊申	己酉	庚戌

음양국: 陰9　陰3　陰6　陰7　陰1　陰4　陰6

9月 壬戌

절기															상강														
음력	1	2	3	4	5	6	7	8	9	10	11	12	13	14	15	16	17	18	19	20	21	22	23	24	25	26	27	28	29
양력월/일	10월 8	9	10	11	12	13	14	15	16	17	18	19	20	21	22	23	24	25	26	27	28	29	30	31	11월 1	2	3	4	5
요일	목	금	토	일	월	화	수	목	금	토	일	월	화	수	목	금	토	일	월	화	수	목	금	토	일	월	화	수	목
일진	辛亥	壬子	癸丑	甲寅	乙卯	丙辰	丁巳	戊午	己未	庚申	辛酉	壬戌	癸亥	甲子	乙丑	丙寅	丁卯	戊辰	己巳	庚午	辛未	壬申	癸酉	甲戌	乙亥	丙子	丁丑	戊寅	己卯

음양국: 陰6　陰9　陰3　陰5　陰8　陰2　陰6

10月 癸亥

절기	입동10월																소설													
음력	1	2	3	4	5	6	7	8	9	10	11	12	13	14	15	16	17	18	19	20	21	22	23	24	25	26	27	28	29	30
양력월/일	11월 6	丑後	8	9	10	11	12	13	14	15	16	17	18	19	20	21	22	23	24	25	26	27	28	29	30	12월 1	2	3	4	5
요일	금	後	일	월	화	수	목	금	토	일	월	화	수	목	금	토	일	월	화	수	목	금	토	일	월	화	수	목	금	토
일진	庚辰	辛巳	壬午	癸未	甲申	乙酉	丙戌	丁亥	戊子	己丑	庚寅	辛卯	壬辰	癸巳	甲午	乙未	丙申	丁酉	戊戌	己亥	庚子	辛丑	壬寅	癸卯	甲辰	乙巳	丙午	丁未	戊申	己酉

음양국: 陰6　陰9　陰3　陰5　陰8　陰2

11月 甲子

절기	대설11월															동지													
음력	1	2	3	4	5	6	7	8	9	10	11	12	13	14	15	16	17	18	19	20	21	22	23	24	25	26	27	28	29
양력월/일	12월 戌	7	8	9	10	11	12	13	14	15	16	17	18	19	20	21	22	23	24	25	26	27	28	29	30	31	1월 1	2	3
요일	初	월	화	수	목	금	토	일	월	화	수	목	금	토	일	월	화	수	목	금	토	일	월	화	수	목	금	토	일
일진	庚戌	辛亥	壬子	癸丑	甲寅	乙卯	丙辰	丁巳	戊午	己未	庚申	辛酉	壬戌	癸亥	甲子	乙丑	丙寅	丁卯	戊辰	己巳	庚午	辛未	壬申	癸酉	甲戌	乙亥	丙子	丁丑	戊寅

음양국: 陰4　陰7　陰1　[陽1]　陽7　陽4

12月 乙丑

절기	소한12월																대한												
음력	1	2	3	4	5	6	7	8	9	10	11	12	13	14	15	16	17	18	19	20	21	22	23	24	25	26	27	28	29
양력월/일	1월 4	卯	6	7	8	9	10	11	12	13	14	15	16	17	18	19	20	21	22	23	24	25	26	27	28	29	30	31	2월 1
요일	월	後	수	목	금	토	일	월	화	수	목	금	토	일	월	화	수	목	금	토	일	월	화	수	목	금	토	일	월
일진	己卯	庚辰	辛巳	壬午	癸未	甲申	乙酉	丙戌	丁亥	戊子	己丑	庚寅	辛卯	壬辰	癸巳	甲午	乙未	丙申	丁酉	戊戌	己亥	庚子	辛丑	壬寅	癸卯	甲辰	乙巳	丙午	丁未

음양국: 陽2　陽8　陽5　陽3　陽9　陽6

입춘(2/3) 18:52
경칩(3/5) 12:41
청명(4/4) 17:13
입하(5/5) 10:11
망종(6/5) 14:02
소서(7/7) 00:07

입추(8/7) 09:56
백로(9/7) 13:04
한로(10/8) 05:03
입동(11/7) 08:37
대설(12/7) 01:45
소한(1/5) 13:06

2049(己巳年)

1月 丙寅

절기	입춘1월																우수													
음력	1	**2**	3	4	5	6	7	8	9	10	11	12	13	14	15	16	**17**	18	19	20	21	22	23	24	25	26	27	28	29	30
양력(월)	2월																										3월			
양력(일)	2	酉	4	5	6	7	8	9	10	11	12	13	14	15	16	17	18	19	20	21	22	23	24	25	26	27	28	1	2	3
요일	화	後	목	금	토	일	월	화	수	목	금	토	일	월	화	수	목	금	토	일	월	화	수	목	금	토	일	월	화	수
일진	戊申	己酉	庚戌	辛亥	壬子	癸丑	甲寅	乙卯	丙辰	丁巳	戊午	己未	庚申	辛酉	壬戌	癸亥	甲子	乙丑	丙寅	丁卯	戊辰	己巳	庚午	辛未	壬申	癸酉	甲戌	乙亥	丙子	丁丑
음양국	陽8					陽5					陽2					陽9					陽6					陽3				

2月 丁卯

절기	경칩2월																춘분												
음력	1	**2**	3	4	5	6	7	8	9	10	11	12	13	14	15	16	**17**	18	19	20	21	22	23	24	25	26	27	28	29
양력(월)	3월																												4월
양력(일)	4	午	6	7	8	9	10	11	12	13	14	15	16	17	18	19	20	21	22	23	24	25	26	27	28	29	30	31	1
요일	목	中	토	일	월	화	수	목	금	토	일	월	화	수	목	금	토	일	월	화	수	목	금	토	일	월	화	수	목
일진	戊寅	己卯	庚辰	辛巳	壬午	癸未	甲申	乙酉	丙戌	丁亥	戊子	己丑	庚寅	辛卯	壬辰	癸巳	甲午	乙未	丙申	丁酉	戊戌	己亥	庚子	辛丑	壬寅	癸卯	甲辰	乙巳	丙午
음양국	陽1					陽7					陽4					陽3					陽9					陽6			

3月 戊辰

절기	청명3월																		곡우											
음력	1	2	**3**	4	5	6	7	8	9	10	11	12	13	14	15	16	17	18	**19**	20	21	22	23	24	25	26	27	28	29	30
양력(월)	4월																													5월
양력(일)	2	3	申	5	6	7	8	9	10	11	12	13	14	15	16	17	18	19	20	21	22	23	24	25	26	27	28	29	30	1
요일	금	토	後	월	화	수	목	금	토	일	월	화	수	목	금	토	일	월	화	수	목	금	토	일	월	화	수	목	금	토
일진	丁未	戊申	己酉	庚戌	辛亥	壬子	癸丑	甲寅	乙卯	丙辰	丁巳	戊午	己未	庚申	辛酉	壬戌	癸亥	甲子	乙丑	丙寅	丁卯	戊辰	己巳	庚午	辛未	壬申	癸酉	甲戌	乙亥	丙子
음양국	陽6				陽4					陽1					陽7					陽5					陽2					陽8

4月 己巳

절기	입하4월																		소만										
음력	1	2	3	**4**	5	6	7	8	9	10	11	12	13	14	15	16	17	18	**19**	20	21	22	23	24	25	26	27	28	29
양력(월)	5월																												
양력(일)	2	3	4	巳	6	7	8	9	10	11	12	13	14	15	16	17	18	19	20	21	22	23	24	25	26	27	28	29	30
요일	일	월	화	中	목	금	토	일	월	화	수	목	금	토	일	월	화	수	목	금	토	일	월	화	수	목	금	토	일
일진	丁丑	戊寅	己卯	庚辰	辛巳	壬午	癸未	甲申	乙酉	丙戌	丁亥	戊子	己丑	庚寅	辛卯	壬辰	癸巳	甲午	乙未	丙申	丁酉	戊戌	己亥	庚子	辛丑	壬寅	癸卯	甲辰	乙巳
음양국	陽8			陽4					陽1					陽7					陽5					陽2					陽8

5月 庚午

절기	망종5월																					하지								
음력	1	2	3	4	5	**6**	7	8	9	10	11	12	13	14	15	16	17	18	19	20	21	**22**	23	24	25	26	27	28	29	30
양력(월)	5월 6월																													
양력(일)	31	1	2	3	4	未	6	7	8	9	10	11	12	13	14	15	16	17	18	19	20	21	22	23	24	25	26	27	28	29
요일	월	화	수	목	금	初	일	월	화	수	목	금	토	일	월	화	수	목	금	토	일	월	화	수	목	금	토	일	월	화
일진	丙午	丁未	戊申	己酉	庚戌	辛亥	壬子	癸丑	甲寅	乙卯	丙辰	丁巳	戊午	己未	庚申	辛酉	壬戌	癸亥	甲子	乙丑	丙寅	丁卯	戊辰	己巳	庚午	辛未	壬申	癸酉	甲戌	乙亥
음양국	陽8				陽6					陽3					陽9					陰9					陰3					陰6

6月 辛未

절기	소서6월																						대서							
음력	1	2	3	4	5	6	7	**8**	9	10	11	12	13	14	15	16	17	18	19	20	21	22	**23**	24	25	26	27	28	29	30
양력(월)	6월 7월																													
양력(일)	30	1	2	3	4	5	6	子	8	9	10	11	12	13	14	15	16	17	18	19	20	21	22	23	24	25	26	27	28	29
요일	수	목	금	토	일	월	화	初	목	금	토	일	월	화	수	목	금	토	일	월	화	수	목	금	토	일	월	화	수	목
일진	丙子	丁丑	戊寅	己卯	庚辰	辛巳	壬午	癸未	甲申	乙酉	丙戌	丁亥	戊子	己丑	庚寅	辛卯	壬辰	癸巳	甲午	乙未	丙申	丁酉	戊戌	己亥	庚子	辛丑	壬寅	癸卯	甲辰	乙巳
음양국	陰6				陰8					陰2					陰5					陰7					陰1					陰4

7月 壬申

음력	1	2	3	4	5	6	7	8	9	10	11	12	13	14	15	16	17	18	19	20	21	22	23	24	25	26	27	28	29
절기									입추7월																처서				
양력	30	31	1	2	3	4	5	6	巳	8	9	10	11	12	13	14	15	16	17	18	19	20	21	22	23	24	25	26	27
요일	금	토	일	월	화	수	목	금	初	일	월	화	수	목	금	토	일	월	화	수	목	금	토	일	월	화	수	목	금
일진	丙午	丁未	戊申	己酉	庚戌	辛亥	壬子	癸丑	甲寅	乙卯	丙辰	丁巳	戊午	己未	庚申	辛酉	壬戌	癸亥	甲子	乙丑	丙寅	丁卯	戊辰	己巳	庚午	辛未	壬申	癸酉	甲戌

양월: 7월 / 8월(음력3일부터)
음양국: 陰4 · 陰2 · 陰5 · 陰8 · 陰1 · 陰4 · 陰7

8月 癸酉

음력	1	2	3	4	5	6	7	8	9	10	11	12	13	14	15	16	17	18	19	20	21	22	23	24	25	26	27	28	29	30
절기											백로8월															추분				
양력	28	29	30	31	1	2	3	4	5	6	午	8	9	10	11	12	13	14	15	16	17	18	19	20	21	22	23	24	25	26
요일	토	일	월	화	수	목	금	토	일	월	後	수	목	금	토	일	월	화	수	목	금	토	일	월	화	수	목	금	토	일
일진	乙亥	丙子	丁丑	戊寅	己卯	庚辰	辛巳	壬午	癸未	甲申	乙酉	丙戌	丁亥	戊子	己丑	庚寅	辛卯	壬辰	癸巳	甲午	乙未	丙申	丁酉	戊戌	己亥	庚子	辛丑	壬寅	癸卯	甲辰

양월: 8월 / 9월(음력5일부터)
음양국: 陰7 · 陰9 · 陰3 · 陰6 · 陰7 · 陰1

9月 甲戌

음력	1	2	3	4	5	6	7	8	9	10	11	12	13	14	15	16	17	18	19	20	21	22	23	24	25	26	27	28	29	30
절기												한로9월															상강			
양력	27	28	29	30	1	2	3	4	5	6	7	寅	9	10	11	12	13	14	15	16	17	18	19	20	21	22	23	24	25	26
요일	월	화	수	목	금	토	일	월	화	수	목	後	토	일	월	화	수	목	금	토	일	월	화	수	목	금	토	일	월	화
일진	乙巳	丙午	丁未	戊申	己酉	庚戌	辛亥	壬子	癸丑	甲寅	乙卯	丙辰	丁巳	戊午	己未	庚申	辛酉	壬戌	癸亥	甲子	乙丑	丙寅	丁卯	戊辰	己巳	庚午	辛未	壬申	癸酉	甲戌

양월: 9월 / 10월(음력5일부터)
음양국: 陰4 · 陰6 · 陰9 · 陰3 · 陰5 · 陰8

10月 乙亥

음력	1	2	3	4	5	6	7	8	9	10	11	12	13	14	15	16	17	18	19	20	21	22	23	24	25	26	27	28	29
절기												입동10월															소설		
양력	27	28	29	30	31	1	2	3	4	5	6	辰	8	9	10	11	12	13	14	15	16	17	18	19	20	21	22	23	24
요일	수	목	금	토	일	월	화	수	목	금	토	中	월	화	수	목	금	토	일	월	화	수	목	금	토	일	월	화	수
일진	乙亥	丙子	丁丑	戊寅	己卯	庚辰	辛巳	壬午	癸未	甲申	乙酉	丙戌	丁亥	戊子	己丑	庚寅	辛卯	壬辰	癸巳	甲午	乙未	丙申	丁酉	戊戌	己亥	庚子	辛丑	壬寅	癸卯

양월: 10월 / 11월(음력6일부터)
음양국: 陰2 · 陰6 · 陰9 · 陰3 · 陰5 · 陰8

11月 丙子

음력	1	2	3	4	5	6	7	8	9	10	11	12	13	14	15	16	17	18	19	20	21	22	23	24	25	26	27	28	29	30
절기													대설11월														동지			
양력	25	26	27	28	29	30	1	2	3	4	5	6	丑	8	9	10	11	12	13	14	15	16	17	18	19	20	21	22	23	24
요일	목	금	토	일	월	화	수	목	금	토	일	월	初	수	목	금	토	일	월	화	수	목	금	토	일	월	화	수	목	금
일진	甲辰	乙巳	丙午	丁未	戊申	己酉	庚戌	辛亥	壬子	癸丑	甲寅	乙卯	丙辰	丁巳	戊午	己未	庚申	辛酉	壬戌	癸亥	甲子	乙丑	丙寅	丁卯	戊辰	己巳	庚午	辛未	壬申	癸酉

양월: 11월 / 12월(음력7일부터)
음양국: 陰2 · 陰4 · 陰7 · 陰1 · 陽1 · 陽7

12月 丁丑

음력	1	2	3	4	5	6	7	8	9	10	11	12	13	14	15	16	17	18	19	20	21	22	23	24	25	26	27	28	29
절기												소한12월															대한		
양력	25	26	27	28	29	30	31	1	2	3	4	午	6	7	8	9	10	11	12	13	14	15	16	17	18	19	20	21	22
요일	토	일	월	화	수	목	금	토	일	월	화	後	목	금	토	일	월	화	수	목	금	토	일	월	화	수	목	금	토
일진	甲戌	乙亥	丙子	丁丑	戊寅	己卯	庚辰	辛巳	壬午	癸未	甲申	乙酉	丙戌	丁亥	戊子	己丑	庚寅	辛卯	壬辰	癸巳	甲午	乙未	丙申	丁酉	戊戌	己亥	庚子	辛丑	壬寅

양월: 12월 / 1월(음력8일부터)
음양국: 陽4 · 陽2 · 陽8 · 陽5 · 陽3 · 陽9

입춘(2/4) 00:42
경칩(3/5) 18:31
청명(4/4) 23:02
입하(5/5) 16:00
망종(6/5) 19:53
소서(7/7) 06:00

2050(庚午年)

입추(8/7) 15:51
백로(9/7) 18:59
한로(10/8) 10:59
입동(11/7) 14:32
대설(12/7) 07:40
소한(1/5) 19:01

1月 戊寅

	1	2	3	4	5	6	7	8	9	10	11	12	13	14	15	16	17	18	19	20	21	22	23	24	25	26	27	28	29	30
절기													입춘1월														우수			
음력	1	2	3	4	5	6	7	8	9	10	11	12	13	14	15	16	17	18	19	20	21	22	23	24	25	26	27	28	29	30
양월	1월									2월																				
양력	23	24	25	26	27	28	29	30	31	1	2	3	子	5	6	7	8	9	10	11	12	13	14	15	16	17	18	19	20	21
요일	일	월	화	수	목	금	토	일	월	화	수	목	中	토	일	월	화	수	목	금	토	일	월	화	수	목	금	토	일	월
일진	癸卯	甲辰	乙巳	丙午	丁未	戊申	己酉	庚戌	辛亥	壬子	癸丑	甲寅	乙卯	丙辰	丁巳	戊午	己未	庚申	辛酉	壬戌	癸亥	甲子	乙丑	丙寅	丁卯	戊辰	己巳	庚午	辛未	壬申
음양국	陽6					陽8					陽5					陽2					陽9					陽6				

2月 己卯

	1	2	3	4	5	6	7	8	9	10	11	12	13	14	15	16	17	18	19	20	21	22	23	24	25	26	27	28	29
절기												경칩2월															춘분		
음력	1	2	3	4	5	6	7	8	9	10	11	12	13	14	15	16	17	18	19	20	21	22	23	24	25	26	27	28	29
양월	2월							3월																					
양력	22	23	24	25	26	27	28	1	2	3	4	酉	6	7	8	9	10	11	12	13	14	15	16	17	18	19	20	21	22
요일	화	수	목	금	토	일	월	화	수	목	금	中	일	월	화	수	목	금	토	일	월	화	수	목	금	토	일	월	화
일진	癸酉	甲戌	乙亥	丙子	丁丑	戊寅	己卯	庚辰	辛巳	壬午	癸未	甲申	乙酉	丙戌	丁亥	戊子	己丑	庚寅	辛卯	壬辰	癸巳	甲午	乙未	丙申	丁酉	戊戌	己亥	庚子	辛丑
음양국	陽3					陽1					陽7					陽4					陽3					陽9			

3月 庚辰

	1	2	3	4	5	6	7	8	9	10	11	12	13	14	15	16	17	18	19	20	21	22	23	24	25	26	27	28	29
절기													청명3월																곡우
음력	1	2	3	4	5	6	7	8	9	10	11	12	13	14	15	16	17	18	19	20	21	22	23	24	25	26	27	28	29
양월	3월									4월																			
양력	23	24	25	26	27	28	29	30	31	1	2	3	亥	5	6	7	8	9	10	11	12	13	14	15	16	17	18	19	20
요일	수	목	금	토	일	월	화	수	목	금	토	일	後	화	수	목	금	토	일	월	화	수	목	금	토	일	월	화	수
일진	壬寅	癸卯	甲辰	乙巳	丙午	丁未	戊申	己酉	庚戌	辛亥	壬子	癸丑	甲寅	乙卯	丙辰	丁巳	戊午	己未	庚申	辛酉	壬戌	癸亥	甲子	乙丑	丙寅	丁卯	戊辰	己巳	庚午
음양국	陽9			陽6				陽4				陽1				陽7				陽5				陽2					

閏3月

	1	2	3	4	5	6	7	8	9	10	11	12	13	14	15	16	17	18	19	20	21	22	23	24	25	26	27	28	29	30
절기															입하4월															
음력	1	2	3	4	5	6	7	8	9	10	11	12	13	14	15	16	17	18	19	20	21	22	23	24	25	26	27	28	29	30
양월	4월										5월																			
양력	21	22	23	24	25	26	27	28	29	30	1	2	3	4	申	6	7	8	9	10	11	12	13	14	15	16	17	18	19	20
요일	목	금	토	일	월	화	수	목	금	토	일	월	화	수	初	금	토	일	월	화	수	목	금	토	일	월	화	수	목	금
일진	辛未	壬申	癸酉	甲戌	乙亥	丙子	丁丑	戊寅	己卯	庚辰	辛巳	壬午	癸未	甲申	乙酉	丙戌	丁亥	戊子	己丑	庚寅	辛卯	壬辰	癸巳	甲午	乙未	丙申	丁酉	戊戌	己亥	庚子
음양국	陽2					陽8					陽4					陽1					陽7					陽5				陽2

4月 辛巳

	1	2	3	4	5	6	7	8	9	10	11	12	13	14	15	16	17	18	19	20	21	22	23	24	25	26	27	28	29
절기	소만															망종5월													
음력	1	2	3	4	5	6	7	8	9	10	11	12	13	14	15	16	17	18	19	20	21	22	23	24	25	26	27	28	29
양월	5월											6월																	
양력	21	22	23	24	25	26	27	28	29	30	31	1	2	3	4	戌	6	7	8	9	10	11	12	13	14	15	16	17	18
요일	토	일	월	화	수	목	금	토	일	월	화	수	목	금	토	初	월	화	수	목	금	토	일	월	화	수	목	금	토
일진	辛丑	壬寅	癸卯	甲辰	乙巳	丙午	丁未	戊申	己酉	庚戌	辛亥	壬子	癸丑	甲寅	乙卯	丙辰	丁巳	戊午	己未	庚申	辛酉	壬戌	癸亥	甲子	乙丑	丙寅	丁卯	戊辰	己巳
음양국	陽2					陽8					陽6					陽3					陽9					陰9			陰3

5月 壬午

	1	2	3	4	5	6	7	8	9	10	11	12	13	14	15	16	17	18	19	20	21	22	23	24	25	26	27	28	29	30
절기			하지																소서6월											
음력	1	2	3	4	5	6	7	8	9	10	11	12	13	14	15	16	17	18	19	20	21	22	23	24	25	26	27	28	29	30
양월	6월												7월																	
양력	19	20	21	22	23	24	25	26	27	28	29	30	1	2	3	4	5	6	卯	8	9	10	11	12	13	14	15	16	17	18
요일	일	월	화	수	목	금	토	일	월	화	수	목	금	토	일	월	화	수	初	금	토	일	월	화	수	목	금	토	일	월
일진	庚午	辛未	壬申	癸酉	甲戌	乙亥	丙子	丁丑	戊寅	己卯	庚辰	辛巳	壬午	癸未	甲申	乙酉	丙戌	丁亥	戊子	己丑	庚寅	辛卯	壬辰	癸巳	甲午	乙未	丙申	丁酉	戊戌	己亥
음양국	陰3					陰6					陰8					陰2					陰5					陰7				

6月 癸未

절기				대서																입추7월								
음력	1	2	3	4	5	6	7	8	9	10	11	12	13	14	15	16	17	18	19	20	21	22	23	24	25	26	27	28	29
양력 7월/8월	19	20	21	22	23	24	25	26	27	28	29	30	31	1	2	3	4	5	6	甲	8	9	10	11	12	13	14	15	16
요일	화	수	목	금	토	일	월	화	수	목	금	토	일	월	화	수	목	금	토	初	월	화	수	목	금	토	일	월	화
일진	庚子	辛丑	壬寅	癸卯	甲辰	乙巳	丙午	丁未	戊申	己酉	庚戌	辛亥	壬子	癸丑	甲寅	乙卯	丙辰	丁巳	戊午	己未	庚申	辛酉	壬戌	癸亥	甲子	乙丑	丙寅	丁卯	戊辰

음양국: 陰1　陰4　陰2　陰5　陰8　陰1

7月 甲申

절기							처서															백로8월							
음력	1	2	3	4	5	6	7	8	9	10	11	12	13	14	15	16	17	18	19	20	21	22	23	24	25	26	27	28	29	30
양력 8월/9월	17	18	19	20	21	22	23	24	25	26	27	28	29	30	31	1	2	3	4	5	6	酉	8	9	10	11	12	13	14	15
요일	수	목	금	토	일	월	화	수	목	금	토	일	월	화	수	목	금	토	일	월	화	後	목	금	토	일	월	화	수	목
일진	己巳	庚午	辛未	壬申	癸酉	甲戌	乙亥	丙子	丁丑	戊寅	己卯	庚辰	辛巳	壬午	癸未	甲申	乙酉	丙戌	丁亥	戊子	己丑	庚寅	辛卯	壬辰	癸巳	甲午	乙未	丙申	丁酉	戊戌

음양국: 陰4　陰7　陰9　陰3　陰6　陰7

8月 乙酉

절기								추분									한로9월													
음력	1	2	3	4	5	6	7	8	9	10	11	12	13	14	15	16	17	18	19	20	21	22	23	24	25	26	27	28	29	30
양력 9월/10월	16	17	18	19	20	21	22	23	24	25	26	27	28	29	30	1	2	3	4	5	6	7	巳	9	10	11	12	13	14	15
요일	금	토	일	월	화	수	목	금	토	일	월	화	수	목	금	토	일	월	화	수	목	금	後	일	월	화	수	목	금	토
일진	己亥	庚子	辛丑	壬寅	癸卯	甲辰	乙巳	丙午	丁未	戊申	己酉	庚戌	辛亥	壬子	癸丑	甲寅	乙卯	丙辰	丁巳	戊午	己未	庚申	辛酉	壬戌	癸亥	甲子	乙丑	丙寅	丁卯	戊辰

음양국: 陰1　陰4　陰6　陰9　陰3　陰5

9月 丙戌

절기								상강												입동10월									
음력	1	2	3	4	5	6	7	8	9	10	11	12	13	14	15	16	17	18	19	20	21	22	23	24	25	26	27	28	29
양력 10월/11월	16	17	18	19	20	21	22	23	24	25	26	27	28	29	30	31	1	2	3	4	5	6	未	8	9	10	11	12	13
요일	일	월	화	수	목	금	토	일	월	화	수	목	금	토	일	월	화	수	목	금	토	일	中	화	수	목	금	토	일
일진	己巳	庚午	辛未	壬申	癸酉	甲戌	乙亥	丙子	丁丑	戊寅	己卯	庚辰	辛巳	壬午	癸未	甲申	乙酉	丙戌	丁亥	戊子	己丑	庚寅	辛卯	壬辰	癸巳	甲午	乙未	丙申	丁酉

음양국: 陰8　陰2　陰6　陰9　陰3　陰5

10月 丁亥

절기									소설															대설11월						
음력	1	2	3	4	5	6	7	8	9	10	11	12	13	14	15	16	17	18	19	20	21	22	23	24	25	26	27	28	29	30
양력 11월/12월	14	15	16	17	18	19	20	21	22	23	24	25	26	27	28	29	30	1	2	3	4	5	6	辰	8	9	10	11	12	13
요일	월	화	수	목	금	토	일	월	화	수	목	금	토	일	월	화	수	목	금	토	일	월	화	初	목	금	토	일	월	화
일진	戊戌	己亥	庚子	辛丑	壬寅	癸卯	甲辰	乙巳	丙午	丁未	戊申	己酉	庚戌	辛亥	壬子	癸丑	甲寅	乙卯	丙辰	丁巳	戊午	己未	庚申	辛酉	壬戌	癸亥	甲子	乙丑	丙寅	丁卯

음양국: 陰8　陰2　陰4　陰7　陰1　陰4

11月 戊子

절기									동지														소한12월							
음력	1	2	3	4	5	6	7	8	9	10	11	12	13	14	15	16	17	18	19	20	21	22	23	24	25	26	27	28	29	30
양력 12월/1월	14	15	16	17	18	19	20	21	22	23	24	25	26	27	28	29	30	31	1	2	3	4	酉	6	7	8	9	10	11	12
요일	수	목	금	토	일	월	화	수	목	금	토	일	월	화	수	목	금	토	일	월	화	수	後	금	토	일	월	화	수	목
일진	戊辰	己巳	庚午	辛未	壬申	癸酉	甲戌	乙亥	丙子	丁丑	戊寅	己卯	庚辰	辛巳	壬午	癸未	甲申	乙酉	丙戌	丁亥	戊子	己丑	庚寅	辛卯	壬辰	癸巳	甲午	乙未	丙申	丁酉

음양국: 陰7　陰1　陽1　陽7　陽4　陽2

12月 己丑

절기								대한															입춘1월						
음력	1	2	3	4	5	6	7	8	9	10	11	12	13	14	15	16	17	18	19	20	21	22	23	24	25	26	27	28	29
양력 1월/2월	13	14	15	16	17	18	19	20	21	22	23	24	25	26	27	28	29	30	31	1	2	3	卯	5	6	7	8	9	10
요일	금	토	일	월	화	수	목	금	토	일	월	화	수	목	금	토	일	월	화	수	목	금	中	일	월	화	수	목	금
일진	戊戌	己亥	庚子	辛丑	壬寅	癸卯	甲辰	乙巳	丙午	丁未	戊申	己酉	庚戌	辛亥	壬子	癸丑	甲寅	乙卯	丙辰	丁巳	戊午	己未	庚申	辛酉	壬戌	癸亥	甲子	乙丑	丙寅

음양국: 陽8　陽5　陽3　陽9　陽6　陽8

입춘(2/4) 06:34
경칩(3/6) 00:20
청명(4/5) 04:48
입하(5/5) 21:45
망종(6/6) 01:39
소서(7/7) 11:48

입추(8/7) 21:40
백로(9/8) 00:50
한로(10/8) 16:49
입동(11/7) 20:21
대설(12/7) 13:27
소한(1/6) 00:47

2051(辛未年)

1月 庚寅

절기									우수															경칩2월						
음력	1	2	3	4	5	6	7	8	9	10	11	12	13	14	15	16	17	18	19	20	21	22	23	24	25	26	27	28	29	30
양력일 (2월→3월)	11	12	13	14	15	16	17	18	19	20	21	22	23	24	25	26	27	28	1	2	3	4	5	子	7	8	9	10	11	12
요일	토	일	월	화	수	목	금	토	일	월	화	수	목	금	토	일	월	화	수	목	금	토	일	中	화	수	목	금	토	일
일진	丁卯	戊辰	己巳	庚午	辛未	壬申	癸酉	甲戌	乙亥	丙子	丁丑	戊寅	己卯	庚辰	辛巳	壬午	癸未	甲申	乙酉	丙戌	丁亥	戊子	己丑	庚寅	辛卯	壬辰	癸巳	甲午	乙未	丙申

음양국: 陽 8 陽 5 陽 2 陽 9 陽 6 陽 3 陽 1

2月 辛卯

절기									춘분															청명3월					
음력	1	2	3	4	5	6	7	8	9	10	11	12	13	14	15	16	17	18	19	20	21	22	23	24	25	26	27	28	29
양력일 (3월→4월)	13	14	15	16	17	18	19	20	21	22	23	24	25	26	27	28	29	30	31	1	2	3	4	寅	6	7	8	9	10
요일	월	화	수	목	금	토	일	월	화	수	목	금	토	일	월	화	수	목	금	토	일	월	화	中	목	금	토	일	월
일진	丁酉	戊戌	己亥	庚子	辛丑	壬寅	癸卯	甲辰	乙巳	丙午	丁未	戊申	己酉	庚戌	辛亥	壬子	癸丑	甲寅	乙卯	丙辰	丁巳	戊午	己未	庚申	辛酉	壬戌	癸亥	甲子	乙丑

음양국: 陽 1 陽 7 陽 4 陽 3 陽 9 陽 6 陽 4

3月 壬辰

절기										곡우															입하4월				
음력	1	2	3	4	5	6	7	8	9	10	11	12	13	14	15	16	17	18	19	20	21	22	23	24	25	26	27	28	29
양력일 (4월→5월)	11	12	13	14	15	16	17	18	19	20	21	22	23	24	25	26	27	28	29	30	1	2	3	4	亥	6	7	8	9
요일	화	수	목	금	토	일	월	화	수	목	금	토	일	월	화	수	목	금	토	일	월	화	수	목	初	토	일	월	화
일진	丙寅	丁卯	戊辰	己巳	庚午	辛未	壬申	癸酉	甲戌	乙亥	丙子	丁丑	戊寅	己卯	庚辰	辛巳	壬午	癸未	甲申	乙酉	丙戌	丁亥	戊子	己丑	庚寅	辛卯	壬辰	癸巳	甲午

음양국: 陽 4 陽 1 陽 7 陽 5 陽 2 陽 8 陽 4

4月 癸巳

절기													소만															망종5월		
음력	1	2	3	4	5	6	7	8	9	10	11	12	13	14	15	16	17	18	19	20	21	22	23	24	25	26	27	28	29	30
양력일 (5월→6월)	10	11	12	13	14	15	16	17	18	19	20	21	22	23	24	25	26	27	28	29	30	31	1	2	3	4	5	丑	7	8
요일	수	목	금	토	일	월	화	수	목	금	토	일	월	화	수	목	금	토	일	월	화	수	목	금	토	일	월	初	수	목
일진	乙未	丙申	丁酉	戊戌	己亥	庚子	辛丑	壬寅	癸卯	甲辰	乙巳	丙午	丁未	戊申	己酉	庚戌	辛亥	壬子	癸丑	甲寅	乙卯	丙辰	丁巳	戊午	己未	庚申	辛酉	壬戌	癸亥	甲子

음양국: 陽 4 陽 1 陽 7 陽 5 陽 2 陽 8

5月 甲午

절기													하지																소서6월
음력	1	2	3	4	5	6	7	8	9	10	11	12	13	14	15	16	17	18	19	20	21	22	23	24	25	26	27	28	29
양력일 (6월→7월)	9	10	11	12	13	14	15	16	17	18	19	20	21	22	23	24	25	26	27	28	29	30	1	2	3	4	5	6	午
요일	금	토	일	월	화	수	목	금	토	일	월	화	수	목	금	토	일	월	화	수	목	금	토	일	월	화	수	목	初
일진	乙丑	丙寅	丁卯	戊辰	己巳	庚午	辛未	壬申	癸酉	甲戌	乙亥	丙子	丁丑	戊寅	己卯	庚辰	辛巳	壬午	癸未	甲申	乙酉	丙戌	丁亥	戊子	己丑	庚寅	辛卯	壬辰	癸巳

음양국: 陽 6 陽 3 陽 9 [陰 9] 陰 3 陰 6

6月 乙未

절기																대서														
음력	1	2	3	4	5	6	7	8	9	10	11	12	13	14	15	16	17	18	19	20	21	22	23	24	25	26	27	28	29	30
양력일 (7월→8월)	8	9	10	11	12	13	14	15	16	17	18	19	20	21	22	23	24	25	26	27	28	29	30	31	1	2	3	4	5	6
요일	토	일	월	화	수	목	금	토	일	월	화	수	목	금	토	일	월	화	수	목	금	토	일	월	화	수	목	금	토	일
일진	甲午	乙未	丙申	丁酉	戊戌	己亥	庚子	辛丑	壬寅	癸卯	甲辰	乙巳	丙午	丁未	戊申	己酉	庚戌	辛亥	壬子	癸丑	甲寅	乙卯	丙辰	丁巳	戊午	己未	庚申	辛酉	壬戌	癸亥

음양국: 陰 8 陰 2 陰 5 陰 7 陰 1 陰 4

7月 丙申

절기	입추7월																처서												
음력	1	2	3	4	5	6	7	8	9	10	11	12	13	14	15	16	17	18	19	20	21	22	23	24	25	26	27	28	29
양력(8월/9월)	亥	8	9	10	11	12	13	14	15	16	17	18	19	20	21	22	23	24	25	26	27	28	29	30	31	1	2	3	4
요일	初	화	수	목	금	토	일	월	화	수	목	금	토	일	월	화	수	목	금	토	일	월	화	수	목	금	토	일	월
일진	甲子	乙丑	丙寅	丁卯	戊辰	己巳	庚午	辛未	壬申	癸酉	甲戌	乙亥	丙子	丁丑	戊寅	己卯	庚辰	辛巳	壬午	癸未	甲申	乙酉	丙戌	丁亥	戊子	己丑	庚寅	辛卯	壬辰

음양국: 陰2　陰5　陰8　陰1　陰4　陰7

8月 丁酉

절기			백로8월																추분											
음력	1	2	3	4	5	6	7	8	9	10	11	12	13	14	15	16	17	18	19	20	21	22	23	24	25	26	27	28	29	30
양력(9월/10월)	5	6	7	子	9	10	11	12	13	14	15	16	17	18	19	20	21	22	23	24	25	26	27	28	29	30	1	2	3	4
요일	화	수	목	後	토	일	월	화	수	목	금	토	일	월	화	수	목	금	토	일	월	화	수	목	금	토	일	월	화	수
일진	癸巳	甲午	乙未	丙申	丁酉	戊戌	己亥	庚子	辛丑	壬寅	癸卯	甲辰	乙巳	丙午	丁未	戊申	己酉	庚戌	辛亥	壬子	癸丑	甲寅	乙卯	丙辰	丁巳	戊午	己未	庚申	辛酉	壬戌

음양국: 陰9　陰3　陰6　陰7　陰1　陰4

9月 戊戌

절기			한로9월																상강										
음력	1	2	3	4	5	6	7	8	9	10	11	12	13	14	15	16	17	18	19	20	21	22	23	24	25	26	27	28	29
양력(10월/11월)	5	6	7	申	9	10	11	12	13	14	15	16	17	18	19	20	21	22	23	24	25	26	27	28	29	30	31	1	2
요일	목	금	토	中	월	화	수	목	금	토	일	월	화	수	목	금	토	일	월	화	수	목	금	토	일	월	화	수	목
일진	癸亥	甲子	乙丑	丙寅	丁卯	戊辰	己巳	庚午	辛未	壬申	癸酉	甲戌	乙亥	丙子	丁丑	戊寅	己卯	庚辰	辛巳	壬午	癸未	甲申	乙酉	丙戌	丁亥	戊子	己丑	庚寅	辛卯

음양국: 陰6　陰9　陰3　陰5　陰8　陰2

10月 己亥

절기				입동10월																소설										
음력	1	2	3	4	5	6	7	8	9	10	11	12	13	14	15	16	17	18	19	20	21	22	23	24	25	26	27	28	29	30
양력(11월/12월)	3	4	5	戌	7	8	9	10	11	12	13	14	15	16	17	18	19	20	21	22	23	24	25	26	27	28	29	30	1	2
요일	금	토	일	月中	수	목	금	토	일	월	화	수	목	금	토	일	월	화	수	목	금	토	일	월	화	수	목	금	토	
일진	壬辰	癸巳	甲午	乙未	丙申	丁酉	戊戌	己亥	庚子	辛丑	壬寅	癸卯	甲辰	乙巳	丙午	丁未	戊申	己酉	庚戌	辛亥	壬子	癸丑	甲寅	乙卯	丙辰	丁巳	戊午	己未	庚申	辛酉

음양국: 陰2　陰6　陰9　陰3　陰5　陰8　陰2

11月 庚子

절기					대설11월															동지										
음력	1	2	3	4	5	6	7	8	9	10	11	12	13	14	15	16	17	18	19	20	21	22	23	24	25	26	27	28	29	30
양력(12월/1월)	3	4	5	6	午	8	9	10	11	12	13	14	15	16	17	18	19	20	21	22	23	24	25	26	27	28	29	30	31	1
요일	일	월	화	수	後	금	토	일	월	화	수	목	금	토	일	월	화	수	목	금	토	일	월	화	수	목	금	토	일	월
일진	壬戌	癸亥	甲子	乙丑	丙寅	丁卯	戊辰	己巳	庚午	辛未	壬申	癸酉	甲戌	乙亥	丙子	丁丑	戊寅	己卯	庚辰	辛巳	壬午	癸未	甲申	乙酉	丙戌	丁亥	戊子	己丑	庚寅	辛卯

음양국: 陰2　陰4　陰7　陰1　陽1　陽7　陽4

12月 辛丑

절기					소한12월														대한										
음력	1	2	3	4	5	6	7	8	9	10	11	12	13	14	15	16	17	18	19	20	21	22	23	24	25	26	27	28	29	30
양력(1월)	2	3	4	5	子	7	8	9	10	11	12	13	14	15	16	17	18	19	20	21	22	23	24	25	26	27	28	29	30	31
요일	화	수	목	금	中	일	월	화	수	목	금	토	일	월	화	수	목	금	토	일	월	화	수	목	금	토	일	월	화	수
일진	壬辰	癸巳	甲午	乙未	丙申	丁酉	戊戌	己亥	庚子	辛丑	壬寅	癸卯	甲辰	乙巳	丙午	丁未	戊申	己酉	庚戌	辛亥	壬子	癸丑	甲寅	乙卯	丙辰	丁巳	戊午	己未	庚申	辛酉

음양국: 陽4　陽2　陽8　陽5　陽3　陽9　陽6

2052(壬申年)

입춘(2/4) 12:21
경칩(3/5) 06:08
청명(4/4) 10:36
입하(5/5) 03:33
망종(6/5) 07:28
소서(7/6) 17:38

입추(8/7) 03:32
백로(9/7) 06:41
한로(10/7) 22:38
입동(11/7) 02:08
대설(12/6) 19:14
소한(1/5) 06:34

1月 壬寅

절기: 입춘1월(음력4), 우수(음력19)
양력월: 2월

음력	양력	요일	일진
1	1	목	壬戌
2	2	금	癸亥
3	3	토	甲子
4	午	中	乙丑
5	5	월	丙寅
6	6	화	丁卯
7	7	수	戊辰
8	8	목	己巳
9	9	금	庚午
10	10	토	辛未
11	11	일	壬申
12	12	월	癸酉
13	13	화	甲戌
14	14	수	乙亥
15	15	목	丙子
16	16	금	丁丑
17	17	토	戊寅
18	18	일	己卯
19	19	월	庚辰
20	20	화	辛巳
21	21	수	壬午
22	22	목	癸未
23	23	금	甲申
24	24	토	乙酉
25	25	일	丙戌
26	26	월	丁亥
27	27	화	戊子
28	28	수	己丑
29	29	목	庚寅

음양국: 陽6 陽8 陽5 陽2 陽9 陽6 陽3

2月 癸卯

절기: 경칩2월(음력5), 춘분(음력20)
양력월: 3월

음력	양력	요일	일진
1	1	금	辛卯
2	2	토	壬辰
3	3	일	癸巳
4	4	월	甲午
5	卯	初	乙未
6	6	수	丙申
7	7	목	丁酉
8	8	금	戊戌
9	9	토	己亥
10	10	일	庚子
11	11	월	辛丑
12	12	화	壬寅
13	13	수	癸卯
14	14	목	甲辰
15	15	금	乙巳
16	16	토	丙午
17	17	일	丁未
18	18	월	戊申
19	19	화	己酉
20	20	수	庚戌
21	21	목	辛亥
22	22	금	壬子
23	23	토	癸丑
24	24	일	甲寅
25	25	월	乙卯
26	26	화	丙辰
27	27	수	丁巳
28	28	목	戊午
29	29	금	己未
30	30	토	庚申

음양국: 陽3 陽1 陽7 陽4 陽3 陽9 陽6

3月 甲辰

절기: 청명3월(음력5), 곡우(음력20)
양력월: 3월 4월

음력	양력	요일	일진
1	31	일	辛酉
2	1	월	壬戌
3	2	화	癸亥
4	3	수	甲子
5	巳	中	乙丑
6	5	금	丙寅
7	6	토	丁卯
8	7	일	戊辰
9	8	월	己巳
10	9	화	庚午
11	10	수	辛未
12	11	목	壬申
13	12	금	癸酉
14	13	토	甲戌
15	14	일	乙亥
16	15	월	丙子
17	16	화	丁丑
18	17	수	戊寅
19	18	목	己卯
20	19	금	庚辰
21	20	토	辛巳
22	21	일	壬午
23	22	월	癸未
24	23	화	甲申
25	24	수	乙酉
26	25	목	丙戌
27	26	금	丁亥
28	27	토	戊子
29	28	일	己丑

음양국: 陽6 陽4 陽1 陽7 陽5 陽2 陽8

4月 乙巳

절기: 입하4월(음력7), 소만(음력22)
양력월: 4월 5월

음력	양력	요일	일진
1	29	월	庚寅
2	30	화	辛卯
3	1	수	壬辰
4	2	목	癸巳
5	3	금	甲午
6	4	토	乙未
7	寅	初	丙申
8	6	월	丁酉
9	7	화	戊戌
10	8	수	己亥
11	9	목	庚子
12	10	금	辛丑
13	11	토	壬寅
14	12	일	癸卯
15	13	월	甲辰
16	14	화	乙巳
17	15	수	丙午
18	16	목	丁未
19	17	금	戊申
20	18	토	己酉
21	19	일	庚戌
22	20	월	辛亥
23	21	화	壬子
24	22	수	癸丑
25	23	목	甲寅
26	24	금	乙卯
27	25	토	丙辰
28	26	일	丁巳
29	27	월	戊午

음양국: 陽8 陽4 陽1 陽7 陽5 陽2

5月 丙午

절기: 망종5월(음력9), 하지(음력25)
양력월: 5월 6월

음력	양력	요일	일진
1	28	화	己未
2	29	수	庚申
3	30	목	辛酉
4	31	금	壬戌
5	1	토	癸亥
6	2	일	甲子
7	3	월	乙丑
8	4	화	丙寅
9	卯	後	丁卯
10	6	목	戊辰
11	7	금	己巳
12	8	토	庚午
13	9	일	辛未
14	10	월	壬申
15	11	화	癸酉
16	12	수	甲戌
17	13	목	乙亥
18	14	금	丙子
19	15	토	丁丑
20	16	일	戊寅
21	17	월	己卯
22	18	화	庚辰
23	19	수	辛巳
24	20	목	壬午
25	21	금	癸未
26	22	토	甲申
27	23	일	乙酉
28	24	월	丙戌
29	25	화	丁亥
30	26	수	戊子

음양국: 陽8 陽6 陽3 陽9 陰9 陰3

6月 丁未

절기: 소서6월(음력10), 대서(음력26)
양력월: 6월 7월

음력	양력	요일	일진
1	27	목	己丑
2	28	금	庚寅
3	29	토	辛卯
4	30	일	壬辰
5	1	월	癸巳
6	2	화	甲午
7	3	수	乙未
8	4	목	丙申
9	5	금	丁酉
10	酉	初	戊戌
11	7	일	己亥
12	8	월	庚子
13	9	화	辛丑
14	10	수	壬寅
15	11	목	癸卯
16	12	금	甲辰
17	13	토	乙巳
18	14	일	丙午
19	15	월	丁未
20	16	화	戊申
21	17	수	己酉
22	18	목	庚戌
23	19	금	辛亥
24	20	토	壬子
25	21	일	癸丑
26	22	월	甲寅
27	23	화	乙卯
28	24	수	丙辰
29	25	목	丁巳

음양국: 陰6 陰8 陰2 陰5 陰7 陰1

7月 戊申

양력월: 7월 → 8월

구분	1	2	3	4	5	6	7	8	9	10	11	12	13	14	15	16	17	18	19	20	21	22	23	24	25	26	27	28	29
절기													입추7월															처서	
양력	26	27	28	29	30	31	1	2	3	4	5	6	寅初	8	9	10	11	12	13	14	15	16	17	18	19	20	21	22	23
요일	금	토	일	월	화	수	목	금	토	일	월	화	初	목	금	토	일	월	화	수	목	금	토	일	월	화	수	목	금
일진	戊午	己未	庚申	辛酉	壬戌	癸亥	甲子	乙丑	丙寅	丁卯	戊辰	己巳	庚午	辛未	壬申	癸酉	甲戌	乙亥	丙子	丁丑	戊寅	己卯	庚辰	辛巳	壬午	癸未	甲申	乙酉	丙戌

음양국: 陰4 陰2 陰5 陰8 陰1 陰4

8月 己酉

양력월: 8월 → 9월

구분	1	2	3	4	5	6	7	8	9	10	11	12	13	14	15	16	17	18	19	20	21	22	23	24	25	26	27	28	29	30
절기															백로8월															추분
양력	24	25	26	27	28	29	30	31	1	2	3	4	5	6	卯中	8	9	10	11	12	13	14	15	16	17	18	19	20	21	22
요일	토	일	월	화	수	목	금	토	일	월	화	수	목	금	中	일	월	화	수	목	금	토	일	월	화	수	목	금	토	일
일진	丁亥	戊子	己丑	庚寅	辛卯	壬辰	癸巳	甲午	乙未	丙申	丁酉	戊戌	己亥	庚子	辛丑	壬寅	癸卯	甲辰	乙巳	丙午	丁未	戊申	己酉	庚戌	辛亥	壬子	癸丑	甲寅	乙卯	丙辰

음양국: 陰4 陰7 陰9 陰3 陰6 陰7 陰1

閏8月

양력월: 9월 → 10월

구분	1	2	3	4	5	6	7	8	9	10	11	12	13	14	15	16	17	18	19	20	21	22	23	24	25	26	27	28	29	30
절기															한로9월															
양력	23	24	25	26	27	28	29	30	1	2	3	4	5	6	亥中	8	9	10	11	12	13	14	15	16	17	18	19	20	21	22
요일	월	화	수	목	금	토	일	월	화	수	목	금	토	일	中	화	수	목	금	토	일	월	화	수	목	금	토	일	월	화
일진	丁巳	戊午	己未	庚申	辛酉	壬戌	癸亥	甲子	乙丑	丙寅	丁卯	戊辰	己巳	庚午	辛未	壬申	癸酉	甲戌	乙亥	丙子	丁丑	戊寅	己卯	庚辰	辛巳	壬午	癸未	甲申	乙酉	丙戌

음양국: 陰1 陰4 陰6 陰9 陰3 陰5 陰8

9月 庚戌

양력월: 10월 → 11월

구분	1	2	3	4	5	6	7	8	9	10	11	12	13	14	15	16	17	18	19	20	21	22	23	24	25	26	27	28	29
절기	상강															입동10월													
양력	23	24	25	26	27	28	29	30	31	1	2	3	4	5	6	丑初	8	9	10	11	12	13	14	15	16	17	18	19	20
요일	수	목	금	토	일	월	화	수	목	금	토	일	월	화	수	初	금	토	일	월	화	수	목	금	토	일	월	화	수
일진	丁亥	戊子	己丑	庚寅	辛卯	壬辰	癸巳	甲午	乙未	丙申	丁酉	戊戌	己亥	庚子	辛丑	壬寅	癸卯	甲辰	乙巳	丙午	丁未	戊申	己酉	庚戌	辛亥	壬子	癸丑	甲寅	乙卯

음양국: 陰8 陰2 陰6 陰9 陰3 陰5 陰8

10月 辛亥

양력월: 11월 → 12월

구분	1	2	3	4	5	6	7	8	9	10	11	12	13	14	15	16	17	18	19	20	21	22	23	24	25	26	27	28	29	30
절기	소설															대설11월														
양력	21	22	23	24	25	26	27	28	29	30	1	2	3	4	5	酉後	7	8	9	10	11	12	13	14	15	16	17	18	19	20
요일	목	금	토	일	월	화	수	목	금	토	일	월	화	수	목	後	토	일	월	화	수	목	금	토	일	월	화	수	목	금
일진	丙辰	丁巳	戊午	己未	庚申	辛酉	壬戌	癸亥	甲子	乙丑	丙寅	丁卯	戊辰	己巳	庚午	辛未	壬申	癸酉	甲戌	乙亥	丙子	丁丑	戊寅	己卯	庚辰	辛巳	壬午	癸未	甲申	乙酉

음양국: 陰8 陰2 陰4 陰7 陰1 陽1 陽7

11月 壬子

양력월: 12월 → 1월

구분	1	2	3	4	5	6	7	8	9	10	11	12	13	14	15	16	17	18	19	20	21	22	23	24	25	26	27	28	29	30
절기	동지															소한12월														대한
양력	21	22	23	24	25	26	27	28	29	30	31	1	2	3	4	卯中	6	7	8	9	10	11	12	13	14	15	16	17	18	19
요일	토	일	월	화	수	목	금	토	일	월	화	수	목	금	토	中	월	화	수	목	금	토	일	월	화	수	목	금	토	일
일진	丙戌	丁亥	戊子	己丑	庚寅	辛卯	壬辰	癸巳	甲午	乙未	丙申	丁酉	戊戌	己亥	庚子	辛丑	壬寅	癸卯	甲辰	乙巳	丙午	丁未	戊申	己酉	庚戌	辛亥	壬子	癸丑	甲寅	乙卯

음양국: 陽7 陽4 陽2 陽8 陽5 陽3 陽9

12月 癸丑

양력월: 1월 → 2월

구분	1	2	3	4	5	6	7	8	9	10	11	12	13	14	15	16	17	18	19	20	21	22	23	24	25	26	27	28	29	30
절기													입춘1월																	우수
양력	20	21	22	23	24	25	26	27	28	29	30	31	1	2	酉中	4	5	6	7	8	9	10	11	12	13	14	15	16	17	18
요일	월	화	수	목	금	토	일	월	화	수	목	금	토	일	中	화	수	목	금	토	일	월	화	수	목	금	토	일	월	화
일진	丙辰	丁巳	戊午	己未	庚申	辛酉	壬戌	癸亥	甲子	乙丑	丙寅	丁卯	戊辰	己巳	庚午	辛未	壬申	癸酉	甲戌	乙亥	丙子	丁丑	戊寅	己卯	庚辰	辛巳	壬午	癸未	甲申	乙酉

음양국: 陽9 陽6 陽8 陽5 陽2 陽9 陽6

입춘(2/3) 18:11
경칩(3/5) 12:02
청명(4/4) 16:33
입하(5/5) 09:32
망종(6/5) 13:26
소서(7/6) 23:36

입추(8/7) 09:28
백로(9/7) 12:37
한로(10/8) 04:34
입동(11/7) 08:05
대설(12/7) 01:10
소한(1/5) 12:31

2053(癸酉年)

1월 甲寅

절기															경칩2월														
음력	1	2	3	4	5	6	7	8	9	10	11	12	13	14	15	16	17	18	19	20	21	22	23	24	25	26	27	28	29
양월	2월										3월																		
력일	19	20	21	22	23	24	25	26	27	28	1	2	3	4	午	6	7	8	9	10	11	12	13	14	15	16	17	18	19
요일	수	목	금	토	일	월	화	수	목	금	토	일	월	화	初	목	금	토	일	월	화	수	목	금	토	일	월	화	수
일진	丙戌	丁亥	戊子	己丑	庚寅	辛卯	壬辰	癸巳	甲午	乙未	丙申	丁酉	戊戌	己亥	庚子	辛丑	壬寅	癸卯	甲辰	乙巳	丙午	丁未	戊申	己酉	庚戌	辛亥	壬子	癸丑	甲寅

음양국: 陽6　陽3　陽1　陽7　陽4　陽3　陽9

2월 乙卯

절기	춘분															청명3월														
음력	1	2	3	4	5	6	7	8	9	10	11	12	13	14	15	16	17	18	19	20	21	22	23	24	25	26	27	28	29	30
양월	3월												4월																	
력일	20	21	22	23	24	25	26	27	28	29	30	31	1	2	3	申	5	6	7	8	9	10	11	12	13	14	15	16	17	18
요일	목	금	토	일	월	화	수	목	금	토	일	월	화	수	목	中	토	일	월	화	수	목	금	토	일	월	화	수	목	금
일진	乙卯	丙辰	丁巳	戊午	己未	庚申	辛酉	壬戌	癸亥	甲子	乙丑	丙寅	丁卯	戊辰	己巳	庚午	辛未	壬申	癸酉	甲戌	乙亥	丙子	丁丑	戊寅	己卯	庚辰	辛巳	壬午	癸未	甲申

음양국: 陽9　陽6　陽4　陽1　陽7　陽5

3월 丙辰

절기	곡우																입하4월												
음력	1	2	3	4	5	6	7	8	9	10	11	12	13	14	15	16	17	18	19	20	21	22	23	24	25	26	27	28	29
양월	4월												5월																
력일	19	20	21	22	23	24	25	26	27	28	29	30	1	2	3	4	巳	6	7	8	9	10	11	12	13	14	15	16	17
요일	토	일	월	화	수	목	금	토	일	월	화	수	목	금	토	일	初	화	수	목	금	토	일	월	화	수	목	금	토
일진	乙酉	丙戌	丁亥	戊子	己丑	庚寅	辛卯	壬辰	癸巳	甲午	乙未	丙申	丁酉	戊戌	己亥	庚子	辛丑	壬寅	癸卯	甲辰	乙巳	丙午	丁未	戊申	己酉	庚戌	辛亥	壬子	癸丑

음양국: 陽2　陽8　陽4　陽1　陽7　陽5

4월 丁巳

절기			소만																망종5월										
음력	1	2	3	4	5	6	7	8	9	10	11	12	13	14	15	16	17	18	19	20	21	22	23	24	25	26	27	28	29
양월	5월														6월														
력일	18	19	20	21	22	23	24	25	26	27	28	29	30	31	1	2	3	4	午	6	7	8	9	10	11	12	13	14	15
요일	일	월	화	수	목	금	토	일	월	화	수	목	금	토	일	월	화	수	後	금	토	일	월	화	수	목	금	토	일
일진	甲寅	乙卯	丙辰	丁巳	戊午	己未	庚申	辛酉	壬戌	癸亥	甲子	乙丑	丙寅	丁卯	戊辰	己巳	庚午	辛未	壬申	癸酉	甲戌	乙亥	丙子	丁丑	戊寅	己卯	庚辰	辛巳	壬午

음양국: 陽2　陽8　陽6　陽3　陽9　陰9

5월 戊午

절기						하지															소서6월									
음력	1	2	3	4	5	6	7	8	9	10	11	12	13	14	15	16	17	18	19	20	21	22	23	24	25	26	27	28	29	30
양월	6월															7월														
력일	16	17	18	19	20	21	22	23	24	25	26	27	28	29	30	1	2	3	4	5	子	7	8	9	10	11	12	13	14	15
요일	월	화	수	목	금	토	일	월	화	수	목	금	토	일	월	화	수	목	금	토	初	월	화	수	목	금	토	일	월	화
일진	癸未	甲申	乙酉	丙戌	丁亥	戊子	己丑	庚寅	辛卯	壬辰	癸巳	甲午	乙未	丙申	丁酉	戊戌	己亥	庚子	辛丑	壬寅	癸卯	甲辰	乙巳	丙午	丁未	戊申	己酉	庚戌	辛亥	壬子

음양국: 陰3　陰6　陰8　陰2　陰5　陰7

6월 己未

절기							대서																입추7월						
음력	1	2	3	4	5	6	7	8	9	10	11	12	13	14	15	16	17	18	19	20	21	22	23	24	25	26	27	28	29
양월	7월																8월												
력일	16	17	18	19	20	21	22	23	24	25	26	27	28	29	30	31	1	2	3	4	5	6	辰	8	9	10	11	12	13
요일	수	목	금	토	일	월	화	수	목	금	토	일	월	화	수	목	금	토	일	월	화	수	後	금	토	일	월	화	수
일진	癸丑	甲寅	乙卯	丙辰	丁巳	戊午	己未	庚申	辛酉	壬戌	癸亥	甲子	乙丑	丙寅	丁卯	戊辰	己巳	庚午	辛未	壬申	癸酉	甲戌	乙亥	丙子	丁丑	戊寅	己卯	庚辰	辛巳

음양국: 陰1　陰4　陰2　陰5　陰8　陰1

7月 庚申

절기: 처서 (음력 10), 백로8월 (음력 25)
양력 월: 8월 (음력 1~18) · 9월 (음력 19~29)

음력	1	2	3	4	5	6	7	8	9	10	11	12	13	14	15	16	17	18	19	20	21	22	23	24	25	26	27	28	29
양력	14	15	16	17	18	19	20	21	22	23	24	25	26	27	28	29	30	31	1	2	3	4	5	6	午	8	9	10	11
요일	목	금	토	일	월	화	수	목	금	토	일	월	화	수	목	금	토	일	월	화	수	목	금	토	中	월	화	수	목
일진	壬午	癸未	甲申	乙酉	丙戌	丁亥	戊子	己丑	庚寅	辛卯	壬辰	癸巳	甲午	乙未	丙申	丁酉	戊戌	己亥	庚子	辛丑	壬寅	癸卯	甲辰	乙巳	丙午	丁未	戊申	己酉	庚戌

음양국: 陰1 · 陰4 · 陰7 · 陰9 · 陰3 · 陰6 · 陰7

8月 辛酉

절기: 추분 (음력 11), 한로9월 (음력 27)
양력 월: 9월 (음력 1~19) · 10월 (음력 20~30)

음력	1	2	3	4	5	6	7	8	9	10	11	12	13	14	15	16	17	18	19	20	21	22	23	24	25	26	27	28	29	30
양력	12	13	14	15	16	17	18	19	20	21	22	23	24	25	26	27	28	29	30	1	2	3	4	5	6	7	寅	9	10	11
요일	금	토	일	월	화	수	목	금	토	일	월	화	수	목	금	토	일	월	화	수	목	금	토	일	월	화	中	목	금	토
일진	辛亥	壬子	癸丑	甲寅	乙卯	丙辰	丁巳	戊午	己未	庚申	辛酉	壬戌	癸亥	甲子	乙丑	丙寅	丁卯	戊辰	己巳	庚午	辛未	壬申	癸酉	甲戌	乙亥	丙子	丁丑	戊寅	己卯	庚辰

음양국: 陰7 · 陰1 · 陰4 · 陰6 · 陰9 · 陰3 · 陰5

9月 壬戌

절기: 상강 (음력 12), 입동10월 (음력 27)
양력 월: 10월 (음력 1~20) · 11월 (음력 21~29)

음력	1	2	3	4	5	6	7	8	9	10	11	12	13	14	15	16	17	18	19	20	21	22	23	24	25	26	27	28	29
양력	12	13	14	15	16	17	18	19	20	21	22	23	24	25	26	27	28	29	30	31	1	2	3	4	5	6	辰	8	9
요일	일	월	화	수	목	금	토	일	월	화	수	목	금	토	일	월	화	수	목	금	토	일	월	화	수	목	初	토	일
일진	辛巳	壬午	癸未	甲申	乙酉	丙戌	丁亥	戊子	己丑	庚寅	辛卯	壬辰	癸巳	甲午	乙未	丙申	丁酉	戊戌	己亥	庚子	辛丑	壬寅	癸卯	甲辰	乙巳	丙午	丁未	戊申	己酉

음양국: 陰5 · 陰8 · 陰2 · 陰6 · 陰9 · 陰3 · 陰5

10月 癸亥

절기: 소설 (음력 13), 대설11월 (음력 28)
양력 월: 11월 (음력 1~21) · 12월 (음력 22~30)

음력	1	2	3	4	5	6	7	8	9	10	11	12	13	14	15	16	17	18	19	20	21	22	23	24	25	26	27	28	29	30
양력	10	11	12	13	14	15	16	17	18	19	20	21	22	23	24	25	26	27	28	29	30	1	2	3	4	5	6	子	8	9
요일	월	화	수	목	금	토	일	월	화	수	목	금	토	일	월	화	수	목	금	토	일	월	화	수	목	금	토	後	월	화
일진	庚戌	辛亥	壬子	癸丑	甲寅	乙卯	丙辰	丁巳	戊午	己未	庚申	辛酉	壬戌	癸亥	甲子	乙丑	丙寅	丁卯	戊辰	己巳	庚午	辛未	壬申	癸酉	甲戌	乙亥	丙子	丁丑	戊寅	己卯

음양국: 陰5 · 陰8 · 陰2 · 陰4 · 陰7 · 陰1

11月 甲子

절기: 동지 (음력 12), 소한12월 (음력 27)
양력 월: 12월 (음력 1~22) · 1월 (음력 23~30)

음력	1	2	3	4	5	6	7	8	9	10	11	12	13	14	15	16	17	18	19	20	21	22	23	24	25	26	27	28	29	30
양력	10	11	12	13	14	15	16	17	18	19	20	21	22	23	24	25	26	27	28	29	30	31	1	2	3	4	午	6	7	8
요일	수	목	금	토	일	월	화	수	목	금	토	일	월	화	수	목	금	토	일	월	화	수	목	금	토	일	中	화	수	목
일진	庚辰	辛巳	壬午	癸未	甲申	乙酉	丙戌	丁亥	戊子	己丑	庚寅	辛卯	壬辰	癸巳	甲午	乙未	丙申	丁酉	戊戌	己亥	庚子	辛丑	壬寅	癸卯	甲辰	乙巳	丙午	丁未	戊申	己酉

음양국: 陰4 · 陰7 · 陰1 · 陽1 · 陽7 · 陽4

12月 乙丑

절기: 대한 (음력 12), 입춘1월 (음력 27)
양력 월: 1월 (음력 1~23) · 2월 (음력 24~30)

음력	1	2	3	4	5	6	7	8	9	10	11	12	13	14	15	16	17	18	19	20	21	22	23	24	25	26	27	28	29	30
양력	9	10	11	12	13	14	15	16	17	18	19	20	21	22	23	24	25	26	27	28	29	30	31	1	2	3	子	5	6	7
요일	금	토	일	월	화	수	목	금	토	일	월	화	수	목	금	토	일	월	화	수	목	금	토	일	월	화	初	목	금	토
일진	庚戌	辛亥	壬子	癸丑	甲寅	乙卯	丙辰	丁巳	戊午	己未	庚申	辛酉	壬戌	癸亥	甲子	乙丑	丙寅	丁卯	戊辰	己巳	庚午	辛未	壬申	癸酉	甲戌	乙亥	丙子	丁丑	戊寅	己卯

음양국: 陽2 · 陽8 · 陽5 · 陽3 · 陽9 · 陽6

입춘(2/4) 00:06
경칩(3/5) 17:54
청명(4/4) 22:21
입하(5/5) 15:16
망종(6/5) 19:06
소서(7/7) 05:12

입추(8/7) 15:05
백로(9/7) 18:18
한로(10/8) 10:21
입동(11/7) 13:55
대설(12/7) 07:02
소한(1/5) 18:21

2054(甲戌年)

1月 丙寅

절기	우수										경칩2월																		
음력	1	2	3	4	5	6	7	8	9	10	11	12	13	14	15	16	17	18	19	20	21	22	23	24	25	26	27	28	29
양력 월	2월																	3월									1		
양력 일	8	9	10	11	12	13	14	15	16	17	18	19	20	21	22	23	24	25	26	27	28	1	2	3	4	酉	6	7	8
요일	일	월	화	수	목	금	토	일	월	화	수	목	금	토	일	월	화	수	목	금	토	일	월	화	수	初	금	토	일
일진	庚辰	辛巳	壬午	癸未	甲申	乙酉	丙戌	丁亥	戊子	己丑	庚寅	辛卯	壬辰	癸巳	甲午	乙未	丙申	丁酉	戊戌	己亥	庚子	辛丑	壬寅	癸卯	甲辰	乙巳	丙午	丁未	戊申
음양국	陽 8			陽 5			陽 2			陽 9			陽 6			陽 3													

2月 丁卯

절기	춘분											청명3월																		
음력	1	2	3	4	5	6	7	8	9	10	11	12	13	14	15	16	17	18	19	20	21	22	23	24	25	26	27	28	29	30
양력 월	3월																						4월							
양력 일	9	10	11	12	13	14	15	16	17	18	19	20	21	22	23	24	25	26	27	28	29	30	31	1	2	3	亥	5	6	7
요일	월	화	수	목	금	토	일	월	화	수	목	금	토	일	월	화	수	목	금	토	일	월	화	수	목	금	中	일	월	화
일진	己酉	庚戌	辛亥	壬子	癸丑	甲寅	乙卯	丙辰	丁巳	戊午	己未	庚申	辛酉	壬戌	癸亥	甲子	乙丑	丙寅	丁卯	戊辰	己巳	庚午	辛未	壬申	癸酉	甲戌	乙亥	丙子	丁丑	戊寅
음양국	陽 1			陽 7			陽 4			陽 3			陽 9			陽 6														

3月 戊辰

절기	곡우												입하4월																	
음력	1	2	3	4	5	6	7	8	9	10	11	12	13	14	15	16	17	18	19	20	21	22	23	24	25	26	27	28	29	30
양력 월	4월																								5월					
양력 일	8	9	10	11	12	13	14	15	16	17	18	19	20	21	22	23	24	25	26	27	28	29	30	1	2	3	4	未	6	7
요일	수	목	금	토	일	월	화	수	목	금	토	일	월	화	수	목	금	토	일	월	화	수	목	금	토	일	월	後	수	목
일진	己卯	庚辰	辛巳	壬午	癸未	甲申	乙酉	丙戌	丁亥	戊子	己丑	庚寅	辛卯	壬辰	癸巳	甲午	乙未	丙申	丁酉	戊戌	己亥	庚子	辛丑	壬寅	癸卯	甲辰	乙巳	丙午	丁未	戊申
음양국	陽 4			陽 1			陽 7			陽 5			陽 2			陽 8														

4月 己巳

절기													소만															망종5월	
음력	1	2	3	4	5	6	7	8	9	10	11	12	13	14	15	16	17	18	19	20	21	22	23	24	25	26	27	28	29
양력 월	5월																									6월			
양력 일	8	9	10	11	12	13	14	15	16	17	18	19	20	21	22	23	24	25	26	27	28	29	30	31	1	2	3	4	酉
요일	금	토	일	월	화	수	목	금	토	일	월	화	수	목	금	토	일	월	화	수	목	금	토	일	월	화	수	목	後
일진	己酉	庚戌	辛亥	壬子	癸丑	甲寅	乙卯	丙辰	丁巳	戊午	己未	庚申	辛酉	壬戌	癸亥	甲子	乙丑	丙寅	丁卯	戊辰	己巳	庚午	辛未	壬申	癸酉	甲戌	乙亥	丙子	丁丑
음양국	陽 4			陽 1			陽 7			陽 5			陽 2			陽 8													

5月 庚午

절기																하지													
음력	1	2	3	4	5	6	7	8	9	10	11	12	13	14	15	16	17	18	19	20	21	22	23	24	25	26	27	28	29
양력 월	6월																									7월			
양력 일	6	7	8	9	10	11	12	13	14	15	16	17	18	19	20	21	22	23	24	25	26	27	28	29	30	1	2	3	4
요일	토	일	월	화	수	목	금	토	일	월	화	수	목	금	토	일	월	화	수	목	금	토	일	월	화	수	목	금	토
일진	戊寅	己卯	庚辰	辛巳	壬午	癸未	甲申	乙酉	丙戌	丁亥	戊子	己丑	庚寅	辛卯	壬辰	癸巳	甲午	乙未	丙申	丁酉	戊戌	己亥	庚子	辛丑	壬寅	癸卯	甲辰	乙巳	丙午
음양국	陽 6			陽 3			陽 9			陰 9			陰 3			陰 6													

6月 辛未

절기			소서6월															대서												
음력	1	2	3	4	5	6	7	8	9	10	11	12	13	14	15	16	17	18	19	20	21	22	23	24	25	26	27	28	29	30
양력 월	7월																												8월	
양력 일	5	6	寅	8	9	10	11	12	13	14	15	16	17	18	19	20	21	22	23	24	25	26	27	28	29	30	31	1	2	3
요일	일	월	後	수	목	금	토	일	월	화	수	목	금	토	일	월	화	수	목	금	토	일	월	화	수	목	금	토	일	월
일진	丁未	戊申	己酉	庚戌	辛亥	壬子	癸丑	甲寅	乙卯	丙辰	丁巳	戊午	己未	庚申	辛酉	壬戌	癸亥	甲子	乙丑	丙寅	丁卯	戊辰	己巳	庚午	辛未	壬申	癸酉	甲戌	乙亥	丙子
음양국	陰 6		陰 8			陰 2			陰 5			陰 7			陰 1			陰 4												

7月 壬申

절기	입추7월																			처서									
음력	1	2	3	4	5	6	7	8	9	10	11	12	13	14	15	16	17	18	19	20	21	22	23	24	25	26	27	28	29
양력 월	8월																												9월
일	4	5	6	未	8	9	10	11	12	13	14	15	16	17	18	19	20	21	22	23	24	25	26	27	28	29	30	31	1
요일	화	수	목	後	토	일	월	화	수	목	금	토	일	월	화	수	목	금	토	일	월	화	수	목	금	토	일	월	화
일진	丁丑	戊寅	己卯	庚辰	辛巳	壬午	癸未	甲申	乙酉	丙戌	丁亥	戊子	己丑	庚寅	辛卯	壬辰	癸巳	甲午	乙未	丙申	丁酉	戊戌	己亥	庚子	辛丑	壬寅	癸卯	甲辰	乙巳
음양국	陰 4			陰 2			陰 5				陰 8				陰 1				陰 4				陰 7						

8月 癸酉

절기	백로8월					백로8월																추분							
음력	1	2	3	4	5	6	7	8	9	10	11	12	13	14	15	16	17	18	19	20	21	22	23	24	25	26	27	28	29
양력 월	9월																												
일	2	3	4	5	6	酉	8	9	10	11	12	13	14	15	16	17	18	19	20	21	22	23	24	25	26	27	28	29	30
요일	수	목	금	토	일	中	화	수	목	금	토	일	월	화	수	목	금	토	일	월	화	수	목	금	토	일	월	화	수
일진	丙午	丁未	戊申	己酉	庚戌	辛亥	壬子	癸丑	甲寅	乙卯	丙辰	丁巳	戊午	己未	庚申	辛酉	壬戌	癸亥	甲子	乙丑	丙寅	丁卯	戊辰	己巳	庚午	辛未	壬申	癸酉	甲戌
음양국	陰 7			陰 9			陰 3				陰 6				陰 7				陰 1				陰 4						

9月 甲戌

절기	한로9월							8															상강							
음력	1	2	3	4	5	6	7	8	9	10	11	12	13	14	15	16	17	18	19	20	21	22	23	24	25	26	27	28	29	30
양력 월	10월																													
일	1	2	3	4	5	6	巳	9	10	11	12	13	14	15	16	17	18	19	20	21	22	23	24	25	26	27	28	29	30	31
요일	목	금	토	일	월	화	수	中	금	토	일	월	화	수	목	금	토	일	월	화	수	목	금	토	일	월	화	수	목	금
일진	乙亥	丙子	丁丑	戊寅	己卯	庚辰	辛巳	壬午	癸未	甲申	乙酉	丙戌	丁亥	戊子	己丑	庚寅	辛卯	壬辰	癸巳	甲午	乙未	丙申	丁酉	戊戌	己亥	庚子	辛丑	壬寅	癸卯	甲辰
음양국	陰 4			陰 6			陰 9				陰 3				陰 5				陰 8											

10月 乙亥

절기	입동10월							8															소설						
음력	1	2	3	4	5	6	7	8	9	10	11	12	13	14	15	16	17	18	19	20	21	22	23	24	25	26	27	28	29
양력 월	10월11월																												
일	31	1	2	3	4	5	6	未	8	9	10	11	12	13	14	15	16	17	18	19	20	21	22	23	24	25	26	27	28
요일	토	일	월	화	수	목	금	初	일	월	화	수	목	금	토	일	월	화	수	목	금	토	일	월	화	수	목	금	토
일진	乙巳	丙午	丁未	戊申	己酉	庚戌	辛亥	壬子	癸丑	甲寅	乙卯	丙辰	丁巳	戊午	己未	庚申	辛酉	壬戌	癸亥	甲子	乙丑	丙寅	丁卯	戊辰	己巳	庚午	辛未	壬申	癸酉
음양국	陰 2			陰 6			陰 9				陰 3				陰 5				陰 8										

11月 丙子

절기	대설11월								9															동지						
음력	1	2	3	4	5	6	7	8	9	10	11	12	13	14	15	16	17	18	19	20	21	22	23	24	25	26	27	28	29	30
양력 월	11월		12월																											
일	29	30	1	2	3	4	5	6	卯	8	9	10	11	12	13	14	15	16	17	18	19	20	21	22	23	24	25	26	27	28
요일	일	월	화	수	목	금	토	일	後	화	수	목	금	토	일	월	화	수	목	금	토	일	월	화	수	목	금	토	일	월
일진	甲戌	乙亥	丙子	丁丑	戊寅	己卯	庚辰	辛巳	壬午	癸未	甲申	乙酉	丙戌	丁亥	戊子	己丑	庚寅	辛卯	壬辰	癸巳	甲午	乙未	丙申	丁酉	戊戌	己亥	庚子	辛丑	壬寅	癸卯
음양국	陰 2			陰 4			陰 7				陰 1				陽 1				陽 7											

12月 丁丑

절기	소한12월							8															대한						
음력	1	2	3	4	5	6	7	8	9	10	11	12	13	14	15	16	17	18	19	20	21	22	23	24	25	26	27	28	29	30
양력 월	12월			1월																										
일	29	30	31	1	2	3	4	酉	6	7	8	9	10	11	12	13	14	15	16	17	18	19	20	21	22	23	24	25	26	27
요일	화	수	목	금	토	일	월	中	수	목	금	토	일	월	화	수	목	금	토	일	월	화	수	목	금	토	일	월	화	수
일진	甲辰	乙巳	丙午	丁未	戊申	己酉	庚戌	辛亥	壬子	癸丑	甲寅	乙卯	丙辰	丁巳	戊午	己未	庚申	辛酉	壬戌	癸亥	甲子	乙丑	丙寅	丁卯	戊辰	己巳	庚午	辛未	壬申	癸酉
음양국	陽 4			陽 2			陽 8				陽 5				陽 3				陽 9											

입춘(2/4) 05:54　경칩(3/5) 23:40　청명(4/5) 04:07　입하(5/5) 21:02　망종(6/6) 00:54　소서(7/7) 11:04

입추(8/7) 20:59　백로(9/8) 00:14　한로(10/8) 16:17　입동(11/7) 19:51　대설(12/7) 12:57　소한(1/6) 00:14

2055(乙亥年)

1月 戊寅

절기: 입춘1월(음력8), 우수(음력23)

음력	1	2	3	4	5	6	7	8	9	10	11	12	13	14	15	16	17	18	19	20	21	22	23	24	25	26	27	28	29
양력월	1월				2월																								
양력일	28	29	30	31	1	2	3	卯	5	6	7	8	9	10	11	12	13	14	15	16	17	18	19	20	21	22	23	24	25
요일	목	금	토	일	월	화	수	初	금	토	일	월	화	수	목	금	토	일	월	화	수	목	금	토	일	월	화	수	목
일진	甲戌	乙亥	丙子	丁丑	戊寅	己卯	庚辰	辛巳	壬午	癸未	甲申	乙酉	丙戌	丁亥	戊子	己丑	庚寅	辛卯	壬辰	癸巳	甲午	乙未	丙申	丁酉	戊戌	己亥	庚子	辛丑	壬寅

음양국: 陽6　陽8　陽5　陽2　陽9　陽6

2月 己卯

절기: 경칩2월(음력8), 춘분(음력24)

음력	1	2	3	4	5	6	7	8	9	10	11	12	13	14	15	16	17	18	19	20	21	22	23	24	25	26	27	28	29	30
양력월	2월			3월																										
양력일	26	27	28	1	2	3	4	子	6	7	8	9	10	11	12	13	14	15	16	17	18	19	20	21	22	23	24	25	26	27
요일	금	토	일	월	화	수	목	初	토	일	월	화	수	목	금	토	일	월	화	수	목	금	토	일	월	화	수	목	금	토
일진	癸卯	甲辰	乙巳	丙午	丁未	戊申	己酉	庚戌	辛亥	壬子	癸丑	甲寅	乙卯	丙辰	丁巳	戊午	己未	庚申	辛酉	壬戌	癸亥	甲子	乙丑	丙寅	丁卯	戊辰	己巳	庚午	辛未	壬申

음양국: 陽3　陽1　陽7　陽4　陽3　陽9

3月 庚辰

절기: 청명3월(음력9), 곡우(음력24)

음력	1	2	3	4	5	6	7	8	9	10	11	12	13	14	15	16	17	18	19	20	21	22	23	24	25	26	27	28	29	30
양력월	3월				4월																									
양력일	28	29	30	31	1	2	3	4	寅	6	7	8	9	10	11	12	13	14	15	16	17	18	19	20	21	22	23	24	25	26
요일	일	월	화	수	목	금	토	일	初	화	수	목	금	토	일	월	화	수	목	금	토	일	월	화	수	목	금	토	일	월
일진	癸酉	甲戌	乙亥	丙子	丁丑	戊寅	己卯	庚辰	辛巳	壬午	癸未	甲申	乙酉	丙戌	丁亥	戊子	己丑	庚寅	辛卯	壬辰	癸巳	甲午	乙未	丙申	丁酉	戊戌	己亥	庚子	辛丑	壬寅

음양국: 陽6　陽4　陽1　陽7　陽5　陽2

4月 辛巳

절기: 입하4월(음력9), 소만(음력25)

음력	1	2	3	4	5	6	7	8	9	10	11	12	13	14	15	16	17	18	19	20	21	22	23	24	25	26	27	28	29
양력월	4월				5월																								
양력일	27	28	29	30	1	2	3	4	戌	6	7	8	9	10	11	12	13	14	15	16	17	18	19	20	21	22	23	24	25
요일	화	수	목	금	토	일	월	화	後	목	금	토	일	월	화	수	목	금	토	일	월	화	수	목	금	토	일	월	화
일진	癸卯	甲辰	乙巳	丙午	丁未	戊申	己酉	庚戌	辛亥	壬子	癸丑	甲寅	乙卯	丙辰	丁巳	戊午	己未	庚申	辛酉	壬戌	癸亥	甲子	乙丑	丙寅	丁卯	戊辰	己巳	庚午	辛未

음양국: 陽8　陽4　陽1　陽7　陽5　陽2

5月 壬午

절기: 망종5월(음력12), 하지(음력27)

음력	1	2	3	4	5	6	7	8	9	10	11	12	13	14	15	16	17	18	19	20	21	22	23	24	25	26	27	28	29	30
양력월	5월						6월																							
양력일	26	27	28	29	30	31	1	2	3	4	5	子	7	8	9	10	11	12	13	14	15	16	17	18	19	20	21	22	23	24
요일	수	목	금	토	일	월	화	수	목	금	토	後	월	화	수	목	금	토	일	월	화	수	목	금	토	일	월	화	수	목
일진	壬申	癸酉	甲戌	乙亥	丙子	丁丑	戊寅	己卯	庚辰	辛巳	壬午	癸未	甲申	乙酉	丙戌	丁亥	戊子	己丑	庚寅	辛卯	壬辰	癸巳	甲午	乙未	丙申	丁酉	戊戌	己亥	庚子	辛丑

음양국: 陽2　陽8　陽6　陽3　陽9　陰9　陰3

6月 癸未

절기: 소서6월(음력13), 대서(음력29)

음력	1	2	3	4	5	6	7	8	9	10	11	12	13	14	15	16	17	18	19	20	21	22	23	24	25	26	27	28	29
양력월	6월						7월																						
양력일	25	26	27	28	29	30	1	2	3	4	5	6	巳	8	9	10	11	12	13	14	15	16	17	18	19	20	21	22	23
요일	금	토	일	월	화	수	목	금	토	일	월	화	後	목	금	토	일	월	화	수	목	금	토	일	월	화	수	목	금
일진	壬寅	癸卯	甲辰	乙巳	丙午	丁未	戊申	己酉	庚戌	辛亥	壬子	癸丑	甲寅	乙卯	丙辰	丁巳	戊午	己未	庚申	辛酉	壬戌	癸亥	甲子	乙丑	丙寅	丁卯	戊辰	己巳	庚午

음양국: 陰3　陰6　陰8　陰2　陰5　陰7　陰1

閏6月

절기														입추7월																
음력	1	2	3	4	5	6	7	8	9	10	11	12	13	14	15	16	17	18	19	20	21	22	23	24	25	26	27	28	29	30
양월	7월								8월																					
양력일	24	25	26	27	28	29	30	31	1	2	3	4	5	6	戌後	8	9	10	11	12	13	14	15	16	17	18	19	20	21	22
요일	토	일	월	화	수	목	금	토	일	월	화	수	목	금	後	일	월	화	수	목	금	토	일	월	화	수	목	금	토	일
일진	辛未	壬申	癸酉	甲戌	乙亥	丙子	丁丑	戊寅	己卯	庚辰	辛巳	壬午	癸未	甲申	乙酉	丙戌	丁亥	戊子	己丑	庚寅	辛卯	壬辰	癸巳	甲午	乙未	丙申	丁酉	戊戌	己亥	庚子

음양국: 陰1 陰4 陰2 陰5 陰8 陰1 陰4

7月 甲申

절기	처서																백로8월												
음력	1	2	3	4	5	6	7	8	9	10	11	12	13	14	15	16	17	18	19	20	21	22	23	24	25	26	27	28	29
양월	8월									9월																			
양력일	23	24	25	26	27	28	29	30	31	1	2	3	4	5	6	7	子中	9	10	11	12	13	14	15	16	17	18	19	20
요일	월	화	수	목	금	토	일	월	화	수	목	금	토	일	월	화	中	목	금	토	일	월	화	수	목	금	토	일	월
일진	辛丑	壬寅	癸卯	甲辰	乙巳	丙午	丁未	戊申	己酉	庚戌	辛亥	壬子	癸丑	甲寅	乙卯	丙辰	丁巳	戊午	己未	庚申	辛酉	壬戌	癸亥	甲子	乙丑	丙寅	丁卯	戊辰	己巳

음양국: 陰4 陰7 陰9 陰3 陰6 陰7 陰1

8月 乙酉

절기			추분															한로9월											
음력	1	2	3	4	5	6	7	8	9	10	11	12	13	14	15	16	17	18	19	20	21	22	23	24	25	26	27	28	29
양월	9월										10월																		
양력일	21	22	23	24	25	26	27	28	29	30	1	2	3	4	5	6	7	申中	9	10	11	12	13	14	15	16	17	18	19
요일	화	수	목	금	토	일	월	화	수	목	금	토	일	월	화	수	목	中	토	일	월	화	수	목	금	토	일	월	화
일진	庚午	辛未	壬申	癸酉	甲戌	乙亥	丙子	丁丑	戊寅	己卯	庚辰	辛巳	壬午	癸未	甲申	乙酉	丙戌	丁亥	戊子	己丑	庚寅	辛卯	壬辰	癸巳	甲午	乙未	丙申	丁酉	戊戌

음양국: 陰1 陰4 陰6 陰9 陰3 陰5

9月 丙戌

절기				상강															입동10월											
음력	1	2	3	4	5	6	7	8	9	10	11	12	13	14	15	16	17	18	19	20	21	22	23	24	25	26	27	28	29	30
양월	10월												11월																	
양력일	20	21	22	23	24	25	26	27	28	29	30	31	1	2	3	4	5	6	戌初	8	9	10	11	12	13	14	15	16	17	18
요일	수	목	금	토	일	월	화	수	목	금	토	일	월	화	수	목	금	토	初	월	화	수	목	금	토	일	월	화	수	목
일진	己亥	庚子	辛丑	壬寅	癸卯	甲辰	乙巳	丙午	丁未	戊申	己酉	庚戌	辛亥	壬子	癸丑	甲寅	乙卯	丙辰	丁巳	戊午	己未	庚申	辛酉	壬戌	癸亥	甲子	乙丑	丙寅	丁卯	戊辰

음양국: 陰8 陰2 陰6 陰9 陰3 陰5

10月 丁亥

절기				소설															대설11월										
음력	1	2	3	4	5	6	7	8	9	10	11	12	13	14	15	16	17	18	19	20	21	22	23	24	25	26	27	28	29
양월	11월												12월																
양력일	19	20	21	22	23	24	25	26	27	28	29	30	1	2	3	4	5	6	午後	8	9	10	11	12	13	14	15	16	17
요일	금	토	일	월	화	수	목	금	토	일	월	화	수	목	금	토	일	월	後	수	목	금	토	일	월	화	수	목	금
일진	己巳	庚午	辛未	壬申	癸酉	甲戌	乙亥	丙子	丁丑	戊寅	己卯	庚辰	辛巳	壬午	癸未	甲申	乙酉	丙戌	丁亥	戊子	己丑	庚寅	辛卯	壬辰	癸巳	甲午	乙未	丙申	丁酉

음양국: 陰8 陰2 陰4 陰7 陰1 陽1

11月 戊子

절기					동지															소한12월										
음력	1	2	3	4	5	6	7	8	9	10	11	12	13	14	15	16	17	18	19	20	21	22	23	24	25	26	27	28	29	30
양월	12월														1월															
양력일	18	19	20	21	22	23	24	25	26	27	28	29	30	31	1	2	3	4	5	子中	7	8	9	10	11	12	13	14	15	16
요일	토	일	월	화	수	목	금	토	일	월	화	수	목	금	토	일	월	화	수	中	금	토	일	월	화	수	목	금	토	일
일진	戊戌	己亥	庚子	辛丑	壬寅	癸卯	甲辰	乙巳	丙午	丁未	戊申	己酉	庚戌	辛亥	壬子	癸丑	甲寅	乙卯	丙辰	丁巳	戊午	己未	庚申	辛酉	壬戌	癸亥	甲子	乙丑	丙寅	丁卯

음양국: 陽7 陽4 陽2 陽8 陽5 陽3

12月 己丑

절기				대한															입춘1월										
음력	1	2	3	4	5	6	7	8	9	10	11	12	13	14	15	16	17	18	19	20	21	22	23	24	25	26	27	28	29
양월	1월															2월													
양력일	17	18	19	20	21	22	23	24	25	26	27	28	29	30	31	1	2	3	午初	5	6	7	8	9	10	11	12	13	14
요일	월	화	수	목	금	토	일	월	화	수	목	금	토	일	월	화	수	목	初	토	일	월	화	수	목	금	토	일	월
일진	戊辰	己巳	庚午	辛未	壬申	癸酉	甲戌	乙亥	丙子	丁丑	戊寅	己卯	庚辰	辛巳	壬午	癸未	甲申	乙酉	丙戌	丁亥	戊子	己丑	庚寅	辛卯	壬辰	癸巳	甲午	乙未	丙申

음양국: 陽9 陽6 陽8 陽5 陽2 陽9

입춘(2/4) 11:46
경칩(3/5) 05:31
청명(4/4) 09:58
입하(5/5) 02:56
망종(6/5) 06:51
소서(7/6) 17:01

입추(8/7) 02:54
백로(9/7) 06:06
한로(10/7) 22:08
입동(11/7) 01:42
대설(12/6) 18:49
소한(1/5) 06:08

2056(丙子年)

1月 庚寅

절기: 우수 / 경칩2월

음력	1	2	3	4	5	6	7	8	9	10	11	12	13	14	15	16	17	18	19	20	21	22	23	24	25	26	27	28	29	30
양력(2월→3월)	15	16	17	18	19	20	21	22	23	24	25	26	27	28	29	1	2	3	4	卯	6	7	8	9	10	11	12	13	14	15
요일	화	수	목	금	토	일	월	화	수	목	금	토	일	월	화	수	목	금	토	初	월	화	수	목	금	토	일	월	화	수
일진	丁酉	戊戌	己亥	庚子	辛丑	壬寅	癸卯	甲辰	乙巳	丙午	丁未	戊申	己酉	庚戌	辛亥	壬子	癸丑	甲寅	乙卯	丙辰	丁巳	戊午	己未	庚申	辛酉	壬戌	癸亥	甲子	乙丑	丙寅

음양국: 陽9　陽6　陽3　陽1　陽7　陽4　陽3

2月 辛卯

절기: 춘분 / 청명3월

음력	1	2	3	4	5	6	7	8	9	10	11	12	13	14	15	16	17	18	19	20	21	22	23	24	25	26	27	28	29	30
양력(3월→4월)	16	17	18	19	20	21	22	23	24	25	26	27	28	29	30	31	1	2	巳	4	5	6	7	8	9	10	11	12	13	14
요일	목	금	토	일	월	화	수	목	금	토	일	월	화	수	목	금	토	일	初	수	목	금	토	일	월	화	수	목	금	토
일진	丁卯	戊辰	己巳	庚午	辛未	壬申	癸酉	甲戌	乙亥	丙子	丁丑	戊寅	己卯	庚辰	辛巳	壬午	癸未	甲申	乙酉	丙戌	丁亥	戊子	己丑	庚寅	辛卯	壬辰	癸巳	甲午	乙未	丙申

음양국: 陽3　陽9　陽6　陽4　陽1　陽7　陽5

3月 壬辰

절기: 곡우 / 입하4월

음력	1	2	3	4	5	6	7	8	9	10	11	12	13	14	15	16	17	18	19	20	21	22	23	24	25	26	27	28	29	30
양력(4월→5월)	15	16	17	18	19	20	21	22	23	24	25	26	27	28	29	30	1	2	3	4	丑	6	7	8	9	10	11	12	13	14
요일	토	일	월	화	수	목	금	토	일	월	화	수	목	금	토	일	월	화	수	목	後	토	일	월	화	수	목	금	토	일
일진	丁酉	戊戌	己亥	庚子	辛丑	壬寅	癸卯	甲辰	乙巳	丙午	丁未	戊申	己酉	庚戌	辛亥	壬子	癸丑	甲寅	乙卯	丙辰	丁巳	戊午	己未	庚申	辛酉	壬戌	癸亥	甲子	乙丑	丙寅

음양국: 陽5　陽2　陽8　陽4　陽1　陽7　陽5

4月 癸巳

절기: 소만 / 망종5월

음력	1	2	3	4	5	6	7	8	9	10	11	12	13	14	15	16	17	18	19	20	21	22	23	24	25	26	27	28	29
양력(5월→6월)	15	16	17	18	19	20	21	22	23	24	25	26	27	28	29	30	31	1	2	3	4	卯	6	7	8	9	10	11	12
요일	월	화	수	목	금	토	일	월	화	수	목	금	토	일	월	화	수	목	금	토	일	後	화	수	목	금	토	일	월
일진	丁卯	戊辰	己巳	庚午	辛未	壬申	癸酉	甲戌	乙亥	丙子	丁丑	戊寅	己卯	庚辰	辛巳	壬午	癸未	甲申	乙酉	丙戌	丁亥	戊子	己丑	庚寅	辛卯	壬辰	癸巳	甲午	乙未

음양국: 陽5　陽2　陽8　陽6　陽3　陽9　陰9

5月 甲午

절기: 하지 / 소서6월

음력	1	2	3	4	5	6	7	8	9	10	11	12	13	14	15	16	17	18	19	20	21	22	23	24	25	26	27	28	29	30
양력(6월→7월)	13	14	15	16	17	18	19	20	21	22	23	24	25	26	27	28	29	30	1	2	3	4	5	申	7	8	9	10	11	12
요일	화	수	목	금	토	일	월	화	수	목	금	토	일	월	화	수	목	금	토	일	월	화	수	後	금	토	일	월	화	수
일진	丙申	丁酉	戊戌	己亥	庚子	辛丑	壬寅	癸卯	甲辰	乙巳	丙午	丁未	戊申	己酉	庚戌	辛亥	壬子	癸丑	甲寅	乙卯	丙辰	丁巳	戊午	己未	庚申	辛酉	壬戌	癸亥	甲子	乙丑

음양국: 陰9　陰3　陰6　陰8　陰2　陰5　陰7

6月 乙未

절기: 대서 / 입추7월

음력	1	2	3	4	5	6	7	8	9	10	11	12	13	14	15	16	17	18	19	20	21	22	23	24	25	26	27	28	29
양력(7월→8월)	13	14	15	16	17	18	19	20	21	22	23	24	25	26	27	28	29	30	31	1	2	3	4	5	6	丑	8	9	10
요일	목	금	토	일	월	화	수	목	금	토	일	월	화	수	목	금	토	일	월	화	수	목	금	토	일	後	화	수	목
일진	丙寅	丁卯	戊辰	己巳	庚午	辛未	壬申	癸酉	甲戌	乙亥	丙子	丁丑	戊寅	己卯	庚辰	辛巳	壬午	癸未	甲申	乙酉	丙戌	丁亥	戊子	己丑	庚寅	辛卯	壬辰	癸巳	甲午

음양국: 陰7　陰1　陰4　陰2　陰5　陰8　陰1

7月 丙申

절기																														백로8월
절기											처서																			
음력	1	2	3	4	5	6	7	8	9	10	11	12	13	14	15	16	17	18	19	20	21	22	23	24	25	26	27	28	29	30
양력 월	8월																					9월								
양력 일	11	12	13	14	15	16	17	18	19	20	21	22	23	24	25	26	27	28	29	30	31	1	2	3	4	5	6	卯	8	9
요일	금	토	일	월	화	수	목	금	토	일	월	화	수	목	금	토	일	월	화	수	목	금	토	일	월	화	수	初	금	토
일진	乙未	丙申	丁酉	戊戌	己亥	庚子	辛丑	壬寅	癸卯	甲辰	乙巳	丙午	丁未	戊申	己酉	庚戌	辛亥	壬子	癸丑	甲寅	乙卯	丙辰	丁巳	戊午	己未	庚申	辛酉	壬戌	癸亥	甲子
음양국	陰 1					陰 4					陰 7					陰 9					陰 3					陰 6				

8月 丁酉

절기													추분															한로9월	
음력	1	2	3	4	5	6	7	8	9	10	11	12	13	14	15	16	17	18	19	20	21	22	23	24	25	26	27	28	29
양력 월	9월																					10월							
양력 일	10	11	12	13	14	15	16	17	18	19	20	21	22	23	24	25	26	27	28	29	30	1	2	3	4	5	6	亥	8
요일	일	월	화	수	목	금	토	일	월	화	수	목	금	토	일	월	화	수	목	금	토	일	월	화	수	목	금	初	일
일진	乙丑	丙寅	丁卯	戊辰	己巳	庚午	辛未	壬申	癸酉	甲戌	乙亥	丙子	丁丑	戊寅	己卯	庚辰	辛巳	壬午	癸未	甲申	乙酉	丙戌	丁亥	戊子	己丑	庚寅	辛卯	壬辰	癸巳
음양국	陰 7					陰 1				陰 4					陰 6					陰 9					陰 3				

9月 戊戌

절기															상강														
음력	1	2	3	4	5	6	7	8	9	10	11	12	13	14	15	16	17	18	19	20	21	22	23	24	25	26	27	28	29
양력 월	10월																						11월						
양력 일	9	10	11	12	13	14	15	16	17	18	19	20	21	22	23	24	25	26	27	28	29	30	31	1	2	3	4	5	6
요일	월	화	수	목	금	토	일	월	화	수	목	금	토	일	월	화	수	목	금	토	일	월	화	수	목	금	토	일	월
일진	甲午	乙未	丙申	丁酉	戊戌	己亥	庚子	辛丑	壬寅	癸卯	甲辰	乙巳	丙午	丁未	戊申	己酉	庚戌	辛亥	壬子	癸丑	甲寅	乙卯	丙辰	丁巳	戊午	己未	庚申	辛酉	壬戌
음양국	陰 5					陰 8				陰 2					陰 6					陰 9					陰 3				

10月 己亥

절기	입동10월														소설															대설11월
음력	1	2	3	4	5	6	7	8	9	10	11	12	13	14	15	16	17	18	19	20	21	22	23	24	25	26	27	28	29	30
양력 월	11월																							12월						
양력 일	丑	8	9	10	11	12	13	14	15	16	17	18	19	20	21	22	23	24	25	26	27	28	29	30	1	2	3	4	5	酉
요일	初	수	목	금	토	일	월	화	수	목	금	토	일	월	화	수	목	금	토	일	월	화	수	목	금	토	일	월	화	中
일진	癸亥	甲子	乙丑	丙寅	丁卯	戊辰	己巳	庚午	辛未	壬申	癸酉	甲戌	乙亥	丙子	丁丑	戊寅	己卯	庚辰	辛巳	壬午	癸未	甲申	乙酉	丙戌	丁亥	戊子	己丑	庚寅	辛卯	壬辰
음양국		陰 5					陰 8				陰 2					陰 4					陰 7					陰 1				

11月 庚子

절기															동지														
음력	1	2	3	4	5	6	7	8	9	10	11	12	13	14	15	16	17	18	19	20	21	22	23	24	25	26	27	28	29
양력 월	12월																									1월			
양력 일	7	8	9	10	11	12	13	14	15	16	17	18	19	20	21	22	23	24	25	26	27	28	29	30	31	1	2	3	4
요일	목	금	토	일	월	화	수	목	금	토	일	월	화	수	목	금	토	일	월	화	수	목	금	토	일	월	화	수	목
일진	癸巳	甲午	乙未	丙申	丁酉	戊戌	己亥	庚子	辛丑	壬寅	癸卯	甲辰	乙巳	丙午	丁未	戊申	己酉	庚戌	辛亥	壬子	癸丑	甲寅	乙卯	丙辰	丁巳	戊午	己未	庚申	辛酉
음양국	陰 4					陰 7				陰 1					陽 1					陽 7					陽 4				

12月 辛丑

절기	소한12월														대한															입춘1월
음력	1	2	3	4	5	6	7	8	9	10	11	12	13	14	15	16	17	18	19	20	21	22	23	24	25	26	27	28	29	30
양력 월	1월																											2월		
양력 일	卯	6	7	8	9	10	11	12	13	14	15	16	17	18	19	20	21	22	23	24	25	26	27	28	29	30	31	1	2	酉
요일	初	토	일	월	화	수	목	금	토	일	월	화	수	목	금	토	일	월	화	수	목	금	토	일	월	화	수	목	금	初
일진	壬戌	癸亥	甲子	乙丑	丙寅	丁卯	戊辰	己巳	庚午	辛未	壬申	癸酉	甲戌	乙亥	丙子	丁丑	戊寅	己卯	庚辰	辛巳	壬午	癸未	甲申	乙酉	丙戌	丁亥	戊子	己丑	庚寅	辛卯
음양국	陽 4		陽 2				陽 8				陽 5				陽 3				陽 9					陽 6						

입춘(2/3) 17:41
경칩(3/5) 11:25
청명(4/4) 15:51
입하(5/5) 08:45
망종(6/5) 12:35
소서(7/6) 22:41

입추(8/7) 08:32
백로(9/7) 11:42
한로(10/8) 03:45
입동(11/7) 07:21
대설(12/7) 00:33
소한(1/5) 11:57

2057(丁丑年)

1月 壬寅

	1	2	3	4	5	6	7	8	9	10	11	12	13	14	15	16	17	18	19	20	21	22	23	24	25	26	27	28	29	30
절기															우수															
음력	1	2	3	4	5	6	7	8	9	10	11	12	13	14	15	16	17	18	19	20	21	22	23	24	25	26	27	28	29	
양력월/일	2월 4	5	6	7	8	9	10	11	12	13	14	15	16	17	18	19	20	21	22	23	24	25	26	3월 1	2	3	4			
요일	일	월	화	수	목	금	토	일	월	화	수	목	금	토	일	월	화	수	목	금	토	일	월	화	수	목	금	토	일	
일진	壬辰	癸巳	甲午	乙未	丙申	丁酉	戊戌	己亥	庚子	辛丑	壬寅	癸卯	甲辰	乙巳	丙午	丁未	戊申	己酉	庚戌	辛亥	壬子	癸丑	甲寅	乙卯	丙辰	丁巳	戊午	己未	庚申	

음양국: 陽 6　陽 8　陽 5　陽 2　陽 9　陽 6　陽 3

2月 癸卯

	1	2	3	4	5	6	7	8	9	10	11	12	13	14	15	16	17	18	19	20	21	22	23	24	25	26	27	28	29	30
절기	경칩2월															춘분														
음력	1	2	3	4	5	6	7	8	9	10	11	12	13	14	15	16	17	18	19	20	21	22	23	24	25	26	27	28	29	30
양력월/일	3월 巳	6	7	8	9	10	11	12	13	14	15	16	17	18	19	20	21	22	23	24	25	26	27	28	29	30	31	4월 1	2	3
요일	後	화	수	목	금	토	일	월	화	수	목	금	토	일	월	화	수	목	금	토	일	월	화	수	목	금	토	일	월	화
일진	辛酉	壬戌	癸亥	甲子	乙丑	丙寅	丁卯	戊辰	己巳	庚午	辛未	壬申	癸酉	甲戌	乙亥	丙子	丁丑	戊寅	己卯	庚辰	辛巳	壬午	癸未	甲申	乙酉	丙戌	丁亥	戊子	己丑	庚寅

음양국: 陽 3　陽 1　陽 7　陽 4　陽 3　陽 9　陽 6

3月 甲辰

	1	2	3	4	5	6	7	8	9	10	11	12	13	14	15	16	17	18	19	20	21	22	23	24	25	26	27	28	29	30
절기	청명3월															곡우														
음력	1	2	3	4	5	6	7	8	9	10	11	12	13	14	15	16	17	18	19	20	21	22	23	24	25	26	27	28	29	30
양력월/일	4월 申	5	6	7	8	9	10	11	12	13	14	15	16	17	18	19	20	21	22	23	24	25	26	27	28	29	30	5월 1	2	3
요일	初	목	금	토	일	월	화	수	목	금	토	일	월	화	수	목	금	토	일	월	화	수	목	금	토	일	월	화	수	목
일진	辛卯	壬辰	癸巳	甲午	乙未	丙申	丁酉	戊戌	己亥	庚子	辛丑	壬寅	癸卯	甲辰	乙巳	丙午	丁未	戊申	己酉	庚戌	辛亥	壬子	癸丑	甲寅	乙卯	丙辰	丁巳	戊午	己未	庚申

음양국: 陽 6　陽 4　陽 1　陽 7　陽 5　陽 2　陽 8

4月 乙巳

	1	2	3	4	5	6	7	8	9	10	11	12	13	14	15	16	17	18	19	20	21	22	23	24	25	26	27	28	29
절기		입하4월															소만												
음력	1	2	3	4	5	6	7	8	9	10	11	12	13	14	15	16	17	18	19	20	21	22	23	24	25	26	27	28	29
양력월/일	5월 4	辰	6	7	8	9	10	11	12	13	14	15	16	17	18	19	20	21	22	23	24	25	26	27	28	29	30	31	6월 1
요일	금	中	일	월	화	수	목	금	토	일	월	화	수	목	금	토	일	월	화	수	목	금	토	일	월	화	수	목	금
일진	辛酉	壬戌	癸亥	甲子	乙丑	丙寅	丁卯	戊辰	己巳	庚午	辛未	壬申	癸酉	甲戌	乙亥	丙子	丁丑	戊寅	己卯	庚辰	辛巳	壬午	癸未	甲申	乙酉	丙戌	丁亥	戊子	己丑

음양국: 陽 8　陽 4　陽 1　陽 7　陽 5　陽 2　陽 8

5月 丙午

	1	2	3	4	5	6	7	8	9	10	11	12	13	14	15	16	17	18	19	20	21	22	23	24	25	26	27	28	29	30
절기				망종5월																하지										
음력	1	2	3	4	5	6	7	8	9	10	11	12	13	14	15	16	17	18	19	20	21	22	23	24	25	26	27	28	29	30
양력월/일	6월 2	3	4	午	6	7	8	9	10	11	12	13	14	15	16	17	18	19	20	21	22	23	24	25	26	27	28	29	30	7월 1
요일	토	일	월	中	수	목	금	토	일	월	화	수	목	금	토	일	월	화	수	목	금	토	일	월	화	수	목	금	토	일
일진	庚寅	辛卯	壬辰	癸巳	甲午	乙未	丙申	丁酉	戊戌	己亥	庚子	辛丑	壬寅	癸卯	甲辰	乙巳	丙午	丁未	戊申	己酉	庚戌	辛亥	壬子	癸丑	甲寅	乙卯	丙辰	丁巳	戊午	己未

음양국: 陽 8　陽 6　陽 3　陽 9　陰 9　陰 3

6月 丁未

	1	2	3	4	5	6	7	8	9	10	11	12	13	14	15	16	17	18	19	20	21	22	23	24	25	26	27	28	29
절기					소서6월																대서								
음력	1	2	3	4	5	6	7	8	9	10	11	12	13	14	15	16	17	18	19	20	21	22	23	24	25	26	27	28	29
양력월/일	7월 2	3	4	5	亥	7	8	9	10	11	12	13	14	15	16	17	18	19	20	21	22	23	24	25	26	27	28	29	30
요일	월	화	수	목	中	토	일	월	화	수	목	금	토	일	월	화	수	목	금	토	일	월	화	수	목	금	토	일	월
일진	庚申	辛酉	壬戌	癸亥	甲子	乙丑	丙寅	丁卯	戊辰	己巳	庚午	辛未	壬申	癸酉	甲戌	乙亥	丙子	丁丑	戊寅	己卯	庚辰	辛巳	壬午	癸未	甲申	乙酉	丙戌	丁亥	戊子

음양국: 陰 6　陰 8　陰 2　陰 5　陰 7　陰 1

7月 戊申

절기	입추7월 (음8)		처서 (음23)	

음력	1	2	3	4	5	6	7	8	9	10	11	12	13	14	15	16	17	18	19	20	21	22	23	24	25	26	27	28	29	30
양력(7월·8월)	31	1	2	3	4	5	6	辰	8	9	10	11	12	13	14	15	16	17	18	19	20	21	22	23	24	25	26	27	28	29
요일	화	수	목	금	토	일	월	中	수	목	금	토	일	월	화	수	목	금	토	일	월	화	수	목	금	토	일	월	화	수
일진	己丑	庚寅	辛卯	壬辰	癸巳	甲午	乙未	丙申	丁酉	戊戌	己亥	庚子	辛丑	壬寅	癸卯	甲辰	乙巳	丙午	丁未	戊申	己酉	庚戌	辛亥	壬子	癸丑	甲寅	乙卯	丙辰	丁巳	戊午

음양국: 陰4 陰2 陰5 陰8 陰1 陰4

8月 己酉

절기	백로8월 (음9)		추분 (음24)	

음력	1	2	3	4	5	6	7	8	9	10	11	12	13	14	15	16	17	18	19	20	21	22	23	24	25	26	27	28	29	30
양력(8월·9월)	30	31	1	2	3	4	5	6	午	8	9	10	11	12	13	14	15	16	17	18	19	20	21	22	23	24	25	26	27	28
요일	목	금	토	일	월	화	수	목	初	토	일	월	화	수	목	금	토	일	월	화	수	목	금	토	일	월	화	수	목	금
일진	己未	庚申	辛酉	壬戌	癸亥	甲子	乙丑	丙寅	丁卯	戊辰	己巳	庚午	辛未	壬申	癸酉	甲戌	乙亥	丙子	丁丑	戊寅	己卯	庚辰	辛巳	壬午	癸未	甲申	乙酉	丙戌	丁亥	戊子

음양국: 陰7 陰9 陰3 陰6 陰7 陰1

9月 庚戌

절기	한로9월 (음10)		상강 (음25)	

음력	1	2	3	4	5	6	7	8	9	10	11	12	13	14	15	16	17	18	19	20	21	22	23	24	25	26	27	28	29
양력(9월·10월)	29	30	1	2	3	4	5	6	7	寅	9	10	11	12	13	14	15	16	17	18	19	20	21	22	23	24	25	26	27
요일	토	일	월	화	수	목	금	토	일	初	화	수	목	금	토	일	월	화	수	목	금	토	일	월	화	수	목	금	토
일진	己丑	庚寅	辛卯	壬辰	癸巳	甲午	乙未	丙申	丁酉	戊戌	己亥	庚子	辛丑	壬寅	癸卯	甲辰	乙巳	丙午	丁未	戊申	己酉	庚戌	辛亥	壬子	癸丑	甲寅	乙卯	丙辰	丁巳

음양국: 陰4 陰6 陰9 陰3 陰5 陰8

10月 辛亥

절기	입동10월 (음11)		소설 (음26)	

음력	1	2	3	4	5	6	7	8	9	10	11	12	13	14	15	16	17	18	19	20	21	22	23	24	25	26	27	28	29
양력(10월·11월)	28	29	30	31	1	2	3	4	5	6	卯	8	9	10	11	12	13	14	15	16	17	18	19	20	21	22	23	24	25
요일	일	월	화	수	목	금	토	일	월	화	後	목	금	토	일	월	화	수	목	금	토	일	월	화	수	목	금	토	일
일진	戊午	己未	庚申	辛酉	壬戌	癸亥	甲子	乙丑	丙寅	丁卯	戊辰	己巳	庚午	辛未	壬申	癸酉	甲戌	乙亥	丙子	丁丑	戊寅	己卯	庚辰	辛巳	壬午	癸未	甲申	乙酉	丙戌

음양국: 陰2 陰6 陰9 陰3 陰5 陰8

11月 壬子

절기	대설11월 (음12)		동지 (음26)	

음력	1	2	3	4	5	6	7	8	9	10	11	12	13	14	15	16	17	18	19	20	21	22	23	24	25	26	27	28	29	30
양력(11월·12월)	26	27	28	29	30	1	2	3	4	5	6	子	8	9	10	11	12	13	14	15	16	17	18	19	20	21	22	23	24	25
요일	월	화	수	목	금	토	일	월	화	수	목	中	토	일	월	화	수	목	금	토	일	월	화	수	목	금	토	일	월	화
일진	丁亥	戊子	己丑	庚寅	辛卯	壬辰	癸巳	甲午	乙未	丙申	丁酉	戊戌	己亥	庚子	辛丑	壬寅	癸卯	甲辰	乙巳	丙午	丁未	戊申	己酉	庚戌	辛亥	壬子	癸丑	甲寅	乙卯	丙辰

음양국: 陰8 陰2 陰4 陰7 陰1 [陽1] 陽7

12月 癸丑

절기	소한12월 (음11)		대한 (음26)	

음력	1	2	3	4	5	6	7	8	9	10	11	12	13	14	15	16	17	18	19	20	21	22	23	24	25	26	27	28	29
양력(12월·1월)	26	27	28	29	30	31	1	2	3	4	午	6	7	8	9	10	11	12	13	14	15	16	17	18	19	20	21	22	23
요일	수	목	금	토	일	월	화	수	목	금	初	일	월	화	수	목	금	토	일	월	화	수	목	금	토	일	월	화	수
일진	丁巳	戊午	己未	庚申	辛酉	壬戌	癸亥	甲子	乙丑	丙寅	丁卯	戊辰	己巳	庚午	辛未	壬申	癸酉	甲戌	乙亥	丙子	丁丑	戊寅	己卯	庚辰	辛巳	壬午	癸未	甲申	乙酉

음양국: 陽7 陽4 陽2 陽8 陽5 陽3 陽9

입춘(2/3) 23:33
경칩(3/5) 17:18
청명(4/4) 21:42
입하(5/5) 14:34
망종(6/5) 18:23
소서(7/7) 04:30

입추(8/7) 14:24
백로(9/7) 17:36
한로(10/8) 09:40
입동(11/7) 13:16
대설(12/7) 06:26
소한(1/5) 17:48

2058(戊寅年)

1月 甲寅

- 절기: 입춘1월(음력 11), 우수(음력 26)
- 음력: 1 2 3 4 5 6 7 8 9 10 **11** 12 13 14 15 16 17 18 19 20 21 22 23 24 25 **26** 27 28 29 30
- 양력 월: 1월 … 2월
- 력 일: 24 25 26 27 28 29 30 31 1 2 子 4 5 6 7 8 9 10 11 12 13 14 15 16 17 18 19 20 21 22
- 요일: 목 금 토 일 월 화 수 목 금 토 初 월 화 수 목 금 토 일 월 화 수 목 금 토 일 월 화 수 목 금
- 일진: 丙戌 丁亥 戊子 己丑 庚寅 辛卯 壬辰 癸巳 甲午 乙未 丙申 丁酉 戊戌 己亥 庚子 辛丑 壬寅 癸卯 甲辰 乙巳 丙午 丁未 戊申 己酉 庚戌 辛亥 壬子 癸丑 甲寅 乙卯
- 음양국: 陽 9 · 陽 6 · 陽 8 · 陽 5 · 陽 2 · 陽 9 · 陽 6

2月 乙卯

- 절기: 경칩2월(음력 11), 춘분(음력 26)
- 음력: 1 2 3 4 5 6 7 8 9 10 **11** 12 13 14 15 16 17 18 19 20 21 22 23 24 25 **26** 27 28 29
- 양력 월: 2월 … 3월
- 력 일: 23 24 25 26 27 28 1 2 3 4 申 6 7 8 9 10 11 12 13 14 15 16 17 18 19 20 21 22 23
- 요일: 토 일 월 화 수 목 금 토 일 월 後 수 목 금 토 일 월 화 수 목 금 토 일 월 화 수 목 금 토
- 일진: 丙辰 丁巳 戊午 己未 庚申 辛酉 壬戌 癸亥 甲子 乙丑 丙寅 丁卯 戊辰 己巳 庚午 辛未 壬申 癸酉 甲戌 乙亥 丙子 丁丑 戊寅 己卯 庚辰 辛巳 壬午 癸未 甲申
- 음양국: 陽 6 · 陽 3 · 陽 1 · 陽 7 · 陽 4 · 陽 3 · 陽 9

3月 丙辰

- 절기: 청명3월(음력 12), 곡우(음력 28)
- 음력: 1 2 3 4 5 6 7 8 9 10 11 **12** 13 14 15 16 17 18 19 20 21 22 23 24 25 26 27 **28** 29 30
- 양력 월: 3월 … 4월
- 력 일: 24 25 26 27 28 29 30 31 1 2 3 亥 5 6 7 8 9 10 11 12 13 14 15 16 17 18 19 20 21 22
- 요일: 일 월 화 수 목 금 토 일 월 화 수 初 금 토 일 월 화 수 목 금 토 일 월 화 수 목 금 토 일 월
- 일진: 乙酉 丙戌 丁亥 戊子 己丑 庚寅 辛卯 壬辰 癸巳 甲午 乙未 丙申 丁酉 戊戌 己亥 庚子 辛丑 壬寅 癸卯 甲辰 乙巳 丙午 丁未 戊申 己酉 庚戌 辛亥 壬子 癸丑 甲寅
- 음양국: 陽 9 · 陽 6 · 陽 4 · 陽 1 · 陽 7 · 陽 5

4月 丁巳

- 절기: 입하4월(음력 13), 소만(음력 29)
- 음력: 1 2 3 4 5 6 7 8 9 10 11 12 **13** 14 15 16 17 18 19 20 21 22 23 24 25 26 27 28 **29**
- 양력 월: 4월 … 5월
- 력 일: 23 24 25 26 27 28 29 30 1 2 3 4 未 6 7 8 9 10 11 12 13 14 15 16 17 18 19 20 21
- 요일: 화 수 목 금 토 일 월 화 수 목 금 토 中 월 화 수 목 금 토 일 월 화 수 목 금 토 일 월 화
- 일진: 乙卯 丙辰 丁巳 戊午 己未 庚申 辛酉 壬戌 癸亥 甲子 乙丑 丙寅 丁卯 戊辰 己巳 庚午 辛未 壬申 癸酉 甲戌 乙亥 丙子 丁丑 戊寅 己卯 庚辰 辛巳 壬午 癸未
- 음양국: 陽 2 · 陽 8 · 陽 4 · 陽 1 · 陽 7 · 陽 5

閏4月

- 절기: 망종5월(음력 15)
- 음력: 1 2 3 4 5 6 7 8 9 10 11 12 13 14 **15** 16 17 18 19 20 21 22 23 24 25 26 27 28 29 30
- 양력 월: 5월 … 6월
- 력 일: 22 23 24 25 26 27 28 29 30 31 1 2 3 4 酉 6 7 8 9 10 11 12 13 14 15 16 17 18 19 20
- 요일: 수 목 금 토 일 월 화 수 목 금 토 일 월 화 中 목 금 토 일 월 화 수 목 금 토 일 월 화 수 목
- 일진: 甲申 乙酉 丙戌 丁亥 戊子 己丑 庚寅 辛卯 壬辰 癸巳 甲午 乙未 丙申 丁酉 戊戌 己亥 庚子 辛丑 壬寅 癸卯 甲辰 乙巳 丙午 丁未 戊申 己酉 庚戌 辛亥 壬子 癸丑
- 음양국: 陽 2 · 陽 8 · 陽 6 · 陽 3 · 陽 9 · 陰 9

5月 戊午

- 절기: 하지(음력 1), 소서6월(음력 17)
- 음력: **1** 2 3 4 5 6 7 8 9 10 11 12 13 14 15 16 **17** 18 19 20 21 22 23 24 25 26 27 28 29 30
- 양력 월: 6월 … 7월
- 력 일: 21 22 23 24 25 26 27 28 29 30 1 2 3 4 5 6 寅 8 9 10 11 12 13 14 15 16 17 18 19 20
- 요일: 금 토 일 월 화 수 목 금 토 일 월 화 수 목 금 토 中 월 화 수 목 금 토 일 월 화 수 목 금 토
- 일진: 甲寅 乙卯 丙辰 丁巳 戊午 己未 庚申 辛酉 壬戌 癸亥 甲子 乙丑 丙寅 丁卯 戊辰 己巳 庚午 辛未 壬申 癸酉 甲戌 乙亥 丙子 丁丑 戊寅 己卯 庚辰 辛巳 壬午 癸未
- 음양국: 陰 3 · 陰 6 · 陰 8 · 陰 2 · 陰 5 · 陰 7

6月 己未

음력	1	2	3	4	5	6	7	8	9	10	11	12	13	14	15	16	17	18	19	20	21	22	23	24	25	26	27	28	29
절기	대서																	입추7월											
양력일	7월 21	22	23	24	25	26	27	28	29	30	31	8월 1	2	3	4	5	6	未中	8	9	10	11	12	13	14	15	16	17	18
요일	일	월	화	수	목	금	토	일	월	화	수	목	금	토	일	월	화	中	목	금	토	일	월	화	수	목	금	토	일
일진	甲申	乙酉	丙戌	丁亥	戊子	己丑	庚寅	辛卯	壬辰	癸巳	甲午	乙未	丙申	丁酉	戊戌	己亥	庚子	辛丑	壬寅	癸卯	甲辰	乙巳	丙午	丁未	戊申	己酉	庚戌	辛亥	壬子

음양국: 陰1 / 陰4 / 陰2 / 陰5 / 陰8 / 陰1

7月 庚申

음력	1	2	3	4	5	6	7	8	9	10	11	12	13	14	15	16	17	18	19	20	21	22	23	24	25	26	27	28	29	30
절기					처서															백로8월										
양력일	8월 19	20	21	22	23	24	25	26	27	28	29	30	31	9월 1	2	3	4	5	6	酉	8	9	10	11	12	13	14	15	16	17
요일	월	화	수	목	금	토	일	월	화	수	목	금	토	일	월	화	수	목	금	初	일	월	화	수	목	금	토	일	월	화
일진	癸丑	甲寅	乙卯	丙辰	丁巳	戊午	己未	庚申	辛酉	壬戌	癸亥	甲子	乙丑	丙寅	丁卯	戊辰	己巳	庚午	辛未	壬申	癸酉	甲戌	乙亥	丙子	丁丑	戊寅	己卯	庚辰	辛巳	壬午

음양국: 陰4 / 陰7 / 陰9 / 陰3 / 陰6 / 陰7

8月 辛酉

음력	1	2	3	4	5	6	7	8	9	10	11	12	13	14	15	16	17	18	19	20	21	22	23	24	25	26	27	28	29
절기						추분															한로9월								
양력일	9월 18	19	20	21	22	23	24	25	26	27	28	29	30	10월 1	2	3	4	5	6	7	巳	9	10	11	12	13	14	15	16
요일	수	목	금	토	일	월	화	수	목	금	토	일	월	화	수	목	금	토	일	월	初	수	목	금	토	일	월	화	수
일진	癸未	甲申	乙酉	丙戌	丁亥	戊子	己丑	庚寅	辛卯	壬辰	癸巳	甲午	乙未	丙申	丁酉	戊戌	己亥	庚子	辛丑	壬寅	癸卯	甲辰	乙巳	丙午	丁未	戊申	己酉	庚戌	辛亥

음양국: 陰1 / 陰4 / 陰6 / 陰9 / 陰3 / 陰5

9月 壬戌

음력	1	2	3	4	5	6	7	8	9	10	11	12	13	14	15	16	17	18	19	20	21	22	23	24	25	26	27	28	29	30
절기							상강															입동10월								
양력일	10월 17	18	19	20	21	22	23	24	25	26	27	28	29	30	31	11월 1	2	3	4	5	6	午	8	9	10	11	12	13	14	15
요일	목	금	토	일	월	화	수	목	금	토	일	월	화	수	목	금	토	일	월	화	수	後	금	토	일	월	화	수	목	금
일진	壬子	癸丑	甲寅	乙卯	丙辰	丁巳	戊午	己未	庚申	辛酉	壬戌	癸亥	甲子	乙丑	丙寅	丁卯	戊辰	己巳	庚午	辛未	壬申	癸酉	甲戌	乙亥	丙子	丁丑	戊寅	己卯	庚辰	辛巳

음양국: 陰5 / 陰8 / 陰2 / 陰6 / 陰9 / 陰3 / 陰5

10月 癸亥

음력	1	2	3	4	5	6	7	8	9	10	11	12	13	14	15	16	17	18	19	20	21	22	23	24	25	26	27	28	29	30
절기							소설															대설11월								
양력일	11월 16	17	18	19	20	21	22	23	24	25	26	27	28	29	30	12월 1	2	3	4	5	6	卯中	8	9	10	11	12	13	14	15
요일	토	일	월	화	수	목	금	토	일	월	화	수	목	금	토	일	월	화	수	목	금	中	일	월	화	수	목	금	토	일
일진	壬午	癸未	甲申	乙酉	丙戌	丁亥	戊子	己丑	庚寅	辛卯	壬辰	癸巳	甲午	乙未	丙申	丁酉	戊戌	己亥	庚子	辛丑	壬寅	癸卯	甲辰	乙巳	丙午	丁未	戊申	己酉	庚戌	辛亥

음양국: 陰5 / 陰8 / 陰2 / 陰4 / 陰7 / 陰1 / [陽1]

11月 甲子

음력	1	2	3	4	5	6	7	8	9	10	11	12	13	14	15	16	17	18	19	20	21	22	23	24	25	26	27	28	29
절기							동지														소한12월								
양력일	12월 16	17	18	19	20	21	22	23	24	25	26	27	28	29	30	31	1월 1	2	3	4	酉	6	7	8	9	10	11	12	13
요일	월	화	수	목	금	토	일	월	화	수	목	금	토	일	월	화	수	목	금	토	初	월	화	수	목	금	토	일	월
일진	壬子	癸丑	甲寅	乙卯	丙辰	丁巳	戊午	己未	庚申	辛酉	壬戌	癸亥	甲子	乙丑	丙寅	丁卯	戊辰	己巳	庚午	辛未	壬申	癸酉	甲戌	乙亥	丙子	丁丑	戊寅	己卯	庚辰

음양국: [陽1] / 陽7 / 陽4 / 陽2 / 陽8 / 陽5 / 陽3

12月 乙丑

음력	1	2	3	4	5	6	7	8	9	10	11	12	13	14	15	16	17	18	19	20	21	22	23	24	25	26	27	28	29
절기							대한															입춘1월							
양력일	1월 14	15	16	17	18	19	20	21	22	23	24	25	26	27	28	29	30	31	2월 1	2	3	寅	5	6	7	8	9	10	11
요일	화	수	목	금	토	일	월	화	수	목	금	토	일	월	화	수	목	금	토	일	월	後	수	목	금	토	일	월	화
일진	辛巳	壬午	癸未	甲申	乙酉	丙戌	丁亥	戊子	己丑	庚寅	辛卯	壬辰	癸巳	甲午	乙未	丙申	丁酉	戊戌	己亥	庚子	辛丑	壬寅	癸卯	甲辰	乙巳	丙午	丁未	戊申	己酉

음양국: 陽3 / 陽9 / 陽6 / 陽8 / 陽5 / 陽2 / 陽9

입춘(2/4) 05:22
경칩(3/5) 23:07
청명(4/5) 03:31
입하(5/5) 20:22
망종(6/6) 00:11
소서(7/7) 10:17

입추(8/7) 20:11
백로(9/7) 23:25
한로(10/8) 15:29
입동(11/7) 19:04
대설(12/7) 12:12
소한(1/5) 23:32

2059(己卯年)

1月 丙寅

절기	우수 (8) / 경칩2월 (22)																													
음력	1	2	3	4	5	6	7	8	9	10	11	12	13	14	15	16	17	18	19	20	21	22	23	24	25	26	27	28	29	30
양력(2월→3월)	12	13	14	15	16	17	18	19	20	21	22	23	24	25	26	27	28	1	2	3	4	亥	6	7	8	9	10	11	12	13
요일	수	목	금	토	일	월	화	수	목	금	토	일	월	화	수	목	금	토	일	월	화	後	목	금	토	일	월	화	수	목
일진	庚戌	辛亥	壬子	癸丑	甲寅	乙卯	丙辰	丁巳	戊午	己未	庚申	辛酉	壬戌	癸亥	甲子	乙丑	丙寅	丁卯	戊辰	己巳	庚午	辛未	壬申	癸酉	甲戌	乙亥	丙子	丁丑	戊寅	己卯
음양국	陽 9					陽 6					陽 3					陽 1					陽 7					陽 4				

2月 丁卯

절기	춘분 (7) / 청명3월 (23)																												
음력	1	2	3	4	5	6	7	8	9	10	11	12	13	14	15	16	17	18	19	20	21	22	23	24	25	26	27	28	29
양력(3월→4월)	14	15	16	17	18	19	20	21	22	23	24	25	26	27	28	29	30	31	1	2	3	4	寅	6	7	8	9	10	11
요일	금	토	일	월	화	수	목	금	토	일	월	화	수	목	금	토	일	월	화	수	목	금	初	일	월	화	수	목	금
일진	庚辰	辛巳	壬午	癸未	甲申	乙酉	丙戌	丁亥	戊子	己丑	庚寅	辛卯	壬辰	癸巳	甲午	乙未	丙申	丁酉	戊戌	己亥	庚子	辛丑	壬寅	癸卯	甲辰	乙巳	丙午	丁未	戊申
음양국	陽 3				陽 9					陽 6					陽 4					陽 1					陽 7				

3月 戊辰

절기	곡우 (9) / 입하4월 (24)																													
음력	1	2	3	4	5	6	7	8	9	10	11	12	13	14	15	16	17	18	19	20	21	22	23	24	25	26	27	28	29	30
양력(4월→5월)	12	13	14	15	16	17	18	19	20	21	22	23	24	25	26	27	28	29	30	1	2	3	4	戌	6	7	8	9	10	11
요일	토	일	월	화	수	목	금	토	일	월	화	수	목	금	토	일	월	화	수	목	금	토	일	中	화	수	목	금	토	일
일진	己酉	庚戌	辛亥	壬子	癸丑	甲寅	乙卯	丙辰	丁巳	戊午	己未	庚申	辛酉	壬戌	癸亥	甲子	乙丑	丙寅	丁卯	戊辰	己巳	庚午	辛未	壬申	癸酉	甲戌	乙亥	丙子	丁丑	戊寅
음양국	陽 5					陽 2					陽 8					陽 4					陽 1					陽 7				

4月 己巳

절기	소만 (10) / 망종5월 (26)																												
음력	1	2	3	4	5	6	7	8	9	10	11	12	13	14	15	16	17	18	19	20	21	22	23	24	25	26	27	28	29
양력(5월→6월)	12	13	14	15	16	17	18	19	20	21	22	23	24	25	26	27	28	29	30	31	1	2	3	4	5	子	7	8	9
요일	월	화	수	목	금	토	일	월	화	수	목	금	토	일	월	화	수	목	금	토	일	월	화	수	목	中	토	일	월
일진	己卯	庚辰	辛巳	壬午	癸未	甲申	乙酉	丙戌	丁亥	戊子	己丑	庚寅	辛卯	壬辰	癸巳	甲午	乙未	丙申	丁酉	戊戌	己亥	庚子	辛丑	壬寅	癸卯	甲辰	乙巳	丙午	丁未
음양국	陽 5				陽 2					陽 8					陽 6					陽 3					陽 9				

5月 庚午

절기	하지 (12) / 소서6월 (28)																													
음력	1	2	3	4	5	6	7	8	9	10	11	12	13	14	15	16	17	18	19	20	21	22	23	24	25	26	27	28	29	30
양력(6월→7월)	10	11	12	13	14	15	16	17	18	19	20	21	22	23	24	25	26	27	28	29	30	1	2	3	4	5	6	巳	8	9
요일	화	수	목	금	토	일	월	화	수	목	금	토	일	월	화	수	목	금	토	일	월	화	수	목	금	토	일	中	화	수
일진	戊申	己酉	庚戌	辛亥	壬子	癸丑	甲寅	乙卯	丙辰	丁巳	戊午	己未	庚申	辛酉	壬戌	癸亥	甲子	乙丑	丙寅	丁卯	戊辰	己巳	庚午	辛未	壬申	癸酉	甲戌	乙亥	丙子	丁丑
음양국	陽 6					陽 3					陽 9					陰 9					陰 3					陰 6				

6月 辛未

절기	대서 (14) / 입추7월 (29)																												
음력	1	2	3	4	5	6	7	8	9	10	11	12	13	14	15	16	17	18	19	20	21	22	23	24	25	26	27	28	29
양력(7월→8월)	10	11	12	13	14	15	16	17	18	19	20	21	22	23	24	25	26	27	28	29	30	31	1	2	3	4	5	6	戌
요일	목	금	토	일	월	화	수	목	금	토	일	월	화	수	목	금	토	일	월	화	수	목	금	토	일	월	화	수	中
일진	戊寅	己卯	庚辰	辛巳	壬午	癸未	甲申	乙酉	丙戌	丁亥	戊子	己丑	庚寅	辛卯	壬辰	癸巳	甲午	乙未	丙申	丁酉	戊戌	己亥	庚子	辛丑	壬寅	癸卯	甲辰	乙巳	丙午
음양국	陰 8				陰 2					陰 5					陰 7					陰 1					陰 4				

7月 壬申

절기: 처서 (음력 16)

음력	1	2	3	4	5	6	7	8	9	10	11	12	13	14	15	16	17	18	19	20	21	22	23	24	25	26	27	28	29	30
양력 월	8월																								9월					
양력 일	8	9	10	11	12	13	14	15	16	17	18	19	20	21	22	23	24	25	26	27	28	29	30	31	1	2	3	4	5	6
요일	금	토	일	월	화	수	목	금	토	일	월	화	수	목	금	토	일	월	화	수	목	금	토	일	월	화	수	목	금	토
일진	丁未	戊申	己酉	庚戌	辛亥	壬子	癸丑	甲寅	乙卯	丙辰	丁巳	戊午	己未	庚申	辛酉	壬戌	癸亥	甲子	乙丑	丙寅	丁卯	戊辰	己巳	庚午	辛未	壬申	癸酉	甲戌	乙亥	丙子

음양국: 陰4 陰2 陰5 陰8 陰1 陰4 陰7

8月 癸酉

절기: 백로8월 (음력 1), 추분 (음력 17)

음력	1	2	3	4	5	6	7	8	9	10	11	12	13	14	15	16	17	18	19	20	21	22	23	24	25	26	27	28	29	30
양력 월	9월																							10월						
양력 일	亥	8	9	10	11	12	13	14	15	16	17	18	19	20	21	22	23	24	25	26	27	28	29	30	1	2	3	4	5	6
요일	後	월	화	수	목	금	토	일	월	화	수	목	금	토	일	월	화	수	목	금	토	일	월	화	수	목	금	토	일	월
일진	丁丑	戊寅	己卯	庚辰	辛巳	壬午	癸未	甲申	乙酉	丙戌	丁亥	戊子	己丑	庚寅	辛卯	壬辰	癸巳	甲午	乙未	丙申	丁酉	戊戌	己亥	庚子	辛丑	壬寅	癸卯	甲辰	乙巳	丙午

음양국: 陰7 陰9 陰3 陰6 陰7 陰1 陰4

9月 甲戌

절기: 한로9월 (음력 2), 상강 (음력 17)

음력	1	2	3	4	5	6	7	8	9	10	11	12	13	14	15	16	17	18	19	20	21	22	23	24	25	26	27	28	29
양력 월	10월																									11월			
양력 일	7	未	9	10	11	12	13	14	15	16	17	18	19	20	21	22	23	24	25	26	27	28	29	30	31	1	2	3	4
요일	화	後	목	금	토	일	월	화	수	목	금	토	일	월	화	수	목	금	토	일	월	화	수	목	금	토	일	월	화
일진	丁未	戊申	己酉	庚戌	辛亥	壬子	癸丑	甲寅	乙卯	丙辰	丁巳	戊午	己未	庚申	辛酉	壬戌	癸亥	甲子	乙丑	丙寅	丁卯	戊辰	己巳	庚午	辛未	壬申	癸酉	甲戌	乙亥

음양국: 陰4 陰6 陰9 陰3 陰5 陰8 陰2

10月 乙亥

절기: 입동10월 (음력 3), 소설 (음력 18)

음력	1	2	3	4	5	6	7	8	9	10	11	12	13	14	15	16	17	18	19	20	21	22	23	24	25	26	27	28	29	30
양력 월	11월																									12월				
양력 일	5	6	酉	8	9	10	11	12	13	14	15	16	17	18	19	20	21	22	23	24	25	26	27	28	29	30	1	2	3	4
요일	수	목	後	토	일	월	화	수	목	금	토	일	월	화	수	목	금	토	일	월	화	수	목	금	토	일	월	화	수	목
일진	丙子	丁丑	戊寅	己卯	庚辰	辛巳	壬午	癸未	甲申	乙酉	丙戌	丁亥	戊子	己丑	庚寅	辛卯	壬辰	癸巳	甲午	乙未	丙申	丁酉	戊戌	己亥	庚子	辛丑	壬寅	癸卯	甲辰	乙巳

음양국: 陰2 陰6 陰9 陰3 陰5 陰8 陰2

11月 丙子

절기: 대설11월 (음력 3), 동지 (음력 18)

음력	1	2	3	4	5	6	7	8	9	10	11	12	13	14	15	16	17	18	19	20	21	22	23	24	25	26	27	28	29	30
양력 월	12월																										1월			
양력 일	5	6	午	8	9	10	11	12	13	14	15	16	17	18	19	20	21	22	23	24	25	26	27	28	29	30	31	1	2	3
요일	금	토	中	월	화	수	목	금	토	일	월	화	수	목	금	토	일	월	화	수	목	금	토	일	월	화	수	목	금	토
일진	丙午	丁未	戊申	己酉	庚戌	辛亥	壬子	癸丑	甲寅	乙卯	丙辰	丁巳	戊午	己未	庚申	辛酉	壬戌	癸亥	甲子	乙丑	丙寅	丁卯	戊辰	己巳	庚午	辛未	壬申	癸酉	甲戌	乙亥

음양국: 陰2 陰4 陰7 陰1 陽1 陽7 陽4

12月 丁丑

절기: 소한12월 (음력 2), 대한 (음력 17)

음력	1	2	3	4	5	6	7	8	9	10	11	12	13	14	15	16	17	18	19	20	21	22	23	24	25	26	27	28	29
양력 월	1월																												2월
양력 일	4	子	6	7	8	9	10	11	12	13	14	15	16	17	18	19	20	21	22	23	24	25	26	27	28	29	30	31	1
요일	일	初	화	수	목	금	토	일	월	화	수	목	금	토	일	월	화	수	목	금	토	일	월	화	수	목	금	토	일
일진	丙子	丁丑	戊寅	己卯	庚辰	辛巳	壬午	癸未	甲申	乙酉	丙戌	丁亥	戊子	己丑	庚寅	辛卯	壬辰	癸巳	甲午	乙未	丙申	丁酉	戊戌	己亥	庚子	辛丑	壬寅	癸卯	甲辰

음양국: 陽4 陽2 陽8 陽5 陽3 陽9 陽6

New 기물들갑

만세력

초판 1쇄 발행 2020. 12. 18.

지은이 김동현
펴낸이 김병호
마케팅 민 호 | **경영지원** 송세영

펴낸곳 주식회사 바른북스
등록 2019년 4월 3일 제2019-000040호
주소 서울시 성동구 연무장5길 9-16, 301호 (성수동2가, 블루스톤타워)
대표전화 070-7857-9719 **경영지원** 02-3409-9719 **팩스** 070-7610-9820
이메일 barunbooks21@naver.com **원고투고** barunbooks21@naver.com
홈페이지 www.barunbooks.com **공식 블로그** blog.naver.com/barunbooks7
공식 포스트 post.naver.com/barunbooks7 **페이스북** facebook.com/barunbooks7

· 책값은 뒤표지에 있습니다.   **ISBN** 979-11-6545-261-2 93180

· 이 책의 국립중앙도서관 출판시도서목록(CIP)은 서지정보유통지원시스템 홈페이지
(http://seoji.nl.go.kr)와 국가자료공동목록시스템(http://www.nl.go.kr/kolisnet)에서
이용하실 수 있습니다. (CIP제어번호 : 2020050467)
· 파본이나 잘못된 책은 구입하신 곳에서 교환해드립니다.

바른북스는 여러분의 다양한 아이디어와 원고 투고를 설레는 마음으로 기다리고 있습니다.